미국 정신의 종말

THE CLOSING OF THE AMERICAN MIND

Copyright ⓒ 1987 by Allan Bloom
All rights reserved.
Korean Translation Copyright ⓒ 1989 Pumyang Publishing Co.
Korean translation rights arranged through Trans-Lit Agency.Inc.

이 책의 한국어판 저작권은 Trans-Lit Agency를 통해 독점 계약한 범양사에 있습니다.
저작권법으로 한국에서 보호받는 저작물이므로 무단 전재와 복제를 금합니다.

THE CLOSING OF THE
AMERICAN MIND
미국 정신의 종말

앨런 블룸 지음 · 이원희 옮김

차 례

역자 서문 / 이원희	7
추천 서문 / 솔 벨로	9
머리말	20
서론:우리들의 미덕	27

제 1 부 학 생

백지 상태	55
책	75
음악	83
대인관계	101
자기 본위	101
평등	109
인종	113
성(性)	120
분리(分離)	136
이혼	148
사 랑	153
에로스	167

제 2 부 미국식 허무주의

독일과의 연계	177
두 혁명과 거기서 발생된 두 자연 상태	199
자아	220
창의성	229
문화	235
가치	247
좌파의 니체주의화 또는 그 역(逆)	276
우리의 무지	289

제 3 부 대 학

소크라테스의 《변명》에서 하이데거의 '학장 취임 연설문'까지	309
민주 체제에서의 지적 생활을 논한 토크빌	312
사상과 시민사회 간의 관계	325
철학적 경험	339
계몽운동에 따른 변형	361
스위프트가 품었던 의심	372
루소의 급진주의와 독일의 대학	378

1960년대	397
학생과 대학	426
인문 교양 교육	426
대학의 붕괴	440
대학의 학과	452
결론	483
《타임 *Time*》지 회견기 : "가장 비범한 질책"	487

역자 서문

 이 책은 미국 시카고 대학의 엘리트 대학원 과정인 사회사상 위원회(Committee on Social Thought)의 정치 철학 교수 앨런 블룸(Allan Bloom)의 《The Closing of the American Mind》를 번역한 것이다.

 블룸 교수가 몸담고 있는 그 사회사상 위원회의 설립 취지는 학제적(學際的) 교양을 가진 소수의 영재(英才)들을 배출하는 데 있었다. 과거 문화계에서 세계적 명성을 떨친 엘리엇(Eliot, T.S.), 샤갈(Chagal, Marc), 스트라빈스키(Stravinsky, Ignor), 마리탱(Maritain, Jacques) 같은 이들도 이곳에 몸담은 일이 있었다. 블룸 교수는 교단에서 플라톤이나 소크라테스 같은 고대 그리스 고전에 담긴 빛나는 진리와 인간의 이상을 정열적으로 강의하고 있으며 좀 괴팍하다는 평을 받고 있는 분이기도 하다.

 이 책은 미국의 저명한 출판사 사이먼 앤 슈스터(Simon & Schuster)로부터 미국의 고등 교육 위기에 관한 책을 저술하도록 위촉을 받은 후 4년만인 1987년에 출판되었다.

 이 책은 출판되자마자 의외로 폭발적인 인기를 얻어 장기간 베스트셀러 1위에 올랐으나, 한편으로 문제의 저서가 되었다. 많은 대학 당국자들과 일부 진보적 지성인들은 이 책이 반동적이요 비민주적 저서라고 일제히 공격의 포문을 열었다. 반면 블룸 교수는 이 책이 나온 후 미국 전 지역에서 무수한 강연 초청을 받아 하루에도 3, 4차의 강연을 하여야 했으며, 1988년 10월에는 이 책의 판매 부수가 80만 부를 돌파했고, 보급판(페이퍼백)이 새로 나와 판매되기 시작했다.

 미국의 대학 교육의 타락이 가져온 미국 정신의 쇠망 원인을 블룸 교수는 여러모로 이 책에서 기술했으나 그중에서도 문화적 상대주의(relativism)의 죄가 크다고 했다. 즉 모든 사회와 모든 문화 및 가치는 평등하다는 현시대의 관념이다. 그러나 평등이란 민주주의적 편견이며 그것은 더 높은 것, 더 가치 있는 것을 추구하는 데 장애가 되는 것이라고 블룸 교수는 대담히 주장하고, 현대 문명은 인간 정신을 부패시켰다고 말한다. 민주주의를 지탱해 주는 3대 기둥 중의 하나인 평등사상을 배격한 블룸 교수의 이 저서를 둘러싸고 전 미국의 지성계가 격앙된 어조의 논전으로 들끓게 되었다.

이에 시사주간지 《타임 Time》지는 1988년 10월에 동지의 수석 특파원을 보내 블룸 교수를 회견케 했다. 이 회견에서 특파원은 블룸 반대파의 입장에서 여러 가지 질문을 했고 블룸 교수는 이에 답변했다. 이 문답 속에 이 책의 주요 내용과 문제점들에 대한 의견의 차이 등이 담겨 있으므로 이 회견 기록을 이 책의 끝에 실어서 독자들의 판단에 도움이 되도록 했다.

이 책은 미국 대학 교육의 일선 경험을 토대로 기록한 것이지만, 거기에 담겨 있는 문제점들은 우리의 것과 공통되는 것이 많다. 따라서 민주화 과정에서 격동기를 겪고 있는 우리나라 대학의 당면 문제와 그 나아갈 길을 더 지혜롭게 생각해 볼 계기를 이 책은 제공해 준다고 믿는다.

끝으로 이 책에 오역이나 오독이 있으면 이는 전적으로 역자의 책임임을 밝혀 두며 끙끙거리는 역자를 인내로 지켜보아 주고 출간을 맡아 준 범양사 출판부에 감사함을 전한다.

1989년 2월
이 원 희

추천 서문

블룸 교수는 자기 방식대로 일을 하는 사람이다. 미국에서의 고등 교육에 관한 저술을 하면서도 그는 흔히 학계라고 부르는(대개는 자기들끼리만 그렇게 부르는) 세계의 형식이나 예의, 의례 같은 것을 따르지 않는다. 그럼에도 불구하고 그의 신임자격에 대해서는 전혀 흠잡을 데가 없다. 그는 셰익스피어의 정치학(politics)에 대해 훌륭한 책을 쓴 사람이고, 플라톤의 《국가론 *Politeia*》과 루소의 《에밀 *Emile*》을 번역하기도 했다. 블룸 교수는 해박함은 물론 철저하고 혈기 왕성할 뿐만 아니라, 멩킨(Mencken)이 '고등 학식'이라 칭했던 그 학식의 예리한 관찰자이기 때문에 동료들이 그를 일축하고 싶어도 그렇게 할 수는 없을 것이다.

그러나 블룸 교수는 헐뜯거나 풍자를 일삼는 사람은 아니며, 진지함에 대한 그의 생각 때문에 그는 학계의 지위를 훨씬 넘어 선다. 그는 꼭 교수들만을 상대로 이야기하는 것은 아니다. 그들이 귀를 기울인다면 다행이며 - 그들은 필경 그들이 집중 공격을 받기 때문에 경청할 것이지만 - 하여간 그는 우리 동시대 사람들보다는 소크라테스, 플라톤, 마키아벨리, 루소, 칸트 등을 자주 인용함으로써 그가 펼치는 탐구는 보다 큰 공동체에 속하는 탐구다. "온통 자기모순투성이인 모조품 공동체 속에서 진실을 추구하는 사람, 이해력을 지닌 사람들이 모인 사회……모든 것을 알고자 하는 욕망을 가진 사람들이 모인 사회가 참된 인간 공동체다. 그러나 사실 여기에 속하는 사람은 극히 드물고, 진정한 우정, 즉 선의 본질에 대해 서로 의견을 달리하던 바로 그 순간에도 플라톤이 아리스토텔레스에게 보여 준 것 같은 그러한 진정한 우정이 여기에 속한다……문제를 보는 데 있어서는 두 사람의 영혼이 완전히 하나가 되었다. 플라톤에 의하면, 이것만이 유일하게 참된 우정이고, 유일하게 참된 공통의 선이다. 사람들이 그토록 안타깝게 추구하는 서로 간의 교류를 바로 여기에서 찾을 수 있다……이것이 결코 있을 수 없는 현인 군주의 수수께끼 같은 이야기가 의미하는 골자다. 현인 군주는 다른 모든 공동체에 모범이 되는 참된 공동체를 가지고 있다."

 이런 종류의 문체가 현대 독자들에게는 고전주의적인 딱딱함 - '진리', '알고 있는 사람', '선', '인간' 등과 같은 - 때문에 잘못된 것같이 보이겠지만, 우리가 이와 같은 언어의 사용을 반대하는 이면에는 '가치'를 논하는 근대의 이야기가 실은 얄팍한 수작에 불과하고, 많은 경우 그것이 정말로 너절한 것에 불과하다는 데 대한 양심의 가책에 기인한다는 사실을 우리는 결코 부인할 수 없다.

 위의 문장들은 블룸 교수의 저서에서 결론을 따온 것들이다. 책을 끝마무리하면서 독자들과 결별할 때 그의 가장 진실된 모습이 드러난다. 경제 전문가들의 위력이라든지, 앞서있었던 '자연 철학'으로부터 분리되어 나온 근대 과학 및 소위 '문화 상대성'이라고 불리는 현상을 논할 때, 또는 경영 석사 학위의 참된 의미와 진상을 논할 때 그의 글은 끝부분과는 아주 흐름이 다르다. 때로는 선동적이고 짓궂은 면을 드러내기도 한다. 인문과학이 대학에서 차지하는 위치를 논하면서 그는 그 분야를 '가라앉은 옛 아틀란티스'라 칭하고, 아울러 그는 "그 밖의 다른 모든 사람이 포기해 버린 우리 자신을 찾아내기 위한" 노력으로 우리가 그 분야에 다시 돌아간다고 말한다. "인문과학은 파리의 명소인 중고품(벼룩) 시장과 같아서 안목 있는 사람이면 쓸모없는 고물 더미 속에서 버려진 보물을 찾아낼 수 있다"라고도 말한다. 그렇지 않으면 "인문과학은 난민수용소 같은 곳으로서 비우호적인 집권 세력에 의해 직장에서 또는 자신의 조국에서 쫓겨나 할 일을 잃은 모든 천재들이 시간만 헛되이 보내는 곳이다……대학의 나머지 두 분야는 과거를 필요로 하지 않는다……" 라고 말하기도 한다. 선의 본질을 논하느라 그가 바쁘지 않을 때면 그는 인문과학에서 가장 훌륭한 사람들(아니면 가장 떨어지는 사람이라고 불러야만 하는지도 모를 사람들)과 더불어 아주 매섭게 공격을 가할 수도 있다. 학자로서 그는 우리를 계몽하고자 애쓰고, 저술가로서는 아리스토파네스와 그 밖의 계몽은 또한 즐거운 것이어야 한다는 모범을 보여 준 여러 다른 사람들로부터 배웠다. 내게 있어 이 책은 일개 교수가 쓴 작품이 아니라, 작가들이 처하게 되는 위험보다 더 많은 위험을 안게 되더라도 개의치 않는 한 사색가의 작품이다. 사상을 다루는 책에서 작가가 본인의 목소리를 드러내는 것은 위험한 일이지만, 이를 통해 우리는 가장 참된 진실의 근원은 아무래도 개인적일 수밖에 없다는 사실을 새삼 상기하게 된다. 블룸 교수는 우리에게 말한다. "교육에 관한 한 나에게는 지침서 그 자체라 할 수 있는 플라톤의 《국가론》을 나는 이 책 전체를 통해 자주 인용했는데, 그 이유는 그것이 인간으로서, 또 가르치는 사람으로서 내가 경험하는 것을 그대로 설명해 주기 때문이다"라고. 학자들이나 심지어는 자신이 실존주의자라고 자처하는 사람들조차도 개인으로서, 한 인간으로서 자기 자신을 공공연하게 그리고 솔직하게 나타내는 경우는 매우 드물다. 그런 의미에서 블룸 교수는 우리 시대에 정신적으로 투쟁하는 일선 투사이고, 그것만으로도 전적으로 나의 마음에 맞는다. (그가 개인적이 되는데, 나라고 익명의 비평가로 남아 있을 이유는 없다.)

이 책을 끝마무리하는 부분에서 블룸 교수는 한 학생이 《심포지엄 *Symposium*》을 읽고 나서, "교육을 받고 생동감이 넘치며, 우정에 가득 차 있고, 문명화하였으면서도 자연적인 모습은 잃지 않은 사람들이 동등한 입장에서 함께 모여 그들이 가진 욕망의 의미에 대해 멋진 이야기를 엮어내는" 고대 아테네의 매혹적인 분위기를 오늘날에는 상상하기가 어렵다고 토로한 이야기를 우리에게 전하고 있다. "그러나 (블룸교수는 부언하길) 그런 경험은 언제라도 접할 수 있는 것이다. 실제로 이 멋들어진 토론은 이제 곧 아테네가 패전하게 될 끔찍한 전쟁의 와중에서 이루어졌고 적어도 아리스토파네스와 소크라테스는 이것이 그리스 문화의 쇠잔을 의미한다는 것을 예견할 수 있었다. 그러나 그들은 문화적으로 절망하여 자포자기하는 일은 하지 않았고, 그와 같이 참담한 정치 상황 속에서도 자연이 주는 환희에 자신들을 몰입시킴으로써 인간에게 가장 활력을 주는 것은 무엇이며, 또 그런 활력은 우연이나 상황과는 별개의 것임을 증명해 보였다. 우리는 우리 자신이 역사와 문화에 너무 의존한다는 것을 느끼게 된다.…… 본질적인 것은……플라톤의 대화가 그 어느 것이든 시대와 장소를 초월하여 거의 언제, 어디에서라도 반복될 수 있다.…… 이 사고가 그것의 의미일는지 모른다. 바로 여기에서 우리가 실패하기 시작한다. 그러나 그것은 바로 우리 눈앞에 있고, 믿기 어렵겠지만 항상 존재하고 있다."

나는 이 글귀에서 나의 인생을 키워온 씨앗을 보았기 때문에, 이 글귀를 매우 심각하게 받아들이고 많은 감명을 받았다. 나는 미국 중서부지역의 이민 2세로서 내가 유대인 태생이라는 점, 나의 주위환경(그것이 시카고라는 우연한 상황), 나의 학교 수업 등이 나의 인생 항로를 정하는 데 어느 만큼 작용하도록 허용할 것인가에 대해 나 스스로 결정해야 한다는 것을 일찌감치 깨달았기 때문이다. 내게는 역사와 문화에만 전적으로 의존하려는 의도는 없었다. 완전히 거기에만 의존한다는 것은 틀림없이 내 인생이 이미 결정 났다는 것을 의미한다. 우리 시대의 문명사회에서 가장 일반화한 가르침을 간단하게 말하면 다음과 같다. "당신의 출신지를 말해 주시면 당신이 어떤 사람인지 제가 금방 알아맞힐 수가 있습니다." 열심히 미국화하려는 대가족제인 우리 가족의 동의가 있었더라도 도저히 시카고가 나를 자기 형상대로 만들 수는 없었을 것이다. 명료한 사고 능력을 갖추기 이전에 이미 나는 시카고의 물질적인 중압감에 고집스럽게 반항했다. 나는 왜 내가 처한 환경의 산물이 되는 것을 극구 마다했는지 설명할 수는 없다. 단지 나는 돈벌이, 유용성, 신중함, 사업 같은 것에 전혀 관심이 없었다. 나의 어머니는 내가 현을 켜는 사람이 되기를 원하셨고, 거기에 실패하면 랍비(유대교 율법학자=역주)가 되길 바라셨다. 팔머 하우스(Palmer House)의 정찬에서 음악을 연주하든지 아니면 유대교 성전에서 예배를 맡아보든지 이 두 가지 중에서 선택을 해야 했다. 전통적인 찰짜 유대교 집안의 어린 아들들은 《창세기 *Genesis*》와 《출애굽기 *Exodus*》를 번역하도록 배우기 때문에 만일 길거리라는 위대한 세계에 유혹되지 않았더라면 나는 쉽사리 랍비의 길을 선택했을 것이다. 그 밖에도 경건함을 준수하는 생활이 내게는 어울리지 않았다. 어쨌든지 간에 나는 어려서부터 두루두루 많이 읽었고, 읽다 보니 고대 종교로부터 빨리 벗어나게 되었다. 마지못해 아버지는 내가 17세 되던 해에 대학에 진학하는 것을 허락하셨고, 그곳에서 나는 열의가 대단했지만 (극도로 흥분하여) 제멋대로이고 옹고집이 대단한 학생이었다. 경제학과 학수 번호 201 과목을 신청해 놓고도 대부분의 시간을 입센과 쇼(Show)의 작품을 읽으면서 보내기 일쑤였다. 시 과목에 수강 신청을 했지만 운율이나 시구에 대한 강의가 금방 싫증이 나서 나의 관심은 크로포트킨(Kropotkin)의 《혁명가의 회고록 *Memoirs of a Revolutionist*》이나 레닌(Lenin)의 《해야 할 일이란? *What Is to Be Done?*》과 같은 책에 쏠리곤 했다. 나의 취향과 습성은 작가들의 취향과 습성 바로 그것이었다. 나는 운율에 대한 강의를 받지 않고 시를 내 나름대로 읽기를 원했다. 나는 책을 읽느라 피로해진 눈을 쉬게 하기 위해 남성 전용 클럽에 가서 당구도 치고 탁구도 즐겼다.

나는 무자비한 물질주의의 중심부인 시카고 출신 젊은이의 문화적인 기대감은 실망만 안게 되기 마련이라는 것이 보다 진보된 유럽 사색가들의 견해임을 곧 알게 되었다. 도살장, 제철소, 화물 적치장, 그 도시를 형성하는 산업 단지 내의 원시적인 천막촌, 금융가의 음울함, 야구장 및 프로 권투, 집권당의 정치가들, 금주 시대 갱들의 전쟁 등, 이 모두를 한데 합쳐 보면 이야말로 '사회적 다윈주의자들'이 말하는 어둠의 완전한 모습임을 여러분은 알게 될 것이고, 문화라는 빛이 도저히 침투할 수 없는 것처럼 보이는 게 당연하다는 것을 알게 된다. 가장 진보된 근대 예술 형태의 대변자라 할 수 있는 고도로 세련된 영국인, 프랑스인, 독일인, 이탈리아인들의 판단으로는 이 모든 것이 구제 불능으로 보일 것이다. 이들 외국인의 관찰자 중에서도 일부는 미국이 유럽에 비해 많은 장점을 가지고 있는 것으로 여겼고, 미국이 보다 생산적이고, 보다 활동적이며, 보다 자유롭고, 또 한심한 정치나 파괴적인 전쟁으로부터는 안전한 편이라고 여겼지만, 예술에 관한 한 윈드햄 루이스(Wyndham Lewis)가 말했듯이 화가가 되길 원한다면 미네소타 주의 장로교도로 태어나기보다는 차라리 에스키모로 태어나는 것이 나았을 것으로 여겼다. 종종 그들 나라의 계급 편견으로부터 예외적으로 벗어난 문명화한 유럽 사람들이 그들 자신도 완벽하게 정통했다고 볼 수 없는 편견을, 편리하게 누구나 참가할 수 있는 미국 사회에 심을 수 있었다. 그 누구도 예견할 수 없었던 것은 모든 문명화한 나라들이 결국은 하나의 공통된 세계주의에 이를 수밖에 없다는 점과 보다 오래된 문명이 약화되는 것이 한탄스럽긴 하지만, 그런 약화가 새로운 기회를 열어 주고 역사와 문화에 대한 의존으로부터 우리를 해방시켜 주리라는 점이다. 이것이 쇠퇴의 이면에 가려진 혜택이다. 분명히 야만이 표출되는 시기를 거치기는 하겠지만 새로운 유형의 독립 또한 가능하다.

  미국 사람이 습관적으로 말하는 것처럼 이런 의미에서 나는 나 자신이 불가능과 어려운 처지의 틈바구니에 있음을 발견하게 된다. 유럽의 미국통들은 나를 흔히 흥미로운 잡종(hybrid)으로 분류하는데, 이는 내가 온전한 미국 사람 같지도 않고 그렇다고 그들이 만족하리만큼 유럽화하지도 못했으며, 나의 작품은 철학자, 역사가, 시인들의 인용으로 가득 차 있기 때문이다. 그 인용들은 미국의 중서부라는 테두리 안에서 내가 체계도 없이 뒤죽박죽 닥치는 대로 심취했던 사람들로부터 온 것들이다. 근대 작가들이 항상 그러하듯이 나 또한 독학자다. 기백이 솟구치는 신참자였던 19세기의 소설가들은 마음껏 생각하고 모험하고 대담하게 상상했다. 독립적인 지성들이 모여 그들 나름대로의 합을 이루어 냈다. "나는 세상을 이해하고 있기 때문에 세상은 내 것이다"라고 발자크는 선언했다. 블룸 교수의 이 책을 읽고 나는 독학자가 그렇게 풍부하게 연구한 세상의 책을 의견이라는 담으로 바깥 세상을 봉쇄하려는 소위 '배운 자'들이 펴보지도 않고 덮어 버리는 과오를 범하고 있는 것 같아 두려움을 갖게 된다.

  다른 관점에서 볼 때, 미국의 독자들은 때때로 내 책이 띠고 있는 이방적 색채 때문에 반감을 갖는다. 그들은 내가 구대륙의 작가를 들먹이고, 지식인 티를 내고 또 허세를 부리는 것처럼 느껴진다는 것이다. 내 책의 여기저기 읽기 어려운 곳이 있다는 점에는 나도 선뜻 인정하며, 일반 대중의 무지가 늘어날수록 내 작품은 더욱더 읽기가 어려워질 것이다. 독자들의 정신적 수준을 정확히 측정한다는 것은 그 어느때든 결코 쉬운 일이 아니다. 이왕 누구든지 책을 읽으려는 사람이면 꼭 알고 있어야 하는 것들이 있는 법이고, 또 그들을 존중하는 의미에서, 아니면 외관을 살리기 위해 우리는 그들이 20세기 역사에 대해 객관적으로 수긍할 수 있는 것보다 더 많은 것을 알고 있다고 가정해 버리기 십상이다. 그 밖에도 작가들은, 사람들 사이에는 일종의 심리적 통일성이 항상 있는 것으로 단정해 버린다. "일부 별 문제가 안 될 사소한 차이를 제외하곤 다른 사람도 근본적으로는 나와 같을 것이고 나 또한 틀림없이 그들과 같을 거야"라는 식이다. 한편의 작품은 하나의 제물(祭物)과 같은 것이다. 작가는 자신의 작품을 제단에 바치는 것이고 그 제물이 받아들여질 것을 희망한다. 혹시 거부되었다고 분노에 차서 카인과 같이 되어 버리는 식의 잘못만은 적어도 저지르지 않기를 기원할 뿐이다. 간혹 천진하게도 자신이 가장 좋아하는 주옥같은 작품을 써서 분별력이라고는 전혀 없는 무리에게 내맡기는 수도 있다. 지금은 그 보물의 가치를 전혀 알지 못하는 사람들이 후일에 가서는 알아챌 수도 있다. 작가는 꼭 당대의 독자들만을 대상으로 항상 글을 쓰는 것은 아니다. 작가의 제(諸) 가치를 알아볼 수 있는 진정한 독자가 아직은 형성되지 않았어도 그의 작품이 그러한 독자를 구체화시킬 수도 있다.

나는 가끔 교육받은 미국인을 놀리고 싶을 때가 있다. 예를 들어 나의 소설 《허조그 Herzog》는 익살스럽게 쓰인 작품이다. 즉 미국 명문 대학 출신의 박사는 그의 아내가 딴 남자를 따라가 버리자 이성을 잃어버린다. 그는 편지를 써야만 하는 발작증에 걸려 친구나 친지는 물론 그의 지성을 형성해 준 위대한 인물들인 철학의 거장들에게도 비통하고, 신랄하고, 풍자적이며, 소란스러운 편지를 쓴다. 이러한 위급한 순간에 그가 해야 할 일은 무엇인가? 위안과 충고를 찾아보기 위해 서가에서 아리스토텔레스와 스피노자(Spinoza)를 끄집어내 미친 듯이 여기저기를 뒤적여 보는 것밖에는 없지 않겠는가? 정신을 차려 자신을 되찾고, 이런 시련이 주는 의미를 풀어보고 삶의 의미를 알아보려는 이 상처받은 사나이는 그와 같은 노력이 터무니없다는 것을 선명하게 인식하게 된다. 그의 상황이 우스꽝스럽다는 것을 자인하게 된 그는 드디어 "이 나라가 필요로 하는 것은 하나의 훌륭한 5센트짜리 조직(또는 종합체)이다"라고 적고 있다. 여기서 그는 우드로 윌슨이 대통령이었을 당시 부통령이었던 마샬이 1차 대전에 즈음해서 "이 나라가 필요로 하는 것은 5센트짜리 여송연이다"라고 한 말을 되풀이한 것이다. 어떤 독자는 《허조그》가 난해하다고 불평한다. 불행한 줄은 알지만 그래도 우스꽝스러운 역사 교수를 무척 동정하면서도 그들은 교수의 길고도 해박한 편지에 때로는 거리감을 느낀다. 일부 독자들은 내가 이 책을 통해 그들에게 어려운 사상사 개론 시험을 치르게 한다고 생각하며, 동정과 재치를 난해함과 아는 체하는 것으로 뒤섞어 놓은 것은 내게 잔인한 데가 있기 때문이라고 생각한다.

그런데 나는 바로 이 아는 체하는 것을 이 책에서 우롱했던 것이다.

"만일 그것이 당신의 목표였다면, 당신은 결코 성공했다고는 볼 수 없군요. 당신의 일부 독자는 당신이 그들에게 장애물 경주와 같은 어려운 도전장을 내놓았다고 생각하고 있고 아니면 멘사(MENSA) 회원을 시험하기 위한 까다로운 단어풀이 문제와 맞먹는 도전장을 제시한다고 생각합니다." 하는 것이 거기에 대한 반응일 것이다. 시험을 받은 것 같아 많은 독자는 분개했을 터이고, 반면에 극소수의 독자는 우쭐했을 것이다. 사람들은 우선 자신들의 전문 분야를 가장 심도 있게 생각하고, 그 다음으로는 주의 깊은 시민들 앞에 제시되고 있는 심각한 문제들 - 경제, 정치, 핵폐기물 처리 등 - 을 진지하게 생각한다. 하루의 일과가 끝나면 그들은 즐겁게 쉬길 원한다. 즐거움을 바라는 시간에는 그저 즐거움만 바랄 뿐이고, 어떤 의미로는 나도 또한 여기에 동의하는데, 그 이유는 종종 하는 대로 내가 몽테뉴의 저작들을 읽을 때마다 고전작품의 길디긴 인용을 뛰어넘고 싶은 유혹을 받는 것이 사실이기 때문이다. 고전작품에서 인용할 때마다 고등학교에서 배운 나의 짧은 라틴어 실력은 고전하게 마련이고, 자신을 고등학교 시절로 되돌려 보낸다는 것은 결코 즐거운 일도 못 된다.

《허조그》로 되돌아가 얘기를 끝내자면, 그 소설을 통해 나는 곤경에 빠진 사람에게는 '고등 교육'이 별힘이 되지 않는다는 것을 나타내려고 하였다. 결국 그는 인생을 살아가는 지침에 대한 교육은 전혀 받지 못했다는 것을 깨닫게 되고(이성을 향한 그의 욕구, 여성 문제 및 가족 관계의 문제를 다루는 방법에 대해 가르칠 수 있는 사람이 도대체 대학 어디에 있겠는가?), 그는 놀이 문자대로 원점(Square one)으로 되돌아온다. 나 자신은 그 책을 쓰는 동안 그것을 일종의 균형상의 원점이라 불렀다. 허조그의 혼란은 미개한 것이다. 생각해 보면 그것이 미개한 것일 수밖에 없지 않겠는가? 그러나 그에게는 굳게 버틸 수 있는 한 가지 길이 있고, 그의 익살스러움이 도움을 준다. 즉 더할 나위 없는 혼란 속에서도 영혼에 이르는 통로는 여전히 틔어 있다는 점이다. 통로를 찾기가 어려울 수도 있는데, 왜냐하면 사람이 중년에 이르면 통로라는 것이 지나치게 웃자라기 때문이며, 또 그것을 에워싸는 야생 덤불의 일부는 우리가 소위 교육이라 부르는 것으로부터 자라난 것이기 때문에 그것을 찾아내기가 어렵다. 그러나 그 통로는 언제라도 거기 있게 마련이고, 그 통로가 항상 열려 있도록 살피는 것이 우리가 할 일이다. 우리 내면의 가장 깊은 곳 - 즉 보다 높은 의식 세계를 의식하게 만드는 곳, 그리고 우리는 이런 내면의 깊은 의식을 통해 최종 판단을 내리고 모든 것을 종합하게 되는데 - 에 언제라도 접근할 수 있도록 보살피는 것이 우리가 할 일이다. 역사의 소란으로부터 우리를 의연하게 지켜볼 수 있고 우리가 처한 주위 환경 때문에 우리가 산만해지는 것을 막아 줄 수 있는 힘을 주는 것은 의식 세계의 독립성이고, 바로 이 독립성을 달성하려는 것이 결국 인생의 투쟁인 셈이다. 영혼은 때로 관념(idea)이라는 탈로 구체화하여 주로 영혼의 존재를 부인하려 함은 물론, 더 나아가 심지어는 영혼을 아예 말살해 버리려고 하는 여러 적대세력에 맞서기 위해 그 자체의 터전을 찾아 굳건히 지킬 수 있어야 한다.

낭만주의 시인과 그 밖에 우리에게 교훈을 줄 수 있는 19세기의 여러 이론가들은 잘못 생각했고, 시인과 소설가는 결코 입법자나 인류를 가르치는 스승이 될 수는 없을 것이다. 굳이 예술가의 과제를 설명하고 거기에 목적을 부여해야 한다면, 시인 또는 예술가가 해야 할 일은 사람들에게 새로운 시각을 제공하고 그들로 하여금 이제까지와는 다른 견지에서 세상을 보도록 유도하며, 사람들이 고정된 형태의 경험으로부터 전환하도록 이끌어가는 일로써 그것만으로도 예술가의 과제는 가히 야심만만하다 할 수 있을 것이다. 그런 작업이 유난히도 어려운 이유는 무지에 익숙해져 있고 형편없는 사고가 낙심천만으로 만연되어 있기 때문이다. 이 상황을 가장 적나라하게 표현하자면, 우리는 사상의 세계에 살고 있는데 우리의 생각은 실로 아주 나빠졌다. 그러므로 예술가가 자신을 지성인으로 자처하든 안 하든 그는 사고의 투쟁(thought - struggle)에 휘말려 있다. 그가 받는 고통을 독자적인 사고만으로 고칠 수는 없으며, 따라서 어떤 예술가든지 정교하게 합리적으로 논리를 펴지 않아도 된다는 소박한 은혜에 감사해야만 할 것이다. 내게 있어서 대학은 껍질을 벗는 장소였으며, 그곳에서는 형편없는 사상을 버리는 수고로운 작업에 도움을 준다는 것을 나는 안다. 내가 마르크스주의는 물론 자본주의와 같은 근대 이념을 연구한 곳이 바로 대학이었고, 심리학과 사회 이론 및 역사 이론뿐만 아니라, 철학(논리적 실증 철학, 자연주의, 실존주의 등등)을 연구한 곳도 바로 대학이었다. 없어도 될 것은 벗어 던짐으로써 나의 정신세계가 숨 쉴 수 있는 능력을 회복할 수 있었고, 존재의 근본적인 단순함을 보호함으로써 나는 대학을 결코 성역이라든지 '바깥 세상'으로부터의 피난처라고 생각해 본 적은 없었다. 주변에 격동하는 도시도 없이 격리된 순수 학교촌 생활이 내게는 고문과 같은 생활이었을 것이다. 최근 중부 유럽의 한 '급진적인(radical)' 소설가가 나를 일컬어 '학원 작가'라 했지만 나는 결코 '학원 작가'가 아니다. 오히려 나는 (부러워 할만한 기술이라고 할 수 없는) 1세기에 걸친 혁명적인 수사(修辭)에 담긴 마치 정화되지 않은 하수구의 악취 같은 그 악취를 알아내기 위해 끊임없이 변형하는 급진파의 주제와 보수파의 주제를 식별하도록 나 자신을 훈련시켰고, 이와는 또 다른 방면으로 최근 고어 비달(Gore Vidal)이 '독창적'이라고 열을 올리는 지역 간 정치학(geopolitics)이 실은 허스트 신문의 일요판 주제인 '황색인에 의해 입게 될 화(禍)'와 같다는 것을 지적할 수 있게 되었다. 이런 악취는 지금이라고 30년대보다 향기롭게 느껴질 리는 없다. 이 선동적이고 '행동주의'에 입각한 태도를 지닌 작가들의 열띤 주장들이 하나도 새로울 것은 없다. 그들이 만일 정말로 그들 고유의 것을 들고나올 수 있었다면 대학이 지식계를 독점하지는 못했을 것이다.

  블룸 교수가 펼치는 논의의 핵심은 여론에 지배되는 사회에서 대학은 지적 자유가 보장되는 곳으로서 과거에는 아무런 제약 없이 모든 견해들이 연구 검토되었다는 것이다. 자유 민주주의는 관대하기 때문에 이것을 가능하게 했으나, 대학이 사회에서 능동적 또는 '긍정적' 활동, 즉 참여적 역할을 하겠다고 동의함으로써 사회의 '문제들'이 곧장 대학으로 역류되어 들어와 이것이 대학을 범람시키고 흠뻑 적셨다. 대학이 건강, 성(性), 인종, 전쟁과 같은 문제에 몰두하여 학자들은 명성과 재물을 얻게 되고, 대학도 사회에 제공할 개념을 쌓아 두는 창고와 같아졌다. 그 개념들 중에는 때때로 해로운 영향을 끼치는 것도 있었다. 대학이 미국 전체와 충돌하는 입장에 놓이게 될 인문교육 개혁안을 제안하리라는 것은 상상조차 하기 힘든 일이다. 점점 더 많은 대학 '안[內]'의 사람들이 취향이나 동기 면에서 대학 '밖[外]'의 사람들과 똑같아지고 있다. 나는 바로 이것이 블룸 교수가 말하고자 하는 요지라고 이해하는데, 단순히 논박을 위한 논박 때문에 그가 이런 주장을 한다면, 그의 진술을 쉽게 일축해 버릴 수 있을 것이다. 그의 진술이 결코 만만치 않고, 그것을 심각한 문제로 받아들이게 되는 것은 그의 논쟁을 뒷받침해 주는 역사적 배경이 정확하다는 점 때문이다. 정치 이론에 대한 그의 파악은 경탄하리만큼 완벽한 것으로서, 그는 이 모든 것이 어떻게 생겨나게 되었으며 근대 민주주의가 어떻게 발생했는가, 그리고 마키아벨리, 홉스, 로크, 루소를 포함한 그 밖의 여러 다른 계몽 철학자들이 의도했던 것은 무엇이며, 그들의 의도가 어떻게 성공하고 어떻게 실패했는가를 설명해준다.

  지난 10년간 좌파와 우파의 논쟁이 지나치게 과열되어 격렬해지다 보니, 문명화한 토론의 습관이 신랄해졌다. 반대 입장에 선 사람들은 서로서로 상대방의 이야기에는 전혀 귀를 기울이지 않는 것처럼 보인다. 지적인 논쟁 상대들은 공평무사한 주의(注意)를 가지고 블룸 교수의 책을 읽어 볼 필요가 있다. 블룸 교수의 책에는 중요한 내용이 진술되어 있는 만큼 주의를 기울여 정독해 볼 가치가 있다. 이 책의 결론에 우리가 동의를 한다거나 하지 않는다거나 하는 문제를 떠나, 이 책은 토론에 절대 필요한 지침을 제시하며, 우리의 전통을 그저 훑어본 것이 아니라, 역사적으로 정확하고 완벽하게 밝힌 요약으로서, 민주적 미국 사회에서 보다 높은 정신생활의 발달은 어떠했는가를 집약한 믿을 만한 개요서(槪要書)다.

솔 벨로(Saul Bellow)

머리말

이 글 - 우리 영혼 특히 젊은이들의 영혼 상태와 그들의 교육에 대한 명상 - 은 교육자(teacher)의 시각에 입각하여 쓰였다. 비록 그런 시각에는 엄청난 한계가 있고 위험스러운 유혹이 따르기는 하지만 그래도 특권이 부여된 시각이다. 교육자, 특히 인문과학 분야에 헌신하는 교육자는 인간 완성이라는 목표를 향해 끊임없이 전진해야 하고, 또 현재 여기에 있는 그의 학생들의 본성을 살펴야 하기에 그는 전자, 즉 인간 완성을 이해하려는 노력을 계속하는 것과 동시에 학생들이 거기에 도달하도록 그들의 능력을 평가해야만 하다. 젊은이에게 주의를 기울이는 일, 그들이 애타게 찾는 것이 무엇인지, 그리고 그들이 어느 정도까지 그것을 감당할 수 있는지 알아내는 것 등이 가르치는 직업의 본질이다. 우리는 학생들이 애타게 찾는 것을 탐지하여 그것을 이끌어내야 한다. 필요로 하는 요구에 부응할 수 없는 교육은 진정한 교육이 아니고, 그것을 제외한 그 밖의 다른 어떤 취득도 보잘것없는 전시에 불과하다. 각 세대가 인류의 영원한 관심사와 어떤 관계를 맺고 있는지 그것을 알아보면 그 세대를 잘 알게 된다. 한편 이것을 알아내기 위해서는 각 세대가 가진 취향, 소일거리, 그리고 특히 분노 - 냉정한 자기 인식을 가졌다고 자부하고 있는 이 세대의 경우에는 특히 그 무엇보다 중요한 - 를 살펴보는 것이 최상의 방법이다. 특히 젊은이에게 호소하여 그들의 공감을 얻어 내는 것을 업으로 삼고 있는 여러 협잡꾼들을 살펴보는 것이 한 세대의 특성을 알아낼 수 있는 좋은 방법이다. 이러한 문화적 행상인들이 젊은이들의 취향을 알고자 하는 가장 강한 동기를 가지고 있다. 그 시대의 미궁 같은 정신을 뚫고 나아가는 데 그것들이 유용한 길잡이가 될 수 있을 테니까.

교육자의 관점은 임의로 형성되는 것이 아닙니다. 그의 관점은 단순히 학생들 스스로가 원한다고 생각하는 것에 의해, 또는 교육자가 현재 여기에서 맡고 있는 학생들의 특성에 의해 좌우되는 것이 아님은 물론, 어느 특정한 사회의 요구 또는 변덕스러운 시장의 요구로 그에게 강요될 수 있는 것은 더욱더 아니다. 그와 같은 세력의 수행자임을 증명해 보이려고 언제나 많은 노력을 소모함에도 불구하고, 실제로 교육자는 싫으나 좋으나 인간에게는 본성이 있고 그 본성을 완성시키는 것이 그의 임무라는 인식, 또는 감지에 끌려 행동을 하게 된다. 추상적 관념 또는 복잡한 논리 전개를 거쳐 이러한 결론에 이른 것이 아니다. 그는 학생들의 눈에서 인간의 본성을 읽을 수 있다. 이 학생들은 오로지 가능성일 뿐이고, 그 가능성은 그것 자체를 넘어 시사하는 바가 크다. 이것이 바로 인간은 그가 태어난 특정 환경에 국한되고 그 환경에 의해 형성되는, 그저 우발적으로 생겨난 존재만은 아니라는 희망을 갖게 만드는 근원이다. 거의 언제나 실망을 안겨 주지만 그래도 그 희망은 어김없이 되살아난다. 사회화라는 어휘보다는 조산술 - 다시 말해 아기의 출산이 자연에 의한 것이지 산파에 의한 것이 아닌 조산술 - 이란 말이 교육을 더 적절히 묘사해 준다. 산파와는 별개로 건강한 아이가 태어나면 그것이야말로 교육자의 참 즐거움이고, 이런 즐거움이 그가 가진 그 어떤 청렴한 도덕적 의무감보다도 더 효과적으로 그의 동기를 유발시킬 수 있다. 이런 즐거움 때문에 그의 근본적 체험인 명상이 그 어떤 다른 행위보다 더 만족스럽게 느껴진다. 진정한 교육자는 학생의 관습이나 편견과 같이 사람을 왜곡시키는 세력과 맞서 인간의 본성을 완성할 수 있도록 학생을 도와주는 것이 그의 임무라는 점에 의심을 품지 않을 것이다. 그 본성이 어떤 것인가 하는 데 대한 그의 시각이 조금은 애매모호할 수 있고, 교육자에게는 어느 정도 한계가 있을 수 있지만, 그의 활동은 그를 능가하는 그 어떤 것에 의해 끌려가고 있고, 그것이 동시에 학생의 능력과 성과를 판단하는 기준이 되기도 한다. 더 나아가 진정한 교육자라면 실제로 영혼의 존재와 언어를 통한 영혼의 마력을 믿는다. 영혼의 활동을 유발하기 위해서는 교육의 시작과 동시에 외적 보상과 벌을 필요로 한다고 교육자는 생각하겠지만, 결국 영혼의 활동 자체가 보상이고 활동 자체로 충분하다.

동료들과 함께 있기보다는 젊은이들과 함께하기를 선호하는 사람의 괴팍한 성질을 이런 이유들이 설명해 줄 수 있다. 그는 결점이 있는 '완제품'보다는 장래가 기약되는 '가능성'을 선호한다. 그런 어른들에게는 많은 유혹 - 특히 가르치기에 앞서 선전하고 싶은 욕구라든지 허영과 같은 유혹 - 이 따르게 마련이고, 바로 그런 활동은 알려고 하는 노력보다는 가르치는 것을 선호하는 위험, 학생이 배울 수 있는 것 또는 배우길 원하는 것에 자신을 부합시키려는 위험, 오로지 학생을 통해서만 자신을 알게 되는 위험을 수반하게 된다.

그러므로 가르치는 것이 철학에는 위협이 될 수 있는데, 왜냐하면 철학을 한다는 것은 홀로 탐구하는 외로운 작업이고 이를 추구하는 사람은 절대로 들어 줄 사람을 찾아서는 안되기 때문이다. 그러나 교육자더러 철학자가 되라고 요청하는 것은 너무 지나치며 그에게 귀 기울이는 청중에게 그가 조금쯤 집착을 하는 것은 어쩔 수 없다. 그리고 잘 견뎌 내기만 하면, 악으로 여겼던 것이 미덕으로 변할 수 있고 철학 하는 것을 장려할 수 있다. 학생들에게 한껏 끌리다 보면 영혼의 유형이 다양하다는 것을 우리가 인식하게 되고, 배우는 능력이 다양한 만큼 잘못을 저지르는 데도 다양하고, 진실을 흡수할 수 있는 능력 또한 다양하다는 것을 인식하게 된다. 인간의 낮고 평범한 필요와는 반대로 '인간은 무엇인가?' 하는 본질 문제를 가장 높은 포부와 관련 지워 탐구하기 위해서도 이런 인식의 경험을 선재(先在) 조건으로 갖추고 있어야 한다.

학생들로 하여금 바로 이러한 질문을 자신에게 던지도록 도와주는 것, 그런 질문에 대한 대답이 명료하지는 않으나 그렇다고 결코 얻을 수 없는 것은 아니라는 것을 인식하도록 돕는 것, 이러한 의문에 계속 관심을 갖지 않는 삶은 진지한 삶이라고 할 수 없다는 것을 인식하도록 돕는 것이 인문 교육이다. 젊은이라면 한 번쯤 '나는 누구인가?'라고 묻게 되는 질문을 곡해하려는 모든 노력(그런 노력의 일부가 이제 이 책에서 다루어질 것이고)에도 불구하고, 그 질문과 '너 자신을 알라'고 한 델피 신탁의 분부를 따르려는 강한 충동이 우리 각자의 내부에서 일게 되는 것은 그 무엇보다도 인간은 '인간이 무엇인가?'를 알고자 한다는 것을 의미한다. 그리고 만성적으로 확실성이 결여된 우리의 현 상황에서 이러한 물음은 결국 대안을 알아야 한다는 것과 그 대안들을 생각하고 있다는 것을 의미한다. 인문 교육을 통해 우리는 이러한 대안들을 접하는 기회를 얻고, 이 대안의 대부분은 우리의 천성이나 우리의 시대사조에 역행하는 것들이다. 평이하거나 모두가 선호하는 해답을 물리칠 수 있는 사람이 인문 교육을 받은 사람이고, 이는 그가 고집이 세기 때문이 아니라 고려해 볼 가치가 있는 다른 해답도 있다는 것을 알기 때문이다. 학문이 교육의 전부라고 믿는 것은 어리석은 짓이지만, 학문은 언제나 필요하고 특히 산 본보기가 될 고매한 인격의 소유자가 없는 시대에서는 더욱더 필요하다. 그리고 교육자가 학생에게 줄 수 있는 것은 주로 학문으로서, 책이 인생과 상관이 있다는 것을 수긍할 수 있는 적절한 분위기 속에서 적절하게 실행한다. 그가 가르치는 학생들이 삶을 살게 될 것이다. 교육자가 가장 바랄 수 있는 것은 그가 전달한 것을 통해 학생이 삶을 터득하게 되는 것이다. 대다수의 학생들은 현재가 타당하다고 여기는 선에서 만족하여 안주해 버리고, 나머지 학생들은 의욕적인 정신을 가졌다가도 가족의 성화나 야심 때문에 의욕이 사라져 다른 관심을 찾게 되며, 오로지 극소수만이 그들의 삶을 끝까지 자율적으로 살려고 노력한다. 인문 교육이 존재하는 것은 특별히 이 마지막 학생들을 위해서다. 그들은 인간 능력을 가장 고결하게 사용하는 본보기를 우리에게 보여주고, 따라서 우리 모두에게 은혜를 베푸는 셈이며, 그 은혜는 그들이 하는 일을 통해서 베풀어진다기보다는 그들 자신의 됨됨이를 통해서 베풀어진다. 그런 사람이 없는 사회(그리고 그들이 존경받지 못하는 사회도 여기에 속한다 할 수 있다) - 그 사회가 아무리 풍요롭고 편리하며, 아무리 기술적으로 숙달되어 있고, 부드러운 감정으로 가득 차 있다 하더라도 - 그런 사회를 문명 사회라고 부를 수는 없다.

이렇게 이해된 교육자의 시각에서 30년 이상을 나는 집중적인 관심을 가지고 학생들을 지켜보았고 그들에게 귀를 기울였다. 고등 교육에 입문할 때 그들이 가지고 오는 정열, 호기심, 동경, 특히 이에 앞서 겪은 그들의 체험이 변화했고, 그와 함께 그들을 교육시키는 임무 또한 변했다. 이 책을 통해 나는 이 세대를 이해하는 데 조금이나마 이바지하려고 한다. 나는 도덕을 가르치려는 것이 아니다. 폴리아나 (Pollyanna:미국 작가 엘리노어 포터의 소설 속 여주인공 이름. 극단적인 낙천주의자를 지칭함=역주)는 커녕 예레미야(Jeremiah:유대 왕국의 최후의 예언자. 종교는 사랑과 정신적인 것이어야 한다고 예언했음=역주)가 되고 싶은 생각도 없다. 무엇보다도 이 책을 일선에서의 경험을 토대로 작성한 보고서와 같은 것으로 여겨 주길 바랄 뿐이다. 우리가 처한 상황의 심각성은 독자 여러분 스스로가 판단할 수 있을 것이다. 모든 세대는 각기 나름대로의 문제점을 갖게 마련이고, 따라서 과거에는 모든 일들이 훌륭했다고 주장하는 것은 아니다. 나는 우리의 현재 상황을 묘사할 따름이고, 그것을 과거와 비교하여 우리 자신을 자축하기 위한, 아니면 꾸지람을 하기 위한 근거로 삼고자 하는 의도는 전혀 없으며, 오로지 우리에게 중요한 것이 무엇인지를 분명히 하고 우리의 현 상황 중 어떤 것이 우리만의 독특한 상황인가를 가려내려는 것이 나의 의도다.

이 연구에 사용된 '표본'에 대해 한마디 하자면, 그들은 비교적 높은 지성을 지닌 수천 명의 학생들로서 몇 년간의 대학 교육이라는 특전 덕분에 물질적으로나 정신적으로 그들이 하고자 하는 일을 자유롭게 할 수 있는 - 간단히 말해 전국에서 20 내지 30위권 이내에 드는 명문 대학에 다니는 학생들이다. 이런저런 사정으로 해서 인문 교육을 추구하는 데 필요한 자유를 갖지 못하는 학생들도 있다. 그들은 그들 나름대로 필요한 것이 있다. 그리고 그들은 내가 여기에서 묘사하는 학생들과는 전혀 다른 특성을 가졌는지도 모른다. 그 한계가 무엇이든 나의 표본에는 인문 교육의 이점을 가장 잘 살릴 수 있는 사람들이 집중적으로 응집되어 있고, 그래서 도덕적으로나 지적으로나 국가에 가장 큰 영향을 미칠 수 있는 사람들로 가득 차 있다는 장점을 지녔다. 이와같이 유리한 입장에 있는 젊은이들은 이미 가진 것이 충분하기 때문에 흔히들 그들에게 더 이상 우리의 관심이나 자원을 부여할 필요가 없다고 말한다. 그러나 훌륭한 자질을 제대로 완성시키는 것이 가장 어려운 일이고, 천성이 복잡하면 할수록 타락의 길로 빠져드는 데도 그만큼 민감하기 때문에 그 누구보다도 그들이 교육을 가장 필요로 한다.

교육이 중요하다는 것은 더 말할 나위가 없다. 그중에서도 근대 국가들은 과거의 그 어느 국가보다도 이성을 다양하게 활용하여 건립되었기 때문에, 이성의 본거지라 할 수 있는 대학이 위기에 봉착하면 이는 곧 국가가 당면하는 가장 심각한 위기를 의미할는지도 모른다는 사실을 상기할 필요가 있다.

 이 책을 쓰면서 일생 동안 가르쳐온 나의 경험에 온 마음을 집중시켰다. 나의 생애는 남달리 축복받은 것이었기에 내가 그것을 되돌아보는 과정에서 가장 강하게 느낀 감정은 고마움이었다. 그러므로 감사하는 마음의 표시로 여기에 열거된 사람들은 이 책의 제작에 직접 공헌을 하였다기보다는 오히려 나의 전체 경험에 영향을 준 사람들임을 반영하고 있다. 그런 의미에서 우선 30년 이상 고전물을 가르칠 수 있는 특전을 누리게 해준 학생들에게 감사해야 하고, 특히 나와 친숙한 제자들에게 감사하며, 여기 이 책에서 논의 되고 있는 제반 문제를 그들을 통해 배웠다는 점을 덧붙여 둔다.

 이런 제자로는 브루엘(Bruell, Christopher J.), 프래드킨(Fradkin, Hillel G.), 니콜스 2세(Nichols, Jr., James H.), 팽글(Pangle, Thomas L.), 슐스키(Shulsky, Abram N.) 및 나산 타르코프와 수잔 타르코프(Nathan and Susan Tarcov) 등을 꼽을 수 있는데, 이들은 옛 제자이며 동시에 이제는 아주 당당한 사상가들이자 친구로서, 그들은 그들 자신의 경험과 관찰한 바를 내게 이야기해 주었고 나의 경험과 관찰을 내가 이해하는 데 도움을 주기도 했다. 특히 볼로틴(Bolotin, David S.)은 내 논문에 적극적인 반응을 보였고, 이 책의 중요성을 내게 설득시켰다. 그들 모두가 다 그들 나름의 독특함으로 나의 열의를 북돋아 주기도 하고 누그러뜨려 주기도 하였다. 우(Wu, Michael Z.)는 그의 예리한 통찰력과 비판으로 내게 크나큰 도움을 주었다.

 학생들을 가르치는 입장이고 대화를 함께 나누는 동료들 중에서 솔 벨로(Saul Bellow)와 단하우저(Dannhauser, Werner J.)에 대해 한마디 하고자 한다. 솔 벨로는 특별히 아량을 가지고 내 생각 속에 파고들어, 나로서는 여태껏 시도해 본 적이 없는 길을 가보도록 용기를 북돋아 주었고, 내가 철든 이래 내 일생의 지적 친구인 단하우저는 언제나 그렇듯이 나의 원고를 읽어 주고 통찰력과 솔직한 충고 등을 내게 베풀어 주었다.

 원고를 준비하는 전 과정에서 체르니크(Chernick, Judy)와 테레세 데노프(Terese Denov), 애런슨(Aronson, Erica)은 충실한 친구로서 빈틈 없는 작업을 치러 냈고, 그들은 책을 만드는 과정 중 가장 지루한 단계조차도 무척 흥미진진한 것처럼 보이게 만들었다. 특히 사이먼 앤 슈스터(Simon & Shuster) 출판사의 로버트 아사히나(Robert Asahina), 에디션스 줄리어드(Editions Julliard)사의 베르나르 드 팔루아(Bernard de Fallois) 편집자를 만났다는 것은 특별한 행운으로서, 그들은 내가 이 책을 쓰도록 채찍질해 주었으며, 예상 밖의 많은 시간을 바쳐 이 책을 펴내게 했다. 이어하트 재단(The Earhart Foundation)과 존 올린 재단(John M. Olin. Foundation)은 나를 교수로서, 학자로서 오랫동안 지원해 주었으며, 따라서 나는 그 재단 실무자들에게 깊은 고마움을 느끼고 있다.

끝으로 나는 신들러(Sindler, Allan P.)에게 경의를 표하고 싶다. 그는 내게 헌신적인 대학인의 본보기가 되어 왔다. 그가 하는 일이 여전히 가능성 있고 값어치 있는 일이라는 것을 그는 살아오는 동안 행동으로 입증해 준다.

여기에 열거한 모든 사람들이 나의 의견에 동조하는 것은 아니라는 점을 꼭 일러두어야겠고, 이는 결코 형식적으로 하는 얘기가 아니다.

1986년 5월
시카고에서 앨런 블룸 (Allan Bloom)

서론:우리들의 미덕

 교수가 절대적으로 확신할 수 있는 것 중의 한 가지는 대학에 들어오는 대부분의 학생들이 진리를 상대적인 것으로 믿고 있고, 아니면 그렇게 믿고 있다고 말할 것이라는 점이다. 학생들의 이러한 믿음을 실제로 시험해 볼 때 그들의 반응이 어떠하리라는 것쯤은 쉽게 짐작할 수 있다. 그들은 통 무슨 영문인지를 모르겠다는 반응을 보일 것이다. 도대체 그렇게 자명한 명제가 자명하지 않다고 의심하는 사람이 있다는 것이 그들을 놀라게 하고, 그런 의심은 그들에게는 둘 더하기 둘은 넷이 된다는 것을 의심하는 것과 마찬가지로 비쳐진다. 이것들은 특별히 생각을 필요로 하는 것들이 아니다. 학생들의 배경은 미국 사회를 구성하는 모든 요소를 총망라했다고 할 수 있다. 일부는 종교적인 반면에 무신론자가 있고, 좌익 성향을 띤 사람이 있는가 하면 우익 성향을 띤 사람도 있으며, 일부는 과학자가 되려고 하고, 다른 일부는 인문학자나 전문인이나 사업가가 될 의향을 가졌으며, 가난한 자가 있는가 하면 부자도 있다. 그런 그들을 한데 엮어 주는 것은 그들의 상대주의(relativism)이고 평등에 대해 전념(專念)한다는 점이다. 그리고 도덕적인 의도에서 이 두 요소는 서로 연관이 있다. 진리는 상대적이라는 명제는 이론적인 통찰이라기보다는 하나의 도덕적인 가정(假定)이며, 자유로운 사회를 위한 조건으로 일찍부터 이들의 사고방식은 모두 이러한 틀로 갖추어졌다. 자유 사회의, 전통적으로 미국인이 근거로 삼았던 양도할 수 없는 타고난 권리가 근대에 이르러 진리 상대주의로 대체되었다. 이것이 그들에게 도덕적인 문제라는 사실은, 이러한 도전을 받았을 때 보여주는 그들의 반응을 통해 금방 드러난다 - 즉 이 질문에 그들은 의아함과 격분을 뒤섞어, "그러면 당신은 절대주의자입니까?"라고 되묻는데, 그 이유는 이것이 그들이 알고 있는 유일한 대안이기 때문이고, 이때 그들의 어투는 마치 "당신은 군국주의자입니까?" 아니면 "당신은 정말로 마녀가 있다고 믿는다는 말씀입니까?"라고 묻는 것과 같은 어투다. 후자를 반문할 때면 그들은 분개하게 되는데, 왜냐하면 마녀가 있다고 믿는 사람은 마녀를 잡으려 할 것이고, 따라서 살렘 판사가 했던 일을 되풀이할 사람이라는 의심이 들기 때문이다. 그들이 절대주의를 두려워하도록 가르친 데에서 생겨나는 위험은 잘못을 가르쳤다는 것보다 편협을 가르쳤다는 것이다. 개방적이려면 상대주의가 필요하다. 지난 50년 이상을 모든 초등 교육이 헌신의 노력으로 주입시키려고 하였던 것이 상대주의이고 어떤 의미에서는 이것만이 유일한 가치다. 개방 - 그리고 상대주의, 즉 진리에 대한 다양한 주장과 각양각색의 생활 양식, 여러 종류의 사람들 틈바구니에서 유일하게 가능한 자세인 상대주의 - 은 우리 시대가 낳은 중대한 통찰이다. 이를 진정으로 믿는 사람이 정말로 위험하다. 역사와 문화에 대한 연구는 과거에는 세상이 모두 미쳤다고 가르치며, 사람들은 항상 자신들이 옳다고들 생각했고, 그 결과로 전쟁, 탄압, 노예 제도, 타민족 공포증, 인종주의, 배타주의 등을 낳았다고 가르친다. 잘못을 고쳐 진정으로 올바르고자 하는 데에 초점을 두는 것이 아니라, 오히려 내가 옳다는 생각은 아예 하지 말자는 데에 초점을 맞춘다.

물론 학생들은 자신들의 의견을 옹호하지 못한다. 이런 의견은 그들에게 주입되었다. 최대로 그들이 할 수 있는 것은 현재 존재하고 있는 의견과 문화, 그리고 전부터 있던 의견과 문화를 지적하는 것이 고작이다. 무슨 권리로 내가 또는 그 누구라도 이것이 저것보다 낫다고 할 수 있는가 하고 그들은 반문한다. "가령 여러분이 영국의 행정관으로 인도에 파견되었다 하자. 그런데 여러분의 관리 구역 내에서 본토인들이 죽은 한 남자의 장례식에서 과부를 산 채로 함께 화장시키려고 한다면 여러분은 그것을 그대로 내버려둘 것인가?" 그들을 반박하고 또 생각하도록 만들기 위해 이와 같이 틀에 박힌 질문을 던지면 그들은 침묵을 지키든지 아니면 도대체 영국인들이 그곳을 점령하지 말았어야 했다고 대답한다. 그들이 남의 나라에 대해서, 또는 자기 나라에 대해서 많은 것을 알고 있는 것은 아니다. 그들 교육의 목표는 그들을 학자로 만들려는 것이 아니라 그들에게 도덕적인 가치 - 즉 개방적인 자세 - 를 가지도록 해주자는 것이다.

  모든 교육체계에는 달성하고자 하는 도덕적 목표가 있다. 그리고 교과과정에 그것을 반영시키고자 하고 특정한 유형의 인간이 배출되기를 기대한다. 이러한 의도가 크든 작든 분명하게 명시되고, 이는 어느 정도 심사숙고해서 나온 결과다. 그러나 심지어 읽기, 쓰기, 셈하기 등과 같이 가치 중립적인 과목조차도 교육을 받은 사람이면 갖추고 있어야 하는 품목이다. 어떤 국가는 경건한 사람을 만들어 내는 것이 교육 목표이고, 어떤 국가에서는 호전적인 사람, 또 어떤 국가에서는 부지런한 사람을 배출하는 것이 교육 목표다. 항상 중요한 것은 어떤 정치 체제를 가지고 있느냐 하는 것으로서, 각 체제는 그것이 지닌 근본 원칙에 부합하는 시민을 필요로 하게 된다. 귀족주의 체제는 신사를 원하고, 소수 독재 정치는 돈을 숭상하고 추구하는 사람을 원하며, 민주주의는 평등을 사랑하는 사람을 원한다. 인정하든지 안 하든지 간에 민주 체제의 교육은 민주 체제에 대한 취향과 지식, 그리고 이를 지지하는 성향을 갖춘 남녀를 배출하기를 바라고, 또 그런 남녀를 배출할 필요가 있다. 우리 공화국의 역사를 통해 어떤 유형의 인간이 우리 제도에 가장 적합한 인간인가 하는 데 대한 의견은 분명히 변화했다. 우리의 모범형은 합리적이고 부지런한 사람으로부터 시작하였으며, 그는 정직하고 법을 존중하며 가족(그의 직계 가족 - 가족이 붕괴되자 이제는 핵가족이라 불리게 되었지만)에게 헌신하는 사람이어야 했다. 그 무엇보다도 그는 권리의 교리, 즉 그것을 구체화한 헌법을 알아야 했고, '자유의 이념으로 건립되고 모든 인간은 평등하게 창조되었다는 명제에 헌신하는' 국가의 출현을 알려주고 찬양해 주는 미국의 역사를 알아야만 했다. 온건하게 표현되고 모든 사람의 이성에 호소하는 독립 선언문의 글귀와 정신에 강력하게 집착하는 민주 시민을 기르는 것이 교육의 목적이었다. 이러한 교육 목표가 요구하는 것은 전통 사회가 요구하는 애착과 다르다. 전통사회는 엄격한 질서, 권위, 대가족 제도뿐만 아니라 신화와 열정을 통해 직감적이고 무조건적이며, 심지어 광적인 애국심을 자아내지만 이와는 달리 미국은 명상적이고 합리적이며 냉정하고 심지어 자기 이익에 부합되는 충성 - 국가에 대한 충성이 아니라 정부 형태와 정부의 합리적 원리 원칙들에 대한 - 을 필요로 했다. 이것은 정치적으로 이제껏 없었던 전혀 새로운 실험이었고, 이와 함께 새로운 교육도 생겨나게 되었다. 이런 교육이 지난 반세기 동안에 민주적인 사람을 키우는 교육에서 민주적인 품성을 키우는 교육으로 변해갔다.

  이 둘의 차이점은 미국 사람이 된다는 것이 무엇을 의미하는가에 대한 인식이 뚜렷하게 변한 데에서 쉽게 찾아볼 수 있다. 인간에게는 모두 타고난 권리가 있다는 것을 인식하여 이를 받아들이고 나면 인간은 서로 융합될 수 있고 동일함을 느낄 수 있는 바탕이 마련된다고 믿는 것이 예전의 관점이었다. 타고난 권리를 인식하고 나면 계급, 인종, 종교, 출신 국적, 문화와 같은 것은 모두 문제가 되지 않거나 애매모호한 것으로 보이게 되고, 이 인식을 통해 인간은 공통의 관심을 갖게 되고 진정한 형제애를 갖게 된다. 이민 온 사람들은 쉽사리 취득할 수 있고 새로운 교육을 위해 구대륙에서의 버릇을 버려야만 했다. 이것이 반드시 먼저 가졌던 일상의 습관이나 종교를 포기한다는 것을 의미하는 것은 결코 아니고, 다만 새로운 원칙에 먼저 가졌던 것들을 예속시킨다는 것을 의미했다. 천성 자체를 균질화하려는 경향이 있었던 것은 혹시 필요에 의한 것이었을는지도 모른다.

  최근의 개방 중심 교육은 이 모든 것을 거부한다. 타고난 권리라든지 우리의 체제의 역사적인 근원에는 전혀 주의를 기울이지 않고, 이제는 오히려 그것 자체가 근본적으로 결함이 있었고 퇴화된 것이었다고 생각한다. 요즘 교육은 진보적이며 미래지향적이다. 기본적인 동의를 요구하지도 않고 자연에 대한 신념을 위해 예전의 신념이나 새로운 신념을 포기하라고 요구하지도 않는다. 그것은 모든 유형의 사람, 모든 형태의 생활 양식, 모든 이념에 개방적이다. 모든 것을 개방적으로 받아들이지 않는 사람을 제외하고 그들에게는 적조차 없다. 그러나 모두가 공유할 수 있는 목표나 공익에 대한 뚜렷한 시각이 없는 상태에서 사회계약이 더 이상 가능할 수 있을까?

  자유주의 사상이 대두되면서부터 무분별하게 자유를 향해 나아가는 경향이 생겨났다. 홉스와 로크, 그리고 이들을 추종했던 미국의 국가 건립자들은 시민 투쟁의 요인이 되는 극단적인 신념, 특히 종교적인 신념을 완화시킬 것을 꾀했다. 모든 교파의 일원들은 우선 법에 복종해야 하고 헌법에 충실해야만 했다. 그들이 이점을 준수하는 한 아무리 그들의 믿음이 마음에 들지 않는다 하더라도 사람들은 그들을 자유로이 내버려 두어야만 한다. 이와 같은 제도가 제구실을 하도록 만들기 위해 종교적인 신념을 약화시키려는, 은밀했을는지는 모르나 의도적인 노력이 있었고, 그런 노력의 일부가 종교를 지식으로 규정하지 않고 이와는 대조가 되는 소견의 영역에 속하는 것으로 규정했는데 - 이는 인식론적 노력의 중대한 결과다. 그러나 종교의 자유에 대한 권리는 지식의 영역에 속했다. 그와 같은 권리는 의견의 문제가 아니다. 여기서 신념의 약화를 바란 것은 아니다. 그와는 정반대로 민주주의에서 도덕적인 열의의 활동 무대는 곧 권리의 영역이었다.

사회 및 정치적 규율로부터 면제되는 영역을 넓히는 것이 가능했는데, 이는 오로지 도덕적, 정치적 지식의 자격을 축소시킴으로써 이루어진다. 근대 민주적 사상에는 이러한 양상이 있기 때문에 자기 마음대로 살겠다는 욕구가 지칠 줄 모르고 번창한다. 종국에 가서는 그와 같은 지식이 완전히 없어져야만 비로소 완벽한 자유를 얻을 수 있는 것으로 여기기 시작한다. 억압하는 사람을 저지하는 가장 효과적인 방법은 이익에 대해서는 그들이 무지하다고 그들을 설득시키는 것이다. 극단적인 민주이론에 설득되어 한창 달아오른 감수성은 그 어떤 제한이라도 급기야는 임의적이고 독재적인 것으로 체험하게 된다. 절대적인 것은 없지만 자유는 절대적이다. 물론 그 결과로 한편에서는 자유를 정당화하는 토론이 사라지고, 다른 한편에서는 처음에는 종교적인 신념만을 약화시키겠다고 생각하였던 다른 모든 신념이 약화된 성질을 띠기 시작했다.

예를 들어 홈즈(Holmes, Oliver Wendell) 같은 사람이 민주 사회에서 용납될 수 없는 언어와 행동을 결정지어 주는 원칙을 찾으려는 노력을 부정하고, 그 대신에 어느 모로 보나 공공질서의 유지만을 유일한 공동의 이익으로 만드는 애매모호하며 실질적으로는 아무 의미가 없는 기준 - 분명한 현재의 위험인 기준 - 을 호소했을 때 이미 점차적으로 중심이 권리에서 개방으로 이동해 갔음이 분명해졌다. 그의 이런 의견 이면에는 진보를 낙관적으로 보는 견해가 있었기 때문이었는데, 즉 그는 민주 원칙이 완전히 파괴된다거나 야만 상태로 되돌아간다는 것은 불가능하다고 믿었고, 아무런 도움 없이 진리가 이념의 시장에서 항상 승리하게 마련이라고 믿었다. 나라를 세운 사람들은 이러한 낙관론에 동조하지 않았고, 그래서 그들은 민주 정부의 원칙으로 되돌아갈 것과 그 원칙에 자문(諮問)을 구할 것을 주장하였다. 그 결과로 비록 일부 견해는 혹독하게 다루어지고, 다른 견해는 존경할 수는 없으나 참아 넘기고, 또 어떤 견해는 아예 금지시키는 한이 있더라도 상관치 말아야 한다고 주장했다. 그들의 사고방식으로는 관용을 모르는 사람을 용납해서는 안 된다는 것이다. 자유분방한 표현이 분명하고 현존하는 위험으로 나타나지 않는 한 그것을 제한해서는 안 된다는 개념을 좇았더라면, 링컨의 평등 원칙에는 타협이 있을 수 없고, 평등 원칙(principle)은 국민들의 선택이나 선거에 의존하는 것이 아니라, 우선 그 원칙이 있기에 선거가 가능하며, 대중의 주권 행사를 따랐더라면 분명히 시민들 간의 피비린내 나는 싸움은 피할 수 있었음에도 불구하고, 흑인 노예제도 문제에 관해서 대중의 주권 행사를 허락할 수 없다는 주장은 불가능했을 것이다.

하지만 그럼에도 불구하고 이론적인 비평을 동원하고 자연의 마지막 속박에 정치적으로 반항함으로써 타고난 권리가 기본이라는 주장을 누르고 개방이 승리를 거두었다. 시민 교육은 건국에 중점을 두던 것에서 벗어나 역사와 사회과학을 바탕으로 한 개방에 중점을 두게 되었다. 심지어는 건국조차 부인하려는 경향이 일반화되었고, 새로운 것에 대해 보다 더 많은 개방이 허용되도록 하기 위해서 건국할 때부터 문제점을 지닌 채 출발하였다는 것을 증명하려 했다. 찰스 비어드(Charles Beard)의 마르크스주의와 베커(Becker, Carl)의 역사주의에서 시작된 것이 일상적인 것으로 되어 버렸다. 우리는 국가 건립자들이 인종주의자였고 인디언을 살해한 사람들이며 계급 이익을 대표한 인물이었다고 하는 얘기를 늘 들어왔다. 대학 시절에 나는, 매우 유명한 학자이며 나의 첫 번째 역사 교수였던 조지 워싱턴이 설명한대로라면 우리가 우리의 정치 체제를 경멸하는 결과를 가져오지 않겠느냐고 질문한 적이 있었다. 그는 "결코 그렇지 않다"라고 대답하고 "개인이 중요한 것이 아니라, 우리 모두가 훌륭한 민주적 가치를 갖는 것이 중요하다"라고 말했다. 그 말에 나는 다시 "그러나 교수님께서는 지금 막 워싱턴은 오로지 그가 속한 버지니아 주의 지주계급을 위해 그 가치들을 이용한 것에 불과하다는 것을 저희들에게 보여 주시지 않았습니까?"라고 응수했다. 그 교수는 화를 냈고, 그것이 그 사건의 끝이었다. 민주주의의 가치는 움직이는 역사의 한 부분이고 그래서 이것을 그가 따로 설명을 하거나 옹호할 필요가 없다는 담담한 확신으로 그는 자신을 위안했을 것이다. 역사에 대한 연구가 보다 많은 개방을 가져오게 만들고, 따라서 민주주의 또한 폭이 넓어진다는 도덕적인 확신을 가지고 그는 그의 역사 연구를 계속할 수 있었을 것이다. 파시즘의 체험을 통해 민주주의가 얼마나 다치기 쉬운 것인가 하는 것을 우리 모두가 최근에 경험했는데도 그는 아무런 영향을 받지 않았다.

우리가 밀(Mill, J. S.)과 듀이(Dewey, J.)를 통해 배운 타고난 권리가 없는 자유주의는 막 생겨나는 것, 새로운 것, 표출하는 진보로부터 우리를 봉쇄하는 것만이 우리가 당면하는 위험이라고 가르쳤다. 사람들로 하여금 도덕적 미덕을 따르도록 유도하는 도덕적 미덕이나 기본 원칙에는 전혀 주의를 기울일 필요가 없었다. 지금 한창 유행하는 말을 빌자면 시민 문화가 도외시 되고 있었다. 그리고 자유주의에서 나타난 이런 전환이 우리에게 문화 상대주의와 사실 가치(fact - value)를 구분하는 계기를 마련해 줌과 동시에 이런 것들이 그 견해를 더욱더 진척시켰고 지적인 비중을 더해준 것 같다.

편견을 극복하기 위해 역사와 사회과학이 다양한 방법으로 이용된다. 인류학에서 나온 용어인 종족 중심주의에 우리가 빠져서는 안 된다고 가르치는데, 이런 사실을 통해 개방이 갖는 의미가 무엇인지 좀더 알게 된다. 우리는 우리의 방식이 다른 사람들 것보다 낫다고 생각해서는 안 된다. 학생들에게 다른 시대, 다른 민족에 대해 가르치려는 것이 아니라 그들이 선호하는 것은 결국 - 시대와 공간적 우연인 - 선호에 불과하다는 것을 인식하도록 만들려는 의도가 더 강하다. 믿음 때문에 그들이 개인으로서 또는 한 국민집단으로서 자신들이 그 누구보다도 탁월하다고 생각할 권리가 부여되는 것은 아니다. 이런 경향이 얼마나 우스꽝스러운 경지에까지 이르렀나 하는 본보기가 존 롤즈(John Rawls)로서 그는 경멸하지 못하도록 사람들을 설득하고 힘을 행사할 수 있는 정부계획안을 제시하는 데 많은 지면을 할애한다. 《정의론 *A Theory of Justice*》이라는 저서에서 그는 물리학자나 시인이라고 해서 일생 동안 풀잎이나 세며 또 이와 비슷한 무익하고 타락한 활동이나 하면서 지내는 사람을 얕잡아 보아서는 안 된다고 서술하고 있다. 자기 평가와는 대조적으로 남으로부터의 평가를 원하는 것이 모든 인간의 기본 욕구이기 때문에, 실로 그를 존중해 주어야 한다. 따라서 무차별은 도덕적 임무이며, 그 이유는 반대가 차별이기 때문이다. 이런 어리석은 행위는 인간이 인간 본연의 선(good)을 추구하고, 그것을 찾았을 때 경탄하는 것을 허락하지 않는다는 것을 의미하는데, 왜냐하면 그러한 발견과 함께 나쁜 것도 발견하게 되고 따라서 그것을 경멸하게도 될 테니까. 본능과 지성은 교육을 통해 억제되어야만 한다. 자연적인 영혼을 인위적인 영혼으로 대치시켜야 한다.

미국에서 도덕이 이렇게 변하게 된 바탕에는 다양한 국적, 다양한 종교, 다양한 인종의 남녀가 함께 공존하고 있기 때문이고, 그들 대부분이 이런 다양한 집단에 속한다는 이유로 푸대접을 받았기 때문이다. 프랭클린 루스벨트(Franklin Roosevelt)는, 우리가 원하는 사회는 "그 누구도 소외되지 않는 사회"라고 선언했다. 외부 사람이 타고난 권리를 준수한다는(다시 말해 그 권리를 준수함으로써 내부인이 된다면) 것을 전제로 하면, 우리 체제가 고유하게 가지고 있는 타고난 권리로 이 푸대접의 문제를 해결하기에 충분함에도 불구하고, 우리의 교육자들에게 영향을 준 사상가들이 여기에 만족하지 못한 이유는 참정권 및 그 밖의 여러 정치적 권리의 행사가 곧 자동으로 사회적 수용으로 이어지지 못했기 때문이었다. 법적으로 평등하게 보호된다고 해서 유대인 또는 이탈리아인 또는 흑인이기 때문에 받는 모욕이나 증오로부터도 보호되는 것은 아니었다.

외부인이 자신들의 '문화적' 고유성을 포기하고 타고난 권리에 참여하여 보편적이고 추상적인 존재가 되든지, 아니면 가장자리나 맴도는 인생으로 전락할 수밖에 없다는 생각에 저항하는 것이 이 문제에 대한 첫 번째 반응이었고, 두 번째로는 헌법 자체는 중립인 국가에서 다수가 자신들의 특정한 '문화' 양식을 나머지 사람들에게 강요하는 것에 분노를 표시하는 것이었다. 이런 '집단' 또는 '소수민'에게 떳떳한 위치를 마련해 주기 위해서 - 줄 태도가 전혀 되어 있지 않은 사람에게서 억지로 비틀어서라도 존경을 얻어 내기 위해 - 고안된 것이 개방이다. 그것은 압도적인 다수[최근에 이르러서 이들은 WASP(White Anglo - Saxon Protestant, 즉 앵글로 색슨 계열의 백인 개신교도=역주)라 불리는데, 이 명칭은 사회학이 국민 의식을 재조명하는 데 성공을 거두었음을 보여주는 일례다]의 우월감을 약화시키기 위해 착안된 것이기도 하다. 지배적인 다수가 이 나라의 지배적인 문화를 형성하게 되고, 따라서 그들이 가진 전통, 문학, 취향, 언어는 물론 그들의 개신교까지 이 나라의 문화가 되었으며, 그들의 언어가 중심 언어가 되었기에 그들은 그 언어를 감독·관리하겠다는 특별한 주장을 하게 되었다. 20세기 미국의 정치사상과 사회과학이 갖고 있는 대부분의 지적 구성은 다수에 대한 비판을 목적으로 구축된 것이었다. 건국의 취지를 방해물로 취급했고, 우리 정치의 또 다른 가닥인 다수주의를 극복하여 모든 집단이 자기 고유의 신념과 성향을 추종할 수 있는 소수민과 다양한 집단의 국가를 이룩하려고 애썼다. 특히 지성적인 소수민은 모든 다른 사람들의 방어 및 대변자로 자처함으로써 자신들의 지위가 향상될 것이라고 기대했다.

소수민에 관한 건국 당시의 의도가 이와 같이 뒤바뀐 것은 놀라운 일이다. 국가 건립자들은 소수민을 일반적으로 별 소용이 없고, 주로 파벌 또는 이기적인 집단, 즉 공통의 이익에는 전혀 관심이 없는 집단으로 여겼다. 보다 오래된 정치사상가들과는 달리 그들은 파벌을 억제한다거나 조화 있고 동질성을 가진 시민으로 교육시키겠다는 희망은 아예 염두에 두지 않았다. 오히려 그들은 파벌을 수용할 수 있는 하나의 정교한 조직체를 구축하여 파벌이 서로 상쇄되도록 하였고 공동의 선을 추구할 수 있도록 하였다. 그들도 선을 길잡이로 참작하고는 있었지만, 그것은 파벌을 묶인함으로써 달성되었고 고전적인 정치사상에서보다는 덜 직접적이었다. 건국을 기초한 사람들은 기본적인 권리에 관해서는 다수의 국민적인 합의가 달성되기를 바람과 동시에 그 다수가 합의된 기본권리를 뒤엎는 데에 그들의 힘을 이용하는 것은 막고 싶어 했다. 하지만 20세기의 사회과학에서는 공동의 선이라는 것이 사라지고 그와 함께 소수인에 대한 부정적인 견해도 사라진다. 소수를 보호하기 위해 다수라는 개념 - 지금은 이기적인 이해관계로 파악되고 있는 - 자체를 없앤다. 이러한 현상은 헌법 이념이 가지고 있는 다수와 소수 간의 교묘한 균형을 깨뜨린다. 공동의 선이 없는 그와 같은 시각에서 볼 때, 소수가 더 이상 문젯거리로 여겨지지 않으므로 그들을 보호하는 것이 정부의 중심 역할로 부상하게 된다. 이것이 어디로 가게 될는지는 뻔하다. 그 예가 로버트 달(Robert Dahl)의 《민주론에 관한 서문 A Preface to Democratic Theory》에 잘 나타나 있다. 미온적인 태도를 가진 사람들과는 대조적으로 진심으로 관심을 갖는 개인이나 집단은 그들의 '열렬함'과 '헌신'의 대가로 특별히 주목을 받고, 특별한 권리를 누릴 자격이 있으며, 이것이 이성 대신 새로운 정치적 유효성을 갖게 된다. 건국을 기초한 선조들은 광신을 약화시키고 무력하게 만들려고 했던 반면, 달은 그것을 조장한다.

소수민에 대한 이 처방은 반동주의자와 진보주의자는 물론 20년대 30년대에도 여전히 헌법이 강요하는 정치적 해결을 받아들이지 않았던 모든 사람들에게 엄청난 호소력을 발휘했다. 반동주의자들은 계급 특권과 종교조직의 억압을 좋아하지 않았다. 그들은 온갖 이유를 들어 평등을 수락하지 않았다. 남부인들은 평등에 대한 도덕적 서약이 헌법의 핵심이라는 것을 익히 잘 알고 있었고, 따라서 흑인을 차별하는 것은 비난받을 일이라는 것 또한 잘 알고 있었다. 헌법은 그저 단지 일련의 정부 규칙을 늘어놓은 것이 아니라, 전 연방을 통해 집행되어져야 하는 도덕적 질서를 의미했다. 그럼에도 역사를 보는 미국인들의 관점에 남부의 작가와 사회학자들이 미친 영향은 강력한 것이었고 우리는 이 점을 충분히 알아채지 못하고 있다. 그들은 자신들이 가지고 있었던 '특수한 제도'가 일종의 매력적인 변형이었으며 문화적 개성이었다고 규명하는 데에 놀랄만한 성공을 거두었고, 여기에 헌법은 무관심한 태도를 보인 것만도 못한 꼴이 되었다. 종족 중심주의가 배제된 개방이 그들에게는 고향에 있는 식구들과 동일한 권리를 주장하며 침범해 들어오는 외부인에 맞서 자신들의 생활방식을 옹호하기 위해 꼭 필요하고도 이상(理想)적인 현대판 방어책이다. 남부인들이 낭만적으로 헌법을 실패로 단정하고 '민중 사회'는 기능적이고, 돈만 아는 생활양식을 가졌으며 이기적인 개인들로 되어 있고, 따라서 뿌리 깊이 조직화한 공동체를 파괴한다고 여겨 여기에 적대감을 표시한 것이 모든 정치적 불평 분자들에게는 호소력이 있었다. 1960년대의 신좌파는 헌법에 명시된 권리와 그 권리를 행사할 연방 정부의 권한 행사에 따르는 위협으로부터 남부의 관습을 보호하기 위하여 발전시켰던 것과 똑같은 이데올로기를 표현하였다. 그것은 자유 민주주의를 '부르주아 사회(bourgeois society)'라고 야유하며, 맞서기 위한 우파와 좌파의 오래된 연합의 되풀이일 뿐이다.

1920년대와 1930년대의 진보주의자들은 재산권에 대한 법적인 보호를 좋아하지 않았고, 다수의 의사와 기분 내키는 대로 살려는 것에 대해 속박하는 것을 좋아하지 않았다. 그들은 평등이 충분히 이루어지지 못했다고 생각했다. 스탈린주의자들 역시 민주주의를 개방적으로 규정짓는 것이 유용하다는 것을 알았다. 미국 헌법은 소련 연방의 이론과 현실에 아주 격렬하게 충돌하였다. 그러나 민주주의가 끝없는 개방을 의미하고, 다른 문화에 대한 존경이 교조주의자들과 소련 현실을 타고난 권리에 기초하여 비난하는 것을 막아줄 수 있다면, 언젠가는 그들의 방식이 우리의 방식으로 될 수도 있다. 나는 훌륭하고 보기 좋은 종이에 새로 인쇄된 초등학교 역사 교과서에, 이윤을 남긴다는 동기 없이 집단 농장에서 농부들이 함께 살고 일하는 그림이 실려 있던 것을 기억한다. (어린이는 그것의 쟁점이 무엇인지 이해할 수는 없지만 그것들을 선전하기는 쉽다.) 그것이 우리의 생활방식과는 매우 달랐지만 우리가 그것에 폐쇄적인 태도를 보여서는 안 되고 우리가 가진 문화적 편견을 보여서도 안 되었다.

마거릿 미드(Margaret Mead)같이 성(性)을 주제로 삼은 탐색가와 미국이 너무 편협하다고 느끼는 여러 다른 사람들은 우리가 다른 민족의 문화를 알아야 하고 또 존경하도록 배워야 함은 물론 거기에서 얻게 되는 것도 많다고 말했다. 그들이 인도하는 대로 따라가 마음을 열고 우리의 금기를 사회적 제약 정도로 생각하는 등 자신을 해방시킬 수도 있다. 여러 문화를 둘러보고 우리가 우리 원래의 성향을 청교도적인 죄의식으로 억압했다는 사실을 재확인할 수도 있을 것이다. 이렇게 개방을 설교하는 사람들은 모두 미국의 독립 선언문이나 헌법에 흥미가 없는 사람들 아니면 적극적으로 적개심을 보이는 사람들이었다.

인권 운동이 사상의 이와 같은 변화를 잘 나타내 주는 본보기다. 이 운동의 초기에는 전략적, 기질적 차이에도 불구하고 중요한 지도자 대부분이 독립 선언문과 헌법의 기초 위에 이 운동을 이끌어 갔다. 그들은 백인들이 가장 야만적인 불의를 저질렀을 뿐만 아니라, 자신들이 가장 신성하게 여기는 원칙 자체를 역행한다고 백인들을 비난할 수가 있었다. 인간으로서 타고난 권리 및 정치권에 의해 자신들에게 속하는 평등을 요구했다는 점에서 흑인들은 진정한 미국인이었다. 이런 자세는 타고난 권리의 원칙이 진실임과 헌법 전통 속에서 그 원칙이 가장 효율적이라는 것을 굳게 확신하는 것을 의미했는데, 비록 퇴색되긴 했지만 헌법 전통이 장기적인 안목에서는 결국 그러한 원칙을 달성하는 데 공헌하고 있다. 그래서 그들은 국회, 대통령, 그리고 그 무엇보다도 사법부를 상대로 활동했다. 그와는 대조적으로 옛 인권 운동을 대신해 나타난 흑인 인권 운동(Black Power Movement:흑인 지위 향상 운동. 흑인 해방 운동이라고도 불림=역주)은 - 이 운동의 과격함과 자존심에 관한 수긍이 가는 강조와 가납해 달라고 간청하기를 거부하는 태도 따위는 내놓고라도 - 헌법 전통이 언제나 타락해 있었으며, 노예 제도에 대한 방어 수단으로 만들어졌다는 견해를 그 운동의 핵심으로 견지했다. 그 운동이 요구한 것은 흑인들의 주체성이었지 보편적인 권리가 아니었다. 권리가 중요한 것이 아니라 권력이 중요했다. 그 운동은 흑인을 단순히 인간으로서 존중해 달라고 한 것이 아니라, 흑인을 흑인으로 존중해 달라고 주장했다.

그러나 헌법은 개인을 흑인으로서, 백인으로서, 황색인으로서, 천주교도로서, 개신교도로서, 또는 유대교도로서 존중한다고 약속하지는 않았다. 헌법이 보장하는 것은 인간으로서의 개인 권리를 보호하겠다는 것이다. 하지만 이제는 아마도 대다수 미국인에게서 그럴 것이지만 이것으로는 충분하지 못하다는 판명이 났다.

이 모든 것이 미국 젊은이들의 교육에 영향을 끼쳐 그들이 미국의 역사와 미국 역사상 영웅으로 여겨왔던 인물들에 대해 점점 모르게 되었다는 것이다. 그들이 대학에 올 때 함께 가지고 왔던 몇 안 되는 것 중 하나가 미국의 역사와 역사상의 영웅에 대한 지식이었고 이는 그들의 생활과 관계가 있었다. 다른 민족과 문화에 대해 수박 겉핥기식으로 조금 아는 사실과 몇몇 사회과학의 방식을 제외하고는 이것을 대신할 대체물이 제공되지 않았다. 이 중 중요한 것은 하나도 없고 그 부분적인 이유는 젊은이들에게 다른 시대, 다른 지역의 정신을 진실되게 전달하는 데는 전혀 관심을 기울이지 않기 때문이고, 또 그것이 그들이 영위하게 될 인생이나 또는 그들의 현재 열정과는 아무 직접적인 상관이 없다는 것이 학생들의 생각이기 때문이다. 이런 교육으로 주입된 젊은이들 중에 중국인이나 로마인 또는 유대인에 대해 모든 것을 알고 싶은 열망으로 가득 차게 되는 경우가 생긴다는 것은 드문 일이다.

 오히려 그와는 정반대다. 그와 같은 것에 대해 무관심해질 뿐인데, 왜냐하면 상대주의가 교육의 참된 동기인 훌륭한 생활의 추구를 소멸시켰기 때문이다. 젊은 미국인들 사이에서는 낯선 곳에 관한 지식이나 관심이 점점 낮아져 가고 있다. 과거에는 영국, 프랑스, 독일 또는 이탈리아에 관한 것을 실제로 알고 사랑하는 학생들도 많았는데, 그것은 거기에서 살아 볼 것을 꿈꾸거나 아니면 그런 나라의 언어와 문학에 동화됨으로써 자신들의 삶이 좀 더 풍요로워질 것이라고 생각했기 때문이었다. 그와 같은 학생이 이제는 거의 사라졌고, 남아 있는 학생들은 기껏해야 제3세계의 정치적 문제에 관심이 있고, 아니면 그들의 옛 문화는 그대로 살리면서 현대화하도록 돕는 데에만 관심이 있다. 이러한 것이 다른 민족으로부터 배우는 것이라고 볼 수는 없다. 이것은 오로지 겸손한 양 생색을 내는 태도이며, 새로운 형태의 위장된 제국주의다. 평화 봉사단의 정신 상태가 바로 이런 것으로서 배우려는 의지를 가열하게 하는 것이 아니라, 선한 일을 한다는 이른바 세속화된 선행을 고무시킬 뿐이다.

 실제로 개방은 미국판 획일주의 ― 즉 미국을 제외한 나머지 세상에서는 오로지 가치만이 상대적이라고 단조롭게 기르치지만, 다양성이 여기에서는 우리가 원하는 생활 양식이면 무엇이든지 다 창출해 낼 수 있다는 획일주의로 귀착한다. 우리의 개방은 우리가 다른 개방을 필요로 하지 않는다는 것을 의미한다. 따라서, 위대하다고 선전하는 개방이 실은 거대한 폐쇄에 불과하다. 이제는 우리 중에 생에 대한 진실을 밝혀 주는 현자가 다른 지역, 다른 시대에 있다고 기대하는 사람은 없고, 다만 아직도 예외적으로 도사로부터 빠른 치유를 찾아보려는 젊은이가 몇몇 남아 있을 뿐이다. 바쁜 가운데서도 하루의 몇 시간을 할애해 "당당하게 왕실 의관을 갖추어 입고 고대인들이 모였던 궁전에 들어가 그들과 이야기를 나누었다"라던 마키아벨리 식의 참된 역사의식은 사라져 버렸다.

 교과과정을 새롭게 하려는 사람들은 이런 것에는 전혀 관심이 없다. 그들의 목적은 서로 다른 방법들을 수용하도록 선전하려는 것이며, 따라서 진짜 교과 내용에는 무관심한 것도 그 어느 것 못지않게 훌륭한 선전 수단이 된다. 천주교도와 개신교도가 서로를 의심하고 미워할 때가 반드시 미국의 좋은 시절이었다고 말할 수는 없지만, 적어도 그 시절에는 믿음을 진지하게 받아들였고, 그들이 이루어 낸 서로에 대한 비교적 만족스러운 적응은 그들의 영혼 상태가 무감각해진 데서 빚어진 결과는 결코 아니었다. 오늘날 미국의 젊은이들이 가지고 있는 인식이란, 세상에는 여러 다양한 문화가 있다는 모호한 것들뿐이다. 그런 인식에는 인위적인 도덕이 수반되는데, 즉 우리는 서로 다 잘 어울려 살아야 한다는 것이다. 그런데 왜 싸워야 하는가? 1980년 이란과의 관계가 위태로울 때 이란에 인질로 잡힌 사람의 한 어머니가 보여 준 태도에서 우리의 현행 교육 원리가 잘 표출되었다. 자신의 정부가 분명히 반대 의사를 표시했음에도 불구하고, 또 인질 구출 작전이 시도되던 바로 그 주에, 그 어머니는 아들의 석방을 간청하겠다고 이란에 갔다. 아들을 구하기 위해서라면 어머니는 어떤 노력이라도 할 권리가 있고, 또 새로운 문화를 배울 권리도 있다는 설명으로 그녀는 자신의 행위를 정당화했다. 이것이 두 개의 기본 권리이고 그 여행으로 그녀는 일거양득을 거둘 수가 있었다.

문화적 차이는 사실 40년 전 여기 미국에서 더 쉽게 만날 수 있었다. 나의 대학 시절에 버지니아 대학 토론단의 방문이 있었는데, 그 며칠 동안 토론단의 일원인 미시시피 주 출신의 한 젊은이가 기숙사의 내 방에서 묵은 적이 있었다. 지적이며 교양 있는 남부인을 만난 것은 그때가 처음이었다. 그는 나에게 흑인들의 열등성과 흑인들을 멸시할 수밖에 없는 이유(Reasons for Jim Crow), 이 모든 것은 하나의 독특한 생활 방식의 일부라고 설명해 주었다. 그는 매력적이고, 발랄하고, 상냥하고, 건강한 젊은이였다. 하지만 그의 이런 말을 듣고 나는 경악을 금치 못했는데, 왜냐하면 나는 그때까지도 종족 중심적인 사고방식을 가졌기 때문이었다. 나는 내가 가지고 있던 북부식 사고방식이 보편적이라고 여겼던 것이다. "각 사람마다 서로 다른 파장을 가졌다"라는 철학을 내가 미처 제대로 파악하질 못했다. 다행히도 그 이후에 일어난 미국 문화의 동질화 노력이 그와 같이 불쾌한 대결을 피할 수 있도록 해주었다. 이제는 분명히 그 젊은 방문객의 인종주의적 견해는 하위 계층의 병적인 부류 속에서나 견지되고 있을 뿐이다. 문화에 대한 이론적인 견해를 형성하는 데 남부인들이 도움을 주었지만, 그들이 지키고자 했던 남부 문화는 사라졌다.

 젊은이들로 하여금 세상에 대한 눈을 뜨게 하는 방법 중의 하나는 대학에서 비서구 문화에 대한 강좌를 듣도록 하는 것이다. 비록 그런 과목을 가르치는 대부분의 사람이 진정한 학자이고, 또 자신들이 연구하는 영역을 아끼는 사람들이기는 하지만, 내가 보아온 모든 경우에 있어서 이러한 요구 - 거기에는 요구되지는 않지만, 배워야 하고 배울 수 있는 다른 많은 것들이 있음에도, 그리고 철학과 종교가 이제는 더 이상 필수로 요구되지 않음에도 불구하고 - 는 선동적인 의도를 지닌다. 그 목적은 학생들에게 세상에는 다른 사고방식도 존재하고 서구식 사고방식이 꼭 더 나을 것이 없다는 것을 강요하려는 것이다. 또다시 그들은 중요한 것은 내용이 아니라 그것이 시사하는 바라고 가르치고 있다. 이와 같은 과목을 필수로 하는 데에는 세계를 하나의 공동체로 만들고 거기에 필요한 구성원 - 즉 편견이 없는 구성원 - 을 훈련시키려는 노력이 깃들어 있다. 그러나 학생들이 정말로 이들 비서구 문화의 정신을 조금이라도 배운다면 - 그들이 그것을 배울 리는 없지만 - 이들 문화가 하나같이 종족 중심적이란 사실을 알게 될 것이다. 그들은 한결같이 자기들 방식이 최상이고 남의 것은 모두 열등하다고 생각한다. 헤로도토스가 우리에게 전하는 바에 의하면, 페르시아인들은 자신들이 최상이고, 그들 주변의 국가들이 그 다음이며, 그들 주변 국가를 이웃하는 나라들이 세 번째로 낫고, 그런 식으로 계속해서 페르시아를 중심으로 멀어지면 멀어질수록 그 가치가 그만큼 떨어지는 것으로 생각했다. 이것이 바로 종족 중심주의의 정의다. 모자간의 근친상간을 금기로 아는 것과 더불어 이런 것은 그 어느 사회에서든지 볼 수 있는 현상이다.

 오로지 서구 사회, 다시 말해 그리스 철학의 영향권에 드는 사회만이 자신들의 방법과 선을 동일시하는 것을 다소나마 의심해 보는 경향을 띤다. 비서구 사회를 연구하고 나면 우리는 사람들이 자기 고유문화를 선호하는 것, 그것이 최상이고 남의 것보다 우수하다고 믿는 것이 우선할 수밖에 없고, 그것이 자연스럽다는 결론을 내리게 되며 - 이는 학생들로 하여금 이런 문화를 필수로 선택하게 한 원래의 의도와는 정반대가 되는 결론이다. 우리는 실제로 서구적 편견 - 그것 자체가 암암리에 우리 문화가 우수하다고 여기고 있음을 나타내 주는 것이고 - 을 적용하고 있고, 그것의 타당성을 증명하기 위해 그들 다른 문화를 변형·왜곡하고 있다. 남의 문화를 과학적으로 연구한다는 것은 거의 서구에만 국한된 현상이며, 그것의 발단은 분명히 새롭고 좀더 나은 방법을 추구하려 했던 것과 연관되어 있거나, 아니면 적어도 우리 자신의 문화가 사실은 더 나은 방식일 것이라는 우리의 기대를 확인하고자 했던 것과 연관되어 있다. 다른 사회는 그러한 확인의 필요를 전혀 느끼지 않는다. 정말 우리가 그들 문화로부터 배우려고 한다면, 그와 같은 과학적 연구가 꼭 좋은 생각인지 의문을 가져 보아야만 한다. 그들이 다른 모든 곳에서 발견하는 종족 중심주의나 폐쇄성을 존중하기 위해서는 개방을 주장하는 교수들에게 일관성이 필요해 보인다. 하지만 종족 중심주의를 공격할 때에 실제로 그들은 자신들도 모르는 사이에 그들의 과학적 이해가 특출나다는 것을 과시하고, 그것을 알아채지 못하는 다른 문화는 열등하다고 단정하는 일이며, 동시에 그들은 우수하다고 주장하는 모든 다른 주장들을 거부한다. 그들은 자신들의 학문이 가진 좋은 점을 확인함과 동시에 부인한다. 파스칼이 당면했던 이성과 천계(天啓/revelation) 사이의 갈등과 매우 흡사한 문제에 그들이 당면하지만 신앙을 택하기 위해 과학을 포기할 수밖에 없었던 파스칼의 타협하지 않는 지성이 그들에게는 없다.

비서구적인 폐쇄성이나 종족 중심주의에는 그럴 만한 분명한 이유가 있다. 사람은 자신을 보호하기 위해서 자신이 속한 가족과 민족을 사랑하고, 또 거기에 충성을 바쳐야 한다. 오로지 자신의 것이 좋다고 생각할 수 있을 때만 자신들이 가진 것에 만족하게 된다. 아버지는 다른 아이가 아니라 자신의 아이를 선호해야 하고, 국민은 외국이 아니라 자국을 선호해야만 한다. 이것이 신화가 생기게 된 이유인데 - 즉, 이러한 애착을 정당화하기 위한 것이었다. 그런데 인간이 자신의 위치를 똑바로 알기 위해서는 처지(place)와 평가(opinion)가 필요하다. 뿌리의 중요성을 논하는 사람들은 이를 강력히 주장한다. 외부인들과 잘 지낸다는 문제는 내부 세계, 민족, 문화, 생활 양식을 가지는 문제에 견주면 2차적인 것이며, 때로는 그것이 서로 충돌하기도 한다. 극도의 편협은 개인이나 민족의 건강에 결코 상반되는 것이 아닌 반면에 대대적인 개방으로는 와해를 막기가 어렵게 된다. 자신의 것을 선으로 고착시키는 것, 이 둘을 별개로 구분하기를 거부하는 것, 자기 민족이 이 우주에서 특별한 위치를 차지하고 있다고 믿는 우주관 등이 바로 문화를 형성하는 조건이 되는 것 같다. 학부 학생들에게 제공되는 비서구 문화에 대한 연구에서 파생된 결론이 이것이다. 그것은 그들에게 자신의 것으로 되돌아가 거기에 열정적으로 애착하도록 일깨워 주고, 애착으로부터 해방시켜 준 과학과는 멀어질 것을 일깨워 준다. 이제 과학은 문화를 위협하는 것, 문화를 뿌리째 뽑아내려는 위험천만의 마력처럼 보인다. 간단히 말해 이제 그들은 아는 것과 문화 사이에서 어느 쪽에도 들지 못한 채 방치되어 있으며, 그들이 그렇게 된 이유는 더 이상 그들을 지도할 자원을 갖추지 못한 교수들 때문이다. 다른 곳에서 도움을 추구해야만 한다.

  우리가 알기로 종족 중심주의 문제를 제일 먼저 제기했던 사람들은 그리스 철학자들이었다. 선과 자기 것을 구분하고, 자연과 관습, 정의와 합법적인 것을 구분한 것 등은 그들의 사고가 이렇게 옮겨 갔다는 증거다. 그들은 선을 인간이 타고난 잠재력을 완수하는 것과 연결 지워 생각하였고, 인간 사회에서 그와 같은 달성이 완전 보장되는 나라는 거의 없고 혹시 있더라도 그 수는 극소수일 것이라는 것을 알고 있었다. 그들은 선에 관한 한 개방적이었다. 자신들의 선을 판단하기 위해 자신들의 것이 아닌 다른 사람들의 선을 이용해야만 했다. 이는 참으로 위험한 작업이었는데, 왜냐하면 그 작업은 자기의 것에 온 마음으로 몰입하는 것을 약화시키는 경향이 있고, 더 나아가 자기 민족 자체를 약화시키는 경향이 있음은 물론 자신들은 가족, 친구, 동포들로부터 분노를 살 수 있기 때문이다. 충성이냐 선을 추구하느냐 하는 문제가 삶에 결코 해결할 수 없는 갈등을 야기시켰다. 그러나 선을 선 자체로 인식하는 것과 그것을 소유하려는 욕망이 인간화가 달성될 수 있는 가장 값진 것이다.

  개방에는 물론 여러 건전한 동기가 담겨 있기는 하지만, 그래도 이것이 우리가 이해하고 있는 개방에 담긴 건전한 동기다. 사람이 완전히 인간적으로 되려면 자신이 속한 문화가 제공하는 것만으로는 만족할 수가 없다. 플라톤이 그의 《국가론 *Politeia*》에서 동굴의 영상을 통해, 그리고 우리를 그 동굴에 갇힌 포로로 표현함으로써 우리에게 보여 주려 한 것 또한 이것이다. 문화란 동굴과 같은 것이다. 그는 동굴이 주는 제약을 해결하는 방안으로 다른 문화를 둘러 보라고 제안하지는 않았다. 우리 자신의 생과 여러 다른 민족의 생을 판단하는 기준은 자연이어야 한다. 역사학이나 인류학이 아니라 철학이 가장 중요한 인문과학이 되는 이유가 바로 그 때문이다. 우리의 교육자들이 우리가 처한 시대와 공간이 주는 제약을 극복할 수 있는 유일한 길이 다른 문화에 대한 연구라고 확신하는 이유는 오직 사고는 문화와 불가분의 관계에 놓여 있고, 자연이라는 것은 없다라는 독선적인 확신 때문이다. 그리스 사람들은 과거와 타민족이 자연을 발견하는 데 공헌할 수 있기 때문에 역사학과 인류학이 유용하다고 여겼다. 소크라테스는 개인을 시험한 연후에, 역사가와 인류학자는 여러 민족과 그들의 관습을 시험해 본 연후에 다음 단계로 넘어갔다. 이들 과학자는 다른 사람들이 보기를 거부하는 문제를 보았고, 문제를 해결하려는 탐색 작업에 여념이 없었기 때문에 그들은 그들의 연구 대상보다 탁월했다. 그들은 자신과 다른 사람을 동시에 평가할 수 있기를 원했다.

 이러한 견해, 특히 판단의 기준을 갖기 위해서는 자연을 알 필요가 있다고 느끼는 것이 좋든 싫든 우리의 인간 과학(human science)에 의해 불안하게 뒷전으로 밀렸고, 내가 여기서 지적하고 있는 모든 모호함과 모순은 이러한 현상 때문에 생겨났다. 그들은 문화로부터 우리를 해방시키기 위해 고안해 낸 도구로써 우리를 문화적인 존재로 만들고자 한다. 이성을 사용하여 선을 추구하도록 허용해 주었던 것이 개방이었고, 따라서 개방은 미덕이었다. 이제는 그것이 모든 것을 받아들이고 이성의 힘을 부인하는 것을 의미하게 되었다. 자연에 목표를 둔 개방에 내재하는 정치적, 사회적, 문화적 문제점을 인식하지 못한, 무절제하고 사리 분별 없는 개방의 추구는 개방을 무의미한 것으로 만들었다. 문화적 상대주의는 자신이 가진 것과 선 모두를 파괴시킨다. 서구 사회의 가장 두드러진 특징은 과학이다. 특히 관습 - 다시 말해서 문화 또는 서구 사회가 문화라고 이해하고 있는 것 - 을 훼손하는 결과가 따를 줄 알면서도 우리 모두가 지닌 공통적이면서도 독특하고 누구에게나 주어진 기능인 이성을 통해 자연을 알고자 탐구하는 것이 과학인 것으로 이해했다. 인간의 상황을 파악하기 위한 과학의 최근 시도 - 즉 문화적 상대주의, 역사주의(historicism), 사실과 가치의 구분론과 같은 것 등 - 는 과학의 자살 행위다. 문화, 그리고 여기서 유래된 폐쇄가 판을 친다. 우리는 폐쇄도 개방적으로 받아들이라고 가르친다.

　문화적 상대주의는 서구 문화가 보편적이라는 주장 또는 지적으로 제국주의적인 주장을 붕괴시키는 데 성공을 거두고 있고, 따라서 서구 문화도 그저 또 하나의 문화가 되고 만다. 그리하여 문화계는 평등하다. 불행히도 서구 사회는 서구 방식이나 서구의 가치를 정당화할 필요성이 있고, 자연을 발견할 필요가 있으며 철학과 과학을 필요로 하기 때문에 존재한다. 이것이 서구 문화의 필요 불가결 요소다. 그것을 박탈당했을 때 서구 사회는 무너질 것이다. 자연에 바탕을 둔 선의 생활을 합리적으로 탐구하여 이를 달성한 가장 극단적인 실례가 미국이다. 미국의 정치 조직이 가능할 수 있었던 것은 한 국가를 세우는 데 타고난 권리, 즉 자연권이라는 합리적인 원칙을 활용하여 자신들의 것을 곧 선으로 통합했기 때문이다. 이것을 다른 식으로 표현하자면, 여기에서 확립된 사회 조직으로 이성이 구속받지 않는다는 자유를 약속받았다. 즉 무차별하게 닥치는 대로 자유를 약속한 게 아니라 다른 자유를 정당화해주는 기본적인 자유라 할 수 있는 이성만이 자유를 약속받았고, 이성을 기초로, 이성을 위해서라면 많은 탈선 또한 묵인된다. 이성의 특수성을 부인하는 개방은 이 정부체제를 움직여 주는 조직의 주축을 파열시키는 것이다. 그리고 모든 사람들의 주장과는 달리 이 정부 체제는 종족 중심주의를 극복하기 위해서 세워졌고, 그렇게 볼 때 종족 중심주의가 결코 사회과학의 발견물이라 할 수는 없다.

　학생들이 그들의 학습을 통해 얻은 교훈이 진실이 아니라는 것을 강조하는 것이 중요하다. 역사와 문화에 대한 연구는 가치나 문화가 상대적이라고 가르치지도 않고 증명해 주지도 않는다. 그와는 정반대로 그것은 문화에 대한 우리의 연구를 위해 동원되는 철학적 전제다. 이 전제는 증명된 전제도 아니고, 주로 정치적 이유에서 독단적으로 주장된 전제다. 역사와 문화를 거기에 비추어 해석하였는데 그것이 이 전제를 증명한다고 주장한다. 그럼에도 시대와 지역에 따라 선과 악에 관한 의견이 각기 다르다는 사실이 아무것도 진실이 아니라거나 어느 하나가 다른 것들에 비해 우수하지도 않다는 것을 증명해주는 것은 아니다.

지역별 시대별 차이가 곧 진리는 없다는 것을 증명해준다고 말하는 것은 마치 대학의 자유 토론회에서 다양한 관점들이 표출된 것으로 미루어보아 진리란 없다는 것이 증명되었다고 말하는 것만큼 터무니없고 부조리한 것이다. 언뜻 보기에는 견해가 다양하면 의문을 없애주기보다는 어느 것이 진리이고 어느 것이 옳으냐에 의문을 야기하게 되는 것이 타당하게 보일 것이다. 차이점을 풀려고 노력하고, 의견별로 나온 주장과 이유들을 검토해 보려는 것이 자연스러운 반응이다.

그와 같이 흥미진진한 활동을 막을 수 있는 것은, 사람이 의견을 갖게 되는 데에는 아무런 이유가 없다고 하는 비역사적이고 비인간적인 믿음뿐일 것이다. 언제나 인간과 각 민족들은 저마다 이유를 가지고 있다고 생각하고, 역사가와 사회과학자들의 가장 중요한 책임은 바로 그 이유들을 분명히 해주고 그것을 시험해 보는 것이라고 해도 무방할 것이다. 선에 관한 의견은 언제나 수없이 많고, 서로 상반되었으며, 또 민족마다 이 많은 의견들을 서로 달리 구현했다는 것은 다 잘 알려진 사실이었다. 문화의 풍부한 다양성을 적어도 지금 우리가 알고 있는 만큼은 헤로도토스도 알고 있었다. 그러나 그는 이러한 관찰을, 각 문화의 좋은 점과 나쁜 점을 연구해 보고 또 그것들로부터 선과 악에 대해 배울 수 있는 것이 무엇인지 탐구해 보는 계기로 삼았다. 근대의 상대주의자들은 똑같은 관찰을 놓고 그것이 바로 그와 같은 탐구가 불가능하다는 것을 증명해 준다고 받아들이고 있고 우리는 그것들을 모두 다 존중해야만 하는 증거라고 여긴다. 그러므로 학생뿐만 아니라, 우리 모두가 다양성을 발견했을 때 우선으로 느끼게 되는 흥분, 즉 오디세우스식의 충동을 박탈당하게 된다. 단테에 의하면 오디세우스는 인간의 미덕과 사악함을 알아보기 위해 세계를 돌아다녔던 사람이었다. 역사와 인류학이 해답을 제공할 수는 없으나, 판단을 내리는 데 도움이 되는 재료를 제공해 줄 수는 있다.

나는 사람들이 이방 민족을 자신들의 편견에 불과한 것을 기준으로 판단하기가 십상이라는 것을 알고 있다. 그것을 피해 보자는 것이 교육을 받는 주요 목적 중 하나다. 그러나 이성으로부터 권위를 제거함으로써 그런 잘못을 막아 보려 하는 것은 자신들의 편견을 수정할 수 있는 도구를 무용지물로 만드는 것이다. 알고자 하는 욕구에 수반되는 개방이 참다운 개방이고, 이는 무지를 깨닫게 해준다. 선과 악을 알아낼 수 있는 가능성을 부인하는 것은 곧 참다운 개방을 막는 것이다. 올바른 역사적 태도는 우리로 하여금 역사주의(즉 모든 사고는 본질적으로 그 시대의 산물이고 그 시대를 초월할 수는 없다는 견해)의 진가를 의심해보고 역사주의를 현대 역사의 기현상으로 다루도록 만들 것이다. 역사주의와 문화 상대주의가 사실은 우리 사신의 편견에 대한 시험을 회피하기 위한 수단이며, 아울러 질문, 예를 들어 인간은 참으로 동등한 것인가 아니면 이런 생각이 민주주의적 편견에서 나온 소산에 불과한 것인가 등의 질문을 회피하기 위한 수단이다.

 우리의 역사 및 인류학적 지혜라는 것이 19세기 초 너무도 엄청나고 비극적인 것으로 보였던, 그리고 먼 과거나 이국적 신대륙에 대한 동경과 그 동경을 만족시켜 줄 예술을 낳았던 그 낭만주의적 딜레마의 위장되고 오히려 뒤죽박죽된 견해가 아닌지 한번 의심해 봄직도 하다. 과학의 후계자인 우리가 비과학적인 편견과 환상을 가졌던 옛날 사람과 다른 민족들보다 더 많은 것을 알고 있지만, 그들은 우리보다 행복했고 행복하다는 것이 오늘날 논쟁의 주류다. 이 딜레마가 예술을 천진난만한 예술과 감상적인 예술로 구분하는 데에서 잘 나타내고 있다. 나의 이 가정에 대한 본의 아닌 증인이 레비스트로스(Lévi - Strauss)다. 루소에 대한 파악에서 그는 인간이 자연 상태를 갓 벗어나 진정한 개인 소유물이나 자부심(amour - propre)이 팽배되지 않고 단순한 공동 사회에서 생활하던 시기의 문화가 가장 훌륭한 문화라고 생각한다. 그와 같은 견해가 생겨나기 위해서는 과학이 필요하고, 반면에 과학은 발달되고 타락한 사회를 필요로 한다. 과학은 그 자체가 불평등에 대한 사랑이라 할 수 있는 자부심의 변형이다. 그래서 이런 견해는 동시에 과학에 대해 우울한 생각이 들게 한다. 그러나 이 딜레마는 우리가 과학에 의존하여 지식을 얻는다고 확신할 때에만 엄청난 것으로 보이게 된다. 그 확신을 벗어던질 때 비로소 우리는 우리보다 행복한 민족들의 믿음을 기꺼이 시험하여, 그들이 참으로 우리는 알지 못하는 것을 알고 있는지 알아보려 할 것이다. 호메로스의 천재성이 실러가 생각했던 것처럼 그렇게 고지식하지는 않았을는지도 모른다. 겸양을 부리지만 우리 지식에 대한 이러한 자만심을 버린다면, 토론은 새로운 차원에 접어들게 된다. 그러면 우리는 과학을 포기하든지 아니면 이론적인 생활이 가능함은 물론 그 생활 자체가 행복을 자아내기에 충분하다고 믿어 그 생활을 재확립하든지 둘 중 어느 하나를 고르게 될 것이다. 낭만주의적 태도는 마치 초인적인 인내인 양 가장하였지만 이런 극단을 정면으로 마주하지 않기 위한 하나의 방법이다. 우리가 과학과 문화 사이를 오가는 것은 그와 같은 자세의 하찮은 답습이다.

따라서, 개방에는 두 가지 종류가 있는데, 그 하나가 무관심에서 오는 개방 - 이런 개방에는 이중의 목적이 있는데, 즉 우리가 가진 지적 자부심의 콧대를 꺾고 아는 사람이 되려고 하지만 않으면 우리가 원하는 대로 무엇이든 다 될 수 있도록 해주는 - 이고 다른 하나는 우리로 하여금 지식과 확신을 탐구하도록 인도하는 개방으로서 역사와 여러 다양한 문화로부터 이를 검토해서 볼 수 있는 훌륭한 본보기들을 얼마든지 얻을 수 있다. 이 두 번째 종류의 개방 - "내게 좋은 것이 무엇이며, 나를 행복하게 만드는 것이 무엇인지 알고 싶어"와 같은 질문을 하게 만드는 - 이 모든 진지한 학생의 욕망을 자극시켜 흥분과 흥미를 돋우는 반면 전자의 개방은 그런 욕망을 저지한다.

현재 개념의 개방은 가장 강력한 힘에 굴복하거나 세속적인 성공을 숭배하는 것이 마치 무슨 원칙에 의한 것인 양 보이게 만드는 방법 중 하나다. 그것은 역사에 저항하는 것을 제거하려는 역사주의의 책략으로서, 이미 여론이 지배하는 시기가 된 오늘날에 이르러 역사는 곧 어학이나 철학, 과학을 필수로 하지 않게 된 것이 개방의 진일보라고 찬미하는 것을 나는 얼마나 자주 들었는지 모른다. 여기에서 앞의 두 종류의 개방이 충돌하게 된다. 아는 일에 개방이 되려면 배우기 귀찮고 지루하며 무의미하게 보이지만 그래도 꼭 알아야만 하는 것들이 있다. 심지어는 이성적인 생활조차도 흔히 탐탁히 여기지 않고, 쓸모없는 지식 다시 말해 직업을 갖는 데 분명히 이용 가치가 없는 지식을 자신의 교과과정에 포함시키겠다고 생각하는 학생은 아예 없다. 그래서 한 치의 타협도 없이 인문분야 수업을 고집하는 대학은 필연적으로 폐쇄적이고 완고한 것같이 보이게 마련이다. 만일 개방이라는 것이 '흐르는 대로 따라가자'는 것을 의미한다면 그것은 결국 지금에 적응하는 것을 말한다. 그 지금이라는 것이 아주 폐쇄적이어서 자신의 원칙을 진척시키는 데 방해되는 게 수없이 많다는 것을 의심조차 하지 않게 되고, 그렇게 지금에 무작정 개방을 하면 아니꼽겠지만 지금 이외에도 또 다른 대안이 있다는 것을 잊게 된다. 대안이 있다는 것을 인식해야지 우리가 지금 가운데에서 의심스러운 것이 어떤 것인지 알 수 있다. 참된 개방은 지금에 대해 우리가 편안하도록 느끼게 만들어 주는 모든 유혹들을 마다하는 것을 의미한다.

  내가 코넬 대학의 교수였던 젊은 시절에 한번은 심리학 교수와 교육을 놓고 토론을 벌였던 적이 있었다. 그는 학생이 가지고 있는 편견을 없애는 것이 그의 역할이라고 말했다. 그는 놀이에서 놀이용 나무 기둥을 때려눕히듯 편견들을 때려뉘었다. 나는 그가 때려눕힌 편견들을 무엇으로 대치할는지 궁금해지기 시작했다. 편견의 반대가 무엇인지 거기에 대한 분명한 개념이 그에게는 없는 듯이 보였다. 그는 내가 네 살이었을 때 진실이라는 찬란한 빛을 내게 파악시켜 주겠다는 영특한 생각에서 심각하게 산타클로스는 없다고 알려 주었던 어린 소년을 상기시켜 주었다. 그 편견들이 학생들에게 가져다주는 의미는 무엇이며 그것의 제거가 학생들에게 미칠 영향은 어떤 것인지 이 교수는 알고 있었을까? 편견 이외에도 세상에는 그들의 생을 인도할 수 있는 진실이 있다는 것을 그는 믿었을까? 편견이 없는 믿음을 추구하는 데 절대 필요한 진실에 대한 사랑을 학생들에게 전달하는 방법을 그가 고려해 보았을까? 아니면 그가 그들을 수동적이고, 황량하고 무관심하고, 그 자신과 같이 권위에 또는 현대 사상 중 가장 좋은 것에 복종하도록 만들 것인가? 산타클로스에 대해 내게 알려준 그는 그저 뽐내 보고 나보다 탁월하다는 것을 증명해 보고 싶었을 뿐이다. 산타클로스를 반박하기 위해서는 우선 산타클로스가 있어야 하는데, 그가 산타클로스를 생각해 낸 것은 아니다. 산타클로스를 믿음으로써 우리가 세상에 대해, 인간의 영혼에 대해 배우게 되는 모든 것을 생각해 보자. 이와는 대조적으로, 영혼으로부터 동굴의 벽면에 신과 영웅을 투영하는 상상력을 그저 기계적으로 제거해 낸다고 해서 영혼에 대한 지식이 증진되는 것은 아니다. 상상력의 제거는 오로지 영혼 자체의 제거이고 영혼의 힘을 불구로 만드는 것이다.

  그 교수에게 개인적으로 나는 내 학생들에게 편견을 가르치려 했다고 응수하면서, 그 이유는 오늘날 - 그의 방법이 완전히 성공을 거둔 덕분에 - 학생들이 무엇인가를 믿어 보기도 전에 믿음 자체부터 의심하는 것을 배우기 때문이라고 설명했다. 나 같은 사람이 없으면 그 교수는 할 일이 없을 것이다. 데카르트는 체계적이고 극단적인 의심을 하기에 앞서 우선 옛 믿음과 과학 이전의 경험 세계, 사물의 질서를 묘사하는 세계를 경험하였고, 심지어는 광적이라 할 만큼 믿음을 고수했던 시기를 거쳤다. 해방의 전율을 맛보기 위해서는 우선 진심으로 믿는 경험을 가져 보아야만 한다. 그런 의미에서 나는 그에게 역할을 분담하자고 제안했던 것이고, 나는 들에 꽃이 자라도록 도와주는 역할을 할 테니 그는 그것을 꺾어버리는 역할을 하라고 제안했다.

편견, 강한 편견은 사물의 질서에 대한 선견(vision)이다. 선견은 전체 사물의 질서를 찾아내는 점술과 같은 것이기 때문에 전체에 대한 잘못된 의견을 거쳐 전체에 대한 지식에 이르게 된다. 잘못은 실로 우리의 적이지만 그것만이 유일하게 진실을 지적해 주기 때문에 우리는 그것을 귀중하게 다루어야 한다. 처음부터 편견이 없는 마음은 텅 빈 마음이다. 편견을 편견으로 인식하는 것이 얼마나 어려운지를 알지 못하는 기계적인 방법에 의해서만 그런 마음이 형성될 수 있다. 소크라테스만이 유일하게 자신이 무지하다는 것을 알았고, 일생 동안 쉼 없이 애를 쓴 결과로 얻은 결론이었다. 이제는 모든 고등학생들조차도 그것을 안다. 그것이 어떻게 그렇게 쉬운 것이 되어 버렸을까? 도대체 무엇 덕분에 우리가 이처럼 놀랍도록 진보하게 되었을까? 개방도 단지 최신방법론에 불과한 방법론만을 다양하게 들먹이다 보니, 우리의 경험세계가 너무 빈곤해져서 비판에 항거할 만큼 남아 있는 게 없다.

따라서, 우리는 무지를 들먹일 만한 세계조차 없기 때문에 이렇게 된 것은 아닐는지? 우리의 영혼이 너무 단순해져 버렸기 때문에 설명하는 것이 이젠 더 이상 어려울 것이 없는 것은 아닐는지? 자연의 다양하고 풍부한 표현에도 불구하고 독선적인 회의주의자의 눈에는 자연 그 자체가 편견으로 비칠 것이다. 자연 대신에 우리는 일련의 애매모호한 비판적 개념이라는 것을 도입했고, 그 개념들은 자연 현상을 파악하기 위해 고안된 것들임에도 불구하고 오히려 자연 현상을 묵살해 버렸다. 따라서, 그 개념의 존재 이유조차 파괴했다. 아마도 우리가 해야 할 첫 번째 임무는 그 현상들을 되살려 의문을 제기해 보고 철학적으로 사색할 수 있는 세계를 다시 한번 가져보는 일일 것이다. 내게는 이것이 바로 우리 교육이 당면한 난제로 느껴진다.

제 1 부
학 생

백지 상태

　미국의 젊은이들에게 있어 교육다운 교육이 시작되는 것은 18세부터이고, 그 이전의 생활은 정신적으로 텅 비어 있으며, 그들이 피상적인 경험 세계를 넘는 심오한 자아에 대해서는 잘 알지 못하는 백지 상태에서 대학에 들어온다고 나는 생각하였다. 이들은 유럽의 젊은이들과 대조가 된다는 것이 유럽의 소설과 영화 속에서 확연히 드러나고 있고 그런 소설이나 영화를 대학에 들어와서 처음으로 접하게 된다. 유럽인들은 그들이 지니게 될 문화의 대부분을 가정, 퍼블릭 스쿨(public school:영국에서 상류 계급의 자제를 위한 대학 진학 예비교육, 또는 공무원 등의 양성을 목적으로 하는 기숙 사립중학교. Eton, Harrow, Rugby 등이 유명=역주), 리세(lycée:프랑스의 국립 고등학교, 또는 대학 예비교=역주), 김나지움(gymnasium:독일의 대학 진학을 위한 9년제 중학교. 유럽의 보편적인 고등학교이기도 함-역주) 등을 통해 습득하고 거기에서 그들의 영혼은 그들 특유의 문화석 전통과 융합하게 되는 한편, 그 융합이 그들의 민족적 특성으로 표현되며, 더 나아가 그들의 전통을 구축한다. 유럽의 어린 학생들이 우리가 익히 알고 있는 젊은이, 말이 나왔으니 말인데, 우리의 어른들보다 인간의 마음에 대해 훨씬 더 세련된 지식을 가졌다고 간단하게 말하려는 것이 아니다. 그들의 자각이 책상물림의 학문에 의해 이루어지고 그들의 야망은 먼저 일상생활과 책에서 경험한 본보기에 의해 형성된다. 그들의 일상생활에서 책이 차지하는 비중은 상당하고 사회 전체가 우러러보는 것 중의 하나가 책이다. 자기들 간에 소위 명문가라 일컽는 집안 아이들의 상상 세계가 진지하게 문학이나 철학에 평생을 바치겠다는 희망으로 가득 차는 경우가 우리의 어린이가 연예계나 사업계에 종사할 것을 꿈꾸는 것만큼이나 흔한 일이다. 일찍부터 이 모든 것이 그들에게 주어졌고, 그들이 10대 후반에 이르면 이미 영혼의 일부가 이렇게 정비되어 있다. 이는 모든 사물을 보는 렌즈이고, 그들이 후일 갖게 될 모든 배움과 경험에 영향을 끼치게 된다. 그들은 전문화되기 위해 대학에 갔다.

이에 비해 미국의 젊은이들이 대학에 올 때는 자연 상태에 있는 야만인들 같아 보인다. 대서양을 사이에 두고 그 너머에 있는 젊은이들에게는 일상이 되고 있는 작가의 이름을 미국 젊은이들은 거의 들어 본 적이 없고, 그 이름을 익히 들어 머릿속에 넣어 본 적이 없으니 미국 젊은이들이 그들을 가깝게 느끼지 못하는 것은 당연하다. "그에게 있어 헤쿠바(Hecuba:트로이의 왕 프리암의 아내. 헥토르, 카산드라의 어머니이기도 함=역주)가 무엇이며 또 헤쿠바에게 있어 그는 무엇인가?" 그들은 전체 세계에 속하고, 인간이 공통으로 가지고 있는 것이 무엇인지 알아보고 생존의 문제를 해결하기 위해 이성을 사용한다. 그 과정에서 그들은 다양한 민족과 국가가 공통의 집단에 의해서가 아니라, 각기 그들만이 고유하게 가지고 있는 순진함으로 전혀 영웅이나 신에 의해서 자신이 이루어졌다고 믿고, 이 지구상에 그 신과 영웅을 위해 세운 성전을 전혀 몰라 순진하게 줄곧 짓밟는다. 미국인의 이러한 지적 둔감이 혐오스럽고 야만스러우며, 완전한 인간성에 대한 저해로 보이고 아름다움을 경험하는 능력의 부족, 문명사회에서 계속되는 토론에 전혀 참여하지 않는 것으로 보일 것이다.

그러나 나를 포함한 보다 많은 예리한 관찰자들은 대체로 이 점이 바로 미국 학생들의 매력이라고 생각한다. 흔히 자연적인 호기심과 아는 것에 대한 사랑이 성숙의 첫 단계에 이르면 저절로 터져 나와 제자리를 찾아가는 것 같이 보였다. 일부 미국인들은 전통에서 오는 제약이나 장려 없이, 사회가 상이나 벌을 보장하지 않는데도, 그리고 속물근성이나 배타주의 없이도 그들에게는 자각에 대한 끝없는 갈증이 있었고, 그들의 영혼 속에는 그들이 이전에 미처 알지 못했던 영역이 있으며, 그 영역은 채워지길 갈구한다는 것을 스스로 발견했다. 내가 가르쳤던 유럽 학생들은 언제나 루소와 칸트에 대한 모든 것을 알고 있었지만, 그런 작가들에게 그들은 유년 시절부터 주입되었기 때문에 대전 후의 새 세상에서는 짧은 바지가 어린이들에게 국한되는 것과 마찬가지로 그 작가들도 틀에 박힌 일상이 되어 꼭 거치고 지나가야 하는 한 과정에 불과한 것이 되어버렸고 더는 영감의 원천이 되지 못했다. 그래서 이 학생들은 새로운 것, 실험적인 것에 쉽사리 빠져든다. 그러나 미국인의 경우, 위대한 작가의 작품은 바깥세상을 발견할 수 있는 햇빛 밝은 언덕과 같고, 거기에서 그들은 진정한 해방을 찾을 수 있으며, 이 글은 바로 이 점을 변명하기 위한 글이다. 이들 미국 학생들에게는 옛것이 새로웠고 모든 중요한 오래된 통찰은 영원히 신선한 것이기 때문에, 옛 것을 새롭게 느끼는 그들이 옳았다. 특정 문화권에서는 철학 및 예술적 업적이 성장의 일부로서 직접적이고 뿌리 깊은 것으로 느껴지지만, 그러한 혜택이 미국인에게는 언제나 결여되리라는 것이 가능한 얘기다. 그러나 그들이 이러한 작품에 접근한다면 그것은 그들의 자유로운 선택에 의한 것이고 시간, 장소, 지위 또는 재산 같은 것과는 상관없이 인간으로서 순수하게 가장 훌륭한 것에 참여할 수 있다는 가능성을 나타내 준다. 형제애는 인간의 가장 낮은 차원에서 이룩되고, 반면에 보다 높은 교양을 쌓는 데에는 도저히 뛰어넘을 수 없이 분리된 '문화'를 필요로 한다면 이는 인간 상황에 대한 아주 슬픈 논평이 아닐 수 없다. 육체와 영혼은 두 가지 각각의 보편성을 갖는 것이 가능하고, 우연에 의존하여 가장 훌륭한 것을 접하게 되는 것이 아니라는 낙관적인 믿음이 미국인의 기질을 통해 입증되었다. 젊은 미국인, 다시 말해 일부 젊은 미국인들은 전통을 전통으로 받아들이지 않았기 때문에, 그늘을 통해 우리는 전통이 계속해서 활기를 가질 수 있다는 점을 확인받을 수 있었다.

  미국 학생들에게 제시된 찬란한 전망이 특히 강력했던 시기가 바로 내가 이 땅에서 훌륭한 학부 학생들을 처음으로 가르치기 시작했던 때이며, 그때는 스푸트닉(Sputnik:1957년 10월 4일 구소련에서 쏘아 올린 세계 최초의 인공위성=역주)이 막 발사된 직후였다. 1965년에 나는 다음과 같은 글을 썼다.

  지금 세대의 학생들은 독특하고, 그들은 그들의 선생님과 매우 다른 견해를 가지고 있다. 여기서 내가 말하는 학생들이란 이 나라에서 보다 나은 대학에 다니는 학생을 의미하고 인문 교양 교육은 주로 그들을 겨냥한 것인데 그 이유는 훈련의 대상이 되기 위해서는 가장 훌륭한 재목이 될 가능성을 지녔다는 것이 전제되어야 하기 때문이다. 이 젊은이들은 그들의 부모가 대공황기에 최소한의 신체적 안녕조차도 불안해 했던 것과 같은 불안을 겪어 본 적이 전혀 없다. 그들은 편안함 속에서 자랐고 편안함은 날이 갈수록 증가하리라는 기대와 더불어 성장했다. 그렇기 때문에 그들은 편안함에 대해 대체로 무관심하며, 그것의 성취를 그다지 대단한 것으로 여기지 않고 그것을 얻기 위해 필요한 사소하고 때로는 꼴사나운 이해 상관에 몰두하지 않는다. 그리고 그들은 거기에 특별한 관심이 없기 때문에 이상이라는 거대한 이름으로 그것을 보다 기꺼이 포기할 수 있고, 사실 편안에 집착하지 않고 좀더 높은 소명에 언제라도 응할 수 있다는 것을 증명하기 위해 실제로 그런 기회가 오기를 간절히 희망한다. 간단히 말해 이 학생들은 일종의 귀족 계층의 민주주의판이다. 지난 20년간 계속 이어진 꾸준한 번영이 그들로 하여금 먹고사는 것은 항상 별문제가 아니라는 확신을 갖게 만들었다. 그래서 그들은 그 어떤 직업이나, 모험도 그것이 심각한 것으로 보이기만 하면 언제라도 그것을 수행할 마음의 태세가 갖추어져 있다. 전통, 가정, 그리고 재정적 책임이 그들에게는 별 구속력을 갖지 못한다. 그리고 이 모든 것과 더불어 그들은 성격적으로도 개방적이고 너그럽다. 그들은 학생으로서 훌륭한 편이고 배우는 것을 지극히 고맙게 여기는 편이다. 이 특별한 무리를 보고 나면 이 나라의 도덕적, 지적 장래가 건강하리라고 기대해 봄 직하다.

그 당시에는 정신적인 갈구가 있었고 영혼은 팽팽하게 긴장하고 있었다. 대학의 분위기는 전율이 감돌았다. 우주 개발 분야에서 소련이 우리를 앞지른 것이 나라 전체를 충격 속으로 몰아갔고 잠시나마 평준화 교육이라는 것이 뒷전으로 밀려났다. 그런 한가한 소리를 할 시간적 여유가 없는 것처럼 여겨졌다. 가장 훌륭한 사람에게 좀더 나은 교육을 제공하는 것만이 생존 자체를 좌우한다고 여겼다. 교육에는 항상 긴박감이 따라야 하는데 그 긴박감이 필요에 의해 외부로부터의 안일한 교육계에 밀어닥쳤다. 재정 지원이 늘고, 교육기준이라는 것이 눈 깜짝할 사이에 생겨났다. 목적은 독재자의 손에서 놀아나게 될지도 모를 위기에서 우리를 구해 낼 수 있는 과학 기술 인력을 생산해 내는 것이었다. 고등학교는 수학과 물리 교육에 중점을 두게 되었고, 따라서 그 분야에서 탁월한 사람은 명예와 훌륭한 장래 두 가지를 다 약속받았다. 진학 적성 검사가 권위 있는 시험이 되었다. 지적 노력이 국가 차원의 소일거리가 되었다. 사용하지 않아 처진 근육을 연습으로 풀어주는 것만으로도 유익한 것이고, 지성을 훈련하고 영감을 불러일으키기 위해 국가가 노력했다. 학생들은 나아졌고 보다 더 원대하게 고무되었다.

그러자 좀 있어 이상한 일들이 일어나는 것을 나는 발견했다. 예를 들어 미국학생들이 처음으로 외국어를 정말 배우게 되었다. 그리고 무언가 더 알고 싶어 하는 갈구의 조짐이 싹텄다. 과학이 도를 넘어 강조되었다. 순수한 과학적 재능은 매우 드문 것이고, 고등학교에서는 과학을 기술적이고 단조롭게 가르쳤다. 학생들은 분명히 요구되는 것은 다 배웠지만 위대한 기대감으로 지루함이 완전히 보상될 수는 없었다. 새로워진 정신적 활동과 성취욕은 그 헌신 대상을 거의 찾을 수가 없었다. 나는 가장 우수한 학생들의 과학에 대한 헌신이 대부분의 경우 매우 피상적이라는 것을 관찰할 수 있었다. 근대 자연과학이 안고 있는 가장 큰 이론적 난제 - 즉 자연과학이 왜 이로운 것인가 하는 것을 설명할 수 없는 점 - 가 실제화하는 결과를 가져왔다. 그 왜(why)라는 문제가 표면으로 부상했다. 그 결과, 공공 관리들의 관심사는 오로지 자연과학에만 쏠렸음에도 불구하고 사회과학과 인문과학도 덩달아 득을 보게 되었다. (즉 대학의 입장에서는 이들 분야도 중요하다는 것을 주장하시 않을 수 없었기 때문에 적어도 그만큼은 득을 본 셈이다.) 인문과학 수업을 조금이라도 맛보고 나면 가장 재주 있는 학생들이 자연과학을 떠나 인문과학에 매력을 느끼게 되었다. 그들은 그들이 선택할 수 있는 것들이 그들로부터 가려져 있었다고 느꼈다. 그리고 여기는 자유로운 나라이므로 일단 대학에 들어와, 대학에는 과학 이외에도 또 다른 분야들이 있다는 사실을 발견하고는 자신들의 관심 분야를 마음대로 바꿀 수가 있었다. 그때는 긴장의 순간이었고, 갈망으로 가득 찬 순간이었지만 분명하게 인식된 목표는 결여되어 있었다.

1960년대 초반 나는 그와 같은 학생들이 자신의 생을 검토하고 자신의 능력을 조사해 볼 수 있는 수단을 제공하는 인문 교양 교육이 우리에게 부족하다고 확신하였다. 이 점에 대해서는 대학이 전혀 채비가 안 돼 있었고, 또 학생들에게 인문 교양 교육을 시키겠다는 의향도 전혀 없었다. 방향과 갈피를 잃은 학생들의 활력이 드디어는 정치적으로 분출구를 찾아 터지게 되었다. 1960년대 중반에 이르러서는 대학이 학생들에게 교육을 제외하고 모든 면으로 별의별 양보를 다 했지만 그들을 진정시키는 데에는 실패했고, 곧이어 탁월을 추구하려던 시도는 온통 흔적도 없이 말끔히 씻겨져 내려갔다. 각양각색의 자유화로 그 훌륭한 활력과 긴장감은 낭비되어버렸고, 따라서 학생들의 영혼은 지치고 무기력해졌으며, 열정적인 통찰력을 잃고 오로지 계산하는 능력만이 남게 되었다.

이렇게 생각하는 내가 틀렸을 수도 있고, 1960년대 초반에 형성되고 있던 것이 결국 마지막으로 남아 있던 금기를 없애려는 최종 공격이었는지도 모른다. 또한 지적인 동경처럼 보였던 것이 사실은 근대가 가장 강력하게 동경하는 것 - 즉 궁핍, 긴장, 갈등 등을 극복하겠다는 열망, 영혼의 끝없는 수고로부터 쉬고 싶은 열망 - 의 한 형태에 불과한 것이었는지도 모른다. 하지만 아직도 나는 그 당시의 지적 동경이 진실되고 상당한 것이었다고 생각하고 있고, 우리가 그 기회를 낭비해 버린 결과 그 열망이 정신적인 이완으로 끝이 났다고 생각한다.

그러나 전문 및 아마추어 문화 거머리들이 영적으로 심한 비판을 하기 시작했던 1950년대 후반과 1960년대 초반의 학생들을 계승한 다음 세대의 학생들을 보고 나는 나의 확신 - 즉 오래된 위대한 책에 대한 나의 확신 - 이 올바른 확신인지 의아스럽다는 생각이 들기에 이르렀다. 즉 교육에서 유일하게 중요한 것은 자연이고, 알고자 하는 인간의 욕망은 영원한 것이며, 그 모든 것이 정말 필요로 하는 것은 적당한 자양분이 고작이고, 교육이란 그저 준비된 상을 차리는 것에 불과하다는 것이 나의 확신이었다. 최상의 경우, 인간의 타고난 자질을 완성시키기 위한 조건인 정치 질서를 세우기 위해 인간의 기술이 필요한 것과 마찬가지로 자연도 관습의 협조를 필요로 한다는 것이 이제는 내게 명백해졌다. 최악의 경우, 정신적 엔트로피 현상, 혹은 끓어오르는 영혼의 혈기가 증발하는 현상이 생기는 것이나 아닌지 두렵다. 이 두려움을 니체는 공연한 것이 아니라 실질적인 것이라고 주장했고, 따라서 이것이 그의 사상의 중추를 이루었다. 정신이라는 활이 굽혀지지 않고, 따라서 영원히 시위를 팽팽하게 당길 수 없는 위험에 봉착했다고 그는 주장했다.

그는 정신의 활동이 문화로부터 오는 것이라고 믿었고, 그러기에 문화의 쇠퇴는 그 문화 내에 사는 인간의 쇠퇴뿐만 아니라 인간 자체의 쇠퇴를 의미한다고 믿었다. 이것이 그가 단호히 직시하려 했던 위험이다. 즉 인간다운 생존, 숭고한 존재로서의 생존은 니체 또는 그와 같은 사람에게 의존해야 한다고 그는 생각했다. 그가 옳지 않았을는지도 모르지만 그가 제시한 상황이 날이 갈수록 강력하게 느껴진다. 어쨌든지 간에, 미국 사람을 흔히 자연 상태의 미개인같이 생각하는 것은 착각이었다. 이것은 오로지 유럽 사람들에게서 풍기는 인상과 비교한 데서 나온 상대적 평가였다. 오늘날의 정선된 학생들은 예전의 학생들보다 아는 것이 더 적고, 전통으로부터는 더욱더 단절되어 버렸으며, 지적으로도 훨씬 더 태만하기 때문에 그들의 선배들이 문화의 천재였던 것처럼 보이게 만든다. 토양이 날로 척박해지고 있어 왕성한 성장을 지탱해 낼 수 있을는지 이젠 의심이 들기도 한다.

그와는 대조적으로 아주 희석된 형태이긴 하지만 그래도 여전히 건재하고 있는 프랑스의 교육을 생각해 보도록 하자. 좀 과장을 해서 얘기하자면, 두 사람의 저술가가 교육받은 프랑스 사람의 지성을 형성하고 그 한계를 설정해 준다고 할 수 있다. 모든 프랑스 사람들은 태어나면서부터, 아니면 적어도 아주 어려서부터 데카르트파(派) 아니면 파스칼파(派)로 분리된다. (영국인에게는 셰익스피어, 독일인에게는 괴테, 이탈리아인에게는 단테와 마키아벨리가 이와 유사한 교육자의 역할을 했다 할 수 있을 것이다.) 데카르트와 파스칼은 민족적 저술가로서, 그들은 프랑스 국민들에게 택할 수 있는 선택안들이 어떤 것인지를 분명히 제시해 주고 인생의 영원한 문제에 대한 그들의 시각을 독특하고도 확고한 것으로 만들어 준다. 그들의 정신세계를 형성해 준다. 지난번 프랑스 여행을 할 때 나는 한 웨이터가 동료 웨이터를 '데카르트파'라고 칭하는 소리를 들었다. 허세를 부리려고 그가 그런 얘기를 한 것이 아니라, 그로서는 하나의 전형을 얘기한 것에 불과했다. 꼭 프랑스인들이 이것을 근거로 원칙을 얻는다는 얘기는 아니고, 오히려 그들은 하나의 생각의 유형을 만들어 낸다. 데카르트와 파스칼이 대표하는 것은 이성이냐 신의 계시냐, 과학이냐 신앙심이냐의 선택이고, 어느 것을 선택하느냐에 따라 그 밖의 다른 모든 것들도 함께 결정이 난다. 프랑스인들이 그들 자신에 대해서, 그리고 그들의 문제에 대해서 생각할 때 그들 마음속에 떠오르는 총괄적인 시각은 거의 언제나 이 두 가지 중 하나다. 그 어떤 합(合)으로도 도저히 통합할 수 없는 이 위대한 두 적수 - 즉 훌륭한 판단이냐 아니면 어떤 불가능에도 굴하지 않는 신앙이냐라는 대립적 입장 - 가 우리로서는 프랑스인 특유의 명석함과 정열로 이해되는 프랑스인의 이원론을 탄생시킨 장본인들이다. 프랑스만큼 세속적인 것과 종교적인 것이 단 한 번의 화해도 없이 그렇게 지속적으로 논쟁을 벌여 온 나라도 없을 터이고, 그러기에 그 나라에서는 두 진영이 공통의 영역을 찾을 수가 없으며, 한 나라를 공유하는 같은 시민이면서도 그들의 포부에 따라 인생의 의미에 대한 감각도 아주 달리한다. 영국인들의 경우에는 셰익스피어가 이 두 극단적인 입장이 화해하는 것을 가능케 하였고, 프랑스인들의 경우에는 스위스 사람인 루소가 두 입장을 화해시켜 보려는 어려운 시도를 하긴 했으나, 결국 그 누구도 둘을 화해시키는 데 성공하지 못했다. 프랑스에서는 3세기 이상을 계몽운동과 가톨릭 사상 양자가 다 특별한 위치를 차지하고 있다. 서구 사회의 공동 신앙인 기독교를 프랑스인들에게 설명해 준 사람이 데카르트와 파스칼이고 동시에 좀더 멀기는 하지만 또 다른 영감의 출처인 그리스와의 관계를 설정해 줄 사람도 바로 이 둘이다. 데카르트와 파스칼 간의 긴장으로부터 출발한 후대의 작가들은 이 두 사람이 제시한 주제들을 더욱 발전 변형시켰으며, 그 골수 정신적 경험이 한편으로는 볼테르, 몽테스키외, 콩스탕, 발자크, 졸라로 이어지며 반복되고, 다른 한편으로는 그 경험이 말브랑슈, 샤토브리앙, 메스트르 형제, 보들레르, 프루스트, 셀린을 통해 반복되었다. 그들은 모두가 다 반대입장에 서는 상대방의 존재를 인식하고 있었고 서로 대화를 나누기도 하고 정면으로 맞서기도 했다.

그렇기 때문에 토크빌이 미국 사람은 데카르트를 읽어 본 적이 없으면서 사고하는 방식에 있어서는 데카르트식이라고 말한 것은 매우 프랑스인다운 얘기이고, 그는 미국인이 과연 파스칼을 이해하고 그들 가운데서 파스칼식 사상가가 나올 수 있을는지 의문을 갖기도 했다. 그가 보기에 미국인은 공통의 책을 가지고 있는 국민이 아니다. 프랑스인들은 문학적 전통에서 얻은 감정에 의해 형성된 정서의 산물인 반면에 미국인은 합리적인 원칙을 바탕으로 한다. 물론 이러한 원칙이 처음에는 작가들에 의해 일일이 설명되었지만, 칸트가 자신의 도덕 철학에 대해 언급한 대로, 마치 바르게 자라난 아이면 누구든 다 아는 것을 새삼 설명하는 것과 마찬가지였다. 권리를 상호 인식해야 하는 데에는 별도의 훈련도 필요 없고 철학도 필요 없으며, 다만 국민적 특성의 모든 차이점에 대한 요약이 필요하다. 요컨대, 미국인은 모든 게 사람에게 똑같이 적용돼야 한다는 것을 인정하고 그와 같은 분배를 보장하는 정부를 기꺼이 지원하고 수도하는 한, 그들은 원하는 것이면 무엇이든지 될 수 있고 또 된다고 하는 이야기를 들어 왔다. 단 하루 만에 미국인이 되는 것은 가능하다. 이는 미국인이 된다는 것의 의미를 가볍게 만들기 위해 하는 말이 아니다. 도시는 유기체 조직과 같은 것으로서 모국이 만들어 내며 도시 속의 시민과 도시와의 관계는 나무와 잎의 관계와 같은 것이라고 주장하던 고대의 격언에 타고난 정열과 타고난 이성이 협력하여 도전한다. 하지만 프랑스인이 되는 것은 불가능하고, 적어도 어제까지는 불가능했는데, 왜냐하면 프랑스인이란 태어나면서부터 역사적 여운의 복잡 미묘한 조화 또는 부조화에서 나온 산물이기 때문이다. 프랑스인이면 누구나 철저하게 제대로 배웠던 프랑스 언어는 인간이 공통으로 필요로 하는 것을 서로 알리기 위해서, 정보를 전달하기 위해서 존재하는 것이 아니었고, 따라서 언어를 그들의 역사의식과 구별 지을 수가 없다. 프랑스적이라는 것은 이 언어와 이 언어로 된 문학과, 이것들이 자아내는 전반적인 분위기에 의해 규정된다. 어쩐 일인지 권리에 대한 법직 논쟁이 직접 침여에시 생겨니는 특권에 대해서는 언급이 없다. 미국에는 원칙상 외부인이라는 것이 없지만, 프랑스에서는 시민이라 하더라도 유대인처럼 전통의 변두리에 위치하는 사람들은 언제든지 자신들이 어디에 속하는지 곰곰이 생각해 보아야 한다. 프랑스에서는 구성 성분상 프랑스적인 것과 유대인과의 관계가 훌륭하고 복잡 미묘한 문학적 주제가 될 수 있다. 이 문제에 대해서 보편적인 반응이 있으리라고는 기대할 수는 없고, 이 문제에 대해 보여 주는 반응으로부터 갖가지 흥미로운 인간 유형을 발전시킬 수 있다. 이와는 대조적으로 미국의 유대인은 모든 사람과 마찬가지로 미국인이고, 유독 그 사람을 끄집어낸다거나 남다르게 취급하면 무조건 화를 내며 응수하는 것이 아주 당연한 반응로 여긴다.

미국에는 데카르트, 파스칼, 더 나아가 몽테뉴, 라블레, 라신, 몽테스키외나 루소에 해당하는 작가가 없다는 사실은 질(質)의 문제가 아니라 우리가 우리의 정신적 체계를 구축하는 데 필요한 작가가 있느냐 없느냐의 문제이며, 아울러 교육을 받았다는 말을 들으려면 우리가 꼭 읽어야 하고, 더불어 살아야 하며, 국민 생활 전체를 대변해 주거나 또는 형성해 주는 작가가 우리에게 필요한지 아닌지의 문제다. 미국인이면 읽어 보아야 하고 흔히 읽히는 미국 작가가 있기는 하다. 그러나 미국인이 독서를 할 때는 전 세계가 그들의 서가이며, 또 미국 사람들에게는 다른 나라의 시민들이 경험하는 것 같은 자기 나라의 작품을 흡수해야 하는 심각한 필요성이 없었다. 바그너의 〈전체 예술론 Gesamtkunstwerk〉과 같이 고급 예술 작품을 통해 완전히 독일적이고, 독일인에 대해, 독일인을 위해, 독일인에 의해서라는 의도로서 집단의식을 표현하려는 현상이 미국인들에게는 상상조차 할 수 없는 현상이다. 그리고 프랑스인들은 프랑스답지 않은 것에 대해서는 놀라우리만큼 아는 것이 없고 느끼지도 못한다. 그러나 미국인은 호메로스, 베르길리우스, 단테, 셰익스피어, 괴테 등이 모든 사람에게 속하고, '문명'에 속한다고 생각한다. 그리고 사실 장차 그들이 모든 사람에게 속하는 때가 올지도 모른다. 그러나 그리스인, 로마인, 이탈리아인, 영국인, 독일인이 아직은 그렇게 생각하지 않고, 유대인 또한 그들에게 속하는 책, 그들의 이야기를 말해주는 책, 말하자면 그들의 직감을 실체화한 책이 있기 때문에 그렇게 생각하지 않는다. 미국인은 기회의 균등을 신봉한다. 모티머 애들러(Mortimer Adler)의 천재적인 사업 감각이 미국인의 이런 점을 포착하여 위대한 책으로부터 경탄할 만한 상업적 성공을 거두었다. 그는 그가 출판한 책 원본의 언어를 배우는 것은 고사하고 그 책에 사용된 번역이 어떠했는지조차 상관하지 않았다. 대부분의 구대륙 작가들은 자신의 언어와 다른 언어를 사용하는 사람들이 그들을 이해하기란 거의 불가능한 것으로 여겼다. 이런 견해를 필사적으로 고수하고 이 견해를 부활시키려고 노력했던 하이데거는 "언어는 존재의 용기(容器)"로서 번역이 가능하다고 여기는 생각 자체가 피상적인 발상의 극치라 할 수 있다고 생각했던 사람이다.

그럼에도 내가 일찌감치 경험했던 미국인의 단순성을 통해 나는 우리가 옳았다고 믿게 되었다. 무에서 시작하는 것이 가능하고 미처 다듬지 않은 천성으로도 충분하다는 것을 나는 믿게 되었다. 하지만 나는 학생들이 대학에 올 때까지 받았던 실제 교육, 즉 세상에 널리 퍼져 있어 그들이 세상을 출발하는 데 도움을 주었던 교육에 대해서는 충분한 주의를 기울이지 않았다. 보다 오래된 전통의 원천이 되고 있고 어디에나 퍼져 있는 성경에 대해서는 대다수의 학생들이 잘 알고 있다고 믿어도 무방했다. 미국에서는 성경에 대한 해석이 다른 사회에서처럼 위대한 국민적 주해자에 의해 여과되지는 않았다. 초기 개신교도들이 그랬듯이 성경을 각자가 직접 접해 나름대로 해석했다. 그리하여 미국식 방법의 고유성이라 할 수 있는 국민 문화에 대한 무관심이 성경 해석에서도 그대로 반영되었다. 대부분의 학생들은, 또한 모든 사람이 알고 있고, 대다수가 신봉하고, 놀랄 만큼 일관성 있고 명료한 문서인 독립 선언문을 중심으로 한 정치적 전통에 참여하고 있었다.

오늘날 대부분이 알고 있는 것과는 반대로 미국은 세계에서 그 어떤 나라보다도 정치적 전통이 가장 오래 지속된 나라 중의 하나다. 그보다 더 중요한 것은 그 전통에는 애매모호한 점이 전혀 없다는 점이다. 그것의 의미는 간단하고 합리적인 언어로 표현되어 있어, 모든 정상적인 사람이면 누구라도 당장 이해할 수 있고 무척 강력한 설득력을 갖는다. 미국이 말하고 있는 것은 한 가지다. 즉 자유와 평등은 끊이지 않고 불가항력으로 전진해야 한다는 것이다. 우리로서는 최초의 정착과 정치적 건국을 시작으로 계속 정의의 본질은 자유와 평등이라는 데 이론(異論)의 여지가 없었다. 진지하고 주목할 만한 사람 중에 이 합의점을 벗어난 사람은 하나도 없었다. 민주주의를 신봉하지 않으면서도 사람들의 주의를 끌려면 괴짜가 되거나, 아니면 익살꾼[전자의 예로 헨리 애덤스(Henry Adams)를 들 수 있고 후자로는 멩킨(Mencken, H. L.)을 꼽을 수 있는]이 되어야 했다. 모든 중요한 정치적 논쟁은 자유와 평등이 갖는 의미에 대한 논쟁이었지 그것이 옳은가에 대한 논쟁이 아니었다. 하나의 전통 또는 문화가 전달하는 용건이 이렇게 뚜렷하고 명료한 경우를 다른 어느 곳에서도 찾아볼 수가 없다 - 프랑스, 이탈리아, 독일은 물론 영국조차도 여기와 같지는 않다. 이들 나라의 경우 커다란 사건과 위대한 인물들이 민주주의는 물론 왕권주의와 귀족주의를 옹호하고, 국교(國敎)와 더불어 관용을 옹호한다.

또한 자유에 앞서는 애국심을 요구하고 권리의 평등을 말하기에 앞서 특권을 말한다. 이들 민족에 속하는 것은 곧 동일 정서를 갖는 것, 자기 자신의 것에 집착하는 것이라고 설명할 수 있고, 이는 부모에게 집착하는 것과 유사하다 할 수 있다. 그럼에도 프랑스적인 것, 영국적인 것, 독일적인 것을 말로써는 나타낼 수 없다. 그러나 누구든지 미국적인 것이 무엇인지에 대해서는 분명히 말할 수 있다. 그리고 그 미국적인 것이 한 동아리의 영웅들 - 프랭클린, 워싱턴, 해밀턴, 제퍼슨, 링컨 등과 같은 - 을 만들어 냈고 그들은 모두 한결같이 평등에 공헌했다. 1789년의 프랑스 혁명과 맞먹을 수 있는 우리의 역사적 사건을 생각해 볼 때 우리에게는 잔 다르크나 루이 14세나 나폴레옹과 같은 인물과 대비되는 인물이 없다. 우리의 영웅과 독립 선언문의 언어는 우리의 헌법을 국민적으로 숭배하도록 하는 데 공헌하고, 이 또한 특이한 현상이다. 이 모두는 강한 자의식을 주는 재료이고, 평범한 생활에 탁월한 도덕적 의미를 제공함은 물론 연구 검토해 볼 소재이기도 하다.

 그러나 건국 유산의 통일성, 장엄함, 그리고 거기에 따르는 설화가 지난 반세기 동안 산지사방에서 공격을 받아 일상생활에서, 그리고 우리의 교과서에서 서서히 사라지게 되었다. 이 모두가 워싱턴과 앵두나무의 이야기 - 어린이에게 진지하게 가르칠 수 있는 종류의 이야기는 아닌 - 처럼 비쳐지기 시작했다. 높은 지적 세계에서 영향력을 행사하는 것은 언제나 그 효과가 일반 학교에까지 미치기 마련이다. 독립 선언문에 담긴 주축 이념이 18세기의 신화, 또는 이데올로기로 파악되기 시작했다. 칼 베커(Carl Becker)(《독립선언문 : 정치 이념의 역사를 통한 고찰 *The Declaration of Independence : A Study in the History of Political Ideas*》, 1922)에게서 나타나는 역사주의는 타고난 권리를 중심으로 가르침의 진실성에 대하여 의심을 제기함과 동시에, 역사주의가 그것을 대체할 수 있는 대체물을 제공할 것이라고 낙관적으로 약속했다. 마찬가지로 듀이(Dewey)의 실용주의 - 과학적 방법을 곧 민주주의적 방법으로 여겼고, 전혀 제한받지 않는, 특히 자연의 제한을 받지 않는 개인의 성장을 주장한 - 는 과거를 근본적으로 불완전한 것으로 보았고, 우리의 현재를 합리적으로 분석하는 데 우리의 역사가 도움이 되는 것이 아니라 오히려 방해가 되는 것으로 보았다. 그 다음으로는 찰스 비어드(Charles Beard)식의 마르크스주의가 나타나 헐뜯었는데, 그들은 건국 선조들에게 공공 정신이라는 것은 전혀 없었고 다만 재산을 보호하려는 개인적인 이해 상관에서 움직였을 뿐이라고 하는 자신들의 생각을 증명해 보이려고 애썼다. 따라서 미국의 원칙과 영웅이 진리고 탁월하다는 우리의 확신을 약화시키려 하였다(《경제학에 입각한 헌법 *An Economic Interpretation of the Constitution*》, 비어드, 1913). 그러자 남부의 역사가와 작가들은 노예 제도에 반기를 든 북부의 동기가 사실은 치졸한 것이었다고 공박함으로써(상업과 기술에 대한 유럽의 비판을 가미하여) 북부의 승리에 앙갚음했고, 남부식 생활 방식을 이상화하였다. 마지막으로, 극단적인 인권 운동가들이 남부인들과 묘하게 한데 어우러져 대중들로 하여금 미국의 건국은 인종차별적이었고, 따라서 미국의 원칙은 인종차별적이라고 확신하도록 만드는 데 성공을 거두었다. 그들에 의해 조장된 양심의 가책 때문에 국민의 이야기로 모두가 칭송하던 단 하나의 대중 문화 - 즉 서부 개척사 - 마저도 전멸되어 버렸다.

그리하여 개방이 지역별 마을신[洞神]을 몰아내 버렸고 말 없고 의미 없는 나라만이 남게 되었다. 성인이 되어 정치 체제와 정치 수완에 대해 고찰할 수 있는 바탕은 국가의 의미와 개척에 대한 직접적이고 감각적인 체험에 의해 생겨나는 것인데, 그러한 체험이 박탈되고 있다. 지금 대학에 들어오는 학생들은 우리의 정치적 유산에 대해 아는 게 없고 또 냉소적이며, 그 유산을 심각하게 비판할 것인지 아니면 영감의 원천으로 삼아야 할 것인지 갈피를 못 잡고 있다.

기본으로 제일 먼저 배우던 것 중의 하나인 종교도 사라져 간다. 가장 최신 유행인 신성한 것에 대한 관심이 치솟으면서 참 종교와 성경에 대한 지식은 거의 사라지다시피 감소되어 간다. 신이 우리의 정치 생활이나 학교 생활에서 결코 크게 작용을 해본 적은 없었다. 어린 시절에 우리는 초등학교에서 주기도문도 중얼거리고 충성의 맹세도 외웠지만 주기도문보다는 충성의 맹세가 우리에게 더 많은 영향을 미쳤다. 종교가 살아 숨 쉰 곳은 가정 - 그리고 그 종교의 성전 - 이었다. 가족의 결속은 주로 성스러운 날, 공통의 언어, 대부분의 가정에 퍼져 있는 일련의 인용문에 의해 형성되었고, 가족에게 실질적인 내용을 부여하는 것도 이것이었다. 모세와 율법, 예수와 그가 가르친 형제애가 상상력에 의해 존재했다. 시편과 복음서의 구절들이 어린이의 머릿속에서 메아리쳤다. 교회나 유대교 성전에 참석하고 식탁에서 기도하는 것은 모두가 다 하나의 생활방식이었고 민주 사회에서는 가정의 특수 임무로 여겨지고 있는 도덕 교육과 불가분의 관계에 놓여 있었다. 실제로 도덕적 가르침이라는 것이 곧 종교적 가르침이었다. 추상적인 교리는 없었다. 우리가 해야 할 일과 세상은 우리를 지지하고 불복종하면 벌을 내릴 것이라는 감각은 성경 이야기 속에 구체화되었다. 성경과 더불어 자라난 세대에게는 생활과의 접촉을 잃었다는 상실감이 찾아들었는데 그 책임은 정치 생활이나 학교에 있다기보다는 우선적으로 사생활의 권리와 더불어 스스로의 위치를 견지할 수 없다는 것이 판명된 가정에 있다. 가정이 영적으로 황량하기 때문에 믿음을 흘려버린다. 유목민이나 찾아와 생계에 필요한 것을 취한 후에는 떠나가 버리고 마는 불모의 스텝 지대처럼 가정도 단색적이 되어가고, 거쳐 가는 사람에게 아무런 의미도 부여할 수 없게 되어간다. 계속 이어지는 세대에 의해 섬세하게 짜여진 문명이라는 조직이 풀어져 버렸고, 어린이는 교육을 받는 것이 아니라 양육될 따름이다.

  여기에서 내가 언급하고 있는 가정은 미국 생활의 지배적인 부분이라 할 수 있는 불행하고 파탄이 난 가정이 아니라, 비교적 행복한 가정으로서 아내와 남편은 사이가 좋고 아이들에게 관심이 있으며, 대부분의 경우 전혀 이기심 없이 인생의 가장 좋은 시절을 아이들에게 헌신하는 가정이다. 그러나 세상을 보는 시각면에서 그들이 아이들에게 줄 수 있는 것은 아무것도 없고, 고매한 행동의 모범이 되지도 못하며, 다른 사람과의 심오한 연대감을 심어 주지도 못한다. 가정이 존속하고 그 역할을 수행하기 위해서는 자연과 관습, 신성한 것과 인간적인 것을 가장 절묘하게 조화시킬 필요가 있다. 가정의 기반은 단순한 육체적 번식이지만, 가정의 목적은 문명인을 만들어 내는 일이다. 언어를 가르치고 사물을 인식하도록 만드는 과정을 통해 가정은 전체 사물의 질서에 대한 해석을 전달한다. 가정은 책으로 살아가고, 축소판 정체(政體) - 즉 가정 - 는 책을 믿고, 책은 옳고 그른 것, 선과 악에 대해 말해주며 그 이유 또한 설명해 준다고 믿는다. 가정은 하늘의 섭리와 인간적인 방식에 대해 특정한 권위와 지혜를 지닐 필요가 있다. 현재의 속물근성 또는 사악함을 물리치려면 부모가 과거에 있었던 일에 대한 지식과 해야 할 임무에 대한 규범을 갖추고 있어야만 한다. 요즈음은 흔히 가정을 위해서는 의례와 의식이 필요한데도 그것들이 결여되어 있다고들 말한다. 하지만 가정의 의례와 의식이 훌륭한 도덕 법칙을 구현하여 전달하는 매개체가 되기 위해서는 가정이 스스로 신성한 통일체가 되어 자신이 가르치는 것을 영구한 것으로 믿어야만 한다. 왜냐하면 가정만이 홀로 도덕 법칙을 전달할 수 있는 능력이 있고, 인간으로서 유용한 것만을 지나치게 강조하는 이 세상에서 가정을 특별한 곳으로 느끼게 만들어 주는 것은 도덕 법칙이기 때문이다. 요즘처럼 그 믿음이 사라져 버리면 가정은 기껏해야 일시적으로 함께 모여 있는 곳에 불과하다. 사람들이 함께 먹고, 함께 놀며, 함께 여행을 하기는 하지만 사고를 함께 하지는 않는다. 인생에 절대 필요한 사리를 일러주는 가정은 고사하고 지적인 생활을 영위한다고 할 수 있는 가정도 거의 없다. 교육 텔레비전 방송이 가족의 지적 생활을 표시해 주는 표준이 되고 있다.

 전통의 전달자라는 가정의 전통적 역할이 이렇게 붕괴된 원인은 인문과학이 붕괴된 원인과 똑같다. 즉 고전에 진리가 담겨 있고 또 담길 수 있다는 것을 아무도 믿지 않는다. 그리하여 책은 기껏해야 '교양', 다시 말해 지루한 것이 되어버렸다. 토크빌이 말한 대로 민주주의에서는 전통이 정보에 불과하다. '정보의 폭발적인 팽창'으로 전통은 불필요한 것이 되었다. 전통을 전통으로 인식하는 순간 그것은 죽은 것이며, 아이들의 품성을 높인다는 헛된 희망에서 들먹여보는 입에 발린 말에 지나지 않는다. 실질적으로 말하자면, 미국에서는 성경이 유일한 공통의 문화로서 단순한 사람과 세련된 사람, 부자와 가난한 자, 늙은이와 젊은이를 하나로 묶어 주었다. 그리고 - 사물의 전체 질서를 보는 시각을 연마해 주는 모범임은 물론, 나머지 서구 예술을 이해하는 열쇠로서 서구의 가장 위대한 작품들은 이런저런 성경에 대한 반응이었기 때문에 - 책의 진지함에 대해서는 성경을 우선으로 해서 접할 수 있었다. 성경이 어쩔 수 없이 서서히 사라져가게 되는 것과 더불어 그와 같이 완벽한 책이 있다는 생각 자체가 사라지고, 삼라만상에 대한 설명(world - explanation)의 가능성과 필요성도 사라져 간다. 그리고 현명해지기를 - 성직자나 예언자, 철학자들이 현명한 것처럼 - 바라는 것이 자식들에 대한 부모의 가장 큰 포부라는 생각은 상상도 할 수 없는 상실된 생각이다. 그들이 상상할 수 있는 것은 전문화된 능란함과 성공이 전부다. 일반적으로 생각하는 것과는 반대로 책이 없으면 전체의 질서에 대한 개념조차 잃게 된다.

부모는 구대륙에서 지녔던 것과 같은 법적 도덕적 권위를 갖지 못한다. 그들에게는 자녀의 교육자로서의 자기 확신이 부족하였고 그러면서도 안녕 면에서, 도덕적 미덕과 육체 및 지적 가치 면에서 부모 세대보다 낫다고 확고하게 믿고 있다. 다소의 차이는 있으나 진보에 대한 믿음에는 언제나 개방적이고, 이는 곧 과거는 보잘 것없고 경멸을 받아 마땅하다는 것을 의미한다. 개방적인 미래가 부모에 의해 규정될 수는 없고, 이것에 의해 그들이 열등하다고 알고 있는 과거는 침식되고 만다.

모든 것이 항상 새롭고 여기저기 쉴 새 없이 옮겨 다니는 것과 더불어 처음에는 라디오를 통해, 다음에는 텔레비전을 통해 미국인의 실제적인 사생활이라 할 수 있는 가정의 생활이 공략되고 뒤덮였고, 민주 사회에서 보다 높고 보다 독립적인 생활이 발전 보급되었던 것은 가정생활 덕분이었다. 이제는 부모가 더 이상 가정의 분위기를 통제할 수 없게 되었고, 그렇게 하려는 의지조차 잃어버렸다. 아주 묘하고 정력적으로 텔레비전이 우리의 안방을 찾아 들어 늙은이 젊은이 할 것 없이 모든 사람의 취향에 영향을 미치고, 당장 즐거운 것에만 흥미를 돋우도록 만들며 거기에 따르지 않는 것은 모두 타파하도록 만든다. 니체는 근대 중산층 생활에서는 신문이 기도를 대신했다고 말했는데, 이는 즉 중산층의 매일 매일의 생활 속에 남아있던 하나님을 부산하고 보잘것없고 덧없는 것이 빼앗았음을 의미한다. 이제는 텔레비전이 신문을 대신한다. 여기에서 걱정이 되는 것은 제공되는 내용이 반드시 질적으로 낮아서만은 아니다. 문제는 질서를 갖춘 취미, 가족구성원의 생활에 자연스럽게 어울리는 기쁨, 가르침이 있는 생활 방식을 상상하기가 어렵게 되었다는 점이다. 또한 가정을 대중문화와 구분지을 수 없고, 가정 내에까지 침투하여 경탄스럽고 흥미로운 통찰력으로 범람하고 있는 것에 저항할 수 없다는 점도 문제다.

지난 반세기에 걸쳐 엄청나게 확장된 중산층의 교육이 향상된 것 또한 가정의 권위를 약화시켰다. 대다수의 중산층 사람이 대학 학위를 가지고 있고, 그중 많은 사람은 그 이상의 학위를 가지고 있다. 고등 교육 기관의 내부가 어떻게 생겼는지조차 모르는 소박한 위치에 있던 부모나 조부모를 두고 있는 우리로서는 돌이켜 볼 때 자축할 이유가 다분히 있다고 할 수 있을 것이다. 그러나 불가피하게 일반 국민이 보다 나은 교육을 받는다는 인상을 받게 되는 것은 교육이라는 어휘의 의미가 애매모호한 데 기인하고, 아니면 인문 교육과 기술 교육의 구분을 흐려 놓은 데에서 기인한다. 고도로 훈련된 컴퓨터 전문인이 도덕이나 정치나 또는 종교 면에 있어 가장 무식한 사람보다 반드시 많이 배워야 할 필요는 없다. 오히려 그와는 정반대로 그의 교육은 편협하고 편견적이며 자만심이 따르고, 전문 분야의 저술은 하루아침에 생겼다가 하루아침에 없어지기도 한다. 그는 현재의 학문이 제시하는 전제를 비판 없이 받아들이고, 그의 편협한 교육 때문에 보다 단순한 사람들이 여러 전통적인 출처를 통해 흡수하였던 교양적인 가르침으로부터는 단절될 수도 있다. 〈타임 Time〉, 〈플레이보이 Playboy〉, 〈과학적인 미국인 Scientific American〉과 같은 잡지의 정기 구독이 독서의 전부인 구독자가 옛날 옛적 맥거피(McGuffey)의 강독과 함께하던 시골의 학생보다 세상에 대해 좀더 심오한 지혜를 가졌다는 확증을 나로서는 찾을 수가 없다. 링컨 같은 젊은이가 스스로를 가리치려고 했을 때 그가 분명히 배워야 하고 당장 유용한 것은 성경, 셰익스피어, 유클리드 등이었다. 그의 형편이 시장의 요구 이외의 다른 방법으로는 중요한 것과 중요하지 않은 것을 구분할 능력은 전혀 없이 기술적으로 다양한 교과나 제공하는 현행 학교 체계 속을 뚫고 갈 길을 찾으려 애쓰는 요즈음의 학생에 비해 정말로 보잘것없는 것이었을까?

  우리 기준에 의하면 나의 조부모님은 무식한 분들이셨고 나의 할아버지는 하찮은 직업만을 거치셨다. 그러나 그분들의 가정은 영적으로 풍요로웠는데, 왜냐하면 가정 내에서 행해지는 모든 일들이 꼭 의례와 상관이 있는 것은 아니더라도 성경의 계명에 근거한 것이었고, 성경 속의 이야기에서 그 설명을 찾아볼 수 있었기 때문이었다. 그분들은 또한 무수한 모범적인 영웅들의 행적을 보고 누가 거기에 견줄 만한 사람인지를 상상해 볼 수도 있었기 때문이다. 나의 조부모님은 진지한 저술 속에서 당신들 가족의 존재 이유와 의무를 완수해야 하는 이유를 발견하셨고 당신들의 특별한 고통을 품위 높은 위대한 과거에 견주어 이해하셨다. 그분들의 단순한 믿음과 관행으로 같은 소재를 다루었던 위대한 학자와 사상가와 연결될 수 있었고, 그분들은 외부 관찰자나 이방인의 시각을 가졌던 것이 아니라 몸소 실천하고 믿는 사람의 시각을 가지셨다. 동시에 그분들은 한결같이 계속 깊이 파고드시고 선도하셨다. 참된 배움에 대한 존경이 있었는데, 왜냐하면 그분들의 생활과 참된 배움 간에는 피부로 느낄 수 있는 연관이 있었기 때문이다. 이것이 바로 하나의 공동체, 하나의 역사를 의미하고, 낮은 자 높은 자 할 것 없이 하나의 공통된 믿음 세계로 불러들이는 공동의 경험이다.

나는 모두가 의사이거나 박사인 미국식으로 교육을 받은 나의 사촌들, 그리고 나의 세대가 배움에서는 우리 앞 세대와 견줄 수 없는 교육을 받았다고 믿는다. 그들이 천국과 지옥, 남녀나 부모 자식 간의 관계, 인간 상태 등에 대해 이야기할 때 내가 듣게 되는 것은 상투적인 이야기, 피상적인 이야기뿐이고 빈정거리기 위한 소재로 여기는 것이 고작이다. 믿고 살아갈 신화를 가졌을 때, 인생은 보다 충만하다는 따위의 진부한 이야기를 하려는 것은 결코 아니다. 그보다는 경전에 기초를 둔 생활이 그래도 진실에 보다 가깝고 사물의 진짜 본질을 보다 깊이 탐구하고 접근할 수 있는 바탕을 마련해 준다는 것을 이야기하고 싶은 것이다. 훌륭한 묵시(默示/revelation), 서사시, 철학 등이 우리의 타고난 통찰력의 일부가 아니라면 세상에서 우리가 추구할 수 있는 것은 거의 없고 드디어는 우리 내면에 남는 것도 없게 된다. 성경만이 유일하게 우리의 마음을 가꾸는 것은 아니지만 거기에 맞먹는 중요한 책이 없고 신봉자가 될 사람이 그 책을 심독하듯 심독하지 않는다면 마음은 텅 비게 될 것이다.

가정이 젊은이들의 상상력 속에 도덕적 우주관을 심어 줄 수 없고, 선과 악에 따르는 상과 벌을 제시할 수 없다면 오늘날 가정의 중책으로 여겨지고 있는 도덕 교육은 생존할 수 없다. 가정이 공적에 수반되고, 공적을 해설하는 숭고한 언어를 제시할 수 없고, 도덕적 선택을 다루는 드라마에서의 주인공과 악역, 그리고 일단 내려진 선택에 따르게 되는 위험을 젊은이들의 상상력에 제시할 수 없으면 도덕 교육은 생존할 수 없다. 그리고 '미몽(迷夢)'에서 깨어났을 때 생겨날 절망에 대해 알려줄 수 없는 경우에도 역시 도덕 교육은 생존할 수 없다. 그렇지 않으면 교육은 아이들에게 '가치'나 주려고 하는 헛된 시도일 따름이다. 자신이 믿고 있는 것이 무엇인지 부모 스스로도 모른다는 사실, 그리고 자기 확신이 없어 아이들에게 행복해지고, 잠재 능력을 완수하기 바란다는 것보다 더 나은 이야기는 해줄 수 없다는 사실 이외에도 가치라는 것은 공허한 것이다. 가치란 무엇이고 어떻게 전달되는가? 학교마다 새로 생겨나는 '가치 선명화(value - clarification)' 과목들은 부모들로 하여금 아이들에게 유산, 성차별, 군비 경쟁 등 그들로서는 그 중요성을 도저히 이해할 수 없는 문제들을 이야기하도록 만드는 모범을 제시하는 것이 그 목적이다. 그와 같은 교육은 선전이고, 그나마도 효력이 없는데, 왜냐하면 귀착된 의견, 또는 가치가 도덕적 추리력의 바탕이 되는 경험이나 열정에 근거를 둔 것이 아니라 현혹에 불과하기 때문이다. 그와 같은 '가치'는 여론이 바뀌면 덩달아 바뀌는 것이 불가피하다. 새로운 도덕 교육에는 성격과 사고의 필수 전제 조건인 도덕적 직감 또는 제2의 천성 같은 것을 일으키는 천재성이 전혀 없다. 사실상 오늘날 가정의 도덕훈련은 기껏해야 거짓말하지 말 것, 또는 훔치지 말 것 등과 같은 최소한의 사회 규범이나 가르치는 것이 고작이다. 그러기에 자신들 행동의 도덕적 기준을 "내가 그에게 그렇게 하면 그 사람도 그렇게 할 수 있겠지요" 정도로밖에는 설명할 수 없는 대학생들을 배출하게 되었는데 - 그렇게 말한 사람 자신조차도 그 대답에 만족을 느끼지 못한다.

　젊은이들의 영혼 속에 울려퍼지던 옛 정치와 종교에 대한 메아리가 서서히 잠잠해져 가는 것이 내가 가르치는 일을 막 시작했을 때 접했던 학생들과 요즈음 내가 접하는 학생들 간의 차이점이라고 설명할 수 있다. 책을 잃어버렸기 때문에 그들이 보다 더 편협하고 따분해졌다. 가장 필요한 것을 갖고 있지 않기 때문에 현재에 만족하지 않고, 거기에는 대안들도 있다는 것을 인식하지 못하기 때문에 더 편협하다. 그들은 현재 있는 그대로에 더 만족하고, 동시에 거기에서 탈출할 것을 아예 단념한다. 저 너머의 세계에 대한 동경이 약화되었다. 경탄과 경멸의 대상이 되는 모범 자체가 사라져 버렸다. 그들이 더 따분한 이유는 사물에 대한 해석, 시심, 상상력의 작용이 없이는 그들의 영혼이 자연을 반영하는 것이 아니라 오로지 그들 주변에 있는 것만을 반영하기 때문이다. 마음의 눈이 세련되어야 사람들 간의 차이점과 그들의 공적 및 그들 동기의 세세한 차이점을 볼 수 있고, 진짜 취향이 형성되는데, 이러한 마음의 눈을 갖추려면 장엄한 문체를 갖춘 문학 작품의 도움이 없이는 불가능하다.

그리하여 대학의 가르침이 뿌리를 내릴 수 있는 땅이 그만큼 좁아졌고 플라톤의 《국가론 *Politeia*》에 나오는 젊은 글라우콘(Glaucon)에게서 볼 수 있는 열의와 호기심이 부족하다. 글라우콘의 에로스(eros)는 그로 하여금 더할 나위 없는 만족이 그를 위해 비축되어 있다고 상상하도록 만들었고, 그는 그것으로부터 기만되는 것을 원하지 않았으며, 그것에 대한 지식을 얻으려고 스승을 찾았다. 오늘에 와서는 고전작품과 학생들의 경험이나 피부로 느낄 필요를 일치시키는 것이 훨씬 더 어렵다.

책

 가장 훌륭한 책, 그만은 못해도 역시 중요한 작품에 평생을 두고 관심을 기울이도록 만들자면 아주 어렸을 때부터 훌륭한 책을 경험하도록 하는 것이 전제 조건인 것 같은 생각이 들었다. 영혼이 동경을 느끼고 조건부나 제한하는 강압 아래에서는 견딜 수 없는 초조감을 느끼게 되는 것은 처음부터 길러 주어야 생겨나는지도 모른다. 그 원인이 무엇이든 간에 우리 학생들이 책을 읽는 습관과 읽는 데 대한 구미를 잃어버렸다. 그들은 어떻게 읽는지 그 방법을 배우지 못했고, 책을 읽으면 즐거움을 얻을 수 있고 향상된다는 것을 기대할 줄 모른다. 문화적으로 보다 많은 가식을 벗어 던졌다는 점에서, 고급 문화에 대한 위선적인 인사치례를 거절한다는 점에서 그들은 그들 바로 앞세대의 대학생보다 '진품'이라고 할 수 있다.

 1960년대 후반 학생들 간에 책을 읽는 일이 퇴조하고 있다는 사실을 처음 알아차렸을 때, 나는 대규모 개론 강의시간이나 그 밖에 저학년 학생들에게 말할 기회가 있을 때마다 그들이 정말로 중요하게 여기는 책이 무엇이냐고 물어보기 시작했다. 대다수의 학생이 침묵을 지키고 이 질문을 의아해했다. 그들은 책을 반려(伴侶)로는 생각할 수 없다. 늘 주머니 속에 다 닳아 빠진 헌법을 넣고 다녔던 블랙(Black) 대법관의 모범이 그들에게는 별다른 의미를 주지 않는다. 그들은 인쇄된 말 속에서 조언을 구하고 영감을 얻고자 하며, 기쁨을 맛보려 하지 않는다. 때로는 어떤 학생이 "성경입니다"라고 말할 것이다. (그는 집에서 성경을 배웠지만 대학에 와서 그의 성경 연구가 계속되는 예는 드물다.)

 여학생 중에 으레 이안 랜드(Ayn Rand)의 《근원 *The Fountainhead*》을 거론하는 학생이 있고 그 책은 거의 문학 작품이라고 할 수도 없는데도 니체 철학을 추종하는 아류의 단호함 때문에 다소 괴짜인 젊은이들은 그 책에서 새로운 삶의 방식을 얻은 것 같은 자극을 받는다. 몇몇 학생은 《호밀밭의 파수꾼 *The Catcher in the Rye*》과 같이 자신들의 자아 해석(self - interpretation)을 지지해 주고 그들에게 충격을 준 최근의 작품을 언급한다. (그들의 이런 반응은 가장 순수한 것이며 또한 그들이 자아 해석을 위해 절실히 도움을 필요로 한다는 것을 보여 주기도 한다. 이러한 반응에서 표현된 학생들의 요구를 가르치는 사람은 잘 포착하여 이 기회에 학생들에게 그들이 열거한 작가들보다 더 나은 작가들이 있고, 그들을 더 많이 도와줄 수 있다는 것을 알려 주어야만 한다.) 시간이 끝나면 한두 학생이 나를 쫓아와 자신들은 한두 권의 책이 아니라 정말로 많은 책으로부터 영향을 받았다는 것을 분명히 해두고 싶어 한다. 그리고 그들은 고등학교 과정에서 스쳐보았을 고전 작품의 목록을 읊는다.

그와 같은 젊은이가 루브르나 우피치 박물관을 관람하는 장면을 상상해 보면 그의 영혼 상태를 당장 파악할 수 있다. 성경이나 그리스 로마 고전에 나오는 이야기에 대해 그가 아는 것이 없기 때문에 라파엘로, 레오나르도, 미켈란젤로, 렘브란트 및 그 밖의 다른 사람들이 그에게 들려줄 수 있는 이야기가 없다. 그가 보는 것은 오직 색채와 형태 - 즉 현대 미술뿐이다. 간단히 말해 거의 모든 정신생활에서 그러하듯이 미술과 조각에서도 그들은 추상적이다. 많은 근대 지혜가 무어라 단언한다 해도 이 예술가들은 사람들이 자신들의 주제를 당장 파악하리라는 것을 알고 있었고, 더 나아가 보는 사람에게 강렬한 의미를 전달하리라는 것을 믿고 있었다. 이러한 의미를 완수하는 것이 그 작품들이고, 그 작품을 통해 그 의미가 감각적으로 현실화함으로써 완성된다. 이러한 의미가 없다면, 그리고 그 의미가 도덕적, 정치적, 종교적 존재로 보는 사람에게 본질적인 그 무엇이 되지 못한다면, 그 작품들은 진수를 잃게 된다. 수천 년을 두고 다듬어진 문명의 소리가 이런 식으로 조용해질 때 우리가 잃게 되는 것은 단순히 전통만이 아니다. 시계(視界)가 무너질 때 사라지는 것은 존재 그 자체다. 가르치는 사람으로서 내게 생겼던 가장 고무적인 일 중의 한 가지는 아주 우수한 학생 하나가 이탈리아를 처음으로 방문하여, "선생님은 정치 철학 교수가 아니라 여행 안내자입니다"라고 그림엽서에 적어 보내 주었을 때였다. 교육자로서의 나의 의도를 그보다 더 잘 표현해 줄 수는 없었을 것이다. 그 학생은 내가 그를 볼 수 있도록 훈련시켰다고 생각했다. 그러면 그는 무엇인가 생각해 볼거리가 생겨 스스로 생각하기 시작할 수 있을 것이다. 마키아벨리가 피부로 느껴져 이해할 수 있을 것 같은 플로렌스에서 맛보게 되는 전율이야말로 형이상학의 그 어떤 공식보다 열 배 이상의 가치가 있다. 학생의 내부에서 완성되기를 열망하는 것이 무엇인지 그것을 발견하도록 노력하는 것이 우리시대의 교육이 해야 할 일이고, 그들이 그 완성을 자발적으로 추구할 수 있도록 우리의 가르침을 재구성하여야 한다.

장엄한 성질의 것은 아니라고 하더라도 오늘날의 학생들에게는 우리들 대다수에게 펙스니프, 미코버, 핍 등과 같이 결코 잊을 수 없는 인물들을 제시하여 우리의 통찰력을 길러 주었고, 인간 유형을 섬세하게 분별할 수 있는 세련미를 길러 주었던 디킨즈(Dickens) 같은 작가가 없다. 우리가 간단히 "그는 스크루지 같애"라고 말하는 데에는 그만큼 일련의 복합적인 경험이 있기 때문이다. 문학이 없다면 그와 같은 관찰이 불가능하고 비교라는 훌륭한 기교도 잃게 된다. 우리 학생들은 심리적으로 섬뜩하리만큼 무디고, 그 이유는 그들이 가진 것은 오로지 사람이란 어떤 것이고, 사람들의 동기에는 어떤 것이 있는가 하는 것이나 이야기하는 대중 심리가 고작이기 때문이다. 우리가 가진 거의 모든 것이 문학적 천재들의 덕이라는 인식이 무너짐에 따라 사람들은 점점 모두 다 서로 비슷해져 가고, 이는 서로가 다를 수도 있다는 것을 모르기 때문이다. 진짜 다양성을 대신하게 된 것들이 물들인 머리나 그 밖에 다른 외양상의 차이점 등, 참으로 보잘것없고 요란스러워 그것으로 관찰자가 내면세계를 알아볼 수는 없다.

교육의 부족으로 학생들에게는 숭고한 것과 쓰레기, 통찰과 선전을 분별하지 못한 채 아무 곳이나 손쉬운 곳에서 계몽을 찾는 결과가 초래되었다. 대부분의 경우 학생들은 간디나 토머스 모어(Thomas More)를 다룬 영화 - 주로 한순간에 그치게 될 정치 운동을 진척시키고 위대해지고 싶은 단순한 욕구에 호소하기 위해 만들어진 - 와 같이 의도가 뚜렷한 도덕주의를 담고 있거나 아니면 학생들의 숨은 포부나 사악한 면을 교묘히 자극하여 자신들을 중요한 존재로 느끼게 만드는 데 편리한 도구인 영화에 의존한다. '크레이머 대 크레이머(Kramer vs. Kramer)'는 이혼과 성별 역할의 문제를 시대에 맞도록 현대화한 것일 테지만, 어떻든 《안나 카레니나 *Anna Karenina*》나 《적과 흑 *Le Rouge et le noir*》 같은 작품을 통해 통찰력을 가다듬지 않은 사람은 '크레이머 대 크레이머'에서 부족한 것이 무엇인지조차 느끼지 못할 것이다. 뿐만 아니라 성실한 표현과 의식화 노력, 하찮은 감상주의와 고조된 감정의 차이점을 느끼지 못할 것이다. 영화 매개체를 고통스럽게 만들고 떳떳하지 못한 마음을 갖도록 만들었던 문학의 독재에서 영화가 벗어나면서부터 심각한 체를 하는 영화들이 도저히 참을 수 없을 만큼 무지해지고 관객을 교묘히 조정하려 든다. 학생들이 자신의 사소한 욕망을 제멋대로 방치하지 않고 가장 진지한 것이 무엇인지 찾아내는 데 가장 필요한 것은 당대, 그리고 당대가 가장 심각하다고 여기고 있는 것으로부터 간격을 갖는 것이다. 학생들이 그 간격을 영화에서 찾을 수 없는 이유는 요즈음의 영화가 현재밖에는 모르기 때문이다. 그리하여 좋은 책을 읽지 못하면 통찰력이 약화되는 결과가 옴은 물론 우리의 가장 치명적인 경향 - 즉 여기 이곳과 현재 이외에는 아무것도 없다고 믿는 - 을 강화시키는 결과도 생겨난다.

이러한 경향을 상쇄시킬 수 있는 유일한 방법으로는 대학에 올 때 무엇인지 모르는 것(un je ne sais quoi)에 대해 강한 충동을 가지고 있고, 그것을 발견하지 못할까 봐 두려워하며, 그들의 탐구를 성공적으로 성취하기 위해서는 마음을 연마해야 한다고 걱정하는 소수 학생들의 교육에 아주 단호하게 끼어들어 인도하는 것이다. 후일에 그중 일부가 유용하게 쓰일 것을 기대하여 모든 학생에게 우리의 전통 전체를 축적시키려고 애쓰던 시대는 이미 오래전에 지나갔다. 위험을 무릅쓸 태세가 갖추어져 있고, 정말 같지 않은 것을 믿어 볼 자세가 되어 있는 학생만이 이제는 책과 함께하는 모험에 적합한 사람들이다. 욕망은 안에서 솟아나야만 한다. 사람들은 자신들이 원하는 것을 한다. 그리고 요즈음은 가장 필요한 것들이 그들에게는 믿을 수 없는 것으로 보이기 때문에 전체적인 개혁을 시도하는 것은 가망이 없다. 학교 사회에서 가장 숭고하건만 가장 멸시를 받는 일꾼들인 주립 대학의 창작 선생님들로서는 읽지도 않는 학생들에게 쓰는 것을 가르칠 수는 없는 노릇이고, 그들이 읽는 것을 좋아하도록 만드는 것은 고사하고 그저 읽기만이라도 하도록 만드는 것도 실제로 거의 불가능하다고 내게 말한 적이 있다. 60년대에 교단에 첫발을 내디딘 선생님들로 가득한 고등학교가 바로 이 점에서 가장 취약하고, 대학 차원의 인문 교육이 혈기를 잃게 되자 그것이 그대로 고등학교에도 반영되고 있다. 셰익스피어나 오스틴(Austen)이나 던(Donne)을 애지중지하고 그들의 이러한 취향을 계속 계승하는 것을 가르침의 보상으로 알았던 나이 많은 선생님들은 거의 모두 사라져 버렸다.

고전작품의 활기를 꺾는 가장 최근의 적수는 여권 신장이다. 60년대와 70년대의 엘리트 의식과 인종차별에 대항하여 싸웠던 투쟁이 책과 학생과의 관계에 직접적으로 크게 영향을 끼치지는 못했다. 대학의 민주화가 조직을 붕괴시키는 데에 도움을 주었고 대학이 중심을 잃도록 만들었다. 그러나 투쟁을 이끌었던 행동파들이 고전작품에 대해 특별히 시비를 벌였던 적은 없었고, 오히려 그들의 프랑크푸르트 학파 스승들이 고등문화에 익숙함을 과시하던 버릇에 조금 물들기조차 했다. 평등주의의 초기 단계에서 이미 급진주의자들은 이미 대부분의 고전 문학에 나타나는 왕정주의, 귀족주의, 반민주주의적 성격을 해결했다. 작품에 나타나는 명백한 정치적 내용에 아예 주의를 기울이지 않았다. 문학 비평은 주로 개개인의 사적인 일, 친숙한 것, 감정, 생각, 대인관계만을 집중적으로 다루는 한편, 고전작품의 주인공들은 대개 다스리는 일에 종사하고 정지적인 문제에 봉작한 군인이서나 정치사였다는 사실을 과거 문학의 문학적 기법에 불과한 것으로 그 지위를 격하시켰다. 셰익스피어를 금세기식대로 읽으면 올바른 평등주의적 사고에 위협이 되지 않는다. 그리고 인종차별의 문제에 있어서도 오늘날 우리가 관심을 기울이듯이 그것이 고전작품에 작용을 한 적은 결코 없고, 일반적으로 위대한 문학 작품이 인종차별적이라고 여겨지지는 않는다.

그러나 오늘에 이르기까지 모든 문학 작품은 성차별적이다. 해방된 여성을 노래하도록 영감을 받은 시인은 결코 없었다. 성경과 호메로스로부터 조이스(Joyce)와 프루스트(Proust)를 거치는 오랫동안 그 노래(chanson)가 그 노래다. 그리고 이 점은 문학을 위해 특히 심각한데, 그 이유는 학교 사회에서 고전물의 정치적 측면을 일소시킨 후 그나마라도 고전물을 지탱해 준 것은 거기에 나오는 사랑에 관심이 있었기 때문이고 학생들이 고전물을 읽는 것도 또한 사랑에 대한 관심 때문이었다. 이 책들은 에로스를 교육시키는 한편 에로스를 자극한다. 그래서 행동주의가 책의 내용을 겨냥하게 되었다. 성경의 최신 번역본은 - 전국 그리스도교회연합회가 후원한 - 미래 세대가 신이 한때 성차별주의자였다는 사실로 고민할까 봐 신을 남녀로 구분하여 부르는 것을 금하고 있다. 그러나 이러한 수법은 오직 제한되게 적용할 수밖에 없다. 또 다른 방책은 가장 비위에 거슬리는 작가 - 예를 들어 루소 같은 작가 - 를 젊은이의 교육과정에서 아예 제외시켜 버리거나 아니면 여권 신장론의 입장도 대학의 교과 과목에 포함시켜 왜곡된 편견을 지적하고, 여성의 본질을 곡해했고 부당했던 역사의 증거로서 그 책을 사용하자는 것이다. 더 나아가 작품 속의 훌륭한 여주인공들은 여성을 성 역할에 가두어 두는 일에 여성 자신이 여러모로 동조한 실례로 이용할 수가 있다. 그러나 학생은 옛날 방식에 매료되어서는 절대로 안 되고 결코 그 방법을 자신의 귀감으로 삼아서도 안 된다. 하지만 이 모든 노력은 다 헛수고다. 학생들은 그들이 바라고 그들에게 허용되는 대인 관계를 옛 문학에서 배울 수 있으리라고는 상상도 할 수 없다. 그래서 그들은 옛 문학에 무관심하다.

　수년에 걸쳐 좋아하는 책이 무엇이냐는 나의 질문에 똑같은 식의 대답을 듣게 되자 나는 학생들에게 그들의 영웅이 누구인지를 물어보기 시작했다. 이번에도 역시 침묵이 흐르는 게 예사이고, 대부분의 경우 아예 아무런 반응이 없다. 왜 우리가 영웅을 가져야 한단 말인가? 우리는 우리 자신이어야 하고 낯선 틀에 자신을 맞추려 해서는 안 된다. 여기에서 그들은 실증주의 이념의 지지를 받는다. 즉 그들에게 숭배하는 영웅이 없다는 것은 그들이 성숙했다는 증거다. 그들은 스스로 자신들의 가치를 설정한다. 우선 《국가론》에서 아킬레스로부터 스스로를 해방시킨 소크라테스에 의해 세워지고 《에밀 *Emile*》에서 루소가 본격적으로 받아들였던 길로 그들이 들어섰다. 루소의 본을 받아 톨스토이는 《전쟁과 평화 *Voyna i mir*》에서 플루타크를 익히고, 나폴레옹에 대한 존경심 때문에 자신으로부터 소외된 안드레이 공작을 그려내고 있다. 그러나 안드레이는 실로 아주 숭고한 인물이고 그의 영웅적 동경이 그를 탁월한 영혼의 소유자로 만들고, 따라서 그를 둘러싸고 있던 마음이 좁고, 허영에 가득 차 자신만을 염려하는 부르주아지(bourgeoisie/유산 계급, 중산층)를 보잘것없게 만든다는 사실을 우리는 자꾸 잊어버린다. 톨스토이로서는, 타고난 감성을 러시아의 정신과 역사에 일치시킨 인물만이 안드레이보다 탁월한 인물이고, 행여 이러한 사람이 나온다고 하더라도 막연한 의미에서 안드레이보다 탁월할 뿐이다. 그러나 미국에는 부르주아지만 있을 뿐이고, 영웅적인 것에 대한 사랑이 우리의 몇 안 되는 평형추(平衡錘) 중의 하나다. 우리가 영웅적인 것을 경멸하는 태도는 위대함을 부인하고 비교함으로써 생겨나는 불쾌감 때문에 괴로워할 것 없이 모두가 난 채로 편안하자는 것이 민주 원칙이라고 하여 올바른 민주 원칙을 왜곡시킨 궤변의 연장일 따름이다. 대중에게 이끌려 가는 것에서 벗어나 삶의 지침을 내면에서 찾는다는 것이 얼마나 대단한 성취인지 학생들은 전혀 알지 못하고 있다. 스스로가 설정하였다고 생각하고 있는 목표의 출처는 어떤 것이었을까? 영웅 찬미로부터의 해방은 단지 그들에게 축적된 내면 세계가 전혀 없기 때문에 현재 널리 유행하고 있는 '본받을 인물상'을 획일적으로 따라갈 수밖에 없다는 것을 의미한다. 그들은 항상 그들과는 상관없이 정립된 고정된 기준에 비추어 자기 자신을 생각한다. 그들은 키루스(Cyrus), 테세우스(Theseus), 모세, 로물루스(Romulus)와 같은 인물에게 압도되는 것이 아니라 자신들도 모르는 사이에 그들을 둘러싸고 있는 의사역, 변호사역, 사업가역, 텔레비전의 인기 배우역을 해내고 있다. 존경할 수 있고, 존경한다고 공언할 수 있는 대상물을 갖지 못하고 위대한 미덕에 깊이 빠져들어 가는 것을 인위적으로 억제당하고 있는 젊은이를 우리는 그저 안타깝게 생각할 뿐이다.

　이러한 기형을 장려하는 가운데 이상주의로 해서 생겨난 위험한 정치적 결과에 마음이 동한 보수주의의 일파가 민주 상대론과 합세를 하게 된다. 이 보수주의자들은 완전해지려고 하는 젊은이들의 요구가 이 값싸고 번지르르한 옛 세계에 의해 채워질 수는 없음을 젊은이들이 알기를 바란다. 어느 정도는 임의적으로 구분되고 있는 사실주의와 이상주의를 놓고 선택해야 하는 경우, 지각이 있는 사람이면 누구나 두 가지를 다 원하든지 아니면 둘 다 원치 않을 것이다. 그러나 나는 일시적으로 구분을 용납하는 것에 반대하고, 교육에서는 우리가 흔히 생각하는 이상주의가 우선해야 하는데, 왜냐하면 사람은 그에게 가능한 완벽을 생의 방침으로 삼아야만 하는 존재이기 때문이다. 모든 성향 중 가장 본질적인 이 성향을 남용이 무서워 억누르려고 하는 것은 문자 그대로 갓난아이를 목욕물과 함께 버리는 격이다. 플라톤이 처음부터 가르친 대로 유토피아적 이념은 불같이 위험한 존재이기는 하지만 우리의 존재를 알아낼 수 있는 유일한 방법이기 때문에 우리는 그것을 다루어야만 한다. 유토피아에 대한 잘못된 이해를 우리가 비판해야 하지만 사실주의가 제공하는 손쉬운 탈출은 금물이다. 요즈음 학생들 간에 어떤 몸매가 완벽한 몸매인가에 대한 생각이 아주 분명하고 또 그것을 끊임없이 추구한다. 그러나 문학에 관한 지도(literary guidance)는 못 받기 때문에 그들은 이제 어떤 영혼이 완전한 영혼인지를 더 이상 알지 못하고, 또 그렇기 때문에 완전한 영혼을 가지려는 동경도 없다. 그와 같은 것이 있다는 것조차 그들은 상상할 수 없다.

　나의 이 두 번째 질문에서 내가 알게 된 것을 중심으로 나는 세 번째 질문을 하기 시작했다. 즉 여러분은 누가 악하다고 생각하십니까? 라고 물어보았다. 이 질문에 대해서는 즉각적인 반응이 있었다. 그들은 히틀러를 꼽았다. (스탈린을 언급하는 경우는 거의 없다.) 그럼 그밖에는 누굴까? 2, 3년 전까지만 해도 몇몇 학생은 닉슨이라고 대답했으나 이제 그는 잊혀진 사람이고 동시에 명예 회복의 단계에 들어섰다. 그러고는 그만이다. 그들에게는 사악함에 대한 개념이 전혀 없다. 즉 그들은 사악의 존재 자체를 의심한다. 히틀러는 그저 또 하나의 관념일 뿐이고 비어 있는 범주(category)를 메우기 위한 항목에 불과하다. 가장 끔찍한 행적들이 자행되고 있고, 거리에서 잔인한 범죄가 일어나는 것을 보며 사는 세상에서, 그들은 모든 것을 외면해 버린다. 그들은 아마 사악한 행위를 저지른 사람이라도 치료만 적절하게 받으면 다시는 그런 일을 저지르지 않으리라고 믿고 있는지도 모른다 - 즉 사악한 행위는 있으나 사악한 사람은 없다고 믿고 있는지도 모른다. 이 희극에는 지옥(Inferno)편이 없다. 그리하여 가장 평범한 학생의 통찰력은 깊이는 물론 높이도 인식하지 못하고, 따라서 장엄함이 결여되어 있다.

음 악

　학생들은 책은 가까이하지 않으면서도 음악에는 극성이라고 할 정도로 열심이다. 음악에 중독된 세대라는 표현보다 이 세대를 더 잘 특징지어 주는 표현은 없다. 이 세대는 가히 음악의 세대이고 음악에 따르는 영혼 상태를 대표하는 세대다. 이들의 열기에 맞먹을 수 있는 열기를 보여 주었던 세대를 찾아보려면 적어도 1세기 전 바그너의 오페라에 열광하였던 독일로 돌아가야만 할 것이다. 그들은 바그너의 음악에 종교적인 감각을 부여하여 바그너가 인생의 의미를 새로이 창조하고, 자신들은 단순하게 바그너의 작품을 듣는 것이 아니라 그 의미를 경험하는 것이라고 느꼈다. 10세에서 20세에 이르는 오늘날의 젊은이는 대다수가 음악을 위해 살고 있는 형국이다. 음악은 그들의 열정이고, 음악처럼 그들을 흥분시키는 것이 없으며, 음악과 상관이 없는 것은 그 어느 것도 심각하게 받아들일 수가 없다. 학교에 있을 때나 가족과 함께 있을 때나 그들은 그저 음악으로 되돌아가기를 간절히 바란다. 그들을 둘러싸고 있는 것은 모두가 다 - 학교, 가정, 교회 등 - 그들의 음악세계와는 상관이 없다. 기껏해야 일상생활은 중립적인 것으로 느끼지만, 대개의 경우 그것을 방해물로 느끼고 활력이 말라 버렸다고 느끼며, 심지어는 반항의 대상이 되기도 한다. 물론 바그너에 대한 열의는 소수 계층에 국한되는 것이었고, 발산의 기회와 장소도 드물었고 제한된 것이었다. 작곡자의 작품 제작이 더디 걸리는 것을 기다려야만 했다. 반면에 이 새로운 애호가들의 음악은 계급도 모르고 국적도 모른다. 24시간 내내 어디서든 들을 수 있다. 집에도 차에도 모두 전축이 있고 음악회도 있고, 음악 비디오를 만들어 쉬지 않고 그것만을 전적으로 방영하는 특수 채널도 있으며, 워크맨(Walkman)도 생겨나 그 어떤 곳 - 대중교통, 도서관

등 - 도 학생들이 시신(詩神) 뮤즈와 교류하는 것을 막지 못한다. 심지어는 공부할 때조차도 막을 수가 없다. 그리고 무엇보다도 음악적 토양이 열대처럼 비옥해졌다. 예측할 수 없는 천재의 출현을 기다릴 필요가 없어졌다. 이제는 천재도 많아져 항상 작품이 나오고 한 사람의 영웅이 사라져 갈 때마다 두 사람의 새로운 영웅이 그 자리를 대신한다. 새롭고 놀라는 것이 끊이는 법이 없다.

영혼에 끼치는 음악의 힘 - 《베니스의 상인 *Merchant of Venic*》에서 로렌조가 제시카에게 멋들어지게 설명한 대로 - 이 기나긴 폐지 상태에서 되살아나게 되었다. 록 음악 단독의 힘으로 이 부흥기가 이루어졌다. 젊은이들 가운데에서는 고전음악이 죽은 거나 다름이 없다. 세상 흐름의 변화를 인정하기 꺼리는 많은 사람이 나의 이와 같은 단언에 열띤 반박을 하리라는 것을 나는 알고 있다. 그들은 반박의 자료로 고전음악 감상 및 실기과목이 대학마다 번져 나가고 있는 사실과 모든 종류의 연주 단체가 늘어가고 있는 사실을 지적할 것이다. 그게 사실이라는 것을 부인하지는 않지만 거기에 참여하는 학생의 수는 전체 학생의 5, 6퍼센트 이상을 넘지 않는다. 오늘날의 고전음악은 그리스어나 콜럼버스 이전 시대의 고고학처럼 특수 취미지 상호 의사소통과 심리적 왕래를 가능케 하는 공통의 문화가 아니다. 30년 전만 해도 대부분 중산층 가정에서는 옛 유럽 음악이 가정의 일부분이었는데, 그 이유는 우선 그들이 그것을 좋아했기 때문이며, 다른 한편으로는 그것이 자녀들에게 좋다고 생각했기 때문이다. 일반적으로 대학생들은 이미 어려서 베토벤, 쇼팽, 브람스에 대한 정서적 경험을 거쳤고, 그러한 경험은 영원히 자신의 일부가 되고 평생을 두고 거기에 반응하게 될 가능성 또한 높다. 미국에서, 교육받은 계층과 교육받지 못한 계층을 확연하게 구분짓는 유일한 지표가 아마 이것이었을 것이다. 그 세대에 속하던 많은 젊은이들이, 아니 대다수의 젊은이들이 베니 굿맨(Benny Goodman)의 음악에 맞추어 몸을 흔들며 춤을 추기는 했으나, 어딘가 쑥스러워했고, 단지 그들도 유행을 따르는 척만 하는 속물이 아니라는 것을 증명하기 위함이었고, 새로운 고등 문화가 발생하는 출처인 대중문화에 담겨있는 민주적 원칙과 결속하고 있다는 것을 보여 주기 위함이었다. 그래서 비록 개인적 취향을 놓고 볼 때 정말로 사람들이 높은 취향을 좋아하는지 의문시되기는 하였지만 그래도 높은 계층과 낮은 계층의 계층적 구분은 여전히 남아 있었다. 그러나 이 모든 것이 변해 버렸다. 학생들이 호흡하는 대기를 의문시하지 않고 문제 삼지 않는 것처럼 록 음악에 대해서도 마찬가지였다. 고전음악에 익숙한 학생은 극소수다. 여기에 나는 항상 놀란다. 나와 가까워진 훌륭한 학생과 나의 관계에서 색다른 일면은 그들이 나를 통해 모차르트에 소개된다는 점이다. 받아 즐거울 수 있는 선물을 사람들에게 준다는 것은 언제라도 즐거운 일인 만큼 이 일은 나를 즐겁게 해준다. 그와 같은 음악이 그들의 공부에 보완이 되고 또 어떤 식으로 보완이 되는지 살피는 것이 흥미롭다. 그러나 이 일이 선생님으로서 나에게는 전적으로 새로운 것이고, 이전에는 대개 학생들이 나보다 고전음악에 대해 훨씬 더 많이 알고 있었다.

지금 바로 전(前)세대의 학생들에게는 음악이 그렇게까지 중요하지 않았다. 베토벤 이래 고전음악계를 장악하였던 낭만주의 음악은 세련된 - 어떤 면에서는 지나치게 세련된 - 감각에 어울리는 음악인데, 그러한 감각을 요즈음 세상에서는 거의 찾아볼 수가 없다. 이는 지금 사람들이 영위하는, 또는 영위하기를 원하는 생활이나, 그들의 지배적인 열정과 정신적 만족을 위해 루소, 보들레르, 괴테, 하이네 등에게 탐욕스럽게 심취하고 고도로 교육을 받았던 독일과 프랑스 부르주아지의 생활 및 열정과는 그 유형에 있어 아예 다르다. 그와 같이 정교한 감각을 유발하고 그러한 감각을 기쁘게 하기 위해 만들어진 음악이 미국식 생활에는 전혀 어울릴 수가 없다. 그리하여 미국에서는 낭만주의 음악의 문화는 오랫동안 겉치레적인 성격을 띠었고, 그래서 교태를 부리면서도 순결한 체하는 마거릿 듀몬트처럼 비웃음거리가 되었다. 이 점을 그로우코 마르크스가 《오페라에서의 하루 저녁 *A Night At The Opera*》에서 아주 교묘하게 이용하였다. 내가 가르치는 일을 막 시작하여 수재들을 위한 기숙사에서 그들과 함께 살게 되었을 때 나는 이 사실을 알아채게 되었다. 소위 '훌륭한' 학생들은 그들의 물리학을 공부한 다음엔 고전음악을 들었다. 그런 식으로 짜여진 일상에 쉽사리 적응하지 못하는 학생들은 그들의 필요가 충족될 수 있는 것을 추구하였고, 그러한 학생의 일부는 단순히 통속적이고 문화적 독재에 반항하기 위한 것이었지만 일부는 진지한 학생이었다. 거의 예외 없이 그들은 막 형성되고 있던 록 음악의 선율에는 반응을 보였다. 그들은 그들의 그러한 취향에 약간의 부끄러움을 느꼈고, 왜냐하면 그것은 존경스럽지 못한 것이었기 때문이었다. 그러나 직감적으로 나는 인위적이고 맥 빠진 감정과는 대조적으로 조금은 거칠지만 생동감 넘치는 감정을 가진 이 두 번째 무리의 편을 들었다. 그런 다음 음악의 과격 혁신주의자들이 혁명에 성공을 거두었고 이제는 거리낌 없이 판을 친다. 이 세대에게 통할 수 있는 고전음악이 생겨나질 않았다.

플라톤의 《국가론》에 나오는 음악에 대한 유명한 구절을 오늘날 학생들이 대단히 심각하게 받아들이는 것이 바로 이러한 변화의 징조다. 언제나 훌륭한 자유주의적인 성향을 띠게 마련인 학생들이 과거에는 시의 검열은 자유로운 탐구의 위협이라고 여겨 분노했다. 그러나 실지로 그들이 생각하고 있었던 것은 과학(학문)과 정치였다. 그들은 음악 자체에 관한 토론에는 거의 주의를 기울이지 않았고, 혹시 주의를 기울인다 하더라도 정치 철학을 논하는 진지한 논문에서 플라톤이 선율과 운율에 대해 시간을 할애했다는 점을 실로 의아하게 여겼다. 그들은 음악을 여흥의 하나로 경험했지 정치 및 도덕 생활과 상관이 있는 것으로 생각하지 않았다. 그와는 반대로 오늘의 학생들은 플라톤이 왜 음악을 그렇게 심각하게 여겼는지 정확하게 알고 있다. 그들은 음악이 생활에 깊은 영향을 끼친다는 것을 알고 있고, 그래서 플라톤이 그들로부터 그들에게 가장 직접적인 기쁨인 음악을 빼앗아 가려고 하는 것으로 보이기 때문에 분노하게 된다. 음악에 대한 경험을 놓고 그들은 플라톤과 논쟁을 벌이는 상황에 끌려들고 논쟁의 핵심은 그런 경험을 어떻게 평가하고 다루어야 하는가에 집중된다. 이러한 맞대면은 우리가 현대음악이 보여주는 현상을 이해하는 데 도움을 주는 것은 물론 현대 학생들이 고전 작품의 혜택을 받도록 유도할 수 있는 모범을 제시하기도 한다. 그들이 격노하는 그 사실 자체가 그들에게 소중하고 친밀한 것을 플라톤이 대단히 위협하고 있다는 것을 보여 준다. 질문을 받기 전까지는 의심의 여지가 없는 것으로 보이던 그들의 경험을 질문을 받자 거의 옹호할 수 없음을 알게 되고, 냉정한 분석에 끝까지 저항을 보인다. 그럼에도 불구하고 만일 학생이 - 물론 가장 어렵고 아주 드문 일이긴 하지만 아무튼 - 한걸음 뒤로 물러서서 그가 애착하는 것을 비판적으로 바라볼 수 있고, 그가 그토록 좋아하는 것의 궁극적 가치에 대해 의문을 제기할 수 있다면, 그는 철학으로 향하는 가장 어려운 첫발을 내디딘 셈이다. 화를 낸다는 것은 자기 자신의 것을 의심하게 된 데서 생겨난 상처에 대항하는 영혼의 방어책이고, 분노는 세계관을 재정리하여 그 원인의 정당성을 입증하려 한다. 소크라테스를 처형한 것을 정당화해 주는 것이 이것이다. 분노의 실체를 바로 인식하는 것이 영혼의 지식이 되고, 그렇기 때문에 그것이 수학을 연구하는 것보다 더 철학적인 경험이다. 오늘날 철학에 가장 저항하는 것은 모두 본질상 음악에 포함되어 있다는 것이 플라톤의 가르침이다. 그리하여 결국 가장 오래된 진실로 인도하는 길은 아마도 가장 큰 타락의 한 가운데를 관통하여 나 있는 것인지도 모른다.

영혼의 야만스러운 표현이라는 것이 음악에 대한 플라톤의 가르침이다. 간단히 말해 춤과 어울린 운율과 선율이 야만스럽지 동물적인 것은 아니다. 음악은 인간의 영혼을 경이와 공포가 함께 어우러지는 가장 황홀한 경지로 이끄는 매개체다. 플라톤의 분석과 대체로 의견을 같이하는 니체는 《비극의 탄생 *Die Geburt der Tragödie*》(그리고 그 작품에 딸린 또 하나의 제목이〈음악의 정신에서 생겨난〉이라는 점을 잊어서는 안 될 일이다)에서 이 상태를 신에 봉사하기 위해 잔인성과 거친 육감을 혼합한 상태라고 특징 지었고, 따라서 이는 물론 종교적이었다고 말하고 있다. 음악은 영혼의 원시적이고 근본적인 언어이고, 언어나 이성으로 표현되지 않은 알로곤(alogon)이다. 음악은 비이성적일 뿐만 아니라 이성과는 반대다. 형상화된 언어를 첨부한다고 하더라도 그 언어를 결정지어 주는 것은 음악과 음악에 의해 표출되는 열정이고, 따라서 음악에 언어가 철두철미 종속된다.

영혼의 본래 열정을 - 억제하거나 흥분시키면 영혼의 활기가 위축 될 테니까 억제나 흥분시키는 것이 아니라 - 길들이거나 아니면 가두어 순화시키는 것이 문명, 같은 것으로서 교육이지만 영혼의 열정을 형성하고 필요한 정보를 제공하는 예술이다. 영혼의 열광적인 부분과 후에 발달하는 이성적인 부분을 조화시키는 것이 아마도 불가능할지도 모른다. 그러나 그러한 목표가 없이는 인간이 결코 완전한 존재가 될 수 없다. 음악 또는 이성의 발생과 더불어 음악이 변형하여 생겨나는 시에는 언제나 열정과 이성 간의 교묘한 균형이 포함되고, 가장 높고 가장 발달한 형태 - 즉 종교, 전쟁, 애정을 노래한 음악이나 시 - 도 그 균형이 미세하게나마 열정적인 쪽으로 기운다. 모든 사람이 경험하듯이 음악은 음악에 따르는 활동을 정당화해주고 충족의 기쁨을 제공해준다. 진군 음악을 듣는 군인은 마음이 사로잡히고 자신감이 되살아나게 되고, 종교적인 사람은 교회의 풍금 소리를 들으면 기도 속에서 찬양을 드리게 되며, 낭만적인 기타 소리에 연인은 넋을 잃을 만큼 도취되고 의식은 잠잠해진다. 음악으로 무장을 하면 사람이 이성적인 의심을 던져 버린다. 신은 음악으로부터 생겨났고, 따라서 거기에 걸맞은 존재들이며, 그런 신들은 자신들을 본보기로, 또 그들의 계율로 인간을 교육한다.

플라톤의 대부분의 저작 속에 등장하는 소크라테스는 무아경을 훈계하고, 그러기 때문에 인간에게 별 위로나 희망을 제공하지 못한다. 소크라테스식 방문(方文)대로 하면 음악을 - 즉 화성과 운율을 - 결정하는 것은 노래의 가사 - 즉 언어, 따라서 이성 - 이어야 한다. 순수 음악은 이와 같은 제약을 결코 견뎌 낼 수가 없다. 학생의 위치가 이성의 기쁨을 알 수 있는 위치는 아니다. 따라서 그들은 이성을, 훈계하고 억압하는 부모와 같은 것으로 여길 뿐이다. 그러나 플라톤의 경우 그들은 자신들이 꾀하는 바를 이성이라는 부모가 간파하였다는 것을 알고 있다. 한 개인이나 사회의 영적 온도를 감지하려면 '음악에 주목해야' 한다고 플라톤은 가르친다. 플라톤과 니체는 영혼 속의 어둡고 무질서하고 예고적인 힘에 형태와 아름다움을 부여하려는 - 즉 보다 높은 목표와 이상에 기여하고 인간의 의무를 충만하게 하려는 - 일련의 시도가 바로 음악의 역사라고 생각한다. 바흐 음악의 종교적 의도와 베토벤 음악의 혁명 및 인간적 의도가 이의 명백한 본보기다. 영혼을 그와 같이 가꾸는 것이 열정을 이용하고 만족시키는 한편 열정을 승화시키고 열정에 예술적 조화를 부여한다. 한 사람의 가장 고상한 활동이 그 활동을 나타내 주는 음악을 동반할 때, 가장 아래로는 육체적인 기쁨에서부터 가장 위로는 정신적인 기쁨까지를 제공한다. 동시에 그 사람은 총체적인 존재이고, 따라서 그에게는 기쁨과 선 사이에서 오는 갈등이 없다. 그와는 대조적으로 단조롭고 음악적인 면이 전혀 없는 직업 생활과 거칠고 격렬한 오락으로 짜여진 여가 생활을 가진 사람은 마음이 분열되어 있다. 생활에서 서로 각기 다른 방향으로 치닫는 일면들이 모르는 사이에 서로를 훼손한다.

그러므로 심리적 안녕에 관심이 있는 사람에게는 음악이 교육의 중심이 되는데 이는 사람의 열정을 적절히 보살피는 동시에 영혼은 방해도 받지 않고 이성을 사용할 수 있도록 만들기 위함이다. 교육의 그와 같은 구심성을 고대 교육자들은 모두 인식하고 있었다. 아리스토텔레스의《정치학 *Politica*》가운데에서 제일 훌륭한 정치체제에 대한 구절 중 가장 중요한 구절이 음악 교육에 관한 구절이고,《시학 *Poetica*》은《정치학》의 부록이었다는 사실을 오늘날에는 사람들이 거의 모르고 있다. 고전 철학은 노래하는 사람을 검열하지 않았다. 그들을 설득했다. 그리고 그들에게 목표를 제시했고, 그들은 그 목표를 이해하고 있었다. 어제까지만 하더라도 이것은 사실이었다. 그러나 아리스토텔레스에게서 음악이 차지했던 역할을 알아채지 못하고 플라톤에게 있어서의 음악의 역할을 경멸하는 사람은 홉스(Hobbes, T.), 로크(Locke, J.), 스미스(Smith, A.) 등으로부터 교육받은 사람들로서, 그들의 교육에서는 음악의 역할 같은 것을 고려할 필요가 없게 되었다. 의기양양한 합리주의 계몽운동은 영혼의 비이성적인 측면을 다룰 수 있는 다른 방법을 찾았다고 생각했고, 또한 이성은 영혼의 지원을 받을 필요가 적어졌다고 생각했다. 계몽운동과 합리주의에 대한 위대한 비평가인 루소와 니체에 이르러서야 음악이 되살아나게 되었고, 그들은 철학자 중 가장 음악적인 철학자였다. 그들은 둘 다 이성이 세상을 지배하게 되자 열정이 - 그리고 그 열정에 예속하는 기술(art)이 - 빈약해졌다고 생각했다. 그리하여 인간 자체, 그리고 세상 사물에 대한 인간들의 식견 또한 거기에 맞추어 빈약해졌다고 생각했다. 그들은 인간의 영혼이 열의에 가득 찬 상태가 되기를 원했고, 플라톤은 병적이라고 간주했던 소란한 음악과 춤에 사로잡히는 경험을 재연해 볼 수 있기를 바랐다. 특히 니체는 생동감의 원천이 되는 비이성을 새삼 파헤쳐 보려고 애썼고 그 야만적인 원천으로부터 말라 버린 물줄기를 채워 보려고 주신제와 관련된 것, 그리고 그것의 파생인 음악을 장려하였다.

 록 음악의 중요성이 여기에 있다. 록 음악에는 높은 지적 근원이 있다고 시사하려는 것이 아니다. 그러나 고전음악이 잿더미화했기 때문에, 가장 길들지 않은 열정의 활동에 아무런 저항을 느끼지 않는 지적 분위기인 록 음악이 젊은이들의 교육에서 현재와 같은 높은 경지에 이르게 되었다. 경제학자와 같은 근대의 합리주의자들은 록 음악과 그것이 대표하는 것에 대해 무관심하다. 비이성적인 사람들은 그것에 전적으로 지지를 보낸다. 우리 사춘기 청소년들의 무미건조한 영혼으로부터 '금발의 야수들(the blond beasts)'과 같은 것이 나오는 것은 아닌지 두려워할 필요는 없다. 그러나 록 음악은 단 한 가지, 즉 성적 욕구에만 호소력을 발휘하는데, 그것은 야만적이다. 즉 그것은 사랑도 아니고 에로스(eros)도 아니며 단지 개발되지도 않고 닦이지도 않은 성적 욕구일 따름이다. 그것은 어린이에게서 처음으로 발산하기 시작한 작은 싹에 불과한 관능적 감각을 포착하여 다 자란 것을 상대하듯 유인하고 정당화하는데, 작은 싹이 탐스러운 꽃으로 자라나려면 곱게 돌보아야 한다. 록 음악은 부모들이 항상 아이들에게 다 자랄 때까지 기다렸다가 해야 한다고 말하던 것, 그리고 후일 자란 다음에나 이해할 수 있다고 말하던 것들을 연예 사업이라는 만인이 인정하는 권위로써 은 쟁반에 담아 그들에게 가져다 바친다.

젊은이들의 록의 장단이 성교의 장단과 같다는 것을 알고 있다. 라벨의 《볼레로 *Bolero*》가 바로 그런 이유로 해서 젊은이들이 보편적으로 알고 있고, 또 그들이 좋아하는 단 하나의 고전음악 작품이다. 일부 진정한 예술과 수 없는 의사(擬似) 예술(pseudo art)의 연합 속에서 방대한 업계가 성(性)과 관계가 있는 부어라 마셔라 식의 난장판 취향을 조장해 내고, 물릴 줄 모르는 구미에 맞추어 새로운 자료들을 계속해서 제공한다. 이렇게까지 철두철미 어린이만을 대상으로 발달한 예술 형태는 일찍이 없었던 일이다.

자극적이고 정화하는 음악에 도움이 되고 또 거기에 따라, 노래의 가사는 전통적으로 우스갯거리고 수치였던 풋사랑은 물론 여러 형태의 유혹을 칭송하고 강화해 준다. 노랫말은 성적 욕구를 만족시키는 몸짓을 암시적으로 또는 뚜렷하게 묘사해 주고, 아직 진정한 사랑, 결혼, 가족에 대해서 짐작조차 할 수 없는 어린이에게 성적 욕구는 당연히 그러한 몸짓으로 끝나는 게 일상인 것으로 다루고 있다. 이것이 젊은이들에게 외설물보다 더 강한 영향을 끼치는데, 그들은 자신들이 쉽사리 할 수 있는 일을 구태여 남을 통해, 그것도 이지러진 모습의 남들을 통해 볼 필요가 없기 때문이다. 몰래 훔쳐보는 취미는 늙은 변태자들이나 하는 짓이고, 젊은이가 할 일은 활발한 성관계를 갖는 것이다. 오로지 성원(聲援)만이 필요할 따름이다.

그와 같은 성적 관심은 불가피하게 그런 관심을 제지하는 부모의 권위에 반항하는 결과를 가져왔다. 그리하여 이기심이 분노로 변하고, 다음 그 분노는 도덕성으로 둔갑하게 된다. 성의 혁명을 통해 자연과 행복의 적이라 할 수 있는 모든 지배 세력을 뒤엎어야만 한다. 사랑으로부터 증오가 나오고 그 증오는 사회 개혁이라는 미명으로 통용된다. 세계관이 성이라는 지렛목 위에서 가늠되어진다. 한때는 의식하지 못했던, 아니면 어렴풋이 의식했던 어린애 같은 분개가 새로운 성구(聖句)가 된다. 그 다음으로 나타나는 것이 해방된 의식의 필연적인 결과인 계급이 없고, 편견이 없으며, 갈등도 없는 만인 사회에 대한 동경이다. – 즉 '우리가 바로 세상이다'라고 외치게 되고 이것은 '모든 인간은 형제다(Alle menschen werden Brüder)'의 사춘기적 표현이다. 이 요구의 충족이 이번에는 어머니, 아버지에 해당하는 정치에 의해 억제되었다. 가사에서 주가 되는 세 가지의 커다란 주제는 성, 증오, 그리고 위선적인 형태의 형제애인 아첨이다. 그와 같이 오염된 수원(水源)에서는 오로지 괴물들이나 헤엄을 칠 수 있는 흙탕물이 흘러나올 수밖에 없다. 플라톤의 동굴벽을 음악 텔레비전이 장악한 이래 그 벽에 투영되는 비디오 영상을 단 한 번이라도 흘깃 보고 나면 충분히 이것이 사실로 입증된다. 히틀러의 영상을 흥미진진하게 자주 반복하기 때문에 잠시 생각해 보지 않을 수 없다. 고상하고, 장엄하며, 깊이가 있고, 섬세하고, 세련된 것, 심지어는 그저 눈꼴 사납지 않은 것조차도 그와 같은 묘사에 어울릴 수 없다. 토크빌이 민주적인 예술의 특성에 대해 경고했던 강렬하고, 변화무쌍하며, 거칠고, 즉각적인 것을 위한 자리밖에는 없다. 결코 토크빌조차도 미처 상상하지 못할 만큼 이러한 일이 만연되어 있고, 중요성을 띠게 되었으며, 예술의 내용이 되어 버렸다.

워크맨 헤드폰을 쓴 채로, 아니면 영상 음악 텔레비전을 자기 집 응접실에 앉아서 보면서 수학숙제를 하고 있는 13세 된 사내아이의 모습을 머릿속에 그려 보자. 그는 지금 수 세기에 걸쳐 철학적 재능과 정치적 영웅주의가 연합하여 어렵게 얻어냈고, 순교자들의 피로 신성해진 자유를 즐기고 있고, 인류가 알고 있는 가장 생산적인 경제의 덕택으로 편안함과 여가를 제공받고 있으며, 지금 그가 즐기고 있는 경이롭고 실물과 똑같은 전자음과 영상을 그에게 제공하기 위하여 과학은 자연의 비밀을 파헤쳤다. 그리고 진보는 어디에서 끝이 날 것인가? 쾌락적인 운율에 육체적으로 전율을 느끼고, 자위행위나 부모 살해의 기쁨을 노래하는 것으로 감정을 표현하고, 음악을 만드는 동성연애자들을 모방함으로써 명성과 부를 얻는 것이 야심인 사춘기의 아이가 진보의 귀착지는 아닌지. 간단히 말해 인생은 쉴 줄도 모르고 상업적으로 미리 짜여진 자위 행위적인 환상이 되어 버렸다.

이러한 묘사가 과장된 것처럼 보일 수도 있지만 이는 일부가 과장으로 보기 때문이다. 그들이 록 음악에 계속 노출되고 있다는 것은 현실이고, 이 현실이 특정 계급이나 특별한 유(類)의 아이들에게 국한되는 것은 아니다. 대학 초년생들에게 어떤 음악을 듣고, 그 음악을 얼마나 많이 들으며, 그 음악이 그들에게 주는 의미가 무엇인가를 물어보면 이 현상이 미국에서는 보편적인 현상임을 금방 알 수 있다. 이러한 현상이 사춘기 또는 이에 조금 앞서 시작하여 대학 시절 내내 계속된다는 사실도 알 수 있다. 이게 유일한 청소년 문화이고, 내가 자주 주장했듯이 요즈음엔 그것을 상쇄하고 정신을 살찌울 다른 자양분이 없다. 이 문화가 힘을 갖는 이유의 일부는 이 문화가 엄청나게 소리가 크다는 사실에 기인하기도 한다. 그것은 대화를 불가능하게 하며, 그래서 우정이 대부분 공유하는 언어 없이 이루어지고 있는데, 아리스토텔레스는 공유하는 언어야말로 우정의 본질이고 우정의 공통된 근본이라고 단언한다. 록 음악과 더불어 같은 감정을 소유한다는 착각이 들게 되고, 이 착각과 신체적 접촉, 그리고 투덜대는 판에 박힌 말씨 등이 교제의 바탕이 된다. 이러한 것들은 언어를 초월하여 많은 의미를 내포하고 있다고 여겨지고 있다. 이 중 그 어느 것도 인생을 살아가는 데, 수업에 들어가고 수업에서 받은 숙제를 하는 일 등을 부인하지는 않는다. 그러나 중요한 내면생활은 음악과 함께 있다.

이러한 현상은 놀랍고 도저히 소화시킬 수가 없고, 아무도 알아채지 못하는 사이에 일상적이고 습관적인 것이 되었다. 그러나 한 사회의 가장 훌륭한 젊은이들과 그들의 모든 정력을 그렇게 빼앗긴다는 것은 가히 역사적 차원의 문제다. 미래의 문명사회 사람들은 이를 이상히 여길 것이고 우리가 신분 차별의 세습 제도, 마녀 화형, 후궁들, 식인 습속, 검사들의 검투를 이해할 수 없는 것과 마찬가지로 이를 이해할 수 없을 것이다. 한 사회가 지닌 가장 큰 광기가 그 사회 자체로서는 정상적인 것으로 보이는 것이 당연한 것인지도 모른다. 내가 앞서 기술(記述)했던 아이의 부모는 그 자식에게 좋은 생활을 마련해 주려고 자신들을 희생했고, 그 아이의 행복한 미래에 지대한 관심을 쏟고 모든 것을 걸었다. 그들은 음악적 소명이 그러한 행복에 크게 공헌하리라고는 믿을 수가 없다. 그러나 그들에게는 어떻게 할 방도가 없다. 가족의 정신적 공백으로 해서 록 음악이 아이들의 생활에 파고드는 결과가 초래되었고, 따라서 부모가 아이들에게 록 음악을 못 들도록 금할 가능성이 전혀 없다. 록 음악은 어디에나 존재하고, 모든 아이들이 듣고 있으며, 그것을 금하면 괜스레 아이들의 애정과 복종을 잃고 마는 결과나 초래하게 된다. 텔레비전을 켤 때 그들이 보는 것은 가볍게 내미는 마이클 잭슨의 장갑 낀 손을 다정하게 잡고 그를 열렬히 칭찬하는 레이건 대통령의 모습이다. 이럴 때는 그저 우리의 거부 기능이나 작동시키는 것이 나을는지도 모른다 - 즉 가사의 말들이 전하는 이야기를 모른 체해 버리고 언젠가는 아이들이 그것을 극복하리라고 추정해 버리는 것이다. 일찌감치 성(性)을 경험하더라도 그 아이가 후일 안정된 대인 관계를 개발하는데 전혀 방해가 되지 않으리라고 추정해 버린다. 약물 사용은 분명히 대마초에서 끝이 난다고 믿는다. 학교는 참된 가치를 심어 주고 있다고 믿는다. 즉, 인기 절정의 역사주의(historicism)가 최종적인 구제책을 마련해 줄 것이며, 새 상황에 따라 새로운 생활 방식이 생겨나게 마련이고, 늙은 세대는 자신들의 가치를 젊은 세대에게 강요하기 위해 존재하는 것이 아니라 젊은 세대 스스로가 자신들의 가치관을 찾는 데 도움을 주기 위해 존재한다. 젊은이들의 성격과 취향 형성에 그 역할이 음악에 비하면 비교적 적은 편인 텔레비전은 괴물이라는 데 의견이 일치한다 - 따라서 우파는 성을 내용으로 한 텔레비전물을 감시하고 좌파는 폭력을 감시하며, 그 밖의 많은 이해 집단들도 이해별로 다른 많은 것들을 감시한다. 그러나 음악을 건드리는 집단은 거의 없고, 그나마 진행되었던 몇몇 노력들은 문제의 본질과 정도를 제대로 파악하지도 못하고 효과도 전혀 없다.

그 결과로 누구도 어린이의 도덕 교육에 진지한 관심을 갖지 않는 이 시기에 부모조차도 자녀의 도덕 교육을 관장할 수 있는 힘을 상실하게 되었다. 대중 속에 새로이 싹트는 소망이 무엇인지를 알아내는 천부적 재능을 가진 낯선 젊은 남성과 -

웅변에서 소크라테스의 적수였던 트라시마쿠스(Thrasymachus)의 현대판이라 할 수 있는 - 록 음악으로 노다지를 캐내는 가히 신종 노상강도 대 실업가에 견줄 만 한 음반회사 중역들의 연합전선으로 이러한 결과가 달성되었다. 수년 전 그들은 용돈이라는 명목의 마음대로 쓸 수 있는 상당량의 돈을 가지고 있는 무리가 아이들이라는 사실을 알아냈다. 아이들의 부모는 아이들 부양에 그들이 가진 것을 몽땅 쓴다. 부모의 이해 한계를 뛰어넘어 그들에게 호소하고 기쁨의 세계를 창조해주는 사업이 전후 사회에서 가장 부유한 시장 중의 하나가 되었다. 록 음악사업은 완벽한 자본주의로서, 요구에 따라 공급하고 또 요구를 형성하는 데 이바지하기도 한다. 도덕적인 존엄의 측면에서는 록 음악이나 약물 거래나 대동소이하지만, 록 음악은 완전히 새로운 것이었고 누구도 예기치 못한 것이었기 때문에 그것을 통제할 생각은 아예 해보지도 못했고, 이제는 시기적으로 너무 늦다. 흡연에 항거하는 움직임은 진전할 수도 있는데, 왜냐하면 기준의 부재나 우리의 상대주의가 육체적 건강에 관계되는 사항까지 뻗쳐 기승을 부리지는 않기 때문이다. 그 밖의 다른 모든 것들의 가치는 시장이 결정한다. 오노 요코의 이미 고인이 된 남편이 그 값어치에 있어서는 석유나 컴퓨터와 맞먹는 상품을 제작하여 팔았기 때문에 그녀는 석유왕 및 컴퓨터계 거물과 나란히 미국에서 몇 안 되는 억만장자 계열에 속한다. 록 음악은 정말로 거대한 사업으로서 영화 산업, 직업 운동 사업보다도 크고 텔레비전보다도 크다. 음악 사업이 존경을 받는 이유도 바로 여기에 있다. 우리의 통찰력이 경제 분야에서 일어나고 있는 변화에 보조를 맞추어 즉각 변화한다는 것은 어려운 일이고, 따라서 정말로 중요한 것이 무엇인지를 알아내는 것도 어려운 일이다. 이제는 유 에스(U. S.) 강철보다 맥도널드 햄버거가 더 많은 고용인을 거느리고 있고, 영혼에 있어서도 이와 마찬가지로 아직은 그래도 보다 기본적으로 보이는 천직을 내몰고 쓰레기 음식 같은 하찮은 음식을 조달하는 사람들이 그 자리에 들어섰다.

이러한 변화는 상당 기간에 걸쳐 진행되고 있었다. 1950년대 말 드골 대통령은 프랑스 최고 훈장 중 하나를 브리지트 바르도(Brigitte Bardot)에게 주었다. 나는 이를 이해할 수 없었지만 나중에 그녀가 푸조(Peugeot)와 함께 프랑스 수출품 중 가장 큰 품목의 하나라는 사실이 밝혀졌다. 서방의 국가들이 보다 더 풍족해지자

재산을 모으기 위해 수 세기 동안을 뒤로 미루기만 했던 여가와 여가 사용 방법이 드디어 제일의 관심거리가 되었다. 그러나 그러는 사이에 여가를 신중한 생활로 채우겠다는 생각이 사라져 버렸고, 이와 더불어 그러한 삶을 살겠다는 인간의 취향과 능력도 사라져 버렸다. 흥미 위주 오락이 곧 여가가 되어 버렸다. 인간이 그렇게도 오랫동안 애써 노력했던 결말이 오락을 즐기는 것으로 끝나 버렸고, 만일 수단이 목표를 정당화한다면 이러한 결말이 정당화될 수 있는 결말일 것이다. 음악 사업이 특이한 것은 거의 전적으로 어린이만을 대상으로 삼고, 법적으로나 인간 성장 면에서 미완성된 존재인 어린이들을 마치 완성된, 또는 완전한 만족을 즐길 수 있는 존재인 양 취급한다는 점이다. 따라서 이것은 아마도 우리의 모든 오락에 담긴 본질을 나타내 주는 단면인지도 모르고, 우리가 성인 또는 성숙이 무엇인지에 대한 확고한 견해를 상실하였다는 것을 나타내 주는 것인지도 모른다. 또한 목표를 설정할 능력이 우리에게 없다는 것을 말해 주고 있는지도 모른다. 가치라는 것은 속이 빈 것이기 때문에 자연으로 생겨나는 사실을 최종 목표로 받아들이는 결과를 초래한다. 음악 사업의 경우 미처 발달하지 않은 유아적인 성욕(sexuality)을 최종 목표로 보고, 많은 어른들도 다른 목표가 없기 때문에 그것이 최종 목표라는 데에 동조하고 나서게 된 것이 아닌가 하는 게 나의 생각이다.

 '후기 자본주의'에 비판적인 입장을 취하는 데 대해 자부심을 느끼고, 우리의 여러 다른 문화 현상들을 가차 없이, 그리고 예외 없이 분석하는 좌파가 록 음악만은 대체로 그대로 내버려 두었다는 것은 흥미로운 일이다. 록 음악을 변창시킨 자본주의의 요소로부터 록 음악을 떼어 내어 그것을 대중의 예술로 여기고 부르주아지(bourgeoisie)의 겹겹이 싸인 문화적 억압으로부터 생겨난 것이라고 여긴다. 도덕률 폐지론을 떠들고 구속 없는 세상을 동경하는 록 음악이 프롤레타리아 혁명의 나팔 소리처럼 들릴 테고, 마르크스주의자들은 실제로 자유로운 사회 건설에 선결 조건이 되는 믿음과 도덕의 융해를 록 음악이 맡아서 하는 것으로 보고 있으며, 그 이유 하나만으로도 록 음악을 인정하기에 충분하다. 그러나 젊은 좌파 지성인과 록 음악 사이의 융화는 아마도 그것보다는 좀더 심오할 것이다. 1960년대에 허버트 마르쿠제(Herbert Marcuse)는 마르크스와 프로이트를 종합한 이론으로 대학생들에게 호소했다. 《에로스와 문명 *Eros and Civilization*》,《일차원적 인간 *One - Dimentional Man*》이 두 저서에서 그는 자본주의와 자본주의의 그릇된 의식을 극복하면 성적 만족을 가장 큰 만족으로 아는 사회가 도래할 것이라고 약속했는데, 이런 유형의 사회를 부르주아 도덕가인 프로이트는 다형태의 유치한 사회라고 불렀다. 록 음악이 젊은이들에게 자극을 주는 것도 이와 똑같다. 이것들이 공통적으로 가지고 있는 것은 자유로운 성의 표현, 무정부주의, 비이성적인 무의식 세계를 발굴하여 마음껏 자유로운 행동을 하도록 내버려 두는 일 등이다. 내가 이제 제 2부에서 묘사하게 될 고도의 지성 생활이나 낮은 차원의 록 음악은 모두가 다 동업자들로서 그들은 모두 연예업에 속한다. 그들 둘 다 후기 자본주의 문화 조직의 일부로 이해해야만 한다. 부르주아 자신은 부르주아가 아니라고 느낄 필요가 있고, 무한정을 위험하지 않게 실험을 할 필요가 있기에 이런 기업이 성공을 거둔다. 이를 위해서 그는 기꺼이 상당한 대가를 치른다. 마르크스보다는 니체가 좌파를 보다 더 잘 설명해주고 있다. 후기 자본주의에 대한 비판 이론이 비판과 아울러 후기 자본주의의 가장 미묘하고도 가장 투박한 표현이다. 반부르주아의 반대하는 분노가 최후 인간(Last man)의 마취제다.

니체가 니힐리네(Nihiline)라고 불렀던 이 강한 자극제가 근 15년이라는 긴 세월 동안 믹 재거(Mick Jagger)라는 한 인물로 요약되었다. 빈틈없는 중산층 출신인 그가 40세가 되도록 신들린 하류 계급 출신의 악마역과 10대의 호색가 역할을 해내면서 한눈으로는 소년 소녀 어린 관중에게 감각적인 광란에 빠져들도록 눈짓하고, 다른 한눈으로는 색정과는 전혀 상관이 없는 상업적인 동기에서 돈을 다루는 어른들에게 추파를 던진다. 그의 연기 속에서 그는 남자가 되기도 하고 여자가 되기도 했고, 이성 연애자가 되는가 하면 동성 연애자가 되었다. 겸양 따위는 아예 무시하고 모든 사람의 꿈에 파고들어 무슨 일이든지 하겠다고 약속을 했고, 무엇보다도 그는 약물을 정당화해 주었고, 젊은이들은 진짜 전율을 가져다주는 약물을 부모와 경찰이 결탁하여 그들에게서 빼앗아 간다고 생각했다. 그는 도덕적, 정치적 법을 초월하여 존재하였고, 법을 우습게 여겼다. 이와 함께 이제는 성차별주의, 인종차별주의, 폭력의 발로가 사회적으로 눈총을 받기 때문에 누를 수밖에 없었던 감정이 어느 정도 분출할 수 있는 은밀한 기회가 되기도 했다. 그럼에도 불구하고 형제애와 육체적인 사랑의 구분을 애매모호하게 함으로써 그는 사랑을 기초로 하고 전반적으로 계급이 없는 사회를 이상으로 하는 록 음악에 모순이 되지 않는 것으로 보이게 만들었다. 그는 대학뿐만 아니라 그 밖의 모든 곳에 있는 수없이 많은 젊은이들의 영웅이고 모범이었다. 자신들에게는 영웅이 없다고 뽐내는 학생들이 속으로는 은근히 믹 재거같이 되고, 그의 생활과 같은 생활을 영위하고, 그의 명성과 같은 명성을 갖고 싶어 한다는 것을 나는 발견하였다. 대학 사회에서 그들이 이러한 사실을 그대로 인정하기 부끄러워하는 것이 사실이지만, 그 이유가 꼭 그들이 보다 높은 취향을 가졌기 때문이라고 확실하게 말할 수는 없는 것 또한 현실이다. 아마도 그들은 영웅을 가져서는 안 되는 것으로 되어 있는지도 모른다. 록 음악 그 자체와 그것에 대해 심각하게 끝없이 이야기하는 것 자체는 얼마든지 훌륭한 일이다. 그것이 지성적 속물근성을 일깨우는 결정적인 균형 역할을 한다는 것이 판명되었다. 그러나 록 음악이 나약하고 평범한 사람에게 멋진 행동을 하도록 만들어 줄 것이라고 생각하고 그런 멋진 행위를 흉내 내면 남들이 자기를 높이 보아 줄 것이고, 따라서 자기 자신에 대한 스스로의 평가도 높아질 것이라고 생각하는 것은 결코 존경받을 일이 못 된다. 하지만 그렇게 의도해 본 적도 없는데, 자신도 모르는 사이에 믹 재거가 젊은이들의 생활에서 바로 이러한 역할을 했고, 이는 19세기 전반에 걸쳐 나폴레옹이 프랑스의 평범한 젊은이들의 생활에서 보여 주었던 역할과 똑같은 것이다. 그 밖의 다른 모든 사람들은 너무 따분하여, 젊은이들의 열정을 사로잡을 능력이 없었다. 재거는 인기를 얻을 수 있었다.

 지난 2, 3년 사이에 재거가 사라져 가기 시작했다. 마이클 잭슨이나 프린스 또는 보이 조지가 그를 대신할 수 있을는지는 확실하지가 않다. 그들은 재거보다 더 이상 야릇하고 그들이 찾아낸 새로운 취향의 정체가 무엇인지 사람들은 의아할 뿐이다. 비록 모두가 서로 다르다고 하더라도 음악적 여흥의 근본 특성은 변하지 않는다. 오로지 주제를 변형시키려고 끊임없이 탐구할 따름이다. 그러나 이 너절한 현상은 분명히 우리의 나약해지고 쇠잔한 서구 문명을 되살리기 위해서는 우리의 진정한 근원이라 할 수 있는 무의식의 세계를 탐구해야 한다고 심리학과 문학이 하도 약속을 하는 바람에 그 약속을 완수하느라 생겨난 것이다. 그리고 후기 낭만주의자들의 상상 속에서는 무의식의 세계가 검고 탐색 되지 않은 아프리카 대륙과 동일한 것으로 보였다. 이제는 모든 것이 탐색 되었다. 모든 곳에 불이 밝혀졌고, 무의식을 의식하게 되었으며, 억눌렸던 것을 표현하게 되었다. 그런데 그 결과 우리가 찾아낸 것이 무엇인가? 창의력 있는 악마가 아니라 연예 산업의 현란뿐이다. 하계로의 여행에서 우리가 가지고 돌아온 것이라는 게 고작 무대에서 믹 재거가 꾸며 주는 것 그게 전부다.

  여기에서 내가 염려하는 것은 이 음악의 도덕적 결과가 아니다 - 즉, 이 음악이 성이나 폭력, 또는 약물 등의 결과를 가져오는 것은 아닌지를 염려하는 게 아니다. 여기에서 쟁점이 되는 것은 그 음악이 교육에 영향을 미친다는 점이고, 나는 그 음악이 젊은이들의 마음을 망가뜨리고, 인문 교양 교육의 실체라 할 수 있는 예술과 사상에 젊은이들이 열정적으로 깊이 빠져드는 것을 어렵게 만들고 있다고 믿고 있다. 한 사람에게 있어 첫 번째의 감각적 경험이 그 사람 일생 동안의 취향을 형성하는 데 결정적 역할을 하고 그런 경험이 우리가 가진 동물적 측면과 정신적 측면을 이어주는 고리가 되기도 한다. 육감에 갓 눈이 뜨는 시기는 언제나 승화의 시기, 즉 그것을 숭고하게 만든다는 의미에서 승화의 시기로 이용되었다. 젊음이 갖는 성향과 동경을, 인간의 의무완수 및 인간적인 즐거움을 만끽하도록 교양 역할을 하는 음악, 그림, 이야기 등에 애착을 갖도록 만드는 시기로 이용되었다. 그리스의 조각을 논할 때 레싱(Lessing)은 "아름다운 인간이 아름다운 조상들을 만들었고, 따라서 도시가 부분적으로는 아름다운 시민에게 고마움을 표하기 위하여 아름다운 조상을 갖게 되었다"라고 말했다. 이 문구에 인간을 위한 미적 교육의 근본 원칙이 담겨 있다. 젊은 남자와 여자는 육체 자체에서 기품이 흘러나오는 영웅들의 아름다움에 매료되었다. 기품의 의미에 대한 보다 깊은 이해는 후일에 가서나 생겨나는 것이지만, 그래도 우선은 감각적인 경험을 통해 그것을 준비하게 되고 또 실제로 그 경험에 이미 담겨 있다. 그러기 때문에 감각이 동경하는 것과 후일 이성(異性)으로 알아채게 되는 선이 결코 서로 팽팽히 맞서 긴장할 이유가 없다. 어린이에게 본능과 즐거움을 억제하라고 설교하는 것이 결코 교육은 아니고, 그들이 느끼는 것과 그들이 장차 될 수 있는 것, 되어야 하는 것을 자연스럽게 이어주는 것이 곧 교육이다. 그러나 이것은 이제 잃어버린 예술이다. 지금 우리는 그와 정반대 되는 지점에 와 있다. 록 음악은 열정을 장려하며, 록 음악이 제시하는 모범과 젊은이들이 대학에서 영위하게 될 생활과는 전혀 관계가 없다. 즉, 인문분야 학문이 권유하는 경외와는 전혀 관계가 없다. 기술 교육을 제외하고 감정이 함께하지 않는 학문은 죽은 학문이다.

 록 음악은 설익은 황홀경을 제공하고, 이런 의미에서 록 음악은 자신의 단짝인 약물과 똑같다. 가장 위대한 업적 - 전쟁에서의 정정당당한 승리, 극에 달한 사랑, 예술적 창조, 종교적 현실 및 진리의 발견과 같은 - 을 완수했을 때 자연히 맛보게 되는 환희를 록 음악은 인위적으로 유도해 낸다. 노력도 안 들이고, 재주나 미덕도 없으며, 능력을 활용할 필요도 없이 어느 누구라도 가리지 않고 모든 사람이 평등하게 그 결실을 즐길 수 있는 권리를 부여한다. 내 경험에 의하면 심각하게 약물을 시도했던 - 그러나 이제 극복한 - 학생들이 열의나 대망을 갖는다는 것은 어려운 일이다. 그들의 생활은 마치 색이 바랜 것 같고, 모든 것을 흑백으로만 보는 것 같다. 그들이 처음에 경험한 즐거움이 너무 강렬하였기 때문에 나중에는 아예 즐거움을 찾으려 하지도 않게 되거나, 아니면 즐거움을 최종 목표로 느낄 수가 없게 된다. 주어진 역할을 완벽하게 치러 낼 수는 있지만 무미건조하고 일상적이다. 그들은 정력이 다 빠진 상태에 있고, 그들은 인생실이가 사는 것 이외의 다른 것을 가져다주리라고는 전혀 기대치 않지만, 반면에 인문 교육은 선의 생활이 즐거운 생활이고 가장 훌륭한 생활이 곧 가장 즐거운 생활이라는 믿음을 장려하려고 한다. 록 음악에 중독된 생활을 상쇄할 수 있는 다른 관심거리가 없이 그저 록 음악에만 중독되어 있다는 것은, 약물에 중독되어 있다는 것과 마찬가지의 결과를 낳는다고 나는 생각한다. 학생들이 궁극에는 이 음악에서 벗어나거나 아니면 적어도 거기에만 모든 정열을 바치는 상황에서 벗어나기는 할 것이다. 그러나 그들이 거기에서 벗어날 때는 필경 인간은 현실 원칙을 받아들인다고 말한 프로이트의 방식을 따를 것이다. 즉, 그렇게 하는 것이 가혹하고 모질고, 근본적으로 매력은 없으나, 필요에 의해 해야만 하는 것으로 생각할 것이다. 이 학생들은 경제학이나 아니면 전문직

분야를 치밀하게 공부할 것이고, 마이클 잭슨 풍의 의상은 벗어 던지고 부룩스 형제(Brooks Brothers) 상회의 양복으로 돌아설 것이다. 그들은 남보다 먼저 출세하기를 원할 것이고 편안한 생활을 원할 것이다. 그러나 이 생활도 그들이 뒤로 한 생활과 다를 바 없이 공허하고 그릇된 생활이다. 선택에는 이런 생활을 재빨리 뜯어고치느냐, 아니면 멋없이 계산이나 하느냐 하는 것만이 있는 것은 아니다. 인문 교육의 의도는 바로 이 점을 그들에게 보여 주려는 것이다. 그러나 그들이 휴대용 카세트 라디오(Walkman)를 가지고 있는 한 위대한 전통이 들려주려는 이야기를 그들은 들을 수가 없을 것이다. 그리고 너무 오래 듣고 있다 보면 그것을 벗어 버린다 하더라도 그들은 자신들이 이미 귀머거리가 되었음을 발견하게 된다.

대인 관계

자기 본위

일반적으로 요즈음의 학생들은 상냥하다. 나는 이 어휘 선택에 주의를 기울인다. 그들이 특별히 도덕적이거나 기품이 있는 것은 아니다. 그들의 그와 같은 상냥함은 시대가 좋을 때 볼 수 있는 민주적 기질의 일면이다. 전쟁이나 독재나 가난을 모르니까 그들이 거칠어질 리가 없고, 그것들 때문에 무리한 요구를 받은 적도 없다. 강한 계급 의식이 사라짐과 더불어 계급 차별로 생겨나는 적대감이나 상처가 사라지게 되었다. (한때는 그런 의식이 미국 대학에 존재한 적이 있었고 영국에서는 아직도 여전히 계속되고 있어 독소가 되고 있다.) 학생들은 거의 모든 속박으로부터 자유로워졌고 가족은 그들을 위해 희생을 하면서도 복종이나 존경 같은 것은 별로 요구하지 않는다. 종교와 출신 국적이 그들의 사회 생활이나 그들의 장래에 눈에 띌만한 영향을 끼치지도 않는다. 비록 '이 체계'가 제 기능을 다 하고 있다고 진심으로 믿는 사람은 별로 없어도 불의를 입었다고 에일 듯이 안타까워하는 사람도 없다. 한때는 금기로 여겼던 성과 약물을 사려 깊이 사용한다면 얼마든지 얻을 수 있다. 몇몇 급진적인 여권신장가들만이 옛 종교가 그대로 남아 있는 것으로 착각을 하고, 대부분은 여성이 갖는 직업여성이 되려는 소망을 가로막는 방해물은 거의 없다고 확신하고 있다. 윗사람과는 편안한 친근감을 불러일으키고 심지어는 평등주의를 장려하면 자유분방한 젊은 사람들 간에 윗사람을 향해 나타날 존경심에 대해 토크빌이 단언했던 바로 그런 유형에까지 이른다. 무엇보다도 낭만적이든 아니든 부르주아 사회, 또는 사회 전체가 젊은이들에게 불쾌함을 느끼도록 만들던 동경이 이제는 모두 자취를 감추었다. 미국의 생활 조직이 해이해짐에 따라 1960년대에는 불가능한 꿈으로만 여겨지던 것들이 모두 가능하다고 입증되었다. 요즈음 학생들은 상쾌하고 다정하며 위대한 영혼을 가진 것은 아니지만 특별히 심술 맞은 것도 아니다. 우리가 아는 가장 좁은 의미에서 그들의 일차적인 관심은 자기 자신이다.

잠시 동안 초청 교수로 가 있던 한 아이비리그(동부의 명문 사립 대학들=역주) 대학에서 어느 날 저녁 나는 한 무리의 영리한 학생들과 더불어 매우 솔직하게 환담을 나눈 적이 있었는데, 그때 나는 나를 일깨우는 경험을 하게 되었다. 수업 시간에는 그들과 특정한 공감대를 정립하는 데에 성공을 거두었는데, 왜냐하면 플라톤을 밀도 있게 읽다 보면 흔히 적어도 그 당장에는 학생들이 자신들의 습관에서 벗어나 이야기하는 결과가 유발되기 때문이었다. 우리는 고별 소풍을 가게 되었다. 소풍 분위기는 편안하고 솔직해지도록 조성되어 갔다. 현재 돌아가고 있는 의견을 무척 알고 싶었던 나는 조금은 부정직한 방법으로 우리의 대화 속에 몇 가지 주제를 삽입시켜 보았다. 그 전날 저녁 교수 및 교무 당국 인사들과 함께했던 저녁에서 오갔던 대화가 있었기에 이번의 상면은 어느 정도 준비가 되어 있었다. 한 고위직 임원의 부인이 내게 자기 아들의 활동에 대해 이야기해 주었다. 그녀는 아들이 법학 학위를 가지고 있지만 그와 그의 친구들은 별로 야심이 없기 때문에 그저 이곳저곳 옮겨 다닌다고 말했다. 그녀는 아들의 행동에 전혀 낙담하는 것 같아 보이지 않았고 - 오히려 그것을 조금은 자랑스럽게 여기는 듯 보였고 - 자신들의 세대보다는 젊은 세대가 우월하다고 거리낌 없이 믿는 현대 부모였다. 특히 젊은 세대가 부모세대의 규범을 아주 우습게 알면 현대 부모들은 더욱더 젊은이의 우월성을 믿어 버린다. 그래서 나는 왜 당신은 그들이 그렇게 행동한다고 생각하느냐고 물어 보았다. 그녀는 일말의 주저도 없이 확고하고 조용한 목소리로 "핵전쟁의 공포 때문이지요"라고 대답했다.

이 일로 해서 내가 나의 학생들에게 정말로 그들이 핵전쟁의 문제로 겁에 질려 있는지 묻게 되었다. 거기에 대한 반응은 모두가 다 한결같이 조금은 멋쩍어하면서 낄낄거리는 것이었다. 자신들이 일상적으로 생각하는 것이 무엇인지 그들은 알고 있었고, 그런 그들의 생각과 사회 문제와는 별 상관이 없다는 것도 그들은 알고 있었다. 그리고 그들은 또한 생각이 바른 많은 어른들이 그들에게 핵 위협을 구실로 이용하여 세계 정치 질서의 변형을 요구해 줄 것을 기대하고, 그 어른들이 우리네 정치가들의 정신 나간 '무력 경쟁'을 반대하는 증거로 그들의 영혼이 일그러지게 된 것을 제시해주기를 원한다는 것도 또한 알고 있었다. 오늘날의 학생들은 - 그리고 나는 이제 그 질문을 하고 또 했는데 - 도덕적으로 가식이 없고 화제가 커다란 도덕적 문제에 이르면 풍자적인 태도로 자신들을 바라본다. 일부 학생들은 1960년대의 학생들에 대해, 향수를 가지고 회상하고 그들에게는 무언가 신념이 있었던 것으로 생각한다. 징병이 되면 월남에서 싸우게 될 것이라는 걱정을 미리 하면서 지낸다는 것은 정말로 끔찍한 일이었다. 그러나 어린 딸과 마주 앉아 핵전쟁에 대해 토론하였다는 이야기로 미국의 대중을 설득하려 했던 대통령이 아무런 반응도 불러일으키지 못했던 것과 마찬가지로, 오늘의 젊은이들은 핵전쟁에 대한 그들의 무감각을 '부인(denial)'이라고 설명하고 결과 없는 원인도 있다고 설명하기 위해 과학의 힘을 빌리는 엉터리 심리학자들에게 호락호락 기만되는 예가 거의 없다. 그들의 관심은 딴 곳에 가 있다. 그들은 다소 안정감이 없고 미래에 대한 포괄적인 구상이 없는 것도 사실이기는 하지만 그렇다고 그것을 핵전쟁에 대한 공포의 탓으로 돌리는 것은 마치 정복해야 할 서부 개척지가 다 없어졌기 때문에 그렇다고 탓하거나 신의 죽음 때문이라고 탓하는 것과 마찬가지다.

그들 바로 윗세대에 비해 이 세대가 유난히 정직한 이유가 무엇인지 꼭 집어 말하기는 힘들다. 그리고 물론 그들 중에는 대중 전시용으로 그런 태도를 취하는 사람도 많고, 브라운 대학(60년대에 인문 교육을 붕괴시키는 데 앞장을 섰던 기관)의 학생회가 가졌던 투표의 결과가 그 일례다. 그들은 만일의 핵 공격에 대비하여 학교가 청산가리를 준비해 가지고 있어야 한다고 요구했다. 이것은 우리가 젊은 사람들에게 고문을 가한다는 것을 알리기 위한 '시위 선언'이었다. 그러나 우리 모두처럼 스스로를 아무리 좋게 생각하려 하더라도 학생들의 대다수는 자신들이 장래 직업과 대인 관계로 바쁘다는 것을 알고 있다. 이런 생활에 고색창연한 웅장함을 부여하는 수사로 어느 정도 자아 충족을 시켜 보려고 하지만 거기에 특출나게 기품이 날 게 없다는 것을 그들은 알 수가 있다. 영웅주의 대신에 생존주의가 경탄의 대상으로 등장하였다. 이와 같이 자신에게 몰입하게 된 것을 일부 사람이 생각하듯 흥분에 들떴던 60년대의 열기를 거쳐 정상으로 돌아간 것으로 볼 수는 없고, 불가사의한 이기주의라고 볼 수도 없다. 이것은 새로운 차원의 고립으로서, 젊은 이들에게는 내면으로 파고드는 것에 대한 아무런 대안도 없다. 으레 보다 광범위한 관심사에 거의 자연스럽게 주의를 환기시키는 것들이 존재하지 않는다. 에티오피아의 기아나 캄보디아의 대량 학살은 물론 핵전쟁은 모두 우리의 주의를 필요로 하는 참화들이다. 그러나 학생들이 그것을 피부로 직접 느끼는 것은 아니고, 근본적으로 학생들의 생활과 아무런 연관이 없다. 일상생활에서 우리가 보다 넓은 공동체에 관심이 있기 때문에 공공의 관심사와 사적인 관심사를 일치시키는 경우는 거의 없다. 그것은 단순히 우리가 참여하는 것도 참여하지 않는 것도 우리의 자유이기 때문만도 아니고, 또는 그렇게 할 필요가 없기 때문만도 아니며, 단지 그렇게 하면 모든 게 우리에게 불리하기 때문이다. 토크빌은 가족 소유의 토지나 가족의 전통을 계승할 책임이 없는 사람이 개인주의를 극복하고 또 자신을 그저 변해 가는 영속의 한낱 이름 없는 인자가 아니라 오히려 과거와 미래의 없어서는 안 될 부분으로 생각한다는 것이 어렵다고 논하였는데 이런 그의 기술(記述)은 빙산의 일각에 불과하다. 개인의 악을 활용하여 대중의 이득을 얻어 내는 근대 경제학 원리가 모든 일상생활에 일일이 파고들다 보니 시민의 일부로 살아가는 것을 의식해야 할 이유가 없게 되었다. 솔 벨로(Saul Bellow)가 말한 대로 대중의 이익이라는 것은 일종의 유령 마을과 같은 것으로, 아무나 들어와 내가 보안관이오 하고 선포하면 그가 보안관이 된다.

　조국, 종교, 가족, 문명에 대한 개념, 모든 감정 및 역사의 힘 등 우주의 무한과 개인 사이에 서서 우리가 전체 속에서 일정한 위치를 점하고 있는 것으로 느끼게 만들어 주던 것들을 모두 합리화시켜 버렸기 때문에 그것들이 예전 같은 위력은 잃게 되었다. 미국을 함께 수행하는 공동 과제로 경험하는 것이 아니라 하나의 틀로 여긴다. 그 틀 속에는 별개의 개인들만이 있을 뿐이고 각자 자기 일만을 하도록 서로서로 내버려 둔다. 그들에게 공동의 과제가 있다면 그것은 소위 불우하다고 하는 사람들을 보다 마음대로 살 수 있는 위치로 끌어올리려고 함께 노력하는 정도가 고작이다. 진보된 좌파는 자아 달성에 대해 이야기하고, 가장 보편적인 우파는 결국 자유주의자라 할 수 있는데, 즉 다시 말해 그들은 모든 사람이 마음 내키는 대로 살아가야 한다고 주장하는 좌파에 찬동하는 보수파다. 개인 생활을 특징으로 하는 자유 민주주의에서 개인 생활을 침해하는 유일한 침해물 - 세금과 군 복무 - 이 이제는 학생 생활과는 상관이 없는 사항들이다. 만일 사람에게 본연의 정치적 충동이 있다면 그 충동은 분명히 좌절감을 느낄 것이다. 그러나 이 충동은 근대에 의해 너무 약화되었기 때문에 거의 경험을 할 수가 없다.

집단체의 생활에 그들이 전혀 영향을 끼칠 수 없고 혹시 끼치더라도 무시해도 좋은 정도라는 무력감이 실제로 학생들에게 있는지도 모르지만 그래도 그들은 정치를 대신한 행정 위주의 국가에서 근본적으로 편안하게 살고 있다. 핵전쟁을 예상해 보면 끔찍하기는 하지만 정말로 그것이 임박했다고 느껴지지 않는 한 그들 마음 속에 그것에 대한 생각은 떠오르지 않는다. 영화 '그날 이후(The Day After)'와 같은 흥행물을 동원하는 등 강력하고 합의된 노력으로 핵무기를 동결하려는 소요를 일으켰으나 그것이 학생들이 영위하고 있는 생활에는 아무런 영향도 끼치지 못하고 단지 그들의 주의를 잠시 산만하게 했을 뿐이었다. 그들 가운데 아주 극소수만이 정치 생활로 들어서게 될 뿐이고, 실제로 정치 생활에 들어서는 사람도 우연에 의해 들어서게 되는 것이지 일찍감치부터 이를 위해 훈련을 쌓았다거나 기대를 하고 있었던 것은 아니다. 내가 언급하고 있는 대학에 다니는 학생들 가운데 공복(公僕/public service)의 특권과 책임이 대를 물려 이어지는 집안에서 태어난 학생은 거의 찾아볼 수 없고 도대체 이젠 그러한 집안이 거의 남아 있지 않다. 의무 또는 기쁨이 따르기 때문에 학생이 정치로 들어서는 경우는 없고, 따라서 버크(Burke)와 토크빌이 논한 시민과 정치가의 소멸 상태를 극단적으로 나타내 보이는 것이 우리의 생활이다. 젊은 시절에 갖는 사소한 개인적 관심 - 즉 '출세하는 것', 자기 설 자리를 찾는 것 등 - 이 인생 전반을 통해 지속된다. 세계역사를 만들어 가는 위세 당당한 수행자로서 처신하라고 이 세대 학생들에게 부탁하면 솔직한 것이 특징인 이 세대는 코웃음 친다. "민주 사회의 각 시민은 매우 치졸한 목표, 즉 자기 자신에 대한 숙고로 으레 바쁘다."라고 말한 토크빌의 격언이 진실임을 그들은 알고 있다. 과거에 대한 무관심이 더욱더 깊어졌고 미래에 대한 민족적 전망이 없는 상태이기 때문에 이제는 그러한 숙고가 더 강화된다. 생기발랄한 젊은이다운 상상력을 발동시키는 단 하나의 공동 과제가 우주 탐험이고, 우주는 텅 빈 공간이라는 것은 모두가 다 알고 있다.

우리의 체제에는 따르기 마련인 우리 체제 고유의 피할 수 없는 개인주의는 가족의 쇠퇴라는 의외의, 전혀 예기치 못했던 또 하나의 상황 전개에 의해 강화되었는데 지금까지는 가족이 개인과 사회의 중간에 위치하여 개인을 초월하는 애착이 거의 자연스럽게 생겨나도록 만들어 주었다. 적어도 남자와 여자가 나 아닌 다른 사람들에게 무조건 관심을 기울이도록 만들고, 개인과 사회와의 관계에 있어서도 고립된 각 개인들이 맺는 관계와는 전혀 다른 유형의 관계를 맺도록 만들어 주는 것이 가족이었다. 부모, 남편, 아내와 아이들은 사회가 잡고 있는 인질이다. 그들로 해서 공동체의 장래에 실질적인 이해 상관이 얽히게 된다. 이것이 바로 조국에 대한 본능적인 사랑이라고 할 수는 없지만 아무튼 자기가 소유한 것에 대한 사랑에서 생겨나게 된 조국애다. 이것은 일종의 온화한 애국심으로서 많은 자기 부정을 요구하는 것도 아니고 자신의 이익을 추구하는 과정에서 순조롭게 생겨난다. 자기 방종 이외에는 아무런 동기가 없는 시대에 가족이 붕괴한다는 것은 사회가 극단적인 자기 기권을 요구하리라는 의미를 갖는다.

많은 학생이 부모가 이혼하는 경험을 했고, 앞으로 자신들의 이혼 가능성도 높다는 것을 통계를 통해 그들이 알고 있다는 사실은 별 문제로 하고, 부모 또는 혈족을 자신들이 돌보아야 하리라고는 기대하지 않는다. 심지어는 나이가 들어가면 그들을 자주 보게 되리라고 기대하지도 않는다. 늙은이를 위한 사회 보장, 퇴직 기금 및 의료 보험으로 인해 자식들은 부모를 경제적으로 부양할 필요가 없게 되었음은 더 말할 나위도 없고, 부모를 집에 모신다는 것은 상상도 할 수 없는 일이다. 자식이 대학에 가기 위해 집을 떠나는 것이 절대적이던 가족과의 관계가 사실은 끝이 났다는 것을 의미하는데, 그 당시에는 그가 그것을 인식하지 못한다. 자식이 집을 떠나고 나면 부모의 통제 권한은 거의 없어지게 마련이고, 자식은 자식 대로 밖을 향해, 그리고 앞을 보고 나아갈 수밖에 없는 상황에 놓이게 된다. 그들이 냉정해서가 아니라 단순히 그들의 관심이 딴 곳에 쏠리기 때문일 따름이다. 아무튼 영적인 면에서는 가족이 매우 공허했고 옛 목표물이 사라지면 새로운 것이 그들의 상상력을 메운다. 이러한 결별(독립)에 미국의 지리가 한몫을 한다. 미국은 아주 큰 나라이고 사람들은 매우 유동적이며, 특히 제2차 세계 대전 이후 비행기 여행의 팽창으로 더욱더 유동적으로 되었다. 교육을 끝마친 후에 그가 어디에서 살게 되는지 미리 알 수 있는 학생이 거의 없다시피 한 형편이다. 그의 부모와 자신이 태어난 곳으로부터 아주 멀리 떨어져 살 가능성이 매우 높다. 이와는 대조적으로 캐나다나 프랑스의 경우 문화적 흐름은 근본적으로 똑같다고 하더라도 사람들이 이동할 수 있는 곳은 없다. 토론토에서 태어나 영어를 쓰는 캐나다인이 실제로 이주해 가서 살 만큼 매력이 있는 곳으로는 밴쿠버가 유일하고 파리 사람의 경우는 아예 그러한 선택마저도 없다. 우리 시대를 규정지워 주는 특징이라 할 수 있는 한계가 없는 사고 영역, 또는 그 영역의 붕괴가 이러한 곳에서는 비교적 덜 느껴지게 마련이다. 실제로는 거기에 사는 사람들이 더 깊이 뿌리를 박고 사는 것은 아니고, 할 수 없이 갇혀 살고 있다. 그러므로 그들은 그들의 일가친척과 같이 자란 사람들을 계속 만나면서 살아간다. 그들의 풍물은 크게 변하지 않는다. 그러나 미국의 젊은이는 정말로 모든 것을 새로 시작할 수 있고 모든 게 활짝 열려 있다. 동서남북, 도시, 교외, 시골 아무 데서나 그는 살수 있고 - 어느 게 어느 건지 누가 알겠는가? 각자마다 다 그럴 만한 주장이 있고, 그가 선택할 때 결코 그 어떤 제재도 받지 않는다. 어디에 그가 직장을 구하게 되었는가 하는 우발적인 사실과 타고나는 성향 또는 우연이라는 사실로 미루어 볼 때, 그가 지금까지 인연을 맺고 살아오던 곳으로부터 멀리 떨어져 나가 살게 될 가능성이 퍽 높고, 여기에 그는 정신적으로 준비되어 있다. 과거와 과거를 에워쌌던 사람들에 대한 그의 투자는 필연 제한이 되게 마련이다.

이와 같이 젊은이들에게 미래는 개방적으로 기약이 없고, 과거는 구속력을 지니지 못하는 것은 그들의 영혼이 자연 상태 - 정신적으로 헐벗고 연고도 없으며 고립되고, 아무하고도 아니면 아무것하고도 계승되는 또는 무조건의 관계를 맺지 못하는 - 에 있던 최초 인간들의 영혼 상태와 같다는 것을 의미한다. 그들은 되고픈 대로 무엇이든지 될 수 있으나 특별히 무언가 되어야 할 이유가 없다. 그들은 자신의 위치를 직접 결정할 수 있음은 물론, 그 밖에도 신을 믿을 것인지, 무신론자가 될 것인지, 아니면 더 나아가 불가지론자(不可知論者/agnostic)가 되어 선택의 폭을 더 넓힐 것인지 마음대로 정할 수 있다. 동성 연애자가 될 것인가 정상인의 길을 갈 것인가, 아니면 보다 유동적으로 대처할 것인가를 마음대로 정할 수 있으며, 결혼해서 그대로 살 것인가 말 것인가, 어린애를 가질 것인가 - 등등 선택의 여지에 끝이 없다. 그들에게는 필연도 도덕도 사회적 압력도 없으며, 이 많은 선택 중 가고 싶은 방향으로 가는 데, 아니면 그게 싫어서 돌아서는 데 막는 세력이 없으니 치러야 하는 대가도 없다. 이 모든 게 다 바람직한데, 이것을 강화해 주는 논리가 서로 상반된다. 이 젊은이들은 플라톤이 민주주의를 논하면서 묘사하고 있는 젊은이를 과장시켜 놓은 것 같다.

(민주적인 젊은이는) 분출하는 욕구를 만족시키고 하루하루를 닥치는 대로 살아간다. 마시면서 플루트 연주를 듣다가도 다음 순간에는 물을 들이켜고 체중을 줄이며, 체조를 한다. 또 그러다가는 다시 빈둥거리고 모든 것을 소홀히 하고, 때로는 철학에 흠뻑 심취되어 있는 듯싶게 시간을 보내기도 한다. 그는 종종 정치에 관여하고 무엇이든지 그에게로 오는 기회는 놓치지 않고 평하고 활용한다. 그가 만일 용사를 존경하면 그는 그쪽으로 쏠리고 돈을 버는 사람을 존경하면 그쪽으로 쏠린다. 그의 생활이 자유롭고 달콤하고 축복받은 생활이라고 부를 수 있는 것 이외에 그의 생활에서 질서나 필연성은 찾아볼 수가 없으며, 그는 이렇게 평생을 지낸다.
《국가론》, 561c - d)

이와 같이 갖추어지지 않은 사람이 주로 자기 자신에게 몰두하고 걷잡을 수 없이 영원히 추락하는 것을 피하기 위한 방법을 찾는 데 몰두한다고 왜 우리가 놀라는가? 학생들에게 지속적으로 인기가 있는 소설이 카뮈의 《이방인 *L'Etranger*》이라는 것이 결코 이상한 일이 아니다.

평등

 이 학생들의 자기 풍자적인 상냥함 이외에 그들에게서 두드러지는 또 다른 요소는 그들의 평등주의다. 그들의 정치관이 어떤 것이든 상관없이 그들은 모든 사람(men) - 그리고 여자 - 이 동등하게 창조되고 동등한 권리를 가졌다고 믿는다. 이 믿음은 믿음 이상의 것으로 그들에게는 본능이며, 뼛속에서부터 느낀다. 그들이 사람을 만날 때 상대방의 성별, 피부색, 종교, 가정, 재산, 출신 국적 등은 그들에게 아무런 영향도 끼치지 않는다. 한때는 이런 것들이 정말로 중요한 고려의 대상이었다는 인식 자체가 사라져 버렸고, 이제는 모두가 신화 같은 이야기가 되었다. 그래도 뿌리, 민족성, 신성한 것 - 즉, 예전에는 사람을 서로 분류시켜 주었던 것들 - 에 대한 흥미가 남아 있다는 점이 놀랍다. 그러나 학생들이 이러한 것에 황홀함을 느끼는 이유는 다름이 아니라 그들이 그것을 이제는 더 이상 현실적인 것으로 느끼지 않기 때문이다. 1920년에 이주한 본토박이 이탈리아인들은 민족성에 대해 걱정하지 않았다. 그들에게는 민족성이 배어 있었고, 국적이 미국인이었음에도 불구하고 그들의 생활은 필요와 선택에 의해 이탈리아식이었다. 그들은 이탈리아 사람들과 더불어 살았다. 하버드 대학에 다니는 그들의 손자는 지금에 와서 이탈리아인다움을 - 그의 아버지는 그것이 사회적으로 불리(不利)하기 때문에 떨쳐버리려고 무척이나 애썼던 - 되찾기 원할는지도 모르지만 그의 친구들은 이러나저러나 그가 좋아하는 개개인들이고, 그들을 사귀게 된 것은 그가 이탈리아계 출신이기 때문이 아니라 오로지 미국 생활이라는 공통된 특색에서 생겨난 결과다. 그들의 원래 국적, 심지어는 그들의 천주교 전통조차도 이성(異性)을 향한 그들의 취향과 거기에 따르는 결혼에 아무런 영향을 끼치지 못한다. 그들이 특별히 자기와 반대되는 것에 이끌리기 때문에 그런 것도 아니고, 또 정립된 체제에 속하려고 하기 때문도 아닐 것이다. 그 이유는 그와 같은 것들이 단지 이제는 별로 중요하지 못하기 때문이며, 한편으로 그것들을 중요한 것으로 만들려는 의식적인 노력이 지속되고 있기는 하다. 바깥세상이 그가 정도를 벗어나 결혼했다고 해서 그를 추방할 수 있는 것도 아니고, 그런 결혼을 격렬하게 만류할 부모도 없다. 동료 중에 그를 어떤 의미로든 이탈리아인으로 보는 사람은 거의 없다. 종교적으로, 그리고 결과적으로는 민족별로 분리되었던 천주교 교구 학교에 다니는 학생들도 사회 전반에 유포되어 있는 문화의 지배 아래 있었고, 대학에 들어오면 이제까지 바깥세상 사람들이라고 여겼던 바로 그 사람들과 자신들이 주로 어울리며 지낸다는 사실을 당장 깨닫게 된다. 그들은 지금까지 지녔던 구 문화의 특성을 간단하게 벗어 던진다. 내가 어렸을 때 같은 종교, 같은 종족 간의 사람들이 모였을 때 목격할 수 있었던 경건함이 이제는 완전히 사라져 버렸다. 그들은 자신들이 남들과 아주 다르다고 느꼈으며, 따라서 편견이 있었고, 또 편견의 대상이 되기도 했기 때문에 그런 모임을 통해 인간의 형제애를 경건하게 일깨웠다. 이 젊은이들은 그저 그 누구에게도 편견을 갖지 않는다. 사람을 구별 짓는 문화로 인해 생겨나는 온갖 문화적 치장을 벗어 버리고 우리가 인간 본연의 동물 상태로 하락하였기 때문에 그런 것인지, 아니면 우리가 기본적인 인간 동질성을 발견하였기 때문에 그런 것인지 이는 해석하기 나름이다. 그러나 우리의 주요 대학에 있는 사람은 모두 각기 하나의 개체 - 단일체라고까지 할 수는 없을지 모르나 - 인 것이 사실이다. 그들 모두 한결같이 개개의 인간(persons)일 따름이다. 인간이라는 점만으로 충분하다. 평등주의의 미국에서조차도 전통적으로 사람을 구별지워 주던 것들 때문에 자신들도 다른 사람과 차이가 난다는 것을 학생들로서는 상상조차 할 수 없는 일이다.

  그래서 하버드, 예일, 프린스턴 대학 - 민주주의 내에서 귀족적인 정취를 풍기는 마지막 보루였던 - 등이 예전과는 다르다. 오래된 가문이나 오래된 재산을 바탕으로 하던 구분이 사라져 버렸다. 영국 계급 제도의 약화된 형태인 대학별 졸업생 조직, 즉 클럽에 낄 수 있는 사람들이 그 조직에 낄 수 없는 사람에게 입혔던 마음의 상처가 드디어 가셨는데, 그 이유는 이제 클럽이 그다지 중요하지 않기 때문이다. 이 모든 게 2차 대전 이후 지아이(GI/government issue) 법안과 더불어 시작되었다. 대학은 모든 사람을 위한 곳이 되었다. 일류 대학들이 서서히 동창생의 자녀에게 부여하던 우선권을 포기하고, 타 계층의 사람, 특히 유대인을 제외하던 관습을 깨기 시작했다. 학교 성적과 시험을 입학의 기준으로 삼게 되었다. 새로운 종류의 우선권이 – 특히 흑인에 대한 – 생겨났는데, 예전 것이 계급을 보존하기 위한 수단이었던 반면에 새것은 계급을 붕괴시킨다. 이제는 모든 주요 대학의 학생들은 서로 아주 비슷하고, 그들은 가장 훌륭한 지원자 중에서 뽑힌 학생들이다. 여기서 '훌륭한' 학생이란 학과목 성적이 뛰어난 학생을 의미한다. 이젠 특별나게 하버드인 이라든지 예일인 같은 것이 거의 없어져 버렸다. 학자를 길러 냄은 말할 것도 없고, 신사도를 겸비한 사람을 길러 내겠다는 대학이 더 이상 존재하지 않는다. 옛날식 속물근성(snobbism)은 죽었다. 입으로야 뭐라고 말하든 우수한 대학에 들어온 학생들은 거기에 오게 돼서 자랑스럽게 생각한다. 그들이 출중하다는 게 판명되었다. 그러나 그들이 좋은 학교에 들어오게 된 것이 타고난 재주나 일찍부터 공부를 열심히 했기 때문이지 그 밖의 다른 이유는 없다고 믿고 있고, 그들의 생각이 아마 옳을지도 모른다. 그들은 그들이 고등학교에서 뛰어날 수 있었던 것은 부모 재산의 뒷받침이 있었기 때문이고, 반면에 보다 가난한 학생은 이 점에서 뒤질 수밖에 없었다. 따라서 그들은 이것이 분명 사회적 불의(不義)라고 믿는다. 그러나 그들은, 적어도 백인학생의 경우는 여기에 별로 개의치 않고, 그 이유는 이제 사회가 거의 전반적으로 중류 계층이기 때문이고 학비를 낼 수 없는 학생은 쉽게 학비 보조를 받을 수 있기 때문이다. 그들은 주변 학생들의 가정 배경이 각양각색이라는 것을 보게 된다. 자신을 문화적으로 소외당하는 계층으로 여기고 외부 세계에 속하기 때문에 그에게는 닫혀진 특권 계층을 먼발치에서 혐오의 눈길로 바라볼 수밖에 없다고 느끼는 사람은 아주 드물다. 사회적으로 출세하려고 애쓰는 사람도 없는데, 이는 상류 사회에 대한 통찰이 없으니 기필코 정복해야 할 대상도 없기 때문이다. 마찬가지로 전에는 민주주의와 평등을 경멸하는 이념 계열이 늘 존재했는데 이제는 그런 사조가 더 이상 존재하지 않는다. 이것 또한 2차 대전의 종전과 함께 끝이 났다. 모든 학생이 평등주의의 실력자들로서 그들은 모든 개인이 자신의 특수 – 그리고 균등치 않은 – 재능을 인종, 성별, 종교, 가정 배경, 재산 및 출신 국적에 구애받지 않고 발전시킬 수 있어야 한다고 믿는다. 그들이 알고 있는 유일한 형태의 정의가 이것이고, 그들은 귀족 제도나 군주 제도에도 논증적으로는 충분히 긍정적인 측면이 있다는 사실을 상상조차 못 한다. 이런 것은 모두 도저히 납득할 수 없는 과거의 어리석음일 따름이다.

또다시 - 유대인과 천주교도의 차이점, 독일인과 아일랜드인의 차이점, 오랜 가문과 신생 가문 간의 차이점 등이 이제는 부모 세대에 있었던 옛 추억에 불과하고, 그 차이점이 현재 생활 양식에는 아무런 영향도 끼치지 않는 것과는 달리 - 여자아이와 남자아이의 차이점은 아직도 실질적으로 존재하고 있음에도 불구하고, 학생들은 교육에서의 여성 평등을 태연자약하게 받아들인다. 여성도 남성과 똑같은 장래를 추구하는 것이 합당하며, 일 수행에서 여성이 남성에 뒤지지 않거나 앞지르는 것을 대범하게 받아들인다. 그것에 대해 농을 하지도 않고 어색하게 느끼지도 않는다. 즉 간단히 말해 그들은 이런 상태가 인간 역사에서 우리가 호흡하는 것만큼이나 당연한 것으로 인식하고 있다. 그들의 믿음은 그 어느 것 한 가지도 원칙이나 계획, 또는 노력의 결과로 생겨난 것이 아니다. 그것들은 모두가 다 느낌일 따름이고, 생활 방식이자, 각 개인을 인간으로 여긴다는 민주적 이상의 현실화이며, 본질적인 것이고, 다른 모든 것들을 추상화한 것이다. 그런데 정작 추상 작용 자체는 예외로서 발생하지 않고 있다. 보편적으로 생각하고 있는 것과는 반대로 사회 전반적인 현실이 어떤 것이든 상관없이 대학이야말로 용해로라 할 수 있다. 키가 크냐 작으냐, 머리카락 색이 검으냐 금발이냐가 중요하지 않은 것과 마찬가지로 민족성도 중요하지가 않다. 그들을 함께 묶어 주는 공통의 특성이 단연 압도적이기 때문에 그들 간에 서로 다르게 나타나는 특성이 아무런 의미를 갖지 못한다. 전통과 종교적 의식을 탐구하는 것으로 보아 나의 논지가 입증되고 동시에 이렇게 동질화됨으로써 치러야 하는 대가가 무엇인지에 대해서도 시사하는 바가 크다 할 수 있다. 편견이 없다는 것은 결과적으로 학생들이 상이점을 볼 수 없게 되었다는 것을 의미하고, 그리고 상이점을 서서히 일소시킨 데서 초래되었다. 학생들이 다른 학생에 관해 이야기하는 것을 들어 보면 우리는 곧 그들이 다른 사람을 특정 집단이나 특정한 종류로 분리하지 않는다는 것을 알 수 있다. 그들은 언제나 개인에 대해 이야기한다. 때로는 고정 관념화라고 불렸던 민족적 특질에 대한 과민성이 사라졌다.

인종

 이들의 이러한 모습에서 실패라고 할 수 있는 한 가지 괴이한 요소가 - 특히 이 부분에서 희망으로 가득 차 있다는 점을 고려할 때 심각하다고 보아야 하는 - 흑인과 백인 사이의 관계다. 일반적으로 백인학생과 흑인학생이 서로 진정한 친구가 되지 못한다. 둘 사이의 상이점이 너무 넓어 두 진영이 도저히 이어질 수 없다는 것이 여기에서 증명되고 있다. 인종에 대한 장애물을 헐어 버리면 대학에서 인종을 괘념하지 않게 된다고 자신만만하게 예상하고 기대했지만 실제로 그런 일이 일어나지는 않았다. 주요 대학에 이제는 흑인학생들이 많이 있고, 대개의 경우 그들의 비율은 전체인구에서 그들이 점유하는 비율과 맞먹는다. 그러나 전반적으로 그들을 흡수할 수가 없다는 것이 판명되었다. 대부분이 자기들끼리만 뭉친다. 백인학생들은 자신들과 흑인학생들과의 관계가 다른 학생들(동양 학생을 포함)과의 관계와 다를 바 없이 가깝고 전혀 어색한 데가 없는 것처럼 행동한다. 그러나 노래 가사는 같은 가사인데 음이 서로 맞지 않는다. 여기에서 나타나는 것은 자신들이 생각을 바로 하고 원칙을 가졌고, 계획하였다는 분위기 - 즉, 직감적으로 가깝게 느끼는 게 아니라 노력의 흔적이 보일 뿐이다. 현 학생들 간에 나타나는 특성인 자동적인 동지애가 결여되어 있고, 그 어떤 상애노 뛰어넘을 수 있는 서로간의 진성한 밀착도 없다. 60년대의 표제이던 형제애가 인종차별의 종식으로 결말이 난 것이 아니라 흑인을 분리시키는 방향으로 흘러갔다. 백인학생들은 이것 때문에 심기가 불편하고, 따라서 그것에 대해 이야기하는 것을 좋아하지 않는다. 당초 계획은 이런 것이 아니었다. 인간은 모두 비교적 서로 같고 우정은 평등 기회의 또 다른 일면이라는 그들의 지배적인 견해가 여기에서 빗나가고 있다. 식당에서는 인종별로 서로 따로 앉는다는 사실을 그들은 애써 모른 체하려 하지만 백인학생으로서는 이 점이 아주 거북하다. 이런 현상은 그래도 확연하게 눈에 띄는 양상 중의 하나일 뿐이고 실제 대학 생활에는 인종 분리가 보다 널리 퍼져 있다. 이런 현상은 주거와 학습 장소에서도 나타나고, 특히 이론과학 분야와 인문분야에 흑인학생이 거의 눈에 안

띈다는 점에서도 나타나고 있다. 대학이 형식상으로는 인종이 통합되어 있고 흑인과 백인이 서로를 보는 것에 익숙해져 있다. 그러나 인종과는 무관하게 영혼과 영혼 간에 일어나는 실질적인 인간 접촉이 학생 생활의 다른 모든 양상에는 널리 퍼져 있건만 두 인종 간에는 그런 접촉이 쉽사리 존재하지 않는 경우가 대부분이다. 예외도 있어 완벽하게 통합된 흑인학생이 있기는 하지만 그래도 그런 경우는 아주 드물고 그들은 어려운 위치에 처하게 된다.

　이처럼 우울한 상황이 백인학생들의 잘못이라고는 생각지 않는다. 오히려 그들은 이와 같은 일에 직선적일 뿐만 아니라 과거에 저지른 불의 때문에 미국 사람이 특히 과민한 부분인 이 분야에서 자신의 손색 없는 진보주의 성향을 증명하려고 흔히 낯이 뜨거울 정도로 애를 쓴다. 일말의 실수도 없이 이 학생들은 여러 가지 종교와 여러 민족에 적응하였고, 동양 사람과의 통합에 적응하였으며, 여성의 야심과 역할이 변화하는 데에도 적응하였다. 그들에게 인종차별주의적인 일면이 아직도 미묘하게 남아 있다고 나를 설득하려 한다면 요지 부동의 증거를 제시해야만 가능할 것이다. 흑인학생에게 우선권을 주는 것이 그들의 뿌리 깊은 신념, 즉 평등권은 각기 개인에게 해당하는 것이고 피부색과는 무관하다는 신념에 반대되는 것임에도 불구하고 백인학생들이 전반적으로 비례 배당령(affirmative action)은 평등으로 가기 위한 임시 조치라고 스스로를 설득하며 그것을 비교적 순수히 받아들였다. 그래도 이것이 여전히 그들을 거북살스럽게 만드는데, 왜냐하면 비록 그들이 선전과 그들에게 강요되는 도덕에 아주 익숙해져 있는데도 불구하고 일상생활에서는 그들이 생각하고 느끼는 대로 행동하기 때문이다. 그리고 그들은 백인을 특별히 이쁘다고 생각하지 않는 것이나 마찬가지로 흑인을 특별히 이쁘다고 생각하지도 않고, 자질을 갖추지 못한 학생을 보고 자질을 갖추었다고 생각하지도 않는다. 그리하여 백인학생들은 문제 자체를 덮어 버리려고 하는 경향이 있고, 마치 이런 일이 없는 것처럼 행동하며, 다른 것은 다 잊고 백인학생과 어울리기를 원하는 소수의 흑인학생하고만 친분을 맺으려 한다. 그들은 흑인으로서의 흑인과는 친구가 될 수 없고, 공통의 목표가 있어 성급하게 굴던 날들은 가버렸다. 차별을 두던 법률은 먼 옛날의 역사가 되어 버렸고, 그에 따라 대학에는 상당수의 흑인이 있다.

흑인학생과의 관계를 크게 개선하기 위해 백인학생이 할 수 있는 일이 이제는 없다.

그리하여 그 밖의 다른 모든 사람은 개별 '인간'이 된 바로 이 시점에 흑인만이 유독 흑인이 되었다. 물론 처음에는 많은 교리가 있었던 것도 사실이지만 나는 여기서 교리를 말하는 것이 아니다. 느낌을 말하고 있다. '그들은 자기들끼리만 몰려다녀요'라는 표현이 과거에는 남들과 현저하게 다른 집단에 대해 편견을 가진 사람들이 자주 쓰는 표현이었지만 흑인학생들의 경우는 그 표현이 대체로 사실이 되어 버렸다. 일반적으로, 수업이나 학교 내의 일자리에서 일상적으로 갖게 되는 접촉 - 이 경우 대개는 매우 정중하고 - 이외의 접촉을 가질 것이라는 기대는 사라져 버렸다. 종교에 비하면 인종은 영적으로 내용이 빈약하고, 숫자도 적고 인간적인 어려움도 컸던 60년대 후반 이전에 대학을 다니던 흑인들의 목적과 실천 사항이 인종차별의 철폐였던 점으로 미루어 볼 때 이는 기이한 현상이다. 더 나아가 - 60년대의 발견물 내지는 창조물이라 할 수 있는 - '종족성'을 직감적인 방법으로 받아들인 유일한 집단이 흑인 집단뿐인 것 같은데, 이 점 또한 기이하다. 이와 동시에 그들은 현저한 흑인 '문화'에 대한 신념과 관심을 점진적으로 포기해 갔다. 흑인들이 그들에게 실재하는 그들 고유의 지적, 또는 도덕적 체험을 함께 하는 것은 아니다. 다른 모든 사람들과 똑같은 목표와 취향을 가지고 일반 문화에 전적으로 참여하고 있으나, 문제는 다른 사람들로부터 떨어져 자기들끼리 그렇게 하고 있다는 점이다. 그들은 실제로는 이제 배타가 더 이상 존재하지 않는데도 배타에 의해 생겨나는 내면적 분리감을 아직도 계속 가지고 있다. 가마 밑에 불이 지펴 있기 때문에 다른 모든 집단은 녹아 섞여 들어가는데 그들만이 유독 녹지 않고 있다.

거기에는 분명히 충분한 이유가 있고, 다양하고 거대한 복수 사회에서 공동체의 일부인 자신을 남들과 분리시키는 것은 그들의 권리다. 그러나 흑인 운동은 사회 전체의 흐름에 역류하여 자신들을 난처한 입장에 처하도록 만드는 경향이 있음은 물론 이 나라에서 지금껏 주장해 온 자신들의 숭고한 주장과 전통에도 역행하고 있다. 그리고 이것은 분리주의를 도저히 정당화할 수 없고 오로지 인간으로서의 공통적인 이상만이 지배해야 하는 지적 세계에서 인종이 갈라져 가는 위험과 연관이 있다. 정치 영역에서의 대결과 분노가 대학에까지 침투하여 확고히 자리 잡게 되었다. 이렇게 된 데에는 대학이 보편화라는 대학의 소임을 확신하지 못하고 오히려 상실하게 된 데에도 일부 책임이 있음은 말할 것도 없다. 2차 대전이 종전된 이래 교육은 중요한 것이고 지적 성취의 최고 기관인 대학에 흑인을 포함시키는 것이 미국의 난제를 풀어가는 데 결정적인 역할을 할 것이라는 미국적인 순수한 신념에서, 대부분의 주요 대학이 보다 많은 흑인을 교육시키려는 노력을 기울였으며, 그 강도가 날로 더해 갔다. 여기에 조금이나마 주저를 보이는 사람은 사실 아무도 없었고, 적어도 처음에는 재주는 있으면서 환경이 나빠 기회를 박탈당한 흑인학생들이 어느 수준까지 따라오는 데 도움을 주기 위해 비공식으로 기준을 낮추어야 되지 않겠느냐는 사사로운 논쟁도 있었다. 점잖은 사람들이 이 문제를 놓고 각기 다른 편을 들었다. 일부는 그들이 다음에 올 사람들의 본보기가 되어야 하고 그들 스스로의 자기 존중을 위해 그들에게 최고 기준을 적용해야 한다고 믿었고, 다른 한편에서는 세대를 거듭하면서 획득도 증대하리라고 믿었다. 선의를 가진 사람은 누구나 종교와 출신 국적 부분에서처럼 인종 부분에서도 일이 이렇게든 저렇게든 잘 풀릴 것이라는 데에 전혀 의심을 품지 않았다. 민권 운동이 절정에 달했을 때는 차별이 없다는 것을 증명하기 위하여 좀더 많은 흑인학생을 입학시켜야 한다는 긴박감마저 감돌았다. 입학 원서에 사진을 붙이게 된 데서 시대의 흐름을 읽을 수 있다. 이는 흑인학생을 당장 알아보기 위한 것이며, 이보다 앞서 10년 전에는 흑인학생이 흑인으로 드러나는 것을 막기 위해 사진 붙이는 것을 폐지했다. 고등학교 성적과 학력고사가 진정한 재주를 가려내기에는 충분한 기준이 되지 못한다고 비판을 받기 시작했다. 그러나 목표는 변하지 않았다. 즉, 흑인학생도 여느 학생과 똑같이 교육시키고 똑같은 기준으로 평가해야 한다는 목표는 변하지 않았다. 모든 사람이 여전히 인종 통합주의자였다. 재주 있는 흑인학생을 발굴하여 입학시키려는 노력에 충분한 힘을 기울이지 않았다고 믿고 있었다. 내가 몇 년간 가르친 경험이 있는 코넬 대학은 흑인학생의 입학을 위해 학교의 취지를 크게 넓히겠다고 공표한 많은 기관 중 하나였다. 또한 거기에 전형적인 궤변까지 덧붙여 총장은 학교가 더 많은 흑인학생을 받아들이려는 노력을 기울임은 물론 특권층에 있는 흑인이 아니라 도시내의 저소득층 출신 흑인을 받아들이도록 하겠다고 공언했다. 1967학년도가 시작되자 학교에는 흑인학생이 훨씬 더 많아졌고, 물론 그렇게 많은, 특히 가난한 흑인학생을 입학시키자니 입학 허가 기준이 자연 소리소문없이 극심하게 변경될 수밖에 없었다. 대학에서 맞게 될 엄청난 지적 사회적 도전에 이들이 전혀 사전 대비가 되어 있지 않았다. 이제 코넬 대학에는 자격이 모자라고 전혀 사전 준비가 되어 있지 않은 학생들이 많다는 것이 명백해졌고, 따라서 학교는 어쩔 수 없는 선택, 즉 그들 대부분을 고스란히 낙제시킬 것인가 아니면 그들이 배운 것도 없는데 그냥 진급을 시킬 것인가 하는 선택을 해야만 하게 되었다. 도덕적인 측면과 언론과의 관계를 고려하면 전자는 도저히 감당하기 힘든 결정이고, 후자는 단지 부분적으로는 가능하나 (왜냐하면 교수진과 그들이 졸업한 후 그들이 무능하다는 것을 미리 알고도 채용하겠다는 고용주들의 허락을 받아야 하기 때문에) 이런 처사는 흑인학생이나 대학 당국 모두에게 참을 수 없는 수치였다. 그것은 곧 흑인이 이등 국민으로 판명되는 것을 의미했다.

바로 그때 대학가를 밀물처럼 휩쓸던 흑인 세력이 제3의 방법을 제시했다. 즉, 인종 통합은 백인과 백인에게 굴복하는 흑인(Uncle Tom)을 위한 하나의 공론에 불과할 뿐이라는 것이다. 지배 체제를 지지하기 위해 필요한 신화보다 대학에서 가르치는 것이 진리라고 누가 감히 말할 수 있는가? 흑인학생들은 백인 문화를 흉내내도록 강요당하기 때문에 차등으로 나타나지, 그들의 학업이 형편없기 때문에 나타나는 차등은 아니다. 상대주의 이론과 마르크스 이념이 이러한 주장을 일부 신빙성 있는 것으로 보이게 만들었다. 그 시대가 편치 못한 시절이었다는 점 또한 그런 주장에 더욱더 신빙성을 부여했다. 흑인들은 자신이 흑인임을 자랑스럽게 여겼고, 대학은 그들로부터 대학의 실패가 어디에 있는지 배울 수 있었다. 이와 같은 견지가 대학의 술책에 희생이 된 젊은이들에게는 단연코 매력적이었다. 곤경에서 빠져나오는 방법으로 흑인학, 흑인 영어 등과 같은 과목을 설치하고 그밖에도 이와 비슷한 많은 양보를 단행하였다. 이 정도 양보한다고 해서 대학이나 흑인학생들에 대한 교육 목표가 근본적으로 변질되지는 않을 것이라고 안이하게 추측했다. 이 모든 것은 단순히 교육을 좀더 풍부하게 만들기 위한 조치였다는 것이다. 그러나 이것이 실은 포기였고, 새로운 형태의 인종차별을 공인하는 것으로서 이 일에 앞장서던 백인들로 하여금 자신들이 몰고 온 궁지에서 버젓이 빠져나오도록 허용하게 되었다. 인간 자체로서의 인간에게 주어진 학문을 닦는 데 필요한 구속을 감수하기보다는 오히려 흑인의 체험을 살리고 연구하며 쉽게 넘어갈 수 있는 방법이 흑인학생들에게 열리게 되었다.

코넬 대학의 흑인학생들이 학교를 위협할 수 있고, 자신들은 단순한 학생이 아니라 교육을 결정짓는 과정에서 협상을 벌일 수 있다는 사실을 인식하게 되었을 때, 그들은 옛날식의 인종차별 폐지론자이며 강경하기 이를 데 없는 그 자신은 흑인 여성인 학생처 차장을 해고하도록 요구했다. 그 주문이 떨어지기가 무섭게 학교 행정 당국은 그 요구에 응했다. 그때를 분기점으로 지금은 우리가 아주 익숙해진 많은 양보 사항들이 계속 뒤를 이었다.

흑인학 교과과정이 전반적으로 실패를 했는데, 왜냐하면 그 과정에서 중요한 과목들은 학생들의 흥미를 끌 수 없었고, 나머지 과목들은 학생들에게 아무런 도움도 줄 수 없는 엉터리 잡동사니 과목들이었기 때문이다. 그래서 대학의 교과과정이 만신창이가 되어 정상 과정으로 되돌아오게 되었다. 그러나 비록 제도화되지는 않았으나 일종의 대학 생활의 그림자라 할 수 있는 흑인 영역이 생겨나 수용되고 있고, 그 본보기로는 영구적인 입학 할당제, 장학금 지원의 우선권, 인종 비율을 고려한 교수진의 채용, 흑인학생들을 낙제시키기가 까다로운 점, 불만과 학대를 토로할 수 있는 조직적 체계의 구성 등을 들 수 있다. 그리고 산지사방에서는 현재 진행되고 있는 일에 대한 가증스러운 거짓말이 자행되고 있고, 위선이 널려 있으며, 전체 계획이 잘 진행되고 있다고 염치도 없는 거짓말을 한다. 이 작은 흑인 제국은 이른바 인종주의가 그 제국을 둘러싸고 있기 때문에 인종주의로부터 그 제국의 백성을 보호해야 한다는 명분을 핑계로 합법성을 얻게 되었다. 이것의 가시적인 표출이 식당에서 식탁이 인종별로 분리되는 것이고, 이는 흑인이 복종하던 옛 남부에서 공공시설을 흑백으로 분리하던 것의 재판이라 할 수 있다. 코넬 대학과 그 밖의 다른 곳에서 이런 체계를 설립하여 투쟁적인 흑인학생들이 독립적인 성향의 흑인학생들에게 신체적으로 협박했고 - 때로는 실제로 자행되기도 했다. 이제는 이 체계가 일상화되었다. 그리하여 대다수의 흑인학생들의 경우 대학을 거쳐 가는 경험이 다른 학생들의 경험과는 다르고, 따라서 교육을 받고 난 다음에도 여타 학생과 다르다. 그저 단순한 하나의 학생임을 고집하여 흑인 집단에 충성할 것을 회피하는 흑인학생은 엄청난 대가를 치러야만 한다. 그는 그의 흑인 동료들로부터는 호된 비판을 받게 되고, 백인들의 눈에는 그가 정해진 틀에서 벗어난 사람으로 비칠 뿐이다. 백인학생들은 조용히 그리고 무의식적으로 흑인학생들이 집단으로 존재하는 것에 적응하였고, 그러다 보니 자신이 집단에 의해 규정되는 것을 거부하는 흑인학생에게는 재적응해야만 한다. 선의의 많은 백인학생들이 특별한 기준으로 자기를 판단하고 있다는 것을 그는 뼈저리게 의식하고 있다. 이 모든 것이 사기를 꺾게 마련이다. 교육을 받을 능력이 있는 사람에게 교육의 기회를 제공하는 것이 대학의 우선적인 책임인데 이 책임이 간섭을 받는데도 대학이 묵인해야 한다는 사실은 대학의 집단의식에 크나큰 짐이 되고 있음에 틀림이 없다.

비례 배당령(affirmative action)이 분리주의의 가장 나쁜 양상을 제도화시키고 있다. 명문 대학에서 흑인학생의 평균 학업 성적이 백인학생의 평균에 못 미치고 있는 게 현실이고, 모든 사람이 이 사실을 알고 있다. 흑인학생의 대학 학위 또한 오염된 것이 사실이고, 고용주는 그들의 학위에 의심을 품거나 아니면 알면서도 눈감아 줌으로써 그들도 무능을 용납하는 일에 동조하는 잘못을 함께 저지르고 있다. 그 중에서도 가장 고약한 것은 그들의 대다수가 열렬히 지지하는 이 제도의 결과를 흑인학생이 증오한다는 점이다. 우선 선호 취급의 수혜자인 흑인학생들의 기질에 수치와 노여움이 같은 비율로 고착하게 되었다. 백인이 그들에게 혜택을 베푸는 입장에 있다는 생각이 그들에게는 불쾌하다. 그들은 모든 사람이 그들의 장점, 그들도 남들과 똑같이 해낼 수 있는 능력이 있다는 것을 의문시한다고 믿고 있다. 그들의 성공이 그들 스스로의 눈에도 의심스럽게 여겨진다. 훌륭한 학생들은 자신들이 나머지 그렇지 못한 학생들과 같은 취급을 받는 게 걱정이 되고, 열심히 노력하여 얻은 자신들의 자격을 제대로 믿어주지 않을까 봐 걱정한다. 그들은 고정관념의 희생자들이지만 그것은 흑인 지도자들이 선택한 것이었다. 별로 신통치도 못하면서 훌륭한 학생과 똑같은 편의를 제공받고 있는 학생들은 그들의 현 위치를 고수하기 원하면서도 그러한 대접을 받을 자격은 없다는 생각 때문에 시달리고 있다.

　이러한 요인으로 해서 자신들보다 나은 자격을 갖추었을지도 모르고, 따라서 자신들을 낮추어 볼지도 모르는 백인학생들을 강력하게 피하려 든다. 끼리끼리 뭉쳐야 이 미묘하고도 고통스러운 문제가 발생하지 않고 나을 테니까. 중산 및 상류 계층 흑인들 사이에서 극단주의 흑인 정치가 이전에는 전혀 들어 볼 수 없었던 지지에 가까운 호응을 얻는다는 것이 놀라울 게 없다. 과거에 최정상에서 인종을 융합시켜 주던 공동 원천이 오염돼 버렸다. 힘으로 몰아붙이는 주장은 그게 무엇이든 이성으로는 수용할 수 없고, 공덕을 근거로 삼지 않는 성취의 원칙을 민주사회는 용납할 수가 없다. 내가 말했듯이 비례 배당령을 정당한 것으로 정말 믿고 있는 백인학생은 아무도 없고, 그 사실을 생각하려 들지도 않으며, 그래서 언급은 하지 않으면서도 전부 백인으로만 되어있는 - 아니면 요즈음에는 동양 학생이 워낙 많아졌으니 비흑인학생으로 되어 있다고 해야 할는지도 모를 - 사회로 모여들게 된다. 적어도 대학에 있어서는 비례 배당령(즉, 인종 정원제)이 내 생각에는 장기적인 안목으로 볼 때 미국의 인종 관계를 악화시키는 근거가 될 것 같아 걱정이다.

성(性)

　미국은 비지성적이고 반지성적인 사람들이 모인 국가이고, 미국인들은 관념을 기껏해야 목적을 위한 수단 정도로만 생각하고 있다고 흔히들 알고 있지만 오히려 그런 일반적인 편견과는 반대로 여러 이론들이 비극으로 또는 희극으로 시도되었던 거대한 무대가 바로 미국이라는 나라다. 미국은 철학자와 그들을 따르는 사람들에 의해 건립된 사회 조직이다. 이 황량한 대륙의 가공 안 된 천연 조건들이 이론적인 과학(학문)의 지배에 온순하게 굴복했듯이 역사적인 실재(is)의 반항하는 주제가 모두 여기에서는 실제적으로 그리고 철학적으로 그래야만 하는 것(ought to be) 앞에 무릎을 꿇었다. 다른 국민들은 토착민들로서 그들이 살고 있는 곳의 신들로부터 인도하심을 구했다. 우리가 개척해 놓은 원칙을 그들도 따르기로 결정하였을 때도 그들은 자신들의 과거로부터 유연하게 떨어져 나올 수가 없어서 뒤뚱거리는 모습으로 어색하게 쫓아왔다. 우리가 엮어내는 이야기는 곧 자유와 평등의 원칙이 승리하였고 당당하게 전진하고 있음을 알리는 이야기다. 그리고 우리가 해낸 일과 우리가 하는 일을 보람된 것으로 만든다. 우연이란 거의 없고, 우리 가운데에서 일어나고 있는 일은 모두가 다 - 이 두 기본 원칙을 반대하는 세력에 대한 승리, 그 원칙 중 어느 것을 우선으로 삼아야 하는가에 대한 논쟁 등등 - 이 두 기본 원칙, 또는 그중 하나에 의해 생겨나는 결과다.

이제 우리는 우리 이야기의 마지막 장에 이르렀고, 따라서 우리의 가장 은밀한 사생활을 우리의 원칙에 비추어 알아보고 재편성(개혁)할 때에 이르렀다. 성(性)과 그 결과가 - 즉 사랑과 결혼과 가족이 - 드디어 국민 전체의 주제로 부상하여 실습의 대상이 되었다. 그렇게 되자 여기에서 늘 존재하고 있었지만 지금까지는 자유와 평등이 요구하던 인간 재구성 속에서 언제나 눌려만 오던 자연에 수반되는 문제가 이제 뚜렷하게 드러나게 되었다. 평등의 의미를 직관으로 알기 위해서는 《여성집회 *Ekklesiazousai*》라는 작품에서 늙은 노파가 멋지게 생긴 젊은 남성으로부터 성적 만족을 채울 수 있는 법적 권리를 창안해내고 있는 아리스토파네스(Aristophanes)의 기발하며 천재적인 상상력이나, 아니면 《국가론》에서 남녀가 함께 나체로 운동하는 것을 규정하고 있는 플라톤의 천재성 등이 필요했는데, 이제 우리는 그런 것이 필요 없게 되었다. 볼 수 있는 눈만 있으면 주위를 둘러보는 것으로 충분하다.

이성 간의 관계 변화는 지난 20년 동안에 있었던 두 개의 연속되는 요동을 타고 우리에게 닥쳐왔는데 이제 그 관계 변화를 통해 인간의 창의성이 끝없는 도전을 받게 되었다. 첫 번째의 요동은 성의 혁명이었고, 두 번째는 여권 신장론이다. 성의 혁명은 자유의 깃발을 내세워 진군했고, 여권 신장은 평등의 깃발을 내세우고 진군했다. 당분간은 이 두 세력이 손을 맞잡고 진군하였으나 토크빌이 자유와 평등은 늘 다투는 관계가 되기 마련이라고 했듯이 두 진영의 차이점 때문에 드디어는 서로 불화를 일으키게 되었다. 이 불화가 외설물을 놓고 두 진영 간에 보여주는 언쟁으로 나타나고 있는데, 해방된 성적 욕구가 고정 관념화에 대한 여권 신장자들의 분노를 자극하여 대적하게 된다. 외설물이 밀턴식의 웅변을 사용하면서 표현의 자유를 수호하는 영웅적인 투쟁을 벌이고 있는 것처럼 우리에게 제시되고 있다. 그런가 하면 사회도덕성을 수호한다는 새로운 단장으로 여권 신장론은 이에 맞서 투쟁을 벌이는 등, 가관스러운 광경을 목격하게 되는데, 여권 신장론자들은 전통적인 성 역할을 옹호하는 보수주의자들의 논쟁을 활용하면서도 한편으로는 사람이 읽고 보는 것과 그의 실제 성행위와 연관이 있는 것으로 암시하는 것을 금기로 하는 권위주의적 전통에는 도전한다. 이러한 투쟁 뒷전에 있는 진보주의자들은 양쪽 모두 다 편을 들고 싶지만 그럴 수가 없기 때문에 혼돈 속에서 양손만 쥐어짠다.

성 해방은 우리의 청교도 유산과 성경에 제시된 원죄의 신화로 완전히 굳혀진 사회적 관습 및 억압에 대항하여 감각과 부정할 수 없는 자연적인 욕구를 과감하게 확인하는 것으로 제시되고 있다. 60년대 초반부터 계속 성적 표현의 한계가 어디인지를 시험해보려는 시도가 서서히 이루어졌고, 아무도 알아채지 못하고 있는 사이에 그 한계가 슬금슬금 무너져 이제는 아예 없어져 버렸다. 젊은이들이 잠자리를 같이하거나, 또는 함께 사는 것이 부모나 선생님에 의해 인가되지 않던 게 지금 와서는 쉽사리 극복되었다. 도덕적으로 사리던 마음, 병에 대한 두려움, 임신의 위험, 혼전 성관계가 사회와 가정에 가져오는 결과, 그리고 그런 관계를 갖기에 적당한 장소를 찾기가 어려웠던 점 등 - 다시 말해 젊은이들을 가로막던 모든 것들이 갑자기 없어져 버렸다. 학생, 특히 여학생들이 성적 매력, 또는 성적 매력을 충족시키는 데 대해 거리낌 없이 토로하는 것을 더 이상 부끄럽게 여기지 않는다. 20년대에는 위험한 것으로 여겼던 동거 생활, 미풍양속을 해친다던 30년대와 40년대의 자유분방한 생활이나 방랑 생활이 이제는 걸 스카우트 회원이 되는 것만큼이나 일상적인 것으로 되어 버렸다. 내가 여기에서 '특히' 여학생을 강조한 것은 젊은 남자는 항상 당장의 만족을 얻는 데 열을 올린다고 여겨져 왔지만 젊은 여자는 정숙함에 힘입어 당장의 만족을 억제하는 것으로 알려져 왔기 때문이다. 여성의 정숙을 수정하였고, 더 나아가 여성의 정숙을 아예 서서히 철폐시켰기 때문에 새로운 습속이 가능하게 되었다. 그런데 정숙을 단순한 관습으로 생각하였기 때문에, 아니면 단순히 관습에 기인하는 것으로 여겼기 때문에 정숙을 제거하는 데 별 노력이 필요 없었다. 의도와 그 결과에 있어 이 성 해방은 양성 간의 차이점을 더 두드러지게 만들었다. 남녀 간에 있어서 사랑의 행위가 그 무엇보다도 우선하는 행위가 되었기 때문에 남녀 모두가 자웅의 역할을 더욱 강조하게 되었다. 물론 동성 연애자들도 해방이 되기는 하였지만 대다수 대중에 있어서 자유분방하고 자연스럽다는 의미는 이성 간의 만족을 채우는 것을 의미하고, 이성은 서로를 위해 생겨난 것으로 생각한다.

성 해방의 직접적인 약속은 간단히 말해 행복이었고, 이 행복은 거대한 주신제를 계속함으로써 억압으로 점철된 수천 년의 긴긴밤 동안 안으로만 축적되었던 정력이 분출하는 데에서 발생하는 것으로 이해했다. 하지만 문이 닫힌 벽장 속에서 포효하던 사자가 막상 문을 열어 풀어 놓아 보니 작고 길들여진 고양이에 불과하다는 게 밝혀졌다. 사실 역사적인 긴 안목에서 볼 때, 성 해방을 통해 우리는 우리 내에 있는 성적 열정이 결코 위험한 것이 아니라는 인식을 갖게 되었고, 성적 열정을 억압함으로써 반항이라는 위험을 초래하기보다는 그것을 자연스레 놓아두는 것이 더 안전하다는 인식을 갖게 된 것으로 이해해야 할 것이다. 한번은 수업에서 내가 얼마 전까지만 해도 제멋대로 구는 딸들에게 "우리 집 문을 다시는 어둡게 해서는 안 된다"라고 말하던 부모들이 이제는 딸의 남자 친구가 와서 하룻밤을 자고 가는 것조차 반대하지 않게 되었으니 어찌 된 일이냐고 물어본 적이 있었다. 아주 상냥하고 극히 정상적인 젊은 여학생이 "그게 별 게 아니기 때문이죠"라고 대답했다. 그 말이 이 모든 것을 단적으로 나타내 주고 있다. 이러한 냉정함은 성 혁명의 아주 두드러진 결과이자 새로운 사실이고, 나이 먹은 사람들로 하여금 젊은 세대를 이래저래 통 알 수 없게 만드는 것도 바로 이 점이다.

이 모든 것 속에서 성 혁명은 스스로가 표방한 바로 그것 - 즉 해방이었다. 그러나 관습이 산산이 부서지게 되자 그 아래 도사리고 있던 자연이 본연의 가혹함을 일부 그대로 드러내게 되었고, 따라서 나이 먹은 사람보다는 젊은 사람이 추한 사람보다는 아름다운 사람이 성 혁명의 덕을 더 많이 보게 되기 십상이었다. 불공정하게 배분된 천연의 자연 혜택을 예전에는 사려(discretion)라는 장막이 가려 주어, 인생과 결혼에 있어 자연 혜택의 중요성을 경감시키는 역할을 했다. 그러나 아리스토파네스의 작품 속에서, 늙어 불쾌감을 준다는 바로 그 이유 때문에 평등주의의 정의를 적용하여 아테네의 늙은 노파들이 멋진 젊은 남성들을 아름다운 젊은 여인이 차지하기 전에 먼저 즐길 수 있는 법적 권리를 부여받았던 것과는 달리 이제는 이 일에 평등주의의 정의를 적용해 보려는 시도조차도 거의 없는 형편이었다. 성의 자유가 가지고 있는 비민주적인 양상을 무마해 보려는 시도라고 할 것까지는 없으나 조금은 우스꽝스러운 방법으로 노력했다. 따라서 "미는 보는 사람의 눈에 달렸다(제 눈에 안경이지)"라는 말이 그 어느 때보다도 힘차게 강조되었고, 화장품업계는 호황을 누렸으며, 누구든 따르는 사람에게 성적 쾌감의 절정을 절대 보장하는 마스터즈와 존슨(Masters and Johnson)식의 성교육과 요법이 보편화되었다. 이 중에서도 특히 나의 흥미를 끈 것은 늙은이를 대상으로 지방의 한 기독교 청년회(YMCA)가 주관한 성에 관한 강좌프로그램으로서 "(성을) 사용하시오. 그렇지 않으면 쇠퇴합니다."라는 구호 아래 지방 방송국을 통해 그 강좌를 선전했다. 외설물에 고삐가 풀린 시대였다.

반면에 스스로를 해방으로 내세우는 한, 적어도 여권 신장론은 관습이나 사회로부터의 해방이라기보다는 자연으로부터의 해방을 뜻한다. 그렇기 때문에 그것은 더 소름 끼치고 애욕적인 면은 전혀 없는 보다 관념적인 계획이었다. 따라서 그것은 법의 폐지를 요구하기보다는 오히려 법제도와 정치적 행동주의를 필요로 했다. 직감(본능)만으로는 충분치 않았다. 갇혀 있는 것 같다는 부정적인 감정이 도사리고 있기는 했으나 프로이트가 제시했듯이 무엇이 부족한지 분명치가 않았다. 표제 어휘는 '자연대로 사는 것'(매우 분명하게 육체적인 기능을 지칭하는)과 같은 문구에서 보다 애매모호한 표현인 '자기 규명', '자아 충족', '우선순위 정립', '생활양식 형성' 등과 같은 문구로 바뀌었다. 여성 운동은 자연을 기초로 시작된 운동이 아니다. 여권 신장론은 여성의 현재 위치가 양육에서 생겨난 결과이지 자연에 의해 만들어진 결과가 아니라고 여기고 있음에도 불구하고 그 중심 논지는 생태가 운명을 결정짓도록 해서는 안 된다는 것이고, 생태는 분명히 자연이다. 노예 제도를 유지시켜 주었던 것과 같은 한쪽이 지배하는 인간관계가 늘 여성의 역할을 결정지어 왔다는 주장이 진실일는지는 모르지만 꼭 그렇다는 확실한 증거는 없다.

이 명제에는 해석과 논쟁이 요구되고, 그렇다고 성 혁명의 경우처럼 관계되는 모든 사람의 육체적 욕망으로 확인할 수 있는 것도 아니다. 더욱이 과학의 자연 정복 - 약의 발달과 노동을 절약하는 장치의 발명 - 으로 여성이 가정에서 해방되는 것이 가능해졌다고 흔히 단언한다. 여권 신장론은 필경 인간의 영원한 성향에서 비롯되고 - 무한과 무절제를 향한 동경과 같이 - 확실히 근대적인 성향에서 비롯되는 의식화 및 의식 개조의 과정을 늦추지 않고 꾸준히 병행시킨 것은 분명한 사실이다. 관념적인 정의를 탐구하는 근대의 많은 운동들처럼 여권 신장 운동도 끝내는 자연을 망각하고 그 정의를 확고히 하기 위해 힘의 사용으로 인간을 재형성하려 든다.

여권 신장론은 성 혁명의 많은 요소와 융화하고 장려하지만 그 요소들을 다른 목적에 이용한다. 자유 방탕 사상은 심지어 루소가 가장 큰 즐거움이라고 불렀던 것도 참작한다. 그러나 성을 손쉬운 것으로 만듦으로써 성관계를 보잘것없는 것으로 만들고, 신비함과 짜릿한 감각을 말살시킬 수 있다. 욕구를 쉽게 충족시키고 독점적인 관계에 정서를 투자하지 않는 여성은 그만큼 심리적으로 남성들의 독재에서 벗어나서 좀더 중요한 일을 할 수 있다. 플라톤의 《국가론》에서 나체로 하는 운동이 방종이 아니라 오히려 공공의 목적을 위해 성적 욕구를 규제하고 조정하여 비낭만적인 것으로 만들었던 것과 마찬가지로 여권 신장론은 성 혁명이 몰고 온 주신제의 들뜬 취기를 의기소침케 하는 역할을 했다. 흡연과 음주가 청교도의 비난을 벗어나 짧은 자유의 순간을 누리기가 무섭게 이번에는 신의 이름으로서가 아니라 좀더 신빙성 있고 강력한 건강과 안전이라는 이름으로 이전과 똑같은 도덕적 공격을 받게 되었다. 그와 마찬가지로 성 또한 빛을 본 순간은 잠시뿐이고 여권 신장론자들의 민감한 감수성을 수용하기 위해 제동이 걸렸다. 하나의 국민으로서 우리는 당장의 만족을 채우는 데 별로 능란한 국민이 못되고 미래의 이익을 약속하는 과업을 위해 당장의 만족을 지연시키는 데 오히려 더 익숙한 국민이다. 여기에서 과업이라는 것은 남성의 지배, 남성 우월주의, 남근 통치, 가부장제 등 다양하게 불리고 있는 것을 극복하는 일인데, 문제는 많은 남성과 그들에게 협조하는 여성들이 이것에 무척 애착을 갖고 있다는 점이고, 따라서 그것을 대적하기 위해서는 되도록 많은 투쟁 무기를 동원해야만 한다.

　남성의 성적 욕망은 결국 성차별주의의 극치라 할 수 있기 때문에 남성의 성적 욕망이 또다시 죄악시되었다. 여성은 물건으로 전락되고, 그들은 낯선 사람은 물론 자기 남편에 의해 강간당한다. 학교와 직장에서는 교수와 고용주의 희롱을 받고, 자신들의 직업을 추구하기 위해 탁아소에 맡긴 아이들은 보모들이 유린한다. 이 모든 범죄를 입법으로 규제해야 하고 처벌해야 한다. 민감한 남성이라면 누군들 성적 열망이 얼마나 위험한가를 왜 인식하지 못하겠는가? 혹시 원죄라는 것이 정말로 존재하는 걸까? 해방 선언에 작은 활자로 되어 있는 부분을 남성이 소홀히 여겨 읽어보지를 않았다. 성적 욕구에 대한 새로운 간섭은 보다 포괄적이고 강력하며, 따라서 거의 최근에 이르러서야 드디어 그 통제가 풀어진 옛 관습보다 새 간섭을 탈피하기가 더 힘들게 되었다. 7월 14일 프랑스혁명 기념일에 맞먹는 성 해방의 날은 사실 구체제(舊體制)의 전복과 공포의 정치가 시작되는 사이에 있었던 단 하루에 그쳤다. 라디오, 텔레비전, 언론을 통해 선전을 추호도 늦추지 않고 있는 새로운 덕의 통치는 ― 모두 남성이 여성에게 동정하기 위해 사용하던 ― 독점욕, 질투, 보호 심리 등의 자취를 아직도 내면 깊은 곳에 그대로 간직하고 있는 것은 아닌지 깊이 숨어 있는 감정과 양심을 검토해 보도록 유인하는 등, 그 나름대로의 교리 문답을 가지고 있다. 물론 몹시 분개한 수많은 검열관들은 확성기와 심문 재판소 등도 갖추고 있었다.

　마르크스주의자들의 구상에서 보면 봉건주의 기사도로부터 성스러운 가면을 벗겨버린 것이 자본주의다. 따라서 자본주의는 사회주의로 도달하기 위한 길을 터준 셈인데, 이와 마찬가지로 여권 신장론의 중심 과제는 정숙을 억누르는 일이고 이를 위해 결정적으로 예비 과정의 역할을 해낸 것이 성 혁명이다. 그러나 성 혁명이 남녀가 육체적으로 한데 어우러져 잘 지내기를 바랐던 반면에 여권 신장론은 남녀가 분리된 별개이면서도 마음은 쉽게 잘 맞기를 바랐다. 정숙을 옛 율법에서는 곧 여성의 미덕이라 여겼다. 왜냐하면 남성을 여성에게 이어 주는 강한 욕망을 견제하고 어린이의 출산과 양육의 위험과 책임이 자연 ― 즉 생물학적으로 ― 여성에게로 돌아가게 마련인 가운데 정숙을 통해 출산과 양육이 욕망과 조화를 이루며 만족을 얻을 수 있었기 때문이다. 비록 정숙이 성관계를 갖는 것을 저지하기는 하였지만, 저지가 있었기에 그러한 만족을 달성하는 것이 진지한 생활의 중추가 될 수 있고, 양성 간의 미묘한 교류를 더욱 돋보이게 만들었다. 따라서 육체의 소유 못지않게 의지를 따르는 것도 중요한 것으로 만들었다. 정숙을 축소시키거나 억제함으로써 - 성 혁명이 의도한 대로 - 욕망이 그 목적을 달성하는 게 분명히 수월해지기는 하였지만, 그것은 서로 얽혀들어 애착을 느끼고 하는 구조 또한 붕괴하여 성을 그것 자체 이외에는 아무런 의미가 없는 물건 같은 것으로 축소시켜 버리기도 했다. 여기에서 여권 신장론이 들어서게 된다.

여성의 정숙은 성행위로부터 생활 전반에 이르기까지 양성 간의 차이점을 나타내 주는 것이다. 그것은 남성과 여성을 항상 남성과 여성으로 남아 있도록 만들어 준다. 서로가 상대방에게 끌리고 있다는 의식과 매료됨과 금기가 모든 평범한 행위를 유발한다. 정숙이 작용하는 한, 남성과 여성이 함께 있는 것이 변호사와 조종사가 함께 있는 것과는 결코 같을 수 없다. 그들에게는 피차 언제나 매우 중요해질 가능성이 있는 또 다른 것이 있는데 - 즉 궁극적인 목표, 또는 흔히들 말하는 '인생의 목표'가 바로 그것이다. 가장 중요한 것이 맡은 사건에서 이기는 것과 비행기를 안전하게 착륙시키는 것일까, 아니면 사랑과 가족일까? 변호사로서 조종사로서는 남자나 여자가 똑같고 한 가지 목표를 향해 공헌한다. 연인이나 부모로서는 그들이 아주 다르지만 지연에 의해 부여된 종족 계승의 공동된 목표 때문에 내면적으로는 서로 연관되어 있다. 그럼에도 불구하고 그들이 함께 일을 할 때는 당장 '역할'의 문제를 따지려고 덤비고, 따라서 남자들끼리 또는 여자들끼리만 일을 할 때에는 그러지 않는 '우선순위'를 따지려고 덤빈다. 남녀의 독특한 연관과 그 연관의 외형적 형태 및 내면적 감정을 항상 일깨워 주는 것이 정숙이고, 자아 마음대로의 창조와 자본주의식 기술에 입각한 노동 분할을 저해하는 것도 정숙이다. 시장 원리에서 볼 수 있는 일과는 판이하고, 그러기에 훨씬 더 중요한 일을 남녀가 함께 해나가야 한다는 것을 계속 반복하는 목소리가 바로 정숙이다.

소크라테스가 플라톤의 《국가론》에서 여성도 남성과 똑같은 교육을 받고, 똑같은 생활을 누리고, 똑같은 직업을 갖는 도시 국가를 건설하기 위해 첫 번째로 요구한 제물이 정숙이었던 이유가 바로 여기에 있다. 남녀 간의 차이점으로 그들의 목표가 결정되는 것을 방지하고 그것이 대머리와 머리숱 많은 남자 간에 갖는 차이점 이상의 의미를 갖지 못하게 하려면 그들은 그리스 사람들이 했던 것과 똑같이 벗은 채로 함께 운동을 해야만 한다. 여권 신장론자들은 일부 조건을 달아 플라톤의 이 구절을 찬양하고 선견지명이 있는 것으로 여겼다. 왜냐하면 그것이 절정에 이르면 여성은 결혼과 출산과 양육의 종속으로부터 완전히 해방되기 때문이다. 따라서 결혼과 출산과 양육이라고 해서 그 밖의 모든 필요하고 시기가 있는 생물적인 사항들보다 더 중요할 것은 없다. 소크라테스는 도시가 필요로 하는 사람을 충당하고, 도시가 양육할 건전한 새 시민을 탄생시키는 것만을 목적으로 하루 또는 하루 저녁으로 끝이 나는 결혼을 제시하고 있음은 물론 피임, 유산, 탁아소의 문제까지도 제시하고 있다.

그는 심지어 편리상 필요하면 유아 살해도 활용할 것을 덧붙인다. 수두가 발생하였을 때, 그 치유를 위해 아이들의 일에 꼭 여성이 남성보다 더 많은 시간을 할애해야 하고 더 큰 애를 써야 할 필요가 없을 것이다. 그렇게만 된다면 그때서야 비로소 우리가 자연이 여성을 남성과 동일한 일을 해도 무방하도록 만들었다고 생각할 수 있을 것이다. 소크라테스의 급진주의는 부모와 자식 간의 관계에까지 미친다. 시민들은 자기의 자식이 누구인지 알아서는 안 된다고 했다. 왜냐하면 만일 자기 자식을 딴 아이들보다 더 사랑하게 되면 자식이 생겨나게 된 수단, 즉 이 남자와 이 여자의 성관계가 특별한 의미를 갖게 되기 때문이다. 그렇게 되면 우리는 개별 가족으로 되돌아가게 될 터이고 또 가족만이 갖는 독특한 인간관계로 되돌아가게 될 것이다.

소크라테스의 제안 중에는 여성의 동등한 대접을 요구하는 사람들에게 가장 문젯거리가 되는 점 하나가 특별히 언급되고 있는데 - 즉, 군대에 관한 것이다. 이들 시민은 무사들이고, 따라서 그는 여성이 남성의 종속으로부터 탈피하여 남성과 나란히 자신들의 지위를 지킬 수 있게 되는 것과 마찬가지로 남성도 여성에게 특별히 신경을 쓰는 것으로부터 해방되어야 한다고 주장한다. 다가오는 적이 남성이 아니라 여성이라고 해서 남성이 더 많은 양심의 가책을 느낄 필요가 없고 그의 왼

쪽에서 싸우는 남성 영웅보다 오른쪽에서 싸우는 여성 영웅을 더 보호해야 할 이유도 없다. 동등한 기회를 갖는 만큼 위험도 동등하게 져야 한다. 오로지 공동의 이익에만 모든 관심을 쏟아야 하고 오로지 공동체와의 관계만을 유지해야 한다. 나와 공동체 사이에 위치하는 나머지 관계들, 즉 그 나름대로의 생활을 가지고 있고, 전에는 양성이 서로에게 끌리는 것과 자식에 대한 사랑이 자연에 기인하는 것으로 알았던 중간중간의 관계들을 뛰어넘어야 한다. 인간의 성적 본질이 엮어내는 복잡 미묘한 관계를 소크라테스가 의식적으로 산산조각을 내고 있다. 그것이 없다면 개인의 고립은 불가피하다. 여성에 대한 동등한 취급이 양성 간의 옛날식 관계를 - 그것이 자연에 기초를 둔 것이든 아니면 관습에 의해 만들어진 것이든 상관없이 - 무의미한 것으로 만들고, 따라서 그 관계에서 생겨나던 인간적 유대를 잃는 결과가 생겨나게 된다는 것을 그는 분명히 해주고 있는 동시에 잃어버린 인간적 유대를 도시의 공동 이익으로 대치시킨다.

이런 상황에 비추어 볼 때 최근 우리들 가운데에서 진행되고 있는 일들의 윤곽을 알아차릴 수 있게 된다. 여성 운동 내에 일어나고 있는 최근의 진전 사항에 고무되어 보수주의자들이 그 운동과 보수주의 사이에는 공통점이 있다고 생각한다면 그것은 잘못이다. 양 진영이 모두 외설물을 배척하는 것은 분명한 사실이다. 그러나 여권 신장주의자들은 외설물이 옛날식 애정 관계, 즉 성 역할이 구분되는 - 지금은 그 역할이 속박이요 지배라고 해석되고 있는 - 애정 관계를 상기시키기 때문에 배척한다. 외설물은 애정 관계의 신비함을 말살시키고, 남녀 관계의 애정적인 면(erotic), 낭만적인 면, 도덕적인 면, 이상적인 면 등을 모조리 없애 버려 단순히 자웅이라는 성적인 요소만을 남겨 둔다. 외설물은 남성이 여성에게 갖는 갈망에 응하여 그 갈망을 부추기고, 무절제하고 초라하게 만족시켜 준다. 외설물을 배척하는 여권 신장주의자들은 바로 이 점을 반대하는 것이지 - 그것에 의한 감정의 격하나 가족에 대한 위협에는 전혀 신경을 쓰지 않는다. 동성연애를 대상으로 하는 외설물을 검열에서 제외시킨 이유가 바로 여기에 있다. 정의(定義)상 그것은 여성에 대한 남성의 지배의 공범자가 아니고 심지어 그 지배를 약화시키는 데 도움을 주기까지 했다. 실제로 여권 신장주의자들은 신비함을 벗기는 외설물의 역할에는 지지를 보낸다. 그것은 옛 관계의 허상을 벗겨 실태를 보여 준다. 그녀들의 목적은 낡아빠진 제도를 또다시 신비하게 만드는 것이 아니라 자유의 영역을 계속 넓혀 나가려는 것이다. 그들은 옛날식 애정, 예를 들어 옛날식의 사랑에 매력을 느끼도록 해주는 영화 '한 순간의 만남(Brief Encounter)'이 보여주는 애정으로 돌아가자는 게 아니다. 그들은 그런 것이 사라졌다는 것을 알고 있고, 더 이상 이 세상에서는 설 땅이 없는 절망적이고 무모하며, 거의 범죄라 해도 무방한 욕망의 마지막 잔재를 지금 닦아 내고 있는 중이다.

하지만 정숙과 순결은 존중되어야 하고 약한 여성은 책임감 있는 남성에 의해 보호되어야 하기 때문에 여성을 능욕하고 여성에게 난폭하게 구는 것은 방지되어야 한다고 하는 것과 기분 내키는 대로 살기 위해 여성이 남성의 욕망으로부터 완전히 보호되어야 한다는 것과는 서로 다른 것으로서 두 가지의 별개 사항이다. 그들의 목적을 진척시키기 위하여 여권 신장론자들은 보수적인 도덕관을 이용하고 있다. 이것은 전통적인 보수파와 급진주의자들의 운명적인 옛 연합과 유사하고, 사실은 그 일부이며, 그 연합은 1세기가 넘는 세월을 두고 지대한 영향을 미치고 있다. 자본주의에 대한 증오 이외에 그들에게 공통점이란 전혀 없으면서도 보수주의자들은 유럽의 제반 국가에서 왕위와 성전이 되살아나고 경건함이 되살아나 그리로 돌아갈 것을 기대했고, 반면에 급진주의자들은 보편적이고 동질화된 사회와 자유를 기대했다. 즉, 반동주의와 진보주의자들은 현재에 항거하여 함께 뭉쳤다. 그들은 유산(중산) 계급의 내면적 모순을 먹이로 삼는다(feed off). 물론 지방별로 기독교 정통 고수파 신자와 여권 신장론자가 힘을 합쳐 외설물을 금지하는 법령을 통과시킬 수는 있지만 여권 신장론자들은 그들의 정치적 영향력을 과시하여 부르주아(bourgeois)의 권리에 항거하는 운동을 더욱 진척시키려는 데에 그 목적이 있다. 그런데 문제는 애석하게도 외설적인 영화를 보기 원하는 사람이나, 우스우리만큼 왜곡된 환상을 쫓기 위해 거기에 필요한 장비를 사는 사람들도 시민의 권리라는 이름으로 보호받고 있다는 사실이다. 이 현상에서 정통 고수파 기독교인들이 과연 얻는 게 있을는지 극히 의문시된다. 왜냐하면 그것은 '반가족 및 반생명'을 외치며 휩쓸고 다니는 도덕 세력의 승리를 보장하기 때문이다. 임신 중절의 문제를 놓고 그들이 힘을 합치는 것을 보면 당장 알 수 있지 않은가! 반면에 외설물을 보는 사람들은 적어도 그것에 대해 언제나 조금의 수치심은 갖고 있고, 따라서 그것을 편들어 방어하려고 하지는 않는다. 기껏해야 그들은 헌법의 존엄성과 헌법 부칙 제1조를 자신 없이 나약하게 들먹여 보는 것이 고작이고 그렇게 함으로써 자신들이 방어자의 입장임을 다소나마 밝혀 볼까 하는 것이다. 어느 면으로 보나 그들이 원칙을 위협하지는 않는다.

마찬가지로, 요즈음에 와서 여권 신장론자들이 남녀의 차이점을 토론하고, '부모 노릇'에서 오는 만족감을 토론의 대상으로 삼는 데 대해 일부 보수주의자들이 고무되고 있는데 이들은 동등한 권리를 최우선으로 하던 여권 운동 초기에는 금지되던 주제다. 하지만 초기 단계에 주력을 두었던 과제들이 성공을 거두었기 때문에 사실 이와 같은 토론이 가능한 것이다. 실제로 여성으로서의 천성, 또는 자아라는 것이 있는지도 모르지만 그것이 목적론상 제자리에서 이탈한 것만은 분명하다. 여성적인 천성과 남성적인 천성이 어느 모로 보더라도 결코 상호 보완적인 관계에 놓여 있는 것이 아니고 그들은 서로가 서로에 의해 그 한계가 뚜렷해지는 것도 아니다. 특별한 목적이 있어서 피부색이 누구는 검고 누구는 하얀 게 아닌 것과 마찬가지로 남녀의 성 기관이 서로 다른 것 자체에 무슨 분명한 목적이 있는 것은 아니다. 백인은 주인이 되고 흑인은 노예가 되는 것이 결코 자연의 섭리가 아니듯이 남녀의 신체 구조가 자연적으로 다른 것이 서로를 보완하기 위한 것은 아니라는 등, 전설 같은 얘기는 계속 이어진다. 여성의 신체 구조가 다른 것은 인정하지만 그 다른 점을 - 대가를 치르지 않고도 - 의지로써 보충할 수 있다는 것이다. 여성적 천성은 스스로가 풀어야 하는 신비인데 지금껏 그것을 남성이 장악해 왔다. 이제 그 장악이 해제되었으니 신비가 풀릴 수 있게 되었다. 요즈음 아이를 갖는 것에 대해 보다 긍정적으로 받아들이는 경향이 있다고 해서 그것이 곧 모성을 보완하는 전통적인 부성을 정립하려는 자연적인 본능과 충동이 있다는 것을 의미하지는 않는다. 아버지의 존재 여부와는 상관없이 여성의 조건에 맞기만 하면 아이는 언제라도 가질 수 있고, 따라서 어머니의 자유로운 자기 발전에 아버지가 장애물이 되게 할 수는 없다. 아이들은 언제나 어머니가 차지하였고 아직도 어머니가 차지한다. 부모가 이혼한 집안 아이들의 90퍼센트, 또는 그 이상이 어머니와 함께 살고 있고, 아이들에게 거는 그들의 엄청난 내기가 여권 신장론자들의 요구에 의해 양양되었지만 그 결과 무책임한 남성들은 자신의 무책임을 쉽게 정당화시킬 수 있는 구실이 마련되었다. 그래서 - 만일 우리가 가족의 규정에 그 역할이 뚜렷한 남성의 존재를 포함시킨다면 - 우리에게는 가족 없는 출산이 있게 된다. 모성으로의 귀의를 여권 신장론자들이 이상으로 삼게 된 것은 오로지 그들이 우리가 알고 있던 옛날식의 가족을 정복했기 때문에 가능하고 그것으로 여성의 자유가 더 이상 제한을 받지 않기 때문에 가능하다. 모성으로서의 귀의는 여성들이 자신들의 복잡 미묘한 상황을 인정할 수 있을 만큼은 자유로워졌다는 것을 의미하지만, 그렇다고 가족이 가족의 가치를 되찾게 되는 것을 의미하는 것은 결코 아니고 가족 제도에조차 그것이 특별히 좋은 조짐이 되지도 않는다.

성 혁명과 여권 신장론의 불편한 동반 관계가 묘한 긴장감을 자아냈고, 그러한 긴장감 속에서 본성을 다스려 절제를 가하던 도덕이 모두 사라져 버렸다. 급기야는 본성 자체가 사라져 버렸다. 그러나 해방의 환희가 증발해 버렸는데 그 이유는 해방된 것이 정확하게 무엇인지 분명치가 않고 이제는 더 이상 새로운 책임이나 번거로운 책임이 우리에게 지워지지 않으리라는 확신 또한 없기 때문이다. 그리고 이 시점이 우리가 학생의 얘기로 되돌아가야 할 시점인데, 왜냐하면 학생들에게는 모든 게 새롭기만 하기 때문이다. 서로에 대해 무언가 느끼고 있는데, 그것이 무엇인지 그들은 확실히 알지 못하고 그 느낌을 어떻게 처리해야 하는지 그것을 인도해 줄 지침도 없다.

내가 언급하고 있는 학생들은 성에 관한 한 어떤 선택이 가능한지 죄다 알고 있고, 아주 어려서부터 알고 있었으며, 상대방에게 실질적인 해를 입히지 않는 성행위는 전부 정당한 것으로 생각하고 있다. 성에 대해 죄책감이나 수치심을 느껴서는 안 된다고 그들은 생각한다. 그들은 학교에서 성교육을 받았고, 그 교육의 유형으로는 우선 '선택과 성향(性向)'의 유형을 들 수 있다. 아니면 '생물학적 사실은 사실로서 배우고, 가치는 스스로가 결정하도록 놔두어라'의 유형을 꼽을 수 있다. 그들 주변에도 성을 아무 거리낌 없이 토론하고 가장 적나라하게 묘사하는 세계에서 그들은 지내왔다. 그들은 성병에 대한 두려움이 거의 없다.[1] 그들에게는 사춘기 이래로 피임과 인공 유산이 언제라도 가능했고, 손쉬운 것이었다. 많은 학생의 경우, 대학에 들어오기 전에 이미 성관계를 갖는 것이 그들 생활의 일부였다. 그것이 사회적으로 오점이 될까 봐 두려워할 필요가 없어졌고 심지어는 부모의 강한 반대조차도 없어졌다. 남자아이를 경계하라고 여자아이들을 감독하던 것이 역사상 그 유례를 찾아볼 수 없을 만큼 소홀해졌다. 정밀한 의미에서 그들이 이교도라고 할 수는 없으나 다른 사람의 몸에 쉽게 익숙해지고 광범위한 애욕의 목적에 자신의 몸을 내맡기는 데 별로 주저하지 않는 것도 사실이다. 자신 또는 상대방이 순결하다는 데에 유별나게 가치를 두지 않는다. 으레 나 이전에 다른 사람이 있었을 것을 예상하고, 그들은 이 사실을 전혀 상관치 않는 것처럼 보이는데 나이 든 사람에게는 이 점이 도무지 믿어지지 않지만 그것이 미래를 예측할 수 있는 토대를 마련해 주는 것이 사실이기도 하다. 흔히들 생각하는 것같이 그들의 성생활이 문란하거나 방탕하거나 무절제한 것은 아니다. 일반적으로 그들이 한 번에 한 사람하고만 사귀지만 대개는 그 사귀는 기간이 길지 못하고 자꾸 갈린다. 그들은 남녀 함께 사는 기숙사에 익숙해져 있다. 많은 학생이 같이 살고 있지만 그들 대부분이 결혼을 기대하지는 않는다. 같이 사는 것은 단지 편리를 위한 방편일 따름이다. 결혼의 모양새를 갖추지 않았다는 점과 그들의 생활이 누군가에게 매이지 않는 사람들의 생활과 다를 바가 없다는 점 때문에 그들을 쌍이라고 할 수는 없다. 그들은 스스로가 지칭하는 대로 한방 친구(roommate)이고 다만 집세에 성(sex)과 전기료 등이 포함되어 있을 따름이다. 미혼의 젊은 사람들이 성관계를 가질 때 받던 모든 장애물이 하나같이 사라져 버렸고, 이제 이런 관계는 일상적인 관계인 것으로 되어 버렸다. 다른 혹성에서 온 외계인에게 가장 놀라운 것은 더 이상 성적 열정이 영원하리라는 환상을 갖지 않는다는 점일 것이다.

　남녀가 모두 똑같은 방법으로 살고 똑같은 것을 나란히 함께 공부하고 똑같이 장래를 기대하는 데에 이제는 남자나 여자나 다 같이 익숙해져 있다. 의예과나 법학

---

[1] AIDS가 어떤 결과를 가져올는지는 이제 두고 볼 일이다. 수년 전 성과 관계되는 포진(herpes)에 대해 사회적으로 요란을 떨었으나 눈에 띄게 심리적으로 영향을 끼친 것 같은 증거는 없다.

과에 다니는 여학생을 놀리거나 아니면 그것이 여성에게는 적합하지 못한 분야라고 생각하는 남자는 없고, 여성이라면 직업보다는 가정을 우선으로 삼아야 한다고 단언하는 남성도 없다. 법과 대학과 의과 대학이 여학생으로 가득 차고 그들의 숫자는 전체 인구가 보여주는 남녀 비율에 가깝게 접근하기 시작했다. 그 여학생들 가운데 여권 신장론에 입각한 이데올로기나 아니면 투쟁적인 여권 신장론을 펼치는 여성은 거의 없다. 그 이유는 그럴 필요가 없기 때문이다. 귀에 거슬리는 소리가 없는 것은 아니고, 따라서 대학 신문이나 학생회에서 그것들이 주목을 받기도 한다. 그러나 여기서도 역시 투쟁에서 이겨 냈다. 일반적으로 여학생들은 자신들이 차별받는다고 생각지 않고 전문직에 대한 그들의 포부가 멸시된다고 생각지도 않는다. 경제가 그들을 흡수해 줄 것이고, 따라서 그들의 기대는 잔뜩 상승하고 있다. 그들이라고 해서 일반적인 여성보다 전국 여성 연합회(NOW:National Organization of Women)의 보호가 더 필요한 것은 아니며, 자신들이 레이건 대통령 밑에서도 적어도 카터 대통령 때와 별다를 바 없이 잘 지내고 있다고 생각한다. 학문적으로도 학생들은 전혀 불편 없이 단성적(unisexual)이고 오로지 성행위에 있어서만 그들이 각기 이성으로 돌아간다. 동성 연애자들만이 성을 대학 내의 정치 일정에 포함시키는데, 그것은 그들의 상황이 아직도 결코 만족스럽지가 못하기 때문이다. 그러나 동성 연애자들이 공공연하게 자신들의 존재를 알리고 학교 당국과 대다수의 학생이 적어도 그들의 권리를 공식적으로 인정한다는 점으로 미루어 현재의 대학 생활을 충분히 짐작할 수가 있다.

오늘날의 학생들은 자신들이 진보의 덕을 입었다고 믿고 있고 그 점에 대해서 수긍 한다. 그들은 부모들에 대해 일종의 자비로운 경멸감을 가지고 있고, 특히 어머니에 대해 선의의 경멸감을 가지고 있는데, 어머니들이 성적으로는 전혀 경험이 없었고 그렇다고 아버지들같이 뾰족하게 내세울 자기의 직업도 없기 때문이다. 생명의 신비를 파보려는 열기로 찬 젊은이에게 부모와 선생님이 우위를 점할 수 있는 뚜렷한 강점 중의 하나가 늘 그들의 단연 우세한 성 경험이었다. 그러나 이제 더 이상 그게 사실이 아니고, 그렇게 믿고 있는 학생도 없다. 윗사람의 말에 주의를 기울이도록 만들기 위해 생의 사실을 적나라하게 이야기하는 것이 보다 순진하던 시절에는 퍽 효과가 있었다. 그래서 학생들은 아직도 그런 식으로 놀라게 하려는 교수를 조용히 비웃는다. 프로이트와 로렌스(Lawrence, D. H.)가 이제는 정말 구식이다. 그들의 저작은 아예 읽으려 하지 않는 것이 낫다.

그나마 에덴동산 이래로 짝짓는 일이 매우 어둡고 아주 복잡 미묘한 것으로 만들고 있는 옛 문학작품 속에서 그들이 그들의 상황에 대해 배우리라고 기대하는 학생은 더욱더 없다. 돌이켜 볼 때 오늘날의 학생들에게는 도대체 그렇게 야단법석을 한 이유가 무엇 때문이었는지 통 이상하기만 하다. 많은 학생들이 성을 그들의 형과 누나가 60년대에 발견한 것으로 생각하고 있고, 그들의 생각이 옳다는 것을 요즈음 우리가 알게 된다. 루소의 《참회록 Confessions》 강의 시간에서 18세기 사람인 그가 혼인도 하지 않은 채 한 여자와 함께 살았다는 사실을 알아낸 학생들이 놀라움을 금치 못하는 것을 보고 내가 느낀 바가 컸다. 그 옛날에 그가 어디에서 그런 생각을 가지고 왔을까?

하나의 작품이 한 세대에 심오한 영향을 미쳤으나 그 주제가 특정 세대에만 해당하는 일시적인 것이었기 때문에 그 다음 세대에게는 전혀 흥미를 주지 못하는 작품이 물론 있고, 반면에 위대한 문학 작품은 인간의 영원한 문제를 거론하는 작품이다. 예를 들어 젊은이들에게서 매독이라는 병의 위협이 사라지게 되자 입센(Ibsen)의 작품 《유령 Ghosts》은 그 위세를 상실하였다. 아리스토텔레스는 똑같은 곤경이 우리에게도 일어날 수 있다고 느껴지게 만들어야 다른 사람의 곤경을 우리가 안타까워하게 된다고 가르치고 있다. 그러나 사람들에게서 되풀이되곤 하던 일들, 특히 이성 간의 관계에서 되풀이되곤 하던 일들이 학생들에 이르러 이제는 더 이상 되풀이되지 않는다. 그리고 우리는 그들에게도 불후의 명작이 있는지 생각해 보고 지나가야만 하는데, 왜냐하면 그들에게는 영원한 문제란 없는 것처럼 보이기 때문이다. 내가 앞에서도 지적했듯이 이 세대야말로 이론적인 면에서 뿐만 아니라 실제적인 면에 있어서도 완벽하게 역사적이고 역사화한 첫 번째의 세대이건만, 그 결과는 먼 옛날과 먼 곳에 대한 광대한 동정을 길러 낸 것이 아니라 오로지 자기 자신에게만 집중적으로 몰두하는 세대를 탄생시켰다. 안나 카레니나와 보바리 부인은 간부(姦婦)들이지만 그 일로 세상이 이제는 더 이상 법석이며 반발을 터뜨리지 않는다. 오늘날이라면 카레닌 부부의 원만한 이혼 절차를 통해 아들의 양육권은 아마도 안나에게로 돌아갔을 것이다. 낭만적인 소설은 모두 남녀의 특성을 가장 세밀하게 구분하여 묘사하고, 끈끈하면서도 승화된 감각을 지니고 있다. 또한 결혼이라는 결속이 신성함을 주장하기 때문에 오늘날의 젊은이가 관심을 갖는 현실 감각과는 거리가 멀어 그들에게 아무런 영향도 미치지 못한다. 부모의 반대로 고통을 받는 로미오와 줄리엣이 요즈음 젊은이에게는 별 의미가 없고 오셀로와 그의 질투심도 마찬가지이며 정성스레 보호한 미란다의 순진함도 아무 의미가 없다. 한 신학도가 내게 말했듯이 성 아우구스티누스는 성에 골몰했던 사람이다. 그리고 성경은 아예 거론을 않기로 하자, 그 책이 안 된다(no)고 하는 것은 모두 된다(yes)로 변하고 있다. 오이디푸스, 즉 근친상간의 경우만을 유일하게 제외하고 다른 모든 것은 자취를 감추어 버렸고, 이와 함께 정숙(貞淑)도 자취를 감추었다.

예전엔 흔히 성적 관계라고 불렸던 누구에겐가 반하는 문제가 발생할 때 젊은이들은 그것이 인간의 성 본능에 대한 도덕적 모호함에 기인한다고까지 추정해 올라갈 수는 없다. 물론 과거에나 그런 잘못을 저질렀지 요즈음은 그런 우(愚)를 범하지 않는다.

분 리(分離)

외견상으로는 마치 문명이 한바퀴 빙 돌아 우리가 근대사상 창시자들이 가르친 자연 상태로 되돌아온 것처럼 보인다. 그러나 그것이 이제는 웅변으로서가 아니라 현실로서 존재한다. 자연 상태로의 귀속을 처음으로 가르쳤던 사람들은 그것을 하나의 가정으로 제안했다. 인간이 종교와 국가와 가족에 대해 실제로 가지고 있던 인습적 집착에서 해방된다면, 그들은 어떻게 살아갈 것이며, 어떻게 그런 집착을 자유롭게 재구축할 것인가? 그것은 하나의 실험으로, 인간으로 하여금 그들이 무엇을 진정으로 소중하게 여기며 그렇게 소중하게 여기는 것을 바탕으로 자신들의 충성을 어디에 바치는지 알아보려고 고안된 것이었다. 그러나 오늘의 젊은이는 조금 과장된 표현이긴 하지만 여하튼 어제까지만 해도 그를 제한했을 주어진 상황이나 불가피한 임무 없이 정말로 새로 시작한다. 국가가 그에게 요구하는 것은 별로 없으면서도 그를 위해 많은 것을 제공하고, 종교는 절대적으로 그의 자유 선택 사항이고 이성(異性) 관계도 완전히 자유로이 선택할 수 있는데, 바로 이 점이 참으로 새로운 면모다. 이제 그에게는 선택의 여지가 생겼으나 일시적 기분이나 따르지 더 이상 의무를 지우는 선택을 해야 할 동기를 찾을 수가 없다. 재구축은 불가능하다는 것이 입증되고 있다.

자연 상태는 결국 하나의 계약이 되어야만 하고 그 계약 위에 개인을 구성 요원으로 하나의 사회가 구성된다. 계약은 계약 당사자들 간에 공통된 이해 상관을 필요로 하고 있음은 물론이고 계약자들이 계약을 완수하도록 강요할 수 있는 권위 역시 필요하다. 전자가 없을 경우에는 관계가 성립될 수 없고, 후자가 빠질 경우에는 신의가 없이 망설임만 있게 된다. 오늘날의 우정과 사랑에 관련되는 자연 상태 속에서는 이 두 가지 모두 의심하고, 그 결과 소위 뿌리라고 불리는 사라진 공동 기반을 동경하게 되지만 그 기반을 되찾을 방법이 없으며, 교제를 자연도 관습도 보장해 주지 못하기 때문에 소심함과 자기 보호가 팽배되어 있다. 사랑과 우정에는 근거가 없다는 소속감을 못 느끼는 현재의 감정을 가장 잘 나타내주는 느낌이 널리 퍼지게 되자 사랑과 우정은 보다 애매모호하고 보다 개인적인 개념인 공약(commitment)으로 대치되었는데, 공약이란 공허한 선택으로 그 동기는 오로지 의지 또는 자아에만 있다. 사랑과 자연으로는 충분치 않기 때문에 젊은이들은 그들에게 인생의 의미를 구성하는 것으로 보이는 공약을 한다. 이것이 그들이 하는 이야기이지만 그들은 그 이야기가 실제로는 아무런 의미가 없고 공약은 공기보다 더 가벼운 것을 알기 때문에 시달림을 받는다.

자연권의 가르침과 자유와 평등의 발단에는 다스리는 사람과 다스림을 받는 사람 간의 관계에 정의와 효율을 가져오겠다는 정치적 원칙이 의도되었고, 관례적인 질서 속에서는 다스리는 사람과 다스림을 받는 사람의 관계가 힘, 재산, 전통, 나이, 출생 등 외양상의 권리로 이루어졌다. 군주와 백성, 주인과 노예, 상전과 종, 귀족과 평민, 부자와 빈자 등의 관계가 순전히 인위적으로 만들어진 관계라는 것이 밝혀졌고, 따라서 정치적 합법성의 유일한 근거가 되었던 거기에 관계되는 모든 당사자들의 찬동을 제외하고는 그것이 도덕적으로도 구속력이 없다는 게 밝혀졌다. 시민 사회는 인간의 공통인 인간성이라는 자연기초 위에 재구축되어야 했다. 그러면 시민 사회 내의 모든 관계 또는 연관 또한 각 개인의 자유로운 동의에 의존하게 되는 것처럼 보일 것이다. 그럼에도 불구하고 남녀 간의 관계와 부모와 자식 간의 관계가 다스리는 자와 다스림을 받는 자의 관계보다 자연적이고 인습적이라는 점에는 의심이나 논쟁의 여지가 없다. 특히 근대 타고난 권리의 가르침을 따르면, 더욱더 의심이나 논쟁의 여지가 거의 없다. 남녀 관계와 부모 자식 관계를 단순히 인간이 자유의사를 행한 결과로 생겨난 계약 관계라고 이해할 수는 없다. 만일 그렇게 이해한다면 그 관계는 특성을 잃고 해체되기 때문이다. 오히려 그 관계는 인간의 자유를 구속하는 것처럼 보이고, 정치 질서 속에서 두드러지는 동의에 의한 자유로운 조정과는 반대가 되는 현상처럼 보인다. 그러나 시민 사회에서 자연이 특정한 관계를 규정하기도 하고 안 하기도 한다고 주장하기는 어렵다. 남녀 관계 및 부모와 자식 간의 관계가 급진적인 변화를 한 것은 동의를 내세우는 새로운 정치가 승리를 거둔 데서 온 피할 수 없는 결과였다.

조금 과장해서 자연 상태를 최초로 가르친 사람들은 그들의 1차 관심사가 그 당시 정치 구조 속에서 나타나는 거짓된 목적론을 분석하여 밝히는 데 있었기 때문에 성(性)의 자연적 목적론에까지 신경 쓸 겨를이 없었다고 해두는 게 옳을 것이다. (내가 의미하는 목적론은 분명한 것, 일상적 관찰, 목적의식에 지나지 않는다. 이것들이 환상일 수도 있으나 일상적으로 인간의 생활을 이끌어 가는 것이 바로 이것들이고 번식 과정에서 우리가 목격하는 것이 바로 이런 것들이다.) 아래에서 보는 메네니어스(Menenius)의 얘기에서처럼 홉스(Hobbes)와 로크(Locke)는 부패하고 이기적인 정치 체제를 보호해 주는 통치자의 직권에 대한 신화를 파헤치기 위해 그들의 탁월한 재능을 총동원하였다.

신체의 모든 부분이 복부에 대해 반항을 한 적이 있었고, 따라서 복부를 비난하였다. 단지 심연처럼 신체의 한가운데 있으면서 하는 일 없이 한가로우면서도 여전히 음식을 먹고 싶어 하고 나머지 부분들과는 달리 노동 같은 것은 결코 같이 지려 하지 않습니다. 다른 기관들은 보고, 듣고, 궁리하고, 일러 주고, 걷고, 느끼고, 그리고 몸 전체의 공통된 욕구와 애정에 서로 참여하고 봉사합니다. 복부가 대답하였다…… 불만에 가득 찬 신체 부위와 복부가 받는 수익을 부러워하며 반동을 일으킨 부분들에게; 그래요, 우리의 평의회 의원들이 여러분 같지 않다고 해서 그들을 헐뜯는 것이 알맞다고 합시다…… '여러분이 먹고 살아가는 보편적인 음식을 내가 제일 먼저 받는 것도 사실이지요, 나와 한 몸인 친구들이여'라고 그는 말하였다; 그리고 내가 신체 전체의 저장소이고 일터이기 때문에 그것이 적당한 처사입니다. 그러나 여러분이 기억을 되살려 본다면, 여러분의 혈액이라는 강줄기를 따라 그것을, 심지어는 왕실과 같은 심장과 두뇌가 있는 곳으로 보내는 사람이 내가 아니요? 그리고 인간의 굴곡(crank) 같은 내장과 직능(office)을 통해 가장 강한 신경으로부터 작고 보잘것없는 모세 혈관에 이르기까지 모두가 그들이 살아갈 수 있는 자연적인 능력을 내게서 받아 가지 않소. 그리고……

……각자에게 내가 전달하는 것을 당장 볼 수는 없을지라도, 모두는 가공된 곡물을 나로부터 되받아 가지만 내게는 오로지 겨만이 남게 되는 결산서를 나는 작성할 수밖에 없어요……" 로마의 평의원이 바로 이 선량한 복부이고 여러분은 반동을 일으키는 신체 부위들과 같아요. 왜냐하면 그들의 지혜와 그들의 보살핌을 검토해 보고 일반 대중의 복지와 관계되는 일들을 제대로 간추려 보면, 여러분이 받고 있는 공공의 은혜는 결코 여러분 자신들로부터 나오는 것이 아니니 오로지 그들에게서 여러분에게로 돌아가거나 또는 그들로부터 나온다는 것을 여러분은 알게 될 터이기 때문이지요.

(셰익스피어, 《코리올레이너스 *Coriolanus*》1막 95 - 156절)

이와 같은 '신체 기관' 얘기 대신에 그들은 각 개인에게 각자의 최대 이익은 스스로의 판단에 맡기는 것이 온당하다는 것을 합리적으로 설명하여 주었고, 자신의 이익을 보호할 수 있는 지배자를 뽑을 수 있는 권리를 부여하였으며, 동시에 공동 이익이라는 깃발 아래 귀족들이 자신의 탐욕스러운 목표를 위해 평민을 이용하도록 허용하였던 습관화된 생각과 감정을 제거했다. 홉스와 로크는 이기심을 채우는 데 동등해질 수 있는 권리를 평민에게 부여했다. 지배하는 사람이 자연적으로 지배받은 사람의 이익만을 보살피는 것이 아닌 것과 마찬가지로 지배받는 사람이 자연적으로 지배하는 사람에게로 향하는 것은 아니다. 지배하는 사람과 지배받는 사람은 서로 별도인 각자의 이익을 보호하기 위하여 다 같이 하나의 계약을 다듬어 내야 한다. 그러나 그들은 결코 메네니어스의 신체 기관들처럼 높은 목표를 똑같이 공유하면서 일체가 될 수는 없다. 일체화된 정치는 없고 다만 자발적으로 모여든 개인들이 있을 뿐이다. 따라서 그 개인들이 흩어지고 싶으면 자신을 불구로 만들지 않고 자발적으로 흩어질 수도 있다.

 홉스와 로크는 비록 정치 질서가 개인들에 의해 성립된다 하더라도 정치의 하부 구조는 크게 영향을 받지 않고 그대로 있으리라는 것을 전제로 삼았다. 실제로 그들은 가족이 개인과 국가의 중간으로서 정부에 열정적으로 집착할 때 생겨나는 손실의 일부를 가족이 대신해 줄 것으로 믿고 있었다. 철저하게 개인적인 이기심을 중화시키는 데에는 아득하고 추상적인 국가에 대한 사랑보다는 좀더 직접적이고 확실한 재산, 아내, 자식에 대한 사랑이 더 효과적일 수 있다. 더 나아가 자기 가족의 안전에 대한 염려가 그들을 보호해 주는 국가에 충성을 바치게 되는 강력한 이유다. 국가는 가족이 모여 만들어진 공동체라는 등식이 최근까지만 해도 미국에서 널리 통용이 되었던 등식이다. 하지만 장기적으로 이 해결책이 살아남을 수 있을는지 극히 의문시되는데, 왜냐하면 여기에는 자연에 대해 두 개의 상반되는 견해가 존재하고 있기 때문이다. 그리고 정치 철학자들이 늘 가르쳤듯이, 정치 체제에서는 권위를 장악하고 있는 것이 결국은 각 부분에 지시하게 된다. 민약론의 견해로는 관계와 질서 서열에 자연이 하는 역할은 아무것도 없지만 그보다 오래된 견해, 즉 고대 정치철학의 견해에 따르면 자연이 모든 걸 규정한다. 남녀 간의 관계 및 부모 자식 간의 관계는 자연적인 충동에 의해 결정되는 것인가? 아니면 선택과 동의에 의해 생겨난 결과인가? 아리스토텔레스의 《정치학 *Politica*》에서는 정치의 하부 구조 및 정치 이전의 조직이라 할 수 있는 가족 관계가 정치적 규율을 필요로 하고 있음을 보여주고, 또 정치적 규율에 의해 그 관계가 완성된다는 것을 보여 주고 있는 반면에 자연 상태를 주장하는 가르침은 순전히 개인을 보호하기 위해 정치적 규율이 필요한 것으로 주장하고 개인들의 사회적 관계는 완전히 무시해 버린다. 우리가 정치적 역할을 맡은 배우를 상대하는 것인가, 아니면 본연의 남자와 여자를 상대하는 것인가? 전자의 경우에서는 사람들이 그 어떤 관계라도 원하기만 하면 자유로이 맺을 수 있고, 후자의 경우에서는 남자와 여자의 관계가 그 어떤 선택을 하기에 앞서 이미 존재하고 있는 틀에 크게 좌우된다.

여기에 이 문제를 분명히 해주는 정치 체제에 대한 세 가지 전형적인 영상이 있다. 그 첫 번째가 국가를 배에 비유하는 것으로, 바다에 영원히 떠 있게 되는 경우와 부두에 닿아 승객들이 제각기 자기 갈 길로 가는 경우는 서로 아주 다르다. 두 경우 중 어느 경우인가에 따라 그들이 상대방에 대해 생각하는 것과 배 위에서의 관계가 확 달라질 것이다. 전자의 경우가 고대 도시 국가에 해당되고 후자는 근대 국가에 해당된다. 나머지 두 영상은 짐승의 무리와 벌통 비유로서 둘은 서로 대립한다. 짐승 무리는 목동이 필요할 수도 있지만 각각의 동물은 스스로를 위해 풀을 뜯고 무리에서 쉽사리 벗어날 수도 있다. 그와는 대조적으로 벌통의 경우에는 일벌, 수벌, 여왕벌 등이 따로 있고, 이들 간에 노동도 분할되어 있으며 하나의 생산품을 위해 다 같이 노력하고, 벌통으로부터 벗어나는 것은 멸망을 의미한다. 근대는 짐승 무리와 같고 고대는 벌통과 같다. 물론 이 두 가지 영상 중 그 어느 것도 인간 사회를 정확하게 묘사하는 것은 아니다. 인간은 원자(atom)도 아니고 몸(조직)의 일부도 아니다. 그러나 이것이 그와 같은 영상이 있어야만 하는 이유인데, 왜냐하면 짐승에게는 이런 것이 토론 또는 숙고의 대상이 결코 될 수 없기 때문이다. 인간에게는 이중적인 면이 있다. 적어도 오디세우스(Odysseus) 시대 이래로 엄격한 조직을 가졌던 사회에서는 뛰쳐나가고 싶어하는 충동과 인간이 하나의 완성체라기보다는 전체 중 일부에 불과한 존재이기 때문에 자신의 발전이 저지당하고 있다는 느낌이 있었다. 그리고 가장 자유롭고 가장 독립적인 상황 속에서는 조건이 붙지 않는 소속(집착)을 인간은 동경한다. 자유와 소속 사이에서 오는 긴장, 이 두 가지를 융합시켜 보려는 불가능한 시도가 바로 인간에게 주어진 영원한 조건이다. 그러나 의무보다는 권리가 앞서는 근대 정치 체제에서는 단연코 자유가 사회나 가족보다 심지어는 자연보다 우위를 점하게 된다. 이러한 선택의 정신이 생의 모든 세부적인 사항에도 어쩔 수 없이 스며들게 마련이다. 인간의 이중성이 인간의 성적 열정과 거기에 수반되는 감정에서 잘 나타나고 있다. 성은 하나의 쾌락으로 취급될 수 있고, 그 쾌락으로부터 남자와 여자는 자신이 뜻하는 바를 창출해 낼 수 있으며, 따라서 거기에서 나오는 자극을 받아들일 수도 있고 거부할 수도 있다. 그 쾌락의 형태는 개인 취향의 문제며, 인생에서 그것이 갖는 비중은 각 개인에 의해 자유로이 결정될 문제다. 홉스와 로크 같은 사상가는 성 자체는 자연의 객관적인 요구와 자기 사랑, 또는 자기 보존의 피할 수 없는 임무가 성보다 우위임을 인정하여야만 한다고 여겼다. 아니며 생명의 법칙 전체를 성이 직접적으로 구성하게 되는데 자기 보존은 바로 이 생명의 법칙에 종속하고 그 법칙 가운데 가장 중요한 임무가 사랑, 결혼 및 유아를 양육하는 일이다. 그것이 두 가지가 다 될 수는 없다. 우리가 나아가고 있는 방향이 어떤 방향인지는 분명하다.

 이제 성은 인류가 전반적으로 자유롭게 선택할 수 있는 선택 사항으로서 우리가 시작부터 타인에게 책임을 느껴야 할 필요가 없게 되었다고 말하는 것이 전적으로 맞는 이야기는 아니다. 자연에 근거한 양성의 구분이 붕괴된 세상에서 여성도 남성처럼 선택을 손쉽게 할 수 있도록 되어 있지는 않다. 최초의 자연 상태에서나 또는 우리가 현재 처해 있는 자연 상태에서나 남자는 이성과 만난 다음 두 번 다시 생각해 볼 것 없이 돌아서서 가 버릴 수가 있다. 그러나 여자는 아이를 갖게 되는 수도 있고, 또 사실 아이를 갖고 싶어 할 수도 있으며, 요즈음에는 이러한 추세가 점점 더 분명해지고 있다. 성이라는 것이 남성에게는 어떠하든 상관이 없는 것이지만 여성에게 있어서는 그렇지 못하다. 여성적 상황이라고 불리는 것이 바로 이것일 것이다. 인간은 모두 평등한 취급을 받게 될 것이라고 근대정신이 약속했다. 여성은 그 약속을 진지하게 받아들였고, 따라서 구질서에 반발했다. 그러나 여성이 성공을 거두게 되자 남성도 또한 그들이 가졌던 옛 제약으로부터 벗어나게 되었다. 그리고 여성이 자유를 찾고 남성과 동등한 직업을 갖게 된 지금에 와서도 여전히 아이를 갖기 원한다는 사실을 발견하게 되었지만 지금에 와서 아이를 갖기 원하는 그들의 욕망을 남성도 함께해야 한다고 주장할 근거를 잃게 되었고, 또 아이를 함께 책임져야 한다고 주장할 근거도 잃게 되었다. 그리하여 자연이 여성의 짐을 보다 더 무거운 것으로 만들고 있다. 옛 질서에서는 그들이 남성에게 종속되었고 그들에게 의존하였다. 그러나 새로운 질서에서는 그들이 고립되어 있고, 남성을 필요로 하지만 믿을 수가 없으며, 따라서 개성을 자유롭게 발전시키는 데에도 장애를 받고 있다. 여성에게는 근대가 내건 약속이 이루어지지 않았다.

근대 초기의 사상가들은 자연을 바탕으로 삼는 가족관계가 무너지리라고는 예상하지 않았고, 따라서 거기에 대한 아무런 대비도 없었다. 그러나 가족 관계에 어느 정도의 개혁이 있을 것을 암시하였고, 가족 관계가 의무의 구속에서 서서히 벗어나 개인적 감정의 자유로운 표현에 의존하는 추세로 변해 간다는 것을 반영했다. 로크는 아버지의 권위를 양친의 권위로 바꾸고, 아버지는 다스릴 수 있는 신성한, 또는 자연적인 권리와 영원히 다스릴 권리를 부여받았다고 여겼던 종래의 생각을 거부하고, 대신에 자녀의 자유를 위해 자녀가 보살핌을 필요로 하는 동안 양친이 돌볼 권리가 있다고 하였는데, 아이는 그가 성년이 되면 그것이 자기를 위해 취해진 일이었다는 것을 즉각 인정할 것이다. 지상의 신성한 존재로서의 아버지 그리고 의문의 여지 없는 권위의 상징이던 아버지에 대한 경외감이 이젠 전혀 남아 있지 않다. 오히려 아들과 딸들은 부모들의 보살핌으로 덕을 보았다고 계산할 것이다. 그 보살핌이 그들이 지금 즐기는 자유를 가능하게 해주었다. 따라서, 비록 자신들에게는 상호의 의무가 없지만 그래도 후일 자신들의 자녀가 자기들을 대할 때 본보기가 될 수 있는 행동 양식을 남겨 주고 싶어 하는 소원을 제외하고 그들은 부모에게 감사히 여길 것이다. 아버지에게 재산이 있는 경우 그 재산은 아버지 뜻대로 처분할 수 있는 것이니까, 만일 그들이 아버지의 재산을 물려받고 싶으면 아버지에게 순종할 수도 있을 것이다. 자식의 시각으로 볼 때는 근대의 원칙을 바탕으로 가족이 그 유효성을 유지하는 것으로 보이며, 로크가 민주 가족의 출현을 위한 길을 닦은 셈이다. 토크빌은 《미국 민주주의 *Democracy in America*》라는 그의 저서에서 이를 감동적으로 묘사했다.

여기까지는 다 좋다. 자녀들은 가족과 화해한다. 그러나 내가 보기에 문제는 자녀를 돌보는 부모들의 동기에 있는 것 같다. 자식들이 부모에게 "부모님들은 강하시지만 우리는 약합니다. 그러니 부모님들의 힘을 사용하여 저희를 도와주세요"라고 말할 수는 있다. "부모님들은 부자이지만 우리는 가난합니다. 부모님들의 돈을 우리에게 사용하세요. 부모님들은 현명하시나 저희는 무지(無知)해요. 그러니 저희를 가르쳐 주세요"라고 말할 수도 있다. 그러나 아무런 보상 없이 치러야 하는 희생은 말할 수 없이 많은데 왜 어머니 아버지가 그렇게 많은 것을 해야만 하는 것일까? 글쎄, 부모가 자식을 돌보는 것이 의무라서, 아니면 가족생활에는 크나큰 즐거움이 따르니까. 그러나 권리와 개인의 자율이 압도적으로 중요할 때에는 이 두 가지 다 결정적인 이유가 되지는 않는다. 자식은 무조건 부모를 필요로 하고 실제로 부모로부터 은덕을 입고 있음에는 의심의 여지가 없지만, 부모도 그와 똑같은 혜택을 자식으로부터 받고 있다고 말할 수는 없다.

로크는 여성이 자신의 이익 또는 계산이라는 이유만으로는 도저히 설명할 수 없는 본능적인 애착을 자식에게 갖고 있다고 믿었고, 우리 시대의 제반 사건들이 그의 믿음이 옳았음을 확인해 주고 있는 것 같아 보인다. 사회적 유대로는 어머니와 자식 간의 애착만이 아마도 유일하게 자연 발생적인 유대일지 모른다. 그것이 늘 효과적인 것은 아니었고, 또 노력을 들이면 억제할 수도 있는 것이기는 하였지만, 그래도 그것은 언제나 존재하고 있는 힘이다. 그리고 오늘날 우리가 목격하고 있는 것이 바로 이것이다. 그러면 아버지는 어떠한가? 대를 잇는 후대가 그를 통해 생겨나니까 이는 곧 그가 영원불멸하는 것이라고 상상해 보고 기뻐할 수도 있다. 그러나 그것은 어디까지나 상상력의 활동에 불과한 것으로 다른 관심이나 계산이 서게 되면 약화될 수 있다. 또 민주주의의 변화하는 상황에서 이름을 계속 유지한다는 것이 대단한 게 아니라는 생각이 들게 되면 곧 약화될 수 있다. 그러므로 필요에 의해 여성이 남성의 관심을 환기시키고 붙들기 위해 매력과 계략을 동원하는 것이 여성의 임무로 여겨졌는데, 왜냐하면 천성적으로 그 밖의 다른 것은 아무것도 남성으로 하여금 그의 자유를 포기하고 가족이라는 무거운 짐을 지게 만들 수 있는 방법이 없었기 때문이다. 그러나 여성이 더 이상 그 일을 하려 들지 않고, 또 우리를 다스리는 원칙에 비추어 볼 때 그들은 그 일이 공정하지 못하다고 생각하는데, 이는 정당한 생각이다. 그리하여 지금껏 가족을 한데 묶어 주었던 끈이 끊어져 버렸다. 떨어져 나가는 게 자식이 아니고, 부모가 자식들을 저버린다. 불평등한 조건 속에서 여성은 끝까지 자신이 무조건 책임져야 하는 일을 행하려 하지 않는다. 따라서 그들이 원하는 게 무엇이든 대부분의 남성들로 하여금 자식의 출산 및 양육의 책임을 똑같이 지도록 만들 수 있는 유효 적절한 방법이 없다. 이혼율은 다만 이러한 붕괴의 가장 두드러지는 증후에 불과할 뿐이다.

이 모든 것이 60년대, 또는 남성의 허영심을 부추겼던 50년대의 광고가들에 의해, 아니면 그 밖의 여러 다른 피상적이고 대중문화가 주도한 사건들에서 비롯된 것이 아니다. 이미 2백 년보다 훨씬 오래전에 자유 사회에서 가정이 붕괴되어 가는 조짐이 나타나는 것을 본 루소는 경악하였고, 이러한 상황을 바로잡아 보려고 그의 많은 천재성을 바쳤다. 개인주의로 인해 남녀 간의 결정적인 연결이 이탈되어 가고 있음을 알아챈 그는 그의 이론 및 현실적인 노력을 총동원하여 정열적이고 낭만적인 사랑을 되심어 보려고 총력을 기울였다. 그는 이제는 그 효력을 상실한 종교 및 시민적 규율에 의해 이전에는 방해받던 그 연결을 욕망과 합의라는 근대판 기본 위에 새로이 구축하고 강화하기를 원했다. 그는 거듭 깎아내리는 근대의 비판으로 빛이 바랜 자연의 모습을 되짚어 조사하였고, 목적을 가지고 자연 질서가 이루어졌음을 남자나 여자나 경탄해야 한다고 일깨웠다. 특히 이성 간의 상호 보완성을 강조하였는데, 즉 육체의 깊은 곳으로부터 영혼의 높은 곳에 이르기까지 이성은 각기 서로 다르면서도 동시에 서로를 필요로 하고 두 성이 한데 어울렸을 때에 생명 기관이 작동함을 강조하였다. 그는 개인적 이해만을 따지는 계산은 버리고 이상화한 사랑에 모든 감정과 상상력을 철두철미 내맡겼다. 루소는 1세기 이상을 계속 열렬하게 지속하였던 소설 및 시문화 장르의 영감이 되었다. 그 장르는 정말 순수한 마음에서 두 성을 동질로 만들려고 열심이었던 벤담(Bentham, J.)과 밀(Mill, J. S.)의 저술과 공존하였다. 인간 공동체가 위기에 봉착하였기에 그의 작업은 막중한 의미를 지니는 것이었다. 근본적으로 그는 여성들에게 거리낌 없이 자유롭게 남성들과는 달라지도록 설득하였고, 그리고 부정적이고, 개별적이며, 자아 보호적인 국가와 계약을 맺을 것이 아니라 가족과 긍정적인 계약을 맺어 마음껏 책임을 져 보도록 설득하였다. 토크빌이 이 주제를 계승하여 미국의 가정에서는 남편과 아내의 역할과 생활 방식이 절대적으로 구분되어 있음을 묘사하였다. 그리고 미국의 민주주의가 성공을 거두게 된 것은 여성이 그들에게로 몫 지워진 직분을 자유의사로 선택한 때문이라고 그 공을 여성에게 돌렸다. 이것을 그는 유럽에서 보는 무질서 내지는 대혼란과 대조시켰고, 혼란이 야기된 것은 평등의 원리 - 즉, 자연의 명령에 의해 알게 된 것이 아니면 관념에 불과한 - 를 오해한 데서 또는 잘못 적용한 데서 생긴 것이라고 하였다.

　이러한 전체 노력이 실패하였고, 이제는 이러한 노력이 인간이라면 누구에게나 보장된 권리를 유독 여성들로부터 빼앗아가려는 시도라고 하여 여성들의 분노를 유발하거나, 아니면 여성도 남성과 조금도 다를 바 없이 똑같은 일을 하고 자신들의 자립을 확보하는 데 똑같은 어려움을 당면하고 있는 이 시대에 그런 노력은 아무런 의미가 없다고 냉담함을 보인다. 루소, 토크빌과 그 밖의 다른 사람들이 이제는 오로지 역사적인 의미가 있을 뿐이고, 기껏해야 우리가 처한 상황을 분석하는 데 참작이 될 수 있는 중요한 대안 시각을 제공하는 것이 고작이다. 낭만적인 사랑이 이제는 기사의 무술 수련만큼이나 우리에게 낯설고, 젊은 청년이 여성에게 구애하는 것은 그가 갑옷을 입는 것만큼이나 가망성이 없는 일인데 그 이유는 갑옷이 맞지 않기 때문에 그렇기도 하지만 그보다도 그것이 여성의 비위를 거스르기 때문이다. "제가 어떻게 하기를 기대하시는 건가요?" "여자의 집 창문 아래에서 기타라도 연주하란 말씀입니까"라는 말을 내게 던진 학생의 말 그대로이고, 그의 동료 학생들은 그의 이야기에 찬동을 표시했다. 그런 일을 한다는 것이 그에게는 금붕어를 삼키는 것만큼이나 어색하다.

　그러나 이 말을 한 젊은이의 부모가 이혼한 것이 밝혀졌다. 그는 앞뒤 두서가 없는 대로 강력하게 그의 비탄을 토로하였고, 뿌리에 대한 이제는 의식적인 주술을 읊었다. 여기에서 루소가 가장 도움이 되는데, 왜냐하면 그 주술의 중추를 열심히 파헤쳐 밝힌 사람이 바로 루소이기 때문이다. 반면에 뿌리에 대한 토론은 하나의 회피일 따름이다. 나는 학생들을 대할 때마다 루소의 교육적 소설인 《에밀》에 나오는 한 구절이 자꾸자꾸 마음속에 떠오른다. 그 구절은 제자의 교육 전반을 떠맡게 된 선생님이 그 제자의 부모와 협정하는 대목이고, 근대 이론 및 실천의 용매(溶媒)를 거친 후에 남편과 아내 및 부모와 자식 간의 유기적 관계가 결여되어 있는 상황에서 오가는 구절이다.

나는 심지어 제자와 아버지가 자기네들은 결코 분리될 수 없는 존재로서 각자의 운명까지도 늘 그들에게는 공동의 목표인 것으로 여겨 줄 것을 원합니다. 멀리서 자신들의 분리를 상상해 보는 순간, 서로가 서로에게 타인이 될 순간을 예견해 보는 찰나에 그들은 이미 서로 타인입니다. 각자는 따로따로 자신들의 소우주를 구축하게 되고, 양편이 모두 더 이상 함께 있지 않을 때를 골똘히 생각하면서 그저 마지못해 함께 지낼 따름입니다(《에밀》 p. 53. 블룸 편집, 기초 도서, 1979).

바로 이것이다. 모든 사람은 '자기 고유의 분리된 소우주를' 가지고 있다. 나는 학생들의 영혼 상태를 가장 적절하게 묘사해 주는 표현으로 분리의 심리라는 표현을 찾아낼 수 있었다.

오늘날 사람들이 전체가 되도록 계획해야 하고, 자급자족할 수 있도록 계획해야 하며, 서로에게 의지하는 위험을 자청할 수 없다고 느끼는 한 분리의 가능성이 이미 기정사실화 한다. 실제로 분리의 시기가 왔을 때 어떻게 해낼 것인가를 보기 위해 모든 사람이 상상 속에서 분리의 날을 기대해 본다. 사람들은 공동의 사업에 사용하여야 할 정력을 독립을 마련하는 데에 소모하고 만다. 융합의 경우, 구축의 재료가 될 돌이 이탈로 가는 길에서 발에 걸리는 방해물이다. 자연적으로, 그리고 필연적으로 같이 있는 사람들의 목표는 공동의 이익을 추구하는 것이고, 사람이 살자면 견뎌 내야 하는 것들을 용납할 수 있다. 그러나 갈라서게 될 사람에게는 공동의 이익이 없다. 선택이 존재한다는 것이 이미 관계의 특성을 변질시킨다. 그리고 분리가 많으면 많을수록 그만큼 앞으로는 더 많아진다는 것을 의미한다. 부모, 자식, 남편, 아내 또는 친구의 죽음은 늘 가능한 것이고, 때로는 사실로 나타나기도 하지만 분리는 사망과는 질적으로 다른 것이다. 왜냐하면 분리는 부모, 자식 등 이러한 관계에서 요구되는 핵심인 애착의 상호성을 의도적으로 거부하기 때문이다. 사랑하는 사람이 죽은 다음에도 사람은 죽을 때까지 그 사람과의 관계를 계속 유지할 수 있지만, 사랑하던 사람을 이제는 더 이상 사랑하지 않게 되었거나 더 이상 사랑받기를 원하지 않을 경우에는 사람이 그 사람과의 관계를 계속할 수가 없다.

이렇게 계속 바뀌는 우리의 사막 같은 세상에서 - 즉 연고지로부터, 사람들로부터, 믿음으로부터 계속 분리되는 세상에서 - 생겨나게 되는 주도적인 정신적 자연 상태는 망설임과 소심뿐이다. 우리는 사회 속에 고립되어 있다.

이혼

사람들 간의 분리가 증가되고 있음을 가장 잘 나타내주는 증거가 이혼이고, 이혼은 또한 사람들 간의 분리를 더욱 부채질하는 원인이 되기도 한다. 이혼한 가정 출신의 학생 숫자가 날로 증가하고 또 그 학생들에게 문제가 있음은 말할 것도 없다. 그들이 다른 학생 및 대학 전반 분위기에 영향을 끼치기 때문에 이혼이 대학에 주는 영향이 점점 더 막대해져 가고 있다. 사람은 함께 살도록 만들어진 존재가 아니라는 사실이 미국의 이혼에서 가장 뚜렷하게 나타나고 있다. 비록 그들이 각자 개인의 독특한 의지를 다듬어 보편의 의지를 얻어 내기를 원하고 또 그 필요를 느끼고 있음에도 불구하고 각자의 독특한 의지가 끊임없이 표면으로 부상하여 자기주장을 펴게 된다. 부서진 조각들을 되 붙일 수 있는 묘안과 방법을 강구하고 있지만 지금으로서는 전혀 희망이 없는 노릇으로 보인다. 그 일은 마치 동그라미를 사각형으로 만드는 것과 같은데, 왜냐하면 모든 사람이 자기 자신을 가장 사랑하면서도 상대방에게는 그 상대방이 자신을 사랑하는 것보다 나를 더 사랑해 주기를 원하기 때문이다. 특히 자식들의 요구가 바로 그런 것이고, 이제는 부모가 거기에 반발하고 나선다. 루소가 말한 대로 사회가 공동의 이익, 또는 공동의 목표를 잃게 되면 그 사회는 와해되어 분명한 개인의 의지만이 난무하게 되는 것은 너무도 당연한 일이다. 이런 경우에 이기주의는 도덕적 악, 또는 도덕적 죄가 아니라 자연적인 필요일 따름이다. '자기중심 세대(Me generation)'나 '나르시시즘(narcissism)' 같은 표현은 단지 현상을 묘사한 것에 불과하지 그 원인을 파헤친 것이 아니다. 자연 상태에 고립되어 있는 야만인이 자기 자신만을 우선 생각하는 것을 나무랄 수는 없는 일이다. 그리고 가장 기본적인 제도조차 개인의 이해 상관을 앞세우고 있음이 분명하고, 자연 상태의 원래 이기심이 그대로 잔존하며, 공동의 이익에 대한 관심이 위선에 불과하고 도덕은 철저하게 이기주의의 편에 서는 그러한 사회에서 사는 사람이 우선 자기 자신만을 생각한다고 나무랄 수는 없다. 그렇지 않고 이를 달리 표현해 보면 널리 성행하고 있는 자기 발전, 자아 표현, 자기 성장에 관한 관심은 그 관심과 사회 또는 공동체 사이에는 미리 정해진 조화가 있다고 낙관적으로 믿었기 때문에 생겨난 결과인데, 서서히 그러한 관심이 공동체에 유해하다는 것이 드러나게 되었다. 이혼한 부모에 대한 젊은이의 애정은 제한적이고 조건이 따르는데, 이는 자신에 대한 부모의 애정이 조건부라고 느끼는 데서 나온 당연한 결과로, 부모의 조건부 애정을 그저 고스란히 반복하는 것이다. 이런 조건부 애정은 가족 또는 그 밖의 다른 제도와의 관계에서 전형적인 문제였던 충성의 문제와는 본질적으로 다른 것으로, 예전의 가족이나 제도는 적어도 그 구성원에게 분명히 헌신적이었다. 과거에는 가족 또는 제도에 대한 충성에서 벗어나는 것이 때로는 필요하였지만 그래도 벗어난다는 것은 언제나 도덕적으로 문젯거리를 야기시켰다. 오늘날에는 이것이 정상이고 고전 문학작품이 수많은 우리의 젊은이에게 생소하게 느껴지는 또 하나의 이유인데, 왜냐하면 고전작품은 주로 - 가족, 신앙, 또는 조국과 같이 - 실제로 우리에게 권리를 행사할 수 있는 실체로부터의 해방을 다루고 있는 반면에 요즈음의 움직임은 그 반대로 자신에게 유효 적절한 권리를 탐구한다. 조건부 대인 관계를 거친 아이들은 자연 거기에서 그들이 배운 것에 비추어 세상을 보게 되리라고 예측해야 한다.

  자식들은 부모도 자신들의 생활을 영위할 권리를 갖고 있고, 양만을 채우기 위한 시간이 아니라 질적으로 알찬 시간을 갖는 것이 더 중요하며, 부모들이 이혼한 후에도 자식에 대한 사랑에는 변함이 없다는 등의 이야기를 거듭거듭 들었을 테지만 아이들은 그 말을 한마디로 믿지 않는다. 그들은 부모로부터 완전한 보살핌을 받을 권리가 있다고 생각하며 그들의 부모는 그들을 위해 존재하는 것으로 믿고 있다. 그들에게 이것을 달리 설명할 방도가 없고 그들의 기대에 약간만 처져도 불가피하게 이는 그들의 분개심을 유발시키고 도저히 근절시킬 수 없는 불의감도 유발시키게 된다. 아이들은 부모의 자의에 의한 갈라섬이 바로 자의라는 이유 때문에 사별보다 더 고약한 것으로 생각한다. 변덕스러운 의지, 그들을 공동의 이익으로 선도해 가는 사람이 없다는 것, 그들이 지금과 다를 수도 있었는데 그렇지 않다는 사실 등 - 이 모든 것이 서로서로 투쟁하게 되는 실질적 근원이다. 나 아닌 다른 사람의 의지에 속박되는 노예화를 두려워하는 것과 다른 사람의 의지를 지배해야 하는 필요성을 아이들은 바로 가정에서 배우는데, 사실 가정은 그와는 정반대의 것을 배우는 유일한 곳으로 여겨지는 곳이다. 물론 많은 가정이 불행하다. 그러나 그것은 문제가 아니다. 싫으나 좋으나 사람에게는 단 하나 결코 깨뜨릴 수 없는 유대가 존재함을 가르쳐 주었던 것이 가정의 중요한 교훈이었다.

확실히 미국 사회의 가장 절박한 사회 문제는 이 유대가 와해되는 것이다. 그러나 이 문제를 그 누구도 고쳐 보려고조차 하지 않는다. 이러한 조류는 도저히 막을 수 없는 것처럼 보인다. 미국의 도덕적 쇄신을 꾀하기 위한 의사 일정의 그 수많은 항목 가운데 결혼과 이혼에 대한 조항을 나는 결코 본 적이 없다. 공직에 있는 사람으로서 그래도 비교적 이 문제와 유사한 문제에 일격을 가한 사람으로는 지미 카터(Jimmy Carter) 대통령이 마지막이다. 그는 연방 정부에 근무하는 공직자 중 결혼을 안 한 채 함께 사는 사람은 결혼을 하도록 촉구하였다. 한편, 반세기 만에 처음으로 당선된 보수주의 대통령은 그 자신이 이혼을 한 사람이고, 그의 내각 각료 중 가정 문제를 가장 가까이서 다루는 공직자인 보건 사회봉사부 장관은 재직시 자신의 이혼 소송으로 세상이 떠들썩하자 대통령의 본보기를 보고 마음을 다져 먹게 되었노라고 말했다.

부모가 이혼한 학생의 정신은 약간 일그러진 면이 있어 교양과목 대학교수는 특수한 어려움에 직면할 수밖에 없고, 그러한 학생의 숫자는 날로 증가하고 있다. 나는 전문화된 과목에서는 그들이 여느 학생과 조금도 다를 바 없이 아주 잘 할 것이라는 데에 의심의 여지가 없으나 철학이나 문학같이 진지한 연구 과목에서는 그들이 다른 학생들처럼 개방되어 있지 못하다는 것을 발견하게 된다. 그 이유로는 그들이 자기 인생의 의미를 검토해 보려는 열의가 비교적 부족하거나 아니면 세상에서 표준이 되고 있는 의견이 흔들리는 위험을 감수하려는 열의가 부족하기 때문이 아닐까 짐작해 본다. 체험의 대혼란을 안은 채 살기 위하여, 그들은 옳고 그른 것과 어떻게 살아가야 하는가에 대해 고정된 사고의 틀을 지니는 경향이 있다. 자결(自

決), 타인의 권리와 결정을 존중할 것, 가치관과 공약 등등은 각자 스스로가 찾아야만 하는 것이라는 등, 그들은 초조하고 진부하다. 그러나 이 모든 것은 끝없는 분노와 의심과 두려움의 위장일 따름이다.

 습성상 젊은 사람은 흥미진진한 생각(개념)이 나타나면 이를 위해 습관화된 믿음도 쉽게 벗어던질 수 있는 시기에 있는 사람들이다. 그들에게는 잃을 게 별로 없다. 비록 이것이 진짜 철학이라고는 할 수 없을지라도, 인생의 젊은 시기에는 위험의 크기를 전혀 인식하지 못하기 때문에 그들은 관습에서 벗어나는 실험을 시도해 볼 수 있다. 따라서 보다 더 깊어진 믿음(신념)을 습관화시킬 수 있으며, 거기에 따르는 학문을 어느 정도 습득할 수도 있다. 그러나 이혼한 부모의 자녀들은 미래에 대한 젊은이 본연의 확신이 부족하기 때문에 그들에게는 종종 이와 같은 지적 대담성이 부족하다. 고립과 집착 둘 다에 대한 두려움으로 그들의 장래가 흐려진다. 그들의 열의가 대부분 소멸되어 버렸고 열의가 자기 보호로 대치되었다. 마찬가지로 행복을 추구하면서 새롭게 발견한 것이 우정인데, 그 우정에 대해서도 탁 트인 확신이 모자란다. 그들이 그 무엇보다도 가장 큰 피해를 입고 있는 부분이 자연을 발견하는 데에 필요한 글라우콘(Glaucon)식의 에로스다. 그와 같은 학생들은 우주 속 자신의 혼란을 명상과 연구의 주제로 삼을 수 있다. 그러나 이 일은 냉혹하고도 위험한 일이며, 내가 아는 모든 학생들 중에서 이러한 학생들이 가장 측은하게 느껴진다. 실로 그들은 희생자다.

 이들 학생들의 영혼 상태를 나타내 주는 또 하나의 부수 요소는 그들이 정신과 치료를 거쳤다는 점이다. 자신들의 이혼을 가능한 한 고통 없이 잘 풀어 보려는 부모들이 그 일책으로 고용한 심리학자들은 자식들에게 자신에 대해 어떻게 생각하고 어떻게 느껴야 하는지를 말해 주는데 이는 또 자신들의 이혼에는 잘못이 없는 것을 보여 주기 위한 방편이기도 하다. 이해 상관의 상충이라는 것이 정말로 있는 것이라면 이것이 바로 그 경우다. 이혼에 관여하는 정신 치료자들은 많은 돈을 벌 수 있는데, 왜냐하면 이혼한 사람들은 담배 피우는 고약한 사람을 공격하는 일, 무력 경쟁을 종식시키는 일, '우리가 알고 있는 문명'을 구제하는 일 등과 같은 일로 하루바삐 되돌아가려 하기 때문이다. 한편 이혼을 정당화하는 대부분의 이론적 배경은 심리학자들에 의해 제공되는데 - 예를 들어 불안으로 가득한 가정은 아이들에게 오히려 더 나쁘다는 식으로(그리하여 잠재적 회피주의자 - 즉 부모 - 로 하여금 가정을 가능한 한 불쾌한 곳으로 만들게 하는 동기를 마련해 준다.) 심리학자들은 죄책감 퇴치를 맹세한 사람들이다. 그리고 그들이 아이들을 무장시키는 감정은 인위적인 것이고 거기에 적용되는 언어 또한 자연히 인위적이다. 그러나 불행하게도 그와 같은 아이들에게 그것은 세상 물정을 파악할 수 있는 확고한 이해력을 허락하지도 않는다. 물론 이런 문제를 다루는 심리학자들이라고 모두가 다 지불하는 사람이 요구하는 대로 휩쓸려 가는 것만은 아니지만 그래도 현재 주어진 시장의 여건과 창조성이라는 이름으로 이루어지는 자기 기만이 그와 같은 치료에 영향을 끼치게 되는 것은 확실하다. 결국 부모는 한때 천주교 신도가 고해 신부를 찾을 때 그랬듯이 시장을 다 뒤져 맘에 드는 심리학자를 고를 수 있다. 이러한 학생이 대학에 올 때는 이미 이혼에서 초래된 신념의 번복과 이랬다저랬다 하는 충정의 파괴적인 영향 때문에 휘청거리고 있음은 물론, 사이비 과학 용어로 가득 찬 자기 기만적 거짓말과 위선으로 아예 감각을 잃은 상태에 있다. 근대 심리학이 아무리 탁월하다고 하더라도 영혼에 대한 심리학의 이해는 극히 의문시된다. 철학적 생활이 본질적으로 탁월하다는 것을 그들은 전혀 고려하지 않고 교육에 대한 이해도 전혀 없다. 그래서 그러한 심리학으로 주입된 아이들은 지하실 중에서도 가장 밑 지하실에서 살고 있는 셈이고 그들이 동굴까지 즉 지혜를 향해 나아가는 적정 시발점인 상식의 세계까지 올라오는 것도 무척 긴 등반이다. 그들에게는 자신이 느끼고 보는 것에 대한 확신이 없고, 그들이 가진 이념은 그들에게 이성을 제공해 주는 게 아니라 그들의 소심을 합리화해 준다.

우리 시대가 안고 있는 지적 정치적 문제점이 이 학생들을 통해 상징적으로 나타나고 있다. 사람과 사람 간의 접촉과 자연 질서에 대한 접촉이 단절되면 정신적 소용돌이에 휘말리게 된다는 것을 이 학생들은 극단적인 형태로 보여주고 있다. 그러나 자신들의 상황이 특이하다는 것을 전혀 모르는 채 가장 실제적이고 일상적인 일에서 모든 학생들이 영향을 받고 있다. 왜냐하면 그들의 교육이 그들에게 그것을 식별할 수 있는 통찰력을 갖추어 주지 못하기 때문이다.

사 랑

예전에는 사랑하는 사이라고 불렸던 관계에서 요즈음 학생들은 "당신을 사랑해요"라는 말을 하는 법이 거의 없고 "언제나 당신을 사랑할 겁니다"라는 말을 하는 법은 아예 없다는 놀라운 사실에서 우리는 그들이 얼마나 유별난 세상에서 살고 있는가 하는 것을 가장 단적으로 읽을 수 있다. 물론 갈라설 때는 여자친구에게 "너를 사랑해"라는 말을 한다고 한 학생이 내게 말해 주었다. 그렇게 함으로써 깔끔하고 쉽게 헤어지게 되고 - 피해도 누구의 잘잘못도 없으며 - 그들은 거기에 숙달되어 있다. 그들은 이것이 도덕인 것으로 이해하고 다른 사람의 자유를 존중하는 것이라고 생각한다.

어쩌면 젊은 사람은 정직하기 때문에 "당신을 사랑해요"하는 말을 하지 않는 것인지도 모른다. 그들은 사랑을 체험하지 못한다 - 즉 성(性)에 너무 익숙해져서 그것을 사랑과 혼동하고, 자기 자신의 운명에 너무 몰두하고 있기 때문에 순수한 광신의 마지막이라 할 수 있는 사랑의 미친 듯한 자기 망각으로 희생물이 되지는 않는다. 그런가 하면 역사적으로 사랑에는 치명적인 짐이 - 즉 여성의 자기 결정은 전혀 존중하지 않고 여성을 소유물 및 목적물로 만들었던 성 역할이라는 짐이 - 따르기 때문에 사랑에 대해 혐오를 갖는다. 요즈음 젊은이들은 확고하게 서약하는 것을 두려워하는데 사랑은 확고한 서약 및 그 이상이라는 데에 문제가 있다. 서약이라는 말은 영혼 내에 도덕적 헌신을 위한 참된 동기가 결여되어 있음을 상징하기 위해 관념적인 근대사회가 지어낸 용어다. 열정다운 열정은 모두 다 이기적이고 상스럽기 때문에 서약은 불필요하고 또 동기도 없다. 우리가 이성으로 다른 사람에게 끌릴 수는 있지만 그것으로 다른 사람에게 참되고 영원한 관심을 기울이기에 충분한 동기가 마련되는 것은 아니라고 사람들이 생각한다. 젊은 사람은 물론 사람들이 불구가 되어 더 이상 날개를 펼 수 없는 에로스를 연구하고 실천에 옮겨 보았지만 거기에는 영원에 대한 동경과 우리의 존재와의 관계를 알아내겠다는 간절한 마음이 들어 있지 않다. 그들은 칸트주의를 실천하는 사람들이다. 즉 관능적 욕구나 쾌락에 물든 것은 도덕적일 수 없다. 하지만 그들은 순수 도덕을 찾아내지 못했다. 그것은 한때 도덕에 비추어 판단하던 모든 실질적 성향을 무력하게 만들기 위해 사용된 하나의 공허한 범주에 불과할 뿐이다. 확실성을 너무 강조한 나머지 우리가 우리의 본능을 믿는다는 것이 불가능해졌고, 성의 심각성을 너무 강조한 나머지 성을 진지하게 받아들이는 것이 불가능해졌다. 젊은 남녀는 에로티시즘을 너무 불신하기 때문에 그것이 인생을 사는 방법의 지표가 되기에 충분하다고 생각하지 않는다. 에로스에 내포되어 있고 에로스의 축복을 받았던 짐이 이제 에로스는 빠져버리고 정말로 오로지 짐일 따름이다. 기대하는 가운데서도 매력을 찾을 수 없는 책임을 회피하려고 하는 것이 비겁하다고 할 수는 없다.

결혼이 성사될 때에도 그 결혼이 결혼에 따르는 책임을 지겠다는 의식적인 의도나 결정에서 생겨난 결과처럼 보이지 않는다. 한 쌍이 오랫동안 함께 살았고, 따라서 거의 느끼지도 못하는 사이에 열정은 물론 편리에 의해, 긍정적인 의미는 물론 부정적인 의미에서 자신들이 결혼한 것과 마찬가지의 상태에 있다는 것을 발견하게 된다(실제로 주위를 둘러보았을 때 모든 맺어진 쌍들이 불완전한 것을 목격하게 되기 때문에 결혼에 대해 별 기대도 하지 않는다). 매콜리(Macaulay)가 영국 제국에 대해 말했듯이 요즈음 교육을 받은 사람의 결혼은 건강 상태에서 이루어지는 것 같아 보인다.

이성에 대한 서약을 할 수 없는 불능은 일부 감정에 관한 이념에 기인한다. 젊은이는 항상 내게 질투 및 소유욕과 심지어는 미래의 꿈에 대해서조차 조리 있게 따져가며 이야기해 준다. 그러나 동반자와 함께 하는 미래에 대한 꿈이 그들에게는 없다. 그것은 융통성 없고 권위주의적인 양식을 미래에 강요하는 것인데, 미래는 자연발생적으로 나타나야 하는 것이다. 이것은 결국 그들이 미래를 예견할 수 없다는 것을 의미하거나 아니면 그들이 자연스럽게 예견하는 미래는 현재의 신앙이 금지로 여기는 성차별적인 미래임을 의미한다. 마찬가지 의미에서 나의 반려자가 다른 사람과 정사를 갖는다고 해서 내가 질투를 느낄 이유가 어디 있겠는가? 오늘날 진지한 사람은 다른 사람의 감정을 강요하지 않는다. 소유욕에 대해서도 마찬가지다. 내가 그런 얘기, 즉 자유 사회와 완전히 조화를 이루고 사리에 꼭 맞는 얘기를 들으면 나는 내가 로봇과 함께 있는 것같이 느껴진다. 격돌하는 감정을 경험해 보지 않고, 사랑을 해본 적이 없으며, 생의 직접적인 감촉과는 동떨어져 관념화되어 있는 사람에게나 이 이념이 통한다. 합리의 이 천재 아들은 오셀로와 같은 운명을 두려워할 필요가 없다. 사랑 때문에 죽이는 일을 하다니! 그것이 무엇을 의미할 수 있을까? 그들의 무감각 증세(apatheia)는 결국 감정을 억제하는 데서 상처받을까 봐 두려워하는 마음에서 생겨난 것일는지도 모른다. 그러나 그것이 그들의 진짜 감정일 수도 있다. 공존할 수 없는 여러 목표를 삭히다 보니 사람들이 새로운 유형의 영혼을 개발하게 되었는지도 모른다. 학생들이 구현한 성과 관계되는 가능성 중에서 내가 몰랐던 것은 하나도 없다. 그러나 내가 불가사의하게 느끼는 것은 그들에게는 열정도 희망도 절망도 없고, 사랑과 죽음은 불가분의 관계라는 인식도 갖지 않았다는 점이다. 대학에 다니는 동안 내내 함께 살던 젊은 남녀가 악수로 헤어져 각기 제 인생을 좇아 떠나는 것을 볼 때 나는 그저 멍하니 한 대 얻어맞은 기분이 든다.

 학생들은 이제 더 이상 연애 과정을 거치지 않는다. 연애는 화석화된 구애의 잔해이다. 발정이 날 때를 제외하고는 양성 간의 구분이 전혀 없이 살아가는 짐승의 무리와 별 차이 없이 그들도 아무 구분 없이 무리 속에 또는 떼를 지어 살고 있다. 물론 인간은 언제든지 성교를 할 수 있다. 그러나 발정의 역할을 대신하고 짝짓기를 유도하며, 더 나아가 그것이 연결되도록 하기 위해 문명이 고안해 낸 인습이 오늘날에는 하나도 남아 있지 않다. 누가 먼저 구애를 해야 하는 것인지, 쫓고 쫓기는 사람은 있는 것인지, 상황 전개가 의미하는 것은 무엇인지, 확신을 가진 사람이 아무도 없다. 분담된 역할이라는 것이 금지되어 있기 때문에 그들은 즉흥적인 대처를 해야 하고 한 남자가 상대방의 태도를 그릇 판단하였을 때에는 그 대가를 톡톡히 치르게 된다. 행위가 일어나기는 하지만 그것으로 쌍이 무리에서 완전히 탈피하지는 않고 이전처럼 양성을 따로 구분하지 않은 채 무리 속으로 재빨리 되돌아간다.

 남성이 욕구를 채우는 일이 전보다 수월해졌고, 많은 남성이 추적을 받는 이점(利點)을 갖게 되었다. 분명히 남성은 예전처럼 별별 노력을 다 기울이고 모든 정성을 다 쏟을 필요가 없게 되었다. 친숙해지는 것은 수월한 일이다. 그러나 남성들의 이러한 이득의 일부는 성행위를 잘 연출해 내야 한다는 초조감 때문에 상쇄된다. 남성이 과거에는 여성을 위해 그가 훌륭한 일을 한다고 생각할 수도 있었고, 그의 훌륭한 일을 여성이 경탄해 주리라고 기대할 수도 있었다. 그러나 그것은 확실히 그가 비교 평가되고 있다는 것을 확신하기 이전의 일이고, 비교 평가되는 것이 사람의 기세를 꺾는다. 누구도 부정할 수 없는 남성 특유의 생체적 특징 때문에 성행위를 수행하는 것이 때로는 어렵고, 따라서 그로 하여금 욕망을 표현하는 쪽을 택하도록 만든다.

여성은 그들의 자유를 여전히 즐거워하고 독자적인 삶을 스스로 개척해 나갈 수 있는 능력에 즐거워하고 있다. 그러나 그들에게는 종종 자신들이 이용당하는 것은 아닌지, 장기적인 안목에서 볼 때 남성이 여성을 필요로 하기보다는 여성이 남성을 더 필요로하는 것은 아닌지, 무책임한 현대 남성이 별로 기대할 만한 존재는 못 되는 게 아닌지 하는 등의 의심이 들 때가 있다. 여성이 먼저 제공해야 한다고 생각하던 남성들의 사고를 그들은 경멸하지만(이제는 거리낌 없이 자유로이 제공하는 이유의 일부이기도 하지만), 반면에 그들이 지금 남성들에게 제공하고 있는 것을 남성이 제대로 감격하고 있는지 자세하지가 않아 괴로워하고 있다. 양성 간의 거래가 분명히 손쉬운 만큼 불신으로 가득 차 있는 것도 사실이다. 그 일로 땅이 꺼지는 것은 아니지만 헤어지는 사이가 너무 많고 분명히 불유쾌하다. 학생들 간에 헤어지기 제일 좋은 시기가 시험 때다. 그들이 그때는 너무 바쁘고 너무 압박감에 짓눌리기 때문에 남녀 관계로 생긴 말썽까지 신경 쓸 겨를이 없다.

사랑하는 사이가 아니라 '남녀 관계'가 그들이 가지고 있는 관계다. 사랑은 멋진 것이고 흥을 돋우는 것이며 긍정적이고 열정 깊숙한 곳에 확고하게 자리 잡고 있는 것이다. 관계는 회색과 같은 것이고 형태가 없으며, 알맹이도 없고 시험 삼아 해보는 사업 같은 기분이 든다. 관계에서는 어려움을 제일 먼저 생각하게 되고 공동의 배경을 찾으려는 노력이 있다. 사랑은 우리가 완벽한 것으로 착각하게 만들고 인간과 인간이 연결될 때에 자연히 생기게 되는 이음새를 전부 잊어버리게 만든다. 학생들이 주로 모이는 곳 또는 '관계를 맺고 있는' 남녀가 자주 가는 음식점

같은 곳에서 그들이 하는 이야기를 안 들으려야 안 들을 수 없어 듣게 되면, 관계에 대한 이야기가 끊임없이 무성하고 초조하다는 것을 알 수 있고, 니콜스와 메이 (Nichols and May)의 재담이나 우디 앨런(Woody Allen)의 영화에서 혀 짧은 아이들의 피해망상적인 지껄임을 통해서도 아주 적절하게 표현되고 있다. 니콜스와 메이의 재담 한토막에 처음으로 하룻밤을 같이 지내는 한쌍이 "이제부터 우리는 관계(relationship)를 가지려 하고 있어요"라고 의심에 가득 차 공허하게 단언하는 것을 묘사하는 장면이 있다. 예리하게 꼬집은 이 장면은 《고독한 군중 *The Lonely Crowd*》의 시대였던 50년대 시카고 대학에서 얼마든지 볼 수 있던 전형적인 광경이었다. 보다 더 '내면을 추구' 하게 되고 고립된 자아의 길을 좀더 따라 나가면 사람들이 덜 외로워질 것이라는 믿음을 조장하였던 것이 유일한 실책이었다. 하지만 문제는 사람들이 충분히 믿을만하지 못해서가 아니라 그들에게 공통된 목표가 없고, 공통된 이해가 없으며, 자연스레 보충하는 것이 없다는 점이다. 자아 이외에 어느 누구하고도 관계를 맺을 수 없고 바로 이 점 때문에 그들에게 '의사소통'이 문제가 된다. 무리 짓는 짐승들의 군생(群生)처럼 군거(群居)에 대해서는 모두 인정한다. 곁에서 나란히 풀을 뜯는 것과 서로서로 몸을 비비는 것 등은 정해진 상황이지만 그것보다 더 갖고 싶은 욕망과 요구가 있고, 군집 생활에서 진정한 연계가 존재하는 벌통 같은 생활로 전환하고 싶은 욕망과 필요를 느끼고 있다. 그러기 때문에 - 공동체, 뿌리, 대가족 등 - 벌통 같은 생활을 더 높이 사지만 아무도 막연한 자아를 변형시켜 그 역할 분담이 너무도 뚜렷한 일벌, 수벌, 여왕벌이 되어 서열과 분업을 기꺼이 받아들이려는 사람은 없다. 각기 따로 분리된 부분들을 그저 쌓아 올린 더미가 아니라 총체가 되려면 필요한 것이 서열과 분업이다. 자아는 전체가 되기를 원하지만 최근에 이르러서는 부분도 되어 보고 싶은 동경에도 또한 빠지게 되었다. 이것이 바로 남녀 관계에 대한 대화가 실제 내용은 '서약'이라는 상표가 붙은 병 속에 저장한 채 공허하고 관념적이고 무계획한 이유다. 이것이 또한 '유대를 맺는다'라는 현상에 대해 떠들썩한 이유이기도 하다. 영혼간에 서로 연결됨이 없기 때문에 인간들은 짐승들 사이에서 찾아볼 수 있는 구조와 인간을 비교하는 쓸데없는 비유로 자신을 재확인해 보려고 한다. 그러나 인간의 애착에는 언제나 그와 같은 유추에서는 도저히 찾을 수 없는 의식적인 선택이라는 요소가 따르기 때문에 그런 비유는 아무런 소용이 없다. 남성의 유대 관계를 알아보려면 그것을 다루고 있는 셀 수도 없이 많은 소설과 영화를 아리스토텔레스가 《윤리학 Ethica》에서 논하고 있는 우정과 비교해보면 된다. 사랑과 관련된 현상인 우정도 이젠 더 이상 우리의 지식 범위내에 존재하지 않는데, 왜냐하면 두 가지가 모두 이론 및 정치적인 이유로 해서 우리가 결코 염두에 두어서는 안 되는 영혼과 자연의 개념을 필수로 하기 때문이다.

내적 모순을 기본으로 구축된 것이 관계이기 때문에 관계에 의존하는 것은 자기기만이다. 양성 사이의 관계는 언제나 어려운 것이었고, 우리의 그 많은 문학 작품들이 다루고 있는 것이 언쟁하는 남녀인 이유도 바로 여기 - 후궁으로부터 플라톤의 《국가론》에 이르기까지 - 에 있다. 상상해 볼 수 있는 모든 남녀 관계 및 실제로 존재하는 남녀 관계를 볼 때 남녀가 정말로 서로에게 어울리는 건지, 자연이 계모 역할을 한 건지, 아니면 일부 낭만주의자들이 믿었던 것처럼 정말로 신이 뒤늦게 생각이 나서 자신의 창조를 망친 것은 아닌지 의심하는 것이 얼마든지 수긍이 간다. 혼자 있으라고 사람이 창조된 것은 아니다라는 이야기도 다 좋다. 그러나 그와 함께 살도록 되어 있는 사람은 누굴까? 이것이 남녀가 결혼 바로 직전에 망설이던 이유이고, 또 한 쌍이 실제로 서로 조화를 이룰 수 있을지 알아보고 서로 적응하는 훈련을 갖기 위해 사귀는 시간이 필요하다고 느꼈던 이유다. 그 누구도 끝내 견디기 힘든 상대와 영원히 맺어지고 마는 것을 원하지는 않는다. 그러나 이 모든 것에도 불구하고 자신이 상대방으로부터 원하는 것이 무엇인지 그들은 잘 알고 있었다. 문제는 그 원하는 것을 얻을 수 있느냐 하는 것이었는데(오늘날 우리의 의문점은 반면에 원하는 것에 더욱더 치중하고 있다), 남자라면 생계를 마련하고 아내와 자식을 보호하는 것이 그 임무였다. 여자는 가정 경제, 특히 남편과 자식을 돌보는 일을 챙기도록 되어 있었다. 흔히 동반자가 각자 자신들의 역할을 잘 해내지 못했기 때문에, 또는 맡은 소임을 제대로 하려는 열의가 없었기 때문에 이러한 분담이 동반자 중 한 사람 또는 두 사람 모두에게 제대로 이루어지지 못했다. 일의 질서 체계를 확고하게 바로 잡기 위해 포셔(Portia)와 로절린드(Rosalind) 같은 셰익스피어의 남장 여주인공들은 남자로 가장하지 않을 수가 없었는데 이는 진짜 남자들이 충실치가 못해서 바로 잡아야 할 필요가 있었기 때문이다. 이런 일은 오로지 희극에서나 일어나고, 그와 같은 용맹스러운 여성이 없다면 상황은 비극이 되고 만다. 그러나 남장으로 위장하되 예의범절이나 관습을 지켰다. 가장한 여성은 남성이 해야만 하는 일을 했고, 일이 제대로 바로 잡힌 다음에는 비록 그들이 생존할 수 있는 질서를 보존하기 위하여 적어도 부문적으로는 속임수를 썼다는 데 대한 교묘하고 재치 있는 의식을 완전히 떨쳐버릴 수는 없지만 그래도 그들은 여성 본연의 모습으로 돌아가서 남성에게 복종한다. 혼인 협정이 단지 관습적인 것이라 하더라도 그 협정을 맺는 사람들에게 거기에서 서로가 기대할 수 있는 것은 무엇이며, 그 협정에서 만족이란 어떤 것인가 하는 것을 은연중 말해 준다. 아주 간단히 말해 가족은 국가(정치적 통일체)의 축소판으로서 남편의 의지가 곧 가족 전체의 의지를 대표한다. 여성은 남편의 의지에 영향을 끼칠 수 있고, 그것은 아내와 자식에 대한 사랑 때문에 그에게 전달되어진다.

 요즈음에 이르러 이 모든 것이 간단하게 와해되었다. 그것이 이제는 존속하지 않고, 혹시 존속한다 해도 그것을 선으로 여기지는 않는다. 그러나 그것을 명백하게 대신할 수 있는 것이 생겨난 것도 아니다. 남자나 여자나 어떤 일로 자신들이 들어서고 있는지 전혀 알지 못하고, 따라서 그들이 최악의 경우를 우려하는 데에는 충분한 이유가 있다고 볼 수 있다. 두 개의 의지가 동등하게 공존하고 있고, 이 두 의지를 연결 조정시켜 줄 수 있는 원칙은 물론 최후의 수단으로 의지할 수 있는 심판소도 없다. 더 고약한 사실은 두 의지 모두 자신들의 의지에 대한 확고함이 없다는 점이다. 여기에서 '일의 우선순위를 정하는 문제'가 생겨나게 되고, 특히 직업이 우선이냐 자식이 우선이냐를 미처 결론짓지 못한 여성들의 경우는 더욱더 그러하다. 사람들이 이제는 더 이상 결혼을 최우선의 목표 및 책임으로 삼아야 한다고 생각하면서 성장하지는 않으며 그들의 생각에 확고함이 없다는 사실은 이혼 통계에 의해 거듭 재확인되는데, 결국 이혼 통계는 사람이 심리적으로 모든 것을 결혼이라는 그릇 한곳으로 집중시킨다는 것이 얼마나 잘못된 위험인가를 은연중 나타내 준다. 남성과 여성의 목표 및 의지는 나란히 평행으로 가는 두 개의 선처럼 되었고 그 두 선이 만나길 바란다는 것은 로바체프스키(Lobachevsky, N. I.)식의 상상력을 필요로 한다.

　최종 목표가 서로 조화하지 못한다는 것을 가장 확실하게 나타내 주는 것이 여성의 직업으로서 이제는 여성의 직업이 남성의 직업과 아주 똑같다. 35세 이하로 부부가 모두 교육을 받은 대부분의 가정에서는 두 내외가 다 동등한 직업을 가지고 있다. 그리고 그들이 직업을 갖는 이유가 가족의 필요를 충족시키기 위한 수단으로서가 결코 아니다. 직업은 그들의 개인적 욕구를 충족시켜 준다. 우리의 이 유동적인 사회에서는 두 사람 중 한 사람이 자신의 반려자가 살고 있는 도시가 아닌 다른 곳으로 옮겨 가야만 한다든지 아니면 다른 곳에서 일할 기회가 생길 가능성이 매우 높다. 그때는 어떻게 할 것인가? 상대방을 위해 자신의 직업을 포기하고 두 사람이 같이 옮겨 함께 지내거나, 서로 왕래하거나, 아니면 아예 갈라서는 수가 있다. 이 해결책들은 모두 만족스럽지 못하다. 그런데 그보다 더 중요한 것은 어떤 일이 일어날지 아무도 예측할 수 없다는 점이다. 가장 중요한 것이 결혼인가 아니면 직업인가? 오늘날 여성의 직업은 20년 전까지만 해도 여성이 가졌던 직업과는 질적으로 다르고, 따라서 그런 갈등은 불가피하다. 그 결과로 결혼과 직업 양자의 가치가 모두 떨어졌다.

　오랫동안 중산층의 여성은 그들 남편의 장려에 힘입어 직업 갖는 일을 추구해 왔다. 집안일에만 전념하는 일꾼이 아니라 그들도 자신들의 높은 재능을 계발 발전시킬 권리가 있다고 여겼다. 물론 여기에는 가정과 특히 거기에 따르는 여성의 집안일은 필요에 의해 어쩔 수 없이 하는 일에 불과하고 제한되어 있으며 발전을 제한하는 반면, 부르주아적인 직업은 인간의 잠재력을 성취할 수 있는 기회를 제공한다는 견해가 내포되어 있다. 의식을 제대로 가진 진지한 남성은 아내가 자신들을 발전시킬 수 있도록 도와주어야만 한다고 믿었다. 그러나 아주 희귀한 경우를 제외하고는 내외 모두 여전히 가족에 대한 책임은 으레 여성이 져야 한다고 생각했고, 서로 이해 상관이 엇갈리는 경우가 생길 때는 으레 여성 쪽이 복종하고, 여성이 자신의 직업을 포기할 것으로 생각했다. 그것이 그다지 심각한 것은 아니었고 여성 자신도 이 사실을 대개의 경우 알고 있었다. 궁극적으로 이러한 묵계는 유지

될 수 없는 것이고 균형이 어느 쪽으로든 기울어지리라는 것은 자명했다. 가정이 여성을 영적으로 만족시킬 수 있는 곳은 못 된다는 점에 내외가 모두 동의했고, 여성도 동등한 권리를 가졌다는 것도 아울러 동의했다. 여성에게는 가정생활이 적합하다는 개념은 신빙성을 잃게 되었다. 여성도 왜 남성처럼 자신들의 직업을 심각하게 생각할 수 없단 말이며, 왜 남성에게 자신들의 직업을 진지하게 받아들이도록 만들 수 없단 말인가? 정의의 보편적인 개념 아래서 여성이 당한 불의를 끔찍이 증오하는 것이 남성들에게 직업에 대한 그들의 헌신을 약화시키고 대신에 집안일과 자녀 양육을 함께 분담하자는 요구로 나타나고 있는데, 이것을 남녀 모두 완전히 합당한 것으로 받아들이고 있다. 여성에 의한 여성 역할의 포기는 그 역할 자체도 그들을 포기함으로써 강화되었다. 경제적 변화가 여성이 일하는 것을 바람직하고 필요한 것으로 만들었고, 유아 사망률의 감소는 여성의 임신 빈도를 낮출 수 있다는 것을 의미했다. 수명의 엄청난 연장과 향상된 건강 상태는 아이를 갖고 양육하는 일에 바치던 여성들의 시간이 훨씬 감소되었다는 것을 의미했고, 변화된 가족 관계는 여성들이 전처럼 꼭 자식과 손자 손녀에게만 계속 묶여 있을 필요가 없게 되었다는 것을 의미했다. 45세가 되면 그들은 이미 할 일이 없다는 것을 발견하게 되고 앞으로 40년을 더 그런 상태로 지내야 한다는 것을 발견하게 되었다. 직업을 다지고 굳혀 나갈 수 있는 시기는 놓쳐 버렸고, 따라서 그들은 남성과 경쟁을 할 수가 없었다. 일반 사람들의 절대적인 반응도 불사하면서 용감하게 옛날식 여성이 되고자 하는 여성이 있다고 해도 이제 그렇게 되기는 무척 힘들다. 이 모든 면에서 여권 신장론자들이 내세우는 주장이 실로 매우 타당한 주장처럼 보인다. 그러나 결혼의 조건이 극단적으로 변하기는 했지만 새로운 조건이 규정된 것도 아니다.

  여권 신장론자들은 가사일의 모든 책임을 남녀가 동등하게 나누어 갖는 것이 곧 정의라고 들고 나서지만 그것은 해결책이 아니라 다만 타협에 불과하고, 가사일 분담이 남녀 모두에게 다양해져 풍부해질 수 있다고 하나 물론 여기에는 이론의 여지가 많다. 오히려 반론을 제기하겠지만 그것은 그들의 생활을 분단하는 것으로서, 자기 직업에 대한 남성들의 헌신과 가정에 대한 여성들의 헌신을 희석시키는 데 불과할 뿐이다. 서로 다른 도시에서 직업을 갖게 되었을 때 누가 누구를 따라가야 하는지의 문제는 해결되지 않았고, 또 무어라고 하든 그것은 곪아들어가는 상처이고 의심과 증오의 원천이며 잠정적 싸움의 씨앗이다. 더 나아가 이 타협에는 그 어느 곳에서도 아이들을 돌보는 일에 대한 결정은 찾아볼 수가 없다. 부모 모두가 자식보다는 직업을 소중히 하겠다는 말인가? 전에는 적어도 아이들이 한 사람, 즉 여성의 조건 없는 보살핌을 받았고, 여성에게 있어서도 자녀를 돌보는 일은 인생의 가장 중요한 것이었다. 두 사람이 똑같이 반반씩 주는 보살핌이 한 사람의 완전한 보살핌과 맞먹는 것일까? 이것이 아이들을 소홀히 하게 되는 공식은 아닐는지? 그와 같은 협정 속에서는 가족이 종합체가 아니고 결혼은 그저 멋없는 투쟁으로서 쉽게 물러날 수 있고 남성의 경우는 더 그러하다.

그리고 여기서 일이 전체적으로 불쾌하게 전환하게 된다. 여성을 남성의 지배로부터 해방시키기 위해서는 - 야심적이고 호전적이고, 보호하려 하고, 강한 소유력을 가진 - 남성들의 영혼을 온통 뒤집어야만 한다. 남성스러운 위세 - 남성다움 또는 왕성한 기백을 논증하는 표현으로 고대의 남성 심리에서는 이것이 남성 영혼의 타고난(natural) 열정 중 중심이 되는 열정이라 여겼고, 이것이 소속감과 충성심을 자아낸다고 여겼던 - 는 쓸데없는 것으로서 양성 간 다툼의 원인이 되었다. 영혼에 존재하는 거친 요소를 길들이려는 이념에서 홉스(Hobbes)가 시작한 계획을 여권신장론자들은 오로지 완수하려 했을 뿐이다. 남성들의 으스댐을 무색하게 만들었으니 이제 적극적으로 해야 할 임무는 재편성된 가정에 어울리도록 남성을 보살피고, 민감하고, 심지어는 양육도 맡는 존재로 만드는 일이다. 따라서 관념적인 계획에 맞추어 남성을 다시 한 번 재교육시켜야 한다. 그들은 그들의 본성 속에 내재하는 '여성적 요소'를 받아들여야만 한다. 더스틴 호프먼(Dustin Hoffman)과 메릴 스트립(Meryl Streep) 같은 유형의 인물이 무더기로 학교, 대중 심리학, 텔레비전, 영화계를 침범하고, 따라서 그 계획을 훌륭한 것으로 만들고 있다. 성차별주의자라는 오명의 딱지가 붙는 것을 피하고, 아내 또는 여자 친구와의 평화를 유지하기 위해 남성들은 이 재교육 과정에 어느 정도는 시무룩하지만 그래도 열심히 임하는 경향을 보인다. 그리고 실지로 남성을 보다 부드럽게 만드는 것은 가능하다. 그러나 그들을 '세심하게 신경 쓰는 사람'으로 만드는 것과는 별개의 문제로 그렇게 하려는 계획은 어차피 실패할 수밖에 없다.

　개인주의가 판을 치는 시대에 두 성(性) 모두에게 공공심을 강요할 수는 없고 특히 두 성 중에서 점점 공공심을 잃어 가고 있는 상대방이 강요하기 때문에 그것은 실패할 것임에 틀림없다. 한 걸음 더 나아가 남을 생각하는 것은 열정 내지 덕으로 갖추는 것이지 '민감한'이라는 말과 같은 묘사가 아니다. 겸양은 욕정을, 용기는 두려움을 억제시키는 것과 마찬가지로 덕은 열정을 억제한다. 그러나 남을 생각하는 마음이 억제시키는 열정은 어떤 것인가? 어떤 사람은 소유욕이라 말할 테지만 요즘에 와서 소유욕은 억제해야 하는 것이 아니라 - 뿌리째 뽑아 버려야 하는 것이다. 본래의 이기심을 없애 줄 해독제가 없고 관념적 도덕주의가 아무리 요구한다고 하더라도 바라는 것만으로 일이 성사되는 게 아니다. 옛 도덕질서가 불완전한 것이었더라도 적어도 그것은 열정을 거쳐 덕을 향해가려고 애썼다. 설령 인간이 자신의 이해만을 상관한다고 하더라도 그 옛 질서는 인간으로 하여금 자신의 이해만을 상관하는 일을 중단하도록 명한 게 아니라 오히려 그 범위를 확장시켜 다른 사람의 이해 상관도 자신의 이해 상관에 포함하도록 만들었다. 전자와 같이 명령으로 해결하는 노력은 전체적이고 효과도 없다. 진정한 정치 내지 사회 질서를 위해서는 영혼이 이기적인 응력과 변형에 의해 지탱되고 있는 고딕 성당과 같을 필요가 있다. 관념적인 도덕주의는 성당의 특정 종석(宗石)을 비난하여 그것을 제거하고 그런 다음 성당이 무너질 때는 돌의 질과 구조 모두를 탓한다. 사회주의의 집단 농장 농업의 실패가 바로 이런 관념적 도덕주의의 가장 좋은 정치적 실례다. 상상으로 만들어 낸 동기가 실제 동기를 대신하고 그 상상의 동기가 실질적인 효과를 거두지 못했을 때는 사람을 탓하고 박해하는데, 사람은 상상적인 동기로는 자극을 받을 수 없다. 가족의 문제에 있어서 인간에게 일하려는 동기를 유발시키는 것이 재산이라고 알려져 있는 만큼 옛 지혜는 그 동기에 가족의 이해 상관을 밀착시켜 남성들로 하여금 그의 가족을 자신의 소유물로 여기도록 허용하고 장려했다. 그리하여 그가 본능적으로 자신의 재산을 귀히 여기는 것과 마찬가지로 가족도 귀하게 살피도록 만들었다. 이것이 정의라는 관점에서 볼 때는 분명 불편한 면이 있기는 하지만 효과적이었다. 아내와 자식이 남편과 아버지에게 와서 "우리는 남편인 당신과 아비인 당신의 소유물이 아니고 우리 자신이 목표 그 자체이니 그렇게 대접해 주십시오"라고 말한다면 이름도 성도 없는 관찰자에게는 그 이야기가 인상적으로 들릴 수밖에 없을 것이다. 그러나 거기서 한 발짝 더 나아가 아내와 자녀는 자신들에게만 관심이 있다는 실례를 보여주면서 남편과 아버지에게는 그들을 예전과 다름없이 대우해 달라고 요구할 때는 어려움이 생겨나게 된다. 그들은 흠이 있는 아버지의 동기에 반발하고 기적처럼 그것을 순수한 것으로 바꾸도록 요구하고 그것을 자신의 목적에 이용하길 원한다. 아버지는 어쩔 수 없이 그의 재산 추구 노력을 감축할 것이고 아버지가 되기를 그만둘 것이며, 다른 사람의 요구대로 모든 것을 섭리하는 신이 되기보다는 차라리 다시 한낱 남성으로 되돌아가려 할 것이다. 플라톤의 《국가론》에서 도저히 참을 수 없는 것이 공익을 위해 남성들로 하여금 땅, 돈, 아내, 자식을 버리도록 요구하는 점이고, 공익에 대한 관심이 이전에는 바로 이와 같이 보다 낮은 것에 대한 집착에 의해 유지되었다. 온통 불행한 사람으로 가득한 행복한 도시를 갖자는 것이 소원이다. 도덕이 태만하고 자기 방종의 시대인 오늘날에 와서 이와 흡사한 요구가 일고 있다. 플라톤이 가르쳤던 것은 아무리 정의가 칭찬할 만한 것이라고 하더라도 평범한 사람들에게서 덕을 갖춘 비범한 인격을 우리는 기대할 수 없다는 것이다. 말로는 가능하지만 실제로는 결코 존재할 수 없고, 진짜 폭군을 조장하는 도시보다는 이기적인 동기로 더럽혀진 실제 도시가 낫다.

 여기서 내가 재래식 가족 관계가 좋았으니 그때로 되돌아가야 한다거나 또는 되돌아갈 수 있다고 논쟁하려는 것은 아니다. 단순히 우리가 새로운 가족 관계를 원하고 필요로 하기만 하면 옛것을 새것으로 대치하는 것이 바람직하다고 믿을 만큼 우리의 안목을 흐려서는 안 된다는 것을 주장하고 싶을 뿐이다. 엄마들이 자녀들에게 특별난 밀착을 느꼈던 일이 실제로 존재했던 일이고, 그것이 자연적으로 생겼든 아니면 후천적으로 길러졌든 지금까지도 어느 정도 남아 있다. 아버지가 그와 똑같은 애착을 느끼고 있다는 증거는 찾아보기 힘들다. 우리가 그것을 주장할 수는 있겠으나, 자연이 여기에 협조하지 않는 한 우리의 모든 노력은 헛수고일 뿐이다. 생리적으로 여성은 임신 휴가를 받을 수밖에 없다. 법이 이에 합세하여 남성으로 하여금 부성 휴가를 받게 만들 수는 있지만, 그것이 그들로 하여금 바람직한 부성의 감정을 갖도록 만들 수는 없다. 오로지 가장 철저한 이념주의자들만이 이 두 가지 휴가의 차이점을 볼 수 없고 또 후자의 휴가가 억지 춘향격이고 조금은 우스꽝스럽다는 점을 알아채지 못할 것이다. 남자의 유두를 여자의 것과 동등한 것으로 법이 규정할 수는 있으나 남자의 유두에서 젖이 나오지 않는 것만은 여전할 것이다. 남성들도 자녀에게 애착을 갖겠다는 어음식 약속 덕분에 여성들이 자녀에게 갖는 애착이 부분적으로는 대체될 것이다. 그 어음식 약속이 지켜질까? 아니면 모든 사람이 각자 심리적으로 자기 고유의 은행 체계를 설정하는 사태가 생기는 것은 아닐는지?

마찬가지로, 남성을 믿을 수 없기 때문에 여성은 각자가 자신들의 자립을 마련해야만 했다. 이것은 간단히 여성의 안녕에 대한 남성의 관심을 약화시키는 구실만 만들어 주는 결과를 가져왔다. 의존적이고 나약한 여성의 경우는 실제로 취약하고 남성의 자비에 내맡기는 것 이외에는 별수가 없다. 그러나 대개의 경우 그 호소가 많은 남성에게 영향을 미쳤다. 남성의 무책임성을 고치고자 처방된 오늘날의 치료법은 그들이 더 무책임해지도록 만들고 있다. 그리고 남성들로부터 독립할 수 있는 여성들에게 있어서는 자신과 자신의 아이들을 돌보도록 남성을 유인할 동기가 점점 희박해진다. 그와 유사한 것으로 한 육군 여성 중령이 라디오를 통해 여성이 군에서 남성과 동등한 위치를 확보하는 데 가로놓여 있는 유일한 장애물은 보호하려는 남성들의 태도라고 설명하는 것을 내가 들은 적이 있다. 그러니 그것을 없애야 하지 않겠는가! 그러나 남성의 자존심에 근거를 둔, 남성들의 보호하려는 태도와 수줍어 얼굴 붉히는 여성의 명예와 생명을 보호함으로써 영광을 얻어 보려는 남성의 욕구는 이기심을 승화시키는 하나의 방법이었을 뿐만 아니라 관계의 한 형태이기도 했다. 오늘날에는 여성이 자신을 보호하기 위해 남성의 신체 부위 중 어느 부분이 급소인지를 잘 알아 바로 그곳을 공격하는 가라데 승자와 같은데, 그러한 여성을 보호하기 위해 남성 스스로를 위험으로 몰아갈 이유가 어디 있겠는가? 새로운 정의라는 이름 아래 온통 무너져 버린 지금까지의 관계를 대신할 형태로는 그 어떤 형태가 있을 수 있을까?

우리의 모든 개혁들은 우리가 가진 전동 장치의 톱니를 갈아 내 버렸고, 따라서 그것은 더 이상 서로 맞물릴 수가 없다. 그것들은 나란히 한가롭게 제각기 돌아갈 뿐 사회 조직을 작동시킬 수가 없다. 젊은이들이 자신들의 장래를 생각할 때 살펴야 할 점이 바로 이러한 헛수고다. 여성들은 그들이 거둔 성공, 그들에게 주어진 새로운 기회, 그들의 의사 일정, 그들의 도덕적 탁월성 등으로 인해 기뻐하고 있다. 그러나 이 모든 이면에 여성들은 원래가 이중적인 존재, 즉 남성이 할 수 있는 대부분의 일을 할 수 있는 능력이 있음과 동시에 아이를 갖기 원하는 이중적 존재라는 사실은 여전하다는 것을 자신들 스스로 크고 적게 느끼고 있다. 바라는 것은 그와 반대일지도 모르지만 여성은 처음부터 단독으로 자녀를 돌보는 한편 직업을 추구할 것으로 또는 추구해야만 할 것으로 예상한다. 그리고 그들이 예상하고 계획하는 일이 실제로 일어날 가능성이 매우 높다. 여성이 현재 가지고 있는 이념적 이점을 남성은 전혀 갖고 있지 못한 반면에 그들은 별다른 대가를 치르지 않고도 빠져나올 수가 있다. 여성과의 관계에서 그들은 발언권이 별반 없고, 옛 질서가 불공정했다고 확신하고 있으며, 그런 것은 그들의 책임이었다. 실제로 불가항력으로 밀려오는 힘의 방향을 전환할 능력이 없어서 그들은 여성이 원하는 것이 무엇인지 들어 보려고 기다리며 거기에 적응하려 하지만 당장 떠나 버릴 채비도 또한 차리고 있다. 그들은 관계를 갖기를 원하지만 상황이 불투명하다. 그들은 막연하게 함께 있다는 것 이외에 거두게 될 보상이 어떤 것일지 분명치 않은 채로 직업상의 목표를 희생해서 기껏해야 파산으로는 끝나지 않으리라 예측되는 것을 위해 정서적 정력을 막대하게 투자하게 된다는 사실을 예측한다. 한편 결혼의 가장 강력하고 오래된 동기 중의 하나가 이제는 더 이상 효력을 발휘할 수 없게 되었다. 예전에는 오로지 결혼을 통해서만 얻을 수 있었던 성행위를 이제는 남성들이 쉽사리 즐길 수 있게 되었다. 어머니들과 아버지들이 딸들에게 설교하던 가장 진부하고 어리석은 판에 박힌 문구 - 즉 "남자가 원하는 것을 너무 쉽게 허락하면 그는 너를 존중하지도 않고 결혼하려 하지도 않을 게다" - 라는 이 문구가 현 상황을 가장 진실되게 그리고 가장 예리하게 분석한 말이 된 것을 생각해 보면 참 이상스럽기도 하다. 여성들은 상관하지 않는다고, 또는 남성들이 올바른 동기를 안 가질 바에야 차라리 동기를 아예 갖지 않기를 바란다고 말할 수는 있지만 모든 사람, 그 중에서도 특히 여성 자신들은 그 말이 진실이 아니라는 것을 알고 있고 기껏해야 진실의 반만 나타내 준다는 것을 잘 알고 있다.

에로스

이것이 대학 내의 두 성(性)이 연출해 내는 장면이다. 이론적으로는 상대주의를 따르고 실제로는 관계를 맺는 것이 결여되어 있기 때문에 학생들은 그들의 장래를 생각해 보거나 연구해 볼 수가 없다. 그 결과 그들은 현재와 물질적인 나(I)라는 제한된 틀 속에 움츠러들게 된다. 그들은 사고하는 대신 그들에게 구원을 약속하는 규정된 교리 문답을 기꺼이 중얼대면서도 그것을 거의 신봉하지 않는다. 무척 총명한 한 학생이 이에 대해서 내게 말했다. "우리는 모두가 강박감에서 우물로 가지만, 돌아올 때는 여전히 메마른 상태이지요." 학원내의 동성 연애자들의 논변에서 이 사실이 더 잘 확인되고 있다. 현존하는 질서에 대한 모든 요구와 불평 – "우리를 차별하지 마시오. 도덕을 입법화하지 마시오. 모든 침실마다 경찰관을 두려는 짓은 그만두시오. 우리의 성향을 존중하시오" 등등의 불평 – 을 늘어놓은 다음에 그들은 생활양식을 찾는다는 공허한 이야기로 되돌아간다. 그보다 좀더 명백한 것은 없으며 있을 수도 없다. 모든 관계는 애매모호한 속에서 동질로 되어 버렸다.

우리 학생들의 에로티시즘은 어설프다. 그것은 소크라테스가 칭송했던 신성한 광기도, 불완전하다는 인식을 유도하여 이를 극복하려는 탐구의 매개체 역할을 하는 것도 다른 사람을 받아들임으로써 일부에 불과한 존재가 완전한 것으로 될 수 있는 자연의 은총이나, 시간의 한정성을 지닌 존재가 그의 자손(seed)을 영속시킴으로써 영구함을 갈구하려는 것만도, 모든 사람이 그의 업적을 기억하리라는 바람도, 그가 완벽해지려는 명상도 또한 아니다. 에로티시즘은 괴로운 것이지만 그 괴로움은 그것 자체로서 위안을 약속받을 수 있고, 사물의 선량함을 확인시켜 준다. 주관적이기는 하지만 논쟁의 여지가 없이 에로티시즘은 사람이 불완전한 대로 다른 사람과 자연 전체가 연결되어 있다는 증거다. 시와 철학의 원천이 되는 경이감이 에로티시즘을 특징지어 주는 표현이다. 에로스는 그 신봉자들에게 대담해질 것을 요구하고 그렇게 요구하는 충분한 이유를 제공해주기도 한다. 완전해지고자 하는 이 갈망이 곧 교육에 대한 갈망이고 그것을 연구하는 것이 바로 교육이다. 소크라테스의 무지함에 대한 앎(knowledge of ignorance)은 성애학에 대한 그의 완벽한 지식과 동일한 것이다. 동료들을 물들게 했고, 그의 사후에는 더 강화되어 수 세기를 내려온, 대화를 갖고자 하는 그의 갈망은 그가 모든 연인 중 가장 요구가 강하고 가장 욕심이 많았던 연인이었음을, 그리고 사랑받는 사람 중 가장 풍성하고 가장 헌신적이었음을 증명해 준다. 우리 학생들의 성생활과 거기에 대한 그들의 명상은 그와 같은 갈망을 제거하고 그들로서는 도저히 이해할 수 없는 것으로 만들어 버린다. 감소가 에로스로부터 그것이 지니고 있던 점술 같은 위력을 빼앗아 갔다. 학생들은 그것에 대한 신임을 갖고 있지 않기 때문에 그들은 자신에 대한 존경심을 못 갖는다. 성교육을 통해 그들이 배우는 것과 플라톤의 《심포지엄 *Symposium*》 간에 눈으로 볼 수 있는 연결이 이젠 거의 남아 있지 않다.

그럼에도 그와 같이 위험한 높이에서나 우리가 처한 상황을 제대로 볼 수 있게 된다. 이런 시각이 더 이상 신뢰되지 못한다는 사실이 우리가 위기에 와 있다는 것을 잴 수 있는 척도다. 《파이드로스 *Phaidros*》와 《심포지엄》이 바로 우리의 경험을 묘사한다고 이해할 때에 비로소 우리는 우리가 그러한 경험을 충만하게 겪었다고 확신할 수 있고 또 최소한의 교육을 받았다고 확신할 수 있다. 에로스 환원 주창자들의 가르침 중에서 가장 강력한 교리의 창시자인 루소가 《심포지엄》은 언제나 연인들의 책이라고 말했다. 우리는 여전히 연인이라고 할 수 있을까? 이것이 우리 시대의 교육 문제에 대한 의문을 내식으로 야기해 본 것이다.

사람을 제외한 모든 동물의 경우 동물이 발정기에 이르면 그것은 온통 그것밖에 다른 것은 전혀 모른다. 그 동물의 성장과 수련은 바로 이 단계를 명확한 최후 목표로 삼아 진행된다. 그 동물의 활동은 새끼번식을 위한 것이다. 동물은 그것이 하강 곡선으로 내려가기 시작할 때까지 이 상태에서 계속 머문다. 오로지 사람에게 있어서만 사춘기는 시작에 불과하다. 그의 도덕 및 지적 배움과 가장 흥미진진한 배움은 대부분 사춘기 이후에 이루어지고, 교양을 갖춘 사람은 이것을 그의 성적 욕구와 융합시킨다. 그의 취향, 그리고 거기에 따르는 그의 선택은 이 '감성 교육' 기간 동안에 결정지어진다. 그의 교육은 마치 그의 성적 관심을 위해 이루어진 거나 진배없다. 그와 동시에 배움에 대한 활력이 대부분 그의 성적 관심으로부터 나오고 있는 것 또한 분명하다. 사춘기에 이른 아이들을 성인으로 여기는 사람은 아무도 없다. 우리가 우리 자신을 제대로 다스릴 수 있고 진정한 어머니와 아버지가 될 수 있는 상태를 지칭하는 성인기로 가는 여정이 길다고 느끼는 것은 타당한 것이다. 이 여정이 교육에 있어서 심각한 부분이고 이 여정을 통해 우리의 동물적 성욕이 인간다운 것으로 변모하고, 사람은 이 본능을 버리고 진·선·미에 대한 선택의 식견이 생겨난다. 다른 동물과는 달리 사람에게 있어서는 자기 후손을 남기는 데 필요한 모든 과정이 사춘기에 완비되는 게 아니다. 이는 다시 말해 인간 성욕의 동물적 요소가 그의 영혼의 보다 높은 영역과 가장 복잡 미묘하게 얽혀서 영혼의 통찰력으로 욕망을 지시해야 한다는 것을 의미하고, 따라서 교육의 가장 까다로운 부분이 이 두 가지를 조화롭게 유지하는 일임을 의미한다.

내가 이것의 신비를 다 이해하고 있다고 말할 수는 없다. 그러나 내가 모른다는 사실을 깨닫고 있으므로 해서 나는 우리 내면의 가장 높은 것과 가장 낮은 것을 연결시켜 주는 일면이 우리 본성 속에 존재하고 이러한 일면을 나타내 주는 현상을 단순화시키는 요즈음의 추세와는 아주 다르게 그 현상에 특별한 주의를 기울이게 된다. 나에게 가장 흥미로운 학생은 성에 관한 문제를 해결하지 못한 학생, 나이보다 더 어려 보이는 여전히 어린 학생, 앞으로 기대할 것이 여전히 많이 남아 있고 아직도 한참 더 자라야만 한다고 생각하는 학생, 풋풋하고 순진한 학생, 아직도 자신들이 완전히 입문하지 못했다고 느껴 생의 신비에 흥분되는 학생들이다. 16세에 이미 성과 관계되는 것에 대해서는 더 이상 배울 게 없어져 버린 사람들이 있다. 이제 더 이상 변화할 여지가 별로 없다는 의미에서 그들은 성인이다. 그들은 유능한 전문인이 될 수는 있으나 그들의 영혼은 축 처져 맥이 없다. 그네들은 그들의 감각으로 느낄 수 있는 세계만을 세계로 받아들인다. 그들에겐 상상력으로 치장된 세계는 물론 이상이라는 것이 없다. 우리 시대의 성 지식이 획책하는 것이 이와 같이 맥빠진 영혼 세계를 보편적인 것으로 만들어 내고자 하는 것이다.

10대 청소년들의 손쉬운 성관계가 에로스를 교육으로 연결시켜 주는 황금줄을 싹둑 잘라 버렸다. 그리고 대중화된 프로이트가 성에 대한 이해를 에로틱하지 않은 것으로 만들고 그것을 학문이라고 낙인을 찍음으로써 이 단절 과정을 영구히 마무리 지었다. 그의 공부가 성적 동경에 의해 의식적으로 또는 무의식적으로 자극을 받는 젊은이와 그와 같은 동기에 전혀 작용을 받지 않는 젊은이는 아주 판이한 경험 세계를 갖게 된다. 폰테 산타트리니타(Ponte Santa Trinita)에서 그가 아는 베아트리체를 접해 보고 아고라(Agora)에서 그의 소크라테스를 접해 보기 위해 플로렌스로 아테네로 여행하는 학생의 경험 세계와 그와 같은 애절한 필요를 갖지 않고 같은 곳으로 여행을 떠난 학생의 경험 세계는 별개의 경험 세계를 이룬다. 후자는 그저 관광객에 불과하고 전자는 자기 세계의 완성을 기대한다. 근대 사회에서 동경을 갖는 사람이 겪는 운명이 어떤 것인가에 대한 명인이라 할 수 있는 플로베르는 경외심에 몸 둘 바 모르는 그의 여주인공 엠마 보바리를 퇴폐적인 귀족의 저택에서 열리는 무도회에 보내고 거기에서 그녀는 다음과 같은 것을 본다.

······상머리에는 이 모든 남자와 여자들 사이에 한 늙은이가 혼자 앉아 음식이 가득 담긴 접시를 향해 머리를 숙이고 어린아이처럼 냅킨을 목에 둘러 뒤로 맨 채 음식국물이 입에서 줄줄 떨어지는데도 개의치 않으며 식사를 하고 있었다. 그의 눈은 충혈돼 있었고, 땋아 내린 머리채에 검은 리본을 달고 있었다. 이 사람이 후작의 장인인 노(老) 라베르디에르 공작인데 콩플란 후작의 보드레이 저택에서 사냥을 즐기던 시절에는 다르투아 백작의 총애를 받았다. 전해지는 얘기로는 마리 앙투아네트가 드 쿠아니와 드라우쥔 사이에 가졌던 연인이었다고도 한다. 그는 방탕하고, 결투와 노름을 일삼으며, 여자를 납치하는 거친 생을 살았고, 재산을 탕진했으며, 자기 식구를 공포로 몰아넣었다. 그의 의자 뒤에 서 있던 하인은 그를 위해 그가 말을 더듬으며 손가락으로 가리키는 음식 이름을 그의 귀에 대고 큰소리로 일러 주었다. 그리고 축 처진 입술을 가진 이 늙은이가 마치 어딘가 특별하고 당당한 그 무엇이라도 되는 양 엠마의 눈길은 자기도 모르는 사이에 계속해서 이 늙은이에게로 향했다. 그는 왕실에서 살았고 왕비의 침실에서 잠을 자기도 했다.

다른 사람들은 그를 단지 불쾌한 늙은이로 보았지만 엠마는 그에게서 구제도(ancien régime)를 본다. 한때는 실제로 구제도라는 것이 있었기에 그녀의 견해가 진실에 더 가깝고 구제도에서는 위대한 연인들이 있었다. 현재가 수축되어 현재에 불만을 느끼도록 만들어 주는 동경을 갖지 못한 우리에게 그것을 가르쳐 줄 수 없다. 위대한 전통의 유산이 우리 손에 들어와서는 노쇠해졌기 때문에 그와 같은 동경이야말로 학생들이 가장 필요로 하는 것이다. 그들이 젊음과 아름다움, 생동감을 되찾아 영감을 경험하기 위해서는 상상력이 요구된다.

소녀의 창 아래에서 기타를 연주하는 것을 비웃는 학생은 그 소녀로부터 영감을 얻어 시를 읽는다거나 쓰는 일은 결코 하지 않을 것이다. 결함이 있는 그의 에로스는 아름다움에 대한 영상을 그의 영혼에 제공해 줄 수가 없고, 따라서 그의 영혼은 거칠고 침체된 채로 남아 있게 될 것이다. 그것은 그가 세상을 미화하거나 이상화하지 못한다는 말이 아니라 거기에 있는 것을 그가 볼 수 없다는 말이다.

예전에는 상당히 많은 수의 학생들이 신체적으로나 정신적으로 때가 묻지 않은 채 대학에 왔고 자신들의 순진성을 그곳에서 잃게 되리라고 예상했다. 그들이 생각하고 행하는 모든 일에 관능적 욕구가 배어 들어갔다. 그들은 자신들이 무엇인가 원하고 있다는 사실을 고통스러우리만큼 잘 알고 있었으나 그 원하는 것이 정확하게 무엇인지, 어떤 형태를 취할 것인지, 그리고 이 모든 것이 의미하는 바가 정확히 무엇인지에 대해서는 확신할 수가 없었다. 만족을 채우려는 욕망에 급급하여 그들이 추구해 본 것으로 매춘부에서 플라톤, 그리고 다시 매춘부에까지 이르고, 범죄로부터 승화에까지 이른다. 그 무엇보다도 그들은 가르침 받기를 추구했다. 인문과학과 사회과학 분야에서 그들이 읽는 것이면 거의 대부분이 그들 고통에 대해 가르쳐 줄 수 있고 그 고통을 치유할 수 있는 길을 알려 줄 수 있는 재료를 가지고 있다. 이 팽팽한 긴장감, 글을 통해 지식을 얻고자 하는 정열 등을 학생들의 눈에서 선생님이 읽을 수 있었고, 그와 같은 눈은 바로 그들이 선생님을 필요로 한다는, 선생님을 즐겁게 해주는 증거였다. 선생님들은 학생들의 애타는 욕구를 채워 줄 수 있는 것을 가졌고, 그들이 가진 것이 흘러넘쳐 학생들의 공허함을 메워 줄 수 있기 때문에 만족을 약속받았다. 학생들이 필요로 하는 것을 돌보기 위하여 셰익스피어나 헤겔을 제시할 때, 학생들이 황홀경에 젖어 "네, 바로 그래요"라고 감탄하는 것을 듣는 데 낙이 있었다. 뚜쟁이와 산파가 정말로 그를 잘 묘사했다. 오로지 성관계만을 갖고 싶어 하는 안달을 실체로 구현한 것이 델피 신탁의 명령이고, 이는 단지 '너 자신을 알라'라는 가장 궁극적인 인간 욕구를 상기시킬 뿐이다.

몸과 영혼의 욕구를 손쉽게, 실제로 단조롭게 만족시킬 수 있어 거기에 이미 물린 상태에서 대학에 들어오는 오늘날의 학생들은 예전의 학생들처럼 마술에 걸린 땅을 걷고 있는 것처럼 혼을 빼앗겨 다니는 일이 거의 없다. 그들은 폐허를 지날 때도 거기에 한때 무엇이 있었을까 상상해 보려 하지 않는다. 정신적으로 가라앉아 있기 때문에 그들은 대학에서 완전을 추구하지 않는다. 가장 왕성하게 배울 수 있는 이 시기, 즉 알키비아데스(Alcibiades)가 첫 수염을 기르던 이 시기가 인위적인 조숙과 고등학교에서 얻은 궤변적인 지혜 때문에 낭비되고 있다. 참된 성교육을 받을 수 있는 순간이 지나쳐 가 버리고 그것이 무엇인지를 알고 있는 사람은 드물다.

거기에 대응하여 대학은 대학대로 그와 같은 필요를 보살펴야 하는 것이 대학이라고 생각하지 않고, 대학박물관에 진열된 미이라가 잠시 다녀가는 방문객과 대화를 한다거나 끔찍스럽게도 그 방문객들과 함께 돌아가서 그들과 살 수 있다고는 믿지 않는다. 인문학자들은 노처녀 도서관원들 같다. 생각해 보건대 학생과 대학이 손을 맞잡고 마지막으로 왕성한 순간을 이루었던 때가 프로이트에게 사로잡혔던 40년대, 50년대였다. 그의 심리학이 진정한 심리학이라고 선전하였으나 그것은 영혼의 현상에 대한 예전부터 있었던 연구의 한 형태를 근대인들의 구미에 맞도록 수정한 것에 불과했다. 지금에 와서는 왜들 거기에 그렇게 흥분했는지 거의 상상이 안 된다. 나의 첫 번째 대학 여자 친구가 학교의 종탑이 남근 숭배의 상징이라고 내게 얘기해 주었을 때 그 얘기에 얼마나 전율을 느꼈던지. 이것이 바로 나의 남모르는 강박감과 대학에서는 얻을 수 있으리라고 기대했던 고도의 심각성을 혼합한 혼합체였다. 고등학교는 결코 이렇지 못했다. 이 모든 것이 내가 이제 곧 나의 순진성을 잃게 될 것을 의미하는 건지 아니면 존재의 신비함을 파고들게 될 것을 의미하는 건지 거의 구분할 수가 없었다. 그것은 훌륭한 혼동이었다. 드디어 모든 것이 다 나왔다. 심성(mind)의 원리로부터 지저분한 것은 모두 사라져 버렸고, 프로이트는 영혼(soul)을 재건시키고 영혼 속에서 일어나는 일을 심각하게 받아들이겠다고 약속했다. 그는 자신이 새롭고, 플라톤보다 더 플라톤 같다는 생각을 가졌으며, 프로이트의 출현을 예견하는 플라톤을 우리가 선각자로서 예찬하는 것을 가능하게 해 주었다.

그러나 그것은 프시케(psyche)가 없는 즉, 다시 말해 영혼이 없는 심리학이라는 것이 밝혀졌다. 프로이트는 우리가 경험하는 모든 것을 만족스럽게 설명해 주지 못했다. 좀더 높은 차원의 것은 모두가 다 보다 낮은 차원의 그 어떤 것을 억제하기 위한 것이고, 낮은 차원의 것을 상징하는 것이라고 했다. 인간의 지성이 진정으로 동경하는 것을 프로이트식 시각에서 묘사하는 가장 대표적인 작품이 《베니스에서의 죽음 Der Tod in Venedig》으로, 분명 그것은 좀더 훌륭한 정신을 위해 읽어야 할 아주 풍요로운 작품이라고 할 수는 없다. 아리스토텔레스는 인간이 두 가지의 절정을 가지고 있는데 이는 성관계와 사색으로서 두 가지가 다 농축된 기쁨을 동반한다고 말했다. 인간의 영혼은 일종의 포물선 같은 것으로, 영혼의 현상은 그것의 두 초점 사이 어디엔가 위치하고 있는 격정적인 면을 드러내 보이는가 하면 애매모호한 면도 드러내 보인다. 프로이트는 영혼에서 오직 하나의 초점, 즉 짐승들이 가지고 있는 것과 똑같은 초점만을 보았고, 그래서 심리의 좀더 높은 현상을 사회에 의한 억압 또는 그 밖의 이와 비슷한 것에 의해 생겨난다고 설명할 수밖에 없었다. 사실상 그는 영혼을 믿지 않았고, 단지 육체와 육체의 수동적인 기구인 의식 즉 정신만을 믿었다. 예술과 철학에 대한 그의 관찰이 거친 데서 잘 나타나듯이 이러한 그의 생각이 높은 차원의 현상에 대한 그의 식견을 무디게 만들었다. 학생들 스스로가 그렇게 인식을 하든지 못하든지 간에 그들이 추구하는 것은 단순한 성적 만족만이 아니라 자신들에 대한 지식이다. 그런데 프로이트는 이것을 제공해 주지 못했다. 프로이트식의 '너 자신을 알라'라는 명제는 곧 정신과 의사를 방문하는 것으로 이어진다는 것을 사람들은 알았고, 거기에서 그들은 압축된 연료가 든 것 같은 마음의 저장고를 비우지만, 실은 이 압축 연료가 의견으로부터 지식으로 도약하도록 학생들에게 힘을 부여하도록 되어 있었다. '너 자신을 알라'라는 말이 프로이트에게는 삼라만상 전체의 질서 속에서 인간이 차지하는 위치를 알라는 의미가 아니었다. 학교에서 가르치는 심리학이 철학적 충동을 지닌 학생에게 조금이나마 호소력을 지녔던 것은 오래전의 일이다. 프로이트식 심리학은 하나의 커다란 사업이 되어버렸고 공학이나 은행과 맞먹는 자격으로 사회 생활의 주류를 이루게 되었다. 지적인 면에서 역시 공학이나 은행 이상의 호소력을 갖지 못한다. 우리 자신을 위해서는 다른 곳을 찾아 보아야 한다.

제 2 부
미국식 허무주의

독일과의 연계

 로널드 레이건 대통령이 소련을 '사악한 제국'이라 칭했을 때 생각이 제대로 박인 사람들은 그와 같은 선동적인 언사에 대해 다 함께 분노에 찬 반발을 표시했다. 때로는 레이건 대통령이 미국과 소련은 서로 다른 가치 체계(values)를 가졌노라고 말하기도 했는데, 그 말만은 전에 그렇게 반발을 하던 바로 그 사람들이 승인 또는 최저 묵계로서 받아들였다. 두 경우 모두 그들은 그가 같은 의미의 이야기를 한 것으로 생각할 것이다. 그가 어휘를 달리함으로써 사람들의 반응이 달랐던 것이 우리로 하여금 우리 시대가 가진 가장 중요하고 가장 놀라운 현상에 눈을 뜨게 해줌이 마땅하지만 더욱더 놀라운 것은 그 현상을 알아채는 사람이 거의 없다는 점이다. 즉 이제는 '선과 악을 능가하려는' 노력에서 생겨나는, 그리고 더 이상 선악에 대해 어떤 확신을 가지고 말할 수 없도록 만드는 선악에 대한 아주 새로운 언어가 있다. 심지어는 현재 우리의 도덕 상태를 개탄하는 사람들조차도 바로 그 한탄스러운 상태를 예증하는 언어를 사용하여 개탄한다.

 새로운 언어는 가치 상대주의의 언어이며, 그것은 도덕 및 정치적 제반사에 대한 우리의 견해를 변화시키고 그 변화는 그리스 로마를 거치면서 내려온 이교도의 견해를 기독교가 대치했던 것과 맞먹을 만큼 큰 변화다. 새로운 언어는 언제나 새로운 관점을 반영해 주고 새로운 어휘들이 서서히 무의식중에 대중화한다든지 아니면 옛 어휘가 새로운 의미로 사용된다는 것은 세상에 대한 사람들의 표현이 그만큼 근본적으로 변했다는 명백한 증거다. 홉스가 죽은 지 한 세대가 지난 다음 주교들도 자연스럽게 자연 상태, 계약, 권리 등을 말하게 되었는데, 그것은 자기 이해가 전과는 달라진 성직자들의 권위를 그가 물리쳤다는 것을 의미한다. 엘리자베스 여왕 2세가 엘리자베스 1세와 아무런 공통점이 없는 것과 마찬가지로 캔터베리의 대주교들이 고대 대주교들과 공통점이 없다는 것은 피할 수 없는 사실이다.

레이건 대통령이 '사악한'이란 어휘를 썼을 때 현대 사람들의 귀에 거슬리게 들린 것은 그 말의 사용이 문화적으로 거만스럽게 느껴졌기 때문이다. 즉 그 말은 레이건 대통령과 미국이 선이 무엇인지를 안다는 가정이고, 다른 방식의 삶이 가진 존엄성에 대해 폐쇄적이며, 우리와 삶의 방식을 같이하지 않은 사람들에 대한 은연중의 무시 등을 담고 있었다는 것이다. 정치적으로는 그가 협상에 개방적인 태도를 보이지 않는다는 것이다. 선과 악의 대항은 협상할 수 있는 것이 아니고 전쟁의 원인이다. '갈등 해소'에 관심이 있는 사람은 서로 다른 가치관에서 오는 긴장을 감소시키는 것이 선과 악의 긴장을 감소시키는 것보다 훨씬 쉽다는 것을 발견하게 된다. 가치는 실체가 없는 것으로 주로 상상 속에 존재하는 것인 반면에 죽음은 현실이다. 선과 악에 대한 모든 믿음을 극단적으로 주관화시킨 것을 의미하는 '가치'라는 어휘는 안락한 자기 보존을 노력 없이 추구하려는 데에나 이바지한다.

가치 상대주의는 선과 악에 영속하려는 독재와 선과 악에 따르는 수치와 죄악감으로부터의 위대한 해방이고, 선악 중 하나를 추구하고 다른 하나는 피하는 데 따르는 끊임없는 노력으로부터의 위대한 해방이라고 받아들일 수 있다. 제어할 수 없는 선과 악은 - 전쟁이나 성욕 억제처럼 - 무한한 고통을 야기시키지만 그 고통은 좀더 융통성 있는 가치관이 생겨나면 거의 당장 완화될 수가 있다. 가치관을 조금만 수정하면 되는데 우리가 공연히 자신을 나쁘게 생각하거나 불안해할 이유가 없다. 그리고 구속을 벗어나 하나의 평화롭고 행복한 세상을 만들려는 이 동경이 현실적인 우리 미국 사회와 독일 철학 세계 사이에 나타나는 여러 유사성 중 가장 발달된 형태의 첫 번째 것으로서, 대통령의 연설을 비판하는 사람들을 통해 드러나고 있다.

그러나 동전에는 또 다른 면(Second Side)도 있게 마련이다. 가치를 굳건히 지키는 사람은 존경을 받는다. 그들의 강렬한 믿음, 그들이 거기에 신경을 쓰는 것 또는 관심을 갖는 것, 그들이 무엇인가를 믿는다는 것 등 모두가 자립성, 자유 및 창의성이 있다는 증거다. 그와 같은 사람은 계획성 없이 빈둥거리는 것과는 반대이고, 그들은 기준을 정해 지키는 사람들이며, 그 기준은 전통으로부터 받아들인 것이 아니고, 모두가 볼 수 있는 현실에 기초를 둔 것도 아니며, 물질적인 이해 상관에 대한 계산에 국한시켜 얄팍하게 합리화한 데서 생겨난 것 또한 아니기 때문에, 그것은 한층 더 가치가 있다. 영웅적이고 예술적인 유형의 사람들은 그들 자신이 만든 이상을 위해 자신들을 헌신한다. 그들은 범속하지 않은 사람들이다. 여기에서 가치는 신선한 영감을 추구하는 사람에게, 과학적인 합리에 의해 이제는 황홀감이 상실되고, 신비로움이 벗겨졌으며, 신화 가치를 잃어버린 선과 악에 대한 옛 믿음만큼은 적어도 강력한 선과 악에 대한 새로운 믿음을 추구하는 사람에게 쓸모가 있다. 이러한 해석에 따르면 가치를 위해 죽는 것이 가장 숭고한 행위이며, 목표에 대한 사람들의 집착을 옛 사실주의나 객관주의가 약하게 만들었다고 말하고 있는 것처럼 보인다. 자연은 선악과 무관하고 자연에 맞추어 인간의 이해가 생명의 법칙을 규정한다.

따라서, 우리가 가치와 연관하여 사용하는 언어는 두 개의 반대되는 방향으로 우리를 유도해 간다. 즉 저항이 가장 적은 노선을 따르라고 하고, 또 그것과 반대되는 강력한 입장과 열광적인 결의를 취하라고 한다. 그러나 이것들은 단지 하나의 공통된 전제로부터 나온 서로 다른 추론에 불과하다. 가치는 이성에 의해 발견되는 것이 아니고, 따라서 가치를 탐구하려는 것, 진리 또는 선한 생활을 찾으려는 것도 쓸데없는 노릇이다. 오디세우스로부터 시작되어 3천 년 이상을 계속 이어져 온 탐색이 관찰 결과, 탐구할 것이 없다는 결론으로 종말을 거두게 되었다. 이른바 진실이라고 하는 이 사실이 100여 년 전에 니체가 '신은 죽었다'라고 말함으로써 알려지게 되었다. 여기에서 처음으로 선과 악이 가치로 여겨지게 되었고, 세상에는 1천 가지의 가치가 있으나 그 어느 것도 다른 것보다 이성적으로나 객관적으로 더 바람직한 것은 하나도 없다. 선과 악의 존재에 대한 건전한 환상이 결정적으로 일소되었다. 니체에게 있어 이것은 그 유례를 찾아볼 수 없는 파국이었고, 그것은 문화의 붕괴와 인간 포부의 상실을 의미했다. 소크라테스식의 '고찰된' 인생은 더 이상 가능하지 않고 바람직하지도 못하다. 그것 자체가 고찰되지 않았고 미래의 인간 생활이 조금이라도 가능하다면 그것은 고찰되지 않은 생을 살 수 있는 소박한 수용력에서 시작해야만 한다. 철학적 생활방식은 단지 독소가 되었다. 간단히 말해 니체는 정말로 심각하게 근대인들에게 그들이 허무주의의 허공 속으로 아무것도 거리낄 것 없이 정신없이 빠져들고 있다고 경고했다. 이 끔찍한 경험을 거치며 살고 난 다음, 그리고 찌꺼기만 잔뜩 마셔 취해 본 연후에 혹시 사람들이 가치를 창조하는 싱그러운 시대 및 새로운 신의 출현을 희망하게 될지도 모른다.

니체가 비판의 표적으로 삼았던 것은 물론 근대 민주주의였다. 근대 민주주의의 합리주의와 인류 평등주의는 창의성과는 상반되는 것이다. 그에게 있어서 민주주의의 일상생활은 인간을 깨인 동물 상태로 되돌려 보내는 것과 같았다. 그 무엇인가를 믿는 사람이 이젠 없고 또 사실에 정면으로 부딪치지 않고 눈앞의 끝없는 허공을 들여다보지 않으려고 모든 사람이 미친 듯이 일하고 미친 듯이 놀면서 일생을 보낸다. 자유 민주주의에 반기를 들라고 한 니체의 요구는 마르크스보다 더 강렬하고 더 과격하다. 그리고 니체는 사회주의, 즉 좌익은 자본주의로 대표되는 특수한 형태의 우익에 대한 반대가 아니라 단지 그것을 완성시켜 주는 데 불과하다는 사실을 첨부하고 있다. 좌익은 평등을, 우익은 불평등을 대표한다. 니체의 소임은 우익을 바탕으로 나온 것이지만 세상에서 통용되고 있는 실세 자본주의와 사회주의가 아니라 이를 초월하는 새로운 우익 체계다.

그러나 이러한 사실에도 불구하고, 아니면 이 때문에 근대 민주 또는 인류 평등주의 인간으로 제시된 최신 유형들은 사물에 대한 니체의 이해에 매력적인 면이 많음을 발견하게 된다. 그것은 평등이 위력을 갖는다는 증거이고 평등과 투쟁을 벌였던 니체가 실패했다는 증거다. 그래서 이제는 그가 우익보다는 좌익에 훨씬 더 많이 알려져 있고 실제로 좌익에 더 많은 영향을 미치고 있다.

니체가 추구한 바는 평범한 것이 아니라 특출한 것이고, 평등한 것이 아니라 불균등한 것이었음을 놓고 볼 때, 이러한 사실이 처음에는 놀랍게 여겨질 것이다. 그러나 모든 통치자가 그렇듯이 민주적 인간도 치렛말을 필요로 하는데, 초기 민주주의 이론은 그것을 제공하지 못했다. 초기 민주주의 이론은 아주 평범한 사람들이 지극히 평범한 공통의 목표를 달성하기 위해 노력하는 것을 보호하는 사회 체제가 바로 민주주의라는 주장으로 민주주의를 정당화했다. 민주주의는 또한 여론에 의해 지배되는 사회 체제이기도 하여, 여론의 공통분모가 규율로 만들어지고 모든 사람은 이를 따라야 한다. 호사스럽고 타락한 예전 정치 체제와는 대조적으로 민주주의는 버젓한 범인들의 사회 조직이라고 자처했다. 그러나 모든 시민이 적어도 잠정적으로는 자율을 누리고 있고, 자신들의 가치관을 스스로 창조할 수 있는 것으로 간주할 수 있는 사회 제도는 또 하나의 아주 다른 것이다. 가치 창조의 인간이 선량한 사람을 대치해 버릴 가능성이 농후하고 또 실제로 자신을 하찮은 존재로 생각할 사람은 극히 적기 때문에 대중적 상대주의 체제 안에서는 일부 그와 같은 대치가 사실상 불가피하게 생겨나기 마련이다. 훌륭한 생활을 추구하여 그것을 발견했기 때문에 존경받고 기품을 갖춘 인간이 나타나는 것이 아니라 자기 자신의 '생활 양식(life - style)'을 만들어 냄으로써 기품이 있는 사람이 되고, 또 기품을 나타내 주는 생활 양식도 한 가지가 아니라 여러 가지가 가능하며, 그 여러 가지 생활 양식은 서로 비교될 수도 없다. 자신의 '생활 양식'을 가진 사람은 그 누구와도 경쟁하지 않는다. 따라서 그 누구에게도 열등하지 않으며, 그는 자신의 생활 양식을 가졌기 때문에 그 자신에 대한 평가를 자기 마음대로 내릴 수 있고, 다른 사람에 대한 평가도 마음대로 내릴 수 있다.

이 모든 것이 미국에서는 일상의 일이 되어 버렸고, 가장 인기 있는 심리학의 학파와 이 학파의 정신 요법은 가치관 정립을 건강한 사람의 기준으로 삼고 있다. 진정한 '자아'나 '주체성'은 없으나 자기가 처한 상황을 인식하기 때문에 자신은 근거도 없이 자기만족을 하는 사람에 비하면 그래도 우월하다고 느끼면서도, 동시에 다른 사람들은 상황에 잘 '적응하고 있다'는 사실을 생각할 때 열등감을 느끼는 그런 사람을 주제로 하여 이를 다양하게 변화시킨 데 불과한 것이 바로 우디 앨런 (Woody Allen)의 희극이다. 이 빌어 온 심리학이 '타인 지향적' 사나이의 이야기를 다룬 영화 '젤리크(Zelig)'의 토대가 되고, 이 타인 지향이란 어휘는 '내면 지향적'에 반대되는 어휘로서 이 말들은 1950년 데이비드 리스먼(Danvid Riesman)의 《고독한 군중 *The Lonely Crowd*》이란 저서를 통해 대중화되었다. 이 용어는 그의 정신과 의사였던 에리히 프롬으로부터 빌어온 용어다. 에리히 프롬은 또한 정말로 신중한 사색가이자 니체의 후계자인 마르틴 하이데거를 통해 그 용어들(예를 들어 친밀한 인간(innige Mensch)]을 받아들였다. 나는 우디 앨런이 퍽이나 공론가라는 사실에 놀랍고, 또한 사물을 보는 그의 시각이 - 그 시각의 직접적인 원천은 가장 심오한 독일 철학에서 찾아볼 수 있는데 - 미국 연예 산업 시장에서는 통상적인 것이 되어 버렸다는 사실에도 놀랐다. 독일과 미국을 연결시켜 준 사람 중의 하나인 심리학자 브루노 베텔하임(Bruno Bettelheim)은 실제로 '첼리크'에서 단역으로 출연한다.

첼리크는 문자 그대로 남들이 그에게서 기대하는 그런 사람이 되어버리는 인물로서 - 부자들과 같이 있으면 공화당 지지자가 되고 마피아들(mafiosi)과 같이 하면 갱이 되고, 흑인과 있으면 흑인, 중국인과 같이 하면 중국인, 여자와 같이 있으면 여자가 된다. 자기 자신의 내면적 모습은 없고 남들이 그에게 안겨 준 역할만을 모아 가지고 있을 따름이다. 그는 부득불 정신 치료를 받는 과정에까지 이르게 되고 그 과정을 통해 우리는 그가 한때는 '전통 지향적(tradition - directed)', 즉 다시 말해서 어리석고 춤추기 좋아하는 유대교 랍비 집안 출신이라는 것을 알게 된다. '전통 지향적'이란 주로 종교적인 옛 믿음에서 나오는 옛 가치관에 따라 행동하는 것을 의미한다. 또 사람은 그런 옛 가치관을 통해 자신의 역할이 정해지는데 그는 역할을 역할 이상의 것으로 받아들여 세상에서의 자기 위치가 정해진다고 생각한다. 그와 같은 옛날식 적응 형태와 또 거기에 따르는 확실한 건강의 회복으로 되돌아가는 것은 가능하지도 않고 바람직하지도 않다는 것이 이 영화의 요지라는 것은 다시 말할 필요가 없다. 소외의 관점에서인지 아니면 건강의 관점에서인지 그것이 분명치는 않지만 우리는 여기서 춤추는 유대인을 비웃게 되어 있다. 막스 베버가 그렇게 분류했고, 한나 아렌트(Hannah Arendt)에 의해 특별히 유명해졌듯이 유대인은 추방당한 민족임에는 틀림이 없다. 여기서 추방당한 민족이란 의미는 한 사회에 속하는 사람에 대해 특별한 통찰력을 가진 외부인이기 때문에 흥미롭지만 전형적인 유대인이라는 것 그 자체는 아무런 장점이 없다는 것을 의미한다. 그의 가치관은 현재 그의 관심을 끄는 관심 세계에 의해 결정지어진다. 그가 '내부 지향형'이 되었을 때, 그가 그의 진정한 본능을 좇아 자신의 가치관을 스스로 정립할 때 그는 건강을 되찾게 된다. 실제로 화창한 날, 사람들이 '오늘은 참 화창한 날이지요'라고 하면 첼리크는 오늘은 화창한 날이 아니라고 되받는다. 그러자 전에는 그가 모방하고자 했고 이제는 그들의 의견에 반기를 들게 된 바로 그 사람들에 의해 즉각 그는 정신병자 수용 기관으로 끌려간다. 이것이 바로 창의적인 사람에게 사회가 사회의 가치관을 강요하는 방법이다. 마지막에 가서 그는 독자적으로 회복하게 되고 전에는 사람들에게 깊은 인상을 주기 위해 읽지도 않고 토론하곤 했던 《모비 딕 *Moby Dick*/白鯨》을 읽기에 이른다. 그의 건강은 우울함과 고분고분하고 자기 의식적인 새침함의 혼합물이다.

 뇌리에서 떠나지 않는 우디 앨런의 희극은 오늘날 우리의 병폐는 가치 상대주의에서 생겨나는 것으로 진단하고 그 치료는 가치관을 정립하는 것으로 여긴다. 그리고 의식적으로 애써 역할을 수행하려 하지만 그 역할을 수행하는 것이 결코 편안하지 못한 사람을 묘사하는 것이 그의 강점이고 우리의 흥미를 끌기도 하는데, 왜냐하면 그는 얼마나 텅 비었나를 전혀 인식하지 못하기 때문에 우스꽝스럽기 그지없는 다른 사람을 닮아 가려고 무척 노력하기 때문이다. 그러나 앨런은 품위가 전혀 없고 그가 연출해 내는 유대인 기질이 피상적인 것으로 미루어 볼 때 유대인 기질이 그에게 내면적 품위를 가져다주지 못했음이 분명하다. 앨런이 건강한 내면 지향적 인물을 묘사하는 데에는 완전히 실패했고, 그래서 앨런이 묘사하는 인물이 재미있지도 흥미롭지도 못하다. 돈의 참 가치를 알고 있는 사람과 비교해볼 때 수전노가 우습게 느껴지는 것과 마찬가지로 이 인물은 다른 사람을 이해하고 판단하기 위한 척도일 뿐이다. 그러나 앨런이 묘사하는 내면 지향적 인물은 공허하거나 아니면 존재하지 않는 인물이다. 따라서 그런 인물을 만들어 낸 장본인의 이해가 얼마만큼이나 심오한 것일까에 대해 의심을 갖게 만든다. 여기에서 우리는 무에 직면하게 되는데 앨런이 그 사실을 알고 있기나 한지 분명치가 않다. 내면 지향적이라 함은 우리가 주위에서 실제로 보는 '부르주아'를 쉽사리 경멸하고 조롱하는 것을 가능케 해주는 인류 평등주의의 약속이다. 이 모든 것은 말할 수 없이 얄팍하고 실망만을 가져다준다. 왜냐하면 그것은 우리가 살아가고 있는 허무주의의 번뇌는 신경 증세에 불과한 것으로 정신요법과 우리의 자세를 조금만 고치면 금방 치유될 수 있는 것으로 우리에게 확신시키려 하고 그것을 진지하게 믿고 있기 때문이다. 에리히 프롬의 《자유로부터의 도피 *Escape from Freedom*》는 데일 카네기의 이야기에 중부 유럽의 문화적 유산을 약간 가미한 것에 불과하다. 자본주의에서 오는 소외감과 청교도의 억제를 제거하라, 그러면 우리 각자는 스스로 선택할 수 있기 때문에 세상만사가 모두 다 잘 되어갈 것이다. 그러나 내면 지향에 대해 실제로 우디 앨런이 우리에게 들려주는 이야기란 아무것도 없다. 리스먼 또한 우디 앨런과 다를 바 없고 더 거슬러 올라가 에리히 프롬에 도달해도 그가 우리에게 들려줄 이야기는 없다.

내면 지향의 참의미[眞義]가 주는 모든 냉혹한 사실에 대해 무엇인가를 배우려면 우리는 하이데거에게로 올라가야만 한다. 내면 지향을 정말로 진지하게 다루면서도 앨런처럼 좌익 진보주의에 의해 문제가 해결될 수 있다는 선전적인 확신 같은 것은 전혀 내세우지 않았던 카프카에 비하면 앨런은 재미 면에서 도저히 견줄 수가 없다. 첼리크는 히틀러와 불장난에 빠지기도 하지만 - 히틀러는 '타인 지향형 성격의 소유자'에게 호소력이 있고, 아니면 또 다른 독일의 심리 사회학자인 테오드르 아도르노(Theodre Adorno)에 의해 유명해진 '권위주의적 성격의 소유자'[2]에게 호소력이 있다는 것은 거의 말할 필요조차 없는 사실이고 - 그의 정신 분석학적 방어 기제 (Psychiatricus ex machina) 덕분에 구제받는다. (스탈린과의 유희는 설명이 결코 필요 없다.) 우디 앨런은 우리가 허무주의를 편안하게 느끼도록 만들고, 그것에 미국적 특성을 부여하는 데 도움을 주고 있다. 즉 너와 나 우리가 다 같이 어쩔 수 없는 괴로움을 약간씩 함께 지기로 동의하기만 하면 나도 괜찮고 당신 또한 괜찮다.

정치, 연예, 종교, 그 어느 분야에서든지 니체가 부르짖은 가치 혁명과 관련이 있는 어휘가 사용되는 것을 발견하게 되는데 그 어휘들은 우리에게 가장 관심거리인 사물들에 대한 우리의 시각이 새로워져서 필요하게 된 것들이다. '카리스마', '생활 양식', '서약', '주체성'과 같은 어휘와 그 밖의 여러 다른 어휘들은 모두가 다 니

---

[2] 베르톨루치는 앨런에게서 볼 수 있는 재치 같은 것은 전혀 없이 그의 《순응주의자 The Conformist》에서 똑같은 요지를 강조한다.

체에 의해 사용되기 시작했다는 것을 쉽사리 추적할 수 있다. 이제는 사실상 거의 그 어휘들이 미국의 은어가 되다시피 했지만 건국 시조는 더 말할 것도 없고 당장 우리의 아버지들로서도 그 어휘들과 그것이 지칭하는 사물들이 무엇이고 도대체 무엇을 의미하는지 도저히 이해할 수 없을 것이다. 몇 년 전 내가 애틀랜타에서 택시 기사와 이야기를 나눈 것이 있는데, 그는 내게 자신은 마약 판매 때문에 옥살이를 치르고 방금 감옥에서 나왔다고 말해 주었다. 다행히 그는 '정신 분석 치료'를 받았다고 했다. 나는 그에게 그것이 어떤 종류의 치료였느냐고 물어보았다. 그러자 그는 "모든 종류요 - 심층 심리학, 교류 분석(交流分析/transactional analysis) 등인데, 그중 내가 가장 좋아했던 것은 형태(Gestalt) 심리학이었죠"라고 대답했다. 독일에서 나온 일부 개념이 영어권 사람들의 언어가 되는 데 꼭 거기에 적절한 영어의 어휘를 찾을 필요조차도 없다. 독일에서는 서구의 지적 생활의 절정에서 나온 높은 수준의 담화가 미국의 거리에서는 마치 껌을 씹듯 자연스러운 것이 되어 버렸으니 이는 정말로 특이한 일이라 아니할 수 없다. 그것이 정말로 그 택시 기사에게 영향을 미치고 있었다. 그는 자신의 주체성을 찾았고, 자신을 좋아하는 것을 배웠다고 말했다. 그가 한 세대 전 사람이었다면 그는 신을 발견하여 자신이 죄인임을 깨닫고 자기를 경멸하도록 배웠을 것이다. 자아(self)에 대한 그의 인식에 문제가 있지 그에게 내재하는 원죄나 악마가 문제가 되는 것이 아니다. 여기에서 우리는 구대륙이 보여주는 절망감이 미국에서는 특유한 방법으로 소화되고 있음을 알 수 있다. 행복한 결말이 나는 허무주의가 미국식 허무주의다.

  독일 철학이 미국에서 이와 같이 대중화된 것이 내게는 특별한 관심거리로서 그 이유는 나 자신이 지적으로 성숙된 생활을 영위하는 동안에 그 일이 발생하여 내가 직접 지켜볼 수 있었기 때문이다. 따라서 나는 조금은 마치 여섯 살 때의 나폴레옹을 알고 있는 사람처럼 느껴진다. 나는 그 누구의 상상도 초월하여 가치 상대주의와 거기에 따르는 여러 가지 사항들이 이 땅에서 커가는 것을 목격했다. 교양 없는 사람의 나라로 여겨졌던 미국에서 막스 베버의 사회학으로부터 나온 전문적 용어가 언젠가는 일상의 언어가 되리라고 1920년대에 그 누가 상상을 할 수 있었겠으며, 또 한편으로 그 나라가 가장 강력한 나라가 되리라고 그 누가 상상을 했겠는가? 히피, 정치적 히피, 젊은 출세지향 전문인, 사회 투쟁족, 고위 성직자 및 대통령이 보여주는 자기 이해는 반세기 전 독일에서 발생한 사조에 의해 무의식적으로 형성된 것으로서 허버트 마르쿠제의 사투리는 중서부의 비음 소리로 변했고, 에히트 도이치(echt Deutsch/독일 진품)라는 상표는 미국 제품(made in America)이라는 상표로 대체되었고, 새로운 미국식 생활 양식은 전가족을 위한 디즈니랜드판 바이마르 공화국이 되어 버렸다. 그래서 불가피하게 나의 연구는 반은 가려져 있고 흥미진진한 이 모든 것의 원천으로 되돌아갈 수밖에 없게 되었다. 동시에 나는 두 가지 진로를 함께 관찰할 수 있게 되어, 그 한 진로로 변화되어 가는 우리 미국 생활의 미래를 살펴보는 것이고, 다른 하나는 심오한 명상의 철학적 전통에서 벗어나 그 전통을 묻어 버린, 그래서 지적으로, 도덕적으로, 정치적으로 가장 애매모호한 결과를 가져오게 된 과거로 거슬러 올라가면서 살펴보는 것이다. 우리 자신을 이해하고 우리 자신에게 진짜 대안을 제공하기 위해서는 우리가 이 매혹적인 지적 역사에 대한 지식을 갖추는 것이 필요하고, 그리고 부디 지식이 역사에 영향을 미친다는 사실을 지성 역사학자들에게 설득시킬 수 있다면 얼마나 다행할 것이며, 니체가 말한 '세상에서 가장 큰 업적은 사고이고 세상은 새로운 가치관을 만들어 내는 사람을 중심으로 소리 없이 조용하게 돌아간다'는 그 사실을 그들에게 설득시킬 수만 있으면 좀 좋을 것인가. 니체 자신이 바로 그러한 창조자였으며, 우리가 속한 이 시대는 비록 삐걱거리기는 하지만 여전히 그를 중심으로 돌아가고 있다. 이것이 우리가 처한 상황이고, 우리 상황의 진풍경은 빌어 온 멋진 장식으로 자기 자신을 치장하기를 열망하는 민주 인물에 의해 니체의 견해가 어떻게 하잘것없는 것으로 변해 왔는가, 그리고 민주주의가 생소한 견해와 생소한 취향에 의해 어떻게 부패되었는가 하는 것을 지켜보게 된 점이다.

내가 우리의 이러한 상황을 처음으로 본 것은 이 상황이 중간쯤 전개되었을 때, 즉 독일에서 발생하고 그때까지는 성실한 지식인들의 영역이었던 철학에 의해 미국 대학 생활이 혁신적인 변화를 겪던 시기였다. 2차 대전 직후 내가 시카고 대학에 들어왔던 40년대 중반에는 '가치 판단(value judgment)'과 같은 어휘는 갓 생겨난 어휘였고 장래가 촉망되는 특별한 통찰력을 가진 엘리트에 국한되었다. 사회과학 분야는 인간과 사회를 그 어느 때보다도 더 잘 이해할 수 있는 새로운 시대가 열리고 있다고 크나큰 기대감에 가득 차 있었다. 낡고 지루한 방법론과 실증 철학을 학문적 특징으로 하는 철학과는 그 특징 때문에 인간에 대해 영원하고 생생한 의문을 가진 사람들로 하여금 사회과학 분야로 몰려가게 만드는 결과를 빚었다. 두 작가가 사람들의 열의를 독점하고 조성하였는데, 즉 프로이트와 베버가 그들이다. 마르크스의 저작들은 존경을 받기는 했지만 전에도 항상 그러했듯이 별로 읽히지는 않았고, 그의 글이 우리가 실제로 당면하는 문제를 다루는 데에는 별다른 영감을 제시해 주지도 못했다. 프로이트와 베버는 둘 다 니체의 영향을 깊이 받고 있다는 사실이 니체를 아는 모든 사람과 19세기 후반 독일어권에서 일어나고 있던 일에 대해 알고 있는 모든 사람에게는 분명한데도 심지어 지금까지도 여전히 이 사실은 충분히 평가되지 못하고 있다. 묘하게도 그들은 니체가 가졌던 심리학적 관심과 사회학적 관심을 서로 양분하여 떠맡았다. 프로이트는 개인의 본능적 충동 또는 무의식에 그의 관심을 집중시켰고 가장 흥미로운 정신적 현상의 원동력은 성적 충동이라 여겼으며, 이것이 거기에 관련이 있는 개념인 순응과 신경증을 집중적으로 다루었다. 베버에게는 가치관의 문제, 종교가 가치관 형성에 작용하는 역할 및 공동체가 최대의 관심사였다. 우리가 그리도 익히 알고 있는 언어의 대부분이 직접적으로는 프로이트와 베버 두 사람에게서 비롯되고 있다.

  그들이 독일의 사상가였다는 것은 모든 사람이 알고 있었고, 그들을 가르치는 교수님들은 히틀러를 피해 나온 독일인 망명자가 아니면 히틀러 이전에 독일에서 공부한 미국인이거나 또는 독일인 해외 망명자 밑에서 배운 사람들이라는 것은 모두가 아는 사실이었다. 이러한 사상이 독일에서 비롯되었다는 것이 이들 교수님들에게는 아무런 문제가 되지 않았다. 프로이트와 베버는 히틀러 이전 모든 사람이 존경했던 독일의 위대한 고전주의 전통 바로 그것의 일부였다. 그 당시 니체 자신은 별로 존경의 대상이 되지 못하였는데 그 이유는 그의 생각이 곤욕스럽게도 파시즘과 관계가 있는 것으로 보였기 때문이다. 그리고 앵글로 색슨 사회(이 사회에서는 그가 그 누구보다도 예술가들에게 가장 직접적으로 영향을 끼쳤고, 물론 그중에서 가장 잘 알려진 인물이 에즈라 파운드였다)에서 그를 지지한 사람들은 대개 파시즘의 위험과 반유태주의의 위험(니체 자신은 반유태주의자와는 정반대가 되는 사람이었음에도)에 대한 경계심을 충분히 다지지 못한 사람들이었다. 독일의 철학이 니체와 더불어 반합리주의, 반자유주의로 돌아섰다는 사실, 그리고 이것이 하이데거에 이르러서는 더욱더 강력해졌다는 사실은 분명하다. 그럼에도 이 사실은 단순하게 억눌려 버렸고, 이 두 사람이 자신들의 당에 끼친 영향에만 몰이해한 눈길을 집중시켰다. 독일에서 생겨난 일의 책임을 헤겔과 피히테와 니체에게 돌리려는 피상적인 노력이 있기는 했으나 보편적으로 독일 고전주의 전통뿐만 아니라 독일의 역사주의는 여전히 지지를 받았고, 또 우리 시대에 나타난 별 같은 특별한 인물들은 그것의 파생물로 취급되거나 아니면 자연 발생한 것으로 취급되었다. 바이마르가 지닌 문제는 간단히 말해 고약한 사람들이 승리했다는 점이다.

후일 상당수 매우 유명해진 나의 교수님들은 철학적인 데가 없었고 그들이 사용하던 새로운 언어와 카테고리의 출처를 캐내려 하지도 않았다. 그들은 이것들을 학문적 발견으로 여겨 여느 발견과 다를 바가 없다고 생각했고, 보다 많은 발견을 위해 쓰이는 것으로 여겼다. 토크빌이 예견했던 대로 그들은 상습적으로 추상적 개념 및 일반 법칙화하는 일에 빠져 있었다. 그들은 과학의 진보를 믿고 있었고 (여기에는 뽐내고 싶고 자기 풍자적인 요소가 있었을 가능성이 있기는 하지만 아무튼), 16세기와 17세기에 갈릴레오, 케플러, 데카르트 및 뉴턴이 자연과학 분야에서 이루었던 업적과 맞먹는 역사적 약진이 사회과학 분야에서도 이룩될 수 있는 시기에 와 있는 것으로 믿고 있는 것처럼 보였다. 그렇게 될 때 코페르니쿠스 이후 프톨레마이오스(Ptolemaios/Ptolemy)가 의미를 잃게 된 것과 마찬가지로 앞서 있었던 사회과학이 의미를 잃게 되리라고 믿고 있는 것처럼 보였다. 나의 이 스승들은 무의식과 가치라는 것에 문자 그대로 도취되어 있었다. 그들은 또한 학문적 진보가 사회적 정치적 진보와도 관계가 있다고 확신하고 있었다. 모두가 다 마르크스주의자이거나 아니면 누딜 진보주의자들이었다. 보수주의에 항거하는 투쟁이 국내적으로는 투표를 통해 승리를 거두었고, 외교 문제에 있어서는 전투를 통해 승리를 거두었다. 원칙이라는 결정적인 문제가 해결되었다. 평등과 복지 국가가 이제는 사물 질서의 일부가 되었고 이제 남은 일은 계획한 민주주의 일정을 완성시키는 일이다. 사회학이 사회를 발전시키는 한편 정신 요법은 개인을 행복하게 만들어 줄 것이다.

나는 이 교수들 중 그 누구도 표면 아래 그 어디엔가 놓여 있는 니체 - 하이데거의 극단주의를 알아차리는 것은 제쳐 놓는다고 하더라도 프로이트와 베버의 어두운 면을 알아차린 교수도 없었다고 생각한다. 설상 그들이 알아차렸다 하더라도 그것을 오히려 자서전적인 의미에서 흥미로운 것으로 여겼지 학문적 관심의 대상이라고 생각지는 않았다. 모든 의식적인 생활을 비합리적인 원천에 돌리는 프로이트와 모든 가치는 상대적이라고 하는 베버에게 그들이 학문적으로 의문을 일으키지 않았다는 점과 과학에 대해 아무 문제 없이 여전히 낙관적이었다는 점에 나는 놀라움을 금할 수 없다. 프로이트는 문명사회의 미래와 인간 생활에 미치는 이성의 역할을 매우 의심쩍게 여겼다. 그는 결코 민주주의나 평등주의를 확고히 신봉하는 주창자는 아니었다. 학문, 도덕, 정치에 대해 프로이트보다는 훨씬 더 깊이 생각을 했던 베버는 영원히 계속되는 비극적 분위기 속에서 살았다. 그의 학문은 혼돈된 사물에 의심스러운 채 항거하는 도전이었고, 분명히 가치는 그의 학문 영역 밖에 있었다. 사실과 가치를 상상에서 나온 지레짐작으로 구분하는 것의 의미는 이것이다. 정치에서의 합리성은 몰인정한 관료주의를 가져온다. 베버로서는 비합리적인 헌신의 정치보다 합리적인 정치를 선택한다는 것이 불가능하였고, 그래서 그는 다른 모든 헌신과 마찬가지로 이성과 합리성도 가치의 선택이지 그것 자체가 선한 것이라 단언할 수는 없다고 믿었다. 그의 이런 믿음으로 말미암아 이성과 학문은 이제까지 항상 가장 두드러지던 특징을 잃게 되었다. 정치는 위험스럽고 통제할 수 없는 반종교적인 가치관 정립을 필요로 하고, 따라서 베버가 목격한 것은 인간과 사회를 소유하려는 뭇 신들의 투쟁이었다. 그 결과는 우리의 예측을 불허했다. 계산적인 이성은 공동체와 지속되는 가치는 형성하지 않고 마음도 영혼도 없는 채로 사물을 메마르게 관리하는 결과를 초래할 것이고, 우리의 감정은 피상적인 쾌락만을 추구하는 이기적인 방종을 좇을 것이다. 정치적 헌신은 광신을 조장할 가능성이 매우 높으며, 또 인간에게 가치 정립을 할 수 있는 충분한 여력이 있는지도 지극히 의심스러웠다. 모든 것이 허공에 뜬 상태였고, 그의 노고를 신성한 것으로 여겨 지탱해 나가도록 만들어 주는 신정설(神正設)이 어디에도 없었다. 베버는 니체의 영향력 아래 있었던 독일의 다른 많은 사람들과 마찬가지로 우리가 소중히 여기는 모든 것들이 니체의 통찰력에 의해 위협을 받고 있고, 여기서 초래되는 결과를 다스릴 지적 도덕적 방책이 우리에게 없다는 것을 볼 수 있었다. 우리는 가치관을 필요로 하고 가치관은 한편 인간의 독특한 창조성을 필요로 하는데 그 창조성이 메말라가고 있고 아무 데서도 초자연의 지지 또한 받지 못하고 있다. 과학적인 분석 자체도 이성이 위력을 잃고 가치 평가를 할 수 있는 인간의 시각도 무너지고 있다고 결론짓고 있다. 이 모든 것이 베버에게만 국한되었던 베버 특유의 생각이거나 또는 단순히 그의 신경 쇠약증에서 온 것만은 아니고 오히려, 그의 신경 쇠약 증세가 적어도 일부는 그의 앞에 놓여 있던 음울한 전망 때문에 생겨났다. 가치 상대주의가 진실이고 또 그것을 믿는다면 우리는 우리 영혼 내의 어두운 곳으로 끌려가고, 정치적으로 매우 위태로운 실험을 하게 될 것이라는 데에는 의심의 여지가 없다. 그러나 황홀경에 빠져 있는 미국이라는 땅에는 비극적 감각이 들어설 자리가 별로 없고 새로운 사회과학을 주장하던 초기의 지지자들은 그들의 가치가 탄탄하다는 확신을 가지고 가치 중심 통찰을 즐겁게 받아들여 과학을 진척시켜 나아갔다. 탈코트 파슨스(Talcott Parsons)의 성격과 관심사를 막스 베버의 성격과 관심사에 견주어 보면 우리는 유럽과 우리 미국 간에 나타난 거리를 재 볼 수가 있다. 우리는 파슨스를 통해 베버가 우리의 일상이 되었음을 볼 수 있다. 미국에서는 가치 중심 통찰이 60년대에 들어와서 비로소 진정한 효과를 발휘하기 시작했고, 독일에서는 그보다 30~40년 앞서서 그 효력을 발휘했다. 전대에서 내려온 가치를 그대로 이어받으며 살아온 것이 아니라, 선악과는 무관한 철학 및 학문적 분위기 속에서 교육을 받은 새 세대가 가치 공약이라는 새로운 무장으로 갑자기 등장하여 윗세대에게 가장 불쾌한 교훈을 안겨 주었다.

　독일의 비애감을 이렇게 미국화한 모습은 루이 암스트롱이 그의 대히트곡인 '칼자루 맥(Mack the Knife)'을 열창할 때 그의 얼굴에 떠오르는 미소 속에 단적으로 나타나고 있다. 미국 지식인의 대부분이 알고 있듯이 그 노래는 바이마르 공화국 대중문화의 기념비적인 작품으로 좌익 예술의 두 영웅이라 할 수 있는 베어톨트

브레히트(Bertolt Brecht)와 쿠르트 바일(Kurt Weill)에 의해 쓰여진《서 푼짜리 오페라 *Die Dreigroschenoper*》에 나오는 노래 '마키의 칼(Mackie Messer)'을 번역한 것이다. 많은 미국 지성인들 사이에서는 히틀러가 권력에 오르기 직전의 시기에 대하여 묘한 향수를 느끼고 있다. 로테 레냐(Lotte Lenya)의 번안을 '슬픈 천사(Blue Angel)'에서 말레네 디트리히(Marlene Dietrich)가 'Ich bin von Kopf bis Fuss auf Liebe eingestellt'라고 불러 그녀와 함께 이 노래가 오랫동안 우리의 의식 속에서 분명하게 포착되는 것도 아닌 그 어떤 애매모호한 것을 완수하려는 동경의 매혹적이고 요염하며, 퇴폐적인 상징이 되어 왔다. 우리의 지식인들이 잘 알지 못했던 사실은 니체의《차라투스트라는 이렇게 말했다 *Also sprach Zarathustra*》에 나오는 금언으로, 그 책을 잘 알고 있었던 브레히트는 '망연한 범죄자에 대해'라는 제목을 붙여 신경 질환 증세가 있는 살인자의 이야기를 엮고 있다. 주인공인 살인자는《죄와 벌 *Prestupleniye i nakazaniye*》에 나오는 라스콜리니코프와 섬뜩하리만큼 유사하고 그의 살인 동기는 여느 다른 살인 동기와 다를 바 없이 정당하며, 많은 피치 못할 상황하에서는 살인이 유용한 수단이긴 하지만 '칼로 맛본 기쁨'을 맹목적으로 열망한다는 것이 우리의 이 평화로운 시기에는 정당한 것이 못 된다는 사실을 그 살인자는 알지도 못하고 알 수 있는 능력도 없다는 것이 그 줄거리다. '칼자루 맥'의 이 각본은 본능적 충동(id)이라는 화산이 내뿜는 것이 무엇일까 기다리며 지켜보는 기대라는 초 도덕적인 태도의 시작이라 할 수 있고, 그런 태도는 바이마르에게 호소력이 있었으며 이를 동경하는 미국인에게도 호소력이 있었다. 파시즘만 아니라면 모든 게 상관이 없다. 암스트롱은 레냐를 대신하고 이번에는 디트리히가 맡았던 역을 마이 브리트(Mai Brit)가 맡아 온통 대중 시장을 점령하고 타락상에 있어서는 조금도 덜할 것이 없음에도 불구하고 덜 위험한 것으로 생각한다. 이질적이라는 인식은 모두 사라져 버렸다. 이것이 이젠 완전히 미국의 대중문화로 여겨지고 미국이 주도하는 시대의 일부로 여겨지며, 이는 (긴장하는 것과는 대조적으로) '느긋한 태도를 취하시오'라는 말이 실은 하이데거의 위임(Gelassenheit)을 나름대로 해석한 것인데 그것을 마치 록 음악의 통찰로 여기는 것과 꼭 마찬가지의 현상이다. 바이마르에 대한 향수가 우리에게 줄 수 있는 유일한 이점인 역사감 및 우리 시대로부터는 먼 데의 것이라는 거리감은 없어져 버리고, 미국인들의 자기 만족감 - 즉 이제 무대는 우리 것이요 과거로부터 인생에 대해 배울 수 있는 중요한 것은 없다는 생각 - 에만 소용이 닿게 되었다.

이와 같은 모습은 우리의 지적 세계에서도 찾아볼 수 있다. 암스트롱을 메리 매카시로, 로테레냐를 한나 아렌트로 대체하거나 아니면 레냐를 에리히 프롬으로 대체하고 그 밖에 미국 지성인으로 손꼽히는 사람들을 모두 이런 식으로 대체해 나가기만 하면 된다. 우리의 인기인들은 독일 원본에서 번역된 자신들이 이해하지 못하는 노래를 부르고 있고, 어떤 영향을 미치고 있는지 알지는 못하지만 광범위하고도 어마어마한 대중적 성공을 거두었기 때문에 무엇인가 독창적인 전달문으로 미국인의 영혼을 감동시켰다고 생각한다. 그러나 이 모든 것 뒤에는 니체와 하이데거라는 서정시의 두 대가가 도사리고서 모든 것을 지어냈다.

간단히 말해 미국은 전후 모든 나라의 젊은이들을 한데 연합시켜 노예화되었던 많은 나라를 해방시켜 주는 민주 보편주의를 달성하려 하였고, 그 구체적인 형태로 청바지를 세계 방방곡곡에 내어 보내고 있는 반면에 자신들의 영혼을 위해서는 독일산 천으로 된 옷을 수입하고 있었다. 그 수입품은 모든 것과 충돌했다. 출발 시에는 좋은 일이고 인간의 권리와 일치하고 있다는 생각에서 세계를 미국화하려 했던 우리의 노력에 의문을 일으켰다. 우리의 도시 모습이 독일 건축가들[3]에 의해 변형된 것보다도 더 극단적으로 우리의 지적 풍토가 독일 사상가들에 의해 변형되었다.

이 모든 것이 독일에 근거를 두었다고 내가 주장하는 것은 외국의 영향에 대해 너무 아무것도 모르고들 있다고 일깨워 보려는 의도 또는 모든 것에 스며 있는 독일 지성의 영향을 찾아보려는 의도가 아니라, 단지 우리가 말하고 생각하는 것을 이해하려 할 때 꼭 살펴보아야 하는 것에 대한 인식을 높이고자 함이다. 우리가 그것을 잊어버릴 위험한 고비에 와 있기 때문이다. 한 나라가 가진 지적 생활이 강력

---

[3] 미즈 판 데어 로헤(Mies van der Rohe) 역시 실제로 건물을 짓기 전에 시카고에서 지내던 인물 중 하나였고, 바우하우스도 바이마르 공화국의 산물로 내가 묘사하였던 사조와 밀접한 관계가 있다.

할 때에 비록 무력 면에서는 압도하더라도 지적 자산 면에서는 어림도 없는 다른 나라들에게 막대한 영향력을 행사하는 것이 인간 역사에서 결코 드문 경험이 아니었다. 로마 사회에 미친 그리스 문화의 영향과 독일과 러시아 사회에 끼친 프랑스의 영향이 그것의 두드러진 경우라 할 수 있다. 그러나 미국에서 나타나고 있는 독일의 영향이 우리에게 문제점으로 비치는 이유는 바로 이 두 경우와 독일과 미국 간의 경우에는 분명한 차이점이 드러나고 있기 때문이다. 그리스와 프랑스의 철학은 그 의도와 사실에 있어 보편성을 띠고 있었다. 그 철학들은 시대와 장소를 초월하여 사람이 잠정적으로 가지고 있는 능력을 사용하도록 하는 호소력을 발휘했다. 그리스 철학에서의 고유 명사는 프랑스의 계몽주의에서처럼 없어도 되는 상투어구에 불과하다. (이탈리아 르네상스의 경우도 마찬가지인데, 르네상스의 출현으로 국가라는 개념은 우연히 생겨난 것이고 희랍 철학자들에게는 보편성이 있다는 것이 재확인되었다.) 그들이 가르친 선의 생활과 올바른 체제는 인종, 국가, 종교, 기후 따위의 한계를 몰랐다. 이와 같은 순수한 인간 대 인간의 관계가 바로 철학이라고 정의할 수 있다. 우리는 이 사실을 인식하고 있기 때문에 학문을 말할 때 독일, 이탈리아, 또는 영국의 물리학을 심각하게 별개로 구분 지어 논하는 사람이 아무도 없다. 그리고 우리 미국 사람들이 정치를 심각하게 이야기할 때 우리는 자유와 평등에 대한 우리의 원칙 및 거기에 기초를 둔 권리는 합리적인 것이고, 따라서 어디에서도 적용될 수 있다는 것을 의미한다. 사실상 제2차 세계 대전은 이 원칙을 용납하지 않는 사람들로 하여금 이를 받아들이도록 강요하기 위해 착수된 교육적 과제였다.

그러나 헤겔 이후의 독일 철학은 그것들에 의문을 던졌고, 따라서 독일 정치와 독일 사상 사이에는 어느 정도의 관계가 있었다. 이성이란 본질적으로 역사와 문화에 관계되는 것이라고 역사주의는 가르쳤다. 후기 독일 철학자들은 독일적인 것이 그들 생각의 중추가 된다고 생각했다. 니체 및 니체의 영향을 받은 사람들에게 가치관은 지역 사회 사람들이 가지고 있는 지역적 마음의 산물이고, 따라서 그것은 그 지역 사회 지성에게만 타당성을 지니게 된다고 생각했다. 내가 언급했듯이 하이데거는 번역의 가능성 자체에 의심을 품었다. 그는 그리스의 철학 용어를 라틴어로 옮겨놓은 것은 피상적이고 번역의 대상이 된 원문의 본질을 전달해 주지 못한다고 여겼다. 독일 철학 이전의 철학은 자기 자신의 문화로부터 해방을 지향하였던 것과는 달리 독일 철학은 자기 자신의 문화에 확고한 뿌리를 박도록 재정비하는 경향이 있었는데, 이것은 철학적 정치적 세계주의에 의해 산산조각 났다. 구름으로 덮인 스코틀랜드의 성을 화창한 플로리다로 옮겨 오고 거기다 '지방특색'을 살린답시고 운하와 곤돌라까지 지은 '유령 서부에 가다(The Ghost/Geist Goes West)'에 나오는 백만장자 주인공과 우리는 똑 같다. 우리는 일부 포도주처럼 옮겨서는 안 되는 사상 체계를 선택하여 옮겨 왔고, 결코 우리의 관점이 될 수 없고 우리와 우리의 목표를 싫어하는 데서 비롯된 관점을 선택했다. 미국은 그들의 문화를 갖지 못했다고 생각했고, 진정한 문화로부터 버림받은 것들의 집합체로 여겼으며, 따라서 생각과 행위에 있어 편안한 자기 보존만을 추구하고 피상적인 세계주의에 헌신하는 체제로 여겼다. 독일 것에 대한 우리의 욕구가 바로 우리가 그것들을 이해하지 못한다는 증거다. 모든 종류의 역사주의, 그중에서도 특히 니체의 극단적인 역사주의가 여러 민족 및 그 민족의 가치관에 대한 결정적인 특성을 널리 알렸고, 이것이 독일 철학과 그리스 철학을 반대되는 입장에 처하도록 만든다. 그 차이점은 소크라테스를 함께 다루면서도 니체의 방식과 키케로의 방식이 반대인 데에서 잘 나타나고 있다. 키케로는 소크라테스를 친구이며 동시대 사람인 양 받아들였지만 니체는 그를 적으로, 그리고 고대 사람으로 받아들였다. 우리 미국이 가진 극단적인 계몽보편주의를 놓고 볼 때 니체와 하이데거로서는 우리가 그들을 받아들이는 것보다 더 달갑지 않은 일은 없을 것이다. 이 가치 상대주의가 실제로 민주주의와 잘 조화되는 것인지 하는 문제는 아예 의문을 제기하지 않음으로써 해결해 버리려 한다. 사회과학은 나치주의를 우디 앨런이 제시한 대로 권위주의 또는 타인 지향적 성격이 초래한 정신 병리학의 경우로, 그리고 정신과 의사가 다루어야 하는 경우로 취급했다. 사회과학은 사상 특히 진지한 사상, 심지어는 사회과학 자체가 기초가 되는 사상과 히틀러의 성공 사이에 그 어떤 상관이 있을 수도 있다는 것을 부인했다. 그러나 바이마르 공화국의 좌익판이 미국인들을 더 없이 매료하였듯이 바이마르 공화국 또한 적어도 처음에는 파시즘에 매력을 느겼던 지성인을 포함하고 있었고, 그들이 파시즘에 매혹을 느낀 이유는 좌익 사상가가 좌익 사상에 매혹되는 것이나 같은 것으로서 자유와 가치 창조에 대한 성찰의 결과로 매혹을 느꼈던 것이다. 사람이 일단 하나에 깊이 빠지면 저편에서도 평등이나 민주주의, 사회주의가 발견될 수 있다는 확신을 전혀 가질 수 없게 된다. 뭐라 해도 자결(自決)이라는 것은 막연한 것이다. 그러나 가치 창조의 조건, 특히 권위주의적이고 종교적인, 아니면 카리스마적인 성격을 띤 가치 창조는 민주적 합리주의에 불리한 것처럼 보일 것이다. 신성함을 근본으로 삼는 공동체는 개인의 권리와 자유주의적인 아량과는 상반되게 마련이다. 공동체와 문화가 새로운 종교성을 띠게 되자 창조적인 시각으로 사물을 보는 사람들로 하여금 우익 쪽으로 기울게 만드는 결과를 가져왔다. 좌익 쪽에서는 마르크스주의식 혁명을 수행하고 나면 니체가 약속한 것을 확립할 수 있다는 단언만이 유일하게 제시된 반면에, 우익 쪽에서는 우리가 알고 있는 창조의 조건에 대한 고찰이 일고 있었다. 이제는 비나치화된 하이데거의 나치 시절을 지금에 와서 새삼 논평하지는 않겠다. 다만 이전에는 그의 여러 가지 대리 행각에 넋이 나가서 간단하게 제쳐놓았던 그를 지금에 와서 우리 세기의 가장 흥미로운 사상가였다고 점점 더 공공연히 인정하는 것을 볼 때 우리가 불을 가지고 장난한다는 사실만은 일러두고 싶다. 니체처럼 그도 새로운 신에 대한 관심으로 인해 절제보다는 무절제를 존중하도록 가르치게 되었고 도덕성을 우습게 여기세 되었다. 진보주의사는 숙맥같이 보이고 카바레에서 칼의 기쁨을 노래하는 사람들에게는 모든 것이 가능했던 바이마르의 애매모호한 분위기 형성에 두 사람 다 도움을 주었다. 예전 같으면 점잖은 사람들로서는 생각하는 것조차 끔찍했고, 많은 사람 앞에서는 감히 함부로 말해서는 안 되는 것들을 공공연히 표현하는 것에 사람들이 익숙해지게 되었다. 바이마르의 우와 좌 간 투쟁이 극단적인 결과를 초래했다는 것은 어쩔 수 없는 일이었다.

 교육을 통해서나 역사적 경험을 통해서나 이 모든 것에 대한 준비를 전혀 갖추지 않은 미국의 영혼들이 어떻게 이 모든 것들과 일맥상통하게 되었는지 커다란 수수께끼다. 프로이트가 미국에서 그토록 놀랍게 성공을 거둔 것이 히틀러를 피해 그의 많은 제자가 미국에 망명해 왔고, 그들이 매우 효과적인 선전원들이었다는 그런 단순한 이유 때문인지 아니면 프로이트 자신은 별 관심이 없었던 미국이라는 나라에서 그를 필요로 하는 특별한 이유가 있었기 때문인지 이 점을 놓고 피에르 해스너(Pierre Hassner)가 한때 의문을 제기한 적이 있었다. 나는 시카고 출신이기 때문에 베버 학파가 개신교 윤리라고 불렀던 바로 그 윤리의 가장 성공적인 사례라 할 수 있는 대실업가 마샬 필드 집안의 자손 마샬 필드 3세가 프로이트파로서는 가장 먼저 미국에서 영향력을 끼치기 시작한 그레고리 칠부르크(Gregory Zilboorg)의 정신 분석을 받은 후 좌익의 이익을 열성적으로 지지하는 사람이 되었고, 궁극에는 같은 길을 걸어가는 동료 언론 기관에 재산을 잃고 말았다는 사실이 내게는 퍽 괴이하게 여겨졌다. 분명히 우리가 상상했던 것보다 더 많은 어두운 일들이 그 상점의 지하실에서 진행되고 있었음에 틀림이 없었던 모양이다. 미국인들에게는 자기 이해가 충분하지 못했거나 아니면 만족스럽지 못했던 면이 있었단 말인가?

  미국인들이 일단 그 열쇠는 정신과 의사가 쥐고 있는 지하실 같은 면이 실제로 우리에게 있다는 사실을 확신하게 되자 관심의 방향이 우리 존재의 중심으로 믿게 된 신비하고, 자유롭고, 한계를 모르는 자아에 쏠리게 되었다. 우리의 모든 믿음은 바로 여기에서 유래하고 그 밖에는 다른 확인 방법이 없다. 허무주의와 거기에 수반되는 실존주의적 절망이 미국인에게는 기껏해야 허세에 불과함에도 불구하고 허무주의에서 나온 언어가 교육의 일부가 되었고, 어느덧 일상생활에 완전히 침투되었기 때문에 행복을 추구하는 데 있어서 그들은 그 언어가 규정하는 방식대로 따라가게 되었다. 실제로는 아무런 의미가 없는 어휘가 무궁무진하게 생겨났다 - 즉 염려한다느니, 자기 충족, 의식 증대 등등 그 표현이 무한하다. 우리가 앨런과 리스먼에게서 보았듯이 결정적인 것은 아무것도 없고 그 어떤 어휘도 뚜렷한 대상물을 가지고 있는 것이 없다. 무언가 한마디 해야 하는 긴박감과 분명히 가진 것으로 알고 있는 내면성을 탐색해야 한다는 긴박감이 있기는 하지만 그것은 여전히 결과가 없는 원인일 뿐이다. 내재하는 것과 외부로 나와 있는 것과는 아무런 연관이 없어 보인다. 내적인 것에 비추어 외형은 용해되어 형태가 없어져 버렸고, 내적이라는 것은 도깨비불에 불과하거나 아니면 철저한 공허일 뿐이다. 실존주의자들의 허무나 헤겔파들의 부정이 현대 사람들 귀에 솔깃하게 들리는 게 결코 놀랄 일이 못 된다. 미국의 허무주의는 기분이요, 기분 내기 위한 풍조이며, 하나의 막연한 불안이다. 그것은 실제 심연을 모르는 허무주의다.

  허무주의의 영혼 상태에는 확고한 신념이 없다기보다는 직감이나 열정이 혼돈 상태에 있다는 것이 드러나고 있다. 영혼의 다양하고 서로 상충되는 여러 성향에는 자연적인 서열이 있다는 것을 사람들이 더 이상 믿지 않고, 자연을 대신해 주던 전통도 무너져 버렸다. 영혼이 단원은 같고 공연물만 정기적으로 바꾸어 공연하는 극단처럼 되었다. 즉 때로는 비극을, 때로는 희극을, 오늘은 사랑 얘기, 다음날은 정치 얘기, 그리고 최종적으로 종교 얘기를 공연하고, 그런가 하면 지금은 세계주의, 그랬다가 다시 뿌리 깊은 충정, 도시 또는 농촌, 개인주의 또는 공동체, 감상주의 또는 무자비 등 모든 것을 다룬다. 이 모든 것에 지위 서열을 부여하려는 원칙도 의지도 없다. 모든 시대, 모든 장소, 모든 인종, 모든 문화가 이 무대에서는 공연이 가능하다. 니체는 열정의 요란한 무도회가 근대 후기에 이득이 됨과 동시에 불리한 면도 있다고 믿었다. 확실히 불리한 면으로는 조화 또는 '개성'의 분해를 들 수 있고, 이는 장기적 안목에서 볼 때 결국 심적 부조화를 가져오게 된다. 여기서 기대해 볼 수 있는 이점이란 이전에는 정신적으로 쓸데없다고 한구석에 밀쳐 놓고 전혀 돌보지 않던 근대 영혼에 존재하는 풍요로움과 긴장감을 진지하게 받아들일 수 있는 새롭고 종괄적인 세계관을 형성하는 기틀이 될 수도 있다는 점이다. 니체는 이 풍요로움이 주로 수천 년을 걸쳐 이어져 내려왔고 요즘에 이르러서는 충족되지 못하는 종교적 동경 속에 존재하는 것으로 생각했다. 그러나 이 가능한 이점이 미국의 젊은이들에게는 쓸모가 없다. 왜냐하면 그들의 부실한 교육이 그들의 욕망을 빈약하게 만들고, 따라서 그들은 니체가 염두에 두었던 자신 속에 간직하고 있었던 위대한 과거에 대해 거의 알지 못하기 때문이다. 지금 그들이 가지고 있는 것은 순서 없이 뒤얽힌 지극히 평범한 열정뿐으로, 그들의 의식 속에서 단색 만화경처럼 이리저리 움직이고 있다. 그들은 자기중심적이지만 사악하거나 선과 정의와 고결을 알면서도 그것을 거부하는 것은 아니고, 다만 현재의 이론과 교육이 자아로만 가득 차 있기 때문에 그들이 자기 본위가 되었을 따름이다.

우리는 마치 선교사들에게 발견되어 선교를 받음으로써 기독교로 전향하기는 하였으나 계시 이전과 이후에 따르는 체험은 전혀 갖지 못한 야만인과 어느 정도 유사한 데가 있다. 프로이트가 아니었더라면 우리 대부분은 오이디푸스를 결코 들어보지도 못했을 것이라는 사실로 미루어 그리스, 로마, 유대교 및 기독교에 대한 우리의 지식이 전적으로 선교 내지 가교 역할을 해준 독일인에 의해 형성되었음을 인식하게 되고, 그 지식이 아무리 심오하더라도 그 지식은 오로지 전해 준 사람의 자기식 해석일 것임에 틀림없다. 또 그들이 우리에게 전해 준 것은 그들 생각으로 우리에게 필요하다고 느끼는 만큼만 전해 주었을 것이 틀림없다. 지적으로 의존한 결과 우리가 지금과 같은 난국에 처하게 되었으므로 그 지적 의존의 의미를 고찰해 보는 것이 자기 인식(self - awareness)을 추구하는 사람에게는 긴급한 과제다. 우리가 현재 사용하는 어휘에 대한 다음의 사전적 설명은 바로 그와 같은 과제에 작은 기여를 해보려는 의미에서 이루어졌다.

두 혁명과 거기에서 발생된 두 자연 상태

영혼의 가장 깊은 부분을 밝혀내고 탐색하는 것과 영혼이 가진 어두운 측면에 매료되는 것은 오랫동안 대륙의 특성이었다. 막연한 동경과 모든 사물에 대해 알 수 없는 근거를 추구하는 것이 19세기와 20세기 프랑스, 독일 및(공산 혁명 전) 러시아 문학을 지배하는 주제였다. 지성인들은, 대륙은 '깊이'가 있고 '피상적인' 미국과는 상반된다고 생각했다. 말하자면 미국의 영혼은 기초 없이 구축되었고, 현 세상에 보다 쉽사리 화해하고, 이 세상 저편의 세계를 조사하는 데 몰두하지도 않으며, 그들의 경험이 공허하다는 생각으로 시달리지도 않는다. 그래서 미국인이 대륙 요리를 즐기게 된 것과 마찬가지로 대륙의 문학을 마음껏 즐길 수 있는 호사를 누리게 되었을 때 우리는 미국인들의 이 기호가 진짜인지 아닌지, 그리고 그들이 그 요리를 어떻게 소화시킬 것인가 궁금했다.

대륙과 우리 사이의 문제는 '부르주아'라는 말로 요약될 수가 있다. 새로운 민주 정치체제를 가진 새로운 사람을 2백 년이 넘도록 대륙의 철학자와 예술가들은 부르주아라고 지칭했다. 원래 이 말은 영혼의 장엄함이나 아름다움이 없는 협소하고, 자기중심적이고 물질주의적인 존재를 의미했고, 그런 부정적인 의미는 - 마르크스 때문에 미국인들에게는 가장 잘 알려지게 된 - 오늘날까지도 그대로 계속된다. 그러나 그 주제는 낡은 것이라고 이미 오래전에 니체는 단정을 내렸건만 대륙의 철학자들은 부르주아가 근대의 가장 나쁘고 경멸스러운 실패의 표상이라는 생각에 사로잡혀 벗어나질 못했고, 무슨 대가를 치르더라도 이를 극복해야 한다고 생각했다. 허무주의의 가장 확실한 의미는 부르주아가 이겼다는 것이고, 적어도 우리가 예측할 수 있는 미래는 부르주아에게 속하고 그보다 높은 모든 것, 또 그보다 깊은 모든 것은 환영(幻影)이며, 이런 조건에서는 생을 살 가치가 없다는 것이다.

그것은 모든 선택 또는 개선책 - 예를 들어 이상주의, 낭만주의, 역사주의, 마르크스주의 등과 같은 - 이 실패했음을 알리는 것이다. 한편 미국인들은 일반적으로 근대 민주화 계획이 자신들의 국가에서 성취되었다고 믿고 있고, 또 다른 데서도 성취될 수 있다고 믿고 있으며, 그 계획은 좋은 것이라고 믿고 있다. 그들은 '부르주아'라는 어휘를 당연한 듯이 자신들에게 적용하지 않고 또 거기에 관한 한 그 누구에게도 당연히 적용하지 않는다. 그들은 자신들을 중산층으로 부르기를 좋아하지만 거기에 그 어떤 결정적인 정신적 내용이 담겨 있는 것은 아니다. 중산층이 되는 것은 오히려 좋은 일이다. 여기에 실패가 있다면 그것은 가난한 사람이 있다는 점이다. '중산층'이라는 어휘에는 부르주아가 갖는 반대 의미의 말, 예를 들어 귀족, 성자, 영웅 또는 예술가 - 이 모두는 좋은 것이고 - 같은 말이 없고 혹시 예외라면 무산자(proletaria) 또는 사회주의자를 들 수 있을 것이다. 미국에서 부르주아 정신이 완전히 만족되었다고 할 수는 없다고 해도 제 집을 만났다.

자유와 평등을 기본으로 하고, 따라서 다스림을 받는 사람들이 동의하는 정치 체제에 의해 근대가 구성되고, 그 정치 체제는 자연을 지배하고 정복하여 번영과 건강을 제공해 준 새로운 자연과학에 의해 가능했다. 이것은 자의식으로 이루어진 철학적 계획이었고, 또 이것은 이제까지 모든 인간 대 인간의 관계 및 인간 대 자연의 관계를 가장 크게 변혁시켰다. 미국 독립전쟁이 미국인들로 하여금 이런 식의 정치제도를 설립하는 것을 가능하게 해주었고, 대체로 그들은 그 결과에 만족을 느끼며 그들이 이룩한 일에 대해 비교적 분명한 견해를 가지고 있었다. 정치적 원칙 및 권리에 대한 문제가 완전히 해결되었다. 만일 혁명이라는 것이 이성과 사물의 자연질서에 부합하여 합법성의 기본적인 원칙을 변화시키고 구질서와 올바르지 못한 지배 형태를 고집하는 사람들에게 무력으로 맞서는 것을 의미한다면 이제 더 이상의 혁명은 필요 없게 되었다. 정치 용어로서는 새로운 용어인 혁명이 처음에는 1688년 영국에서 있었던 명예혁명을 지칭하였는데, 혁명은 우리 미국의 독립 전쟁이 내세운 것과 같은 원칙에서 일어나고 밤에서 낮으로 옮아가는 태양의 움직임과 유사한 것이다.

  칸트가 새로운 여명이라 불렀던 프랑스 혁명은 그 당시 세상에서 가장 강한 두 강대국 중 하나와 상관이 있는, 유럽의 진정한 줄기를 이루는 가장 오래되고 가장 깨인 민족에 속하는 사람들의 문제였기 때문에 그 당시 사람들의 눈에는 그것이 미국 독립 전쟁보다 훨씬 더 커다란 사건으로 비쳤다. 영국의 명예혁명, 그리고 미국 독립 전쟁과 마찬가지로 그것도 자유와 평등을 위해 치러졌고 승리를 거두었다. 근대 철학에 의해 착수된 과제가 저항할 수 없는 승리로 완수된 것처럼 보였고, 궁극적으로 자유와 평등은 신의 섭리라는 것을 증명해 주는 것같이 보였을 것이다. 그러나 앞에 있었던 혁명과는 달리 프랑스 혁명은 눈부시게 많은 여러 가지 해석을 유발했고 사방팔방에서 거기에 대한 반작용이 일어났는데, 그때 불이 붙은 그 반작용들은 지금까지도 그 추진력이 고갈되지 않고 남아 있다. 우파 - 오로지 평등(경제적 평등이 아니라 권리의 평등을 의미하는)에 반대한 당파였다는 의미에서 중요한 - 가 처음에는 왕권과 성단의 이름으로 혁명을 지워 버리길 원했고 아마도 이 반작용은 1975년 프랑시스코 프랑코(총통)의 죽음과 더불어 결국은 끝이 났는지 모른다.

  또 다른 형태의 우파, 다시 말해 점진적인 우파는 새로운 종류의 불평등, 즉 새로운 유럽 또는 독일 귀족주의를 창조하여 세상에 강요하기를 원했으나 그것의 존재는 1945년 베를린에서 산산조각이 났다. 사유 재산을 폐지함으로써 혁명을 완수하려 의도하는 좌파는 아직도 여전히 건재하고 있으나 프랑스 혁명의 영향을 가장 많이 받은 나라, 특히 프랑스에서는 그 일이 결코 성공적으로 수행되지 못했다. 장기적인 안목에서 승리를 거둔 것은 중도파로서 영국과 미국에서처럼 프랑스, 독일, 오스트리아, 벨기에, 이탈리아, 스페인, 포르투갈에서도 부르주아 해결책이 승리했으나 수 없는 후회와 처음의 열의가 실망만으로 끝이 나는 과정을 거듭한 연후에 거둔 승리다. 사르트르, 드골, 하이데거와 같이 진정으로 위대했던 최후의 부르주아 증오자들이 거의 같은 시기에 죽었다. (부르주아에 대한 증오가 적어도 좌파들 간에만이 아니라 우파들 간에도 있는 일이라는 것을 미국사람들은 충분히 인식하지 못한다.) 주의를 기울일 필요가 있었던 나치와 공산주의자들이 주변에 산재해 있었음에도 불구하고 많은 작가들이 계속 부르주아를 두들기는 데에만 열중하였던 사실에서 증명이 되었듯이 작가들 간에는 거의 반사적으로 부르주아를 두들기는 버릇이 있고 그 버릇을 버리는 일이 무척이나 힘들기 때문에 우리는 그 여파가 잔광처럼 문학에 남아 있을 것을 예측할 수 있다. 이 불꽃을 살리기 위하여 많은 문학인들이 히틀러를 부르주아의 현상으로 해석했고 거듭거듭 반복함으로써 그들은 그 해석이 고정되도록 만들었다.

우리는 이제 새로운 혁명과 그 혁명을 정당화시키는 데 필요한 새로운 추상론에 바닥이 났는지도 모를 일이고, 그것은 프랑스 혁명이 실패한 것으로 인식되는(perceived) 것을 수정하기 위해 기도된 노력이었으나 열의보다도 현실에 맞게 조정하느라 더 탈진되어 있다. 그저 한가로운 학문적 활동이 아니라 생활을 형성하고 행동 유발의 지침이 되었던 프랑스 혁명에 대한 여러 가지 다양한 해석 - 즉 왕정주의자, 천주교도, 자유주의자, 사회주의자, 로베스페에르 당원, 보나파르트 당원들의 해석 - 을 기초로, 니체가 여기에 주제는 없고 해석만이 있을 따름이라는 결론을 내렸기 때문에 나는 '인식된(perceived)'이란 어휘를 사용한다. 현 상태(is)라는 것은 없고 오로지 될 것(becoming)에 대한 전망만이 있을 뿐이고 인식이 우리가 가질 수 있는 최상의 현실이며, 사물이란 결국 그것에 대한 우리의 인식이라는 지금 한창 인기를 누리고 있는 견해는 기본적으로 이러한 관찰에 기인하고 있다. 물론 이 견해는 인간은 가치를 창출하는 존재이지 선을 찾는 존재는 아니다는 개념과 같은 종류의 것이다. 적어도 부분적으로나마 이 견해의 출처를 근대의 가장 커다란 정치적 사건들에서 찾게 된다는 사실이 결코 놀랍지 않다.

미국과 대륙 간의 이해의 차이는 미국이 해결책으로 보는 것을 대륙은 문제로 여기는 데서 찾아볼 수 있다. 미국 독립 전쟁은 분명하고 통일된 역사적 현실을 낳았지만 프랑스 혁명은 일련의 의문점과 문제를 일으켰다. 미국인들은 프랑스 혁명을 관대하게 보는 경향이 있다. 우리의 독립 전쟁과 유사한 것으로 프랑스 혁명은 선을 나타내 주는 것이었지만 그들에게 제도적으로 안정된 기틀을 마련해 주는 데는 실패했다.

대륙쪽 지성인들, 즉 영향력이 가장 큰 사람들[4]의 견해로는 프랑스 혁명이 실패였다. 그것이 자유 민주주의를 정립하는 데 실패했기 때문에 그들이 그 혁명을 실패로 생각하는 것이 아니라 오히려 그 혁명으로 자유민주주의 인간 - 즉 부르주아 - 이 만들어졌고 그 계층, 즉 부르주아지가 사회 권력을 장악하는 데 너무도 완벽하게 성공을 거두었기 때문에 혁명 자체는 실패로 끝났다고 여긴다. 그렇다 하더라도 자유 제도에 적응할 능력이 없는 것이 실제 프랑스의 어려움이라는 것을 잘 이해하고 있었던 토크빌 같은 친미 및 친진보주의 사상가도 그러한 제도 속에서 실로 완전히 인간다운 생을 누릴 전망이 있을까에 대해서는 침울함을 나타냈다.

미국인으로서는 프랑스 구제도(ancien régime)에 끌릴 만한 그 어떤 것도 거의 찾아볼 수가 없다. 그 제도가 가졌던 왕권과 성단이야말로 각기 옳지 못한 불평등과 편견의 실체로서 미국의 제도를 통해 바꾸어 놓아야 한다고 여겼던 것들이었다. 여기 미국에서는 균일화된 조건으로 시작하였기 때문에 비교적 쉽사리 그들이 계획한 바를 성공시킬 수 있다고 믿었다. 미국인들은 왕을 죽일 필요도 없었고, 남겨두면 말썽을 일으킬까 봐 귀족을 제거해야 할 필요도 없었으며, 교회를 물리치거나 혹은 폐지해야 할 필요도 없었다. 그러나 프랑스에는 이 모든 것을 해야 할 필요가 있었음은 물론이요 더 나아가 법의 통치를 받아들이지 않고 폭도화한 파리 시민들이 질서 정연한 민주 정부 수립에 필요한 합리적인 의견 일치의 창출을 방해했다.

그러나 대륙에서는 이 사건들에 대한 또 하나의 견해가 대중의 토론을 지배했다. 일부 유럽인들에게 있어서 미국인들은 인간의 시야를 용납할 수 없게 좁혀 놓은 대표적인 존재들로 비치고, 그들의 버젓한 질서와 번영을 위해 치른 대가가 너무 크다고 생각했다. 프랑스의 귀족 사회는 자유주의 사회의 상업적인 생활 및 동기가 가진 조잡함과 어둠침침함과는 첨예하게 대조가 되는 고상함과 명민함과 높

---

[4] 제한된 방법으로 미국식 해결책을 지지하였던 토크빌에 대해 프랑스에서는 별로 관심이 없고 읽지도 않는다. 프랑스 사람으로서 영국과 미국의 정치 철학 전통과 가장 가깝다고 할 수 있는 몽테스키외는 미국의 국가 건립자들에게 가장 많은 영향을 끼쳤고 프랑스가 낳은 가장 훌륭한 사상가의 한 사람이지만 프랑스인의 의식에는 거의 아무런 영향도 주지 못하였다.

은 취미를 가지고 있었다. 그 귀족사회가 대표했던 것을 잃는다는 것은 세상을 가난하게 만드는 일이다. 더 중요한 것은 무너져 버린 종교가 생의 깊이와 진지함을 표현해 주었다고 생각했다. 민주주의를 통해서는 고결하고 신성한 것이 표현될 수 없다고 생각했다면 민주주의를 선택하는 것이 참으로 가치 있는 일인지 의문을 갖게 된다. 이것이 바로 논쟁의 요점이고, 보수주의자들과 구제도를 빼앗긴 사람들의 특별 변론이다.

우리에게는 자유와 평등이라는 우리의 원칙을 받아들인 혁명주의자들의 논쟁이 보다 중요하다. 많은 사람들이 우리에게 퍽이나 소중한 이상을 신중히 고찰하지는 않은 것으로 믿고 있다. 평등이라는 것이 꼭 각기 고르지 않게 부여받은 재주의 소유자들이지만 재산획득을 위해서는 동등한 기회를 주어야 한다는 것만을 의미하는 것일까? 획득을 하는 데 있어서는 건전한 도덕성보다는 기민함이 더 나은 보상을 받아야만 하는 것은 아닌지? 플라톤조차도 대등한 사람들 간에 공산주의가 필요하다고 했는데, 사유 재산과 평등이 정말로 서로 편하게 공존할 수 있는 것일까? 공산주의 또는 사회주의가 사유 재산을 존중하는 미국에서는 결코 별 기반을 닦을 수가 없었다. 재산에 관한 로크의 정의가 우리 미국인들의 기질에는 예나 지금이나 가장 완벽하게 부합되는 정의였고, 그것에 대한 루소의 비평이 여기 미국에는 아무런 감명도 주지 못했지만 유럽에서는 무척 유력시되었고 아직도 여전히 유력시되고 있다. 그리고 우리에게 있어서 자유란 우리가 원하는 대로 행동하는 것을 의미했고, 사회 생활을 하는 데 필요한 제약을 최소한으로 줄이는 것을 의미했다. 우리에게는 우리 자신을 위한 법을 제정하는 데 참으로 요구되는 것이 무엇인지 충분한 이해가 없었고 야만적인 충동을 만족시킨다는 소극적인 자유 그 이상은 생각하지도 않았다. 종교의 경우 미국에서 길들여진 교회들은 기독교적인 미신을 그대로 보존했는데 아마도 이것을 극복하는 것이 인간을 해방시키는 열쇠일는지도 모른다. 좋은 정부란 무신론의 정부이어야만 하는가, 아니면 시민 종교를 가져야만 하는 것일까? 그리고 마지막으로 - 영웅적인 야심과 군사적인 영광을 추구하는 - 나폴레옹 1세와 같은 인물의 경우 이를 무시하거나 아니면 그것의 가면을 벗기려 하는 것 이외에 도대체 우리가 할 수 있는 것이 무엇이겠는가?

이와 같은 것이 프랑스 혁명에 의한 역사라는 도살 의자에서 야기된 질문들이었고 그런 질문을 듣는 것을 우리는 달가워하지 않는다. 대륙에서는 그것들이 1백여 년에 걸쳐 철학의 진지한 소재로 제공되었고 철학의 활기가 영국으로부터 탈퇴하여 여기에 의지하게 되었다. 초기 진보주의 사상을 보다 협소하고 좀더 자기 만족적인 형태로 만들어 놓은 공리주의의 후계자인 밀(Mill)조차도 자발성 개념을 위해서 자유의 본질을 매력적인 근대적 감각으로 해설하고, 자유를 위험스러운 대중의 독재로부터 보호하기 위해서 훔볼트(Humboldt) 같은 독일 철학자에게 의존해야 했다. 철학은 정치의 기본적인 대안들과 정면으로 맞닥뜨리는 데에서 비롯되는 것 같이 보인다. 프랑스 혁명 이래 나온 참으로 위대한 철학자들 중에 칸트만이 유일하게 자유 민주주의의 친구였다. 그리고 그는 우리가 자유 민주주의를 알아볼 수도 없고 결코 매력을 느낄 수도 없는 방법으로 재조명하는 것은 부자연스럽다고 느꼈다. 그는 자연과학이 결정론적인 추세일 때에도 자유를 가능하게 해주는 새로운 인식론을 발전시켰고, 인간의 본성은 원래 이기적인 욕구로 이루어져 있는 것으로 파악되는 상황에서도 새로운 도덕성을 발달시켜 인간의 위엄을 가능케 해주었다. 단순한 주관주의로부터 아름다움과 장엄함을 살려낸 새로운 미학을 발전시켰다. 이것은 모두 자유주의 창시자들의 초기 평등사상과는 아예 무관한 것들이다.

미국과 프랑스 혁명에서 행농으로 옮겨졌던 것의 각본은 그 이전에 근대 정치라는 각본을 쓴 로크와 루소의 저술 속에서 이미 고찰되었던 것들이었다. 지성 탐험의 콜럼버스라 할 수 있는 이들 - 토머스 홉스가 길을 인도했지만 뒤를 따라온 루소와 로크가 좀더 믿을 만한 기록을 남긴 이들 지성의 탐험가들 - 은 새로이 발견되고 우리 조상들이 한때는 모두 머물렀던 적이 있는 자연 상태라 불리는 영역을 탐색하여 중요한 소식을 가져왔다. 즉 모든 인간은 천부적으로 자유롭고 평등하며 생과 자유와 재산을 추구할 권리가 있다. 이것이야말로 혁명을 유발할 수 있는 종류의 정보인데, 왜냐하면 그것은 임금과 귀족이 딛고 있는 요술 담요를 끌어당겨 그들을 넘어뜨리기 때문이다. 로크와 루소는 이 기본적인 것에는 의견의 일치를 보았고, 그것은 근대 정치의 확고한 기초가 되었다. 그들이 의견을 달리했던 곳에서 근대 주요 갈등들이 생겨나게 되었다. 로크는 막대한 실질적 성공을 거두었고, 영국과 미국의 새로운 정부는 그의 지시에 따라 수립되었다. 모든 시대를 통해 문학적으로 아마도 가장 성공적인 경우라 해도 무방할 루소는 로크의 완전한 승리에서 오는 재난을 후일 변형하거나 수정하거나 아니면 피하려는 모든 노력에서 영감을 주었다.

요즘은 자연 상태라는 것이 있었다는 사실조차 부인하는 것이 세풍(世風)이다. 우리는 마치 오로지 죽음과 기근의 두려움 때문에 한때는 도토리를 놓고 일어난 언쟁에서도 서로를 살상한 야만인이 우리 조상이었다는 사실을 알게 되는 것조차 꺼리는 귀족들과 같다. 그러나 이렇게 거부당한 선조들이 물려 준 유산을 자본으로 우리는 계속 살아가고 있다. 모든 사람이 자유와 평등과 거기에서 생겨나는 권리를 믿는다. 하지만 문명사회는 이것들을 자연 상태에서 가져왔고, 이것들을 믿게 되는 다른 뾰족한 근거가 없기 때문에 신빙성 없는 여행자들이 들려주는 자연 상태 이야기처럼 그것들도 가공적일 수밖에 없다. 여행할 수 있는 나침판을 제공해 준 새로운 자연과학의 지시에 따라 그들은 예전의 정치 철학자들이 목표를 추적했던 것과는 달리 근원을 찾아 나섰다. 소크라테스는 담화에서 빛나는 도시를 상상했지만(imagined) 홉스는 고립된 개개인을 발견했고, 그 개인의 인생은 '야비하고, 역겹고, 야만적이며 짧았다.' 이것은 정치로부터 우리가 원하고 바라는 바가 무엇인가에 대해 아주 판이한 시각을 갖게 만들어 준다. 우리의 사리 분별이 우리로 하여금 불가능하지만 않다면 드물고 어려운 덕을 기르는 데에 헌신하는 정부쪽으로 기울게 만드는 것이 아니라, 오히려 인간을 다른 인간으로부터 보호하고 가능한 한 자신들을 잘 보호할 수 있는 훌륭한 경찰력을 가진 정부쪽으로 기울게 만든다. 홉스, 로크, 루소는 모두 자연이 이런 식으로든 저런 식으로든 인간을 전쟁으로 인도한다고 여겼고, 따라서 문명사회의 목표는 완전을 추구하는 인간 본연의 내적 경향을 협조하는 것이 아니라 자연의 결점으로 유발되는 전쟁과 평화를 맺는 일이라 생각했다.

자연 상태로부터의 보고에는 나쁜 소식, 좋은 소식이 뒤섞여 있었다. 에덴동산은 존재하지 않는다는 것을 발견한 것이 아마도 가장 중요한 발견일 테고, 보물산인

줄 알았던 정신은 사막이요 정글이라고 판명이 났다. 태초에도 인간에게는 마련된 게 없었고, 인간의 현 상태는 죄의 대가로 초래된 결과가 아니라 자연의 인색함 때문이다. 인간은 스스로 꾸려 가도록 되어 있다. 신이 그를 돌봐주지도 않고 벌하는 것도 아니다. 정의에 대해 자연이 무관심하다는 사실이 인간에게 있어서는 사별에서 맛보는 것과 같은 비애다. 선량한 사람이 항상 지녔던 희망, 즉 범죄에는 치러야 할 대가가 따르게 마련이고 사악한 자는 고통을 받을 것이라는 희망도 없이 인간은 스스로를 돌보아야만 한다. 그러나 그것은 또한 크나큰 해방 - 즉 신의 감독으로부터, 임금과 귀족과 승려들의 요구로부터, 죄의식 또는 편치 못한 의식으로부터의 해방이기도 하다. 가장 큰 희망이 깨어졌지만 최악의 공포와 내면적 노예 상태가 일부 소멸되기도 한다.

환상이 없는 인간이 당면해야만 하는 미래의 전망은 무방비, 벌거숭이 상태, 구원받지 못하는 고통과 죽음의 무시무시함 등이다. 그러나 이미 정립된 사회 관점에서 사물을 볼 것 같으면 인간은 자신들을 자랑스레 여겨도 된다. 인간은 진보했고, 그것도 자신들의 노력으로 진보했다. 인간은 자신들을 좋게 생각해도 무방하다. 그리고 이제 진실을 소유하고 있으니까 인간이 자기 자신이 되고 자신의 상황을 향상시키기 위해 더욱더 자유로워질 수 있다. 가공적인 의무와 다스리기 위해 만들어졌던 지위에 더 이상 제한받지 않고 인간은 자신들의 이해 상관에 이바지할 수 있는 정부를 마음대로 만들어 낼 수 있다. 신세계의 탐색과 발견이 실실석으로 새로운 시작을 약속했던 것과 꼭 마찬가지로 근원을 찾아 떠난 홉스와 로크, 루소의 탐색이 이론의 새로운 시작, 즉 정치를 재건하려는 계획을 이론적으로 가능하게 해주었다. 실제와 이론의 이 두 가지 새로운 시작이 공교롭게도 일치하여 여러 경이를 탄생시켰고, 그중에서도 특히 미국을 탄생시켰다.

자연 상태에 대한 숙고를 통해 로크는 자연과학과 정치학을 독특하게 조화시켜 계몽운동의 공식을 만들어 냈다. 그것의 출발점은 전혀 구애받지 않고 이성을 사용하는 것이다. 이 점에서 보면 그가 단순히 철학자들의 가장 오래된 견해를 따른 것에 불과하다. 인간에게 있어서 자유는 압제자나 거짓 권위, 즉 다시 말해 신화로부터 해방되어 그의 가장 뚜렷한 재능을 통해 스스로가 볼 수있는 데로 자신의 생을 배열하는 것을 말한다. 이 장소, 또는 이 시대의 인간, 이 국가 또는 이 종교를 가진 인간과는 대조되는 본연의 인간은 이성 독력(獨力)으로 사물의 원인을 알아낼 수 있고, 스스로 자연을 알아낼 수 있다. 자율은 지금 보편적으로 생각하는 것처럼 허공에서 만들어지는 숙명적이고 근거 없는 결정이 아니라, 사실에 따라 자신을 다스리는 것을 의미한다. 내면이 의미를 갖기 위해서는 외면이 있어야만 한다.

 로크 및 철학적으로 그보다 앞서간 사람과 그의 뒤를 따른 사람들은 그렇게 생각했다. 계몽운동의 이전에는 몇몇 소수만이 유일하게 지키고 있었던 이성을 좇는 생을 모든 사람에게 확대하려고 기도했다는 점이 계몽운동을 그보다 앞에 있었던 철학으로부터 구분지어 주는 것이다. 이 철학자들을 자극한 것이 '이상주의(idealism)'나 '낙천주의(optimism)'가 아니라 새로운 과학, 즉 '방법(method)', 그리고 이것들과 합세를 한 새로운 정치학이었다. 평범한 사람도 쉽사리 이해할 수 있는 단순한 방법을 사용하여 물체의 움직임을 발견하게 된 분명하고 뚜렷한 수학이 비록 자연에 대한 지식을 발견할 수 있는 천재성을 보통 사람들에게 제공할 수는 없다고 하더라도 자연에 대한 지식을 접할 수 있도록 만들어 주었다. 철학자들을 언제나 홀로 외롭게 만들고 오해하던 인간의 국가에 각기 다른 시계(視界)를 설정해 주었던 전체에 대한 다양한 신화적 시적 견해가 없어도 된다. 그리고 과학자와 비과학자가 보여 준 견해의 근본적인 차이점은 극복될 수 있다. 더 나아가 우리는 인간 자체를 어두운 세계의 그림자로부터 분리시켜 과학적으로 자세히 검토해 보면 원래 인간은 동물군에 속한다는 것을 알게 되고, 모든 다른 물체와 마찬가지로 인간도 그의 움직임, 즉 그의 생명을 보존하기 원한다는 것을 알게 된다. 모든 인간은 죽음에 대한 강한 공포를 가지고 있고 그것은 자연의 영역에 해당한다. 인간에게 규정된 다른 목표들을 비판적으로, 과학적으로, 조직적으로 검토해 보면 그 다른 목표들은 상상 및 인공적인 의견의 영역에 속하고 결국은 이 일차적인 목표에서 파생되었다는 것을 알 수 있게 된다. 철학자의 적절한 지도를 받으면 모든 인간에게 가능한, 그리고 인간에 내재하는 강한 성향의 지지를 받는 이와 같은 비판적 검토는 목적을 융합시키고 인간의 문제를 간소화할 수 있는 이롭고 유용한 결과를 초래할 수 있고, 취약하기 이를 데 없는 인간은 그를 보존할 수 있는 방법을 찾아야만 한다. 이것이 바로 모든 인간이 원하는 것이기 때문에 식량, 의복, 안식처, 건강, 그리고 무엇보다도 상대방으로부터의 보호를 확보하는 데 도움이 되는 제도라면 그 어떤 제도라도 적절한 교육을 통해 그들의 동의와 충성을 얻어낼 수 있다.

일단 세상이 망령과 유령들로부터 벗어나게 되자 이제 우리의 심각한 문제는 궁핍이라는 결론이 난다. 자연은 우리에게 아무런 마련도 해주지 않은 채 내버려 두는 계모와 같다. 즉 이것은 우리가 감사해야 할 필요가 없음을 의미한다. 우리가 자연을 숭배하였을 때 우리는 가난했다. 충분하지 못했기 때문에 우리는 서로서로 빼앗아야만 했고, 이런 경쟁의 결과로 전쟁을 피할 수가 없었으며, 전쟁이야말로 생명에 가장 큰 위협이었다. 그러나 서로가 싸우는 대신에 우리가 힘을 한데 합쳐 자신의 풍요를 나눠주지 않는 계모인 자연에게 도전을 한다면 우리의 풍요가 마련됨과 동시에 우리의 투쟁을 끝낼 수 있을 것이다. 과학의 통찰과 과학이 자아낸 힘에 의해 자연을 정복하는 것이 가능하고 자연 정복이 곧 정치적인 것의 열쇠이기도 하다. 형제를 사랑하라는 옛 계명은 정말로 필요한 것에는 아무런 도움도 되지 않는 불가능한 요구일 뿐만 아니라 자연에도 어긋나는 요구였다. 우리가 필요로 하는 것은 형제애나 신념, 희망, 자비와 같은 것이 아니라 자신의 이해 상관과 직결이 되는 이성적 노동이다. 인간의 비참함을 완화시키는 데 가장 큰 공헌을 하는 사람은 생산을 가장 많이 하는 사람이고, 그가 생산을 많이 하도록 만들 수 있는 가장 확실한 방법은 권고가 아니라 미래의 이익을 위하여 현재의 쾌락을 희생할 수 있을만큼 흡족하게 보상하는 것 아니면 그렇게 해서 얻은 힘으로 고통을 피할 수 있다는 확신을 심어주는 일이다. 인간의 안녕과 안전이라는 문제에서 볼 때 우리가 필요로 하는 사람은 기독교 또는 아리스토텔레스가 가르친 덕을 실천하는 사람이 아니라 이성적이고(즉 그들의 이해관계를 계산할 능력이 있고) 부지런한 사람이다. 거기에 반대되는 사람들은 사악하거나 간악하거나 죄를 지은 사람이 아니라 언쟁을 일삼고 게으른 사람이다. 우리의 생각에 당장 이런 부류로 떠오르는 사람들 이외에도 귀족 및 승려가 여기에 포함될 수 있을 것이다.

이러한 개괄이 이 세상에서 가장 성공적이고 유용한 우리의 정치 개념인 자유 민주주의의 핵심 어휘, 즉 권리(rights)가 구체화할 수 있는 구조를 마련해 준다. 정부는 인간노동에서 나온 생산물, 즉 그들의 재산 및 그와 함께 하는 생명과 자유를 보호하기 위해 존재한다. 인간은 도저히 누구에게도 양도될 수 없는 천부권을 가졌다는 생각, 그 권리는 시간적으로나 신성함에 있어 시민 사회에 앞서는 인간 개인에게 속하는 것이라는 생각, 그리고 시민 사회 자체가 그러한 권리를 위해 존재하고 그러한 권리를 확보해 줌으로써 합법성을 지니게 된다는 생각은 모두 근대 철학에서 나온 생각들이다. 이 장에서 토론된 여러 다른 어휘나 마찬가지로 권리도 근대에 와서 새로 생겨난 어휘로서 정치의 상식 언어도 아니고 고전 정치 철학에서 사용된 언어도 아니다. 권리라는 개념은 홉스에게서 비롯되고 로크에 의해 가장 존경받는 개념이 되었다. 하지만 다른 어휘들과는 달리 우리는 권리만은 완벽하게 이해하고 그것을 뒷받침하는 사상도 직접 접할 수 있다. 그 밖의 다른 어휘들은 생소하고 골칫거리이며 그것을 이해하려면 대단한 노력을 필요로 하고 우리가 그 노력을 들이지 않는다는 것이 나의 논지다. 그러나 권리만은 우리의 것이다. 그것은 우리의 존재를 구성하고 있고, 우리는 그것을 실천하며 살아가고, 그것이 우리의 상식이다. 권리는 그른 것의 반대말이 아니라 의무의 반대말이다. 이것은 자유의 일부이고 자유의 정수(精髓)다. 그것은 살겠다는, 그리고 살되 가능한 한 고통 없이 살겠다는 인간의 소중한 열정에서 시작된다. 보편적인 요구 및 요구와 총체로서의 자연과의 관계를 분석해 보면 이 열정이 결코 상상에서 나온 것은 아니라는 것이 밝혀진다. 그것을 권리라 부를 수도 있고, 인간이 가장 필요로 하는 것을 명백히 인식하고 그가 다른 사람으로부터 위협을 받고 있고 그들은 그로부터 위협을 받는다고 인식하는 상황이면 그 말은 정치적 상황에 따라 가장 적합한 다른 어휘로 전향될 수도 있다. 이것을 인식할 때에 사람들은 계산하게 되고, 따라서 정치 조직이 작동하게 되는데, 즉 만일 내가 상대방의 생명과 자유와 재산을 존중해 준다면(계산된 존중이지 자연스레 생긴 존중은 아닌) 그들도 같은 식으로 보답하도록 유도할 수 있을 것이다. 이것이 권리의 기초이고, 철두철미한 자신의 이해 상관에 바탕을 둔 새로운 형태의 도덕성이다.

미국인들에게 있어 '내겐 나의 권리가 있어요'라는 얘기는 숨 쉬는 것과 마찬가지로 본능이고, 사물을 이런 식으로 보고 있다는 것은 아주 명백하고 뚜렷하다. 이것이 바로 놀이의 규칙이고 이러한 규칙 내에서 그들은 평화롭게 게임을 이끌어 가고 그 필요성을 알고 있으며, 따라서 그것을 용납하고 그것이 침해되었을 때에는 도덕적 분노를 일으키게 된다. 이것이 정의에 대해 우리 미국인이 유일하게 가지고 있는 원칙이다. 권리에 대한 우리의 이해 때문에 우리는 우리의 권리를 보호해 주는 사회에 의무를 다해야 한다는 것을 받아들인다. 우리에게 있어서 올바름이란 평등권을 존중하여 정부의 힘으로 평등권이 누구에게나 동등하게 보장되는 것을 의미한다. 모든 세상 사람들이 오늘날 권리에 대해 이야기를 하고, 심지어는 마르크스의 후계자인 공산주의자들조차도 권리에 대해 이야기하는데, 마르크스는 '부르주아의 권리(bourgeois rights)'를 속임수라고 비웃었고, 그의 사고에 권리가 들어설 자리는 없다. 그러나 권리 개념을 가장 속속들이 받아들여 일상화시킨 국민이 바로 미국인이라는 것과, 특이하리만큼 그들에게 예속 근성이 결여되어 있는 이유는 이 점 때문이라는 것을 거의 대부분의 사려 깊은 사색가들은 잘 알고 있다. 그것이 없었다면 우리 미국인은 아무것도 아니고, 오로지 혼란투성이의 이기심만으로 가득 찬 국민들이었을 것이다. 바로 이것 때문에 어느 특정한 경우 사욕을 버리게 되고, 그 행위 자체는 자신의 이익을 위한 것이다. 우리는 사람들의 이익이 존중돼야 한다고 느낀다.

 이러한 개괄은 정치 문제를 보는 시각이 예전과는 극단적으로 다르다는 것을 보여 주었다. 과거에는 인간을 이중적인 존재로 생각했고, 따라서 인간의 한 면은 공동의 이익에 관심을 기울이는 데 반해 다른 면은 개인의 이익에만 관심이 있는 것으로 생각하였다. 정치가 제 기능을 발휘하기 위해서는 인간의 이기적인 측면이 극복되어야 하고 덕을 갖추기 위해서는 사적인 것에 불과한 것들은 억제해야 한다고 생각했다. 인간에게서 본연으로 공동의 이익을 추구하려는 모습은 어느 구석에서도 찾아볼 수 없고, 옛 방식은 극도로 가혹하고 효과가 없었으며, 순리에도 역행했다는 것이 로크와 그의 바로 윗대 선배들의 가르침이었다. 그들은 개인의 이익을 이용하여 민중의 이익을 도모하고 엄격한 미덕보다 자연스러운 자유를 우위에 놓는 실험을 해보았다. 자기 이익은 공동의 이익에 냉담하지만 계몽된

(enlightened) 자기 이익은 그렇지 않다. 그리고 이것이 계몽이 갖는 의미를 이해할 수 있는 열쇠다. 인간의 이성은 자신들의 취약함을 볼 수 있고 미래의 부족을 예상할 수 있도록 만들어질 수 있다. 미래와 그 미래의 위험에 대해 이렇게 이성적으로 인식하게 되면 우리의 열정이 발동하게 된다. 과거에는 인간이 신의 계시와 가족을 구성하는 혈연에 맞먹는 애착으로 사회의 일원이 되었다. 루소의 말을 빌리자면 그들은 '자연성에서 벗어났다.' 그들의 충성은 광적인 것이었고 인간 본성을 억압했다. 사업 관계에서 파생되는 이익과 같은 이익을 기대하고 냉철하게 이루어진 계약을 써넣기 위하여 명료한 이성으로 옛것을 말끔이 닦아 냈다. 계산된 작업이라는 말이 일 전체를 총괄적으로 대변해 주는 표현이다. 그의 사무실과 공장 벽에 붙여놓은 토머스 윗슨의 '생각하라'는 좌우명이 이것을 제대로 표현해 주고 있는데, 그 이유는 그가 이미 일을 하고 있는 사람을 상대로 이야기하고 있기 때문이었다.

미국인들은 로크주의자들이다. 즉 일은 필요한 것이고 (존재하지 않는 에덴을 결코 동경하지 않으며) 안녕을 가져다준다는 것을 인식하고 있고, 천성적 성향을 절제 있게 따르는데 그 이유는 그들이 겸양의 미덕을 가졌기 때문이 아니라 그들의 열정에는 균형이 잡혀 있고, 그렇게 하는 것이 합당하다는 것을 알고 있기 때문이며, 자신의 권리를 존중받기 위해서 남의 권리를 존중하고, 그들 자신의 이익을 위해 그들 스스로가 법을 만들었기 때문에 법을 따르고 있다. 신이나 영웅의 견지에서 볼 때에는 이 모든 것이 결코 분발을 일으키는 것은 아니다. 그러나 가난한 사람, 나약한 사람, 억압받는 사람들 - 세계 인구의 대다수를 차지하는 - 에게는 그것이 구원의 약속과 같다. 레오 슈트라우스(Leo Strauss)가 말한 대로 근대는 "낮기는 하지만 든든한 기반 위에 세워졌다."

루소는 로크와 홉스의 탐험이 충분하지 못했고 탐험의 목적지인 정신의 인도 제국(Indies)에 도달하지 못했다고 믿었지만, 그들 자신은 탐험의 목적지에 도달했다고 생각했다. 그들은 그들이 찾아 나섰던 것을 제대로 찾았는데, 즉 사회를 구성하는 데 필요한 자질을 자연적으로 갖추고 있는 자연인이다. 그것이 진리이기에는 너무 간단했다.

자연인은 완전히 스스로 존재한다. 그는 오로지 자기 자신 또는 자신과 같은 종류하고만 관계하는 절대적인 총체로서 숫자상으로 개체다. 문명화된 인간은 공통 요소에 의존하는 단편적인 개체에 불과하고, 그의 가치는 그와 전체, 즉 사회 조직과의 관계에 의해 결정이 되고……

문명화된 질서 속에서 자연의 취지에 담긴 중요성을 보존하기 원하는 사람은 그가 원하는 것이 무엇인지 모르고 있는 사람이다. 그는 항상 자신과 갈등상태에 있고, 자신의 기질과 의무 사이를 떠돌게 되기 때문에 그는 인간이 될 수도 없고 시민이 될 수도 없다. 그는 자신에게도 성실할 수 없고 남에게도 성실할 수 없다. 그는 프랑스인, 영국인, 부르주아 등 우리 시대의 한 사람이 되고 말 것이다. 그는 이것도 저것도 아니다. (《에밀》, pp. 39~40, 블룸 편집, 기초 도서, 1979)

문명화된 질서 속에서 자연의 취지에 담긴 중요성을 고수하기 원했던 사람이 로크였고 그가 저지른 실수의 결과가 부르주아. 근대적 의미로서의 그 어휘를 만들어 낸 사람은 루소이고, 그것이 근대의 지적생활에 가장 커다란 출처가 되고 있다는 사실을 우리는 알게 된다. 그 현상에 대한 그의 분석이 총괄적이고도 세밀하기 때문에 그것에 대해 새롭게 논할 것은 없고, 우파와 좌파는 근대인에 대한 그의 묘사가 정말로 진실이라고 받아들인 반면, 중도파는 감명을 받았고, 겁을 먹었으며 수세에 몰리게 되었다. 루소가 너무 설득력이 있었기 때문에 승승장구하며 확신에 차 있던 계몽운동의 자기 과신을 파괴했다.

루소의 비판은 인간을 동물의 일부로 제시한, 그가 대단히 존경하는 로크와 근본적으로 일치하는 데에서 출발한다는 것을 잊어서는 안 된다. 원래 인간은 외로운 존재이고 자기 자신의 보존과 편안함에만 관심이 있다. 더 나아가 루소는 인간이 자신의 보존을 위한 계약으로 문명사회를 만들었다는 데 동의하고 있다. 자신의 이익을 어떻게 이해하든지 간에 그것이 문명사회가 필요로 하고 요구하는 것과 자동적으로 조화를 이룬다는 데에는 루소가 로크와 의견을 달리한다. 만일 루소가 옳다면, 자신의 최대 이익을 계산하는 인간의 이성이 훌륭한 시민, 법을 준수하는 시민이 되는 방향으로 그를 인도하지는 않을 것이다. 그는 자신이 되든지 시민이 되든지, 아니면 둘 다가 되든지, 그도 아니면 둘 다가 되지 않든지 할 것이다. 다시 말해서 사회를 이룩하기 위해서는 계몽만으로는 충분치 않고, 심지어는 그것이 사회를 융해시키는 경향도 있다.

자연 상태로부터 벗어나는 여정은 무척 길었고, 이제 우리는 그것으로부터 까마득하게 멀어져 있다. 자족할 수 있는 고립된 존재인 인간이 궁핍한 존재, 사회적인 존재가 되기 위해서 많은 변천을 겪었음에 틀림이 없다. 변화하는 과정에서 목표로 삼았던 행복을 행복 달성의 수단인 안전과 편안함을 추구하기 위해 다른 것과 바꾸기도 했다. 문명 시민 사회가 확실히 궁핍 상태나 보편화된 전쟁 상태보다는 우월하다. 하지만 이 모든 인위에 의해 보존된 존재는 더 이상 그 자신이 무엇인지 알지 못하고 생존하는 데 너무 몰두하여 그가 존재하는 이유를 잊어버렸다. 그리고 완벽한 안전과 완전한 편안함을 실제로 얻을 때는 무엇을 해야 할지 모른다. 전진은 결국 인생은 무의미하다는 인식으로 귀결된다. 의견과는 별도로 존재하면서 언제나 인간의 일부인 인간이 가지고 있는 가장 강력한 감정을 찾으려고 한 홉스는 확실히 옳았다. 그러나 죽음에 대한 두려움이 아무리 강하고, 따라서 평화와 엄격한 조항의 법을 지키려는 동기를 아무리 유용하게 자극한다 하더라도 그것이 궁극적인 경험이 될 수는 없다. 왜냐하면 여기에는 그것보다 훨씬 더 근본적인, 인생은 훌륭한 것이라는 전제가 있기 때문이다. 가장 깊은 경험은 생존에 대해 느끼는 즐거운(pleasant) 감정이다. 한가롭고 미개한 사람은 그러한 감정을 즐길 수 있다. 바쁜 부르주아는 그럴 수가 없다. 일은 힘들고 자기 자신이 되기보다는 오히려 남을 다루는 데 온통 마음이 쏠려 있기 때문이다.

자연은 여전히 우리에게 가장 중요한 것을 가지고 있다. 그것을 정복하려고 우리가 애를 쓰는지는 모르지만 자연을 정복하려는 이유 자체가 자연에서 나온다. 홉스 사고(思考)의 중심이었고 로크에게 있어서도 결정적이었던 죽음에 대한 공포는 자연에 대한 부정적인 경험을 강요하고 그 공포의 전제가 되는 긍정적인 경험을 말살하고 만다. 그런데 이 긍정적 경험이 어쨌든 우리 속에서 여전히 활발하고,

망각 속에서도 우리는 막연하게 불만스럽다. 인생에 담긴 원래의 아름다움을 그대로 찾기 위해서는 우리의 마음이 엄청난 노력을 들여야만 한다. 되돌아가는 길은 적어도 우리가 여기까지 오는 데 걸린 것과 맞먹는 긴 여정일 것이다. 홉스와 로크는 자연이 가까이에 있으며 아름답지 못한 것으로 여겼다. 인간이 사회생활로 옮겨 간 것은 쉽고도 명백히 좋은 일이었다. 루소는 자연이 멀리에 있고 매력적이며 사회생활로의 이동은 어렵고 인간을 갈라놓았다고 생각했다. 우리가 드디어 자연에서 벗어나 자연을 극복한 것처럼 보이던 때에 루소는 자연에 대한 동경에 우리가 압도되도록 만들었다. 우리의 잃어버린 총체가 거기에 있다. 우리는 플라톤의 《심포지엄 *Symposium*》을 상기하게 되지만 거기에서의 전체에 대한 동경은 이데아(idea)와 목적에 대한 지식을 겨냥한 것이었다. 루소에게 있어 동경은 일차적으로 자연 상태의 근원에서 찾아볼 수 있는 원시적인 느낌(feeling)에서 오는 즐거움을 표현한 것이다. 나쁜 것을 면밀하게 회피하는 것과는 대조적으로 훌륭한 것을 추구하는 것이 인간의 본질이라고 주장한 루소에 합세하여 플라톤도 부르주아에 대항했을 것이다. 동경이나 열의가 부르주아에게는 어울리지 않는다. 루소의 영향력 아래에 있었던 철학과 예술의 이야기는 부르주아의 안녕과 자기만족을 반격할 수 있는 동경의 대상물을 찾거나 아니면 꾸며내는 것이었다. 그런 이야기의 일부는 부르주아가 자기만족의 일부로 동경의 문화를 얻으려 했던 노력이기도 하다.

 루소는 사람에게서 볼 수 있는 내적 분열의 원인을 자연과 사회가 서로 반대 세력으로 우리 내에서 작용하기 때문이라고 해석하고 있다. 그는 부르주아가 자애와 타인에 대한 사랑, 기질과 의무, 성실과 위선, 자기 자신이 되는 것과 소외당하는 것 사이의 갈등 속에서 이러한 분열을 경험하게 된다고 생각했다. 이와 같이 자연과 사회가 서로 대립 관계에 있다는 것이 인간 문제에 대한 근대 토론의 주제로서 모든 토론에 침투되어 있다. 홉스와 로크는 미덕을 추구하는 인간 내면의 요구에 의해 생겨나는 긴장을 극복하기 위해, 그리고 인간이 총체가 되는 것을 쉽게 하기 위해 이런 구분을 만들어 냈다. 그들은 모든 의무를 본연의 기질에서 나오는 것으로 이해함으로써 본래 기질과 의무 간의 거리를 좁혔다고 생각했지만, 루소는 오히려 그들이 그 거리를 더욱 벌려 놓았다고 반박했다. 그래서 그는 인간 내면의 분열에 대한 보다 오래되고 전근대 사회가 가졌던 이해를 재생시켰다. 따라서 그는 행복을 달성하는 것이 복잡미묘하고, 민주 사회는 행복 추구의 권리를 인간에게 보장했으나 실제로 행복을 달성하는 것은 불가능하게 되었다는 생각을 다시 갖게 만들었다. 그러나 과거에는 인간의 갈등이 자연과 사회의 대립에서 나온 것이 아니라 도저히 조화시킬 수 없는 몸과 마음의 상반되는 요구에서 생겨난 것으로 이해했던 사실이 보여주듯이 복구는 아주 다른 차원에서 일어나고 있다. 이 또한 우리로 하여금 루소의 독창성을 다시 한번 심사숙고해 볼 기회를 마련해 준다. 책망이 다른 곳으로 전가되었고 융화를 향한 끝없는 탐구의 초점도 변경되었다. 인간은 완전한 것으로 태어났고, 따라서 그가 다시 한번 완전한 것이 될 수 있다는 것을 적어도 상상해 볼 수는 있다. 몸과 마음을 구분할 때와 구분하지 않을 때 생겨나는 희망 및 절망은 전혀 다른 종류의 것이다. 자신과 자신의 욕망에 대한 사람들의 생각이 변하게 된다. 바로잡아 보려는 노력에는 혁명에서부터 치료에까지 이르지만, 참회나 육신에 대한 금욕 같은 것으로 바로잡아 보려는 노력은 아예 생각도 안 한다. 루소의《참회록 *Confessions*》은 아우구스티누스의 참회록과는 반대로 그가 태어날 때는 선했고, 육신의 욕구는 건전한 것이며, 원죄는 없다는 것을 보여 주기 위한 것이었다. 인간의 본성이 긴 역사를 통해 내려오면서 불구가 되었고, 그 결과 이제 우리는 인간에게 적합하지도 않고 불가능한 요구를 하는 사회 속에서 살아야만 하게 되었다. 인간이 할 수 있는 일은 불편한대로 현재를 묵인하거나 어떻게든 과거로 돌아가려고 노력하거나 아니면 자연과 사회라는 두 극을 독창적으로 합성시켜 보려고 노력하는 것이다.

　이것이 자유주의에 대한 루소의 비평을 중심으로 19세기와 20세기에 생겨난 정치사상의 골자다. 자연과 사회를 구분하는 것이 우리에게는 친숙 그 이상이다. 무의식은 곧 잃어버린 자연이고, 그뿐만 아니라 우리를 자연으로부터 벗어나게 만든 것이 곧 엄격한 역사였다고 설명을 하는 프로이트를 통해 우리는 이것을 잘 알게 된다. 또한 우리는 우리에게 가한 문명의 요구 때문에 정신병이 생겨났다는, 그리고 부르주아 사회에 모질게 적응하는 것이 바로 현실의 원칙이라고 한 그의 설명에서도 이것을 감지하게 된다. 인간의 갈등(분열)이 쉽게 해결될 것으로 여겼던 근대의 초기 사상은 이제 거부되고 있지만 여전히 해결책은 있다고 기대하고 있다. 쉽든 어렵든 간에 문제의 해결책을 믿고 찾는 것이 근대의 특징인 반면, 고대 사람들은 근본적인 갈등은 영원한 것으로 생각했다.

자아가 사회에 잘 적응을 못하여 나타나는 첫 번째의 반응이 보존과 재산의 합리성에 대한 반항으로서 그것은 자아의 원래 상태를 회복하려는 노력이고, 자아의 최초 성향대로 살려는 노력이다. "자신의 감정과 교류하며" 살겠다는 노력이다. 사회에 의해 인위적으로 생겨난 요구, 의존성, 가식 없이 자연스럽고 단순하게 살겠다는 시도다. 루소의 여러 면 중에서 자연에 대해 향수를 느끼게 만드는 면이 소로(Thoreau, H. D.)의 생애와 저술을 통해 아주 일찌감치부터 미국에 상륙했다. 최근에는 그것이 그밖의 갖가지 다른 운동과 합세하여 절정에 달하게 되었고, 많은 대중에게 알려지게 되었다. 이런저런 형태의 무정부주의는 이러한 동경의 표현으로, 정치와 법이 우리의 성향을 완성시키고 만족시켜 주는 것이 아니라 억압하는 것으로 이해될 때 억압이 필요하다고 하더라도 개의치 않고 무정부주의가 생겨난다. 정치 철학 사상 처음으로 인간은 본능적으로 문명사회를 향해 전진하는 것이 아니고 문명사회에서 만족을 얻는 것도 아니라고 생각하게 되었다. 그럼에도 불구하고 자연과 사회(즉, 사회는 자연스러운 것이 아니라 순전히 인간이 만들어 낸 것을 전제로 했음이 명백한)를 처음으로 구분 지었던 사람들은 둘 중 주저할 필요 없이 사회 쪽을 선택해야 한다고 생각했다. 사실상 그들은 문명사회는 바람직한 것이며 자연 상태에서의 인간 생존은 나약하기 이를 데 없다는 것을 강조하고, 더 나아가 자연 또는 신이 보호해 줄 것이라고 상상하는 사람들의 열정을 소멸시키고 시민 사회에 대항하는 반역자를 분쇄시키기 위해 그와 같은 구분을 지었던 것이다. 만일 인간이 현명하다면 인간은 자신을 자연으로부터 분리시켜 자연의 주인이 되고 정복자가 될 것이다. 이것이 바로 평화, 온화함, 번영, 생산성, 응용과학, 특히 의학과 더불어 자유 민주주의가 믿는 것이었고 아직도 일반적으로 그렇게 믿고 있다.

이 모든 것이 잔인한 자연 조건에 대한 엄청난 전진이라고 생각했다. 로크는 "영국의 품팔이 노동자가 미대륙에 있는 왕보다 더 낫게 입고, 더 나은 집에서 살며,

더 잘 먹고 있다"라고 말했는데 여기서 대륙의 왕은 인디언 추장을 의미했다. 그러나 토크빌은 그럼에도 불구하고 미대륙의 왕에게는 어딘가 모르게 감동적인 면이 있음을 알아챘다. 만일 당당함, 독립성, 죽음을 향한 의연함, 미래에 대한 불안으로부터의 해방, 그 밖의 여러 요소들을 고려해 본다면 아마도 야만인이 상대적으로 더 바람직한 데가 많은지도 모른다. 이 야만인의 견해에서 보면 자연은 나쁜 것이 아니라 훌륭한 것으로 보이기 시작한다. 사람 및 모든 것을 타락시키는 사람의 손길을 허락하지 않는 자연은 존경의 대상이 된다. 전에는 오로지 인간의 변덕뿐이던 곳에 자연이 나아갈 길을 인도해 준다. 도시를 자연의 정점으로 여기는 것이 당연한 옛 견해는 아예 고려조차 하지 않고도 대체 그게 무슨 소린지 어렴풋이 알듯 말듯 하다. 도시는 자연에서 떨어져 나간 것이고 오로지 인위적으로 인간이 만들어 낸 것이다. 도시의 가치에 대해서 매우 다른 의견이 있을 수 있지만 두 편이 모두가 다 같은 전제에서 출발한다. 이제 자연과 인간과의 관계를 보는 시각에는 두 가지가 있어 서로 경쟁하지만 양자가 모두 자연과 사회를 구분하는 근대 사조를 기초로 하고 있다. 자연은 필요의 가혹함으로부터 인간을 해방시켜 주는 원자재이고, 그렇지 않으면 인간은 자연을 오염시키는 공해 인자다. 이 두 경우 모두 생기가 없는 자연 아니면 사람이 없고 사람의 손길이 닿지 않은 자연 - 산, 숲, 호수, 강 등과 같이 - 을 의미한다.

자연 상태에 대한 로크의 견해와 그 견해에 대한 루소의 비판 사이에서 생겨나는 전형적인 대립상을 위대한 사상을 실천에 옮겨 보는 거대한 무대라 할 수 있는 이 미국에서 찾아볼 수 있다. 한편에서는 미국의 나무, 들, 강물을 낭만적인 시각으로 보지 않는 농부들이 있다. 개간하여 집을 짓고, 지은 집을 데우기 위해 나무를 베는 것이고, 더 많은 식량을 생산하기 위해, 아니면 기계가 작동하는 데 필요한 것을 캐어 내기 위해 땅은 경작되든지 파헤쳐져야 하고, 강물은 식량을 실어나르는 수로로, 아니면 동력의 원천이 되는 것으로 생각한다. 다른 한편에는 시에라 클럽(Siera Club)이 있어 그와 같이 자연을 훼손하는 일을 더 이상 못하도록 막는 일에 헌신하고, 이미 저질러진 일들에 대해 확실히 무척 유감스럽게 여기고 있는 듯이 보인다. 더욱더 흥미로운 것은 이 두 가지 상반되는 감정이 우리 시대에서 가장 진보된 지성을 가진 사람들의 마음속에 공존한다는 사실이다. 자연은 원자재로서 사람의 노동으로 가공하지 않으면 아무 가치가 없는 것인 반면 그럼에도 자연은 가장 고결하고 가장 성스러운 것이기도 하다. 담수어(snaildarter)를 보호하려고 애쓰는 바로 그 사람들이 피임약은 환영하고, 사슴 사냥을 걱정하는가 하면 임신 중절을 지지한다. 자연에 대한 경외감 또는 자연을 정복하는 것 - 그 어느 것이든 편리한 대로 따른다. 모순의 원칙이 없어져 버린 것이다.

자연 상태를 두 가지의 다른 시각으로 가르친 데서 이런 일이 생겨나는 것이다. 로크의 가르침이 우리의 제도를 탄생시켰고, 우리가 사유 재산과 자유로운 시장 개방에 몰두하는 것을 정당화시켜 줌과 아울러 우리가 가진 정의감의 기준도 여기서 생겨난다. 산다는 것이 무엇이며 거기서 받는 상처에 대한 치료법은 어떻게 찾을 것인가에 대해서 가장 널리 활용되고 있는 것이 루소의 가르침이다. 전자는 문명사회에 적응하는 것은 거의 자동적으로 이루어진다고 가르치고, 후자는 그와 같은 순응이 실은 매우 어려운 것이고 순응을 위해서는 문명사회와 잃어버린 자연과의 사이에 있는 모든 것이 동원되어야 한다고 가르친다. 우리 시대의 가장 두드러지는 두 가지 지적 유형은 이 두 가지의 가르침을 바탕으로 형성되었다. 뚜렷하고, 자신 있고, 능률적이고, 쓸데없는 소리가 통하지 않는 경제학자는 로크파라 할 수 있고, 신중하고, 우울하고, 묵묵히 생각에 잠기는 정신분석학자는 루소파라 할 수 있다. 원칙상으로는 이 두 가지 입장이 도저히 양립할 수 없지만 태평스러운 미국인이 거기에 타협안(modus vivendi)을 마련해 주었다. 경제학자는 우리에게 돈을 버는 방법을 일러 주고 있고, 정신 분석학자들은 그 쓸 곳을 우리에게 제시해 준다.

자 아

　요즈음에는 인간에 대해 보다 깊이 이해하고 있는 여러 다른 전문인들은 물론 정신과 의사들도 관리하는 영역이 자아(self)다. 자연 상태에서 찾아낸 또 다른 발견물로서 어쩌면 이것이 가장 중요한 발견일는지도 모른다. 왜냐하면 이것이 우리가 진정으로 무엇인지를 나타내 주기 때문이다. 우리는 자기 자신일 뿐이고 우리가 하는 모든 일은 우리의 자아를 만족시키거나, 아니면 실현시키기 위한 것이다. 이 어휘를 근대적 의미로 사용한 최초의 철학자가 로크이고, 아니면 적어도 이 말을 사용한 초창기 철학자 중 한 사람이다. 처음부터 그 말의 정의를 내리는 것은 어려웠고, 따라서 우디 앨런을 통해 우리가 알게 되었듯이 그것은 더욱더 까다로워졌다. 우리는 삼백 년을 두고 주체성 파악의 문제로 고통을 겪어 왔다. 우리가 자아를 쫓아 깊이깊이 파헤쳐 들어가면 자아는 우리보다 한발 앞서 더 깊이 먼 곳으로 달아나 숨어버린다. 비록 마음이 편치 않을는지는 모르지만 신비롭고, 말로 표현할 수 없고, 정의하기 어렵고, 제한도 없으며, 창조적이고, 행적을 통해서만 알 수 있는 간단히 말해 신을 복사해 만든 불경한 복사품이 자아라는 가장 최근의 해석이 정말로 자아의 정수일는지도 모를 일이다. 무엇보다도 자아는 독창적이고 독립된 나(me)이지, 자신 속에 있는 또 하나의 인간이 아니다. 톨스토이 소설 속의 이반 일리치가 설명한 '모든 인간은 죽게 마련이다'라는 말로 소크라테스의 죽음도 확실하게 기정사실로 하는 그 유명한 삼단 논법이 어린 시절 줄무늬의 가죽공을 가지고 놀았던 요즈음의 이반 일리치에게는 적용될 수 없다. 우리 모두가 알다시피 이성은 일반적인 또는 보편적인 형태를 취하고 있기 때문에 특수 자체로서의 특수를 이성으로는 파악할 수 없다. 한마디로 요약하자면, 근대에는 영혼이 자아로 대치된다.

이 모든 것의 발단은 대담하기 그지없었던 혁신자 마키아벨리에게로 거슬러 올라가게 되는데 그는 영혼의 구원보다도 조국을 더 염려하는 사람들에게 탄복했다. 영혼은 우리에게 좀더 높은 경지를 요구하기 때문에 사람들이 내세를 위해 현세를 소홀히 하게 되는 것은 어쩔 수 없다. 영혼을 철학적으로 설명하는 지복 천년설이 실제로 확실성 있게 해 놓은 일이 아무것도 없는 반면에 그것을 알고 있는 듯이 굴었던 성직자들은 권력을 장악했거나 아니면 권력에 영향력을 행사했고 그 결과로 정치를 타락시켰다. 영혼을 구제하는 데에 제후 자신들의 의견 또는 백성들의 의견은 전혀 쓸모가 없는 것으로 여겼으면서도 다른 한편으로는 그 쓸모없는 의견이 다르다는 이유로 인간은 서로서로 도맷값으로 대량 학살했다. 영혼을 돌보겠다는 일념으로 사람들 자신의 삶은 절름발이처럼 되어 버렸다.

마키아벨리는 사람들에게 실제로 영혼을 버리고 영원한 저주에 대한 염려도 잊어버리라고 과감하게 일렀고, 그가 칭송한 사람들처럼 이론만이 아니라 실천으로도 옮기라고 일렀다. 여러 사람들 중에서 홉스는 '너 자신을 알라'고 한 옛 델피 신전의 신명(神命)을 새롭게 해석함으로써 그의 도전에 응수했는데, 소크라테스는 그 신명이 철학적 사고를 권유하는 것으로 해석했고 프로이트는 정신 분석의 필요를 의미하는 것으로 해석했다. 프로이트는 사람은 각자 자신이 느끼는 것(he feels)에 주의를 기울여야 한다고 말했는데 - 자신도 미처 알아채지 못한 채 생각하는 것이 아니라 느끼는 것(feels), 다른 사람이 아니라 그 자신(he)을 강조한 홉스와 같은 방향으로 가고 있었다. 자아라는 것은 이성이라기보다는 감성이고, 일차적으로는 다른 사람과 반대되는 것이라고 정의를 내릴 수가 있다. '너 자신이 되어라.' 놀랍게도 홉스가 자유분방한 생활을 제일 먼저 널리 선전한 선전자임과 동시에 성실성 내지는 신빙성을 훈시한 사람이기도 하다. 상상의 나래를 펴고 우주의 끝까지 방황할 필요가 없고, 형이상학의 기본도 없으며, 사람은 물론 사물의 질서까지도 명하는 영혼도 없다. 아마도 사람은 자연 속의 이방인인지도 모른다. 그러나 인간이 대단한 존재인 점에는 틀림이 없고, 그의 가장 강렬한 열정을 통해 원하는 결실을 맺을 수가 있다. 홉스는 이렇게 말했다. 즉 '느껴라!' 특히 다른 사람이 당신의 관자놀이에 총을 대고 쏘겠다고 위협할 때의 느낌이 어떨지 상상할 수 있어야 한다. 그것이 자아 전체를 통일된 한곳에 집중시켜 무엇이 중요한지 우리에게 알려 준다. 바로 그 순간에 우리는 거짓된 의식이 아니고 진정한 자신이 되고, 교회나 국가, 또는 여론 때문에 소모되지도 않는다. 이 경험이 그 어떤 영혼의 지식 또는 이른바 영혼에서 발산된다는 양심보다 '우선순위를 정하는 데' 훨씬 더 많은 도움을 준다.

  종교 및 철학의 전체 전통에 걸쳐 인간의 관심사는 두 가지로 압축이 되는데, 그 하나가 육신에 대한 관심이었고 다른 하나는 영혼에 대한 관심으로서 그것을 욕망과 미덕의 대칭으로 표현하였다. 원리상으로는 인간이 미덕으로 가득 차길 원하고 육체적 욕망의 사슬로부터 자유로워지기를 원하는 것으로 여겨졌다. 완전해지는 것이 행복일 테지만 적어도 이 세상에서는 그것이 가능하지가 않다. 마키아벨리는 사물의 아래위를 뒤집어 버렸다. 행복하면 실제로 완전해지는 것이 사실이니까 이 세상에서 완전함이 우리에게 가능해지도록 하자. 전통적으로 인간은 불가사의한 것이고 육신과 영혼이라는 자기모순적인 실체를 함께 가지고 있다고 생각했다. 육신만의 인간은 생각조차 할 수 없는 것이다. 그러나 육신의 기능과는 별도로 존재하는 제반 기능은 육신의 욕망을 만족시키는 데 도움을 주기 위해 존재하는 것으로 생각하고, 그럼으로써 인간 내면의 분열이 극복된다고 생각한다. 미덕만의 미덕은 있을 수가 없고, 미덕을 사랑한다는 것은 상상에 불과한 것이며, 일종의 우리를 향한 사회(즉 다른 사람)의 요구가 초래한 일종의 전도된 욕망일 뿐이다. 그러나 욕망만의 욕망은 가능하다.

  욕망의 절대성, 즉 미덕에 의해 억제되지 않은 욕망이 우리가 자연 상태에서 발견하는 것이다. 이것은 철학이 전환점에 이르렀음을 의미하는데, 즉 미덕으로 욕망을 길들인다거나 완벽하게 만들려는 노력에서 벗어나 우리의 욕구가 무엇인지를 찾아내어 거기에 맞추어 사는 방법을 추구하는 것을 의미한다. 욕망을 덮어 버리고 타락시키는 미덕을 비판함으로써 이와 같은 노력이 성취될 수 있다. 우리 속의 욕망이 우리가 자문을 구하는 신탁이 되고, 지금은 욕망이 최후의 말씀이지만 과거에는 그것이 우리 속에 있는 의심스럽고 험한 것으로 여겨졌다. 이처럼 사람은 욕망으로 일관되어 있다고 보는 데에 이론적으로 많은 난관이 따르지만 우리가 말하는 실존적 의미로는 이 설명에 설득력이 있다. 왜냐하면 불가사의하고 자기모순에 빠지는 육신과 영혼의 결합과는 달리 추상적인 이론이나 훈계가 필요 없는 난폭한 죽음에 대한 공포 같은 데서 느끼는 강렬한 체험을 통해 우리는 이것을 확인할 수 있기 때문이다.

　자아로 향하는 길은 홉스가 열어 놓았고, 그 길은 어디서나 볼 수 있는 심리학이라는 대로로 성장했는데, 심리학에는 프시케〔영혼〕가 없다. 그러나 로크와 마찬가지로 홉스도 자아의 심리학을 완전하게 발전시키지를 않았는데 이는 그들이 자연 상태를 깊이 탐구하지 않았던 것과 대동소이하다. 그 이유는 그들은 해결책이 표면에 있는 것으로 생각했기 때문이다. 홉스와 로크는 일단 옛 미덕 – 종교적인 것에 대한 경건함이나 고결한 것을 존중하는 마음과 같은 – 이 논박되면 인간의 자기 보존 욕망이 현실이라는 것, 그리고 그 욕망은 내부로부터 일어나고 그 어떤 다른 욕망에도 우선한다는 데에는 대다수의 사람들이 즉각 동의할 것으로 추정했다. 진정한 자아는 개인에게도 좋을 뿐만 아니라 종교나 철학이 할 수 없었던 합의 창출의 바탕을 마련해 줄 수도 있다. 덕 있는 사람을 대신하는 로크의 합리적이고 부지런한 사람이 이러한 해결책의 완벽한 표현이다. 그것은 한 개신교도나 그 밖의 다른 신앙인의 윤리나 도덕이 아니라 진보된 이기주의(즉 근대 철학을 통해 어떤 목표가 진짜이고 어떤 것이 상상의 소산인지를 알게 된 이기주의)이거나, 또는 사리사욕을 제대로 파악하고 있음을 솔직히 인정하는 것이다. 홉스보다는 덜 자극적인 방법으로 덕의 가면을 벗기기 위해 로크는 그것과 반대되는 게으르고 논쟁만 일삼는 사람 – 즉 우리가 알기로는 성직자 또는 귀족(즉 다시 말해 좀더 높은 도덕성을 지녔다고 자처하는 사람들)과 같은 사람 – 을 개발해 낸다. 로크의 합리적이고 부지런한 사람은 거짓투성이의 경건함이 없이 생각하는 대로 행동에 옮기고 그 자신의 이익만을 추구하는 성실한 사람의 원형으로 매력이 있다. 물론 그가 이기주의를 주장하는 이면에는 이기주의가 도덕주의보다 다른 사람들의 이익을 위해 더 많은 이바지를 할 수 있다는 기대가 깔려 있다. 성실한 사람들의 취향은 덕을 칭찬하기보다는 위선자를 탓하는 것으로 나타난다.

자아가 직접 체험한 압도적이고 주관적이며 자아로서는 가장 중요한 경험인 죽음에 직면한 공포 및 그 경험을 통해 생겨난, 무슨 일이 있더라도 죽음을 피해야 한다는 철칙이 새로운 자연 철학에 의해 확인되었다. 그 새로운 자연 철학은 자연 속에서 오로지 움직이는 물체만을 보고 이 물체들은 관성의 요구에 따라 맹목적으로 계속 움직이고 있는 것으로 생각한다. 자연의 좀더 높은 목적론, 즉 인간의 이성은 자연의 목적을 참조하였고 인간의 열정은 이를 통해 제한되곤 한다고 여겨졌던 자연의 높은 목적론이 모두 사라져 버렸다. 인간을 알게 되는 데에 자연이 특별히 도움을 주는 것은 아니고 인간의 행동에 절대적인 임무를 제공하지도 않는다. 오직 인간도 자연의 다른 물체들과 다를 바 없이 행동하는 것으로 여기고 인간이 강력한 그의 기질을 쫓고 있다는 허상 때문에 생겨났던 구속 - 즉 인간으로 하여금 자연의 물체와는 상이하게 행동하도록 만들었던 것들 - 이 사라져 버렸다. 불합리한 열정과 합리적인 과학이 새로운 방법으로 협력하여 평화를 추구하라는 새로운 자연법칙을 정립한다. 인간의 열정적인 주관이 자연 철학의 전제에 동의하고 - 아니 그런 활동의 원칙으로서 그 전제를 받아들이고 - 철학은 그 동의가 자연과 일치한다는 것을 발견한다. 그래도 인간은 여전히 자연의 일부로 남아 있지만 영혼을 중심으로 알았고 인간에게 있어 가장 높은 것이 곧 자연에 있는 가장 높은 것과 흡사한 것으로, 아니면 영혼을 바로 자연으로 여겼던 아리스토텔레스의 철학과는 아주 딴판으로 보다 많은 문제점을 가지고 있다. 정말로 인간은 자연의 일부에 불과하지 자연의 축소판이 아니다. 자연에는 지위의 서열이나 존재의 등급이 없고 그 점에 있어서는 자아도 마찬가지다.

사실은 그가 제시하는 시민 사회의 시민과 동일한 로크식 자연인은 안락한 자기 보존에 대한 관심에서 결국은 법을 준수하고 생산적이 되기 때문에 그에게 자연스러움이란 전혀 없다. 루소는 로크가 정치 문제를 간단하게, 아니면 자동적으로 해결하려는 지나친 열성에서 기계적이고 목적이 없는 자연으로부터 실제로 기대할 수 있는 것보다 더 많은 것을 기대하도록 만들었다고 재빨리 지적했다. 자연인은 야수적이고, 다른 동물과 거의 구분할 수 없고, 사회성이 없으며, 부지런하지도 합리적이지도 않고 오히려 게으르고 불합리하며, 모든 일은 느낌이나 감정의 자극에만 전적으로 의존한다고 할 수 있다. 홉스와 로크는 영혼과 연결된 인간에게서 볼 수 있는 모든 높은 열망들을 단절시킴으로써 인간이 서 있는 바닥을 알아보길 바랐지만 루소가 그것을 없애 버렸다. 내가 지하실이라 부르는 바닥으로 인간은 곤두박질을 쳤는데, 이제 그 지하실에는 아예 바닥이 없는 것처럼 보인다. 그리고 루소는 그 아래에서 인간에게서 찾아볼 수 있는 모든 복잡 미묘함을 발견했는데 그것들 모두가 마키아벨리 이전에는 저 높은 곳에 있었던 것들이다. 로크는 부당하게 인간에게 있는 것 중에서 그의 민약론(social contract)에 필요한 것들만 골랐고 나머지는 금했다. 이론적으로 그것은 만족스럽지 못한 절차이고 실제에 있어서는 대가가 엄청난 것이었다. 부르주아가 치러야 했던 대가의 척도로서 그는 무엇보다도 자신의 진짜 자아에 주의를 기울일 수 있는 처지도 못 되는 사람이다. 또한 그는 얄팍한 널빤지로 살짝 막아 놓은 지하실이 그의 내면에 존재한다는 사실을 부인하는, 그리고 그에게 완전함이나 구원과 같은 약속은 아예 없이 그저 그를 이용하기만 하는 사회의 목적에 맞게 온통 개조된 사람이다. 루소는 자연과 사회 사이에는 조화가 있다는, 어리석으리만큼 단순한 미국식 전제를 뒤엎었다.

여전히 루소는 원래의 자연에 사뿐히 안착하길 바랐으나 그것은 쉽게 달성할 수 있는 것이 못 되었고 연구와 노력을 필요로 하는 것이었다. 그와 같은 자연이 존재하는지의 여부가 의심스러워졌고 여기서 혼돈이 나타나게 된 것이다. 그러나 합리성과 정중함이라는 이면에 자리하고 있는 실체에 대한 끝없는 추구와 무의식의 세계에 도달하는 새로운 방법, 그리고 상층과 하층의 틈바구니에서 어떻게든 조화를 이룩하려 끝없는 임무를 띠고 있는 자아의 근대 심리학을 완벽하게 창시한 사람이 바로 루소다.

루소의 타협을 모르는 고집이 인간을 자연으로부터 분리시키는 발단을 마련해 주었다. 야만적인 존재가 인간의 진실한 모습이라고 이해하는 근대 과학과 그는 기꺼이 뜻을 같이했다. 그러나 자연은 인간이 다른 짐승들과 다른 점, 그가 자연에서 벗어나 사회로 옮겨간 점, 그리고 인간이 가진 역사에 대한 만족스러운 해명을 제시할 수는 없다. 영혼을 해체시키는 데 나름대로 일익을 담당했던 데카르트는 자연을 외연(外延)으로 분류하였고, 그 분류 과정에서 외연을 관찰할 수 있는 에고

(ego)만을 자연으로부터 제외했다. 인간은 의식만을 제외한 모든 면에서 외연의 일부다. 그럼에도 그가 어떻게 인간이 되고 하나의 자아(self)라고 불리는 통일체가 되었는지 참으로 신기하다. 이 체험의 총체, 즉 외연과 에고의 결합은 불가사의하고 근거 없는 것처럼 보인다. 물체 또는 움직이는 원자와 열정과 이성은 일종의 통일체이기는 하지만 그것은 자연과학의 이해 범위 밖에 존재한다. 로크는 흘러가는 시간과 더불어 끊임없이 계속되는 감각에서 오는 인상을 계속 담아 두는 곳이 없으면, 느낀 인상이 무로 사라져 버릴 것을 우려하여 지속되는 통일감을 마련하려고 자아를 창안해 낸 것처럼 보인다. 자연을 아는 것만을 제외하고 우리는 자연 속의 모든 것을 알 수가 있다. 인간이 자연의 일면이라는 점에서 인간은 사라지게 된다. 자아는 서서히 자연으로부터 이탈하였고 그 현상은 별도로 다루어져야 한다. 외견상으로는 불사신 같고 침착하고 고립되어 있어 신과 같던 데카르트의 에고가 본능적 충동(id)이라 불리는 끝도 없고 사나운 대해(大海)에서 떠도는 빙산의 일각에 불과하다는 것이 밝혀졌고 아울러 의식은 무의식의 복수 현상이라는 게 밝혀졌다. 이제 분명한 것은 인간은 자아라는 것이다. 그러나 자아란 무엇인가?

우리가 흔쾌히 받아들였던 심리학이 우리에게 이 의문을 남겨 준다. 우리가 우리를 심리학에 완전히 내맡기려면 그것 이면에 도사리고 있는 참을 수 없이 복잡한 사연을 알고 있는 것이 매우 중요하다. 이 심리학이 우리 자유주의 사회에서 너무도 오랫동안 방치되었던 우리 내면을 치료하기 위한 것이라고 믿자니 그것이 너무 뒤늦게 우리에게 나타났고, 그것이 판도라의 상자와 같은 '우리 자신들'을 열어준다는 점만은 확실하다. 이아고처럼 그것도 우리에게 "자신을 사랑하는 방법을 알고 있는 사람을 나는 결코 발견한 적이 없다"라고 말해 주고 있다. 근대 심리학은 마키아벨리에 의해 시작되었고, 항상 여론이 따랐던 - 이기주의는 어떤 면에서는 선한 것이라는 - 의견과 이것을 공통으로 받아들이고 있다. 인간은 자아이고 자아는 이기적임에 틀림없다. 새로운 점은 자아를 좀더 깊숙이 들여다보라는 말을 듣는 것과 자아를 너무 쉽게 안다고 가정하고 너무 쉽게 접근할 수 있다고 가정하는 것이다.

사람의 생활이 불분명하기 때문에 어떤 형태로든 좋고 나쁜 것을 구분 짓도록 요구당한다. 크게 변한 것은 오로지 자기 자신만을 돌보는 사람과 대조하여 다른 사람을 돌볼 줄 아는 사람을 전에는 좋은 사람으로 여겼는데, 이제는 자기 자신을 돌볼 줄 모르는 사람과 대조하여 어떻게 자신을 돌보는가 하는 것을 아는 사람이 좋은 사람이라는 것이다. 이 점이 정치 분야에서 가장 두드러진다. 아리스토텔레스의 경우, 공동의 이익에 헌신하는 통치자를 가진 정부를 훌륭한 정부로 여겼던 반면에, 자신의 이익을 증진시키는 데에 자신의 지위를 이용한 통치자를 가진 정부를 나쁜 정부로 여겼다. 로크와 몽테스키외(Montesquieu)에게는 그와 같은 구분이 없다. 사회 구성원인 이기적인 사람들을 견제하면서 동시에 만족시킬 수 있는 적절한 제도적 구조를 갖춘 정부가 좋은 정부인 반면, 이 일을 성공적으로 수행하지 못하는 정부는 나쁜 정부다. 이기주의를 전제로 하고 있으며, 사람은 이러해야만 한다는 것을 가정으로 삼는 게 아니라 인간은 이렇다는 것을 가정으로 삼는다. 심리학에는 오로지 좋은 형태의 이기주의와 나쁜 형태의 이기주의 구분만이 있을 뿐이다. 이는 마치 루소가 이기심(amour de soi)과 자애(amour - propre)를 통쾌하도록 솔직하게 구분한 것과 같고, 이기심과 자애라는 말이 영어에는 따로 없다. 두 가지 다 영어로는 자애라는 말로 바꾸어 놓을 수밖에 없기 때문에 사실 번역이 불가능하다.

우리가 짓는 구분 중에 가장 두드러지고 흥미로운 - 그 구분이 갖는 위험을 전혀 의식하지 못하기 때문에 흥미로운 - 구분은 내면 지향성과 외향성 산의 구분이고, 이 중 앞의 것이 무조건 좋은 것으로 받아들여지고 있다. 물론 이와 더불어 건강하게 내면 지향적인 사람은 실제로 남도 보살핀다는 말을 우리는 듣게 된다. 그 말에는 나는 오로지 다음과 같이 대답할 수밖에 별도리가 없다. 즉 만일 우리가 그 말을 정말 믿어도 된다면, 우리는 무엇이든지 믿어도 무방하다. 루소는 이보다는 훨씬 더 잘 알고 있었다.

자아의 심리학이 워낙 성공을 거두었기 때문에 우리가 가진 병폐의 처방을 사물의 본질에서 찾기보다는 우리 내부에서 찾으려 하고, 이것이 이제는 우리 대부분에게 있어서 천성처럼 되고 있다. 소크라테스 역시 다른 사람의 의견을 좇아서 사는 것은 일종의 병이라고 생각하긴 했다. 그러나 그는 사람들로 하여금 그들이 자신의 독특한 의견을 어디로부터 얻는지 그 원천을 알아보라고 촉구하지는 않았고, 남들과 의견을 같이한다고 해서 그들을 비판하지도 않았다. 그가 사용한 건강의 척도는 성실성도 진위성도 아니고, 그밖의 자아의 건강함을 재는 막연하기 마련인 여러 다른 기준들도 아니었다. 가장 필요한 것은 진리이고, 자연에 순응하는 것과 법이나 관습 또는 의견에 순응하는 것과는 매우 다르다. 소크라테스는 덕은 무엇이고 정의는 무엇이며, 경건함은 또 무엇인가 하는 것을 남들과 그리고 자신과 더불어 토론하면서 일생을 지냈고, 지지될 수 없는 의견, 자기모순에 봉착하는 의견은 받아들이지 않고 장점이 있어 보이는 의견은 좀더 탐구하였다. 사람들이 사물에 대해 무어라 말하는가를 생각해 보는 것이 사물의 본질에 접근할 수 있는 방법이다. 소크라테스는 항상 아테네 사람들 속에 있었지만 그들의 일부는 결코 아니었고, 그들이 그를 믿어 주지 않았다고 해서 한 번도 불평해 본 적이 없었다는 것 또한 분명하다. 그는 외돌토리도 아니었고 그렇다고 시민도 아니었다. 새로운 전통에서 소크라테스와 거의 맞먹는 존재라 할 수 있는 루소는 인류가 가진 증오를 괴롭게 여겼고, 적어도 연설을 통해 볼 때 그는 완벽한 시민임과 동시에 완전한 외돌토리였다. 그는 극과 극 사이에서 번뇌하였고 그에게 중간 입장이란 없었다. 그 자신은 매우 위대한 논리전개자였음에도 불구하고, 그는 자신을 배우는 방법으로 몽상, 꿈, 옛 기억, 합리적인 절제에 의해 방해받지 않고 계속 이어지는 연상 작용과 같은 것을 선택하였다. 그 자신의 입장에서는, 정해진 형태가 없는 인간이라는 존재를 알아보기 위해서는 루소라는 사람과 그만의 독특한 역사를 알아보는 것이 소크라테스처럼 보편적인 인간 또는 자기 속에 존재하는 인간을 탐구하는 것보다 더 중요하다고 생각했다. 이 두 인물의 차이점은 가장 훌륭한 정부는 어떤 것인가를 두 젊은이에게 얘기하는 소크라테스와 물결이 잔잔히 이는 호수 위를 떠가는 뗏목에 등을 대고 누워 그의 존재를 인식하는 루소를 상상해 보면 분명해질 것이다.

창의성

 15세기에 피코 델라 미란돌라(Pico della Mirandola)가 인간의 존엄성(dignity of man)이란 말을 만들어냈을 때, 그때부터 이미 그 말에는 불경스러운 데가 있었다. 본연의 인간은 특별나게 존엄스러울 것은 없다고 파악되어 왔다. 신은 존엄스러운 존재이고 인간에게도 존엄스러운 데가 있다면 그것은 인간이 (흙으로 만들어졌을 뿐만 아니라) 신의 형상대로 창조되었기 때문이거나 아니면 인간은 이성적인 존재로서 그의 이성을 통해 자연 전체를 파악할 수 있고, 따라서 그 전체와 유사해질 수 있기 때문이었다. 그러나 이제 인간의 존엄성은 그것을 받쳐 주던 이들 두 버팀목을 잃었고, 그 문구는 인간이 모든 존재 중 가장 위대한 존재라는 것을 의미하게 되었다. 이러한 단언을 아리스토텔레스와 성경은 강력하게 부인했다. 사람은 고결해지고 다만 홀로 서 있다. 이것이 정말로 가능해지면, 인간은 자유로워야만 하는데 - 한 인간이 다스리고 다스림을 받을 수 있도록 정부에 참여하는 것을 자유스러운 것으로 여겼던 고대 철학이 의미하는 자유도 아니고, 신이나 인간에게 복종할 필요 없이 그의 이성을 따를 수 있는 인간이 자유로운 인간이라고 생각했던 홉스와 로크의 자유도 아닌 - 그보다 훨씬 엄청나게 넓은 의미의 자유를 누릴 수 있어야만 하는데, 즉 이는 자신과 자연을 입법화할 수 있고 따라서 자연의 지도를 전혀 받을 필요가 없는 자유를 의미한다.
 자유에 대한 이와 같은 견해를 보완하고 설명하는 것이 바로 창의성(creativity)이다. 우리는 이 말을 너무 흔히 들어 왔기 때문에 가장 진부한 독립 기념일 웅변조차도 우리에게 이 말보다는 더 많은 감흥을 준다. 실은 이것이 바로 우리의 독립기념일용 수사(修辭)가 되어 버렸다. 그러나 이 말이 처음으로 인간에게 적용되었을 때는 불경스러움과 역설의 냄새가 짙게 풍겼다. 신만이 유일한 창조자로 불렸던 그때에 이것은 기적 중 기적이라 할 수 있었고, 인과 관계를 초월하는 것이었으며, 전적으로 허무주의에 적합한(ex nihilo nihil fit) 이성의 모든 전제를 부인하는 것이었다.

인간을 규정 지워 주는 것이 더 이상 이성이 아니고, 그것은 오로지 그를 보존하는 도구 및 기술에 불과하다. 왜냐하면 기술로서 인간은 창조적(creative)이란 소리를 들을 수 있기 때문이다. 그것을 통해 인간은 대혼란을 질서로 바꾼다. 가장 위대한 사람은 아는 사람이 아니라 호메로스, 단테, 라파엘로, 베토벤과 같은 예술가들이다. 예술은 자연의 모방이 아니라 자연으로부터의 해방이다. 우리가 살아가는 데 지침이 될 우주관과 이상을 이루어 내는 사람은 천재(genius), 신비스러우며 마력을 가진 존재다. 그와 같은 사람의 가장 위대한 예술 작품은 바로 그 자신이다. 갖가지 인상과 갖가지 욕망으로 대혼돈 상태에 있고 통일체라고 하기에는 매우 의심스러운 자기 자신을 택하여 질서와 통일감을 부여하는 그 사람이 실로 인물(personality)이라 아니할 수 없다. 이 모든 것들은 그의 정신과 그의 의지가 자유분방하게 활동함으로써 생겨난 것이다. 그는 입법자와 예언자의 요소를 자신 속에 담고 있고, 따라서 주어진 질서를 영원한 것으로 받아들였기 때문에 인간을 이해하는 데 실패했던 명상가나 철학자나 과학자보다 사물의 본성을 더욱더 깊이 파악하고 있다. 이것이 바로 과학적인 인류 평등주의에 대항하여 고대 인간의 위대함을 되살린 것인데, 되살아난 그가 이젠 너무나도 달라 보이지 않는가! 이 모든 새 언어들이 바로 둘 사이의 간격을 나타내 주는 척도이고, 근대가 묘사하는 현상을 그리스 사람들은 어떻게 해석하고 밝히고 있는가를 심사숙고하는 것은 일생이 걸리는 작업이기는 하지만 그 작업은 자신을 파악하게 된다는 풍부한 보상을 받게 된다.

루소에게서 비롯된 것의 영향력을 가장 잘 요약해주는 것이 자아, 문화 및 창의성 같은 어휘다. 그것은 계몽운동이 제시한 학문 및 정치적 해결책이 불만스럽다는 것을 표현한 것이다. 그것은 자연이 무엇인가에 대한 우리의 이해를 뒤엎는다. 왠지는 모르나 인간이 자신의 위치를 똑바로 알기 위한 지표로 삼았던 것이 언제나 자연이었다. 하지만 영향력 있는 사색가 중 계몽운동 이전에 볼 수 있었던 자연은 그것 자체로서 완성된 것으로 각기의 사물들이 겨루어 그렇게 되길 바란다고 여겼던 소위 목적론적 자연 파악으로 되돌아가려는 사람은 단 한 사람도 없었다. 자연을 움직이는 물체로 파악하고, 따라서 인간의 필요를 위해서는 정복될 수 있는 것으로 보는 견해에 두 가지의 각기 다른 반응이 나타날 수 있는데 그 하나가 자연을 선한 것으로 보는 개념으로 돌아가되 오로지 짐승들이 만족스레 살고 있는 들, 숲, 산, 강 등과 같이 본질적으로 이성이 없는 자연만이 선하다는 것이고, 다른 하나는 창의성을 발휘하여 자연을 모두 초월하자는 것이다. 후자의 해결책이 구대륙에서 압도적으로 받아들여졌고 콜리지(Coleridge), 칼라일(Carlyle)과 같은 사람을 통해 독일에서 영국으로 건너갔다. 이와 같은 사고의 변혁이 가져다주는 전체 의미를 전체적으로 심각하게 숙고하고 일관성을 보여 준 사색가는 거의 없었다. 헤겔이 가장 위대한 예외다. 그러나 그 밖의 모든 사람은 그것의 영향을 받았고, 그리고 우파에서 좌파에 이르는 모든 정치 체제에 영향을 끼쳤다. 우리가 알고 있는 보수주의는 물론 마르크스주의도 루소가 남긴 업적이 없었다면 생각조차 할 수 없는 일이다.

 오늘날 반계몽운동 사상이 널리 퍼져 있다는 것을 입증하는 본보기가 바로 과학자들이 스스로를 '창의적(creative)'이라고 칭하게 되었다는 데서 나타나고 있는데, 이 본보기는 작은 것이긴 하지만 다분히 밝혀 주는 바가 크다. 그러나 과학자는 연구 결과를 발견하는 것이 아니라 오히려 조립한다는 견해보다 더 과학 정신에 역행하는 견해는 없을 것이다. 과학자들은 영혼 창조설을 반대하는 인간에게 안성맞춤이고 그와 같은 것이 있다면 그들의 과학이 틀렸고 쓸모가 없다는 것을 올바로 인식하고 있다. 그러나 창의성도 그것과 똑같은 결과를 가져온다는 것을 그들은 알지 못한다. 자연이 정연한 질서를 가졌거나 갖지 않았거나 둘 중 하나이고, 기적이 있을 수 있거나 없거나 둘 중 하나다. 과학자들은 기적이 없다는 것을 증명하지는 못하고 그렇게 가정할 뿐이다. 그리고 이 가정 없이는 과학이 있을 수 없다. 오늘날 창조의 신을 미개했던 과거의 일이었다고 부인하고 과학의 힘으로 극복할 수 있다고 생각하는 것은 쉽지만 신의 창조보다 더욱더 있을 법하지 않고 신의 창조를 모방한 것에 불과한 인간의 창조성은 묘한 매력을 행사한다. 과학자들은 창의성을 존중하느라고 그들의 제반 의견이 과학 또는 과학에 대한 진지한 명상에서 나온 결과라고 생각하지 않는다. 그들은 단순히 민주적인 여론을 따를 뿐이고, 이런 여론은 잘 알지 못하는 사이에 낭만주의 개념으로 포착되어 대중을 치켜세우는 일(즉 모든 사람은 창조자라고)에 유용되었다. 존경받는 인간의 유형이 과학자가 아니라 예술가이고 이를 감지한 과학은 존경을 본래대로 유지하기 위해서 자신을 존경받는 유형에 동화시켜야만 했다. 근본적으로 모든 사람이 논리적 사고를 한다고 간주해 볼 때, 과학자야말로 모든 사람이 되고자 원했던 완전한 형태라고 할 수 있다. 바로 그런 의도에서 계몽운동이 과학을 중심으로 삼았고 모든 사람이 그것을 존경하도록 만들려고 했다. 자기묘사에 대한 이와 같은 변화는 시대정신(Zeitgeist)이 어떻게 변화했는가 하는 것을 밝혀 주고, 시대정신을 초월하여 과학이 인간을 시대정신으로부터 해방시켜 주기는커녕 오히려 과학이 어떻게 거기에 통합되었는가 하는 것을 밝혀 준다. 이론적인 생활은 그 지위를 잃어버렸다. 이제 과학자는 모든 사람이 선망하는 그 완전함의 지위를 되찾기 위해 동분서주하지만 모든 사람이 바라는 선망의 모습이 변했고, 그래서 과학과 사회 간의 자연적인 조화를 손상시켰다.

어떤 사람들은 이런 식의 딱지를 붙이는 것을 경망한 일로 여길 수도 있고, 이는 스노(Snow, P. L.)가 과학을 하나의 '문화(culture)'라고 불렀던 것과 흡사하다고 여길 수도 있을 것이다. 과학이 창조적으로 보일 수도 있을 테지만, 이는 단지 우리가 진정으로 창조가 의미하는 것이 무엇인지를 잊었기 때문이고 또 가정을 제시하고 증명을 찾아내며 실험을 만들어 내는 것을 현명한 것으로 생각하기 때문이다. 이러한 시각에서 볼 때 과학은 꾸밈이란 전혀 없는 것이고, 우리는 여기에서 언어가 오염된 또 다른 본보기를 보게 된다. 그리고 비록 이런 형태의 오염을 다른 종류의 오염보다 덜 두려워하고 있지만 실은 이것이 더 치명적이다. 이것은 우리 시대가 지적으로 혼란에 빠져 있음을 보여 준다. 무의미한 언어를 사용함으로써 과학은 무엇이고 또 예술은 무엇인지에 대한 명료함을 잃는 결과가 초래되었음은 물론 훌륭한 것은 모두 즐기고 있다는 소리를 듣기 원하는 사회의 구미에 맞추느라 서로 상반되는 이 두 가지를 합성하려는 불가능한 노력으로 결국에는 두 가지를 다 약화시키게 되었다. 여기에 실제 과학적 세부 사항에 대한 확신은 혹 아니라고 하더라도 과학적 생각에 대한 확신을 잃게 된 불행이 따르게 되고, 그 생각이야말로 민주주의의 기반이었고 모든 것을 상대적인 것으로 파악하는 세상에서 유일하게 남아 있던 절대였다. 이 과학자들은 자신들이 어떤 일을 저지르고 있는지 알지 못한다. 실증적인 과학에 의해 멸시되고 부인되었던 철학이 야비한 여론 속으로 통속화되고 바로 그 과학을 위협할 때 설욕의 기회를 갖게 된다.

그리하여 루소 및 그의 추종자들의 영향력을 우리 주위 어느 곳에서나 볼 수 있고, 여론이라는 사회의 주류에서도 볼 수 있다. '창의성(creativity)', '개성(personality)'과 같은 어휘를 사용한다고 해서 그 사람이 곧 그 말의 사용을 필요하게 만든 배경 사상을 이해한다는 의미는 물론 아니고, 또 그 사상에 곧 동의한다는 것은 더욱더 아니다. 언어는 타락되었다. 베토벤과 괴테를 묘사하고 그들을 연구하도록 장려하기 위해 쓰이던 어휘가 이제는 학교에 다니는 모든 아이들에게 적용된다. 그 누구도 훌륭한 것에 접할 수 있는 기회가 부인되어서는 안 된다는 것이 민주주의의 본질이다. 만일 현실적으로 모든 사람이 접할 수는 없는 것이라면, 그 사실을 부인해 버린다. 즉 예를 들자면 단순히 예술이 아닌 것을 예술이라고 선언한다. 미국 사회에서는 자신을 남들로부터 돋보이게 하려고 모든 사람이 광적으로 분망하고, 그 어떤 것이 돋보이게 만들더라는 것이 알려지기가 무섭게 그것을 교묘히 잘 꾸며서 모든 사람이 거기에 속한다고 느끼게 만든다. 창의성과 개성이라는 어휘가 그 의도에 있어서는 저명함을 나타내기 위한 말들이었다. 사실상 그 말들은 모든 독특한 것이 위협받는 평등 사회에 잘 어울리는 특성을 나타내 주기 위한 의도로 된 어휘였다. 친숙함을 통한 이러한 특성의 평준화는 결국 자기만족만을 부추기게 된다. 이제 그 말들은 모든 사람에게 속하게 되었기 때문에, 일반적인 의미로나 '개념(concept)으로 사용하는 사회과학 분야에서의 그 말은 아무런 의미를 지닐 수 없게 되었다. 그 말에 담겨 있는 내용이 특별할 것이 하나도 없는데도 대중에게는 그 말이 일종의 아편과 같다. 하지만 그 말들은 어느 장소, 어느 시대 어느 생활에서나 나타나게 마련인 모든 불만, 그런 중에도 특히 민주 사회에서 생겨나기 쉬운 불만의 초점이 되기도 한다. 창의성과 개성이라는 말이 덕, 근면, 이성, 성격과 같은 예전의 어휘를 대신하게 되고, 우리의 판단에 영향을 미치며, 우리가 교육 목표를 설정하는 데 기준을 제시해 준다. 그것들은 부르주아를 탈피하려는 부르주아의 방법이다. 따라서 그것들이 우리의 참된 미덕과 생소한 속물근성과 우쭐댐의 원인이 되고 있다. 우리에게 훌륭한 기술자는 많지만 훌륭한 예술가는 극히 드물다. 하지만 모든 명예는 후자, 아니 그보다는 많은 사람의 눈에 마치 후자를 대표하는 것처럼 보이는 사람에게 돌아간다. 정말 예술가는 이런 종류의 지원이 필요 없고, 오히려 이런 지원으로 해서 약화될 뿐이다. 물론 돈을 버는 사람이 가장 구미에 당기는 사람이라고 할 수는 없다. 그러나 그가 거짓 지성인보다는 그래도 훨씬 낫다.

　그러므로 취향과 도덕성을 고양시키고자 하는 의도에서 시작된 것이 한낱 단조로운 일감으로 전락하는 한편 그 일의 기둥 자체를 흔들고 있다. 창의성이 때로는 영감을 주는 결과를 가져오기도 했고, 또 그 개념으로부터 발전된 것이 보다 많았던 유럽에서는 이것만이 유일한 결과는 아니었다. 우리가 이제 곧 알게 될 테지만 심지어 유럽에서조차 대차 대조표는 논쟁의 여지는 있으나 부정적이다. 그러나 여기에서 나는 그 어떤 이득도 찾아볼 수가 없다. 그리고 이제는 이 모두의 모어(母語) 자체 - 즉 문화 - 또한 공허한 소리가 되었고, 사용 초부터 애매모호하던 그 말이 이제는 고질적인 단계에 이르렀다. 비록 인류학자들은 문화라는 것이 있다고 확신할지라도 그 말을 정의하지는 못한다. 숭고한 것에 대한 안목은 전혀 없이 예술가들은 오로지 문화(그게 무엇이든 그들이 하는 일)가 명성과 시민 사회의 지지를 받을 권리가 있다고 알고 있을 뿐이다. 사회학자와 그들의 견해를 전파하는 전파자들, 즉 모든 유형의 언론인들은 모든 것을 다 문화 - 즉 마약 문화, 록 음악 문화, 거리의 패거리 문화 등등 끝도 없고 사리 분별도 없이 사용되는 문화 - 라고 부른다. 문화의 실패가 바로 오늘날의 문화다. 이것이 바로 프랑스 혁명이 미국으로 이민 왔을 때 영웅적인 대접을 받게 된 경우다. 여전히 우리나라는 모든 것이 뒤섞이는 나라(melting pot)다.

문 화

    자연으로의 귀의 또는 자연에의 향수에 대한 반응보다는 자연과 - 사회 긴장론에 대한 반응이 훨씬 더 활발하고 흥미로운 사실을 우리는 '문화(culture)'라는 말로 요약할 수 있을 것이다. 이 말은 그 어떤 높은 것, 깊이 있는 것, 존경스러운 것 - 즉 그 앞에서 우리가 머리를 조아려야 하는 그런 것을 의미하는 것처럼 보인다. 그것은 자연을 인간의 판단과 인간의 업적을 재는 표준으로 삼지만 자연보다 더 큰 존엄성을 지닌다. '사회', '정부(state)', '국가(nation)' 심지어는 '문명'까지도 경멸적으로 사용되는데 이 말만은 경멸적으로 사용되는 일이 거의 없고 서서히 문화라는 말이 이 어휘들을 대신하게 되었다. 그 말들의 정당성도 문화라는 말로 보증받는다. 문화는 인간의 야만적인 본성의 융화이고 동시에 자연 상태에서 문명사회로 넘어가는 과정 중에 달성한 모든 예술과 학문이 문화다. 문화는 최초 인간의 잃어버린 총체를 좀더 높은 차원에서 복귀시켜 준다. 그곳에서 인간은 인간 본연의 욕망과 사회생활의 도덕적 임무 사이에서 오는 모순 없이 자신의 재능을 완전히 발전시킬 수가 있다.

    근대적 의미의 '문화'라는 말을 처음 사용한 사람은 임마누엘 칸트이고, 그는 그 말을 루소를 염두에 두고 사용했다. 특히 루소가 부르주아에 대해 한 말을 염두에 두고 그 말을 사용했다. 부르주아는 이기적이고, 자연스러운 이기심에서 볼 수 있는 순수함이나 단순함 없이 이기적이다. 그가 계약을 맺을 때는 상대방으로부터 좀더 나은 거래를 얻어 내길 바란다. 그는 남에게 충실하고 법을 준수하는데, 이는 얻을 것을 기대하고 하는 행위, 즉 '정직함이 최상책이다'라는 데서 나온 행위다. 따라서 그는 무엇이든 그것 자체를 위해 존재한다는 것을 본질로 하는 도덕을 타락시킨다. 부르주아는 자연과 도덕이라는 두 극단을 모두 만족시키지 못한다. 자연이 줄 수 없는 도덕적 요구는 한낱 추상적인 이상에 불과할 뿐이다. 야만적인 이기주의가 엉터리 도덕주의보다 도리어 더 나을는지도 모른다.

문화의 발전이 기호(嗜好)와 의무 간의 유대를 마련해 준다. 칸트는 성적 욕구에 대한 교육을 그 일례로 사용한다. 본래 인간에게는 성관계를 갖고자 하는 욕구와 함께 자손을 증식하려는 욕구가 있다. 그러나 인간은 그들 아이들의 기능의 성장이 오랜 기간에 걸친 지속적인 보호와 훈련을 필요로 하는데도 불구하고 자손을 돌보고 교육시키려는 욕망이 없다. 그래서 가족이 필요하다. 그러나 가족을 갖는다는 것이 자연적인 욕망은 아니다. 욕망은 무분별하고 인간으로 하여금 자유분방하도록 만든다. 그래서 욕망이 억제를 받게 된다. 인간은 자신의 욕망을 포기할 것을 요구받는다. 그는 욕망 때문에 벌을 받는다. 망령처럼 그를 따라다니고 그를 괴롭히고, 죄의식을 느끼게 만들고, 그의 본능적 욕망 때문에 그를 죄인이라고 설득하는 신화가 창조된다. 결혼이 양측을 모두 구속하고, 따라서 결혼에는 욕망만이 아니라 불성실한 행위가 습관적으로 따르게 된다. 사회가 가진 모든 기재(器材)에도 불구하고 길들여지지 않은 욕망은 언제나 있게 마련이다. 그것은 자연적이다. 욕망을 억제할 수는 있지만 완벽하게 억제할 수는 없고, 언제라도 이러저러한 분출의 기회를 갖게 마련이다.

이러한 상태에 놓인 인간이 결코 행복할 수는 없다. 그러나 한 여자와 깊은 사랑에 빠진 남자는 욕망을 가짐과 동시에 적어도 잠시나마 상대방에 대해 진심으로 관심을 갖게 된다. 만일 이 후자의 상태가 영구히 지속될 수 있다면 욕망과 도덕은 실제로 일체가 될 것이다. 결혼의 자유로운 선택과 단지 외양만이 아니라 내적으로 그것에 충실할 수 있는 역량이 문화의 증거이자 정중함에 의해 알게 된 욕망의 증거다. 그것은 또한 인간이 자유롭다는 증거이고, 도덕을 위해 본능을 극복하였고 그것이 사람을 불행하게 만들지 않았다는 증거다. 자연 속의 인간에게는 알려지지 않은 미와 덕이라는 개념을 기초로 인간이 단 한 사람에게만 이끌리고 모든 것을 제치고 유독 그 사람만을 선택한다는 사실이 성을 숭고한 것으로 만들고 성을 승화시킨다. 이것이 사랑이고, 사랑은 시와 음악을 통해 표현된다. 그리하여 승화된 성적 욕망이 예술로서 귀결된다. 사랑의 산물인 아이들로 해서 교육에 대한 심사숙고가 필요하게 된다. 가족 및 가족의 권리와 의무, 가족이 갖는 법적 근거와 법적 보호 등, 이 모든 것 때문에 한때는 고립되고 자기 자신밖에는 몰랐던 개인이 드디어 정치와 연결지어진다. 이전에는 사람을 갈라놓고 옭아매던 사랑, 가족, 정치를 이제는 본능인 욕망을 충족시키고 앙양시킬 수 있는 방법으로 명할 수 있고, 그리하여 의지로 단호히 확인할 수 있다. 다시 한번 그는 자기 자신의 주인이 되는데, 이번에는 다른 사람으로부터 소외됨이 없이 사회적이고 또 그 사람들과 관계를 맺은 채로다. 그는 무분별하지도 않고 억제되지도 않는데, 왜냐하면 그의 성적 욕구를 완전히 표현하고 만족시킬 수 있기 때문이다. 자연 세계와 사회 양자는 모두 충족된다. 그의 지적 습득이 한낱 외양적인 장식물이 아니라 조화 있게 그의 생활을 편리하고 풍요롭게 만들어 준다. 성 문제에 관한 한 이것이 바로 우리가 문화를 통해 얻을 수 있는 이상 형태다. 완벽하게 숙련된 인간이 바로 개성 있는 인간이고, 그런 개성 있는 인간이 되기 위해서는 인간 생활의 다른 부문에서도 이와 같은 종류의 일이 일어나야만 한다.

이처럼 루소에서 칸트로 이어지는 시각은 인간의 천성에 대해 계몽운동이 갖고 있는 견해와 근본적으로 일치하고 있다. 그러나 철학 분야로서는 처음으로 인간에게서 자연 이외의 것, 자연보다 높은 것을 발견하게 된다. 미국 건립의 기초를 이루고 있는 사상에서 성이란 주제는 거의 언급되지 않는다는 사실에 주목해야만 한다. 거기에는 온통 보존 얘기뿐이지 번식에 대한 언급은 없다. 왜냐하면 공포심이 사랑보다는 더 강력하기 때문이고 사람은 쾌락보다는 자신들의 생명을 우선으로 선택하기 때문이다. 성적 욕구 및 그것과 연관되는 모든 것을 예속시키거나 길들임으로써 사회는 자연의 가장 강력한 요구를 만족시키기가 수월해졌다. 성을 복원시킴으로써 사회의 맡은 바 임무가 더 어렵게 되었고 사회에 새로운 요구가 일게 되었다. 근대 초기 사상가들은 보존 본능이 제일 앞선다고 생각했음에 반해 근대 후기 사상가들은 성 본능이 제일 앞선다고 생각한 데서 우리의 지적 생활이 엮어 내는 극적 상황과 사회생활로부터 다양한 기대가 일게 된 점을 설명할 수 있다. 우리는 우리의 경제학자와 정신과 의사들에게로 되돌아온다.

그러나 칸트가 사용한 문화라는 어휘와 우리가 사용하는 그 어휘와의 관계는 무엇인가? 현재 우리는 그 어휘를 두 가지 서로 다른 의미로 사용하고 있는 것 같고 두 의미는 분명히 구분되면서도 다른 한편으로는 서로 연결되어 있다. 첫째로, 문화는 프랑스 문화, 독일 문화, 이란 문화 등등, 국민 또는 국가와 거의 동일한 것이다. 둘째로 문화는 미술, 음악, 문학, 교육방송, 특수한 종류의 영화들 - 간단히 말해서 상업과는 대조적으로 정신을 앙양시키고 품성을 높이는 것은 모두 여기에 포함된다. 보다 높은 차원에서 한 국민에게 그들의 풍속, 생활 양식, 취향, 축제, 의식, 신들을 부여하는 - 즉 개개인을 뿌리가 있는 집단, 그들이 일반적으로 사고하고 의지를 펼 수 있는 공동체와 단결시켜 주고 도덕적 통일성을 갖춘 사람으로 만들어 주며, 개인에게는 조화를 주는 풍족한 사회생활을 가능하게 하는 것이 문화라는 점에서 두 가지가 연결되어 있다. 문화는 예술 작품이고 그 작품 중 가장 빼어난 표현이 순수예술이다. 이런 관점에서 볼 때, 자유 민주주의는 개개인이 각자 아침에는 그들의 소출을 가지고 나와서 팔고 저녁에는 그들의 판매에서 나온 수익으로 구매한 물건을 혼자 즐기기 위해 집으로 돌아가는 질서 문란한 시장 같아 보인다. 그런가 하면, 문화에 있어서 개인들은 그리스 연극의 합창단원들처럼 집단성에 의해 형성된다. 샤를 드골 같은 사람은 미국이란 그저 개인들을 모아 놓은 곳에 불과하고, 다른 곳에서는 받아 주지 않는 사람들의 귀착지이고, 소비에만 열을 내는, 간단히 말해 문화가 없는 곳으로 여기는데, 이 점에서는 알렉산드르 솔제니친도 같은 태도를 보이고 있다.

예술로서의 문화는 인간의 창의성 표현의 절정이고, 자연의 협소한 유대를 탈피하는 인간의 능력이며, 따라서 근대 자연과학과 정치 분야에서 보여주는 격하된 모습에서 탈피하는 인간의 능력을 보여 준다. 문화는 인간 존엄성의 근본이다. 하나의 공동체를 대표하는 문화는 자아가 다양하고 정교하게 표현될 수 있는 관계를 형성하는 조직이다. 공동체가 자아를 수용하는 거처이기는 하나 자아는 또한 그것의 소산이기도 하다. 공동체는 오로지 인간의 신체적 필요만을 다루고 단순히 경제로 전락하고 마는 경향이 있는 근대 국가(state)보다 더 심오한 것이다. 그와 같은 국가는 공개 토론장이 아니기 때문에 사람이 자신을 일그러뜨리지 않고 활동할 수 없다. 이것이 바로 보다 나은 모임에서는 조국애를 얘기하는 것이 언제나 품격 없는 취향으로 여겨지고 반면에 서방, 심지어는 미국 문화에 헌신하는 것은 철저히 존중받는 이유다. 문화는 고대 도시 국가가 가졌던 '예술과 생활의 조화'를 복원시킨다.

 도시 국가의 요소 중 문화에 유일하게 포함되지 않는 요소가 정치다. 고대 사람들에게 있어서 도시의 정수는 정부, 직위의 배열과 참여, 정의와 공동 이익에 대한 심의, 전쟁과 평화에 대한 선택, 법을 제정하는 일 등이었다. 정치가였던 시민 측에서 합리적인 선택을 내리는 것이자 치적 생활의 중심이 되고 그 밖의 모든 다른 것의 원인이 되는 것으로 여겼다. 도시 국가의 성격은 그것이 가진 정부 형태에 의해 결정됐다. 문화권에서는 이런 종류의 것을 결코 찾아볼 수 없고, 무엇이 문화를 규정짓는지 알아내기가 극히 어렵다. 오늘날 우리는 그리스 문화에는 흥미가 있으나 아테네 정치에는 흥미가 없다. 투키디데스(Thucydides)판 페리클레스(Pericles)의 장례 추모사가 이 문화의 원형이고, 아테네인들이 가졌던 미와 지혜에 대한 사랑을 찬란하게 재현시킨 - 종교의식의 문맥에서 - 작품으로 받아들이고 있다. 이런 해석은 어느 정도 일리가 있기는 하지만 전반적으로는 잘못된 해독이고, 그것이 우리를 풍요롭게 만드는 것으로 알고 있지만 오히려 그것은 우리가 그리스적인 것을 해석하는 데 있어서 독일식 해석에 전적으로 의존하는 게 전형이기 때문에 우리의 해석이 편견이라는 것을 확인시켜 줄 뿐이다. 사실 페리클레스는 우리가 생각하는 신, 시, 역사, 조각, 또는 철학에 대해서는 한마디도 언급하지 않았다. 그는 아테네 정부를 칭송하였고, 그것의 정치적 위업 - 즉 그것의 체제, 특히 전제 군주가 장악하고 있는 제국 - 에서 미를 발견한다. 아테네 사람들은 호메로스의 저작에 등장하는 영웅을 능가하는 정치적 영웅들이고, 은연중에 그 영웅주의를 모방하고 지향하는 것이 예술이라고 여겼다. 그러나 우리는 우리가 찾고자 하는 것만을 발견하고 이러한 그들 원래의 의도는 하나도 보지 못한다. 페리클레스 같은 사람을 그런 식으로 해석하면 우리에게 그는 너무 피상적으로 보일 것이다.

 근대 사상에서 볼 수 있는 가장 두드러진 면모 중의 하나는 정치가 사라져 버린 것이고, 이런 현상은 우리의 정치적 관행과 깊은 상관이 있다. 정치가 정치의 하부 구조(즉 경제), 아니면 정치보다 높은 차원에 있다고 주장하는 것(즉 문화) 속으로 자취를 감추는 경향이 있는데 이 두 가지는 구성적인 기술, 즉 정치가의 사리 분별이 필요 없다. 옛날에는 정치가 이 두 극단을 포용하여 균형을 유지시키는 것을 의미했다. 경제와 문화가 이렇게 반대 입장에 놓여 있다는 생각은 현재 미국의 지적 생활이 가지고 있는 이원론이 또 다르게 형식화된 것에 불과하고 이 이원론은 이 책에서 앞으로도 계속 언급될 것이다. 이것이 바로 이 책의 통일된 주제다.

그것의 원천은 루소의 저작에 나오는 많은 탁월한 구절 중 한 구절에서 찾아볼 수 있는데, 그 구절은 근대 초기 치국책과 명백하게 단절을 표시하고 문화 개념 발전에 결정적인 역할을 했다. 그의《사회계약론 *Du Contrat social*》(Ⅱ, 7)에서 입법자를 다룬 장이 바로 그 구절이다. 계몽운동의 정치적 가르침에 대한 수정책으로 루소는 사람들의 주의를 고대 도시 국가로 환기시켰다. 그의 뒤를 따랐던 많은 사람들과는 달리, 그는 철두철미하게 정치적이었고 한 국민의 생활에 있어서 정치가의 업적이 중심이 된다는 것을 알고 있었다. 그리고 루소가 그의 직계 선배들을 비난한 것이 바로 한 국민의 생존을 위한 조건을 그들이 잘못 알았거나 무시했다는 것이다. 개인들의 자기 이익이 공동 이익을 정립하기에는 충분치 못하다고 주장하고, 공동 이익이 없으면 정치 생활은 불가능하고 인간은 도덕적으로 경멸받아야 한다고 주장한다. 한 정부의 건립자는 우선 그 정부에 속하게 될 국민들을 만들어 내야 한다. 각 개인이 자신들의 이익에 대해 계몽되었다고 해서 자동적으로 하나의 국민이 생겨나는 것이 아니다. 정치적 업적이 필요하다. 입법자들이 해야 할 일은,

 말하자면 인간의 본성을 바꾸어 놓고, 그것 자체로서 완전하고 고립된 개체인 각 개인들을 변형시켜, 이를테면 자신의 생활과 존재를 얻게 될 좀더 큰 전체의 일부가 될 수 있도록 만드는 것이다. 그것을 강화하기 위하여 입법자는 사람의 성질을 약화시켜야 하고, 우리 모두가 자연으로부터 부여받은 육체적이고 독립적인 생존을 부분적이고 도덕적인 생존으로 대체시켜야 한다. 한마디로 말해 입법자는 인간에게 생소하고 다른 사람의 도움 없이는 사용할 수 없는 힘을 부여하기 위해서 인간 자신의 힘을 발

탁해야만 한다. 자연의 힘이 무력화되고 사장되면 되는 만큼 얻은 힘이 오래 지속되고 클 것이며, 따라서 기초가 더욱더 굳게 다져지고 완벽해질 것이다. 그리고 각 시민을 아무것도 아닌 것으로 만들고 모든 다른 사람들과 함께하지 않는 한 아무 일도 할 수 없으며, 전체에 의해 얻어진 힘은 각 개인이 가진 자연적 힘을 모두 합친 것과 같거나 아니면 더 클 수도 있게 된다면 우리는 입법이 입법으로서 얻을 수 있는 최절정에 있다고 말할 수 있을 것이다.

그의 특징적이고 명쾌한 솔직함으로 루소는 공동체의 특징은 협동 체제라는 사실을 강조하고, 계몽운동이 널리 유포시킨 추상적 개인주의를 극복하고 공동체를 얻으려면 필요한 것이 무엇인지를 강조하고 있다. 이 기구를 상세히 열거하면서 루소는 심지어 인기 있는 축제와 같은 것들도 포함시키고 있다. 입법자에 의해 구성된 이 복잡 미묘한 신경 조직이 바로 우리가 문화라 부르는 것이다. 아니면 오히려 입법자가 없는 입법, 즉 정치적 의도가 없는 입법의 결과가 문화다.

입법에 대한 루소의 이론이 솔직하고 엄격하였기 때문에 그의 뒤를 이은 철학자들은 그로부터 멀어져 갔지만, 그럼에도 그들은 그 엄격함의 결과인 공동체를 원했다. 아니면 로베스피에르(Robestierre)가 펼친 실제적인 가혹함과 입법에 대한 그의 시도가 실패하자 온건한 관찰자들은 입법에 겁을 내고 멀어져 갔다고 하는 것이 더 그럴듯한 설명일는지도 모른다. 인간의 본성을 바꾼다는 일은 잔인하고, 역겹고 독재적인 일처럼 보인다. 그래서 그 대신에 인간의 본성이라는 것은 아예 없다고 인간의 본성을 부인하게 되었다. 오히려 인간은 성장하고 문화화한다. 문화가 바로 성장이다. 인간은 문화적 존재이지 자연인이 아니다. 인간이 자연으로부터 부여받은 것을 문화로부터 획득한 것과 비교하면 자연에서 받은 것은 아무것도 아니다. 한 문화와 동일시되고 그 문화를 표현해 주는 언어와 마찬가지로 문화는 한낱 우유성의 응집이라 볼 수 있고 그것들이 한데 합쳐 인간을 구성하는 하나의 통일된 의미를 지니게 된다. 인간에 관한 연구에서 자연의 역할은 서서히 추방되었고, 사실 자연 상태에 대한 정확한 정립이 선행되지 않는 한 문화란 상상할 수 없는데도 불구하고 자연 상태는 신화였다고 여긴다. 사람이 사람다움을 말할 때 본성적인 것보다 후천적으로 획득한 것을 더 중요시하는 것이 문화 개념의 기본이고, 이러한 개념은 역사의 개념을 인간 업적에 대한 연구가 아니라 현실의 차원, 즉 인간 존재라고 이해하고 있는 것과 긴밀한 관계가 있다. 자연 상태에서 문명 상태로 옮겨 갔다는 그 사실 자체가 바로 역사가 있다는 것을 보여주고 그것이 자연보다 더 중요하다는 것을 보여 준다. 루소에게서는 자연과 정치 질서 간의 긴장 상태가 균형을 유지하고 있으며, 따라서 입법자는 이 둘이 일종의 조화를 이루도록 강요해야 한다. 역사는 이 두 가지의 통합이고, 따라서 이 둘은 역사 속으로 사라진다.

 이제 입법자가 만들어 낸 모든 순응에도 불구하고 그의 입법을 특정한 장소와 시대에 맞도록 하기 위해서는 루소도 여전히 계몽운동 사상가들이 추구하던 것과 똑같은 보편적인 목표를 추구하였는데, 즉 문명사회 내에서 모든 인간이 동등하게 타고난 권리를 보장하는 일이다. 간단히 말해서 그는 홉스와 로크가 그 일에 성공하지 못했다고 주장했을 뿐만 아니라, 개인의 자기 이익을 정치 도덕성의 기초로 삼는 것은 충분치 못하다고 반박하였다. 정치적 해결은 더 복잡하고 주문이 더 까다롭다. 역사적인 가르침의 한 방법으로 문화를 만들어 낸 칸트 또한 그와 비슷한 보편적 목표를 가지고 있었다. 그의 가르침에서는 타고난 권리가 인권이 되기는 하였지만 그 권리가 다 같은 것으로 다만 새로운 기준 위에 세워졌으며, 그가 루소의 가르침에서 식별해 냈던 역사의 전진은 문명사회가 그 권리를 어떻게 효과적으로 정립하는가로 옮아갔다. 보편성과 합리성이 이 모든 가르침을 특징지어 주는 증표다. 그러나 순식간에 문화 - 연대는 상관할 것 없이 칸트와 루소에게 있어서는 유일하였던 - 가 여러 문화권(cultures)으로 되어 버렸다. 영국인, 프랑스인, 독일인, 중국인 등이 있었다는 것은 분명했다. 세계 문화가 존재한다거나 또는 생겨나게 될 것이라는 점은 분명하지 않다. 문명의 습득이 본성과 다양하게 결합하는 것은 드물고 실로 어려우며, 더욱이 그것들이 똑같은 목표를 향해 나아가리라는 것은 전혀 가망성이 없는 일이며, 그래서 우리는 이 창조물들을 소중히 여겨야 하고 어떤 문화든 문화가 있다는 사실만으로도 행복하게 여겨야 한다. 이 다양함 속에서 부적이 하나 발견되었다. 루소는 뿌리내린 정착을 인간의 간단한 합리적 목표를 습득하는 조건으로 도입했다. 그의 역사주의 및 낭만주의 계승자들은 그와 같은 목표가 정착을 약화시켰다고 논박했고, 정착이 목표가 되었다.

여기서 우리는 또다시 인간에게 중요한 것이 무엇인가에 대한 두 개의 상반되는 이해와 더불어 살게 된다. 한쪽에서는 모든 사람이 공동으로 가지고 있는 것이 중요한 것이라고 말하고 있고, 다른 한쪽에서는 인간이 공동으로 가지고 있는 것은 보잘것없는 것인 반면에 인간에게 깊이와 흥미를 부여하는 것은 별개의 문화라고 말하고 있다. 양측이 다 생명과 자유와 재산추구, 즉 건강과 보존에 대한 관심은 공통이라는 데에 동의하고 있다. 프랑스인 또는 중국인, 유대인 또는 가톨릭 교도가 되는 것을 얼마나 중요하게 여기는가 하는 것이라든지, 아니면 신체의 자연적 요구와 관련하여 이들 특정 문화가 어떻게 순위를 배열하는가 하는 것이 이 두 이해가 가진 차이점이다. 한쪽은 세계주의고 다른 한쪽은 배타주의다. 인간의 권리는 한쪽 학파와 연결되어 있고, 다른 학파는 문화를 존중하는 것과 연결되어 있다. 미국이 때로는 인권을 도모하는 데 실패했다고 공격을 받고, 또 때로는 남의 문화에 대한 존경 없이 모든 사람에게 '미국식 생활'을 강요하기 원한다고 비난받는다. 미국이 후자, 즉 미국식 방식을 강요할 때에는 모든 사람의 이익에 적용될 수 있는 자명한 진리에서 그렇게 한다. 그러나 거기에 대한 비판가들은 그러한 진리란 없다고 반박하고 그것이 미국 문화의 편견이라고 반박한다. 다른 한편으로 미국인의 일부가 일차적으로는 아야톨라(Ayatollah)를 지지했는데 그 이유는 그가 진정한 이란 문화를 대표했기 때문이다. 이제 그는 인권을 침해한다고 공격받고 있다. 그는 회교의 이름으로 그렇게 한다. 그를 비판하는 사람은 회교의 권리를 제한하는 보다 큰 보편적인 원칙이 있다고 주장한다. 문화의 이름을 빌려 미국을 비판하고 인권을 빌어 아야톨라를 비판하는 사람이 같은 사람일 경우, 그리고 대개의 경우는 실제로 같은 사람인데, 그들은 자신들의 케익을 먹기 바라면서도 한편으로 그 케익이 없어지지 않고 그대로 있기를 바라는 사람들이다.

왜 인권과 문화가 동시에 존중될 수는 없는가 하는 의문이 야기될 수도 있다. 그 이유는 간단하다. 즉 문화보다 더 위에 있는 권위는 없으며, 문화 자체가 그 문화 고유의 생활 방식과 원칙, 특히 가장 높은 원칙을 만들어 내기 때문이다. 만일 그와 같은 권위가 있었다면 그 원칙에서 생겨난 독특한 생활 방식은 약화될 것이다. 문화라는 개념은 우리의 동물적 본성에 기초를 둔 권리의 얄팍하고 비인간화하는 보편성에 대안을 제공하였다는 이유 때문에 채택되었다. 이성이 민족 감정으로 대체된다. 계몽운동의 골자인 보편성과 계몽운동을 비판한 사람들의 가르침의 결과로 생겨난 독자성 사이에는 끊임없는 투쟁이 이어지고 있다. 그들의 비판은 계몽운동에 의해 뿌리째 뽑혔던 가족, 국가, 신에 대한 모든 옛 집념에 호소력을 갖게 되었고, 그들에게 새로운 해석, 새로운 정념을 불러일으켰다. 그와 같은 비판이 철학에 저항하는 철학적 근거를 제공해 주었다.

 문제는 합리적으로 사고하는 것이 정말로 본능을 대신할 수 있으며, 전통과 뿌리를 내세우는 논쟁이 목하의 열정을 대신할 수 있는가 하는 점이며, 또 이 전체 해석이 비판자 자신들도 공유하고 있고 거기에서 오는 특권은 한사코 포기할 리 없는 인류 평등주의적 계산 빠른 개인주의의 물결을 저지하기에는 너무나 불충분한 것이 아닌가 하는 점이다. 이제 막 이혼을 한 사람들이 대가족제의 신성한 결속과 그 제도가 존재하기 위해서는 조상들의 폭군적인 요구가 필요하다는 데 대한 인식은 전혀 없이 대가족제를 격찬하는 것을 들을 때면 우리는 그들이 생각하고 있는 것이 반드시 그들 생활에 반영되고 있지는 않다는 것을 쉽게 알 수 있고, 따라서 그것을 달성하기 위해서 치러야 하는 희생이 무엇인지를 그들이 알고 있다고 믿기는 어렵다. 남녀 모두 자신들의 문화를 지켜야만 한다고 천명하는 것을 들을 때마다 이 인위적인 개념이 한때는 목숨을 내거는 것도 마다하지 않았던 국가와 신을 정말로 대신하게 되는 것이 아닌가 하는 생각을 금할 수가 없다.

 '새로운 민족성(new ethnicity)' 또는 '뿌리(roots)' 같은 말은 독자성에 관심을 기울인다는 또 다른 발로에 불과한 것으로, 근대 대중 사이에서 공동체의 정말 문제점을 드러내는 증거일 뿐만 아니라 거기에 대한 대응이 피상적이라는 증거이고, 또 자유 민주주의와 문화 사이에서 볼 수 있는 근본적인 갈등을 인식하지 못한다는 증거이기도 하다. 신세계에서 옛 문화를 보존하려는 것은 피상적인 일이다. 왜냐하면 이는 인간들 사이의 진짜 차이점은 선과 악에 대한 근본적인 신념, 가장 높은 것으로 여기는 것에 대한 신념, 신에 대한 신념에 근본적인 차이가 있을 때 생겨난다는 사실을 무시하는 처사이기 때문이다. 복장이 다르고 음식이 다른 것은 관심거리도 될 수 없고 아니면 그보다 깊은 신념의 표현에 불과한 것이다. 우리가 미국에서 보는 '인종(ethnic)' 간의 차이점은 단지 우리 조상들이 예전에는 이것 때문에 서로를 살상했다는 사실을 상기시키는 게 고작으로 이제는 사라져 가고 있다. 활기를 불어넣던 원칙인 그들의 영혼은 그들로부터 사라졌다. 인종 축제는 그들이 두고 온 옛 국가의 복장, 춤, 음식을 피상적으로 전시하는 것에 불과하다. 우리가 찬란한 '문화적' 과거에 대해 여간 무지하지 않고서는 이런 김 빠진 민속 시위(그런데 이것이 문화가 주는 두 의미 - 즉 민족과 예술 - 를 통합한다)에 감동되거나 매료될 수는 없다. 문화 운동에 의해 미국의 문화는 다양하다는 생각이 전체적으로 인정을 받게 되자 집단 정치가 강화되고 합법화되는 결과를 초래함은 물론 거기에 상응하여 독립 선언문에 명시되어 있는 개인의 권리를 케케묵은 수사(修辭) 이상으로 믿는 신념이 소멸되어 가는 결과를 초래했다.

문화라는 개념은 근대 과학의 맥락 속에서 인간의 존엄성을 찾으려는 시도로 정립된 개념이었다. 그 과학은 물질주의적이고, 따라서 지나치게 이론적이고 결정론적이었다. 인간의 지위가 특별나고 짐승들과 근본적으로 다르지 않고서는 인간이 존엄성을 가질 수 없다. 인간의 존재가 완전함을 설명하기 위해, 그리고 야만성을 전제로 하는 정치 및 경제적 협정으로 인간이 야만으로 바뀌는 것을 방지하기 위해 인간에게는 다른 것에 없는 그 무언가가 있어야만 한다. 인간의 존엄성을 정립하고자 하는 사람들이 새로운 자연과학을 변화시키려고 원하거나 노력하지는 않았다. 어떻게 서로 공존하는가가 문제였다. 결국 그들은 우리가 아직도 간직하고 살아가고 있는 이원론 - 즉 자연과 자유, 자연과 예술, 과학과 창의성, 자연과학과 인문과학 등 - 을 구상해 냈고, 이들 중 후자가 더 높은 존엄성을 지닌 것으로 가정했으나 그들의 그와 같은 가정에는 근거가 없음이 언제나 문제점으로 드러났다. 칸트에게 있어서 자유는 기본조건이고 가능성이지 논증이 아니며, 그 점이 난제로 남아있다. 총괄적이고 인간의 보다 높은 활동을 포함하는 것이 문화라고 주장하지만, 사실 문화에는 그 개념이 필요하지 않고, 예전 민주 제도의 기초가 되고 그 제도에 의해 장려되었으며, 그 속에서 잘 꾸려나가고 있던 자연과학은 포함되지 않는다. 오늘날 심리학에는 스키너(Skinner, B. F.)를 본보기로 하는 행동주의에서 볼 수 있듯이 결국 사람을 짐승에 불과한 것으로 여기는 중요한 학파가 있는가 하면 또 다른 예로는 자크 라캉(Jacgues Lacan)의 실증주의적 분석처럼 인간은 동물이라는 사실을 완전히 소멸시켜 버린 학파도 있고, 그 밖에도 일관성없이 뒤섞인 여러 학파가 있는데 그중 하나가 프로이트의 정신 분석 이론으로서 그 이론의 기초는 생물에 두는 동시에 정신적 현상을 설명하고자 했기 때문에 두 가지 다 달성하지 못하고 만다. 일반적으로 모든 사람은 과학적이기를 원하는 동시에 인간의 존엄성도 존중하기를 원한다.

가 치

우리는 가치가 선과 악을 대신한다는 우리의 출발점으로 되돌아왔다. 근대 정치가 그것과 연관이 있는 지적 경험들을 살펴보지 않을 수 없도록 만들었기 때문에 이제 막 우리는 적어도 서둘러 살펴보았다. 사려 깊은 독일인에게 그것이 어떻게 비쳤는가 하는 것은 신과 과학과 불합리에 대한 막스 베버의 유명한 글귀에서 가장 명료하게 드러나고 있다:

마지막으로 천진난만한 낙천주의는 과학이 - 다시 말해 과학을 기초로 하여 생명을 정복하려는 기술이 - 행복으로 이르는 길이라고 과학을 찬양했을 테지만 '행복을 찾은(have discovered happiness)' '최후의 인간들(the last men)'을 완파시킨 니체의 비판에 비추어 볼 때 나는 이 문제 전체를 제쳐 놓아도 무방하리라고 믿는다. 그렇다면 대학과 편집역 자리에 있는 몇몇 극소수의 덩치 큰 아이만 제외하고 누가 이것을 여전히 믿을 것인가? (《천직으로서의 과학 *Science as a Vocation*》)

아주 예리하고 많은 것을 알고 있었던 관찰자인 베버는 1919년 모든 진지한 사람들에게서 서구 민주주의의 핵심인 과학 정신이 죽었다는 것과 니체가 그것을 죽게 만들었거나 아니면 적어도 그가 최후의 일격(coup de grâce)을 가했다고 말할 수 있었다. 《차라투스트라는 이렇게 말했다 *Also sprach Zarathustra*》에 제시되는 '최후의 인간'이 너무 결정적이라, 옛날식 계몽운동의 합리주의는 더 이상 논의될 필요도 없다. 또한 베버는 앞으로의 토론이나 연구는 이 관점이 '철 모르는(naive)' 실수였다는 점을 확실히 깨닫고 진행되어야만 한다는 것을 암시하고 있다. 이성이 가치를 정립할 수는 없는데 그렇게 할 수 있다고 믿는 것은 가장 어리석고 치명적인 망상이다.

간단히 말해서 이는 그 당시 대부분의 미국인, 특히 사색을 한다는 미국인이 '덩치 큰 아이(big baby)'였다는 것과 대륙은 성장한지 이미 오래 되었음에도 미국인은 여전히 덩치 큰 아이로 남아 있었다는 것을 의미한다. 듀이(Dewey, J.)를 생각해 보기만 하면 우리는 그가 베버의 묘사에 정확히 들어맞는다는 것을 깨닫게 된다. 그리고 한때 그의 영향력이 여기에서 엄청났던 것도 상기하게 된다. 그리고 듀이뿐만 아니라 우리 정부의 시초부터 모든 사람, 특히 "우리는 이 진리(truth)가 자명(self - evident)하다고 믿는다"고 말한 사람들은 모두 합리주의자의 꿈을 함께했던 사람들이다. 베버가 한 말은 매우 중요하다. 왜냐하면 자유 민주주의에 대한 대륙의 가장 진보된 비판을 우리로 하여금 접하도록 해준 사람이 그 누구보다도 바로 베버이기 때문이다. 그리고 니체의 통찰에 따르면 우리가 가장 고약하고 가장 희망이 없는 자들의 표본이고, 따라서 우리가 그런 식으로 비치는 것을 싫어하기 때문에 니체의 통찰에 가장 반항하는지도 모르는 우리 미국인과 니체와의 중개인이 베버다. 교정의 여지가 없다고 여겨지는 우리의 낙천성과 미래를 아주 암담하게 보는 견해가 겹쳐지게 되었다. 우리는 어른의 장난감을 가지고 노는 어린 아이들이다. 그것들은 우리가 다루기에는 너무 힘들다는 것이 증명되었다. 그러나 굳이 변명하자면 그것들이 우리에게만 다루기 힘든 것은 결코 아닐 것이라는 점이다.

20세기의 진지한 사색가들의 공통된 근원은 니체라는 것을 우리에게 지적해 주는 사람이 바로 베버다. 그는 이성 또는 과학과 인간의 이익 간의 관계가 가장 근본적인 문제라는 것을 우리에게 알려준다. 그가 행복과 최후의 인간에 대해 얘기할 때 최후의 인간이 불행한 인간이라는 얘기가 아니고, 단지 그 인간의 행복이 역겹다는 의미. 우리의 상황을 파악하기 위해서는 심한 치욕을 경험하는 것이 필요한데 모욕감을 느끼는 우리의 능력이 퇴화되어 가고 있다. 베버의 학문은 이 치욕의 경험을 전제로 하고 우리는 그것을 주관적이라고 부른다. 그는 니체에게서 그것을 발견하고 경멸할 수 없는 사람, 즉 존경하고 숭배하므로 자기만족을 하지 않는 사람, 가치관을 가진 사람, 같은 이야기이지만 신을 가진 사람, 특히 신을 창조하고 종교를 창시하는 사람을 이해하기 위하여 그의 학문 생활의 많은 부분을 종교 연구에 바쳤다. 니체로부터 그는 종교 또는 성스러운 것이 가장 중요한 인간 현상이라는 것을 배웠고, 거기에 대한 그의 지속된 연구도 니체의 전통을 벗어나는 시각 때문에 가능한 것이었다.

"신은 죽었다"라고 니체는 부르짖었다. 그러나 그는 초기의 무신론자들이 보여준 것과 같은 - (신이라는) 독재자가 전복되었고 이제 인간은 자유롭다는 식의 - 승리에 찬 어조로 말을 하지는 않았다. 오히려 그는 가장 강력하고 섬세하고 경건한 사람이 신앙의 목표물을 빼앗겨 고통스러운 듯한 어조로 말했다. 신을 사랑하고 필요로 했던 인간이 전혀 부활의 가능성 없이 그의 구세주인 하늘의 아버지를 잃고 말았다. 마르크스에게서 찾을 수 있는 해방의 자유가 인간은 보호받지 못한다는 공포로 변했다. 진지한 사람들이 자신들의 양심을 검토해 볼 때 그들이 정직(honesty)하다면 옛 신앙이 이제는 더 이상 강력하지 못하다는 것을 인정할 수밖에 없다. 기독교의 희생을 요구하는 것이 기독교 미덕의 절정이고 기독교인이 할 수 있는 가장 큰 희생이다. 계몽운동이 신을 죽였지만 맥베스처럼 계몽운동을 하는 사람들은 우주가 그들의 공적에 반항하리라는 것을 몰랐다. 세상은 '멍청이가 엮는 이야기이고 소음과 격분으로 가득 차 있으면서 전혀 의미가 없는' 곳이 되어 간다는 것을 몰랐다. 니체는 태평하고 자기만족에 빠진 무신론을 번민하는 무신론으로 대체했고 그 결과 자연히 인간적 고통이 따르게 되었다. 믿고자 하는 갈망이 있으면서도 한사코 그 갈망을 만족시키기를 거부하는 것이 그에게는 우리의 정신적 상태 전체에 대한 심각한 반응으로 비친다. 마르크스는 신의 존재를 부정하고 신의 모든 기능을 역사에 넘겼으며, 그것이 어쩔 수 없이 인간을 완성시키는 목표를 인도하게 되고 신의 섭리를 대신하게 된다. 세상을 모르는 철부지만이 여전히 기독교인이 될 수 있다. 인간은 역사적인 존재라는 것을 가르치던 니체 이전의 사람들은 각기 무슨 방식으로든지 역사가 진보한다는 것을 전제로 자신들의 이론을 제시했다. 니체 이후에 우리의 역사를 묘사하는 사람들에게서 볼 수 있는 하나의 특징적인 공식은 '서양의 몰락(the decline of the West)'이라 할 수 있다.

니체는 근대 사상의 상반되는 여러 갈래를 살피고 간추려 득의만만한 합리주의가 문화나 영혼을 지배할 능력이 없고 이론적으로도 변호할 수 없으며, 사람들에게 나타난 합리주의의 결과는 용납할 수 없다는 결론을 내렸다. 이것이 서구의 위기를 조성하게 되는데, 왜냐하면 서구지역에서 태초 이래 처음으로 모든 정부 조직이 합리성에 기초를 두고 건립되었기 때문이다. 그 어떤 도움도 받지 않고 순수한 이성으로 모든 사람이 알아볼 수 있는 본연의 정의라는 보편 타당한 원칙만을 추구하였던 인간 건국자는 묵시나 전통에 호소하지 않고 지배받는 사람들의 동의만을 바탕으로 정부를 설립했다. 그러나 이성은 이전에 있었던 모든 문화는 신에 의해서, 그리고 신을 바탕으로 했거나 또는 신에 대한 믿음에서 세워졌다는 것 또한 식별해 냈다. 새로운 정부 조직이 엄청난 성공을 거두어 다른 문화의 창조적인 천재성과 찬란함에 대적할 수 있을 때에야 비로소 이성을 바탕으로 한 합리적 건국이 이성도 알고 있는 다른 곳에서 다른 것을 바탕으로 이루어진 다른 건국과 맞먹거나 아니면 그보다 탁월할 수가 있다. 그러나 그와 같은 대등성 또는 탁월성은 극히 의심스럽고, 따라서 합리성 자체가 자신의 부적절함을 인식하고 있다. 종교는 있어야만 하고 합리성이 종교를 창시할 수는 없다.

계몽운동에 대해 첫 번째로 쏟아져 나온 비평에 이미 이 점이 암시되어 있다. 사회에는 시민 종교가 필요하다고 루소는 말했고, 입법자는 종교로 휘감은 것같이 보여야 한다고 말했다. 토크빌은 미국에 있는 종교가 중심이 된다는 것을 집중적으로 다루었다. 로베스피에르식의 시민 종교가 실패한 것을 보고 개조된 또는 자유주의적인 기독교를 권장하려는 노력이 계속되었고, 이런 노력은 루소의 《사부아야르 목사의 신앙 고백 *Profession of Faith of the Savoyard Vicar*》에서 영감을 받았다. 문화라는 개념 자체가 직접 그렇게 이야기하지 않으면서도 종교와 같은 것을 보존하기 위한 하나의 방법이다. 문화는 이성과 종교를 합성한 것이고 이 두 극단의 첨예한 구분을 감추어 보려는 시도다.

니체는 환자를 진찰하고 그 환자에 대한 치료가 성공을 거두지 못했음을 관찰하게 되자 신이 죽었다고 단언한다. 이제 종교는 있을 수 없지만 인간이 문화를 필요로 하는 한 종교적인 충동은 남는다. 종교는 없고 종교열만 있다. 근대에 대한 니체의 분석은 이것으로 가득 차 있고, 현세대의 심리학과 사회학 범주의 기초를 이루고 있는 것도 이것인데 우리가 알아차리지 못할 뿐이다. 그는 종교적 문제를 철학의 중심부로 되돌려 놓았다. 근대 문화를 관찰하는 관점은 근대 문화의 기본이 되는 무신론에서 출발하는 것이 중요하고 부르주아보다 더 불쾌하고 부르주아를 계승한 최후의 인간은 합리주의, 사회주의적 무신론의 소산이다.

따라서 서방이 맞는 위기의 새로운 측면은 그 위기가 곧 철학의 위기와 동일하다는 점이다. 투키디데스를 읽어 보면 그리스의 멸망이 순전히 정치적인 데서 연유한다는 것을, 흔히 우리가 지적 역사라 부르는 것은 그리스의 멸망을 이해하는 데 별 도움이 되지 않는다는 것을 알게 된다. 예전의 정부 조직은 전통에 뿌리를 두었으나 근대에서는 철학과 과학이 지배자로 등장을 했고, 순전히 이론적인 문제가 정치적으로 결정적인 효과를 갖게 된다. 로크, 루소, 마르크스를 논하지 않고서 근대 정치사를 논하는 것은 상상할 수가 없다. 모든 사람이 다 알다시피 이론적으로 받아들이기 어렵고 노쇠한 점이 소련이 가진 불안의 핵심이다. 그리고 자유 세계 또한 그런 의미에서 별로 더 나을 것도 없다. 그 병폐를 가장 심오하고 분명하고 강력하게 진단한 사람이 니체다. 그는 이성을 근거로 할 때 우리는 합리성을 내던져야 할 내적 필요가 있다고 - 그러므로 우리의 체제는 시한부일 수밖에 없다고 - 주장한다.

신과 자연에 대한 가성(disenchantment)이 선과 악에 대한 새로운 묘사를 불가피하게 만들었다. 플라톤의 신들에 대한 공식을 적용해 보면 하나의 사물이 좋은 것이기 때문에 그것을 우리가 사랑하는 것이 아니라 우리가 사랑하기 때문에 그 사물이 좋은 것이 된다. 존중하겠다는 우리의 결심(decision)이 어떤 것을 존중할 만한 것으로 만든다. 사람은 평가를 내리는 존재이고 존경과 자기 경멸의 능력이 있는 존재이며, '수치를 아는 짐승(the beast with red cheeks)'이다. 니체는 사람의 존경을 받는 대상이 어떤 의도로도 존경을 강요하는 것을 자신은 한 번도 본 적이 없다고 주장했고, 흔히 그 존경의 대상이 아예 존재하지 않는 경우가 더 많다고 주장했다. 그 대상의 특징은 인간에게 있어서 가장 강력한 것을 반영하고 인간의 가장 강한 필요와 욕구를 만족시키는 데 도움이 된다. 인간이 살아가고 행동하는 것을 가능하게 해주는 것은 선과 악이다. 선과 악에 대한 그들의 판단에서 나타나는 특징을 보고 그들이 무엇인지 알 수 있다.

간단히 말해서 니체는 근대인이 평가하는 능력을 잃고 있거나 이미 잃었고, 그와 함께 인간성을 잃고 있다고 말한다. 자기만족, 적응하려는 욕망, 그의 문제를 편안히 해결하는 것, 복지 국가를 향한 전체 계획 등은 모두 인간에게 인간 완성의 실현 또는 자기 극복이라는 천국을 추구할 능력이 없다는 표시다. 그러나 가장 확실한 증거는 우리가 '가치(value)'라는 어휘를 사용하는 방법이고, 이런 의미에서 니체는 병폐를 진단했을 뿐만 아니라 그것을 악화시켰다. 그의 의도는 인간이 처해 있는 위험과 그들의 인간성을 보호하고 향상시켜야하는 어마어마한 과제에 당면하고 있다는 것을 인간에게 지적하려는 것이었다. 그가 이해하는 바로는 현재 노쇠 상태에 처해 있는 인간이 신을 믿고, 자연이나 역사가 가치를 제시한다면 모든 일이 수월하리라는 것이다. 실체화된 인간의 창작이 여전히 숭고하고 원동력으로 가득했을 때는 그와 같은 믿음이 유익했다. 그러나 현재와 같이 예전의 가치가 고갈된 상태에서 사람들에게 자신들의 운명은 자신들이 책임을 져야 한다는 것을 인식시키기 위해서는 인간을 심연으로 떨어뜨려 그것의 위험에 겁을 먹게 만들고 그들에게 다가올 것에 대해 역겨워하도록 만드는 길밖에 없다. 그들은 자신의 내면으로 시각을 돌려야만 하고, 가치를 산출하기 위해서는 창의성의 조건을 재구성하여야만 한다. 자아는 팽팽히 당겨진 활과 같음에 틀림이 없다. 자아는 반대 세력들을 조화시킨다거나 최후의 인격의 훌륭한 기구 - 평화의 거장으로 가장한 근대의 음모와 똑같은 정신에서, 또 그 음모의 일부로서 갈등을 감소시키고 팽팽한 활을 펴는 데 능란하고 오늘의 책략가라 할 수 있는 정신 분석가들 - 에게 긴장을 넘기기보다는 오히려 그것들과 투쟁을 해야만 한다. 반대 세력들 간의 전쟁이라 할 수 있는 혼돈은 성경을 통해 알다시피 창조의 조건이고 창조자가 그 조건을 정복해야만 한다. 자아 또한 자아의 동경으로부터 화살을 찾아야만 한다. 모두 인간에게 속하는 활과 화살은 인간을 이끌어 가도록 하늘에 별을 쏘아 올릴 수 있다. 니체는 가치에 대한 망상을 떨쳐 버리기 위해서는 우리의 상황이 위안이나 위로를 향한 모든 잘못된 희망을 버리고 따라서 소수 창시자들로 하여금 모든 것이 그들에게 달렸다는 충분한 경외심과 인식을 갖도록 하는 것이 필요하다고 생각하였다. 허무주의는 위험한 것이지만 인간 역사에 있어 필요하고 유익할 수도 있는 하나의 단계다. 그것을 통해 인간은 자신들의 진정한 상황을 직시하게 된다. 그것은 인간을 파괴시킬 수도 있고 절망 및 정신적, 또는 신체적 자살로까지 몰고 갈 수도 있다. 그러나 그것은 의미가 있는 세상을 재건하도록 인간에게 원기를 북돋아 줄 수도 있다. 사람을 창조적(creative)이라고 부를 수 있다면 니체의 작품이야말로 창조적인 영혼을 찬연하게 전시한다. 이들 작품은 창의성을 이해하려는 타는 듯한 욕구를 가졌던 사람의 창의성에 대한 가장 심오한 진술이다.

니체가 출현하게 될 신 - 신의 창조 - 을 고찰한 것은 불가피한 일이었는데, 왜냐하면 신은 모든 다른 것들이 의존하게 되는 최고의 가치이기 때문이다. 신은 존재하는 것이 아니기(is not) 때문에 창조적이지 못하다. 그러나 인간이 신을 만들었기 때문에 자신도 모르는 사이에 신은 인간을 반영해 준다. 우리가 어느 날 갑자기 신에 대해 모든 관심을 기울이게 되었다고 이야기하고, 따라서 인간은 무에서 그 무엇, 즉 신을 만들어 낸다. 신에 대한 믿음과 기적에 대한 신념이 인간에게 있는 창의성을 경시하거나 변명으로 발뺌을 하는 그 어느 과학적 설명보다 더 진실에 가깝다. 내부에 있는 알 수 없는 충동에 압도되어 모세는 시내산(Sinai 山)의 정상에 올랐고 가치의 결정인 십계명을 가지고 돌아왔는데, 그 계명에는 건강이나 재산보다 더 강력한 욕구, 더 강력한 진가가 담겨 있었다. 그것들이 인생의 핵심이었다. 십계명 이외의 다른 가치도 가능하지만 - 차라투스트라에 의하면 천(千)하고도 한 가지나 되고 - 이 백성을 이 백성으로 만들고 그들에게 생활 양식 및 내면적 경험의 통일성과 외적 표현, 또는 외적 형태를 부여해 준 것은 바로 이 계명이다. 하나의 백성을 구축해 주는 신화를 창조하는 데 특별히 처방이 따로 있는 것이 아니고, 신화를 만들어 낼 사람을 예견하고 어떤 신화가 주요하고 적절한가 하는 것을 결정할 수 있는 검사 방법이 따로 규격화되어 있는 것도 아니다. 돌과 조각가가 따로 있듯이 사물과 사물을 만드는 인물이 따로 있게 마련이지만, 이 경우에는 조각가가 동인(動因)일 뿐만 아니라 외형 목표이고 최종 목표다. 신화의 기초를 이루는 것은 아무것도 없고 또 실체도 없으며, 원인도 없다. 선과 악에 대한 지식을 합리적으로 추구함으로써, 아니면 예를 들어 가치의 경제적 결정 인자를 추구함으로써 가치의 근거를 추적해 보려고 하지만 그 가치를 정확하게 설명할 수 있는 근거는 끝내 찾을 수 없다. 창의성이라는 심리 현상을 개방할 때에만 오로지 명료함을 얻을 수 있다.

이 심리학과 프로이트의 심리학이 같을 수는 없다. 프로이트의 심리학은 무의식에 대한 니체의 이해로부터 출발했으나 그것이 찾아낸 창의성의 근거는 라파엘로와 지두화가(指頭畵家/finger painter)의 차이점을 구분하지 않기 때문이다. 모든 것이 그 차이에 있고 그것은 필연적으로 우리의 과학을 벗어난다. 무의식은 이를 데 없이 신비로운 것이고, 그게 바로 신의 진실이며, 신이 그러했던 것처럼 그것도 - 즉 개인의 본능적 충동 - 도저히 헤아릴 수가 없다. 프로이트는 무의식을 받아들인 다음 거기에 과학적 방법을 적용하여 완벽한 명료함을 부여하려 했다. 그러나 본능적 충동이 과학을 낳는다. 그것이 여러 과학을 만들어 낼 수 있다. 프로이트가 밟은 절차는 마치 신이 창조해 낸 것으로부터 신의 실체 또는 본질을 결정하려 하는 것과 같다. 신이 세상을 무한정 창조했을 수도 있다. 만일 신이 이 세상 하나에만 국한되었더라면 그는 창조적일 수도 없고 자유로울 수도 없었을 것이다.

우리가 창의성을 이해하려면 이 모든 것을 이해하는 것이 필요하다. 충동적 본능은 원천이다. 즉 그것은 알 수 없고, 헤아릴 수 없으며, 수많은 해석을 제시한다. 그럼에도 프로이트 자신도 그중 하나로 여겨지길 원했던 자연과학자들은 이 중 그 어느 것도 심각하게 받아들이질 않는다. 생물학자는 자신들의 분야로는 무의식은 고사하고 의식이라는 것조차 설명할 수가 없다. 그래서 자신들이 설명하려고 하는 현상의 존재조차 인정하지 않는 과학과 과학의 권한 밖에 놓여 있는 무의식 사이에서 프로이트와 같은 심리학자들은 이 둘을 타협시킨다는 불가능한 임무를 맡고 있다. 니체는 과학과 심리학 중 양자택일하라고 강력히 주장한다. 심리학은 바로 그 사실 때문에 승자인데, 왜냐하면 과학은 정신 작용의 산물이기 때문이다. 과학자들 자신도 서서히 이 선택의 영향을 받아 가고 있다. 아마 과학도 오로지 우리 문화의 소산에 불과한 것인지도 모르고 그것이 다른 것보다 더 나을 것이 없다는 것을 우리는 알고 있다. 과학은 진실인가? 우리는 전에는 그렇게도 떳떳하고 건장했던 과학이 가장자리로부터 조금씩 쇠퇴해 가는 것을 본다. 토머스 쿤(Thomas Kuhn)의 《과학 혁명의 구조 *The Structure of Scientific Revolutions*》와 같은 책은 이런 상황의 대중적 증세다.

바로 이러한 상황이 내가 바닥도 모르고 헤아릴 수도 없는 자아라고 칭하는 바로 그 자아가 나타나게 되는 상황으로 그것은 자아의 마지막 형태다. 니체는 그것을 개인의 본능적 충동이라 명했다. "그것이 내게 발생했어"라고 우리가 말할 때 본능적 충동은 에고를 실망시킨다. 자주적인 의식은 저 아래 있는 그 무엇인가의 시중을 들고 그 무엇은 사색을 위한 양식을 위로 올려보낸다. 이 해석과 다른 해석과의 차이점은 다른 해석이 비교적 당장 접할 수 있고 모든 사람이 공유하는 공통 경험으로부터 시작하고 그 경험을 통해 단지 상호주관적이기는 하지만 인간 본성이라 부를 수 있는 공통의 인간성을 정립한다는 점이다. 난폭한 죽음에 대한 공포와 편안한 자기 보존에 대한 욕망이 심층부로 파고드는 길목의 첫 번째 정류장이었다. 모든 사람이 그것을 알고 있고, 우리는 그것 속에서 서로서로 알아볼 수 있다. 그 다음 정류장은 생존에 대한 감미로운 정감으로, 문명화된 인간이 당장 접할 수는 없으나 그가 그 감정을 회복할 수는 있다. 우리가 그것의 마력 아래 놓이게 되면 우리는 우리 자신에게 "이것이 나의 참모습이고 내가 사는 이유지"라고 확실하게 말할 수 있고, 더 나아가 다른 모든 사람도 나와 똑같을 것임에 틀림없다고 확신하게 된다. 이것과 막연하고 보편화된 강한 동정심이 결합하여 우리를 하나의 종(種)으로 만들고 우리를 지도할 수 있다. 그 다음 정류장은 정류장이 아니라는 것이 밝혀지고 그들로부터의 하강은 가히 숨을 멈추게 할 만하다. 우리가 무언가를 찾는다면 그것은 순전히 찾은 사람의 것이고, 니체는 스스로의 운명(fatum)이라 부르는 고집스럽고 강한 얼간이로서 그에게는 그게 그거야라는 말 이외에 스스로 다른 할 말이 없다. 최상의 경우, 우리가 찾은 것은 우리 자신이고, 그것은 남과 도저히 의사소통을 하지 못하고 다른 모든 사람과 융합하는 것이 아니라 오히려 다른 모든 사람으로부터 자신을 고립시킨다. 아주 드물게 볼 수 있는 사람만이 자신의 안착지를 찾아 이를 거점으로 세상을 움직일 수가 있다. 문자 그대로 그들은 심오하다.

가치, 시야, 자아에서 비롯된 선과 악의 계명(戒命)을 진실이라든지 혹은 거짓이라고 말할 수는 없고, 그것이 인류 전체의 공통된 감정에서 파생되었다거나 보편적으로 규격화된 이성에 의해 정당화된다고 할 수는 없을지라도 가치 이론을 가르치는 통속적인 선생님들이 믿고 있는 것과는 반대로 그것들이 동등하지 않다. 니체와 어떤 형태로든 니체의 통찰을 수용한 진지한 모든 사람들은 원칙상 모든 사람이 접할 수 있는 공통의 경험은 존재하지 않는다는 사실에서 인간의 불균등이 증명된다고 생각했다. 진실과 거짓, 심오함과 피상, 창조자와 피조물 같은 구분이 진실과 거짓을 대신한다. 한 사람의 개인적인 가치가 생의 지침을 삼을 만한 독자적 경험이 없는 많은 사람들의 지도 원리가 되고 있다. 인간 중 가장 희귀한 사람이 창조자이고 그 밖의 모든 사람은 그를 필요로 하고 그를 따른다.

정통 가치는 사람들이 지키면서 살아갈 수 있고 하나의 민족을 형성하여 위대한 업적과 사고를 낳는 데 구심점이 된다. 모세, 예수, 호메로스, 석가 등이 창조자이고, 그들은 유대인, 기독교인, 그리스인, 인도인들의 조상이 되었으며 그들에게 사물을 보는 시야를 제공해 주었다. 그들을 뛰어나게 만든 것은 그들의 생각이 진실이었기 때문이 아니라 문화를 일으킬 역량을 지녔기 때문이다. 만일 가치가 생명을 보존하고 향상시킨다면 그것은 오로지 하나의 가치에 불과하다. 외견상 전체인 듯 보이는 인간의 가치는 그것을 만들어 낸 원래 창시자의 가치를 희미하게 복사한 복사품에 불과하다. 평등주의는 순응주의를 의미하는데, 그 이유는 그것이 옛 가치와 생동감도 없고 주장하는 사람들도 완전히 헌신한다고(committed) 할 수 없는 다른 사람들의 기존 가치를 활용하는 빈약한 사람에게 힘을 부여하기 때문이다. 평등주의는 이성을 기초로 하고 이성은 창조성을 부인한다. 니체의 모든 것은 합리적인 평등주의를 공박하고 가치에 대해 요즘 버릇처럼 논하는 것이 얼마나 허튼 소리인가를 보여주며 - 좌파 간에 나타나는 니체의 엄청난 지위 또한 얼마나 놀라운가 하는 것을 보여준다.

가치란 합리적이 아니고 거기에 복종하는 것들의 본성에 근거한 것이 아니기 때문에 강요될 수밖에 없다. 반대되는 가치는 물리쳐야만 한다. 합리적인 설득으로는 가치를 믿게 만들 수 없고, 그래서 투쟁이 필요하다. 가치를 만들어 내고 그것들을 믿는 것은 의지의 작용이다. 이해가 모자라는 것이 아니라 의지가 부족한 것이 치명적인 결점이다. 서약은 수행자의 진지함을 반영하기 때문에 서약(commitment)은 곧 도덕적 미덕이다. 살아 있는 신을 스스로 마련된 가치로 바꿀 때 서약은 신앙과 같은 것이다. 이것이 파스칼이 걸었던 내기로서 더 이상 신의 존재에 거는 내기가 아니라 자신을 믿을 수 있는 역량과 스스로 설정한 목표에 거는 내기다. 서약은 가치를 중요시하고 가치를 가치 있는 것으로 만든다. 적절한 마음의 상태는 진실에 대한 사랑을 갖는 것이 아니라 지적 정직성(intellectual honesty)을 갖는 것이다. 가치에는 진리가 없고 그나마 생에 담긴 진리라는 것은 사랑스럽지 못하기 때문에 진정한 자아(authentic self)의 증명으로 자신과 자신의 경험 세계에 정면으로 맞서는 한편 자기 자신의 신탁에 자문한다. 심사숙고가 아니라 결정이 행위를 추진시키는 발동기다. 미래는 우리가 알 수도 없고 계획할 수도 없다. 우리는 미래를 의지로 추구해야 한다. 정해진 계획안도 없다. 위대한 혁명가가 나타나 과거를 분쇄하고 창의성이 자유로이 활동할 수 있는 미래를 열어야만 한다. 정치는 혁명적이지만 명예혁명, 미국 독립 전쟁, 프랑스 혁명 또는 러시아 혁명과는 달리 새 혁명은 표제가 없어야만 한다. 새 혁명은 지적으로 정직하고, 전적으로 헌신적이고, 의지가 강하고, 창의적인 사람에 의해 이루어지도록 되어 있다. 니체는 파시스트가 아니었지만 그의 이런 계획이 합리적이고 뿌리 없는 동포주의에 입각한 좌파 혁명과 반대되는 파시스트들의 논변, 즉 옛 문화를 부흥시키거나 새로운 문화의 기반을 찾으려는 논변에 영감을 주었다.

  니체는 문화 상대론자였고 그는 그것이 무엇을 의미하는지를 - 즉 전쟁, 훌륭한 동정심 대신에 오히려 엄청난 잔인함을 의미한다는 것을 - 알았다. 전쟁이 때로는 평화를 강요할 수 있는 궁극적인 현상이기는 하지만 그것은 언제나 가장 위험한 방법이다. 자유 민주주의는 똑같은 인간성과 똑같은 권리가 누구에게나 어디서든 적용될 수 있다고 여기기 때문에 서로 싸우는 전쟁을 하지 않는다. 문화는 서로 싸우고 전쟁한다. 가치는 다른 사람과 사리 분별을 따져서 주장하기보다는 그들을 정복함으로써 주장될 수 있고 또 단정되기 때문에 문화는 싸울 수밖에 없다. 세상이 무엇인지를 결정짓는 것은 사람의 지각이고 그 지각(perception)

은 문화마다 다르다. 그것이 절충될 수는 없다. 가장 높은 것에 대해서는 의사를 교환할 길이 없다. 서로 오해가 있을 때, 사람들이 참조할 수 있는 공유의 공동 세계가 없을 때 의사소통이 이해를 대신한다. 자아와 문화라는 폐쇄된 체계의 고립 상태에서 '접촉을 하려는(get in contact)' 노력과 '의사소통의 실패(failures of communication)'를 시정하려는 노력이 있게 된다. 개인이나 문화가 상호 이런 상황에서 어떻게 '관계를 맺으려 하는지(relate)' 도무지 신비롭기 이를 데 없는 일이다. 문화는 혼돈에 대한 전쟁이고 또 다른 문화에 대한 전쟁이다. 문화라는 개념 바로 그 자체가 하나의 가치를 수반하고 있고, 따라서 사람은 문화가 필요하고 문화를 창조하고 유지하기 위해서 필요한 일은 무엇이든 해야만 한다. 이론적인 사람이 설 장소는 없다. 살기 위해서, 그리고 내적인 실체를 갖기 위해서 사람은 가치를 가지고 있어야 하고 그에 헌신해야만 하며 또한 참여해야(engagé) 한다. 그러므로 문화 상대론자는 진실보다 문화에 더 관심을 기울여야 하고 문화가 진리가 아니라는 것을 알면서도 그것을 위해 싸워야만 한다.

    이것은 아무래도 불가능하고, 그래서 니체는 그의 일생을 통해 이 문제와 더불어 투쟁했지만 결국 만족스러운 해결은 없었다. 그러나 그는 과학적인 통찰이 문화에는 치명적이라는 것을 알았고, 평범한 유형의 정치 또는 도덕적 문화 상대론자는 결코 문화를 가질 수 없는 운명이라는 것을 알았다. 단순한 상대주의와 대립되는 문화 상대주의는 신념을 약화시키면서도 믿어야 하는 필요성을 가르치고 있다.

    철학 분야의 선배들로부터 문화 개념을 계승하는 데 니체는 주저가 없었던 것처럼 보인다. 그의 견해로는 문화란 인간에게 있는 가장 인간적인 것을 설명할 수 있는 기본틀에 불과할 뿐이다. 자연의 그 어느 존재와도 달리 인간은 순수한 생성이고, 문화를 통해서 자연을 초월한다. 인간은 하나의 특정 문화 이외의 다른 존재 양식을 갖지 않으며, 특정 문화의 지원 이외에 다른 지원은 받지 않고 있는 존재다. 식물이나 그 밖의 다른 동물에게 있어서는 그것들이 가진 가능력 자체가 현존이지만, 인간의 경우에는 그렇지 않다. 이러한 사실은 인간이 인간이라는 동일 종자임에도 불구하고 여러 다양한 종류의 문화적 산물로 성장하여 근본적으로 서로 달라지는 데서 잘 나타나고 있다. 철저하게 비타협적인 자세로 이 개념이 초래하는 결과를 찾아내어 그것과 더불어 살려고 했던 것이 니체가 남긴 공로다. 만일 - 그리스인, 중국인, 기독교인, 불교인과 같은 접두사(다시 말해 인간의 이상적인 정부 형태를 제시한 플라톤의 《국가론》이 하나의 단순한 신화 또는 플라톤의 상상에서 나온 작품에 불과하다고 한다면)는 필요 없이 - 인간이 단순히 완벽한 인간이 아니고 완전한 하나의 문화에 의해 그 문화의 유혹 없이 많은 문화만 존재한다면 그때는 '인간(man)'이라는 어휘 자체가 모순이다. 문화의 수만큼이나 많은 종류의 사람이 생겨나고 인간을 통틀어 단수로 독자적으로 얘기할 수 있는 통일된 관점도 없어지게 된다. 이러한 현상은 사람의 버릇, 습관, 의식, 양식에만 국한되는 것이 아니라 사람의 지성에도 영향을 끼친다. 문화의 수만큼이나 많은 종류의 지성이 생겨날 것임에 틀림없다. 지성 그 자체는 문화와 상관이 있는 영역에 속한 것이 아니라고 한다면, 문화 상대주의의 관찰은 보잘것없는 것들이고 항상 수용되었던 것들이다. 그럼에도 모든 사람이 문화 상대주의를 좋아하고 반면에 자기와 상관이 있는 것은 상대주의에서 제외시키길 원한다. 물리학자는 자신의 원자를 구제하고 싶어 하고, 역사가는 자신의 사건들을, 도덕가는 자기의 가치를 구제하고 싶어 한다. 그러나 그것들은 모두가 다 똑같이 상대적이다. 만일 이 유출 중에서 한 가지 진실이 벗어날 수 있다면 그 밖의 여러 다른 진실들도 원칙적으로 예외가 되지 말라는 이유가 성립이 안 되고, 그렇게 볼 때 유출, 생성, 변화, 역사, 기타 등등은 근본적인 것이 못 되고 오히려 존재로서 과학과 철학의 변치 않는 원칙일 뿐이다.

　문화 및 역사주의적 관점이 지배하는 속에서 철학을 하는 데에는 극단적인 문제점이 있다는 것을 인식했다는 점이 니체의 장점이다. 그는 거기에 따르는 엄청난 지적 도덕적 위험을 알아차렸다. 그의 모든 생각의 중심부에는 '내가 하는 일이 어떻게 해서 가능한가?'라는 의문이 도사리고 있었다. 문화 상대주의가 가르치는 바를 그는 자신의 사고에 적용해 보려고 노력했다. 실제로 이러한 노력을 그 이외에는 아무도 한 사람이 없다. 예를 들어 프로이트는 인간에게서 성과 권력에 대한 욕망이 모든 일의 동기가 된다고 말하고 있지만 그 자신의 과학 또는 과학 활동을 설명하는 데 그런 동기를 적용하지는 않았다. 그러나 만일 그가 진정한 과학자가 될 수 있다면, 즉 다시 말해서 그가 진실에 대한 사랑에 자극을 받아 활동하였다면, 다른 사람도 또한 그럴 수 있고, 그래서 다른 사람의 동기에 대한 그의 설명에는 치명적인 결점이 있다. 바꿔 말해서 만일 그가 성과 권력에 대한 동기에서 활동을 하는 것이라면 그는 과학자가 아니고 그의 과학은 성과 권력이라는 목적을 달성하기 위한 여러 방편 중 하나에 불과한 것이다. 이런 모순이 자연과학과 사회과학 분야 전반에 걸쳐 나타나고 있다. 사물에 대하여 그것들이 제시하는 설명으로는 도저히 그 분야에 종사하는 사람들의 행위를 설명할 수가 없다. 극도로 윤리적이면서도 오로지 이익만을 이야기하는 경제학자, 공공심이 강하면서도 집단의 이해 상관만을 보는 정치가, 우주 내에는 비자유 - 즉 움직이는 사물을 지배하는 수학적인 법칙 - 만이 있음을 인식하면서도 자유를 위한 서명 운동에 서명을 하는 물리학자 등이 모두 과학에 대한 자명한 해답과 이론적 생활을 위한 토대를 제시하는 데 어려움을 겪고 있다는 증거다. 이것이야말로 근대 초반부터 내리 계속해서 인간의 지성 생활을 괴롭혀 왔고 문화 상대주의와 더불어 특히 더 격심해졌다. 이러한 고충의 대응으로 니체는 위험한 줄 알면서 의식적으로 자기 자신의 철학을 실험으로 삼았다. 즉 그는 철학의 원천이 진실을 향한 의지에 있는 것이 아니라 권력을 향한 의지에 있는 것으로 다루었다.

　신성한 것에 대해 공유하고 있는 감정이 하나의 문화를 인식하는 가장 확실한 방법이고 문화와 그 문화의 모든 측면들을 이해하는 데 열쇠가 된다는 것을 관찰하게 되면서 니체의 철학은 새 출발을 하게 된다. 헤겔은 이 점을 그의 역사 철학 속에서 분명히 하고 있고, 그와 똑같은 인식이 여러 민족과 그리스인과 야만인에 대한 헤로도토스의 연구에서도 나타나고 있다는 것을 발견했다. 한 민족이 어느 것 앞에서 머리를 숙이는지 그것을 통해 우리는 그 민족을 알아낼 수 있다. 그러나 헤겔은 하나의 오류를 범했는데, 즉 그는 문화가 요구하는 것과 과학이 요구하는 것을 조화시킬 수 있고, 따라서 완전무결하게 합리적인 신이 있을 수 있다고 믿었다. 그러면서도 그 역시 그게 그렇지 않다는 것을 알게 되어 지혜의 여신 미네르바의 올빼미는 황혼 무렵에 난다는 표현을 하나의 문화는 끝이 왔을 때만 이해될 수 있다는 의미로 사용하게 되었다. 헤겔이 서구를 이해했던 시기는 서구의 종말과 일치했다. 서구는 신화에서 벗어났고 영감을 주는 힘과 미래에 대한 통찰이 상실되었다. 그러므로 하나의 문화에 생명을 불어넣는 것은 그것이 가진 신화이고, 신화를 만드는 자들이 바로 문화와 인간을 만들어 가는 자들인 것은 자명하다. 그들은 오로지 시인들이 만들어 놓은 것이나 연구하고 분석하는 철학자들보다 탁월하다. 헤겔은 시(詩)가 예언적 능력을 상실했다는 것은 인정했지만 철학이면 충분하다는 믿음으로 자신을 위로했다.

이 상실을 니체가 주변에서 목격했던 가장 재주가 뛰어난 예술가들이 입증했다. 그들을 니체는 퇴폐주의자라고 불렀는데 그 이유는 그들이 재주가 모자란다거나 그들의 예술에 인상적인 면이 없어서가 아니라 그들의 작품은 예술적 무능을 후회하거나 세상이 시인은 그 어떤 영향도 끼칠 수 없는 추악한 세상으로 변했다고 묘사했기 때문이다. 프랑스 혁명 직후에는 엄청난 예술적 활기가 있었고 시인들은 자신들이 다시 한번 인류의 입법자가 될 수 있다고 생각했다. 문화라는 새로운 철학을 통해 예술가들에게 주어진 사명이 그들에게 활력을 불어넣어 주었고, 새로운 고전 시대가 탄생하였다. 이상주의와 낭만주의는 사물의 질서 속에 숭고한 것이 들어설 자리도 할당하여 놓은 것처럼 보였다. 그러나 미처 한두 세대가 다 지나가기도 전에 분위기는 눈에 띄게 변질되어 버렸고 예술가들은 낭만주의적 통찰력을 근거가 없는 속임수로 묘사하기 시작했다. 보들레르와 플로베르 같은 사람은 대중들로부터 돌아섰고, 바로 앞서간 선배들의 도덕주의와 낭만주의적 열의가 어리석은 것으로 보이게 만들었다. 사랑이 없는 부정한 관계, 처벌도 구제도 없는 죄악이 예술의 보다 정통적인 주제가 되었다. 세상이 환멸에 빠져 있었다. 보들레르는 기독교 관점의 죄짓는 인간을 표현하기는 했지만 거기에는 신의 구원이 없고 날카로운 종교적 사기, 즉 위선적인 독경(hypocrite lecteur)만이 있을 뿐이다. 그리고 플로베르는 승리를 거둔 부르주아 계급에 대해 독기 서린 증오로 온통 물들어 있었다. 문화는 허영심을 채우기 위한 한낱 먹이에 불과할 따름이다. 거대한 이원론이 붕괴되었고, 결정론 및 자질구레한 이기주의가 예술과 창조력과 자유를 삼켜 버렸다. 그의 가장 훌륭한 창조물이라 할 수 있는 약사 오메(Homais, M.)씨를 통해 플로베르는 근대에 대한 모든 것과 근대가 나아가고 있는 모든 것을 포착하였다. 오메는 과학 정신, 진보, 자유주의, 반교권주의를 대표한다. 건강에 유의하여 그는 아주 조심스레 살아간다. 그가 받은 교육은 모두가 최고라고 생각하고 말하는 최상의 교육이다. 그는 지금껏 생겼던 일을 전부 다 알고 있다. 기독교가 노예 해방을 돕기는 했지만 역사적 유용성을 잃었다는 것을 그는 알고 있다. 역사는 그와 같은 사람, 즉 편견이 없는 사람을 만들어 내기 위해 존재했다. 그는 모든 것에 익숙하고 그가 파악 못 할 것은 없다. 그는 언론인으로, 대중의 계몽을 위해 지식을 전파한다. 강한 동정심이 그의 도덕적 주제다. 그리고 이 모든 것은 대단찮은 자부심(amour-propre)에 불과하다. 그에게 명예와 자만심을 부여하기 위해 사회가 존재한다. 문화는 그의 것이다. 묘사할 만한 영웅도 없고 영웅을 탄생시킬 만한 청중도 없다. 그들은 모두가 이런저런 식으로 거래를 하고 있다. 엠마 보바리는 오메를 돋보이게 하는 인물이다. 그녀는 오로지 결코 존재하지 않고 존재할 수 없는 사람과 세상을 꿈꾼다. 이 냉정한 세상에서 그녀는 바보에 불과하다. 근대 예술가와 마찬가지로 그녀는 가능한 목표는 하나도 없이 순전히 동경으로만 가득 차 있다. 그녀의 유일한 승리이며 유일하게 자유로운 행위는 자살이다.

 니체가 위대한 업적과 열정을 거짓으로 꾸며내는 사람, 특히 바그너가 동전의 이면인 것을 발견한 것과 마찬가지로 이러한 퇴폐주의자, 비관론자, 또는 원시 허무주의자들은 폭력적이라는 것을 발견한다. 그는 여기 이 후자들을 경멸했는데, 이는 그들이 정직성이 결여됐다거나 또는 그들을 둘러싸고 있는 세상의 성격에 대한 그들의 규명이 부정확하다고 해서가 아니라, 그들이 한때는 신과 영웅이 있었고 그것들은 시적 상상의 산물이라는 것을 - 다시 말해서 시적 상상으로 그것들을 다시 만들어 낼 수 있음을 의미한다는 것을 - 알면서도 여전히 그들은 창조하겠다는 용기 또는 창조하겠다는 결심을 굳히지 않기 때문이다. 그러므로 그들은 가망이 전혀 없다. 그들만이 여전히 동경할 수 있지만, 그들은 비밀리에 기독교의 신을 믿거나 아니면 적어도 기독교적인 세계관을 믿고 정말로 새로운 것은 믿을 수가 없다. 그들은 폭풍이 이는 미지의 대해로 항해하는 것을 두려워하고 있다. 도스토예프스키만이 유일하게 원기 왕성한 영혼을 지녔는데, 이는 퇴폐에 대항하는 증거다. 기독교적인 의식으로 여과된 그의 무의식은 금지된 욕망, 범죄, 자기 비하적인 행위, 감상주의, 야만적인 행위 등으로 나타나지만, 그래도 그는 살아 있고 투쟁을 하고, 그리고 동물성과 의식 저 아래 깊은 곳에서 싹트고 있는 모든 것이 계속해서 건강하다는 것을 증명한다.

모든 현상 중에서 예술가가 가장 흥미로운 현상인데, 그 이유는 예술가가 인간을 규명한다고 볼 수 있는 창의성을 대표하기 때문이다. 그의 무의식은 온갖 괴물과 꿈으로 가득 차 있다. 의식에 영상을 제공하는 것은 무의식이고 의식은 영상을 주어진 것 그리고 '세상(world)'으로 받아들여 합리화 한다(rationalize). 합리화는 이성이 없는 것이나 비합리적인 것에 단지 훌륭한 이유를 붙이는 행위에 불과하다. 우리의 운명인 개성대로 우리는 모든 일을 하면서도 우리는 설명을 해야 하고 남과 의사소통해야 한다. 이 후자가 의식의 기능이고, 무의식에 비축된 것이 풍부하여 의식에 공급되는 것이 풍족할 때 의식의 활동은 성과가 있고, 의식이 충분하다는 착각은 심지어 이롭기까지 하다. 그러나 오늘날의 수리 물리학이 한 것처럼 의식의 유산을 자르고 또 자르고, 씹고 또 씹는다면 양분 있는 식물이 통째로 남아 있는 경우가 없게 된다. 이제 의식은 재충전이 필요하다.

그리하여 니체는 우리의 고갈된 문화에 새 공기를 불어 넣으려고 근대의 예술가, 심리학자, 인류학자들이 가장 어두운 무의식의 세계나 검은 대륙 아프리카의 깊숙한 곳에서 탐색을 벌였던 그 거대한 영역을 개척했다. 니체가 역설한 것이 모두 다 실현 가능하다는 것은 아니나 그것이 매력적이라는 것을 부인할 수는 없다. 그는 루소와 더불어 길 닿는 끝까지, 그리고 그 너머까지 가 보았다. 근대성 가운데 미국 사람들에게는 별 흥미가 없었던 부분, 즉 정치적 해결보다는 충만한 또는 완전한 인간을 이해하고 만족시키려 했던 부분을 다루어 가장 심오한 진술을 하는 사람이 니체이고 그는 절정에 이른 두 번째의 자연상태를 대표한다. 무엇보다도 그는 예술가의 친구였고, 반면에 예술가들은 그가 학계의 사람들 간에 평판이 나빴을 때 그를 제일 먼저 알아본 무리였다. 따라서 그의 영향력이 그들에게 가장 풍성하게 나타난다. 릴케, 예이츠, 프루스트, 조이스 등을 생각해 보면 금방 알 수 있다. 철학적으로 그에게 가장 훌륭한 찬사를 보낸 저작으로는 하이데거의 《니체 *Nietzsche*》를 꼽을 수 있고 그중에서도 '예술로 표현된 권력을 향한 의지'라는 제목이 붙은 부분이 가장 중요한 대목이다.

순수한 지성으로 우리의 의식 이외의 나머지 부분들은 마치 낯선 것, 물리학, 화학, 생물학의 물체와 다를 바가 없이 사물에 대한 정서의 덩어리에 불과한 것으로 보는 평면적이고 메마른 의식막에 보충물을 제공함으로써 니체는 인간에 대한 우리의 이해에 영혼과 같은 것이 다시 포함되도록 영혼을 복원시켰다. 무의식이 모든 비이성적인 것들을 - 그중 무엇보다도 신성한 것에 대한 광기나 에로스를 - 대신하게 되었는데, 비이성적인 것이야말로 옛 영혼의 일부였고 근대에 들어와서는 그것이 중요성을 상실해 버렸다. 그것이 의식과 총체로서의 자연과 연결시켜 주는 고리 역할을 하고 그와 함께 통일된 인간의 모습이 되살아난다. 니체는 심리학이 또다시 가장 중요한 연구 분야가 되는 것을 가능하게 해주었고, 지난 세기 동안에 심리학에서 흥미로웠던 모든 것 - 즉 심리 분석은 물론 형태 심리학, 현상학, 실존주의를 포함하는 - 은 그가 발견한 정신의 대륙 범위 내에서 이루어졌다. 그러나 이성의 지위에 대한 변화 때문에 자아와 영혼의 차이는 여전히 엄청난 채로 남아 있다. 니체에게서의 인간 재구성은 이성을 희생할 필요가 있었던 반면에 계몽운동의 실패가 무엇이었든지 간에 계몽운동에서는 이성이 그 중심이었다. 니체의 온갖 매력과 영혼을 사랑하는 사람에게 활력을 주는 그의 모든 이야기에도 불구하고 그는 이런 결정적인 의미에서 데카르트나 로크보다도 플라톤과는 거리가 더 멀다.

니체의 심리학은 신을 향한 본능적 충동과 관계가 있는데, 그 이유는 그 충동을 통해 자아가 자신의 힘을 배열 과시하기 때문이고, 이러한 그의 설명에 영향을 받아 지적 세계에서는 종교 자체는 아니라 하더라도 종교적인 관심이 크게 일어났다. 니체는 신은 신화라고 가르쳤다. 신화는 시인에 의해 만들어진다. 이것이 바로 플라톤이 《국가론》에서 한 말이고, 그에게 있어서 이 말은 철학과 시 사이에 전쟁을 선포한 것과 동일한 것이다. 철학의 목표는 신화를 진실로 대체하는 것이다(신화라는 말 자체의 정의대로 신화는 허구를 의미하고 니체 이후 신화에 매료된 우리가 이 사실을 너무 자주 잊어버린다). 신화가 먼저 생겨나고 인간에게 맨 처음으로 의견을 제공하는 것도 신화이기 때문에 철학은 자유와 자연대로 살도록 만들어주는 진실을 위해서는 결정적인 신화의 파괴를 의미한다. 플라톤의 대화에서 세상의 표준이 되고 있는 의견에 의문을 제기하고 논박하는 것으로 묘사되고 있는 소크라테스가 생활 철학의 모범이며, 그들의 신화를 그들과 같이 믿지 않는다고 해서 그가 동족들의 손에 의해 죽임을 당했다는 사실은 철학에 따르는 위험함을 요약해 주고 있다. 신화에 대한 똑같은 사실을 놓고 니체는 정반대의 결론을 내렸다. 자연은 없고 그와 같은 자유도 없다. 철학자는 소크라테스가 한 것과는 반대로 해야 한다. 그래서 지금까지의 소크라테스에게 공격을 가한 첫 번째 철학자가 니체다. 그는 소크라테스의 생활이 모범적이지 못하다고 공격한 것이 아니라 숭고함이 결여된 타락되고 괴물 같은 생활이라고 여겨 공격하였다. 소크라테스에 의해 제기되고 정화된 비극적 생활은 심각한 것이다. 새로운 철학자는 시인들 편이고 시인들의 구세주다. 바꿔 말하면 철학 자체가 시의 가장 높은 형태인지도 모른다. 옛날식 철학은 비신화화하고(demythologize) 비신비화(demystify)한다. 그것은 신성한 것에 대한 감각이 없고, 따라서 세상을 각성시키고(disenchanting) 인간을 뿌리째 뒤엎음으로써(uprooting) 공허 속으로 인도한다. 철학적 탐구 끝에 찾아낸 것이 무(nothingness)로 드러나자 새 철학자는 세상을 만들기 위해서는 신화를 만드는 것이 그의 중심 관심사가 되어야 한다는 것을 알게 된다.

 이와 같은 종교적 신화 창작이나 사회 및 정치적 경험을 가치 단정(value - positing)으로 이해하는 것이 미국 사조의 분류에 침투하게 된 것은 주로 막스 베버의 어휘에 영향을 받았기 때문이다. 그가 여기 미국에서 성공을 거둔 것을 나는 기적적이라고 말하고 싶은 유혹을 받는다. 하나의 좋은 예가 그의 창작물인 개신교 윤리(Protestant Ethic)라는 것이다. 내가 시카고 대학에서 근대의 신비함에 막 입문하였을 때 나의 첫 번째 사회과학 과목에서 같은 제목으로 된 그의 책을 읽었다. 이 과목은 사회과학 분야의 '고전물(classic)'을 개론하는 것이었고, 거기에는 마르크스의 저작물 《공산당 선언 *Manifest der Kommunistischen Partei*》은 물론 《자본론 *Das Capital*》의 상당량이 포함되어 있었다. '자본주의(capitalism)'의 공인된 대변자이고, 어쩌면 그것의 창시자로 보아 마땅할지도 모르는 스미스와 로크는 물론 그 목록에 포함되지 않았다. 그 이유는 당대의 사회과학자들이 진지하게 받아들일 수 있는 사상가들만을 그 강의에서 다루었기 때문이다. 마르크스는 자본주의의 출현에 대해 그 누구도 통제할 수 없는 역사적 필연으로서 물질적 소유 관계를 놓고 벌인 계급갈등의 결과라고 설명했다. 그에게 있어 개신교는 생산 수단을 장악한 자본가의 이념을 반영하는 것에 불과했다. 만일 베버의 말이 옳았다면 마르크스 - 즉 그의 경제와 혁명, 간단히 말해 마르크스주의와 거기에서 필연적으로 생겨나는 모든 유형의 도덕적 공감들 - 가 끝장이라는 것을 내가 알아차리지 못했고 확실히 나의 선생님들도 모르셨던 것 같다. 베버가 목적한 바는 그와 같은 물질적 필연성이 없다는 것을 보여 주려 했던 것이다. 그의 취지는 인간들의 '세계관' 내지 '가치'가 그들의 역사를 결정짓는다는 것과 물질이 정신을 압도하는 것이 아니라 반대로 정신이 물질을 압도한다는 것을 보여 주려는 것이었다. 이것은 개개인이 중요하고 인간의 자유라는 것이 있으며 지도자가 필요하다는 옛 시각을 복원시키는 결과를 낳았다. 베버는 자본주의가 발달하는 데 결정적인 역할을 한 것이 칼뱅(Calvin)의 카리스마와 그 카리스마에 속하는 통찰력으로서 그의 추종자들에 의해 그것이 일상화되었다고 말했다. 그러나 베버의 카리스마적인 지도자가 로크, 몽테스키외, 스미스 및 연방당원(Federalist)이 기대했던 합리적인 정치가들과는 얼마나 다른가. 그들은 이성으로 파악할 수 있고 자연에 근거를 둔 것을 자명한 목표로 삼고 애쓴다. 모든 이성적인 사람이면 누구나 알 수 있는 것 - 즉 착실하고 안정되고 번창하는 자유를 갖기 위해서는 애써 일하는 것이 필요하다는 것 - 을 그들이 알기 위해서는 가치관도 따로 필요 없고 창의적인 통찰력도 필요 없다. 그런 의미에서 논쟁의 여지는 있으나 마르크스가 그들 믿음의 핵심에 더 가까운 편이고 마르크스에 따르면 비록 인간은 역사 진행에 속박되어 있지만 그 진행 자체는 이성적이고 그 진행의 목표는 인간의 이성적인 자유다. 이래저래 인간은 여전히 이성적인 동물로 남아 있다.

반면에 베버는 '가치'에 합리성이 있는 것으로 가정하는 캘빈주의자들의 단정을 부인한다. 그는 가치가 다름 아닌 바로 개신교도 자신들의 자아를 근거로 한 강력한 개성, '세계관', 또는 '세상에 대한 이해(world - interpretation)'에서 혼돈된 세상에 강요할 '결정들(decisions)'이지 '심사숙고(deliberation)'의 결과가 아닌 것으로 보았다. 그러한 '가치' 때문에 개신교도들이 세상을 그들처럼 파악하게 되었다. 그것들이 일차적으로는 의지에 입각한 행위들이고 동시에 자아와 세상 자체를 구성하기도 한다. 그와 같은 행동이 비합리적인 것임에는 틀림이 없는데 이유는 거기에 기초가 없기 때문이다. 자가당착이 불가피하기 때문에 혼돈된 우주 속에서는 이성이 비이성적이다. 예언자가 순수한 정치가의 본보기가 되고 - 이로써 아주 극단적인 결과가 따르게 된다. 이것이 미국의 사회과학 분야에 있어서는 새로운 것이었고, 따라서 새로운 유형의 인과 관계 - 자연과학이 알고 있던 것과는 완전히 다른 - 가 생겨났다는 것을 분명히 알았어야 했는데도 사람들이 알지 못했다.

이러한 상황에도 불구하고 베버의 언어와 그 언어로 말미암아 생겨나는 세상에 대한 새로운 해석이 마치 산불처럼 삽시간에 번져 나갔다. 나는 일본인 개신교 윤리에 대해서도, 그리고 유대인 개신교 윤리에 대해서도 읽었다. 이와 같은 어구의 확연한 부조리를 그 누군가가 알아챈 것같이 보이고, 그래서 요즘은 '개신교 윤리'가 서서히 '노동 윤리'라는 말로 바뀌어 가고 있기는 하지만 그것은 그저 상황에 적응한 것에 불과하다. 관점 자체는 변하지 않고 여전히 그대로 남아 있음을 위장할 수는 없다. 자유시장에 관심이 있는 사람들이 이 어휘를 사용하면 그들이 말하는 '합리적인(rational)' 체계가 제 기능을 발휘하기 위해서는 도덕적 보충을 필요로 한다는 것을 인정하는 것이고, 그 도덕은 그 자체가 이성적이지는 않다는 것 - 아니면 적어도 그들이 이해하고 있는 이성의 관점대로라면 그것의 선택이 합리적이지 않다는 것 - 에 대해 인정한다는 것을 인식하지 못하는 듯했다. 체계 전체를 놓고 볼 때는 만족의 지연이 사리에 맞는지 모르지만 그것이 반론의 여지 없이 각 개인에게도 꼭 좋은 것일까? 기독교인에게 부의 증가가 가난보다 자명하게 더 우수한 것일까? 만약에 노동 윤리가 타당성이 똑같은 여러 가지 많은 선택 중 하나의 선택에 불과한 것이라면, 그때는 자유시장 체계 자체 또한 많은 선택 중 하나일 뿐이다. 그러니까 자유시장 지지자들이 한때는 모두가 일반적으로 동의하였던 것을 더 이상 믿을 수 없게 되었다고 해서 놀랄 것은 없다. 자유 사회의 합리적 도덕적 기초가 되는 논거(argument)를 찾기 위해서는 로크와 애덤 스미스에게까지 거슬러 올라가야 하되 몇 개의 인용구로 될 일이 아니라 아주 진지한 방법으로 살펴보아야 한다. 그런데 그들이 이 일을 더 이상 하지 않는다. 그 이유는 그들이 심오한 철학작품을 읽는 습관을 잃어버렸기 때문이거나, 그것들을 정말 필수라고 여기던 습관을 잃어버렸기 때문에 그들이 이 일을 할 수 없는 것인지도 모른다. 진보적인 가르침, 또는 공리적이라고 불리게 된 가르침이 우세해지자, 많은 승리를 거둔 운동의 경우가 그러하듯이 훌륭한 논쟁의 필요가 적어졌고, 원래의 어렵고 훌륭한 논쟁은 사라지고 대신에 그럴듯한 요약 - 또는 아무것도 아닌 것 - 이 나타나게 되었다. 로크와 스미스 이래로 진보 사상의 역사는 철학적인 본질면에서 거의 간단없는 쇠퇴의 역사였다. 진보적인 경제사상 또는 진보적인 생활방식이 현저하게 위협을 받게 되자 그것을 옹호하는 사람들은 그것을 보호하기 위해 무엇이든 손에 잡히는 대로 붙들고 늘어졌다. 자본주의를 옹호하기 위한 유일한 목적에서 종교를 만들어 내야 할 것처럼 보이는데 자본주의와 관계가 있던 초창기의 철학자들은 자본주의를 실현시키기 위해서는 적어도 종교를 약화시켜야 한다고 생각했다. 그리고 자본주의 성향이 종교를 통해 견제되어야만 한다는 토크빌의 생각과는 달리 이제는 종교가 견제가 아니라 오히려 그 성향을 장려하게 되었다.

    실제로 칼뱅이 신으로부터 계시받았는지 아닌지 하는 문제를 베버가 단 한 순간도 고려해 본 적이 없다는 것을 말할 필요조차 없고 - 고려했더라면 사물의 모양이 바뀌었을 것은 확실하다. 베버의 무신론은 독선적이었지만 그렇다고 그가 칼뱅(Calvin)을 협잡꾼이나 미친 사람으로 입증하려는 데에 관심이 있었던 것은 아니었다. 오히려 그는 칼뱅이라든지 그 밖의 칼뱅과 같은 여러 다른 창시자들의 정통성을 믿는 쪽을 택했고 그들은 세상에서 살 수 있고 행동할 수 있고, 책임(responsibility)을 어떻게 져야 하는가를 알며, 내적 확신 또는 서약을 공언한 대표적인 인물로서 그들이 최정상의 심리 유형을 나타내 준다고 생각했다. 종교적인 경험이란 신이 아니라 사물이다. 이성과 계시를 놓고 벌인 오래된 논쟁은 관심의 대상이 될 수 없는데, 왜냐하면 양쪽이 다 틀렸고 잘못된 자기 이해를 갖고 있었기 때문이었다. 하지만 계시는 인간이 무엇이고 또 무엇을 필요로 하는가를 우리에게 가르쳐 준다. 칼뱅과 같은 사람은 가치를 만들어 내는 사람이고 그러므로 역사상 행동의 본보기가 되고 있다. 우리가 그들 경험의 근거(즉 신)는 믿을 수 없지만 그 경험은 매우 중요하다. 그들이 자신을 어떻게 이해하였든지 거기에는 우리가 별관심이 없고 오히려 자아 속에서 그들의 근거, 즉 신을 대신할 신비로운 대용물을 찾는 데 관심이 있다. 그들 특유의 환상을 우리로서는 가질 수도 없고 갖기를 원하지도 않지만 그러나 우리는 가치와 서약은 원한다. 이 신이 없는 종교성에서 나온 결과가 베버의 기묘한 묵상과 언어이고 그 밖의 믿음과 행위에 관한 여러 다른 것들(사르트르를 생각해 보면 알 수 있는)이며 그것들은 결국 종교적 지도자나 합리적 정치가가 이제껏 말하고 행했던 것과는 아주 다른 것으로 귀결이 난다. 그것은 이 두 유형의 사람을 한데 융합하지만 전자 즉 종교적 지도자에 더 큰 비중을 두고 신앙의 필요성과 거기에 따르는 모든 것에 더 큰 비중을 둔다. 이런 분석을 가능케 하는 지적 장치는 거기에 또 다른 선택, 특히 이성적인 선택이 있다는 사실을 무시하는 경향이 있다. 그 결과로 종교적인 해설에 대한 역사적 시각을 계속 왜곡시키게 된다. 세속화(secularization)라는 것이 종교를 비종교로 만드는 훌륭한 장치다. 마르크스주의는 세속화된 기독교이고 그 점에 있어서는 민주주의, 이상주의, 인권 등도 모두 마찬가지다. 평가 내리는 것과 관계되는 것은 모두가 다 하나같이 종교로부터 나옴에 틀림이 없다. 우리의 역사에서는 기독교가 필요 충분 조건이 되기 때문에 다른 것은 아예 살펴볼 필요도 없다. 이 점 때문에 홉스와 로크를 우리 역사의 원인이 되는 중요한 인물로 받아들일 수 없다. 왜냐하면 피상적인 이성이 가치를 구축해 낼 수 없다는 것과 이들 사상가들은 자신들도 모르는 채 개신교 윤리의 가치를 전파했다는 것을 우리가 알기 때문이다. 이성은 전하고 일상화시키고 정상화시키는 일은 하지만 창조하지는 못한다. 그러므로 베버는 우리 전통의 이성쪽을 지체 없이 처치한다. 철학의 주장은 무시되고 종교의 주장이 숭배된다. 독선적인 무신론은 종교만이 유일하게 중요하다는 역설적인 결론으로 귀결된다.

  이러한 '세계관'으로부터 '카리스마'라는 번지르한 종교 용어가 유래되었는데, 미국에서는 그 용어가 가장 지리멸렬한 경종의 용어 중 하나인 반면에 그 말은 아주 결정적인 정치적 결과를 초래하기도 했다. 시카고에는 카리스마 소탕 모임이라는 것이 있고 거리의 모든 불량배 두목은 '카리스마가 있는자'로 불린다. 미국에서는 카리스마가 그저 묘사로만 쓰이는 것이 아니라 지도력과 관계가 있는 좋은 것으로 받아들여지고 있다. 심지어는 이 말이 지도자들에게는 원래 타고난 '특별한 그 어떤 것'이 있어 그들은 마치 치외 법권적 권리까지도 부여받은 것처럼 보이게 만든다. 비록 베버가 모세와 석가 아니면 나폴레옹을 생각하고 한 말이었지만, 그가 내린 카리스마의 형태상 정의는 불량배 두목들이다. 베버가 추구한 것은 정치적 형식주의 때문에 제외되고, 합리성 또는 합의 - 자유 민주주의에서 다스릴 수 있는 유일한 권리인 - 를 기초로 하지는 않지만 그래도 주목을 받을 권리가 있다고 주장하는 것들을 정치 속에 포함시키려는 것이었다. 그렇다면 우리의 헌법 체제 속에서는 좌절되는 선동적 취향을 그들은 합법화시켜 주고 의기양양하게 만들어주는 듯이 보이는 어휘를 사람들이 애호한다고 의아하게 여길 일이 아니다. 더 나아가 모든 사람이 각자 주인이라고 여기는 사회 조직에서는 민주적 개인주의 때문에 공식적으로 지도자에게 마련되는 것이 별로 없다. 카리스마는 지도자를 정당화해줌과 동시에 추종자를 용서해 준다. 우리의 헌법 전통에서는 부정적인 것으로 다루는 민중 선동적 자질과 활동이 그 어휘를 통해 긍정적인 의미로 여과된다. 그리고 이 어휘의 애매모호함 때문에 협잡의 방편이 되고 외형의 연상을 조작하는 데 능란한 사람들의 선전 도구가 된다.

    베버 자신도 완벽하게 알고 있었듯이 카리스마는 신이 내린 은총이고 신의 재가를 통해 그 은총이 지도력을 베푼다.《개신교 윤리와 자본주의 정신 *Die protestantische Ethik und der Geist des Kapitalismus*》에서 보여주는 그의 분석에 맞추어 그는 자아의 가치 단정을 신이 내린 은총의 인간적 진실로서 다룬다. 그것에 대한 그의 설명은 단순히 기술적인 것같이 보이지만, 그것이 규범이 된다. 그는 니체로부터의 영향이 큰 구절에서 국가는 인간이 인간에 의해 지배받는 관계라고 분석하고 합법적인 폭력 - 다시 말해서 합법적이라고 여겨지는(considered) 폭력 - 위에 생겨났다고 분석했다. 인간이 그 어떤 확고한 신념을 가지고 있기만 하면 그들은 지배받는 것을 내면적으로 수용한다. 지배하는 사람들의 폭력을 수용하기 위해서 지배받는 사람들이 지배를 받아들이기 위해 만들어 낸 내면적 정당성보다 더 합법적인 근거가 될 수 있는 것은 없다. 베버에 따르면 이러한 정당화에는 세 가지가 있는데, 즉 전통에 입각한 것, 이성에 입각한 것, 카리스마에 입각한 것이다. 어떤 사람은 복종하는 이유가 이제까지 항상 그렇게들 해왔기 때문이고, 반면 다른 사람은 이치에 맞게 설정된 규율을 따르는 유능한 공복의 명령을 듣겠다는 데에 동의한다. 그런가 하면 또 어떤 이는 한 개인의 유별난 은총에 매료되어 끌려간다. 이 셋 중 카리스마에 입각한 합법성이 가장 중요하다. 보수주의자들이 무엇이라고 생각하든지 상관없이, 전통은 시작할 때는 전통이 아니게 마련이다. 전통에는 보수주의자도 전통주의자도 아닌 창시자가 있다. 그 전통에 불어넣은 모든 근본적 가치는 그의 창작물이다. 극소수의 행복한 사람들이 창조자와 더불어 영감의 절정에서 살 수 있었던 매력적인 순간의 계속되는 반감기가 전통이다. 그 영감을 탐욕, 허영과 같은 사람의 평범하고 보편적인 동기에 순응시키는 것이 전통인데 이것이 카리스마를 일상화한다. 그 원래의 자극 때문에 카리스마가 카리스마다. 그래서 카리스마는 전통에 입각한 합법성과 카리스마에 입각한 합법성 양자 모두의 조건이 되고 있다. 그것은 또한 합법성의 형태로서는 더할 나위 없는 것이다. 이성적인 것에 입각한 것은 카리스마로부터 가르침을 받는 게 아니고, 따라서 공복 - 즉 관료 - 들은 실질적인 결정을 내릴 수가 없고 책임을 질 수도 없다. 우리가 흔히 하는 말로 그들은 정책의 중요한 틀을 결정할 수 없고, 좀더 고전적인 표현을 쓰자면 목표를 설정할 수 없다. 단순한 능력만으로는 이미 설정된 목표를 수행하는 것이 고작이고 설정된 규율에 따라 결정을 내리는 게 고작이다. 올바른 방향, 또는 어떤 방향으로든지 나아가기 위해서는 적어도 카리스마적인 지도력의 보조가 있어야 한다. 그래서 다시 한번 카리스마가 세일 위에 위치하게 된다. 하나의 국민을 구성하고 또 그들이 지키면서 살아야 하는 법전을 작성하는 활동이라 할 수 있는 가치 창조는 니체가 말한 대로 생존의 난관이다.

  베버의 분석과 범주의 공로가 무엇이었든지 간에 그것들은 많은 지식인들에게 성서 같은 존재가 되었다. 베버가 인식했듯이 그것들은 이론적인 활동에 그치는 것이 아니었다. 그것들은 20세기가 처한 위기에 대한 그의 통찰을 표현한 것이다. 이것이 주장된 사실들을 가치로 이야기하는 경우다. 전통에 입각한 사회 조직은 추진력을 다 써버려 소멸되어 가고 있었다. 이성에 근본을 둔 사회 조직은 단순히 부정적인 축의 극인 참을 수 없는 최후의 인간을 관리 형태로 변해가고 있었다. 그렇다면 서방의 정치를 부흥시키기 위해서는 카리스마를 가진 지도력의 형태를 시도해 보는 것이 절대 필요했다. 이 모든 시도는 최후의 인간이 인간으로서는 가장 고약한 인간이라고 한 니체의 말이 옳다는 확신, 좀더 일반적으로 바꿔 말하면 이성에 대한 그의 비판이 정확하였다는 확신을 전제로 하였다.

카리스마적인 정치의 문제점은 그것을 규명하려는 것이 거의 불가능하다는 것이다. 그런 정치의 실례를 과거에서 찾아볼 수는 있을는지 모르겠지만 그것들은 흉내 낼 수 없는 것들이다. 만일 정치가 예술 양식(이는 베버가 만들어 낸 어휘인 '생활 양식(life - style)'에서 따온 착상으로)과 같다면, 그것을 미리 규정할 수 있는 방법은 없다. 거기에는 정해진 원리도 없고 행동 계획도 없다. 우리가 할 수 있는 얘기란 고작해야 "너 자신이 되도록 해!", "독창적이어야 돼!", "좀 느긋해 봐!"라는 등의 말밖에 다른 할 말이 없다. 카리스마는 극단주의와 무절제를 위한 공식이다. 더 나아가 지도자는 추종자가 있어야만 하고 그래서 지도자가 추종자들이 규정하는 그의 역할을 그대로 수행하려는 유혹에 넘어가는 것이 너무도 당연하다. 그리고 끝으로 진정한 카리스마를 판단해 내는 것이 여간 어려운 일이 아니다. 신의 은총으로 내려지는 것이 카리스마이고 그런 카리스마를 가진 지도자의 진위를 설득력 있게 따질 수 있는 시험을 찾아낸다는 것이 무척 어렵다는 것은 잘 알려져 있다. 지도자의 은총이 훨씬 더 정체 모를 자아라는 것에서 발할 때에는, 그 지도자를 시험해본다는 것이 실질적으로 불가능하다고 입증되고 있다. 근대 상황에 대해 베버가 내린 진단은 극단적인 조치를 필요로 하고, 그리고 카리스마적인 지도자가 바로 그 처방이다.

베버가 이렇게 저술하고 있을 때, 수평선 너머에서는 히틀러가 꿈틀거리고 있었다. 총통(Führer)이라 불렸던 그는 확실히 전통에 입각한 지도자도 아니고 이성 및 관료에 입각했다고 할 수도 없는 지도자였다. 그는 베버가 바랐던 카리스마적인 지도자의 조잡한 모방으로 끔찍하고 광기어린 지도자 - 즉 선동가 - 였다. 전부라고는 할 수 없을지 모르지만 대다수의 사람이 만족해하도록 히틀러가 최후의 인간으로 사람 중 가장 나쁜 사람은 아니라는 것을 입증해 주고, 따라서 그를 본보기 삼아 정치적 공상을 그런 방향으로 시험해 보는 일에서는 완전히 돌아서야 하는 것이 마땅한 데도 아직 그렇지가 못하다. 베버는 상당한 정치적 감각을 지닌 훌륭한 인물로서 히틀러에 대해서는 오로지 혐오와 경멸감만을 가지게 되었을 것이다. 그가 원했던 것은 독일 정치가 가진 병폐를 적절하게 고쳐 보자는 것으로서 - 드골이 프랑스 정치에 행한 것과 같은 것이었다. 그러나 니체에 의해 활짝 열리게 된 광활한 세계로 모험을 떠나면서 한계를 정한다는 것은 무척 어려운 일이다. 거기에서는 한도나 절제가 어울리지 않는다. 베버는 니체로부터 영향을 받았다. 그리고 극단론은 자신을 선과 악을 초월하는 존재로 생각하는 데에서 나온다고 하는 니체의 주장을 자신은 믿지 않으면서도 그를 대중화하는 데에 일익을 담당했던 많은 사람 중 하나일 뿐이었다. 개방식과 같은 미래는 많은 놀라움으로 차 있고, 니체의 모든 추종자들이 대안에 대한 확신 없이 무작정 이성과 함께 선악을 내던져 버림으로써 개방의 길이 터졌다. 미국인의 약속된 땅에 선택된 사도가 베버였기 때문에 우리는 그에게 각별한 관심을 갖는다. 놀라운 것은 그가 우리에게 물려 준 대단히 함축된 언어가 대중화했다는 것은 물론이고 소위 진지하다는 사람들이 정치적 현상에 대한 그의 발언을 끈덕지게 고수한다는 점이다. 여기서나 유럽에서나 히틀러가 정치를 다시 생각해 보도록 만드는 계기가 되지 못했다. 오히려 그 반대였다. 즉 유럽에서 그에 앞서 있었던 사고가 여기를 정복한 것은 우리가 그에게 대항해 싸우는 동안이었다. 적어도 그에게는 얼마간의 자극을 주었으나 우리가 그를 이해하는 데 필요한 예비지식을 마련해 주는 데에는 아무런 역할도 하지 못한 그 사고가 여전히 지배적이다.

  30년대에 일부 독일 사회 민주당원들은 자신들이 전에 사용했던 베버의 분석 용어가 스탈린은 물론 히틀러에게는 적용될 수 없다는 사실을 인식하고 이 둘을 묘사하는 '전체주의자(totalitarian)'란 말을 사용하기 시작했다. 협의로 착상된 베버의 정치학을 수정하는데 이것으로 충분할지 의심스럽다. 그러나 카리스마적이라는 말이 필연적으로 좋은 것을 의미하는 말 - 긍정적인 가치 판단 - 이 아니라면, '카리스마적'이라는 말이 실제로 히틀러에게 꼭 들어맞는 말이다. 나는 이런 식으로 베버를 단념하는 사람은 베버가 얼마나 틀렸던가 하는 사실을 직면할 수가 없어서, 또는 그들이 포용하고 퍼뜨렸던 사고가 파시즘을 조장하는 데 도움이 되었을 가능성이 있다는 사실을 직시할 수 없어서 그를 단념한다고 생각해 본다. 한나 아렌트(Hannah Arendt)는 필시 자신도 모르는 사이에 그녀의 저서 《예루살렘의 아이히만 *Eichmann in Jerusalem*》을 통해 나의 이러한 제안에 증인이 되었고, 그 저서가 아이히만을 묘사하는 대목에서 지금은 유명해진 '평범해진 악(the banality of evil)'이라는 구절을 사용했다. 이런 얄팍한 위장 아래에서 '카리스마가 일상화되는 것(routinization of charisma)'을 식별해내기는 어렵지 않다. 그렇다면 히틀러에게는 카리스마가 있었음에 틀림이 없다. 히틀러 이후에 모든 사람이 도덕이라는 보호막을 서둘러 내세웠지만 사실상 그 누구도 선과 악을 심각하게 사고하는 데 눈을 돌린 사람은 없었다. 그랬더라면 우리의 대통령이 그 점에 있어서는 교황도 마찬가지지만 가치에 대해 이야기하지는 않았을 것이다.

내가 지적하려고 애쓴대로 모든 정치, 사회, 개인적인 것의 근원은 종교적인 것이라는 점을 이 전체 언어가 암시하고, 또 여전히 그와 같은 것을 전달해 주고 있다. 그러나 그것은 종교가 재정립되도록 하지 못했고 - 그것이 우리를 곤경에 빠뜨린다. 범주라는 것 때문에 우리는 아무런 대책도 확보하지 않은 채 우리 생활 방식의 기초가 되는 합리주의를 거부한다. 서서히 종교적 정수가 대기 전체로 번져 나간 얇고 부패한 기체로 되자 점차 신성한 것(the sacred)이라는 기발하게 놀라운 이름으로 종교를 이야기하는 것이 점잖은 것처럼 되었다. 독일의 미국 침범 초기에는 종교의 비순결성 때문에 대학에서는 학문적으로 일종의 경멸을 보였다. 그것은 우리 과거의 일부로서 우리가 성공적으로 극복하였고, 따라서 우리가 그것을 학문적으로 연구할 수는 있지만 그것을 믿는 사람은 어딘가 미개하거나 아니면 병든 사람이었다. 대중들의 신화에 따르면 갈릴레오, 코페르니쿠스, 뉴턴 및 그 밖의 몇몇 사람들이 중세 암흑시대의 미신을 타파하고 자연과학을 설립했던 것과 마찬가지로 새로운 사회과학이 도덕적으로 종교적으로 오염된 가르침을 대체하기로 되어 있었다. 계몽운동 정신 또는 마르크스주의 정신이 이 땅에 여전히 가득했고, 종교 대(對) 과학의 문제는 편견 대 진실의 문제와 맞먹는 것이다. 간단히 말해서 사회과학자들은 그들의 새로운 도구가 정통파 이분법을 용납하지 않는 사상에 기초한다는 것을 알지 못했다. 그들은 유럽의 철학자들이 정치적 상황에서 종교적인 역할과 흡사한 역할을 할 수 있는 무언가를 찾으려 했음은 물론이고, 새로운 이성 그 자체 또는 자아가 적어도 데카르트와 로크의 견해뿐만 아니라 파스칼의 견해와도 공통점이 있다는 것을 알지 못했다. 독일의 사상가들이 가치를 가르치기(교의) 시작하는 것과 함께 신성한 것 - 즉 자아의 핵심 현상으로서 종교적 본능을 잃어버린 통행자들의 발에 짓밟히고 과학적인 의식으로서는 도저히 알아볼 수 없는 - 을 매우 심각하게 받아들였다. 그것은 그들이 '가치'의 참의미를 제대로 이해하고 있었기 때문이다. 신성한 것이 위험하지 않다는 생각이 들도록 만들고 여기에서 그 자체가 되기 위해 모든 신념의 온건화가 행해졌고 모든 구분이 뭉개지는 것을 감수했다.

  물론 우리가 사용하는 의미로는 신성한 것이 신과는 아무런 상관이 없고 이는 가치의 십계명과 무관하고, 소신이 신앙과는 무관하며, 카리스마가 모세와는 아무 상관이 없고, 생활 양식이 예루살렘이나 아테네와는 무관한 것 등과 마찬가지다. 음식이나 성처럼 신성한 것도 욕구의 하나라는 것이 밝혀졌고, 질서 정연한 사회에서는 이것도 다른 욕구와 마찬가지로 만족되어야만 한다. 앞서 우리가 자유로운 사고에 열을 올리다 보니 신성한 것을 소홀히 여기는 경향이 있었다. 다소의 의식(儀式)은 좋은 것이고, 따라서 일부 전통과 나란히 신성한 공간[5]즉, 자리도 마련되어야만 한다. 이는 앞세대에서 문화를 유용한 보충으로 생각했던 것과 같다. 이 모든 어휘가 지닌 진정한 의미와 그것이 우리에게 주는 의미 간에 생기는 불균형은 실로 불쾌하다. 우리는 우리가 모든 것을 가진 것으로 믿도록 조작되고 있다. 신성한 것에 대한 이 새로운 존경심보다는 우리의 옛 무신론이 종교를 더 훌륭하게 파악했다. 무신론자는 종교를 심각하게 받아들였고 그것이 하나의 실질적 힘이라는 것과 무언가 대가를 치러야 하고 어려운 선택을 필요로 한다는 것을 인식했다. 신성한 것에 대해서 아주 용이하게 이야기하는 사회학자들은 정글의 아슬아슬함을 맛보기 위해 이가 다 빠지고 늙은 곡마단 사자를 집에 두고 있는 사람과 마찬가지다.

---

5) 공간-전에는 아파트, 일터, 사무실 등을 의미하던-이란 어휘가 이제는 유행을 타는 어휘가 되었다.

좌파의 니체주의화 또는 그 역(逆)

온 세상이 두 쪽으로 나뉘어 한쪽은 지적 계보가 로크에게로 거슬러 올라가고 다른 한쪽은 마르크스에게로 거슬러 올라가는데도 불구하고 지금까지 나는 마르크스에 대한 언급은 거의 하지 않았고 그의 어휘도 거의 들먹이질 않았다. 그리고 전자인 로크보다는 후자인 마르크스가 훨씬 더 서슴없이 자신의 지적 선조를 인정한다. 그러나 우리가 미국 젊은이들의 영혼을 이야기할 때에는 마르크스를 비교적 소홀히 하는 것이 어쩔 수 없는 일인데, 왜냐하면 그들은 마르크스에게 귀를 기울이지 않기 때문이고 그들에게 영향을 미치고자 하는 소위 마르크스주의를 신봉하는 교육자 자체가 마르크스주의의 언어를 사용하지 않기 때문이다. 거칠게 표현하자면 마르크스는 지루해졌다. 이는 미국 젊은이에게만 그런 것이 아니다. 일부 벽지에서 독습한 불굴의 독학자는 '세상의 노동자……(Workers of the world……)'라는 식의 수사(修辭)에 여전히 전율을 느낄 수 있을 것이다. 그런 반면에 제 3세계의 일당체제 정부 대통령들이 마르크스의 권위를 들먹임으로써 자신들의 노기를 결집시킨다. 그러나 사람들이 항상 시대에 발맞추어 살고 이념이 만들어지는 곳에서는 마르크스가 사장된 지 벌써 오래다. 《공산당 선언문 *Manifest der Kommunistischen Partei*》은 천진하게만 보인다. 《자본론 *Das Kapital*》에 담긴 경제와 불가피한 인간의 미래가 그것을 읽는 독자들에게 진실이라는 설득력을 주지 못하고, 따라서 그것을 소화하는 데 소요되는 고역을 치를 가치가 있다고 느끼지 않는다. 몇몇 명성 있는 글들은 여전히 매력을 발하지만 세계관의 기초가 될 만한 정도의 재료는 아니다. 그의 이름과 함께 시조가 된 그들의 영웅이 지적으로 사장되었는데도 좌파는 자신들을 계속 마르크스주의자로 불렀는데, 왜냐하면 부자에 항거하는 영원한 투쟁에서 그가 가난한 자를 대표하기 때문이고 자유 민주주의 사회가 제공하는 평등보다 더 많은 평등을 요구하는 그들의 요구를 그가 대표하기 때문이다. 그러나 좌파는 그것 이외의 다른 자양분은 다른 곳에서 섭취한다. 사르트르, 카뮈, 카프카, 도스토예프스키, 니체, 하이데거 등으로 무장된 영혼 속에서 마르크스의 모습은 전혀 찾아볼 수가 없다. 마르크스가 실패로 끝난 곳에서 루소는 여전히 압도할 수 있다.

마르크스의 영향력이 어느 정도인가 하는 것을 보여주는 일례로 이념(ideology)이라는 말을 생각해 보면 된다. 마르크스의 어휘 중 베버의 어휘가 누리는 대중적 인기에 버금갈 수 있는 몇 안 되는 어휘 중 하나가 이 이념이라는 어휘다. [변증법(dialectic)이라는 어휘가 미국에서는 어떤 의미로 사용되는가 하는 문제는 뒤에서 논하겠다.]

마르크스에게 있어 이념이란 지배계급이 자신들의 이기적인 실제 동기는 감추는 한편 피지배자들의 눈에 그 동기가 정당한 것으로 비치게 하기 위해 교묘하게 만들어 낸 그릇된 사상 체계를 의미했다. 마르크스는 이념과 과학을 분명히 구분지었다. 마르크스의 체계는 곧 과학이다. 다시 말해서 역사적 필연에 대한 공평한 인식에 기초한 진실이다. 공산주의 사회에는 이념이 없다. 니체가 공식화한 말을 빌자면 '순수 지성'이 모든 철학에서 다 그러하듯이 마르크스의 사상에도 여전히 존재한다. 즉 사물이 돌아가는 형편을 알아낼 수 있는 가능성, 그리고 도저히 그 어떤 다른 것으로는 환원할 수 없는 지적 능력이 그것이다. 이념은 경멸의 어휘이고 그것이 무엇인지 제대로 보기 위해서는 그것을 꿰뚫어 보아야만 한다. 그것의 의미를 그 자체 내에서는 찾을 수 없고 그것을 구성하는 현실로 되돌아가 설명할 필요가 있다. 그런데 그것은 현실 자체를 왜곡시키고 있다. 이념이 없는 사람, 즉 과학을 소유하고 있는 사람은 경제 조직을 살펴볼 때 현명한 자가 지배해야 한다고 가르친 플라톤의 정치 철학은 오로지 노예 경제 체제에서 귀족들의 위치를 합리화하기 위한 것이었고, 자연 상태에서의 인간의 자유와 거기에서 초래된 서로의 투쟁을 가르친 홉스의 정치 철학은 단지 떠오르는 부르주아 계층에 적합한 정치제도를 감싸기 위한 구실에 불과하다는 것을 알 수 있다. 이런 관점이 지적 역사의 기초를 마련해 주고 이야기 이면에 도사린 이야기를 들려준다. 용기가 무엇인지 - 우리에게는 중요한 주제인 - 에 대한 지식을 위해서는 플라톤과 홉스를 살펴보는 대신에 용기에 대한 그들의 정의가 어떻게 생산 수단을 장악했던 사람들에게 적합하였던가를 알아보아야만 한다.

그러나 플라톤과 홉스에게 적용되는 것이 마르크스에게는 적용될 수 없다. 그렇게 되면 이들 사색가들이 경제적으로 결정되었다는 주장 자체가 속임수이고 단순히 새로운 착취자들을 위한 이념으로 마르크스가 그들에게 편의를 제공할 뿐이다. 이 해석은 자멸과 같다. 불가피하게 무의식적으로 역사 진행의 흐름 속에 있는 이들 사색가에게서 무엇을 찾아보아야 하는지 그는 알지 못하였을 터인데, 그 이유는 그도 그들과 똑같은 조건하에 있기 때문이다. 마르크스의 과학에는 분명히 역사적 선결 조건이 있지만 그것들이 그의 통찰이 갖는 진실을 손상시키지는 않는다. 그러므로 그것은 그 어느 역사도 더 이상 변경시킬 수 없는 일종의 역사적 절대시기다. 이러한 진실이 혁명을 정당화하고 이는 도덕적으로 미국 독립 전쟁을 정당화했던 타고난 권리와 맞먹는다. 그것이 없다면 모든 살상은 부당하고 경솔하다.

하지만 1905년에 이르러 레닌은 마르크스주의를 이념으로 말하게 되었고, 이런 사실은 그것 또한 진실이라 주장할 수 없게 되었다는 것을 의미한다. 반세기도 채 못 되는 사이에 마르크스의 절대는 상대화되어 버렸다. 절대시기가 있을 수 없다는 것 - 그의 급진적인 역사주의에서 니체는 이 점을 주장했다 - 과 역사 밖에 위치한 관점이 있을 수 없다는 것이 일반적으로 인정되었고, 따라서 마르크스를 화석으로 만들어 버렸다. 이것이 내면적 부패의 시작이었고 결국은 생각하는 사람이면 누구나 마르크스주의는 믿을 수 없게 되고 말았다. 마르크스주의 자체가 이념이 되었다. 마르크스주의 사상의 역사화, 즉 그의 방법으로 그를 반격하는 것은 이제 만유의 유동 속에서 결연한 입장을 취하는 것처럼 보였고, 창조적인 사람의 징표처럼 그리고 사물의 무의미에 대한 도전처럼 보였다. 다시 말해서 니체의 마력에 홀린 사람에게 그것은 이런 식으로 보였다. 이 새로운 견해의 조잡한 형태를 우리는 사르트르라는 사람에게서 발견하게 되는데 그는 허무, 심연, 구토, 근거 없는 소신 등, 이 모든 멋진 것들을 경험하였고 그런 경험의 결과는 거의 예외 없이 당의 노선을 지지하였다.

  오늘날 일상 언어에서 이념은 우선 일반적으로 좋고 필요한 것으로 파악되고 있다. 그것이 부르주아 계층의 이념만 아니라면, 그 어휘는 정치 및 도덕 문제에서 진(眞)과 위(僞)를 구분하는 것을 단념함으로써 발전이 가능하게 되었고, 이를 부추긴 사람은 니체였다. 인간과 사회가 살아가면서 지켜야 하는 것은 신화이지 과학이 필요한 것이 아니다. 간단히 말해 이념이 가치와 동일한 것이 되었고 그래서 우리가 지키며 살아야 하는 소중한 어휘 명부에 이것이 오르게 된 이유다. 폭력을 기초로 한 다른 사람의 지배를 사람들이 수용하도록 만드는 베버의 세 가지 합법적 형태 - 전통과 이성과 카리스마 - 를 검토해 보면, 그것들을 가치라고 부르는 것은 물론이고 이념이라 불러도 무방함을 당장 알 수 있다. 물론 베버는 인간의 모든 사회나 공동체가 그와 같은 난폭한 지배를 필요로 한다는 것을 의미했던 - 즉, 인간의 창조적인 정신 이외에는 질서를 잡는 힘이 따로 없는 세상의 혼란 속에서 질서가 생겨날 수 있는 유일한 방법이 난폭한 지배라는 것을 의미했던 - 반면에 마르크스주의자들은 여전히 막연하게 지배는 없이 가치만 있는 세상을 원한다. 그들의 마르크스주의에 남아 있는 것은 이것이 전부다. 그들은 니체 철학 연구자들과 거의 끝까지 한 노선을 걷는(bout de chemin) 동료 여행자이고 동료 여행자가 될 수 있다. 그들의 사상 속에서 그들은 이념을 더 이상 옛 동반자인 과학과 관련하여 생각지 않고 이념만이 홀로 외로이 장엄하게 우뚝 서 있다는 사실을 통해 우리는 그들이 궁지에 있다는 것을 알아채게 된다.

  더 나아가 이념이 더 이상 분명하게 경제와 연결되어 있는 것도 아니고 단순히 경제에 의해 결정되는 것도 아니다. 이념은 창조의 영역에 있는 필연의 지배에서 벗어나게 되었다. 니체 이래, 역사적으로 독특한 사건이나 사상을 설명하는 데 이성적인 인과율만으로는 설명이 충분치 못한 것으로 보인다. 이제는 자본주의 이념을 《자본론》에서 묘사된 대로 받아들이기보다는 직감적으로 개신교 윤리에 더 유사한 것으로 받아들인다. 오늘날 우리가 마르크스주의자와 이야기를 하면서 그들에게 객관적인 경제 상황에 비추어 철학자와 예술가를 설명해 달라고 청하면, 그들은 경멸조의 미소를 띠며 "그것은 통속적인 마르크스주의입니다"라고 대답하고, 그 대답에는 "도대체 지난 75년 동안 당신은 어디 계셨습니까?"라고 묻고 싶다는 투가 담겨 있다. 아무도 통속적이라고 여겨지는 것을 좋아하지 않기 때문에 사람들은 무안해서 침묵을 지키는 경향이 있다. 물론 통속적 마르크스주의가 바로 마르크스주의다. 비통속적 마르크스주의는 니체, 베버, 프로이트, 하이데거 등일 뿐만 아니라 그 밖의 다른 여러 사람들의 사상을 흡수한 후일의 좌파 인물들 - 루카치(Lukacs), 코제브(Kojéve), 벤야민(Benjamin), 메를로 퐁티(Merleau Ponty), 사르트르 같은 사람들 - 로서야 그들도 계급 투쟁의 대열에 오르기를 원했다. 그러기 위해서 그들은 성가신 경제 결정론을 버려야만 했다. 마르크스주의자가 '신성한 것(the sacred)'을 입에 담기 시작하면 바야흐로 게임은 시작되는 것이다.

금세기가 갓 시작되면서 마르크스주의자와 니체가 상봉한 결과가 마르크스주의자 내에서 나타나기 시작했다. 그 하나의 예가 혁명의 중요성이다. 혁명과 혁명에 수반되는 폭력이 우리가 목격한 대로 근대 정치 철학에서는 정당화되고 근대 정치사에서 가장 주목을 끌 수 있는 장면을 제공해준다. 혁명이 현격하게 나쁜 것들이라 할 수 있는 반발, 모반, 내전 등을 대신했음이 분명한데도 불구하고 혁명은 - 공식적으로, 그리고 일반적인 영국인, 미국인, 프랑스인, 러시아인의 마음(popular imagination) 속에서 - 가장 훌륭하고 가장 위대한 사건으로 여겨진다. 열강 가운데서 유일하게 혁명이 없었던 나라가 독일이었고, 마치 프랑스 철학이 프랑스 혁명으로 귀결된 것과 마찬가지로 부분적으로는 마르크스주의가 독일에 보다 크고 보다 나은 혁명, 즉 독일 철학의 자연스러운 달성을 위해 고안된 것이다. 물론 혁명에는 피를 흘리는 것이 포함되게 마련이고 이것이 바로 인간이 생명보다 자유를 더 소중히 여긴다는 증거다. 그러나 많은 양의 피를 흘릴 필요는 없었으며, 따라서 폭력은 그것 자체로서는 좋은 것이 못 되는 것으로 생각했다. 옛 체제가 비틀거리는 위기에 놓였고, 그래서 한번은 충격을 가할 필요가 있었다. 그것 뒤에는 자연과 이성과 역사에 의해 완전하게 정당화된 새로운 질서를 위해 진전된 상황이 대기하고 있었다.

하지만 최근에 와서 이것이 변했다. 폭력 그 자체가 매력 있는 것, 즉 칼에서 얻는 기쁨으로 변질되었다. 그것이 결정 또는 소신(commitment)이 되었다. 새로운 질서를 기다리는 것이 아니라 인간의 의지로 강요해야만 하는 것이고, 오로지 의지로만 지원된다. 우파와 좌파 양자 모두에게 의지(will)는 주요 용어가 되었다. 과거에는 사람들의 의지가 필요하다고 생각한 것은 확실하나 어디까지나 이차적인 것으로 여겼고, 대의(大義)를 첫째가는 것으로 꼽았다. "유익한 전쟁은 거의 모든 주장을 신성한 것으로 만든다"라고 한 니체의 말은 새로운 방식을 가장 선동적으로 형식화한 말이다. 대의에는 신분이 없고 그것들은 가치다. 가설을 설정하는 것이 근본이다. 폭력이 수단에서 적어도 일종의 목적으로 전환한 것이 마르크스주의와 파시즘의 차이점이자 연결성을 찾아보는 데 도움을 준다. 《폭력론 *Reflections on Violence*》의 저자 조지 소렐(George Sorel)은 무솔리니에게 영향을 끼친 좌파 인물이었다. 중요한 사상은 베르그송을 통해 니체에게로 거슬러 올라가는데, 그 사상의 골자는 만일 창조가 대혼란 - 여기에서 투쟁과 극복이 나왔다 - 을 전제로 하고 인간은 이제 투쟁이 없는 질서와 평화를 창조하려 한다면, 즉 세상을 합리적인 곳으로 만드는 데 성공한다면, 창조의 조건, 다시 말해서 인간성이 파괴될 것이라는 것이다. 그러기 때문에 평화와 사회주의의 질서에 대항하여 대혼란이 있도록 해야 한다. 역사적으로 투쟁으로써 극복해야 할 상반되는 상황이 존재할 때 인간의 위대성과 전진이 이루어졌다는 것을 마르크스 자신도 인정했다. 만일 마르크스가 약속한 대로 혁명 후에는 더 이상의 모순이 없다면, 그때에도 인간이 있을 수 있을까? 좀더 오래된 혁명가들은 평화, 번영, 조화 및 이성 즉 최후의 인간을 바랐다. 새로운 유형의 새 혁명가는 대혼란을 바란다. 니체가 처방한 전부를 완전하게 소화한 사람은 거의 없었지만 그의 주장은 전염병처럼 퍼져 갔다. 그것이 이탈리아와 독일의 지성인들에게는 분명히 인상적이었고, 그래서 그들 가운데서 파시스트와 나치 '운동(movement)'이 지지세력을 만나게 되었다. 정의나 미래에 대한 분명한 식견이 아니라 자기주장(self - assertion)이 중요한 요소였다.

따라서 결정론, 의지, 소신, 배려(이제 어리석은 이 표현이 바로 여기에서 위력을 갖게 되었고, 관심 등 기타 여러 가지가 새로운 미덕이 되었다. 새로운 혁명론자의 매력이 미국에서는 1960년대에 현격하게 나타났고 오래된 마르크스주의자들은 여기에 혐오를 느끼게 되었다. 현재 테러 분자들에 대해 동정을 느끼는 것은 이런 흐름 때문인데, 즉 '그들에게는 배려가 많기' 때문이다. 민주 진보주의자이고 평화와 온화함을 사랑하는 젊은이들, 또는 나이든 이들이 아주 조그맣고 그저 번드르르하기만 한 구실에도 가장 끔찍한 폭력을 사용하겠다고 위협하거나 실제로 사용하는 사람들을 존경하여 넋을 놓고 아연해 하는 것을 나는 보았다. 그들은 진정 소신 있는 사람을 실제로 대면하게 되었다는 의구심을 은연중 갖게 되고, 그들에게는 그러한 소신이 결여되어 있다는 생각이 들게 되었다. 그리고 진실이 아니라 소신이 중요한 것으로들 믿고 있다. 트로츠키와 모택동이 마르크스를 수정하여 '영구한 혁명(permanent revolution)'을 요구한 것은 혁명 행위를 향한 이러한 갈증을 고려한 것이고 또 그것의 매력은 바로 거기에 있다. 1960년대의 급진적인 학생들은 자신들을 '운동권(the movement)'이라 지칭했는데, 이것이 바로 1930년대에 젊은 나치가 쓰던 용어이자 나치 신문의 이름, 즉 《운동 *Die Bewegung*》이었다는 사실은 그들이 알지 못했다. 운동(movement)이 전진을 대신하게 되고, 거기에는 뚜렷한 방향, 즉 좋은 방향이 있으며 인간을 조정하는 하나의 힘이다. 옛 혁명의 형적(形跡)을 나타내는 것은 진보였다. 운동에는 이러한 철없고 도덕적인 허튼소리가 전혀 없다. 정착이 아니라 오히려 움직임이 우리에게 주어진 조건이지만, 그것은 내용이나 목표도 없고 인간의 의지에 의해 강요되는 것도 아닌 움직임이다. 우리 이전의 사람들이 생각하고 있었던 혁명과 앙드레 지드가 이유 없는 행위라고 불렀던 행위의 혼합물이 우리 시대의 혁명으로서 지드는 그 행위를 그의 소설 속에 나오는 자극이 될 만한 아무런 원인도 동기도 없이 기차 속에서 낯선 사람을 살해하는 살인자를 통해 묘사하고 있다.

　마르크스주의의 돌연변이 종자들은 계속 마르크스를 비합리화하고 니체를 좌파로 바꾸어 놓으려고 노력하였다. 니체가 자신의 가르침이 적절한 효과를 거둘 수 있는 유일한 곳은 우파라고 믿고 우파에 희망을 걸었지만 우파는 이제 완전히 사라져 버렸고, 그 자신마저도 우파의 몰골 흉한 임종의 순간에 더럽혀져 버린 반면, 오늘날 하이데거 연구가는 물론 니체 철학을 연구하는 거의 대부분이 좌파 사람들이라는 사실은 정치적으로 니체가 어마어마하게 실패했음을 입증해 준다. 이 세기의 가장 두드러진 마르크스주의 지성이라 할 수 있는 게오르크 루카치를 통해 상황이 이렇게 발전하게 되었다. 젊은 시절 그는 독일에서 막스 베버는 물론 슈테판 게오르게가 이끄는 모임에 자주 드나들었고 역사와 문학에 대해 거기에서 토론되는 것들이 얼마나 막중한 것들인지를 알고 있었다. 이것이 그의 후기 연구에 영향을 끼쳤고, 옛 마르크스주의자들은 단순히 마르크스로 헤겔을 대신했지만[6] 그는 이런 경험 때문에 마르크스보다 위로 거슬러 올라가 훨씬 더 풍부한 헤겔 연구를 하게 되었다.

완숙된 마르크스는 예술, 음악, 문학, 또는 교육에 대해 할 말이 거의 없었고, 또 억압의 멍에가 벗겨졌을 때 사람들의 생활이 어떠하리라는 것에 대해서도 할 말이 거의 없었다. 일부 사람들은 그의 후일 작품에서는 찾아볼 수 없는 영감을 초기의 저술인 '인간성' 중심 연구에서 구해 보려 하지만 그것 또한 얄팍하고 파생적인 것이라는 사실만을 발견하게 된다. 니체주의자들이 이 모든 것을 훌륭히 잘 말해 주었는데 그 말을 그대로 받아 사용하는 것이 적절하지 못할 이유가 어디 있겠는가. 그들은 '최후의 인간'을 따다가 마르크스의 부르주아와 동일한 것으로 간주했고 '초인(the superman)'을 혁명 후의 득의만면한 프롤레타리아와 동일시했다. 만일 우리가 이래저래 자본주의를 원인으로 하여 '최후의 인간'이 생겨난다는 주장과 자본주의를 제거하면 새로운 활력이 분출된다는 주장을 그대로 믿는다면 니체에 의해 더할 나위 없이 묘사된 인간의 왜소화와 인간 정신생활의 빈곤화는 마르크스의 위치를 강화시켜 준다. 니체가 훌륭하게 묘사한 평등주의의 악을 치료할 수 있는 것은 급진적 평등주의다.

---

[6] 지금은 대중화된 헤겔, 마르크스와 그리고 니체 및 하이데거의 혼합을 철학적으로 진지하게 표현하고 있는 작가가 누구인지 관심이 있는 사람은 20세기 마르크스주의자 중 가장 지적이라 할 수 있는 알렉산더 코제브의 작품에 눈을 돌려야 한다. 그는 마르크스를 진정한 철학자인 헤겔의 사상을 몇 군데 변경하여 전하는 것이 고작이었던 하나의 지성인으로 다룰 수밖에 없었다. 더 나아가 그는 '최후의 인간'의 문제에 정면으로 맞섰고, 마르크스주의자 즉 합리주의자는 '최후의 인간'과 함께 살 수밖에 없다고 결론짓는다. 최후의 인간은 합리적인 역사에서 나온 결과라는 니체의 말에 코제브는 동의한다. 오로지 이래저래 야성적이고 비이성적인 소극성을 조장하는 신비주의자들만이 이러한 결론에서 벗어날 수 있으리라고 그는 생각하였다. 메를로퐁티와 사르트르는 그에게서 상당히 많은 영향을 받았고 그가 암시하는 것을 수용하였다.

다른 실례 하나를 들어 보자. 프로이트는 마르크스의 그 어디에서도 찾아볼 수 없는 흥미로운 것에 대해 이야기하고 있다. 무의식의 심리라는 것이 마르크스에게는 아주 생소하고 그것의 내적 원동력이라 할 수 있는 에로스도 그에게 생소하기는 마찬가지다. 이것들은 그 어느 것도 마르크스와 직접 합쳐질 수 있는 것이 못 된다. 그러나 만일 신경증 원인에 대한 프로이트의 해석과 적응을 못한 사람을 위한 그의 치료를 자본주의가 생산 수단을 장악하기 위해 노예화하려는 그 목적 때문에 생겨난 부르주아의 잘못으로 해석한다면, 그때는 마르크스를 프로이트 속으로 끌어들일 수 있다. 프로이트가 말한 인간 본성과 사회 사이의 영원한 모순이 변증법적으로 움직이게 될 수 있고, 따라서 사회주의 사회에서는 신경증 유발의 원인이 되는 억압이 필요 없게 된다. 그리하여 프로이트가 교묘하게 마르크스의 대열에 끼게 되었고, 경제의 매력에 에로스의 매력도 첨부하고, 혁명 후에 사람들이 무엇을 할 것인가 하는 문제도 해결해 주었는데, 그것이 마르크스로서는 끝내 풀지 못한 채 남겨 두었던 문제였다. 이것이 마르크스의 기본 원리와 프로이트의 기본 원리 간에 모순에서 빚어지는 어려움은 아예 언급도 않고 지나치는 마르쿠제 및 다른 많은 사람들에게서 우리가 발견하는 것이다. 두 가지의 강력한 가설이 한뭉치가 되어 우리에게 제공된다. 이 즉석 혼합 요리의 주요 재료는 프로이트의 것이다. 자본주의는 정말 잘못되어 있고 보다 많은 평등과 자유에 의해서만 문제가 해결될 수 있으며, 해방된 인민들은 모든 미덕을 소유하게 되리라는 확신을 보편화시킨 것이 마르크스가 제공한 것이다.

부르주아를 '최후의 인간'으로 보는 해석은 '부르주아'라는 어휘의 의미가 어느 면으로는 애매하기 때문에 부르주아를 '최후의 인간'으로 보는 해석이 강화된다. 일반 대중의 의식, 특히 미국인의 의식에서 부르주아라는 말은 마르크스와 직결된다. 그러나 예술가의 적으로서의 부르주아도 있다. 자본가와 속물인 부르주아는 같은 것으로 생각하지만 마르크스는 충분한 근거도 없이 예술가가 묘사한 부르주아의 도덕 및 예술적 결함과 예술가들 자체를 경제가 설명할 수 있다는 가정에서 효과가 있을까 하는 의문이 사람들이 예술가를 중심 주제로 삼았던 니체에게 매료된 첫 번째 동기다. 내가 여러 차례에 걸쳐 여러 가지 방법으로 거듭 얘기했듯이 지난 200년 동안에 배출된 유럽의 위대한 소설가와 시인의 대부분은 우파의 인물들이었고, 그런 의미에서 본다면 니체는 그들을 보충해준 한낱 보완에 불과하다. 그들에게 있어서 이래저래 문젯거리는 결국 평등이었고 평등에 천재들이 들어설 자리는 없다. 따라서 그들은 마르크스와는 정반대다. 그러나 이상하게도 부르주아 계급을 싫어한다고 말하는 사람은 좌파의 동지로 여겨진다. 그리하여 좌파가 니체를 포용하겠다는 생각을 하고 또 실제로 포용하면서 니체와 더불어 19세기와 20세기 문학 전통의 모든 권위도 함께 획득하게 되었다. 괴테와 플로베르, 예이츠는 부르주아 계급을 싫어했으며 - 결국 마르크스가 옳았고, 단지 이 작가들이 인식하지 못했던 것은 부르주아 계급이 프롤레타리아에 의해 극복될 수 있다는 점이었다. 그리고 올바른 각도에서 니체를 받아들일 경우 혁명 지지자라고 말할 수도 있다. 완전히 좌파에 의해 편집된 초기 《당 소식 *Partisan Review*》지를 읽어 보면 분명히 조이스나 프루스트가 사회주의 미래를 대변해 주는 사람이라는 생각에서 이 두 사람이 이 나라에 소개되었고 그들에게 무조건 열광했다는 것을 우리는 알 수 있지만 사실 이 두 예술가는 예술의 미래가 반대 방향에 놓여 있다고 생각했다.

독일의 후기 마르크스주의자들은 문화에 대한 생각으로 괴로움을 받았고, 부르주아 계급의 야비성에 혐오감을 느꼈으며, 사회주의 세상이 될 미래에도 아무런 간섭 없이 마음먹은 대로 문화 활동을 할 수 있을는지 의문이 많았을 것이다. 그들은 과거의 위대함을 그대로 간직하길 원했고, 이 점을 그들은 그들의 선배들보다 훨씬 더 강하게 의식하고 있었다. 그들의 마르크스주의는 부르주아를 증오하는 전통적 테두리 내로 되돌아온 격이고, 거기에 프롤레타리아가 문화적 재생, 또는 문화적 원기도 회복하리라는 막연한 희망이 추가되었다. 이러한 것을 우리는 아도르노(Adorno)를 통해 쉽게 알 수 있다. 그러나 사르트르와 메를로 퐁티에게 있어서도 부르주아가 주요 관심사였다는 것을 우리는 쉽게 알 수 있다. 노동 계급의 마르크스주의자들은 여전히 잉여가치 등과 같은 정통 마르크스주의의 관심사를 생각했다. 지성인들은 문화에 대한 강박 관념에 싸여 있었고, 따라서 레셰크 콜라코브스키(Leszek Kolakowski)가 아주 적절하게 지적했듯이 프롤레타리아 없이 지성인 자신들만 남게 되었다는 것을 알게 되었다. 그들 대부분이 60년대의 학생들을 그렇게도 반겼던 이유 중 하나가 바로 이러한 사정 때문이다. 그러나 그들이 하이데거에 그랬던 것과 같은 경우다. 그에게 그들은 무언가를 상기시켜 주었다.

덧붙이건대 번영이 증가할수록 가난한 자도 부르주아화하기(embourgeoisé) 시작한다는 것을 지적해 두는 것이 바람직하다. 계급 의식과 투쟁이 늘어나는 것이 아니라 줄어들었다. 적어도 선진국에서는 모든 사람이 부르주아가 되는 시대를 우리는 예견해 볼 수 있다. 그래서 마르크스주의의 버팀목이 또 하나 떨어져 나가게 되었다. 사실상 쟁점은 부와 가난이 아니라 통속성이다. 마르크스주의자들의 개념이 인류 평등주의 인간 자체는 부르주아라는 생각과 자신들이 이들과 합류하지 않으면 문화적 속물이 된다는 생각에 위험하리만큼 근접해 있다. 부르주아 노동자는 우리 경제 체제의 병폐이고 잘못된 의식(false consciousness)의 산물이라는 전혀 사실무근의 독단 때문에, 그들이 토크빌처럼 이게 바로 민주주의의 본질이고 따라서 우리가 이것을 받아들이든지 아니면 반항해야 한다는 얘기를 못 하고 있다. 그와 같은 반항이 결코 마르크스의 혁명은 아니다. 이 진보된 마르크스주의자들은 평등 사회를 위해서는 너무 세련되었다고 단언하고 싶은 유혹을 우리는 느끼게 된다. 단지 그들은 그것을 부르주아라고 칭함으로써 그러한 인정을 회피한다.

전반적으로 볼 때 고도로 세련된 마르크스주의는 서구 민주 사회에서의 생활에 대한 문화적 비판으로 변해 버렸다. 소련에 대해서 심각하게 토론하는 것을 삼가해 왔는데 그 이유는 분명하다. 그 비판의 일부는 심오했고 일부는 피상적이고 까다로웠다. 그러나 그중 마르크스 또는 마르크스주의 시각에서 나온 것은 하나도 없다. 그것은 니체 철학의 변형이었고 또 변형이다. '최후의 인간'의 생활 방식과 마찬가지로 우리 생활 방식에 대한 변형이다. 만일 우리가 미국에서의 그 영향력이 말할 수 없이 엄청나고, 이 장 앞부분에서 언급했던 심리를 다시 한번 살펴보면 우리는 전통 지향, 타인 지향, 내면 지향적이라는 것들이 베버가 논한 세 종류의 합법성을 조금 수정한 것일 뿐임을 이제 알 수 있게 된다. 타인 지향(부르주아임을 판독하라)은 시장의 요구나 여론에 따라가는 경제적 또는 관료적 합리에서 파생된 것이고, 내면 지향은 카리스마적인 또는 가치를 창조하는 자와 동일시된다는 것을 우리가 알 수 있게 된다. 베버의 예언자는 사회주의자, 인류 평등주의 개인으로 대체된다. 사회주의자는 스스로가 입법자라는 전혀 근거 없는 주장을 제외하면 이 모든 것에 마르크스적인 요소는 단 한 가지도 없다. 내면 지향적 인간에 대한 논의는 공허한 것이다. 그것을 입증해 줄 만한 본보기는 아무 데도 없다. 그가 내린 정의 자체에는 문제성이 있을는지 모르지만 적어도 베버는 몇몇 실례를 제시했다. 우리는 가치를 창조하는 사람은 정신적 귀족이라고 한 베버의 주장이 옳은 정신과 의사를 만나거나 아니면 사회주의 사회가 구축된다면 아무라도 가치를 창조할 수 있다고 말하는 사람들의 주장보다 정말로 더 터무니없는 주장인지 다시 한번 생각해보게 된다. 이렇게 베버를 인류 평등주의자로 변형시킴으로써 좌파로 기울지 않는 사람은 누구나 정신적으로 앓고 있는 것으로 진단을 내리는 것이 가능하게 되었다. 정신 분석을 비판하는 좌파 비판가들은 그것을 부르주아로 순응시키기 위한 도구라고 불렀지만, 우리는 그 비판가 역시 사람을 좌파로 순응시키려는 목적에서 심리 요법을 이용하는 사람들이 아니겠는가 하는 의심을 갖게 된다. 성격 유형을 권위주의적 유형과 민주적인 유형으로 분리한 아도르노의 저속한 조작은 그 근본에 있어 내면 지향 - 타인 지향식의 유형학과 완전히 동일한 것이고 거기에 내포되어 있는 암시 또한 똑같이 불길하다.

    니체는 이렇게 미국에 상륙했다. 좌파로 전향된 그를 여기서는 쉽게 순수한 것으로 받아들였는데, 왜냐하면 미국 사람은 진정 총명하고 훌륭한 어떤 사람도 "만나서 내가 좋아하지 않은 사람은 아무도 없었다"라는 윌 로저스(Will Rogers)의 세계관(Weltanschauung)에 공감하지 않는 사람이 있다는 것을 믿을 수 없기 때문이다. 니체의 미국 귀화는 많은 파고를 거쳐 달성되었는데, 우리 중 일부는 그를 찾아보려고 유럽에 갔고, 그는 해외 망명자와 함께 돌아오기도 했으며, 최근에는 비교 문학 교수들이 그의 사상 수입 사업에 깊이 관여하고 있다. 그들은 주로 파리로부터 상품을 들여오는데, 파리에서는 좌파가 니체와 하이데거를 분해하여 재구성하는 것이 파리 탈환 이래 철학의 주요 전문 사업(métier)이 되고 있다. 이 마지막 출처를 통해 하이데거와 니체가 이제 자신들의 이름을 되찾게 되었고, 그들의 초창기 사절들에 의해 마련된 칙사 대접을 드디어 받게 되었다. 대학의 심리학, 사회학, 비교 문학, 인류학은 오랫동안 그들에 의해 지배되어 왔다. 그러나 진짜 이야기는 그들이 학원 사회에서 시장이라는 곳으로 넘어간 데서 시작된다. 우리의 고약함을 식자들(knowers)에게 설명하기 위해 개발된 언어가 오히려 우리는 얼마나 흥미로운 존재인가 하는 것을 세상에 밝히기 위해 사용되고 있다. 여하튼 운송되는 과정에서 상품이 손상을 입었다. 마르쿠제는 1920년대 독일에서 진지한 헤겔 학자로서 출발했다. 여기에 와서 그는 《일차원적 인간 *One - Dimensional Man*》 외에 여러 잘 알려진 저서에서 보여 주듯 성에 대한 강한 관심과 함께 하찮은 문화 비평을 저술하는 것으로 끝을 맺었다. 소련에서는 현인 군주(philosopher - king) 대신에 이념 독재자를 갖게 되었고 미국에서는 문화 비평가들이 우드스톡(월남 반전이 한창이던 70년대 초 여기에서 사흘간 록 음악 축제가 열렸다=역주)의 대변자가 되었다.

우리의 무지

　지금까지 서술한 언어와 그 언어 뒤에 담긴 사상, 그것들이 미국에서 받아들여진 방법 등을 고찰하면서 "나는 유럽에 있는 독재자들의 집으로부터 나 자신의 땅인 미국으로 너희들을 인도한 너희들의 주 하나님이시다, 그러니 편히 쉬라!"는 계명을 시작으로 미국인을 위한 십계명을 쓰신 나의 스승 한 분을 상기해 본다. 우리로서는 반밖에 소화를 못한 이성과 계시, 자유와 필수, 민주주의와 귀족 사회, 선과 악, 육신과 영혼, 자아와 타인, 도시와 인간, 영원과 시간, 존재와 무 등과 같은 어휘들은 우리가 살펴본 대로 진지한 인생을 살고자 하는 사람이면 직시해야만 하는 중요한 의문점을 집약한 정수다. 의심하는 우리의 상황이 우리로 하여금 대안이 있음을 인식하게 만들기는 하지만 최근까지는 그 대안들의 우수성에 대한 우리의 의심을 해결해 줄 방법을 우리에게 제공하지는 못했다. 진지한 인생은 모든 선택에는 필연적으로 건디 내기 힘든 결과로 이어지는 막숭한 위험이 따른다는 사실을 완벽하게 인식하고, 그러한 인식 속에서 대안들을 철저하게 고려하며 삶과 죽음의 문제를 견디어 낼 때와 맞먹는 강도로써 그것들을 생각한다는 것을 의미한다. 비극 문학이 다루는 것이 바로 이것이다. 비극은 인간이 원하고 필요로 할지도 모르는 모든 고결한 것들을 뚜렷하게 밝히고 그것들이 조화를 이루며 함께 공존할 수 없어 보일 때 그것이 얼마나 참기 힘든 것인가를 보여 준다. 신을 믿을 것인가 아니면 거부할 것인가를 선택해야 하는 문제가 당면한 당사자에게는 얼마나 괴로운 문제인가를 상기해 보면 우리는 금방 알 수 있다. 바꿔 말하면 괴로움은 덜 할는지 모르지만, 타당성에 있어서는 동일한 토크빌의 경우를 실례로 생각해 보면, 옛 프랑스 귀족 사회에서는 드문 존재로서 신의 존재에 대한 명상으로 일생을 바친 파스칼 같은 사람에게는 결코 상쾌하지 못할 것이고 모든 사물의 기초를 그와 같이 불굴의 정신으로 대면하지 않으면 인간의 생활이 궁핍해지고 그의 진지성이 감소됨에도 불구하고 그는 평등이 좀더 정의롭다고 믿었기 때문에 귀족사회의 광명 대신에 평등을 택했다. 이런 것들이 진정한 선택이고, 이는 참된 문제를 직시하는 사람에게만 가능하다.

한편 진지한 의문이 가득한 노다지로 우리를 인도하는 이 어휘들을 우리는 마치 해답인 것처럼 취급하는데, 이는 우리가 그러한 의문을 직접 상면하는 것을 피하기 위해서다. 그것들은 스핑크스의 수수께끼도 아니고 우리가 대담한 오이디푸스의 역할을 해야 하는 것도 아니다. 그것들은 사실로서 멀리 갈 필요도 없고 단연코 우리와 관련이 있는 우리의 주요 관심사의 뼈대를 이룬다. 존재와 무의 문제에 대해, 역사가 영원과 시간의 문제에 대해, 창조가 자유와 필수의 문제에 대해, 신성한 것이 이성과 계시에 대해 한 일이 무엇인가? 예전의 비극적 갈등이 확신이라는 새로운 명칭으로 다시 나타난다. 즉 '나도 무사하고, 너도 무사하다.' 선택(choice)이 오늘날에는 대유행이지만 오늘의 선택은 예전의 선택과 그 의미가 같지 않다. 사람들이 자유로운 - 즉 책임을 지는 - 자유 사회에서 누가 천편일률적으로 '선택 지지(pro-choice)'에 반대하고 나설 수 있겠는가? 하지만 그래도 그 단어가 일정한 형태와 일관성을 가졌던 때는 어려운 선택이란 고통, 남들의 비난, 배척, 형벌, 죄책감 등으로 나타나는 난감한 결과의 감수를 의미했다. 이런 것이 없다면 선택은 무의미한 것으로 여겼다. 안티고네(Antigone)를 고결하게 만들어 주는 것은 진정 중요한 것을 중요한 것으로 확인하는 데서 생겨나는 결과를 감수하기 때문이고, 그녀의 여동생 이스메네(Ismene)를 덜 존경스러운 인물로 만드는 것은 그녀가 그렇게 하는 것을 꺼리기 때문이다. 이제 우리에게 선택할 권리가 있다고 얘기할 때 우리가 의미하는 바는 선택에 필연적인 결과가 꼭 따르는 것은 아니고, 비난은 편견에 불과한 것이며 죄책감은 신경 증세일 뿐이라는 것이다. 정치 행동주의와 정신의학이 이 문제를 다룰 수 있다. 이런 시각에서 볼 때 헤스터 프린과 안나 카레니나는 인간의 문제가 다루기 어렵다는 것과 선택의 중요성을 나타내 주는 승화된 유례가 아니라, 그들은 그저 희생물이고 그들이 겪은 고통은 고도의 의식을 가진 우리의 이 진보된 사회에서는 더 이상 필요 없는 고통이다. 미국에서는 교통사고가 났어도 그 누구의 잘못도 아니고 이혼의 경우도 그 누구의 잘못이 아니다. 미국은 근대 철학의 후원 아래 책임이 따르지 않는 선택을 지향하여 나아가고 있는 나라다.

국가 간의 충돌이든, 개인 간의 충돌 또는 자신 안의 충돌이든 우리가 가장 회피하기를 원하는 악의 충돌이다. 자연이 길들여지고 인간이 무기력해진 이때에 니체는 그의 가치 철학을 통해 인간이 죽기를 불사하는 가혹한 갈등을 복구하고 인생의 비극적 감각을 되살리려고 노력했다. 그 가치 철학이 미국에서는 정반대의 목적 - 즉 갈등 해결, 교섭, 조화 - 에 이용되었다. 만일 가치 차이만이 문제라면 화해는 가능하다. 우리는 가치를 존중해야 하지만 그것이 평화에 방해가 되어서도 안 된다.[7] 그리하여 니체는 그가 고치려 시도했던 것에 이바지하게 되었다. 니체에게는 창조의 조건이었던 갈등이 우리에게는 치료를 위한 절규다. 나는 나의 애틀랜타 택시기사와 그의 형태 심리 치료를 계속 생각하게 된다. 인간에게는 도덕적 선택의 능력이 있기 때문에 존엄성에 있어서 인간은 평등하다고 칸트는 주장했다. 그와 같은 선택의 조건을 마련해 주는 것, 그리고 그것을 달성하는 사람을 존중해 주는 것이 사회가 할 일이다. 가치 상대주의라는 중간 매체를 통해 존엄성에 있어서 인간은 평등하다는 것으로 그 공식이 간소화되었다. 우리가 할 일은 존중을 평등하게 배분하는 것이다. 롤스(Rawls)의 《정의론 *Theory of Justice*》이 바로 그와 같은 배분을 위한 안내 소책자다. 칸트의 정의론은 《안나 카레니나》가 우리의 상황을 의미심장하게 표현하고 있다는 것을 이해하도록 만들어 주는 반면에 롤스의 저서는 《비행 공포 *Fear of Flying*》를 이해시키려는 역할을 하는 게 고작이다.

갈등을 줄이려는 우리의 욕망 때문에 '변증법' - 우리가 의미하는 변증법은 마르크스주의가 의미하는 변증법이다 - 이라는 단어가 크게 인기를 누리는데, 그 이유는 정(正)과 반(反)의 대립에서 시작한 것이 합(合)으로 끝이 나기 때문이다. 따라

---

7) 최후의 인간은 자기 이웃을 믿지 못하는 것을 미친 짓으로 여길 것이고 만일 그가 그러한 일로 시달릴 때에는 자진하여 제발로 정신 병원에 들어갈 것이라고 니체는 말했다. 오늘날 '과대망상증 환자'라는 말의 사용을 생각해 보라.

서 모든 마력과 유혹이 조화 속에서 융합한다. 철학과 윤리에서 가장 어렵고 가장 기본이 되는 규칙이 '케익을 먹으면서 동시에 그대로 가지고 있을 수는 없다'는 것이지만 변증 논법은 이 규칙을 극복한다. 소크라테스의 변증 논법은 대화 가운데서 발생하고 합을 찾으려는 노력에서 앞으로 추진되기는 하지만 그래도 언제나 의심으로 끝이 났다. 소크라테스의 마지막 말은 아는 것은 내가 아무것도 모른다는 것뿐이라는 것이었다. 마르크스의 변증 논법은 행위로 나타나고 계급 없는 사회로 끝이 난다. 요즈음에는 이념이라고 알려져 있는 이론적 갈등도 그 사회에서는 종지부를 찍게 된다. 역사적 변증법에 의해 우리의 상대적 생활 양식이 절대적인 기본을 얻게 되었고, 행복한 해결도 얻게 되었다. "스스로가 해결할 수 없는 문제를 인류는 결코 설정하지 않는다"라는 마르크스의 공식이 우리 국민적 기질의 한 면과 일치한다. "두려움 자체 이외에 우리가 두려워할 것은 없다"라고 한 루스벨트의 말은 이와 거의 똑같은 말이다. 이러한 낙관이 국민적 강점이고 자연을 정복하겠다는 우리 원래의 계획과도 연결되어 있다. 그러나 그 계획 자체에 문제점이 없다고 할 수는 없고, 한계를 넘지 않을 때에만 비로소 의미를 갖게 된다. 이 중 하나가 인간 본성의 존엄함이다. 그것이 정복되어서는 안 된다. 루스벨트의 격언을 우주 차원으로 확장시켜 보면 그것은 아무런 의미를 지닐 수 없게 된다. 문제가 전혀 없는 사회를 갖기 위해 인간의 본성을 변형시켜서는 안 된다. 행동주의 추종자들은 우리가 그렇게 믿어 주기를 바라지만 인간은 결코 단순하게 문제만을 해결하는 존재가 아니라, 문제를 인식하고 그것을 받아들이기도 하는 존재다.

그럼에도 불구하고 우리에게는 우리가 해내려고 착수한 일 - 즉 전에는 신과 자연에 의해 풀 수 없는 듯이 보였던 문제, 그래서 앞서간 사람들은 그것과 더불어 사는 미덕을 보였던 문제를 해결하는 일 - 을 완수시켜 줄 수 있는 사람은 마르크스라는 생각이 들게 된다. 인간은 언제나 신과 사랑, 그리고 죽음과 타협해야만 했다. 이런 것들 때문에 지상에서 완벽히 편안하게 사는 것이 불가능했다. 그러나 미국은 새로운 방법으로 그것들과 타협하고 있다. 처형하는 데 2백 년이 걸리긴 했지만 신은 여기에서 서서히 처형되었고, 이곳의 신학자들은 이제 신은 죽었다고 우리에게 말한다. 신이 차지했던 자리를 신성한 것이 대신하게 되었다. 사랑은 심리학자들에 의해 처형되었다. 사랑 대신에 성과 뜻깊은 관계라는 것이 나타나게 되었다. 이 일이 진행되는 데에는 단지 75년 정도밖에 소요되지 않았다. 새로운 학문인 사망학 또는 존엄을 잃지 않은 죽음 같은 것이 등장하여 죽음을 사장하려 하고 있다는 것은 놀랄 일이 못 된다. 죽음의 공포를 마침내 받아들이는 것, 소크라테스의 길고도 험한 교육, 어떻게 죽을 것인가를 배우는 것 등, 이 모두가 이젠 더 이상 필요 없게 될 것이다. 왜냐하면 죽음이 과거와는 달라졌기 때문이다. 그 자리에 대신 들어설 것이 무엇인지는 아직 분명치 않다. 엥겔스가 계급 없는 세계가 영원히 계속되지는 못한다 하더라도 오래 지속될 것이라고 말했을 때 그는 필요한 것이 무엇인지를 예지하고 있었다. 이것은 자신이 전 우주에 - 그리고 또 다른 곳에도 - 알려져 있는 사람이라고 말한 《사랑의 묘약 L'elisir d'amore》의 도토레 둘카마라를 우리에게 상기시킨다. 우리가 해야 할 일은 영원이라는 것을 아예 생각지 말거나 아니면 영원과 유한의 차이를 애매모호하게 흐려 버리는 것이고, 그 일이 이루어질 때 인간의 문제 중 가장 다루기 힘든 문제가 해결된다. 일요일 아침이면 교육받은 사람은 죽음과 영원에 대한 열변을 들어야 했고 그 문제에 어느 정도 주의를 기울이지 않을 수 없었다. 일요판 〈뉴욕 타임즈 New York Times〉를 붙들고 씨름하면 이런 위험에 맞닥뜨리지는 않는다. 여러 종류의 다양하고 기묘한 형태의 망각을 우리는 문제 해결의 첫 번째 방법으로 사용한다. 우리는 신과 사랑과 심지어는 죽음에 대해서도 '편안하게 느끼도록' 배워 가고 있다.

  토마스 만의 작품 《베니스에서의 죽음 Der Tod in Venedig》이 미국인들의 의식에 미친 영향을 생각해 보면 유럽 것을 우리가 어떻게 소화하고 있는가를 잘 알 수 있게 된다. 몇 세대에 걸쳐 그 이야기는 대학생들 간에 엄청난 인기를 모았는데, 왜냐하면 그 이야기가 세련된 유럽 사람들의 신비함과 고통을 표현해 주는 것으로 비쳤기 때문이었다. 그 이야기는 우리가 프로이트와 예술가에게 몰두하는 것과 잘 맞물렸고, 그 이야기의 주제가 동성연애라는 것이 호기심을 유발했다. 또 금지된 주제가 별로 남아 있지 않아 우리의 상상력이 자극받을 여지가 거의 없는 이 시대에 그 주제는 일부에게 호기심 이상의 관심거리였다. 약간 그 작품은 세기가 바뀔 즈음에 얘기되었던 모든 훌륭한 것들을 요약해 놓은 것 같은 느낌을 주었다. 내 생각에 토마스 만은 《베니스에서의 죽음》에서 지나치게 프로이트적인 수법으로 문화가 생긴 이래 시인과 소설가가 가장 좋아하는 주제고 주인공인 예술가, 다시 말해서 자기 자신을 분석한다. 이야기의 배경과 전개는 서구의 몰락을 암시하고 주인공 아셴바흐(Aschenbach)의 쇠잔과 서거는 승화가 실패하였다는 것과 그의 문화적 상부 구조가 불확실하고 공허하다는 것을 가르쳐 주고 있다. 이 모든 것 아래에는 원시적이고 길들지 않은 숨은 욕망이 있으며, 그가 보다 높은 것을 향해 노력을 경주하는 실제 동기는 그러한 욕망 때문이다. 이것의 인식이 용납할 수 있는 대안의 제시도 없이 그의 필생 업을 훼손한다. 이것의 대부분은 토마스 만의 《토니오 크뢰거 *Tonio Kröger*》에 나오는 유명한 "예술가는 죄책감을 지닌 부르주아다"라는 진술을 해설한 것이다. 그것은 다시 말해서 예술가의 근본과 예술가는 숭고한 것에 접근한다는 것을 의문시했던 낭만주의 이후 작가들의 의문을 그가 체험했고, 예술가가 현실적으로는 부르주아지만 그의 고통 받는 의식 때문에 그가 도덕적으로 보다 높은 곳에 있고, 아울러 동기면에서는 보다 깊은 곳에 있다는 것을 의미하였다고 나는 생각한다. 아셴바흐는 작가고 독일 전통의 계승자지만 분명히 괴테 같은 정신적 귀족은 아니다. 그의 냉정은 자각이 결핍된 데에서 기인한다. 베니스에서 그는 근원에 도달하고 그가 정말로 원하는 것이 무엇인지를 알아내지만 그의 인식에도 불구하고 그가 할 수 있는 일 가운데 고상하다거나 용납할 만한 것은 아무것도 없다. 그는 끔찍스럽게 시들어가고 드디어는 그 아름답지만 퇴폐해 가는 도시를 괴롭힌 흑사병으로 죽어 간다. 승화에 대해 니체와는 대립을 보이고 있는 프로이트의 견해에 의하면 승화에는 성이라는 고정된 목표가 있고 자연 현실이 그것을 지향한다. 따라서 문명화된 행동은 그러한 기초에 의존하는 것이고, 이차적인 만족이며, 만일 일차적인 만족이 가능하다면 문명화된 행동은 사실 별로 선택할 만한 것이 못 된다. 성욕에 대한 프로이트의 설명을 접하고 나면 신중한 관찰자는 문명을 후회하지 않을 수 없고 직접적인 성적 만족을 동경하지 않을 수 없다. 반면에 니체는 시를 쓰는 것이 성관계를 갖는 것과 같은 일차적 성애 행위라고 생각했다. 고정된 자연은 없고 그저 여러 단계의 영성이 있을 뿐이다. 이러한 관점에서 볼 때 아셴바흐는 잃어버린 자연을 동경한다는 점에서는 낭만주의를, 그런가 하면 자연을 황폐한 것으로 규명한다는 점에서는 과학주의를 나타내 줌과 함께 니체 이후의 비애감도 주고 있다. 그러나 《베니스에서의 죽음》은 프로이트와 니체가 공동으로 가졌던 주제 - 즉 성의 승화와 문화와의 관계 - 를 다루고 있다. 문화를 구축하는 하부 구조를 인식하게 되는 것은 문화에 치명적 타격이며, 따라서 만(Mann, T.)은 문명의 위기를 묘사하고 있다. 창조하고 도야하는 승화의 힘이 기력을 잃었고 이제는 말라비틀어진 문화와 손상된 자연만이 남아 있다.

그러나 나는 미국 사람들이 이것을 이렇게 받아들이지 않았다고 생각한다. 그들은 흥이 났고 그것은 사실상 성해방 운동의 초기 선언서로 받아들여졌다. 심지어는 가장 뛰어난 인재, 특히 그 사람들이 사회에 의해 억압되는 이 애매모호한 동경으로 고통을 받고 있다. 그러한 동경이 특별히 나쁠 것은 하나도 없다. 그렇기 때문에 사람들이 여론의 위협을 받아서는 안 되고 자신을 있는 그대로 받아들이는 것을 배워야만 한다. 두려움 그 자체를 제외하고 그들이 두려워해야 할 것은 아무것도 없다. 간단히 말해 아셴바흐는 '벽장에서 나오고 싶어'(동성애를 알리고 싶어) 안달이 난 사람이다. 이러한 면, 즉 억제된 욕망을 발산하고픈 필요성이 만 자신에게도 어느 정도 있었는지도 모르고, 다만 그가 살던 시대의 환경 때문에 비극적인 위장을 해야만 했고, 울고 비탄하며 괴로워해야 했는지 모른다. 확실히 지드(Gide, A.)의 니체주의는 이러한 동기에 연유했다. 성적으로 해방이 되기 위해서는 우리가 초인이 되어 선과 악을 초월하는 존재가 되어야만 한다는 것이 지드의 생각인 것 같다. 부르주아의 성도덕을 평등화하기 위해 그는 니체의 비도덕주의에 의존하는데, 이는 하루살이를 잡으려고 대포를 사용하는 것과 같다. 니체는 여기에 오로지 경멸만을 보였을 것이다. 모든 위대함은 '피 속의 정액'을 요구한다고 말한 장본인이 성적 억제로 강박 관념을 갖게 된 사람, 즉 자신들의 에로티시즘을 승화시킬 수 없고 '자연대로의(natural)' 만족을 원하고 거기다 대중의 승인도 바라는 사람에게 동감하지는 않았을 것이다. 니체에게는 지드가 허무주의의 영향을 받은 부르주아로 보였을 것이다. 그와 같은 자기표현이 만(Mann)의 의도였다면 그것은 그 자신이 타락했다는 증거고 창작자나 즐거움과는 대조적으로 그가 창작면에서는 무능하고 목적 없는 물체 속으로 책임 회피하려는 욕망을 가졌다는 증거다.

예술과 종교에 대한 니체의 아주 강렬한 성적 해석과 그처럼 강력하지는 못하지만 보다 대중적인 프로이트의 성적 해석이 미국인들을 타락시키는 결과를 가져왔다. 성적 승화에 있어서 그들은 승화는 별로 유의하지 않고 성에 더 주목했다. 니체에게 있어서는 탁월함에 도달하려는 의도였던 것이 여기에서는 현재의 욕구를 위해 탁월을 헐뜯는 데 사용되었다. 낮은 것으로 보다 높은 것을 설명하는 경우에는 언제나 이렇게 되는 경향이 있고, 특히 남다른 권리를 주장할 수 있는 것을 시기하고 좋은 것은 모든 사람에게 미칠 수 있어야 하는 것으로 알고 있는 민주주의에서는 그러한 경향이 더욱더 두드러진다. 이것이 바로 미국에서 프로이트가 그와 같이 즉각적으로 그에게 솔깃한 사람을 찾을 수 있었던 강력한 이유 중 하나다. 대륙의 모든 격변과 혼잡(strum und drang)에도 불구하고 그는 본성을 믿었고 로크가 가르친 자연, 즉 동물적 본성을 믿었다. 건강한 생활 - '사랑과 일' - 에 대한 그 자신의 도식을 만들어 내기 위해 그는 일에 성을 첨가했을 뿐인데, 왜냐하면 사실 그는 사랑을 설명할 수 없었기 때문이다. 이것이 우리가 자라면서 믿도록 배웠던 것이다. 이것은 니체처럼 시적 공상에 의존하기보다는 오히려 과학과 일치한다. 에로스가 진정 원하는 것이 무엇인가를 설명하는 그의 해석은 기초가 단단하기 때문에 우리 고유의 경험주의에 호소력이 있다. 더 나아가 외설을 애기하는 방법으로 우리가 선택한 방법은 시가 아니라 오히려 과학이다. 이 모든 것에 덧붙여 우리 욕구를 어떻게서든 만족시켜 준다고 약속하고 우리가 가진 비참으로부터의 완화를 약속하였기 때문에 출발부터 프로이트를 승자로 만들어 주었고, 유럽의 모든 위대한 사람 중 가장 접근하기 쉬운 사람으로 만들어 주었다. 그로 인해 성을 공적 생활의 중심으로 삼는 것이 허용되었고 그것이 우리 시대를 특징지어 준다. 궁극에는 그도 너무 도덕적으로 보였고, 개방적인 면에서도 충분치 못한 것으로 보였다. 단지 우리가 해야 했던 것은 보다 적은 억제로도 제 기능을 발휘할 수 있는 새로운 구조를 생각해 보는 것이었다. 이 점에서 마르크스가 쓸모 있었다. 또는 에로스와 문화와의 관계에 연관된 문제들을 그저 간단하게 망각해버리거나 아니면 그 둘 사이에 자연적 조화가 있는 것으로 보는 것이다. 요동하는 독일 철학의 절정기를 탔던 프로이트는 미국인들에게 성적 욕구를 만족시키는 것이 행복의 가장 중요한 요소라고 생각할 수 있게 만들었다. 비록 그의 의도는 아니었지만 그는 본능을 합리화하는 계기를 마련해 주었다.

성(性)이 우리의 문화에 과학 및 문학적 공헌을 하는 사람에게 주는 자격과 같은 특별한 자격을 갖추고 미국으로 이주해 왔다. 그러나 성이 여기에 도착하여서는 그 밖의 모든 미국적인 것과 전혀 다를 바 없이 행동했다. 호소하는 듯한 어조, 시(詩), 승화에 의존하는 문명을 기초로 삼은 정당화 등이 사라져 버렸다. 경제적 욕구 자체에 능률적으로 집중하기 위해 경제적 요구를 은폐했던 위장물 - 즉 파르테논 신전과 감옥 같은 것 - 을 제거한 것과 꼭 마찬가지로 성적 욕구를 보다 능률적으로 만족시키기 위하여 우리는 그 욕구의 신비를 벗겼고 실제로는 무엇인지 실체를 보게 된다. 이것으로 인해 루소와 그의 영향을 받은 사람들의 집중 관심사였던 인간 본성의 두 번째 초점이 로크의 세계에 등장하게 된다. '생명, 자유 및 재산과 성의 추구'가 기본 권리다. "당신들의 가난하고 성에 굶주린 사람을 우리에게 주시오.……" 프로이트는 성 억제를 의학적 병으로 간주하는 것을 가능케 해주었다. 따라서 자기 보존에 전력을 다하는 나라에서 건강과 관계되는 것이라면 자동으로 누리게 되는 특권을 부여받게 되었다. 우리는 성적 갈증을 채우지 못해 죽는 법은 없고 아무리 강력한 유혹자가 가진 육욕도 죽음이라는 형벌을 받는다는 것이 확실할 때에는 진정되게 마련이라는 루소의 주의를 소홀히 하는 경향이 있다. 그리하여 우리는 경제와 성욕의 신비를 벗기어 일차적 욕구를 만족시킴으로써 철학이 우리에게 말하는 창조적 충동의 원천을 제거해 놓고는 우리에게 문화가 없다고 불평한다. 사무실에서 침실로 드는 중간에 우리는 언제라도 오페라에 갈 수 있다. 소련에서는 사람들이 고약했던 옛 시절에 만들어진 오페라에 의존하는데, 이는 전제 정치가 예술적 표현을 막기 때문이고, 우리의 경우도 예술을 필요로 하던 갈증이 완화되었기 때문에 그들과 같은 오페라에 의존할 수밖에 없다. 천진하고 선량한 채로 어리둥절하여 "우리는 승화로 돌아가야만 하지 않을까요?"라고 묻던 엠허스트(Amherst) 대학의 1학년 학생을 나는 잊을 수가 없다. 말하자면 이는 사탕이 안 든 살빼기용 대용식으로 대신하는 격이다. 이것이 바로 승화 및 루소와 칸트로부터 니체와 프로이트에 이르기까지 승화에 부여된 모든 미묘한 의미가 미국에서 처하고 있는 상황이다. 나는 그 청년의 솔직함에 끌리기는 했지만 그가 문화를 위한 신중한 후보생이 되리라고 생각하지는 않는다. 우리는 불필요한 것을 필요한 것으로 여기는 지경에 이르렀기 때문에 그것이 자연적 필요든 문화적 필요든 필요성에 대한 감각을 잃어버렸다.

하지만 성(性)이 생활 양식으로서 등장하게 되었을 때는 치명적인 첫걸음이 시작된 셈이다. 그때까지만 하더라도 변변치는 못해도 성에 대해 그 어떤 일련의 확실한 자연적인 지침이 있었다. 예전 미국에 있어서 성은 당연히 목적론 - 번식 - 을 가졌다고 여겼고, 따라서 성은 이 목적을 위한 수단으로 여겨졌다. 이 목적에 이바지하지 않는 것은 모두 다 소용이 없는 것이고 심지어는 위험스럽다고 여겨, 법과 비난과 양심은 물론 이성으로 잊거나 통제해야 한다고 믿었다. 프로이트는 성을 이 뚜렷한 관계로부터 분리시켜 방치하는 결과를 가져왔다. 성은 목표가 없는 힘으로, 많은 역할을 해낼 수 있는 능력이 있다. 사람이 행복하려면 야성적이고 산재해 있는 성의 에너지를 일정한 형태로 다져야만 한다. 그러나 니체로부터 빌어 온 폭발적인 미결정(未決定)의 기초를 이루는 프로이트의 실제 자연주의와 피할 수 없는 건강 조건 및 융화된 인격이 성적 표현의 정당한 한계와 구조를 제공해 주었다. 프로이트에게는 《베니스에서의 죽음》에서 만(Mann)이 표명하는 것과 같은 류(類)의 욕망을 만족시킬 수 있는 여지가 전혀 없다. 프로이트에 의해 그것들이 설명되어지고 치료되기는 하지만 그것 자체가 요구하는 조건대로 용납되지는 않는다. 그것들이 만에게 있어서는 어딘지 모르게 예고적이고 저주받은 사람이 무(無)로 떨어지면서 내는 비명과 같다. 그와 같은 욕망은 의미를 탐색하지만 - 에로틱한 모든 것의 경우가 이러한 건지도 모르고 - 세상의 그 어느 것도 그런 욕망에 의미를 부여할 수 있는 것은 없다. 분명히 이러한 욕망이 자신들의 경우를 법관석 판사나 신부로부터 의사에게로 옮긴다고 해서, 아니면 설명을 자세히 한다고 해서 채워지는 것이 아니다. 사람들은 모든 면에서 환원론을 냉큼 받아들이면서도 그들과 가장 상관이 있을 때는 예외가 된다. 부르주아 사회나 자연과학 모두 번식과 관계없는 성을 수용할 수 있는 자리를 마련하지 못했다. 부르주아의 엄격함이 약화되고 이와 동시에 해롭지 않은 쾌락이 해방되자 해롭지 않은 성에 대한 관용이 유행하기 시작했다. 그러나 그것으로 충분하지 않았는데, 왜냐하면 그 누구도 그의 가장 소중한 욕망이 가려우면 긁는다는 행위와 똑같은 범주에 들어가는 것을 실제로는 원하지 않기 때문이다.

특히 미국에서는 언제나 도덕적 정당화가 요구되고 있다. 생활 양식 - 승화와 같은 사상 계열에서 나온 표현이고, 실제로 승화의 산물인 것으로 이해되고 있었지만, 미국에서는 분업 때문에 프로이트는 승화가 전문이고 베버는 생활 양식이 전문인 것으로 생각하여 결코 생활 양식을 승화와 연관시키지 않았다 - 은 신이 내려준 것으로 되어 버렸다. '가치(value)'가 그 어떤 의견이든 정당화하는 것과 마찬가지로 '생활 양식(life - style)'은 모든 생활 방식을 정당화시켜 준다. 그것은 세상의 자연적인 구조를 헐어 버리며, 세상은 의장가들의 예술적 손길을 위한 원자재에 불과할 뿐이다. 바로 그 표현 때문에 모든 도덕주의와 자연주의는 성역에 미처 이르지 못하고 갑자기 멈추게 되고 자신의 한계성을 인정하며, 창조성에 대해 경의심을 갖게 된다. 더 나아가 우리의 전통과 기묘하게 혼합되어, 생활 양식과 권리가 일치하게 된다. 따라서 생활 양식을 수호하는 것이 곧 도덕적 명분이며, 인권을 침해하는 사람에게 기분 좋게 발끈하는 열정을 정당화시켜 준다. 이러한 취향이 생활 양식으로 되기 전에는 그 취향이 인권 침해자들에게 대해 정치적으로나 심리적으로 무방비 상태였다. 이제 그것들을 지키는 일에 전세계 인권애호가들의 지지를 호소할 수 있게 되었는데, 왜냐하면 그 어떤 집단의 권리에 대한 위협은 곧 모든 사람들에 대한 위협이기 때문이다. 가학 피학성 변태 성욕자들(sadomasochists)과 폴란드 노조가 인권이라는 공동의 명분으로 함께 결속되어 있고 운명은 그것들을 위한 성전의 성패 여하에 달려 있다. 성은 이제 더 이상 행위가 아니라 명분이다. 과거에는 사회의 변두리를 도는 생활, 즉 보헤미아(자유분방한 세계)에 대한 제 위치가 있어 대접을 받았다. 그러나 그 생활은 정통을 벗어난 그 세계의 습관들을 지적 예술적 업적을 통해 정당화시켜야만 했다. 생활 양식은 훨씬 더 자유분방하고 수월하고 정통파이며 민주적이다. 내용물에는 주의를 기울일 필요가 없다.

이곳에서 생활 양식이 인기를 누리게 된 것은 처음에 흥미로운 일을 하는 사람들이 사회적으로는 얼굴을 찌푸리지 않을 수 없는 생활을 하는 것을 해명하고 그것이 용납되도록 하려는 시도에서 비롯되었다. 그것은 반문화와 동일한 것이었다. 미국화된 두 개의 훌륭한 표현이 권위 있는 철학적 족보를 가지고 있는 덕분에 사람들이 마음 내키는 대로 사는 것을 도덕적으로 보장해 주는 근거가 마련되었다. 물론 반문화도 문화에 수반하는 위엄과 똑같은 위엄을 그대로 누렸고, 우리 주위의 문화에 대한 부르주아 해명을 비난하려는 것이 그 의도였다. 반문화나 생활 양식 속에서 실제로 일어나고 있는 일 - 그것이 품위를 더하는 일인지 아니면 품위를 저하시키는 일인지 하는 것은 상관없이 - 은 문제가 되지 않는다. 그 누구도 그의 생활 습관을 통해 사고하라고 강요받지는 않는다. 그렇게 하는 것은 불가능하다. 당신이 무엇이든지, 누구든지 상관없이 당신 자신이 바로 선이다. 이 모든 것은 민주 사회에서 관념 작용이 갖는 힘이 얼마나 놀랄 만한 것인가 하는 데 대한 증언이다. 한낱 어휘에 불과한 것들이 모든 것을 바꾸어 놓는다. 또한 이것은 우리의 도덕관에 대한 논평이기도 하다. 꼭 이기적인 쾌락 - 즐기는 것에 대한 우리의 모든 이야기에도 불구하고 후세의 역사가들은 우리를 어떻게 '즐기는가(enjoy)' 하는 것을 알고 있었던 향락주의 종족으로 돌이켜 보지는 않을 것이다 - 때문이라고까지 말할 수는 없을지 모르나 아무튼 그러한 탐구로 시작된 것이 다음에는 적어도 고통이나 걱정을 회피하고 벗어나려는 탐구가 되었다가 드디어 그것이 생활 양식과 권리(right)라는 우스꽝스러운 현상으로 변형하여 도덕적 우월성의 기본이 되어 버렸다. 편안하고 제약받지 않는 생활이 곧 도덕이다.

 정치적 색채와는 상관없이 이러한 현상을 우리는 너무도 많은 정치 영역에서 목격할 수 있다. 자기 잇속만 차리는 일이 사심 없는 원칙인 양 표현되고 실제로 그렇게들 믿는다. 산아제한과 인공유산 그리고 손쉬운 이혼을 지지하는 성실한 중산층 지지자들 - 즉 사회적 관심을 내세우고 해학적인 여유라고는 전혀 없는 자신감과 방대한 통계 수치를 들고 지지하는 - 을 볼 때면 이 모든 것이 그들에게는 아주 유용하게 소용되리라는 생각이 자연히 들게 된다. 그렇다고 이것이 너무 많은 자녀를 둔 데서 오는 가난한 사람들의 현실적 문제, 또는 강간과 학대받는 아내 등의 문제에서 생겨나는 끔찍한 결과를 부인하려는 것이 아니다. 하지만, 사실상 이러한 문제가 중산층에 속하는 문제는 아니고 그들 자신은 출산하지 않고 강간당하거나 학대받는 일도 극히 드물지만 그래도 바로 그들이 그러한 제안을 하고 또 그 제안의 혜택을 가장 많이 받게 된다. 만일 그들 제안의 한 가지라도 그들이나 그들 계층의 자유나 쾌락을 희생시키는 것을 전제로 하는 제안이었더라면, 그 제안들이 도덕적으로 더욱 그럴싸하게 느껴졌을 것이다. 현재로서는 이 모든 제안이 그들의 선택 범위를 확장하는 데 공헌하고, 여기서의 선택은 요즈음 의미의 선택을 말한다. 이와 같이 쉽사리 결함으로 흐를 수 있는 동기가 도덕적 독선의 기본이 되어서는 안 되는데도 실제로는 기본이 되고 있다. 그 밖의 여러 다른 경우에도 그랬듯이 이 경우에도 성관계를 손쉽게 만드는 것이 곧 도덕성과 동일한 것이다. 오늘날 미국인 중 가장 독선적인 사람들이 바로 그들이 설교하는 것으로부터 가장 많은 것을 얻을 수 있는 사람들이란 점이 나를 두렵게 만든다. 그들 설교의 도구가 철학적 가르침에서 만들어졌고 그 가르침의 원래 의도는 그들과 정반대라는 점을 생각하면 더욱더 혐오를 느끼게 된다.

그러나 만(Mann, T.)의 이야기가 내게 가장 충격적으로 느껴지고 그와 같은 문학이 처음으로 우리의 주목을 끌어온 이래 미국에서 생겨난 일을 고찰하게 만들어 준 것은 그가 플라톤을 사용하는 방법이다. 아셴바흐가 해변의 소년에 대해 점점 더 강한 강박감을 갖게 되자 사랑에 관한 플라톤의 대화 중 하나인 《파이드로스 *Phaidros*》에 나오는 인용문이 자꾸 그의 머릿속에 떠오르게 되고 그가 끌리는 이유가 이 인용문에서 구현되고 있다는 사실을 그는 서서히 알아채고 공포감에 빠진다. 플라톤이 독일 전통 속으로 통합되어 들어갔고 《파이드로스》는 아마도 아셴바흐가 학생 시절에 희랍어를 배울 때 읽어야 했던 작품 중 하나였을 것이다. 그러나 그 작품의 내용, 즉 한 소년을 향한 한 사나이의 사랑에 관한 담화가 그를 감동시키리라 기대되지는 않았다. 독일 교육의 대부분이 그러하듯이 대화도 '문화'의 또 하나의 단면이고, 역사적 지식의 단편이지, 그것이 절대로 필요하거나 시종 일관된 전체 중 일부가 되지는 못했다. 이것은 아셴바흐 자신의 문화적 활동이 죽은 상태와 마찬가지라는 것을 나타내 주는 징조다. 갑자기 이 단편이 억제된 욕망이 잠겨 있는 심연 쪽으로 우리의 주의를 돌리도록 만들어 주는 의미 있는 것으로 분출한다. 그것은 꿈과 같은 것이고, 만일 당신이 프로이트주의자라면 당신은 꿈의 의미를 해독할 수 있는 열쇠를 쥐게 된다. 무의식의 세계에 머물고 있던 벌거숭이의 물리적으로 용납될 수 없는 사실들이 은폐된 방법으로 자신들을 표현하여 암암리에 만족을 얻는다. 그 사실들이 의식 세계에서 용납될 수 있는 사물에 고착하여 거죽으로 드러나는 의미마저 완전히 변화하게 된다. 이제 그것은 참의미를 나타내기도 하고 나타내지 않기도 한다. 플라톤의 훌륭한 대화가 아셴바흐의 떳떳한 양심과 육욕 사이의 조정자다. 플라톤은 삐뚤어진 성욕을 구현하고 미화하여 승화시키는 방법을 찾아냈다. 따라서 만의 이야기는 그것을 제시해 주는 이야기다. 우리가 플라톤으로부터 에로스를 직접 배우면 많은 것을 배울 수 있다는 것을 만이 생각해 보았다는 흔적을 어디에서도 찾아볼 수가 없다. 우리는 프로이트의 통찰을 플라톤에게 적용시킴으로써, 그리고 욕망이 스스로의 합리화를 어떻게 찾아내는가를 목격함으로써 배움을 얻게 된다. 플라톤은 과학적 해부를 위한 하찮은 몸체에 불과했다. 토마스 만은 프로이트의 가르침이 주는 새로운 맛에 너무 흠뻑 빠져, 프로이트의 가르침이 주장하는대로 승화가 정말로 심리적 현상을 설명해 줄 수 있는지에 대해서는 의문조차 야기하지 않았다. 그는 공론가였거나 아니면 우리가 옛 철학자들보다 더 잘 안다고 확신을 했거나 둘 중 하나였다. 옛 철학자는 신화 작가들이다.

 인간적인 모든 것에는 에로티시즘이 스며 있다고 생각한 점에서는 프로이트와 플라톤이 동일하다. 그러나 그 두 사람의 유사성은 그것으로 끝이다. 근대 심리학의 우월성에 대한 확신을 떨쳐 버리고 싶은 사람이라면 누구라도 우리를 당황케 만들고 현재의 이 터무니없는 지경까지 몰고 온 에로스의 표현이 플라톤에게서는 아주 다양하고 풍부하게 설명되고 있다는 사실을 발견하게 될 것이다. 거기에서는 성적 욕망이 충족될 수 있는 가능성과 불가능성을 명료하게 밝히기 때문에 그는 그의 수고에 보람이 있다는 것을 알게 될 것이다. 플라톤은 에로스를 황홀한 것으로도 만들고 그것의 마법을 벗기기도 하는데 우리는 두 가지 다 필요하다. 적어도 만에게는 우리 자신을 새롭게 할 수 있는 전통이 생동한다고 할 수는 없을지라도 존재하고 있다. 그가 제시하는 것을 가지고 우리가 우리 자신의 여행에 착수하여 아셴바흐보다 더 흥미진진한 먹이를 찾을 수도 있을 것이다. 그러나 전통이라는 원래 가느다란 실을 이미 만이 늘릴 대로 다 늘려 놓아 미국에서는 그 실이 끊어져 버렸다. 이제 우리는 더 이상 전통과 접촉할 수 없게 되고 말았다. 에로스는 강박 관념이다. 그러나 거기에 대한 생각은 전혀 없고 생각의 가능성마저도 없는데, 왜냐하면 단지 우리 영혼에 대한 해석에 불과한 것을 이제는 우리가 사실로서 받아들이기 때문이다. 에로스는 서서히 무의미하고 변변찮은 것으로 되어갔음은 물론이고, 생각으로 일깨워지고 신중에 신중을 기해 내려진 선택을 의미하는 진정한 선택으로 확인되는 것이 없기 때문에 인간에게 유익한 것이 하나도 없다. 솔 벨로(Saul Bellow)는 "근대 사상이라는 잡동사니 더미 아래에서 세상의 마술을 재발견하는 것"이 자신의 의도라고 설명했다. 우리의 마음에 들도록 세상을 설명하고 세상을 단순화하기 위해 사용하였던 회색의 추상 개념이 우리 눈에는 세상 자체로 비치게 되었다. 현상을 살균된 정수로서, 또는 애매모호하게 경험하는 것이 아니라 현상 그 자체로 살펴볼 수 있는 유일한 방법은 서로 엇갈리는 통찰과 다양하고 심오한 견해를 가지는 것이다. 그러나 우리의 개념이 실제로 그와 같은 경험을 갖는 것을 어렵게 만들었고 이론적으로 불가능하게 만들었다. 플라톤이 예지를 본 곳에서 승화를 보는 젊은이가 플라톤과 대화를 한다는 것은 생각조차 해볼 수 없는 일이다. 그가 정말 플라톤에게서 배울 수가 있을까? 새로운 유형의 교육에 의해 인위적으로 구성된 영혼은 인간이 인위적으로 변형한 세상에서 머물고 모든 가치는 가치를 지니고 있는 개인들의 경제 및 성적 욕구에 의해 결정되고 상대적이라고 믿고 있다. 본래의 자연 경험을 그들이 어떻게 회복할 것인가?

이 장에서 열거된 위풍당당한 어휘 목록에 들어가는 어휘의 사용을 금지하는 법을 제정한다면 우리 인구의 대부분이 조용해지지 않을까 하는 생각이 든다. 기술적인 담화는 계속될 테지만 그 밖의 옳고 그른 것, 행복, 우리가 사는 방식에 관계되는 것 등은 모두 표현하기가 매우 어려워질 것이다. 사고가 있어야 할 곳을 이 어휘들이 차지하고 그것들이 퇴진하면 거기가 비어 있었다는 것이 드러나게 될 것이다. 한번 그렇게 해보는 것이 훌륭한 훈련이 될 텐데, 왜냐하면 드디어 사람들은 자신들이 믿는 것이 실제로 무엇이고 판에 박은 말 이면에 놓여 있는 것이 무엇인지에 대해 생각해 보기 시작할 테니까. '내 마음 내키는 대로 살겠다는 것'을 '생활 양식'이라는 그럴듯한 말로 대신한 것은 아닐는지? '내 의견'이 곧 '가치'가 되지는 않을는지? '나의 편견'이 곧 나의 '이념'이 되는 것은 아닌지? "'민중 선동(rabble-rousing)' 또는 '신성한 것'이 '카리스마'를 대신하지 말라는 법도 없지 않겠는가?" 규격화된 말은 각기 내용이 풍부하고 훌륭해 보인다. 그것은 우리의 취향과 업적을 정당화해 주는 것 같아 보이고, 입으로는 뭐라고 하든 인간은 그와 같은 정당화가 필요하다. 우리가 하는 일에는 이유가 있어야만 한다. 그것이 우리 인간성의 증거고 공동체를 가능하게 해준다. "나는 내가 믿는 것을 정말로 믿어. 이것들은 그저 내가 가진 가치야"라고 말하는 사람을 나는 결코 만나본 적이 없다. 언제나 논증은 있게 마련이다. 나치에게도 논증이 있었고, 공산주의자들에게도 논증이 있다. 도둑과 포주에게도 논증이 있다. 자신들의 입장을 스스로 꼭 밝혀야 할 필요는 없다고 느끼는 사람이 일부 있을 수는 있지만, 필경 그들은 뜨내기가 아니면 철학자일 것임에 틀림이 없다.

하지만 이러한 어휘들 자체는 동기가 아니고, 또 그것들이 동기로 의도되었던 것도 아니었다. 오히려 정반대로 그것들은 우리가 하는 일을 알고 싶어 하고 선해지고 싶어 하는 우리의 깊은 인간적 요구가 만족될 수 없음을 보여주기 위한 것이었다. 마치 기적처럼 이 용어들이 우리를 정당화시켜 주는 용어가 되어 버렸다. 즉 허무주의가 도덕주의로 둔갑했다. 내가 아찔하게 느끼는 것은 상대주의의 부도덕함이 아니다. 놀랍고도 불명예스러운 것은 그와 같은 상대주의를 용인하는 우리의 독단주의와 그것이 우리 생활에 가져다주는 의미를 태평스레 별로 상관하지 않는다는 점이다. 미국인들에게는 전혀 호소력이 없는 - 우리의 마르크스주의, 프로이트 추종, 여권 신장론, 비구성파 및 구조주의에 입각한 비평가들에게 난도질할 수 있는 빌미를 전혀 제공하지 않고 우리 젊은이들의 주목을 끌 만한 가정이나 감상, 틀에 박힌 문구를 제공하지 않는 - 작가인 루이 페르디낭 셀린(Louis - Ferdinand Céline)은 우리가 믿는 것, 또는 믿지 않는 것을 정면에서 대결할 때 인생이 인간에게 어떻게 보이는가 하는 것을 가장 잘 묘사하고 있다. 훨씬 인기가 있는 만이나 카뮈보다 그가 더 재주 있는 예술가고 훨씬 더 예리한 관찰자다.《밤의 종말로의 여행 *Voyage au bout de la nuit*》에 나오는 주인공 로빈슨은 그가 경탄하는 인물로서 철저히 이기적인 거짓말쟁이고 사기꾼이며 청부 살인자다. 페르디낭이 왜 그에게 경탄하는가? 부분적으로는 그의 정직함 때문이지만 그래도 주로 그가 여자 친구에게 사랑한다고 말하기보다는 오히려 그녀의 총에 맞아 죽는 길을 택했기 때문이다. 그는 무엇인가를 믿었고, 그 일은 페르디낭으로서는 해낼 수 없는 일이다. 미국 학생들은 이 소설에 저항감을 느끼고 질겁을 하며 혐오감을 갖고 이 소설에 등을 돌린다. 만일 그 책을 그들에게 강제로라도 읽게 만든다면 그들이 가진 전제를 다시 고려해 보고 다시 생각해 보는 것이 긴박하다고 여기며 그들의 잠정적 허무주의를 뚜렷하게 부각시킴으로써 그 허무주의를 심각하게 검토해 보게 되는 동기를 그 책이 유발할 수 있을 것이다. 우리의 현재 지적 상황을 잘 나타내 주는 것으로 나는 해변가에서 행복하게 물장구를 치는 프랑스 사람 사진이 담긴 영상 뉴스를 자꾸 상기하게 되는데 그는 레옹 블룸(Léon Blum)의 민중 전선 정부에 의해 입법화된 연례 유급 휴가를 즐기는 중이다. 그것은 1936년의 일이었고 같은 해 라인주(Rheinland)에서는 히틀러가 그 땅을 점령하는 것이 허락되었다. 우리의 모든 거대한 목적들이 결국은 그러한 종류의 휴가로 귀결된다.

  역설적인 것은 이렇게 쓰이는 우리의 언어가 사실은 드물게 특출한 사고와 철학적 위대함의 산물이라는 점을 이 엉성하고 피상적인 본 개관이 건드려 보는 역할 밖에 하지 못했다. 이 과제는 일생이 걸려도 모자라는 연구 과제고, 이 과제를 통해 우리는 우리를 빈곤하게만 만들어가는 확신을 버리고 인간화해 주는 의문으로 전환될 수 있을 것이다. 우리의 언어 이면에 자리하고 있는 동기로 되돌아가는 것, 그리고 다른 동기에서 나온 언어와 비교하여 고찰해 보는 것 자체가 우리를 해방시켜 줄 것이다. 나는 있는 그대로 우리 영혼의 고고학을 개요해 보려고 하였다. 우리는 한때 위대한 문명이 번영했던 자리에서 살고 있는 무식한 양치기와 같다. 그 양치기들은 지상으로 표출되어 나오는 유물 조각들을 가지고 놀면서도 그 조각들이 속하였던 물건의 아름다운 구조에 대해서는 전혀 개념이 없다. 필요한 것은 그들에게 인생을 앙양하는 본보기를 제공해 줄 수 있도록 그것을 조심스레 발굴하는 것이 전부다. 우리에게는 역사가 필요한데 이는 우리에게 무슨 일이 일어났는가를 알기 위해서라든지 과거를 설명하기 위해서가 아니라 과거를 살아 있는 것으로 만들어 그것이 우리를 설명해 줄 수 있고 또 미래를 가능하도록 하기 위해서다. 이것이 우리 교육의 위기요 기회이기도 하다. 서구의 합리주의는 결국 이성을 거부하는 것으로 귀결되었다. 이러한 결과는 필연적인가?

대륙의 철학, 특히 독일의 철학이 우리에게 결정적인 영향을 미쳤다고 진술하는 나의 논문을 잘못되었다거나 또는 과장되었다고 말하는 사람이 많을 것이다. 더욱이 이 모든 언어가 내가 귀속시키는 그 출처에서 기인하는 것이 사실이라고 치더라도 언어가 내가 말하는 것과 같은 효과를 가져올 수 없다고 말할 것이다. 그러나 우리는 그 언어에 온통 둘러싸여 있다. 그 언어를 만들어 낸 사상을 부인할 수 없는 것과 마찬가지로 그 언어의 출처 또한 부인할 수 없다. 그 언어가 어떻게 대중화했는지 우리는 알고 있다. 마음의 카테고리가 인식을 결정한다는 사실을 시인하기 위해서는 오로지 나의 엠허스트 대학 학생의 경우와 애틀랜타 택시 기사의 경우만 생각해 보면 된다. 우리가 만일 칼뱅 교도들의 '세계관(worldview)'이 자본주의를 만들어 냈다고 믿을 수 있다면, 독일 철학자들의 압도적인 선견지명이 전체 정치의 미래를 예비하고 있었다는 가능성 또한 신뢰해도 무방할 것이다.

루소, 칸트, 헤겔, 니체는 가장 위대한 철학자라는 점을 나는 거듭 강조해야겠다. 정확히 말해서 사실 이 점이 나의 요지다. 이것이 의미하는 바를 우리는 새삼 배워야만 하고, 같은 계열에 속하는 다른 사람들도 있음을 새삼 배워야만 한다.

제 3 부
대   학

소크라테스의 《변명》에서
하이데거의 '학장 취임 연설문'까지

 내가 시카고 대학을 처음 본 것은 15세 때였는데, 그때 나는 왠지 알 수 없으나 내 인생을 발견했다고 느꼈다. 그 이전까지 나는 필요나 실용성을 위해서가 아니라 좀더 고귀한 목적에 이바지하려는, 즉 단순히 안식처를 제공한다거나 제조 또는 상업용이 아니고 그것 자체가 바로 목적이 되는 그런 건물을 결코 본 적이 없었고 적어도 그것의 존재를 알아차렸던 적도 없었다. 중서부 지역은 예배드리는 성전이 탁월하여 그 광휘가 빛나는 것도 아니고 기념비가 될 만한 정치적 영광으로 유명한 곳도 아니었다. 탁월했던 정신의 추억이 조금은 남아 있어 젊은 사람들의 상상력을 자극하거나 그들의 경탄을 불러일으키기는 한다. 정체를 알 수 없던 나의 갈증이 바깥세상에서 갑자기 해답을 발견하게 된 것이다.
 물론 그것은 고딕 양식을 모조한 건물이었다. 내가 교육을 받아 가는 과정에서 나는 그것들이 모조라는 것을 배웠고, 사실 고딕 양식이 내 취향에는 별로 맞지 않는다는 것도 알게 되었다. 그러나 그것을 통해 나는 위대한 사람들이 만나는 장소로 인도하는 배움의 길로 들어서게 되었다. 우리는 거기에서 자신의 주변에서는 좀처럼 발견할 수 없는 본보기들을 발견하게 되고, 그런 본보기가 없다면 우리는 우리의 능력을 인지할 수도 없고 그들과 같은 부류에 속하는 것이 얼마나 멋진 일인가 하는 사실을 알아볼 길도 없다. 먼나라, 지나간 먼 시대의 양식을 이렇게 모방함으로써 우리는 그 양식에 의해 표현되는 내용물이 우리에게는 결여되어 있다는 것을 알게 되고, 따라서 그 내용물을 존경하게 된다. 이러한 건물들은 그 누구보다도 활동적인 생활에 몰두하고 있는 나라가 명상적인 생활에 표하는 경배의 표시였다. 모조 고딕 양식이 크게 조롱을 받았으므로 이제는 아무도 건물을 그렇게 짓지 않는다. 그것은 진품이 아니고 우리 모습을 표현한 것이 아니라고들 말했다. 내게는 이것이 바로 우리의 모습을 표현한 것이었고 아직도 나는 그렇게 생각한다. 정말 문화 비평가들이 그 건물을 짓도록 비용을 댄 속된 부자들보다 우리의 정신적 요구에 대해 더 훌륭한 직감을 지녔는지 의문을 갖게 된다. 이 나라의 추진력은 미래를 지향하고, 전통이 이 나라에서는 영감을 주는 것이 아니라 오히려 속박이 되는 것처럼 보인다. 우리가 우리의 궤도를 수정할 때에는 과거로부터의 회상과 경고가 유일한 감시자다. 오로지 미국적인 목표에만 헌신하는 것처럼 보이는 대학을 도시 한가운데에 세운 꼴사나운 백만장자들은 그 일을 통해 그들이 여태껏 소홀히 했던 것에 경의를 표하고자 하였고, 그들은 자신들이 놓치고 만 것에 대한 안타까움에서, 아니면 그들의 전 생애를 바치다시피한 대상물에 대해 불편한 양심을 가졌기 때문에, 그도 아니면 그 계획에 자신의 이름이 붙는 허영심을 만족시키기 위해 그 일을 하였을 것이다. (한 사람의 허영심이 무엇으로 채워지는가를 보면 그 사람에 대해 많은 것을 알 수 있다.) 기술적인 교육만이 아니라 교육이라는 것 자체가 미국적인 것이다.

　나의 경우, 이 건물들이 내게 한 약속이 완벽하게 지켜졌다. 내가 그곳의 학생이 되는 순간부터 나는, 흥미로운 주제였지만 연구의 대상이 되기에는 결코 적합하지도 가능하지도 않은 것처럼 보였던 내가 무엇인가라는 문제가 나의 전 생애를 바쳐도 될 만한 주제인 것으로 생각하게 되었다. 고등학교 시절 나는 많은 남녀 선배들이 의사가 되기 위해, 변호사, 사회 사업가, 선생님이 되기 위해, 그 밖에 내가 살던 작은 세계에서 훌륭하다고 여겨지는 모든 다양한 직업을 갖기 위해 주립 대학으로 진학하는 것을 보았다. 대학은 성장의 일부였지만 그것이 변신의 계기가 되는 경험이 될 것으로 기대하지는 않았고, 사실 변신시켜 주지도 못했다. 지금껏 들어 보지도 못한 미지의 진지한 목표가 있다고는 아무도 믿지 않았고, 또 우리의 목표를 연구하여 그 목표의 서열을 결정하는 묘책이 있다고 믿는 사람도 없었다. 간단히 말해 철학은 다만 말에 불과했고 문학은 여흥의 한 형태였다. 우리의 고등학교와 그것을 둘러싸고 있는 분위기가 우리에게 이러한 마음 자세를 갖게 만든다. 그러나 훌륭한 대학은 그것 이외에 또 다른 형태의 분위기가 있다는 것을 우리에게 제시해 주었고, 모든 사람이 각자에게 물어보고 생각해 보아야 하는 의문들이 있고 일상생활에서는 그런 질문이 야기되지도 않으며 거기에서 해답을 얻으리라 기대할 수도 없다는 것 또한 우리에게 알려 주었다. 훌륭한 대학은 자유로운 탐색의 분위기를 조성해 주었고 따라서, 그와 같은 탐색에 도움이 되지 않거나 유해한 것들은 제외되었다. 대학은 중요한 것과 중요하지 않은 것을 뚜렷하게 구분했다. 대학은 전통을 보호했는데, 그 이유는 단지 전통이 전통이기 때문이 아니라 전통만이 유일하게 높은 수준의 모범적인 토론을 제시해 주기 때문이다. 대학은 경이로운 인물들을 포함하고 있었고, 그 경이로운 인물들의 공유하는 경험을 바탕으로 우정을 구축하는 것이 가능하다. 무엇보다도 대학에는 참으로 위대한 몇몇 사색가가 으레 존재했고, 그들의 생활이 바로 이론적 생활이 실재할 수 있다는 산 증거가 되었으며, 그들의 동기는 사람들이 흔히 보편적이라고 여기는 상스러운 동기로 쉽게 격하될 수 없었다. 그들에게는 권위가 있고, 그들의 권위는 힘이나 돈이나 집안에 기초한 권위가 아니라 마땅히 존경할 수밖에 없는 타고난 재능에 기초한 것이었다. 그들 간의 관계, 그리고 그들과 학생들 간의 관계는 공동체의 현시(現示)로서 거기에는 참된 공동 이익이 있었다. 이성을 기초로 건국된 국가에서 대학은 그 체제의 신전이었고, 이성의 가장 순수한 사용에 헌신하였으며, 자유롭고 동등한 사람들의 교류에서만 가능한 존경을 유발하였다.

  해가 가면서 나는 이러한 생각의 대부분이 젊고 열의에 가득 찬 나의 상상 속에서나 존재한다는 것을 배우게 되었지만 우리가 상상하는 것만큼 그런 것은 아니었다. 대학이라는 기관이 내가 예상했던 것보다는 훨씬 더 불명료하였고, 상반되는 세상 정세의 와중에 말려들었을 때는 대학이 취해야 옳을 것 같은 모습보다 훨씬 더 나약하다는 것이 증명되었다. 그러나 실제로 내게 새로운 세계를 열어 준 진짜 사상가를 나는 목격했다. 내 존재의 실체에 대한 정보는 내가 배우고 아끼게 된 책들로부터 얻었다. 그 책들은 내 일생의 매일매일 시시각각 나와 함께하고, 훌륭한 한 대학의 가장 찬란하던 시기에 그 대학에 소속하는 행운이 내게 있었기 때문에 나는 내가 볼 수 없고 될 수도 없었던 것을 보고 될 수 있었다. 꿈속에서나 가져볼 수 있는 스승과 제자를 나는 갖게 되었다. 그리고 무엇보다도 우정에 대해 함께 생각할 수 있는 친구를 갖게 되었고, 그들과는 영혼의 접촉이 있으며, 그들 내면에서는 내가 막 지금까지 이야기하였던 공동의 이익이 작용을 한다. 물론 이 모든 것 이외에도 거기에는 인생에 필연적으로 따르게 마련인 허점과 추악함도 뒤범벅으로 섞여 있었다. 이중 그 어떤 것도 인간에게 있는 상된 면모를 상쇄할 수는 없다. 그러나 그것은 심지어 상된 것에조차도 가르침을 준다. 대학 - 원칙적으로는 대학과 그 내용과는 분리될 수 있는 것이고, 결국은 내용을 전달하는 매개체에 불과하다고 할 수 있는 - 에 대해 내가 실망을 느꼈다고 해서 대학에서 평생을 보낸 나의 인생이 내가 영위할 수 있는 최상의 인생이었다는 점에는 추호의 의심도 갖지 않았다. 나는 대학이 대학을 둘러싸고 있는 사회에 적절한 공헌을 하였다고는 결코 생각하지 않는다. 오히려 사회가 대학에 도움을 주었고 또 준다고 생각하여, 일부 사람이 영원히 어린이로 남아 있는 것을 허용해 주고 또 지원해 주는 사회를 축복할 뿐이며, 반면에 어린이로 남아 있는 사람의 장난기가 사회로서는 은총이 될 수가 있다. 대학의 개념에 애착을 느끼는 것이 덧없는 것은 아니다. 오로지 대학을 통해 우리는 우리가 애착을 느낄 수 있는 것이 무엇인지를 볼 수 있기 때문이다. 그것이 없이는 이론적 생활에서 나오는 모든 훌륭한 성과들이 흐느적거리는 태초의 무형 상태로 도로 주저앉을 것이고 그렇게 되면 다시 소생할 수가 없다. 이론적 생활을 경제적으로 심리적으로 간편하게 헐뜯는다고 해서 그 생활의 돌이킬 수 없는 아름다움을 없앨 수는 없다. 그러나 그러한 헐뜯음이 그 아름다움을 흐려 놓을 수는 있고, 또 실제로 흐려 놓았다.

민주 체제에서의 지적 생활을 논한 토크빌

민주 사회에서는 대학이 중요하다는 것을 토크빌이 내게 가르쳐 주었다. 그의 훌륭한 저서 《미국 민주주의 *Democracy in America*》는 정리가 안 된 내 생각에 분명한 목소리를 불어넣어 주었다. '미국인들의 지적 생활'에서 그가 묘사한 우리들의 모습은 우리가 우리를 볼 수 있는 거울과 같다. 그러나 그가 가지고 있는 보다 광범위한 시각이 우리에게는 생소하기 때문에 우리가 우리 자신을 즉각적으로 알아보지 못한다. 내 경험에 의하면 학생들이 처음에는 미국 지성에 대한 토크빌의 설명에 지루함을 느끼지만, 그들이 정말로 주의를 기울일 수 있도록 만들어 주면 드디어 그들은 그 자리에 못 박힌 듯 움직이지 못하고 놀라움을 금치 못한다. 사람은 그가 처한 상황에 의해 시야가 제한된다는 사실을 다른 사람에게서는 쉽게 알아차리면서도 그 사실을 믿기 좋아하는 사람은 아무도 없다. 토크빌은 어떻게 민주 체제가 그 나름대로의 독특한 지적 경향을 갖게 되었는가를 보여주고, 그것을 적극적으로 수정하지 않으면 마음의 시야를 왜곡시킨다는 것을 보여 준다.

  토크빌에 의하면 민주주의의 크나큰 위험은 여론의 노예가 되는 것이다. 각자가 스스로 결정을 내리는 것이 민주주의의 요구다. 무엇이 진실이고 거짓이며 무엇이 선하고 나쁜가를 스스로 결정하기 위해 타고난 능력을 사용하는 것이 미국식 철학 방법이다. 다른 종류의 정부 형태에서는 전통에 의해 판단이 내려지지만 민주주의는 전통으로부터의 해방이다. 종교적 편견, 계급, 가족 등이 원칙에서만이 아니라 실제에 있어서도 평준화되었는데, 그 이유는 그것의 대표자들 그 누구도 지적 권위를 갖고 있지 않기 때문이다. 동등한 정치적 권리 때문에 교회나 귀족 사회가 요새를 구축하고, 그 요새로부터 사람들의 의견에 영향력을 행사하는 것이 불가능하다. 신으로부터의 계시가 표준인 성직자, 오래된 것에 대한 외경심이 남달리 강한 귀족, 이성에 입각한 권리보다는 언제나 조상대대로의 권리를 더 선호하는 경향이 있는 아버지 등은 모두 동등한 개인이 시시가 씀에 따라 밀려난다. 혹시 사람들이 권위를 추구한다고 하더라도, 그것을 다른 정부 형태에서 그들이 찾을 수 있었던 곳에서 찾을 수 없다. 따라서 민주주의에서는 이성의 자유로운 활동에 방해가 되었던 외적 장애물은 제거되었다. 다른 정부 형태에서 인간이 처했던 상황과 의견을 조성하던 통상적인 출처를 비교해 볼 때 사실상 인간은 모든 것을 스스로 책임지게 된다. 이것은 이성이 조처를 취할 것을 촉진한다. 하지만 사회 조직에 의해 장려되는 자신의 이해타산을 계산하는 것 이외에 이성의 사용을 연마하는 사람이 거의 없기 때문에, 그들은 상당히 많은 문제 - 사실상 새롭고 독립된 판단에 모든 것이 개방되어 있다는 점에서는 모든 문제 - 에 도움이 필요하고 그 문제를 고려해 볼 시간도 능력도 없다. 심지어는 그들이 계산하는 자신의 이해타산 - 목표 - 조차도 의심스럽다. 대부분의 사람에게 일정한 권리가 종종 필요하고, 적어도 때로는 모든 사람에게 필요하다. 우리가 의존할 수 있는 것이 하나도 없는 상황에서는 대다수의 공통 신념이 거의 언제나 판단의 기준이 되어 결정을 내리게 된다. 이 점에서 전통이 가장 소중했다. 전통이 갖는 비민주적이고 반이성적인 신비한 분위기에 유혹되지만 않는다면, 전통은 단지 추세에 불과한 것에 평형과 개선을 제공해 주고, 전통에는 다져진 옛 지혜(지혜라고 할 수 없는 많은 것과 더불어)의 잔재가 담겨 있다. 한 인간의 영혼 속에 전통이 활발하게 살아 있으면 그는 덧없는 것에 대비할 수 있는 자원을 가진 셈이고, 그러한 자원은 오직 현자(賢者)들만이 쉽게 자기 속에서 발견할 수 있다. 이성의 해방에 따르는 역설적인 결과는 지도 편달을 위해 여론에 과다하게 의존하게 되었고 독립성이 약화되었다는 점을 들 수 있다.

요컨대 이성이 무대의 중앙에 나서게 된다. 비록 민주주의에서는 각 사람이 개별적으로 자신은 다른 모든 사람과 동등하다고 생각하지만, 이것이 동등한 사람들의 집단에 맞서는 것은 어렵다. 만일 모든 의견이 동등하다면 그때는 정치가 심리적 유추를 본떠 다수를 차지하는 의견이 지배해야 한다. 각자는 자기 자신의 의견을 좇아야 한다고 말하는 것이 다 좋으나 사회 및 정치적 생활을 위해서는 합의가 요구되기 때문에 조정이 필요하다. 따라서 다수 의견에 반대할 어떤 강력한 근거가 없는 한 어쩔 수 없이 다수 의견이 이기게 된다. 이것은 다수 독재의 정말 위험한 형태로서 소수를 적극적으로 박해하지는 않지만, 복종하지 않는 원칙이 될 적절한 근거가 없고 보다 우월한 권리 개념이 없기 때문에 저항하겠다는 내적 의지를 분쇄시킨다. 있는 것이라고는 다수가 전부다. 다수가 정하는 것이 유일한 심판이다. 우리를 위협하는 것은 다수의 힘이라기보다는 다수가 외관상 정의인 것처럼 보인다는 점이다. 토크빌은 미국사람이 개인의 권리에 대한 이야기는 무척 많이 하지만 사실 그들의 생각은 단조롭고, 왕성하고 독립된 마음의 소유자는 드물다는 것을 발견했다. 자유로운 사고를 하는 것처럼 보이는 사람들조차도 실은 구성원에게 주의를 기울이고 언젠가는 다수의 일부가 될 것을 기대한다. 그들도 다수 준봉자(遵奉者)들과 다를 바 없는 여론의 소산이고, 이미 우세한 의견을 과격하게 만드는 불복종에 존경과 박수를 보내는 다수 준봉자 무대의 배우라 할 수 있다.

합리적인 체제에서는 당연히 노출하는 이성이 원칙 또는 권리라는 신념에 기초를 둔 예전 의미의 계급이 부재(不在)함으로써 격분한다. 가장 기본적인 정치 원칙에 대해서는 일반적으로 합의가 이루어지고 있으므로 그 원칙을 의문시하는 데에는 아무런 지위가 따르지 않는다. 귀족 사회에서는 민중당(黨)도 있었지만 민주주의 내에는 귀족당이 없다. 즉 이것은 현 지배의 원칙에 반대하는 사람은 존경을 받을 수 없고 보호도 받을 수 없다는 것을 의미한다. 또한 과거에는 군수나 귀족들의 이익에 대항하여 교회의 이익을 대표하는 당파도 있었다. 이것으로 인해 역시 반대 의견이 활약할 수 있는 자리가 마련되었다. 우리는 정치적 언쟁의 열기 속에서 원칙에 관한 우리의 차이점이 투쟁을 벌였던 예전 사람들의 차이점에 비하면 아주 미소하다는 사실을 잊어버리는 경향이 있다. 우리의 역사상 기본 원칙을 정말 근본적으로 서로 달리하였기 때문에 싸움을 벌였던 유일한 경우가 노예 제도를 놓고 벌인 싸움이었다. 그러나 노예 제도를 옹호하는 사람들조차도 아리스토텔레스가 단언한 것처럼 어떤 사람은 다른 사람을 섬기도록 타고 났다고 감히 단언하는 사람은 거의 없었고, 따라서 그들은 흑인들의 인간성을 부인해야만 했다. 그 밖에도 사실상 그 문제는 독립 선언에 의해 이미 해결이 났다. 흑인 노예제도는 없애야만 하는 탈선이었고 우리 국민 생활의 영원한 일면이 될 수는 없었다. 노예 제도만이 아니라 귀족주의, 군주제, 신정(神政) 등이 독립 선언과 헌법에 의해 잠들게 되었다. 이것이 나라 안의 평온을 위해서는 매우 좋았으나 득의만면한 평등주의를 이론적으로 의심해 보는 일에는 별로 독려 되지 못했다. 정치적 이론 정립에 관한 예전의 문제점들이 명백하게 해결되었음은 물론 그것에 대하여 다양성을 키우던 자원까지도 제거되어 버렸다. 민주적인 의식과 살아남겠다는 단순한 요구가 합쳐서 의심을 억누른다. 토크빌이 미국에 제기한 의문은 - 그 의문에 대한 해답이 그를 우리 중 누구보다도 평등주의의 정의를 더 합리적이고 더 긍정적으로 확인할 수 있게 해주었고 - 우리로서는 경험할 수 없는 경험 세계에서 나온 것이다. 그는 선택할 수 있는 또 다른 체제 - 귀족 사회 - 를 경험하였고 영혼의 또 다른 기질도 체험하였다. 어떤 방식으로든지 우리가 그것과 유사한 경험을 접해 보지 못한다면, 인간의 가능성에 대한 우리의 이해가 그만큼 빈약해지고 우리의 강점과 약점을 평가하는 우리의 능력도 감소된다.

　가능성의 끝까지 가 보고, 중요한 대안들에 대한 평가를 저지시키려는 체제 자체의 경향을 극복하기 위해 대학은 보호받지 못하고 두려워하는 이성을 도와야만 한다. 탐구와 철학적 개방이 독립된 곳이 대학이다. 이성을 수단으로 사용하는 것이 아니라 그 자체로 사용하도록 장려하는 것이 대학의 의도고, 지배 세력이 도덕 및 물리적으로 우세하여도 철학적 의문을 위협하지 않는 분위기를 제공하는 것 또한 대학의 의도다. 그리고 그러한 의문을 키워 나가는 데 필요한 위대한 업적, 위대한 인물, 위대한 사상을 보존하고 있는 보고가 대학이다.

　이성의 자유에는 구속, 특히 법적 구속이 없어야 함은 물론 대안을 위해 다양한 사상의 공존도 필요로 한다. 가장 성공적인 독재는 획일성을 확고히 하기 위해 힘을 사용하는 독재가 아니라, 다른 가능성이 있을 수 있다는 인식을 제거하고 다른 방법이 생존할 수 있다는 것을 상상조차 할 수 없는 것으로 만들며 바깥세상이 있다는 감각을 제거하는 것이 가장 성공적인 독재다. 인간을 자유롭게 만들어 주는 것은 느낌이나 소신이 아니라 논리적으로 생각하는 사고다. 느낌은 주로 관습에 의해 형성되고 전달된다. 사상과 근본적인 원칙에서 나온 차이점은 진짜다. 민주주의의 많은 부분이 차이점의 인식을 공격하는 데 소요되고 있다.

　첫째, 모든 체제가 그러하듯 우선 과거에 대해 소위 공식적이라고 할 수 있는 해석이 있어 과거의 체제를 결점이 있었거나 현 체제를 향해 가는 과정의 한 형태였던 것으로 보이게 만든다. 성(聖) 아우구스티누스(St. Augustinus)의 《신의 나라 *De civitate Die*》에 나오는 로마와 로마 제국에 대한 해석이 그 본보기다. 로마가 잊혀지지는 않지만 오로지 승리에 의기충천한 기독교의 시각을 통해서만 기억되고, 따라서 거기에 도저히 도전할 수 없다.

　둘째, 각 체제마다 권력을 잡고 있는 사람에게 아첨하는 것이 기정사실이고, 특히 독재 체제와는 달리 민주주의에서는 반항하려는 내면의 의지를 분쇄하는 것이 적법한 원칙으로 허용되고 있고 내가 이야기했듯이 대중 이외에 우리가 의존할 수 있는 합법적 힘이 존재하지 않기 때문에 민주주의에서는 더욱더 그렇다. 근대 민주주의에서는 민중에게 부여되는 힘에, 인생의 모든 분야에서 대중의 취향이 지배한다는 사실에 불쾌감을 느끼는 경우가 아주 드물다. 마르크스주의는 불의와 속물근성이 타락한 엘리트의 조종을 받아 생긴 것으로 설명함으로써 민중이 결백하다는 것을 증명해 주기 때문에 지적으로 사람들이 마르크스주의에 매력을 느낀다. 따라서 마르크스주의자는 자신을 현재와 미래로부터 분리시키지 않고서도 현재를 비판할 수 있다. '부르주아의 야비함'이 사실은 인간의 본성인지도 모른다는 가능성, 그래서 항상 어디에나 있을 수 있다는 가능성에 직면하기 원하는 사람은 거의 없다. 사람들의 아첨과 여론을 거부할 능력이 없는 것이 민주주의의 악덕이고 특히 작가, 예술가, 언론인, 그리고 그 밖에 누구든 청중에 의존해야 하는 사람들의 악덕이다. 적개심과 민중을 지나치게 경멸하는 것은 귀족 사회의 악덕이지 우리의 문제는 아니다. 귀족 사회는 무엇보다도 선동자를 가장 미워하고 두려워하는 반면에 순수 형태의 민주주의는 '엘리트주의자'를 무엇보다도 미워하고 두려워하는데, 그 이유는 그들이 부당하기 때문에, 다시 말해서 엘리트주의자는 민주주의 체제의 주가 되는 원칙인 정의를 받아들이지 않기 때문이다. 그러므로 모든 체제는 각기 그 체제의 정치적 지적 성향을 가장 잘 알아보고 가장 잘 보완할 수 있는 사람은 무시하고, 반면에 그러한 성향을 부추기는 사람에게는 경탄을 보낸다. 그러나 반복하건대 이러한 경향은 비민주적인 계급이 부재하는 민주주의에서 더 심하다. 모든 정권에는 국민이 있지 필히 그 밖의 다른 계급이 있을 필요가 없다.

  셋째, 민주주의가 유용한 것과 국민이 전반적으로 가장 긴박하다고 여기는 문제를 해결하는 데 주의를 집중시키다 보니 민주주의와 이론적으로 차이가 나는 것은 무용한 것으로 보게 되고 비도덕적인 것으로까지 보게 된다. 가난, 질병, 전쟁이 여전한데 누가 식도락가의 정원에서 해답은 이미 나와 있는 질문이나 던지면서 노닐 수 있으며 실행의 결의가 요구되는 이 시점에 멀찌감치 떨어져 한가로이 거닐 권리를 주장할 수 있단 말인가? 그것 자체를 위해서라는 생각이 근대 민주 정신에는 생경하고, 특히 지적인 문제에서는 더욱 그렇다. 위기가 있을 때마다 민주적인 사람으로 사색에 헌신하는 사람은 의식의 위기를 맞게 되고, 자신들의 노력을 유용성의 기준에 맞추어 해석할 수 있는 방법을 찾아야만 했으며, 그렇지 못하면 그 노력을 포기하든지 변형시켜야만 했다. 평등주의 사회에서는 자신을 엄청난 인물로 생각하는 사람은 아무도 없고, 특별한 권리를 가졌다는 생각을 갖도록 양육되지도 않았으며, 자만심 때문에 필수품에 불과한 것은 경멸하도록 양육된 사람도 없다는 사실 때문에 이 경향이 더 두드러진다. 아리스토텔레스가 말하는 아름답지만 실생활에는 유익하지 않은 것들을 사랑하는 위대한 영혼의 소유자는 민주적인 유형의 인물이 아니다. 그와 같은 인물은 명예를 사랑하지만 자기 자신이 그보다 더 낫다는 것을 알기 때문에 그것을 멸시하는 반면에 민주주의의 허영은 허영을 추구하여 얻은 명예로 자기 자신을 규명한다. 아름답고 쓸모없는 것을 사랑하는 사람을 결코 철학자라고 할 수는 없지만 - 적어도 보다 합리적일 가능성은 있는 유용한 것을 좋아하는 사람이 철학자가 될 수 없는 것과 마찬가지고 - 그는 철학자가 경멸하는 많은 것을 그도 똑같이 경멸한다는 이점을 지녔고, 철학자가 별로 쓸모가 없다는 바로 그 이유 때문에 하나의 장식품처럼 철학자를 존경할 가능성이 높다. 위대하고 특별한 일을 해내기에는 유용한 것을 좋아하는 사람보다는 그가 더 적절하고, 그는 실리주의 심리학에서는 존재하지 않는다고 주장하는 동기를 믿고 숭배한다. 대다수 사람들이 애쓰는 목표 - 돈과 지위 - 가 그에게는 당연할 수 있다. 그는 자유로우므로 민주 견해로는 당연한 자신이 이미 가진 것을 남들도 가질 수 있도록 돕는 일로 그의 생을 보내지 않을 경우 다른 성취물을 찾아보아야만 한다. 다른 것을 성취하기 위해 필요한 임무가 아니라 안다는 것 자체가 성취라는 사실이 그에게는 당장 이해가 간다. 수단과는 대조되는 최종 목적, 행복의 추구가 아니라 행복 자체가 귀족적인 기질에는 호소력이 있다. 이 모든 것이 지적인 생활에는 유익하고 민주주의의 고유 특질에는 매우 생소하다.

따라서 이성의 통치를 천명한다고 해서 그것이 곧 이성이 완전히 행사되는 조건이 갖추어지는 것은 아니고, 이성 통치에 방해되는 것을 제거하는 과정에서 일부 지주(支柱)가 붕괴되기도 한다. 이성은 단지 영혼 질서의 일부분에 불과하고, 적절하게 역할을 수행하기 위해서는 다른 부분들과 균형을 이룰 필요가 있다. 열정이 이성의 종복이냐 아니면 이성이 열정의 몸종이냐 하는 것이 쟁점이다. 홉스의 주장인 후자의 해석은 근대 민주주의 발달에 중요한 역할을 하고, 이 견해는 이성의 진가를 인정하면서도 동시에 이성의 가치를 저하시킨다. 자유로운 이성 작용을 장려하지 않는 오래된 전통적인 질서에는 이성을 보다 고결하게 철학적으로 이해하였다는 흔적을 보여주는 요소들이 담겨 있고 그 질서는 이성의 저하를 방지하는 데 도움을 준다. 그러한 요소들은 그와 같은 질서에 널리 보급되어 있던 신앙심과 연결되어 있다. 그것들은 높은 것에 대한 경이감과 명상하는 생활에 대한 존경심을 전달한다. 명상하는 생활은 신에 대한 숙고자 헌신의 극치며 단순히 긴급하고 현재 유행하는 것에만 빠져드는 것을 완화시켜 주는 영원에 대한 집착인 것으로 해석되었다. 이러한 것들이 철학적 장엄의 모습이고 - 새삼 강조하건대 그것은 원래의 모습을 왜곡한 것이어서 철학의 가장 쓰라린 적이 될 수도 있지만 천지 만물과 철학이 시작되는 영혼의 질서를 유지해 준다. 파스칼에 대한 그의 감동적인 설명을 통해 토크빌이 이 점을 매우 훌륭하게 묘사하고 있고, 그는 분명히 파스칼을 인간 중 가장 완벽한 인간으로 여기고 있다. 토크빌에 따르면 민주주의에서는 그와 같은 종류의 사람, 즉 이론적인 사람이 존립할 수 있는 가능성이 가장 위협을 받고 있다. 그리고 인간성이 비통하리만큼 빈약해지지 않으려면 그것을 활발하게 수호해야만 한다. 근대 민주주의에서 번창하는 대부분의 이론적 고찰은 파스칼로 대표되는 보다 높은 유형에 대한 평등주의의 분개로 해석할 수 있고, 그 높은 유형을 더럽히고 불구로 만들며 존재하지 않는 것으로 해석한다. 마르크스주의와 프로이트 학설은 파스칼의 동기를 누구에게나 있는 평범한 것으로 격하시킨다. 역사주의는 그가 영원하다는 것을 부인한다. 가치 이론은 그의 추론이 타당하지 못한 것으로 만든다. 만일 그가 다시 나타난다고 하더라도 눈이 먼 우리는 그의 탁월성을 몰라볼 것이고, 따라서 알게 되어 발생하게 될 불편은 모면할 수 있다.

민주주의 체제에서 대학은 이런 특이한 맹점을 방지하기 위해, 또는 고치기 위해 존재하는 것이지 귀족주의를 세우려고 존재하는 것이 아니며, 민주주의 자체와 일부 대학인들의 지성의 자유 - 분명히 자유 중 가장 중요한 자유의 하나인 - 를 보존하기 위해 존재한다고 말할 수 있을 것이다. 성공적인 대학이 있다는 것은 한 사회가 인간의 가능성을 저지하지 않고 사람의 마음을 정부의 목표에만 국한시키지 않고도 모든 사람의 안녕에 헌신할 수 있다는 증거다. 지적으로 민주주의의 가장 심각한 약점은 사람들에게 이론적인 생활에 대한 취향이 결여되어 있거나 아니면 그 생활에 대한 재능이 결핍되어 있는 것이다. 우리에게 노벨상 등 이와 유사한 상들이 있어도 이 점에 대한 토크빌의 평가를 반박할 수는 없다. 우리가 충분한 지성을 소유했느냐 하는 것이 문제가 아니라 광범위하고 깊이 있는 사고에 숙달되어 있느냐 하는 것이 문제다. 과거의 그 어느 때보다도 지금은 우리의 부족함을 끊임없이 일깨워야 할 필요가 있다. 유럽의 위대한 대학들이 우리의 지적 의식이 되어 주었는데 그 대학들이 쇠퇴하게 된 지금에는 우리 스스로 꾸려 나가야 한다. 우리 자신을 지나치게 좋게 생각하지 못하도록 막아 줄 수 있는 것이 아무것도 없다. 우리 가운데에 유행과는 초연한 기관이 생겨나 안녕이나 동정을 초월하는 명료함을 정립하고, 우리의 강력한 충동과 유혹을 거부하며, 모든 종류의 속물 근성으로부터 벗어나 오직 기준을 지키는 일에만 전념할 필요가 있다. 비록 기준에 부합하면 새로운 것도 인정할 수 있어야 하지만 우선은 그런 기준을 과거에 가장 훌륭했던 것으로부터 마련하도록 해야 한다. 그 기준을 만족시키는 새로운 것이 결코 없다고 하더라도 그것은 큰 불행이 아니다. 위대한 정신이 왕성하여 정신적 꽃을 피운 시기는 드물고 왕성하지 못한 시기는 그 시기의 산물로부터 양분을 공급받는다. 그 시기가 주는 영감을 잃어버리거나 그것을 대신할 아무것도 갖고 있지 못한 것이 큰 불행이다. 이렇게 되면 그나마 드물게 나타나는 재능이 우리 가운데서 그 능력을 제대로 발휘할 가능성이 더욱 희박해진다. 성경과 호메로스는 수천 년에 걸쳐 영향력을 발휘하였고 사회의 주류로, 때로는 침체된 상태로 보존되었으며, 그것을 능가하는 세력의 출현도 거의 없었고 특정한 시대 또는 체제의 정신에 맞지 않는다고 해서 부적절한 것으로 여겨진 적도 없었다. 그것들은 탈출구를 제공해 주었을 뿐만 아니라 개혁의 표본이 되기도 하였다.

  수행하기에 쉽지 않고 항상 상기하기조차 힘이 들는지 모르지만 그래도 대학의 임무는 그리하여 명확히 규명된다. 첫 번째로 불변하는 의문들을 최우선에 그리고 중심부에 유지하는 일이다. 이 일은 우선적으로 이 의문에 대해 가장 훌륭한 해답을 제기했던 사람들의 작품을 보존함으로써 - 항상 활발하게 유지함으로써 - 이루어질 수 있다. 중세에는 사회를 주도하는 주도 세력의 마음속에 아리스토텔레스가 언제나 자리하고 있었다. 그는 교회 원로들과 거의 맞먹는 권위로서 활용되었고 그들과 융합되었다. 이것은 물론 권위와 철학은 반대라고 생각한 아리스토텔레스를 오용한 것이었다. 그 자신의 가르침을 무작정 신봉할 것이 아니라 언제나 의문과 의심으로 접해야 한다고 했다. 인간 개인의 이성을 위하여 모든 권위를 포기하는 것이 철학의 정수다. 그럼에도 불구하고 아리스토텔레스는 거기에 있었고, 그의 절제되고 분별 있는 견해가 세상에 영향을 미쳤으며, 철학적 의심을 갖게 된 사람들의 안내자가 되었다. 우리 시대에서는 권위로부터의 해방과 이성의 독립이 일상사가 되고 있다. 하지만 아리스토텔레스를 적절하게 활용하는 것이 아니라 - 이제 우리가 드디어 적절한 기질을 가졌는데도 - 오히려 어느 모로 보나 아리스토텔레스가 사라져 버렸다. 근대를 파악하기 위해 우리가 헤겔이 아리스토텔레스를 활용하였듯이 아리스토텔레스를 활용할 수는 없게 되었다. 대신에 우리는 점점 더 여기와 현재의 편협한 경험에만 국한하게 되고 그 결과로 시각마저 잃게 된다. 아리스토텔레스가 사라지게 된 것이 그의 내면적 고유 특성과 상관이 있다기보다는 오히려 정치적으로 그에 대한 취향이 사라졌기 때문이고, 이것은 또한 자부심에서 생겨나는 지적 훈련이 결핍되어 있는 것과도 결부되어 있다. 우리에게서는 이성이 편견이 되었다. 루소는 1세기 전이었다면 광신도로 여겨졌을 많은 사람들이 그의 당대에 이르러서는 진보주의자가 되었다는 사실을 알아차렸다. 그는 그들의 실상이 합리적인 것이 아니라 오히려 대세 준봉자들이라는 결론을 내렸다. 편견에서 벗어날 수 있는 유일한 도구가 이성이기 때문에 편견으로 변신한 이성은 가장 고약한 형태의 편견이다. 이성의 시대에서 대학이 할 수 있는 가장 중요한 역할은 개방의 진정한 본보기가 되어 이성을 이성으로부터 보호하는 것이다.

따라서 해답이 없으면서도 대학은 개방이 무엇인지를 알고 또 그 의문이 무엇인지도 알고 있다. 대학은 또한 대학이 현재 속해 있는 체제를 알고 있고 또 그 체제가 대학의 활동에 미칠 수 있는 협박의 유형이 어떤 것인지도 알고 있다. 민주주의 체제에서는 새로 일어나고 변화하고 순간적인 것을 포용하기보다는 반대하는 것이 위험을 줄이는 길인데, 그 이유는 사회가 이미 스스로가 허용하는 것이 무엇인지 감시하지도 않고 옛것에 대한 충분한 존경심도 없으면서 그런 것들에게 개방되어 있기 때문이다. 대학이 너무 총괄적이 되어 모두를 포용하려 하기보다는 타협

없이 높은 수준을 유지함으로써 위험을 줄일 수 있다. 왜냐하면 사회가 평등이라는 이름으로 수준을 모호하게 만들어 버리는 경향이 있기 때문이다. 대학은 또한 일상적인 것에 눈을 돌리기보다는 영웅적인 것에 집중하는 것이 위험을 줄이는 길이고, 그 이유는 사회가 평준화되어 가기 때문이다. 귀족사회에서 이성을 해방시키기 위해서는 대학이 아마 민주주의에서 대학이 나아가고 있는 방향과는 반대되는 방향으로 나아가야만 했을 것이다. 그러나 귀족 사회에서는 대학이 민주 사회에서만큼 중요한 기관은 아니다. 그 이유는 지성 생활을 발휘할 수 있는 기타 영역이 있기 때문이며, 반면에 민주주의에는 수양을 요구하거나 장려하거나 허용하는 영역 또는 그런 생활 방식, 천직, 직업 등이 사실상 없다고 보는 게 옳기 때문이다. 이러한 사실이 20세기 후반에 들어서면서 더욱더 두드러진다. 하나의 기관으로서의 대학은 민주주의에서 개인들에게 부족한 것을 보완할 수 있어야 하고 대학 구성원들로 하여금 대학의 정신에 참여하도록 장려할 수 있어야 한다. 한 체제 자체의 가장 우월한 재능과 원칙을 간직하고 있는 보고(寶庫)로서의 대학은 동등한 개인주의 체계를 초월하여 대학의 중요성을 강하게 감지하고 있어야만 한다. 대학은 대중의 의견을 무시해야 하는데, 왜냐하면 대학은 자체 내에 자율의 근원을 가지고 있기 때문이다 - 다시 말해 자연에 의거한 진리의 추구 및 진리의 발견이 대학에서는 가능하기 때문이다. 대학은 철학과 신학과 고전에 집중하고 뉴턴, 데카르트, 라이프니츠와 같이 가장 포괄적인 과학적 견해를 가지고 있으며, 자신들이 하는 일과 전체 사물의 질서와의 관계에 대해 명료한 감각을 지니고 있는 과학자에게 주의를 집중시켜야만 한다. 민주주의에서 가장 소홀히 하기 쉬운 것을 보존하는 데 도움을 줄 수 있어야 한다. 이것들은 독단이 아니라 오히려 그와 정반대고 독단과 싸우기 위해 필요한 것이다. 대학은 사회를 위해 모든 일을 하려는 유혹을 물리칠 수 있어야만 한다. 대학은 많은 이해 상관 중 하나에 불과하고, 따라서 항상 눈을 크게 뜨고 좀더 유용하고 좀더 타당성을 갖고 좀더 인기를 얻고자 하는 욕망 때문에 대학의 이해 상관을 절충할 수도 있다는 위험에 유의하여야 한다.

   토크빌이 지적하는 민주적인 마음의 두 가지 경향에 의해 대학의 임무가 설명될 수 있다. 그 하나가 추상성이다. 전통은 없고 사람은 지도를 필요로 하기 때문에 하루 만에 만들어지고, 적절한 체험을 기초로 한 것은 아니지만 그래도 사물을 설명하는 것처럼 보이고, 복잡한 세상을 살아 나가는 데에는 유용하고 의지가 되는 일반적인 이론이 이론으로 통하게 된다. 마르크스주의, 프로이트 학설, 경제학설, 행동주의 등등이 이러한 경향의 실례들이고 그런 것을 조달하는 사람에게는 후한 보상이 따른다. 민주주의의 보편성과 그것이 전제로 하는 인간의 동일성이 이러한 경향을 부추기고 차이점을 알아보는 마음의 눈을 둔화시킨다. 제2부에서 토론된 용어들이 이런 추상성의 증거고, 사색과 경험의 모조품들이며, 슬로건보다 별로 나을 것도 없으면서 명상을 대신한다. 귀족 사회에서는 사람들이 자신들의 국가 경험을 특이하고 우월한 것으로 받아들이고 보편화하려는 경향은 없고 오히려 자연 공동체와 사고의 보편성을 잊어버리는 경향이 있다. 그러나 그들은 자신들의 경험에 세심한 주의를 기울이고 추상적인 '마음 자세'에 의해 다양한 현상이 균질화되는 것에 주의를 기울인다. 이 점을 민주적인 대학이 귀족 사회로부터 배워야 한다. 완벽하게 인지된 경험보다는 번쩍이는 새로운 이론을 선택하게 되는 것이 우리가 받는 유혹이다. 심지어는 우리의 그 유명한 경험주의조차 경험에 대한 개방이라기보다는 하나의 이론이다. 이론을 내놓는 것이 이론을 정립하는 것은 아니고 이론적인 생활의 표시도 아니다. 추상성이 아니라 구체성이 철학의 검증이다. 모든 흥미로운 일반론은 설명되어질 사물에 대한 풍부한 인식에서 출발하여야 되는 것인데도 추세가 추상성으로 흐르는 것은 그것들을 좀더 쉽게 다루기 위해 현상을 단순화시키는 결과를 가져온다.

예를 들어 만일 인간의 행동을 유발하는 동기는 오로지 이익뿐이라고 생각한다면 인간의 행동을 설명하기가 쉽다. 실제 존재하는 것을 단순히 요약하면 된다. 얼마 지나고 나면 우리는 자명한 것이라고 가정했던 동기 이외에는 아무것도 알아볼 수 없게 된다. 사람이 그 이론을 믿기 시작하는 한 그들은 자기 자신들 내부에 또 다른 동기가 있다는 것을 더 이상 믿을 수 없게 된다. 그리고 그와 같은 이론을 기초로 사회정책이 세워지게 되면 드디어 그 이론에 꼭 들어맞는 사람을 만들어 내는 데 성공하게 된다. 이러한 일이 생겨날 때 아니면 생겨났을 때 가장 필요한 것은 어떤 것이 이론에 들어맞지 않은지 알아보기 위해 애초에 인간이 가졌던 본성과 동기를 되찾을 수 있는 능력이다. 대가를 바라기 때문에 미덕이 베풀어진다고 설명하는 홉스(Hobbes)의 견해와, 미덕에는 독자적 고귀함이 있다는 의견을 견지하는 아리스토텔레스의 견해를 비교해 볼 필요가 있고, 심리학에서는 홉스의 견해가 승리를 거두었다. 홉스가 그의 가르침을 개발할 때 그는 아리스토텔레스를 생각하고 개발했지만 우리는 결코 아리스토텔레스를 생각하지 않는다. 예전에 있었던 참된 토론을 회복하고 거기에 따르는 '인간' 현상을 되찾기 위하여 우리는 아리스토텔레스와 홉스를 함께 읽어야 하고 두 사람 각자가 사람을 어떻게 보았나를 살펴보아야 한다. 그러면 우리가 숙고할 재료를 얻게 된다. 추상적 개념에 의해 변형된 세상에서 살면서 추상적 개념에 의해 자신들도 변해 버린 근대인들이 인간을 다시 체험할 수 있는 유일한 방법은 이러한 추상적 개념에 동조하지 않는 사색가들의 도움으로 추상적 개념을 충분히 고찰하는 것이고, 그들은 우리로서는 가져 보기 힘든, 아니면 불가능한 경험으로 우리를 인도해 갈 수 있다.

   이것과 연관된 문제가 사회과학 분야에서 사건들을 인간이 심사숙고하여 선택한 결과라고 설명하는 것이 아니라 결정론적으로 설명하는 것을 선호하는 추세다. 토크빌은 이러한 경향이 평등주의 사회에서 나타나는 개인들의 무기력에서 기인한다고 설명한다. 이상스럽게도 모든 사회 체제 중 가장 자유로운 사회인 민주주의에서 사람들이 그들은 한정된 존재라고 이야기하는 교리, 다시 말해 그들이 자유롭지 못하다고 이야기하는 교리를 보다 더 기꺼이 용납하려 한다는 것이 드러났다. 그 누구도 혼자의 힘으로는 사건을 통제할 수 없고, 통제할 권리도 없는 것처럼 보이고, 사건들은 초개인적인 힘에 의해 움직이는 것같이 보인다. 한편 귀족 사회에서 높은 신분으로 태어난 개인들은 자신들의 통솔하에 있는 것으로 보이는 것에 대해서는 아주 강력한 지배감을 가지고 있었고, 자신들의 자유에 대해 확고하며, 그들을 결정지어 주는 것같이 보이는 모든 것을 경멸한다. 간단히 말해 사건들의 원인에 대한 귀족 사회의 생각이나 민주 사회의 생각이 모두 적절치 못하다. 사람들이 이미 자신은 나약한 것으로 생각하는 민주 사회가 사람을 '약하다'고 가르치는 이론에 너무 개방되어 있기 때문에 각 사람은 통제 행위가 불가능한 것으로 느끼게 되고, 따라서 그들은 더욱 약해지는 결과를 초래하게 된다. 이를 고치는 처방은 거듭 말하지만 고전물, 영웅을 찬미하는 것 - 호메로스, 플루타크와 같은 - 이다. 처음 시작할 때에는 그런 작품이 구제의 여지 없이 천진하게 보인다. 그러나 우리가 그렇게 생각하는 것이 바로 우리의 고도로 세련된 천진난만함 때문이다. 처칠은 그의 선조 말보로(Marlborough)로부터 영감을 받았고, 그 본보기가 제시한 용기에 힘입지 않았다면 그의 행위에 대한 그의 확신은 상상할 수도 없었을 것이다. 말보로는 셰익스피어가 그의 교육에 있어 정수였다고 말했다. 그리고 정치적 수완에 대한 셰익스피어의 지식은 대부분이 플루타크로부터 배운 것이었다. 이것이 근대 영웅들의 지적 족보다. 지성의 민주 혁명이 이와 같이 오래된 가족 계보를 소멸시켜 버리고, 가족 계보를 결정 이론(decision - making theory)으로 대치시키지만, 그 이론에는 영웅은 고사하고 정치적 수완을 다루는 범주도 없다.

요약하자면, 대학이 벌이는 활동에는 하나의 간단한 규칙이 있다. 민주 사회가 제공할 수 있는 경험에 대해서는 전혀 신경을 쓸 필요가 없다. 어떤 계기로든 그들은 그런 경험을 갖게 될 것이다. 사회에서는 가질 수 없는 경험을 대학은 학생들에게 제공해 주어야 한다. 토크빌은 옛 작가들이 완벽하다고 믿지는 않았지만 그래도 우리의 불완전함을 인식하도록 만드는 데에는 그들이 제일이었다고 믿었고 이 점이 우리에게는 중요하다.

대학이 이 역할을 한 번도 제대로 해본 적이 없다. 이제는 그렇게 해보려는 노력조차 중단해 버렸다.

사상과 시민사회 간의 관계

비록 대학의 존재는 아주 예전으로 거슬러 올라가지만, 내용면에서나 목표에 있어서 우리가 알고 있는 대학은 계몽운동의 산물이다. 계몽하다(enlighten), 즉 밝힌다는 것은 이전에 어두움이 있었던 곳에 빛을 가져다준다는 것이고, 의견 즉 미신을 모든 사람에게 주어진 현상에서 시작하여 모든 사람에게 가능한 합리적인 논증으로 끝이 나는 자연에 대한 과학적 지식으로 대치한다는 것이다. 모든 사물은 탐구되어야 하고 이성, 즉 과학이나 철학으로 이해되어야 한다(과학과 철학을 분리하는 것은 최근의 일이고 19세기에 들어와서야 완전히 분리된다). 모든 사물의 본질에 대한 지식을 얻는 것이 계몽운동의 목표다. 과거를 무지했던 것으로 규명하는 것이 아니라 잘못된 의견을 가졌던 것으로 규명하였다. 인간은 언제나 모든 것에 대해 의견을 가지고 있었지만, 그러한 의견들에 근거가 없었고 증명할 수도 없었다. 그럼에도 그것들이 사람의 국가를 다스리고 권위가 되었다. 그러므로 계몽운동에는 그저 단순히 진리를 발견하는 것만이 문제가 아니라 진리와 법 속에 융합된 인간의 신념 간의 갈등도 문제다. 계몽운동은 도시와 종교가 사람들에게 믿도록 강요하는 것과 다른 한편으로는 과학적인 진리에 대한 탐구열의 양 틈바구니에서 생겨나는 긴장으로부터 비롯된다. 그 이전까지 인간들이 알고 있었던 모든 사회 조직은 기본적 의견을 대신할 대치물을 제안하는 것은 더 말할 나위도 없고 그것을 의심하고 이야기하는 것을 금지했다. 그렇게 하는 것은 충성에 대한 배반이고 불경스러운 것으로 생각했고, 또 실제로 충성 배반이요 불경이었다.

　물론 계몽운동을 일으킨 사람들이 이러한 긴장을 처음으로 알아차렸던 것은 아니다. 그것은 전에도 있었고, 기원전 8세기에서 6세기경 희랍에서 과학이 생겨난 이래로 사람들은 그런 긴장이 존재한다는 것을 알았다. 계몽운동기의 사색가들은 그때로부터 시작해서 빼어나게 훌륭한 철학자와 수학자와 천문학자와 정치학자들 가운데 박해에 시달렸고 사회의 저변에서 살도록 강요받은 사람이 있다는 것을 인식했다. 계몽운동의 개혁은 그 갈등을 축소시키고 시민 사회에 대한 철학자의 관계를 변경하려고 시도했다는 점이다. 학식 사회와 대학, 즉 공적으로 존경받고 후원받는 과학자들의 공동체 - 자신들을 위한 규칙을 스스로 세우고 시민의 명령 또는 교회의 권위와는 대조적으로 과학 자체의 내적 지시에 따라 지식을 추구하고 서로서로 자유롭게 의사를 교환하는 등 - 는 모두 눈으로 볼 수 있는 이 개혁의 증거물들이다. 초기의 사색가들은 이 긴장을 받아들였고 거기에 맞추어 살았다. 그들의 지식은 근본적으로 자신들을 위한 것이었고 그들의 사생활과 그들의 공적 생활은 매우 달랐다. 그들은 자신들 스스로가 어두운 생활에서 밝은 곳으로 나오는 데 관심이 있었다. 계몽운동은 그 빛을 부분적으로는 인간을 위해, 부분적으로는 과학의 진보를 위해 모든 사람에게 비추겠다는 과감한 시도였다. 이 시도의 성공 여부는 과학자들이 서로 교류할 수 있고 서로 말할 수 있는 자유에 달려 있었다. 그리고 통치자가 과학자들은 그들에게 위협이 되지 않는다고 믿게 될 때만 자유를 얻게 될 것이다. 계몽운동은 과학적인 계획일 뿐만 아니라 정치적인 계획이었고 일차적으로는 과학적인 계획이 아니었는지도 모른다. 그것은 통치자가 교육될 수 있다는 전제하에서 시작되었고, 그 전제는 계몽운동의 고대 동료에게는 없었던 전제다.

계몽운동 제일의 문서라 할 수 있는 《백과사전 *l'Encyclopédie*》의 서두 논문에서 달랑베르(d'Alembert)가 말했듯이 이 계획은 하나의 음모였다. 그게 그럴 수밖에 없었는데, 그 이유는 합리적인 통치자를 갖기 위해서는 많은 옛 통치자, 특히 자신의 권위를 천계에 의존하는 통치자는 갈아야만 했기 때문이었다. 성직자들은 곧 적이었는데, 그들은 이성의 주장을 거부했고 그들의 정치와 도덕은 성서와 교회의 권위를 기초로 하였기 때문이다. 철학자들은 신의 존재 자체를, 아니면 적어도 기독교 신의 존재를 부인하는 것같이 보였다. 구질서는 기독교를 중심으로 세워진 것이었고, 이성은 이성을 능가하는 권리가 있다는 것을 허용하지 않기 때문에 필연적으로 위험인자이고, 따라서 이성을 자유로이 구사하는 것이 자연 기독교 내에서는 허용될 수가 없었다. 통치권을 놓고 공공연히 투쟁을 벌였다. 겸허가 철학자들의 태도임에도 불구하고 그들은 최소한 그들에게 호의적이고 이성을 선택하는 통치자를 필요로 했기 때문에 어쩔 수 없었다. 자유로이 사고할 수 있는 권리는 정치적 권리이고 그것이 존재하기 위해서는 그 권리를 용납하는 정치 질서가 있어야만 한다.

다시 말해 사회의 가장 강력한 요소를 설득하고 과학의 자유로운 추구가 보호되는 것을 보장받기 위해 과학을 자유로이 추구하는 것이 곧 사회를 위해 좋은 일이라고 주장할 수밖에 없었다. 지식의 진전이 곧 정치적 진보와 병행한다는 것을 간단한 공식으로 보여 주어야 했다. 이 주장을 강력하게 공격한 루소(Rousseau)의 《예술과 과학에 대한 논문 *Discours sur les sciences et let arts*》을 읽은 사람이면 누구나 알 수 있듯이 이 주장이 결코 자명한 명제는 아니다. 그러나 이것이 계몽운동을 주도한 원칙이며, 사고와 탐구의 자유를 옹호하는 대부분의 사람들이 가지고 있는 편견은 궁극적으로 이를 근본으로 나온 것이다. 실제로 이성은 거의 잊혀졌고 사고의 자유에 적의를 보이는 사고만이 판을 치기 때문에 나는 편견이란 말을 쓴다. 옛 질서는 근원과 구제책을 제공했고, 가장 최근에 일고 있는 사고의 특징은 그 옛 질서에 대한 향수라 할 수 있다. 계몽운동의 사색가들은 미국의 경우에서 보듯이 국가 건립자들이 보다 튼튼하고 보다 효과적인 정치를 위한 원칙과 협정을 정립하는 데 사용할 수 있는 정치학을 제안하였고, 인간의 필요를 충족시키기 위해 자연을 정복할 수 있는 자연과학을 제안하였다. 이러한 약속 때문에 시민 사회가 이성을 용납할 수 있음은 물론, 이성이 그 사회의 중심이 된다. 이성을 근본으로 하는 사회가 필요로 하는 사람은 추론을 가장 잘하는 사람이다. 과학자들이 사람 가운데 가장 존경받는 사람이 될 수밖에 없었고 임금과 고위 성직자들의 위치를 대신한 것은 그들이 인생의 좋은 것, 즉 자유와 재산 추구를 위한 뚜렷한 출처이기 때문이다. 그것은 정확히 말해 하나의 믿음이 다른 믿음으로 대치하는 것은 아니었는데, 왜냐하면 새로운 과학을 아무나 실행할 수는 없어도 그 과학의 방법에 대한 훈련만 있으면 누구나 그것을 이해할 수는 있기 때문이고, 인간의 권리와 의무에 대한 지식은 이성의 사용을 요구하기 때문이다.

  계몽운동은 과감한 기획이었다. 그것의 목표는 철학과 과학의 감독 아래 정치 및 지적 생활을 완전히 재구성하려는 것이었다. 이제껏 그보다 더 광범위한 전망을 가졌던 정복자나 예언자, 국가 건립자는 없었고 그보다 더 깜짝 놀랄 성공을 거두어 본 적도 일찍이 없었다. 현재 사회 조직 가운데 그 어떤 의미로든지 계몽운동의 결과가 아닌 체제는 거의 없다고 보아야 옳으며, 근대 정치 체제 중 가장 훌륭하다고 할 수 있는 체제는 - 자유 민주주의 - 전적으로 이 운동의 소산이다. 그리고 전 세계의 모든 사람들과 모든 사회 조직들이 계몽운동에 의해 대중화된 과학에 의존하고 또한 과학을 인식하고 있다. 계몽운동은 그 운동의 출발 시에 공격의 대상으로 삼았던 모든 상대방들을 패배시켰고, 그중에서도 특히 마키아벨리(Machiavelli)가 말한 "이 세상의 세상사(the things of this world)"를 가르쳐 주는 교육이라는 긴 과정을 통해 성직자와 거기에 의존하는 모든 것을 냉혹하게 패배시켰다. 더도 말고 오로지 애덤 스미스(Adam Smith)의 《국부론 *Wealth of*

Nation》의 제5권에 나오는 교육에 관한 대목을 읽어 보기만 하면 대학의 개혁, 특히 신학의 영향으로부터의 탈피가 근대 정치 경제의 출현에 필수였으며 그것을 기초로 생겨난 정치 체제에 절대 필요했음을 금방 알 수 있다. 그러므로 학원과 대학은 자유 민주주의의 핵심이고 기초이며, 민주주의에 생기를 주는 민주주의 원칙의 저장소이고, 체제의 기구를 움직이는 지식과 교육의 계속되는 원천이다.

평등과 자유의 정치 체제, 인권의 정치 체제는 이성적인 정치 체제다. 자유로운 대학은 오로지 자유 민주주의에서만 존재하고 자유 민주주의는 오직 자유로운 대학이 있는 곳에만 존재한다. '부르주아 대학'은 본질적으로 '부르주아 사회'와 관계가 있다고 한 마르크스주의자의 말이 옳은 소리기는 하지만 그들이 의도했던 의미와는 다르다. 대학이 단순히 부르주아 사회의 이익을 반영하기 때문에 그 사회를 방어하는 것이 아니라, 이러한 유형의 사회에서는 힘의 균형을 위해 사고의 자유를 가장 필요로 하고 존경하며, 따라서 이를 보호해야 하기 때문에 그 사회를 방어한다. 이전까지의 사색가들의 교제는 불문의 권리가 부여된 신학과 정치의 관리 아래 있었다. 파시즘은 이성을 거부하고 대학을 통제하였다. 히틀러가 권력에 올랐을 때 카를슈미트는 "오늘 독일에서 헤겔이 죽었다"라고 말했다. 논쟁의 여지는 있으나 헤겔은 지금까지의 그 누구보다도 가장 훌륭한 대학인이었다. 그리고 선도의 당임을 구실로 공산주의는 사람들이 합리적이 되었으므로 대학은 더 이상 특별한 지위가 필요 없게 되었다고 - 다시 말해 대학이 당에 의해 통제될 수 있다고 단언한다. 비록 자유 민주주의 체제의 시민이 단순하게 언제나 이성적인 것으로 파악되지는 않지만 그래도 오로지 자유 민주주의에서만 이성이 으뜸임을 용납한다. 자유 민주주의에서는 대학이 특별한 지위를 보장받고, 시민 사회에서 생각하고 말할 수 있는 통상의 도덕·정치적 제한으로부터 면제되는 지위를 확보한다. 대학은 사회의 모든 구성원에게 주어지는 사고의 자유의 수혜자가 아니다. 오히려 그와는 정반대로 근대 사회의 원래 계획으로는 엄격한 의미에서 유일하게 '사고'라는 이름을 붙일 수 있는 철학자와 과학자의 사고를 지원하기 위해서는 사고의 자유가 보편화하는 것이 바람직하다고 믿었다. 시초에는 사고의 자유가 첫 번째의 자유였는데, 이는 이성이 가장 높은 재능이기 때문이고 또 그것이 선량한 사회에는 가장 필요하기 때문이다. 새로운 종류의 사회와 인류를 위한 새로운 제도가 생겨나기 위해서는 홉스, 데카르트, 스피노자, 베이컨, 로크, 뉴턴 등이 자유로이 사색하고 그들이 배운 것을 자유로이 전파시킬 수 있어야 했다.

학문의 자유라고 불리게 된 특별한 지위가 서서히 붕괴되었고 그것이 무엇을 의미하는지 그에 대한 인식은 거의 남아 있지 않다. 대중의 의식, 심지어는 대학의 의식 속에서조차 학문의 자유와 정부나 기업이나 노동조합 등에 의해 보장되는 직장보장(job security) 간의 알아볼 수 있는 차이점이 거의 없어지다시피 하였다. 학문의 자유가 경제 체제 속으로 동화되었고, 따라서 그것이 때로는 인정받고 때로는 비난받는 일종의 자기 이익처럼 보인다. 과학의 권리를 이제는 전반적인 사고의 권리와 구별할 수 없고 그 어떤 권리의 묘사와도 구별할 수 없다. 언어의 자유는 표현의 자유에 자리를 양보했고 그런 자유 속에서는 외설적인 표현이나 논증적인 의견 교환이나 모두 똑같은 지위로 보호를 받게 된다. 이 모두가 다 멋지다. 모든 게 다 자유로워졌으며 불공평한 구별을 할 필요가 없다. 그러나 이것이 사실이기에는 너무 꿈 같은 얘기다. 실제로 일어난 일을 보면 이성이 제 위치에서 밀려났고 시민 사회의 주의를 요구하고 지지를 요구하는 보잘것없는 주장들과 합세함으로써 이성의 영향력이 줄어들었으며, 보다 더 쉽게 비난받게 된 것이 고작이다. 대학 및 대학이 가진 지식에 대한 좌파와 우파 간의 반(半) 이론적 공격, 대학을 향한 사회의 증가된 요구, 고등 교육의 엄청난 팽창 등이 합쳐 대학의 가장 중요한 요소를 흐려 놓았다.

개혁된 학원과 대학의 원래 의도는 이론적인 사람에게 공적으로 마땅한 장소 - 그리고 지원 방편 - 를 마련해 주자는 것이었고 어느 나라건 기껏해야 몇몇에 불과한 이론적인 사람이 서로 만나서 의견을 교환하고 과학의 방법을 젊은이들에게 훈련시키기 위한 것이었다. 학원과 대학은 과학의 진전에 원동력이 되어야만 했다. 개혁자들이 정립하고자 시도했던 권리는 과학자들이 그들의 이성을 사용하는 데 방해받지 않도록 하자는 것이었고, 그들이 자신들의 유능한 분야에서 아무런 방해 없이 자연이 제시하는 문제를 해결하도록 하자는 것이었다. 여기에서 이성과 유능을 강조할 필요가 있다. '지적 정직성', '소신' 그리고 이와 유사한 것들은 대학과 아무 상관이 없고 종교 및 정치적 투쟁의 영역에나 속하며, 오직 대학의 활동에 방해가 될 뿐이고 대학으로서는 필요 없는 의심과 비판이나 받게 만들 뿐이다. 사고의 자유와 언어의 자유가 이론으로 제안되었지만, 진지한 정치적 개혁자들이 실천 과정에서는 언제든지 광신과 이해 상관으로 지배되어 온 세상에서 이성의 소리 없는 속삭임을 장려하기 위하여 제안되었다. 사고와 언어의 자유가 어떻게 광신과 이해 상관을 특별히 장려하고 보호하는 것을 의미하게 되었는가는 합리적인 정치 질서의 이상이 부패된 것과 연결되는 또 하나의 기적이다. 연방주의 창시자들은 그들의 정부 계획을 통해 미국에서는 이성이 우위에 서고 인간은 모두 합리적이 되는 결과를 가져올 것으로 기대했다. 그들은 기이하고 미친것 같은 의견이나 생활 양식을 보호하는 데에는 별 관심이 없었다. 지금은 우리가 건국 선조들의 중심 의도였다고 생각하는 보호가 다만 이성을 보호하는 과정에서 생겨나게 된 부수적인 결과이므로 이성이 거부되면 그것도 따라서 그럴싸함을 잃게 된다. 이 창시자들은 많은 종파를 존중하지 않았고, 다양성 그 자체를 위한 다양성을 탐탁히 여기지도 않았다. 많은 교파가 존재하도록 허용한 이유는 오직 하나의 강력한 교파가 부상하는 것을 막기 위함이었다.

계몽운동이 성공한 바로 그 순간이 그 운동의 쇠퇴가 시작되는 순간인 것 같아 보인다. 그 운동이 펼친 민주화의 결과로 그 운동의 의도가 희미해져 버린 것은 그 계획에 어려움이 내재한다는 징조다. 그 계획에는 드물게 볼 수 있는 이론적인 사람들이 모든 사물의 근본적인 원리를 다루는 소수 분야에서 순수하게 이론적인 탐구에 종사할 수 있는 자유가 수반되었다. 이 일을 위해서는 전체 분위기가 결코 정치 생활에서 성행하는 다양하고 요란스러운 '소신'이라는 목소리로 이성의 소리를 파묻을 수 없어야 한다. 지식이 목표이고 그 목표를 추구하는 사람에게는 유능함과 이성이 요구된다. 그러한 분야로는 철학, 수학, 물리학, 화학, 생물학, 그리고 인간에 대한 과학 즉 인간의 본성을 식별하고 정부의 목표를 식별하는 정치학 등을 들 수 있다. 이것이 학원이다. 거기에 의존하는 것이 몇 개의 응용 학문으로 - 특히 공학, 의학, 법학 등 - 그것들은 위엄에 있어 한 단계 아래이고 지식의 파생물이지만 그래도 비과학적인 사람에게 혜택을 주고 그들로 하여금 과학을 존중하게 만드는 등 과학과 같은 결과를 유발한다. 그리하여 식자, 즉 지식을 탐구하기 원하는 사람들의 편의와 알지 못하는 사람, 즉 자신들의 안녕이나 추구하기 원하는 사람들의 편의가 한꺼번에 충족되고 그들 사이에 조화가 이루어지게 된다. 그리고 따라서 권력을 장악하고 있는 사람들로부터 현자(賢者)를 갈라놓던 오래된 간격이 좁아지고 시민 사회에서 현자의 문제 자체가 해결된다. 이 계획은 조화가 되어 있고 명료한 자연 질서와 자연의 각 부분은 전체의 각 부분이 가진 질서에 따라 구성되었음을 반영하고 절정의 과학 - 철학 - 이 드디어 표면화한 전체를 탐색하는 일에 합세한 통일이다.

이 계획은 통일성을 잃었고 그래서 위기에 처해 있다. 이성은 통일을 이루지 못하고, 어느 것이 이성에 포함되어야 하는지 결정을 내리지 못하며, 지적 역할을 분할하지도 못한다. 이성은 나침반이나 방향타가 없이 떠가고 있다.

만일 대학이 정말로 계몽운동의 소산이고 근대 민주주의에 남아 있는 그 운동의 명백한 존재라면, 그리고 계몽운동이 대대로 내려온 지혜와 권력, 지식과 사회의 특징적인 관계를 변경시키기 위해 착수된 정치적 계획이었다고 한다면, 정치적으로 유용해진 지식의 위기 - 다시 말해 대학의 위기 - 와 지식에 의존하는 정치 질서인 자유 민주주의의 위기는 결국 계몽운동이 조장한 이 두 가지, 즉 지식과 자유 민주주의의 새로운 관계와 관련이 있다고 생각해 볼 수 있다.

나는 계몽운동의 철학자로 몽테스키외, 디드로, 볼테르와 같이 흔히 그들의 가르침에 의해 계몽운동이 형성되었다고 생각하는 18세기의 사색가들과 더불어 마키아벨리, 베이컨, 몽테뉴, 홉스, 데카르트, 스피노자, 로크 등과 같은 철학자도 포함시켰는데, 그 이유는 계몽운동이라고 해서 널리 보급된 그 운동의 창시자들이 사실은 이 후자들이고 또 우리에게 이 운동을 널리 알린 전자 자신들도 후자에 힘입고 있음을 명백히 하였기 때문이다. 원래의 계몽운동가들은 그들의 가르침을 동료 철학자 또는 같은 수준에 속하는 잠정적 철학자를 상대로 하였던 최초의 철학자들로서 그들은 이해력이 있는 사람들뿐만 아니라 인류 전반의 의견을 변화시키는데에도 관심을 가지고 있었다. 철학적인 영감에서 시작된 첫 번째의 '운동'이 계몽운동인데 그것은 이론적인 학파임과 동시에 정치 세력이기도 하다. 마르크스주의나 마찬가지로 계몽운동이라는 말 자체가 이런 요소가 혼합되었음을 전달해 주는 반면, 플라톤 철학과 에피쿠로스 철학은 단연코 이론만을 가르친다 - 그 이론이 이런저런 결과를 가져올 수는 있을지 모르나 그래도 본질에 있어서는 오로지 이론일 뿐이다. 비록 플라톤과 아리스토텔레스가 정치 철학을 가지고 있기는 하였지만, 두 철학자 중 그 누구도 실제로 정부 체제를 이룩하기 위한 운동이나 정당을 세우지는 않았기 때문에 플라톤식 정부 체제 또는 아리스토텔레스식 정부 체제라고 지적할 수 있는 체제는 없다. 그러나 마르크스주의가 공산주의의 출현에 책임이 있는 것과 마찬가지로 분명히 자유 민주주의의 출현은 계몽운동의 책임이다. 철학과 정치 영역에서 나타난 최근의 사건들이 너무 인상 깊어서 지성의 변천을 다루는 역사가들은 흔히 사건들이 얼마나 최근의 일인가 하는 것을 인식하지 못하고, 그 사건들이 이 두 영역에서 새로운 현상을 빚고 있다는 사실을 인식하지 못한다. 계몽운동의 가장 심오하고 흥미로운 사실은 양상으로나 정치 활동의 정도에 있어서 전통적인 철학과는 극단적으로 다르고 그것과 의식적으로 결별했다는 점인데 그들은 이를 인식하지 못한다.

  계몽운동 사상가들은 자신들이 가장 대담한 혁신을 하고 있다는 것을 파악하고 있었다. 마키아벨리에 의하면 근대 철학은 정치적으로 유효해야 하고, 반면에 플라톤과 아리스토텔레스, 그리고 소크라테스가 정치 철학을 세운 이래로 그를 따랐던 모든 고대인들은 정치적으로 무능했다. 마키아벨리는 자신이 유효한 진리를 가르친다고 주장하였고, 그와 그를 따르는 대부분이 정치적으로 유효하려고 노력하였다. 마키아벨리는 플라톤의 《고르기아스 *Gorgias*》에서 소크라테스가 자신을 방어하지도 못하고 모욕이나 얼굴을 때리는 것을 피하지도 못한다고 소크라테스를 놀리는 칼리클레스를 따른다. 철학자의 취약성에서 새로운 고찰이 시작되고 철학의 부활이 출발할 수 있을 것으로 보인다. 오늘날의 많은 사람에게는 이것은 하찮은 것으로 보일 테지만 고대와 근대를 망라한 전체의 철학 전통에서는 이성과 사회가 맺고 있는 관계를 살피는 것이 인간의 상황을 파악하는 데 가장 효과적인 시발점으로 생각하였다. 우리가 그 전말을 완전히 알고 있는 최초의 철학은 분명히 철학자를 심판하고 처형하는 것에서 시작된다. 그리고 근대의 위대한 철학 체계에 영감을 준 마키아벨리는 정치 질서 내에서 이성이 갖는 취약성으로부터 출발하고 그것의 수정을 그의 임무로 삼고 있다.

근대 사상가들을 자극한 것은 철학자의 운명에 대한 염려에서가 아니라, 베이컨의 문구를 빌자면 인간의 계급을 완화시키기 위한 소망이었다고 일부에선 말할 수도 있을 것이다. 하지만 이것도 결국은 마찬가지 이야기다 - 즉 고대 철학자들의 무능함에 대한 비판과 지식이 시민 사회에 갖는 관계에 대한 고찰 등. 고대인들은 언제나 미덕을 칭송했지만 그 결과로 인간이 더 덕을 갖추게 되지는 않았다. 어디든지 부패한 정부가 있었고, 독재자는 국민들을 탄압했고, 부자는 빈자를 착취했고, 귀족들은 평민들을 억압했고, 인간은 법이나 무기로부터 충분히 보호받지 못하는 등 그 실례는 얼마든지 있다. 현명한 사람은 이 모든 것에서부터 무엇이 잘못되었는지를 명백하게 보았지만 그들의 지혜로 거기에 대해 무엇인가를 해볼 수 있는 힘을 일으키지는 못했다. 새로운 철학은 사회를 개편할 수 있고 이론적인 생활을 보장할 수 있는 방법을 알아냈다고 주장했다. 혹시 이 두 목표가 동일한 것은 아닐지라도 서로를 보충하려는 것이 그 의도였다.

이것은 철학 내의 논쟁이었다는 점, 그리고 그것을 중심으로 한 파벌들 간에도 철학이 무엇인가에 대해서는 의견 일치가 있었다는 것을 기억해야만 한다. 근대인들은 그리스 철학자와 그들의 후계자인 로마 철학자들을 살펴보았고 그들과 의견을 달리했다. 그러나 철학 및 그것과 더불어 우리가 과학이라 부르는 것이 그리스에서 생겨나게 되었고 지금까지 알려진 바로는 다른 어느 곳에서도 생겨나지 않았다는 점에는 그들도 견해를 같이한다. 철학은 전체에 대한 또는 자연에 대한 이론적인 설명이다. 자연이라는 것 자체가 그리스에서 비롯된 개념이고 과학에 없어서는 안 될 개념이다. 반박의 원리가 모든 담화를 지배했고, 근대인들은 자신들과 의견을 달리한다고 생각했던 선배 철학자들의 논쟁에 논리 정연한 반대 논쟁을 제시했다. 근대인들은 고대 천문학과 수학의 많은 부분을 그저 간단하게 이어받을 따름이다. 그리고 무엇보다도 그들은 철학적 생활이 가장 훌륭한 생활이라는 것을 수긍했다. 그들의 논쟁은 모세와 소크라테스 또는 예수와 루크레티우스 간에 볼 수 있는 상이점같이 도저히 함께 담화할 공통의 세계가 없는 논쟁이 아니라 뉴턴과 아인슈타인이 가지고 있는 차이에 더 가까운 논쟁이다. 그것은 합리주의를 소유하려는 합리론자들 간의 투쟁이다. 이 사실을 우리가 잊게 되는 것은 부분적으로 아리스토텔레스를 이용했던 가톨릭 교회의 스콜라 철학이 구질서 내에서 철학의 환영(幻影)이었기 때문이고, 근대 철학자들이 구질서를 격렬하게 공격하는 것은 고대 철학이 싫어서라기보다는 신학을 반대하는 분노에서 나온 것이었다. 고대인과 근대인 사이의 근본적 일치가 더 이상 뚜렷하지 못한 또 하나의 이유는 바로 모든 의견상의 차이점을 다른 '세계관'으로 보는 경향이 있는 지성의 역사라는 근대 과학 때문이고 그러한 경향은 이성에 기초를 둔 논쟁을 신념에 기초를 둔 논쟁으로부터 구분할 수 없게 만든다.

계몽이라는 바로 그 용어 자체가 사색가와 사회의 관계에 대한 플라톤의 가장 강한 영상, 즉 동굴과 연결되어 있다.《국가론 *Politeia*》에서 소크라테스는 인간을 묶인 채 어두운 동굴에 갇힌 포로로 표현하는데, 거기에서 인간은 영상이 투사되는 벽을 바라보도록 강요되고 그 영상을 존재물인 것으로 받아들이며 그것들이 그들에게는 유일한 실체다. 인간에게 있어 자유는 속박, 즉 시민 사회의 관습으로부터 벗어나는 것을 의미하고, 동굴을 떠나 존재물을 비춰 주는 해가 있는 곳으로 올라가 존재물의 실제 모습을 보는 것을 의미한다. 그것들을 명상하는 것은 자유, 진실, 그리고 즐거움을 한꺼번에 맛보는 것이다. 소크라테스는 그의 제시를 통해 우리가 현혹에서 또는 신화에서 시작했지만 그래도 이성을 사용함으로써 비관례적인 세계, 즉 자연에까지 높이 치솟는 것이 가능하다는 것을 보여 주려고 한다. 잘못된 견해는 고쳐질 수 있고 내적 모순은 사색적인 사람으로 하여금 진실을 추구하도록 재촉한다. 어둠으로부터 밝은 곳으로 옮겨 가는 것이 교육이다. 처음에는 우리가 막연하게 생각해 보는 존재물에 이성이 투영되어 계몽을 낳게 된다.

근대인들은 이성으로 존재물을 파악할 수 있고 과학이 열망하는 빛이 있다고 용납했다. 고대인과 근대인의 전체 차이점은 동굴과 관계가 있고 또 비은유적으로는 지식과 시민 사회의 관계와 상관이 있다. 소크라테스는 철학자가 왕이 되고 절대적인 지혜를 소유하는 불가능의 이변이 일어나도 동굴의 본질이 변경되어야 한다거나 시민 사회, 즉 국민과 민중(dēmos)이 거짓된 견해 없이 살아갈 수 있다고 제시해 본 적이 결코 없다. 동굴로 되돌아온 철학자들은 다른 사람들이 실재라고 받아들이는 것이 오직 영상에 불과하다는 것을 인식하지만 극소수의 운 좋은 사람을 제외하고 그 누구에게도 존재의 실제 모습을 볼 수 있도록 만들 수는 없다. 그들은 도시를 합리적으로 이끌어 갈 테지만, 그들이 없어지게 되면 도시는 비이성으로 되돌아갈 것이다. 이를 다른 말로 표현하자면 현명하지 못한 사람은 현명한 사람을 알아볼 수가 없다. 이와는 대조적으로 베이컨과 데카르트 같은 사람은 모든 사람을 이성적인 사람으로 만드는 것이 가능하고 언제 어디에서나 볼 수 있는 실정을 변화시키는 것이 가능하다고 생각했다. 계몽운동은 동굴 속 존재 자체의 빛을 밝혀 벽면에 나타난 영상을 영원히 희미하게 하는 것을 의미했다. 그러면 세인과 철학자 사이에 통일감이 있게 될 것이다. 모든 쟁점은 플라톤이 생각했던 것처럼 동굴이 다루기 힘든 것인가, 아니면 17세기와 18세기의 가장 위대한 철학적 인물들이 가르친 대로 동굴이 새로운 교육에 의해 변화될 수 있는 것인가 하는 문제에 달리게 된다.

플라톤이 우리에게 말해 준 대로 소크라테스는 도시가 섬기는 신을 섬기지 않는다고 불경죄로 고발되었고 유죄로 밝혀졌다. 플라톤은 항상 소크라테스를 철학자의 원형으로 제시하고 있다. 소크라테스의 생애에 생긴 사건들, 그가 직면했던 문제들은 바로 그와 같은 철학자가 직면해야만 하는 사건 및 문제의 전형이다. 《변명 *Apologia*》은 철학자들에게 있어서는 신이 곧 정치적 문제라는 것을 우리에게 말해 준다. 그것은 동굴 벽면 위에 비친 영상이 신을 나타내 준다는 것을 분명히 해 주고 사람들은 거기에 반박하는 것을 참지 않을 것이다. 소크라테스는 그 비난에 대한 반응으로 하늘에 있는 것과 땅 밑에 있는 것을 자유롭게 조사할 수 있는 학문적 권리가 있다고 주장하지는 않는다. 그는 자신의 믿음을 요구하는 도시의 권리를 받아들인다. 설득력은 없지만 그의 항변은 그가 파괴 분자가 아니라는 것이다. 그는 철학의 훌륭한 위엄을 역설하고, 가능한 한 그것과 훌륭한 시민의 간격을 좁혀 보려고 애쓴다. 다시 말해 그는 시국에 편승하거나 아니면 불성실하다. 그의 변명을 '지적으로 정직하다'고는 규정지을 수 없고 현대 취향에도 별로 맞지 않는다.

그는 가능한 한 모두가 그를 그냥 내버려 두기만을 바라지만, 선량한 시민이면 누구나 다 아는 것으로 여겨지고 있는 것을 의심하고 덕행을 하는 것이 아니라 오히려 가만히 앉아서 덕에 대한 이야기나 하면서 일생을 보내는 사람은 으레 도시와 마찰을 일으키게 되리라는 것을 완벽하게 인식하고 있다. 소크라테스는 그답게 마찰을 철폐하려 애쓰기보다는 오히려 그 본질적인 마찰과 더불어 살고 그 마찰들을 예증으로 제시한다. 《국가론》에서 그는 시민과 철학을 통합하려 시도한다. 유일하게 가능한 해결책은 철학자가 다스리는 것이고, 그렇게 되면 도시의 명령과 철학이 요구하는 것이 서로 반대될 필요가 없고 권력과 지혜가 서로 반대될 리가 없을 것이다. 그러나 이러한 구상의 해결은 풍자적일 뿐이고 불가능하다. 그것은 단지 우리가 무엇과 함께 살아가야 하는 것을 보여주는 데에나 소용이 있다. 현인 군주(philosopher - king)의 정부 체제를 보통 비웃고 전체주의적이라고 여기지만 거기에는 우리가 정말로 원하는 것들이 많이 담겨 있다. 실제로 거의 모든 사람은 이성이 다스리는 것을 원하고, 소크라테스같이 사람이 그보다 열등한 사람에 의해 다스림을 받아야 한다거나 그가 생각하는 것을 그들에게 맞추어야 한다고 생각하는 사람은 아무도 없다. 실제로 《국가론》은 이 중 어느 것도 가능하지 않다는 것, 우리의 상황은 많은 타협과 많은 비타협, 거대한 모험과 극소수의 희망을 다 함께 필요로 한다는 것을 가르친다. 중요한 것은 자신의 마음을 이야기하는 것이 아니라 자신의 마음을 갖게 되는 방법을 찾는 것이다.

 일반적인 견해와는 달리 계몽운동은 철학자가 다스려야 한다는 생각에 몰두해 있었고 소크라테스의 풍자들을 진지하게 받아들였다. 그들이 왕이라는 직책을 갖지는 않았다 하더라도 그들은 그들의 정치적 실천안을 실행에 옮기기 위해 고안하였다는 점에서 매한가지였다. 그리고 그것이 실행에 옮겨졌는데, 그들이 자신들의 말에 귀를 기울이라고 제후들에게 간청해서가 아니라 철학이 제후들에게 양보를 강요할 수 있는 충분한 힘을 형성했기 때문이었다. 정부 조직은 사람의 권리를 보호하도록 구축되어야 한다고 고집한 것으로 미루어 철학의 통치를 인지할 수 있다. 싫으나 좋으나 지금처럼 우리가 아이들에게는 믿음이나 행위에 상상력이 작용하기 전에 과학적인 방법부터 가르쳐야 한다는 데 동의한다면, 시인을 검열하라고

한 소크라테스의 저작을 읽을 때 우리가 느끼는 분노는 무의식적인 것이다. 소크라테스가 오직 시험 삼아 제안한 것을 계몽운동 교육은 실제로 실천에 옮긴다. 적어도 소크라테스는 시를 보존하려고 노력하고 반면에 계몽운동은 시가 처할 운명에 대해서는 거의 무관심하다. 합리적 사고를 가르치는 교육과 함께 시에 대한 강의도 있어야 한다고 우리가 생각하는 것 자체가 우리로 하여금 정말 요지를 놓치게 만든다. 즉 우리의 영혼이 시의 가장 큰 매력을 거부하는 힘든 훈련을 받고 났을 때 시적 상상력에는 어떤 일이 생겨날 것인가? 계몽운동 사상가들은 이 점에 대해 매우 분명했다. 그것에 관한 전통에는 단절이 없다. 소크라테스는 그 문제가 해결되기를 바랐지만 해결될 수 없다고 생각했던 것에 반해 그들은 간단히 이성에 유리하도록 그 문제를 해결했다. 소크라테스가 존중되고 그가 원하는 것을 자유롭게 연구하는 것이 계몽운동이고 따라서 그렇게 재구성된 시민 사회다. 《변명》에서 일도 안 하고 물려받은 재산도 없어 이루 말할 수 없이 가난한 소크라테스는 아주 무례하게 시청이 공공의 경비로 먹여 줄 것을 제안한다. 그러나 봉급과 종신 재직권 등을 갖춘 근대 대학은 결국 철학자와 과학자를 위한 공짜 점심과 같은 것이 아니고 무엇이겠는가?

더 나아가 정치에서 종교적인 열정을 제거하려 하였고 그 결과 국가와 종교의 분리를 초래한 계몽운동의 노골적인 노력은 정치 최고 원칙이 이성을 적대시하는 것을 막기 위한 소망에서 생긴 것이다. 《국가론》에서 소크라테스가 시인들이 들려주는 신들의 이야기를 수정하려 했던 의도가 여기에 있다. 반박의 원칙을 부인하는 것이 권위를 지니게 해서는 안 된다. 왜냐하면 그것이 소크라테스를 침몰시킨 암초이기 때문이다. 그러나 소크라테스는 교회와 국가가 분리될 수 있다고 생각하지는 않았다. 그는 그 두 용어를 다 인위적인 것으로 취급하였을 것이다. 신은 각 도시의 창설자이고 그 도시의 가장 중요한 존재라고 믿었다. 감히 그가 자기 자신을 방어하기 위해 신들을 추방하지는 못했을 것이다.

계몽운동 사상가들은 소크라테스의 경우를 들어 비합리적이고 이성을 초월하는 시초의 동기로 과학을 계속 위협하는 것에 대항하여 전쟁을 수행하였다. 완전한 성공을 거두지는 못했지만 점진적인 성공을 거둔 그 전쟁은 합리적이고자 하는 욕망을 합리적으로 될 권리로, 학문의 자유로 전환시킨다. 그 과정에서 많은 정치가와 사상가들로서는 용납할 수 없는 방법으로 정치 생활이 재건립되었고, 종교와 비합리적인 것 또한 공포감을 주는 새로운 변장으로 서서히 재등장하게 되었다. 소크라테스가 두려워했던 것이 이것일 것이다.

그러나 나는 여기서 전통의 일관성만을 지적하고 계몽운동이 소크라테스가 대표하는 것에 정치적 지위를 부여하려는 노력이라는 것을 지적할 뿐이다. 소크라테스의 정신을 크게나 적게 잘 통합시킨 기관이 학원과 대학이다. 그와 동시에 이러한 기관의 존재는, 이러한 기관을 세워 본 적도 없고 오로지 친구만을 가졌던 소크라테스와는 얼마나 다른가 하는 것을 강조해 준다. 그리고 이 기관들이 처음에는 루소에 의해, 그 다음에는 니체에 의해 공격을 받은 것은 소크라테스의 정신으로 만들어진 소크라테스의 합리주의가 공격받은 것이다. 서양의 사상과 학문의 역사는 플라톤에 의해 변호 되는 것으로 시작해서 계몽운동기에 이르러 제도화되었고 니체가 비난하는 것으로 끝나는 소크라테스의 운명으로 함축될 수 있을 것이다. 철학을 한다고 시(市)에 의해 처형을 당한 이 사람의 추억이 2천5백 년 동안이나 소중히 간직되었으나, 그에 대한 추억이 최근에 등장한 훌륭한 철학자들의 손에서 문화라는 이름 아래 그의 정신이 처형되는 것으로 끝을 맺는다. 시(市)와 문화는 모두 신성한 것으로부터 권위를 부여받는다.

플라톤과 아리스토텔레스로부터 파라비(Farabi)와 마이모니데스(Maimonides), 마키아벨리, 베이컨, 데카르트, 스피노자, 로크, 루소 및 헤겔을 거쳐 니체와 하이데거에 이르기까지 철학에 영감을 불어넣는 주제는 소크라테스에 대한 고찰이다. 소크라테스는 우리를 보충해 줄 수 있는 인물로서 그의 불가해한 존재가 사람들로 하여금 인식 주체(knower)의 본질을 고찰해 보도록 만든다.

철학적 경험

소크라테스가 대변하고 있는 경험의 특징은 중요하다. 그 이유는 그 특징이 곧 대학의 영혼이라 할 수 있기 때문이다. 그 경험 및 그 경험을 가진 사람과 시민 사회의 관계 - 대학 문제에 대한 일반 공식이라 할 수 있는 - 가 플라톤과 크세노폰(Xenophon)의 작품 속에서 계속되는 주제다. 우리는 이 작품들을 통해 소크라테스의 피와 살, 즉 그의 실체를 알게 된다. 그 작품들은 우리 스스로가 그를 평가하기에는 애매모호한 자료들을 우리에게 제시해 주고, 그와 같은 사람은 어떻게 살았으며, 그가 제기한 의문들은 어떤 것이고, 그가 사귀었던 여러 종류의 친구들, 그가 가졌던 통치자와 법과 신과의 관계, 그를 둘러싸고 있던 세계에 그가 끼친 영향 등을 우리에게 보여 준다. 예를 들어 이를 통해 우리는 정치적인 사람에 대한 소크라테스의 굴욕이 훗날 뛰어난 정치가가 될 운명에 처해 있었던 젊은 알키비아데스(Alcibiades)에게는 어떤 영향을 끼쳤는가 하는 질문을 얘기하지 않을 수 없게 된다. 소크라테스가 도시와 충돌을 일으켰던 첫 번째의 철학자는 아니었지만, 그래도 그의 생활 방식이 극적으로, 시적으로 표현됨으로써 이익을 보게 된 첫 번째의 인물이다. 이로 인해 그는 영웅 속에 들게 되었으며, 그의 가르침은 물론 그 사람 자체를 고찰하고 그가 도시와는 어떻게 조화하였는지 또한 고찰하는 것이 허용되고 필요하게 되었다. 자신이 철학자였기 때문에 도시의 주목을 끌게 되었던 이 초기의 철학자가 엮어낸 귀중한 드라마는 사고의 자유에 관계되는 모든 문제를 모든 각도에서 제시하고, 거기에는 어떤 종류의 공리공론도 없으며, 그것으로부터 우리는 그와 같은 자유의 중요성과 거기에 따르는 어려움을 새삼 되새겨 볼 기회를 얻게 된다. 사실 지식의 요구만을 진지하게 다루었다고 볼 수 있는 《국가론》으로부터 정치 생활의 경쟁적인 요구에만 모든 주의를 기울인 작품인 《법률 *Nomoi*》에 이르기까지 이들 작품을 통해 사회를 완전한 것으로 만들기도 하고 분해하기도 하였던 소크라테스의 활동이 모든 측면에서 드러나고 있다. 법과 다투어야 하는 어려움에 접한 그와 그 밖의 다른 철학자들이 외부 사람, 반대자, 또는 전체에 따르지 않는 사람에 대한 사회의 편견 때문에 곤욕스러운 것이 아니라 분명히 인간의 충성을 가장 높이 요구하고 근본적으로 대립하는 두 개의 주장 - 즉 그가 속한 사회와 그의 이성 - 때문에 곤욕스러워진다. 헤겔에게서 보듯이 국가가 합리적이든지 아니면 니체가 제시한 대로 이성을 포기하든지 할 때만 그 대립이 극복될 수 있다. 그것은 어떻든지 간에 우리는 철학의 이 처음 출현에 관한 유례 없이 상세하고 깊이 있는 기록을 가지고 있고, 철학이 세상에 미친 효과를 이해하기에 앞서 철학에 대한 자연적 또는 적어도 원시적인 반응을 이해할 수 있다. 부분적으로는 우리가 더 이상 그 시작을 모르기 때문에 종말을 목격하고 있는지도 모르는 이때 이것이 시작에 대한 시각을 제공해 준다.

플라톤과 크세노폰이 소크라테스에 관해 쓴 시는 이미 변론하는 형식을 취하는데, 즉 그들은 유죄 판결을 받은 사람을 복권시키려 하고 있다. 소크라테스에 대한 도시의 반응을 첫 번째로 진술한 사람이 아리스토파네스(Aristophanes)다. 소크라테스는 얼마나 큰 행운을 가졌던가! 소크라테스는 플라톤과 크세노폰의 붓을 통솔했을 뿐만 아니라 희극의 완전한 천재라 할 수 있는 작가가 쓴 가장 훌륭한 작품의 중심 인물이 되기도 하였다. 《구름 *Nephelai*》이라는 작품은 때때로 소크라테스에게는 별로 관심이 없으면서도 심각한 사건이 웃음거리는 될 수 없다고 느끼는 사람들의 분노를 자아낸다. 소크라테스의 운명과 거기에 아르스토파네스는 통속적인 사람의 시각을 빌어 소크라테스를 우스꽝스럽게 묘사하고 있는데, 사실 통속적인 사람에게는 그가 우스꽝스럽게 보인다. 그러나 아리스토파네스는 통속적인 사람 또한 조롱하고 있다. 그의 작품을 읽으면 우리도 실제로 무지한 사람과 함께 현명한 사람을 비웃게 되고 현명한 사람이 무지한 사람을 비웃듯이 우리도 무지한 사람을 비웃게 된다. 무엇보다도 우리는 현명한 사람에 대한 무지한 사람의 울화를 비웃게 된다.

《구름》에 나오는 소크라테스는 다른 사람들이 관심을 쏟는 것들은 경멸하고 그들이 경멸하는 것들에게는 관심을 기울인다. 그는 자연을 탐구하고, 하루살이나 별 같은 것들을 걱정하며, 자연 속에서는 신을 찾아볼 수 없기 때문에 신을 부정하며 일생을 보낸다. 시민들에게는 크게만 느껴지는 아테네가 그의 지도에서는 하나의 작은 점으로 나타나고 있다. 법과 관습(nomos)이 그에게는 아무 의미도 없는데, 왜냐하면 그것들은 자연적인 것이 아니라 인간이 만든 것이기 때문이다. 그를 동반하는 사람들은 보통 상식이 결여되어 있는 창백한 얼굴의 젊은이들이다. 아테네의 자유로운 분위기 속에 자리 잡은 이 학원에서 이 젊은 기인들은 해롭지 않은 괴팍한 사람들에 불과한 것으로 보이는 가운데 그들의 활동을 지속시켜 나간다.

고정된 생계 수단이 없어 이들은 가난하다. 소크라테스는 증여물을 받았고, 문자 그대로 몸과 영혼을 함께 유지하기 위해 분명히 소소한 도둑질은 묵인한다. 거기에 도덕은 없지만 그래도 그들은 사악한 사람들이 아닌데, 왜냐하면 그들의 유일한 관심사는 공부뿐이기 때문이다. 소크라테스는 명예나 사치에 대해서는 철저하게 무관심하다.

아리스토파네스는 다 자란 사람이 하루살이의 항문이나 생각하면서 일생을 보낸다는 것이 터무니없다는 것을 우리에게 새삼 일러 준다. 과학의 유익함에 대해 우리는 너무 설득되어 과학자의 시각과 신사의 시각은 동떨어져 있다는 것을 깨달을 수 없게 되었고, 전쟁과 평화, 정의, 자유, 영광 등과 같은 것에 관심이 있는 사람에게는 과학자의 관심사가 충격적이고 자질구레한 것으로 보인다는 것을 깨닫지 못한다. 이론적인 사람들이 믿는 대로 만일 과학이라는 것이 단지 호기심만을 위한 것이라면, 실리적인 사람의 관점에서 볼 때는 그것이 언어도단, 더 나아가 부도덕한 언어도단이다. 세상은 균형을 잃게 된다. 과학의 희극적인 면모를 그리는 데 있어 아리스토파네스와 적수가 될 수 있는 사람으로는 스위프트(Swift)가 유일하다. 현미경을 통해 본 여자의 젖가슴을 그린 그의 묘사는 과학의 의미가 무엇인지를 보여주고, 이는 과학을 훼손하려는 것이 아니라 단지 대부분의 사람이 고수하는 세상과 이론적인 사람들이 사는 세상 간에 나타나는 엄정한 불균형을 명백하게 하고자 함이다.

아리스토파네스가 풍자하는 것은 과학의 외양이고, 과학자가 비과학자에게 어떻게 비치는가 하는 것이다. 그는 단지 과학자가 하는 일의 존엄성에 대해 암시한다. 그가 묘사하는 소크라테스는 개성이 주어지지 않았고, 그 소크라테스는 우리가 알고 있는 소크라테스가 아니다. 그는 철학자라는 종의 일원이고, 자연을 연구하는 학생인데 그 중에서도 특히 천문학을 연구하는 학생이다. 우리가 아는 이 종의 첫 번째 회원은 탈레스(Thales)다. 그는 해의 일식을 처음으로 예견하고 일시의 원인을 처음으로 알아냈다. 이것은 그가 수학적 논법과 일치하는 일정한 방법으로 하늘이 움직이고 있다는 사실을 알아냈다는 의미다. 그는 눈에 보이는 결과를 가지고 눈에 보이지 않는 원인을 추론해 낼 수 있었고, 또 자연 전체에는 우리가 이해할 수 있다는 질서가 있다는 것을 추측할 수 있었다. 그 순간에 그는 그의 이성이 자연의 원리와 일치한다는 것을 깨달았고, 그가 소우주라는 것을 깨달았다.

　이 순간은 많은 요소를 포함하고 있다. 즉 거기에는 문제를 해결한 데 대한 만족감과 그의 재능을 활용했다는 즐거움이 있고 스스로 조사해 모든 것을 소유하게 되었기 때문에 그 어느 정복자의 자존심보다 더 완전한 자존심이 있다. 권위가 따로 필요 없이 내면으로부터 나온 확실감이 있고, 그에게 있는 가장 숭고한 것이 다른 사람이나 다른 사람의 의견 또는 태생 및 권력의 자리에 뽑히는 것과 같은 우연에 의존하거나 빼앗길 수 있는 그 어떤 것에 의존하여 완수한 것이 아니라 스스로 완수한 데서 오는 자부심이 있다. 환상이나 희망이 뒤섞인 행복이 아니라 완전히 실질적인 행복이 있다. 그러나 탈레스에게 가장 중요했던 것은 아마도 일식에 대한 시적 또는 신화적 설명이 잘못이었다는 것을 그가 알게 된 것이리라. 과학의 출현 이전에 인간이 믿었던 것처럼 일식이 신으로부터 내려진 하나의 조짐은 아니었다. 일식은 신의 힘 밖에 놓여 있다. 그것은 자연에 속한다. 우리가 신을 두려워할 필요가 없다. 이론적 경험은 부정적인 측면 - 사색가를 신의 두려움으로부터 해방시킨다는 - 에서 뿐만 아니라 긍정적인 측면에서 해방의 경험이고, 동시에 가장 좋은 생활 방식을 발견하는 것이기도 하다. 마이모니데스(Maimonides)는 이성을 철학적으로 활용한 경험을 이렇게 묘사하고 있다. "그렇다면 이것은 우리가 잠긴 문을 열고 들어갈 수 있는 열쇠와 같은 것이다. 그리고 이 대문을 열고 그곳으로 들어가게 되면 영혼은 거기에 있는 나머지 것들도 찾아낼 수 있고 우리의 눈은 마냥 즐거운 것이며 육신의 애씀과 고역이 수월해질 것이다." 인간의 영혼 속에서 이전까지는 제지를 받던 모든 것들이 거리낌 없이 활약을 하게 된다. 경건함이 가장 훌륭한 것이라는 신화 또는 신화의 주장으로부터 인간이 해방되자 인간은 아는 것이 가장 훌륭하다는 것, 그리고 그 밖의 모든 것들은 이 알기 위한 목표를 위해 행해진 것이고, 자가당착 없는 유일한 최종 목표가 이 아는 것이라는 사실을 알게 되었다. 중요한 이론적 경험을 필연적으로 모든 사물의 첫 번째 원리로 귀결되는데 그 경험에는 물론 선한 것에 대한 인식도 포함된다. 국적이나 출생 또는 부와 관계 없이 인간에게는 이 경험을 할 수 있는 능력이 있다. 그리고 분명히 정신적으로 모든 인간이 공유하는 유일한 것이 이것이고, 과학의 논증은 인간 내부로부터 나오고 그 논증은 모든 사람에게 다 똑같다. 피타고라스의 정리를 생각할 때는 내 마음속에서 작용하는 것이나 다른 사람의 마음속에서 작용하는 것이나 다 똑같다는 것을 나는 안다. 그 밖의 소위 공통의 경험이라고 하는 것들은 모두 아무리 공통된다고 하더라도 애매모호하기 이를 데 없다.

이런 경험의 일부가 현재의 자연과학 분야에서는 여전히 남아 있고 인문과학 내에서는 덧없는 생존을 연명하고 있다. 이 모든 것의 조화는 그 어느 곳에서도 거의 찾아볼 수 없고, 또 오늘날 그 진가를 평가받지도 못한다. 왜냐하면 오늘날에는 철학이 거의 존재하지 않기 때문이다. 그러나 철학자들은 언제나 이것을 이해하고 있었고 그 이유는 그들이 그 경험을 공유하고 그와 같은 경험이 다른 사람에게 있을 때는 금방 알아볼 수 있기 때문이다. 최종적인 것에 대한 서로 간의 의견 차이보다는 이 공동체 의식이 그들에게는 더 중요하다. 철학은 교리가 아니라 생활 방식이고, 그래서 철학은 서로의 가르침이 아주 판이함에도 불구하고 그들은 그 누구보다, 심지어 자신을 추종하는 추종자들보다, 서로서로간에 더 많은 공통점을 가지고 있다. 플라톤은 파르메니데스(Parmenides)에게서, 아리스토텔레스는 플라톤에게서, 베이컨은 아리스토텔레스에게서, 데카르트는 베이컨에게서, 로크는 데카르트와 뉴턴에게서 이 점을 알아보았고 그 본보기는 마냥 계속될 수 있다.

이런 생활 방식에 참여하는 일련의 소수 부대가 대학의 영혼이라 할 수 있다. 이것은 역사적 사실로 미루어 보나 원칙에 있어서나 사실이다. 사람들이 철학자의 가르침과 철학자가 보여 준 본보기에 의해 영감을 받았던 곳에 대학이 생겨났다. 철학과 철학을 통해 나타나는 합리적인 명상 생활이 학문과 학문의 개별 분야를 가능하게 하였고, 크고 적게 의식적으로 생기를 불러일으켰다. 그러한 본보기가 활력을 잃었을 때, 또는 그러한 경험을 갖지 못한 사람들이 대학을 압도하였을 때 대학은 쇠했거나 아니면 붕괴하였다. 엄격히 이것은 야만이고 암흑이다. 예배의 전당에는 으레 예언자나 성자가 있게 마련이라고 말할 수 없는 것과 마찬가지로 대학에는 으레 철학자가 있었다는 의미는 아니다. 예배의 전당은 예언자와 성자의 정신에 헌신하는 곳이기 때문에 그 전당들은 여느 다른 집들과는 다르다. 그 정신을 중심으로 삼는 것과는 무관한 많은 기능이 그 전당에서 수행될 수는 있지만 그래도 그 전당이 섬기는 것, 그리고 그 전당이 하는 모든 일은 그들이 섬기는 것에 대한 숭배에서 나온 것이기 때문에 예배의 전당이 그대로 존속한다. 그러나 신앙이 사라지고 예언자와 성자가 들려주는 경험이 믿을 수 없는 것으로 되어버린다거나 관심 밖의 일로 되어 버리면, 성전 속에서 아무리 많은 활동이 아무리 다양하게 진행된다고 하더라도 성전은 더 이상 성전이 될 수 없다. 그것은 서서히 시들어가고 기껏해야 기념비적인 존재로 남게 될 것이며, 그것의 내면적 생활이 관광객으로 한가로이 그곳을 스쳐 가는 사람들에게는 생소할 뿐이다. 대학을 여기에 비교하는 것이 퍽 적절하다고는 할 수 없지만, 아무튼 대학 또한 거기에 없는 사람들의 정신으로부터 가르침을 받고, 그 정신을 완전히 함께하는 사람 수는 극소수지만 그래도 대학은 거기에 없는 그 사람들을 계속 존경해야만 한다. 대학이 대학에 오겠다는 모든 사람을 입학시킬 수는 있지만, 대학에서 진행되는 일을 우러러보고 그 일들의 존엄성에 대해 어렴풋이나마 알아채고 있는 사람만을 받아들이도록 해야 한다. 대학 자체가 언제나 생동감을 불어넣는 원칙과의 접촉을 잃고 더 이상 대학에 존재하지 않는 그 어떤 것을 대표하는 위험에 놓여 있다. 이렇게 희귀한 무리가 대학의 중요한 중심 세력이 되어야만 한다는 것이 가당치 않게 보일 수도 있을 테지만, 적어도 어제까지는 대학이 이것을 인식하고 있었다. 예를 들어 미국 대학의 마지막 본보기가 되었던 19세기의 독일대학에서는 이것이 잘 알려져 있었다. 아무리 대학이 형편없었고, 대학과 상관없는 외부의 참견으로 아무리 대학이 짓눌렸어도 아리스토텔레스나 뉴턴 같은 사람이 대학의 모든 것이라고 언제나 알고 있었다.

  철학적인 생활이 대학은 아니다. 19세기까지는 대부분의 철학자와 대학은 아무 상관이 없었고 아마도 그중 가장 훌륭한 철학자들은 대학을 혐오했을 것이다. 우리는 소크라테스를 대학교수로 상상할 수는 없고 그 이유에 우리가 곰곰이 주의를 기울여 볼 가치가 있다. 그러나 소크라테스는 대학의 정수(精髓)다. 대학은 그가 대표하는 것을 보존하고 진척시키기 위해서 존재한다. 결과적으로 대학은 이제 그렇지 못하다. 그러나 더욱 중요한 것은 계몽운동의 결과로 철학자와 철학이 오로지 대학에만 거주하게 되었고, 그들의 옛 버릇과 예전에 늘 거닐던 곳을 포기해 버렸다는 사실이다. 그들은 거기에서 새롭게 다치기 쉬운 존재가 되었고, 따라서 소멸의 위기에 놓이게 된다. 고전주의 철학자들은 아주 훌륭한 이유가 있기 때문에 이런 위기에 처하지는 않았을 것이다. 우리가 처한 유별난 궁지를 위해 그 이유를 이해하는 것이 더할 나위 없이 귀중하다.

철학자들은 철학적 경험을 인간 고유의 경험으로 파악하고 있지만, 인간에 대한 바로 그러한 정의라든지 철학의 존엄성과 매력이 언제나 대중적으로 또는 일반적으로 인정되었던 것은 아니었다. 왕좌를 노리는 다른 주장자들의 경우는 달랐고 예언자나 성자, 영웅이나 정치가, 시인이나 예술가의 주장이 항상 용납되었던 것은 아니더라도 일반적으로 진지한 것으로 인정되고 있다. 그 주장들은 항상 존재했고 분명히 시민 사회와 함께 해왔던 반면에 철학자들은 나중에 등장했고, 따라서 그들은 새로이 길을 개척해야 했다. 그리고 이것이 어느 정도 문제와 상관이 있기는 하지만 그것은 어디까지나 증상이지 원인은 아닐 것이다. 나는 사람들이 철학자의 전형적인 경험보다 예언자, 임금, 시인의 전형적인 경험에 훨씬 더 접근할 수 있다고 생각지는 않는다. 보통 사람들의 일상생활에서는 영광을 추적하는 데 필요한 훌륭한 상상력, 영감, 용맹 등이 농사일, 건축, 신 깁는 일 등과 같이 보다 높은 사람들은 경멸하는 매일 쓰이는 실질적인 기술에서 찾아볼 수 있는 논리 전개의 경험과는 모두 동떨어진 것들이다. 소크라테스는 언제나 그의 귀족 계급 대담자들에게 이 기술에 대해 상기시키고, 이 기술이 귀족들은 갖지 못한 지식의 모범으로 이용한다. 그러나 이것이 바로 일부 어려움을 반등한다. 즉 사람들은 무언가 이보다는 더 높은 것, 무언가 더 존귀하고 더 존경할 만한 대상이 될 것을 바라고 있다. 그리고 소크라테스의 풍채는 아리스토파네스의 희극에서 명백하게 밝혀지듯이 적어도 처음 볼 때는 존경의 대상이 될 만한 것이 못 된다. 그보다 더 중요한 것은 인류 전반적으로 예언자, 임금, 시인 등이 분명히 은혜를 베푸는 사람들로서 그들은 인간에게 구원, 보호, 번영, 신화 및 즐거운 소일거리를 제공해 준다. 그들은 시민 사회의 고귀한 성채고, 사람들은 자신들에게 이익이 되는 것을 곧 선(善)으로 동일시하는 경향이 있다. 철학은 그와 같은 이로운 일을 하지 못한다. 그와는 정반대로 그것은 엄격하고 어느 정도 슬프다. 왜냐하면 철학은 인간에게서 인간이 가장 좋아하는 희망을 대부분 빼앗아 버리기 때문이다. 슬픔에 잠긴 인간들과 그들의 끝없는 취약성을 달래기 위해 철학이 할 수 있는 일은 없다. 철학은 위로는커녕 오히려 인간에게 그들은 보호받지 못하는 존재고 인간 개인의 운명에 대해서 자연은 무관심하다는 것을 일깨우려 한다. 소크라테스는 늙고, 추하고, 가난하고, 가족도 없고, 도시에서 명성이나 권력도 갖지 못했으며, 에테르(Ether)가 제우스(Zeus)의 자리를 빼앗은 것에 대해서나 지껄인다.

 시(詩)에서 칭송되고 조각으로 새겨졌던 임금들은 불명료하다. 한편으로는 그들이 자신만을 위해서 존재하는 것처럼 보이고, 우리로서는 참여할 수 없고 우러러보는 게 고작인 아름다움으로 존재하는 것처럼 보인다. 그런가 하면 다른 한편으로는 그들이 우리에게 봉사하고 있다 - 즉 우리를 다스리고, 고쳐 주고, 벌을 주지만 우리 자신으로 볼 때는 그들이 우리를 가르치기도 하고 기쁘게 해주기도 한다. 아킬레스는 대다수의 사람에게는 꿈에 불과한 완전무결한 인간이고, 따라서 그는 그들 가운데 빼어나고 마땅히 그들의 주인이 된다. 그러나 그는 또한 그들을 보호하는 무사이고, 그리스를 구하기 위해 다른 사람은 극복할 수 없었던 죽음의 두려움을 극복해야 한다. 모든 영웅들은 인간, 즉 시민을 보살피고 비위를 맞추는 일에 종사하는 사람들이고 그 대가로 그들은 존경과 영광을 얻는다. 어떤 의미에서 그들은 시민 사회의 허구라 할 수 있고 그 사회의 목적에 그들이 봉사한다고 볼 수 있다. 그들이 칭송받을 만한 공적을 행하지 않았기 때문이 아니라 딱하게도 그들의 공적은 이로운 정도, 즉 최대 다수를 위한 최대의 행복이라는 공리에 의해 측정되기 때문이다. 정치가다운 정치가는 훌륭한 미덕을 소유하고 있는 것으로 여겨지지만, 그래도 그는 대중을 보호하는 일에 얼마나 성공을 거두었느냐에 따라 측정받게 된다. 그 미덕은 보존이라는 목표에 대한 수단이다. 다시 말해 행복한 생활은 생활이라는 것에 종속하는 것이고 그것에 봉사하기 위한 것이다. 이론적인 생활이 행복한 생활 방법이라고 하더라도 그것의 순수한 표현이 꼭 도시에서 이롭다고 할 수는 없다. 그러므로 그것을 내세워 대중을 설득한다는 것은 거의 불가능한 일이다. 소크라테스가 그의 《변명》에서 얼토당토 않게도 - 그는 결코 화를 내본 적이 없고, 자신을 철두철미 퇴거하는 병사로 규명한 사람이기 때문에 - 자신을 아킬레스에 비유한 것은 바로 이 점을 암시한 것이다.

아리스토파네스는 도시에서 철학이 무방비 상태에 있다는 점을 지적하고 또 조롱한다. 시인인 그는 철학자의 지혜에 많은 동감을 갖고 있지만, 그 자신은 그들 같이 어리석지 않다는데 자부심을 느끼기도 한다. 그는 자신을 돌볼 줄 알고 대중들로부터 상도 받고 보수도 받는다. 그는 약은 체하는 사람 앞에서는 더 약게 굴자는 입장을 취하는데, 다시 말해 그는 세상사에 약삭빠르다. 그는 철학자들에게 경고하고 시민의 앙갚음을 희극적으로 묘사함으로써 그가 예언적이었다는 것을 증명해 준다. 플라톤, 크세노폰, 이소크라테스(Isocrates) 등이 포함된 소크라테스의 뒤를 이은 위대한 세대는 그 경고를 가슴 깊이 받아들였다. 그들은 정확히 말해 철학이 시의 권력에 참여하지 못하고 필요 없으며 새로운 것이기 때문에 약하다는 것을 알아차렸다. 철학은 위협을 받고 또 시민을 한데 묶어 주고 그 밖의 여러 가지 철학에 대항하는 고귀한 것들 - 성직자, 시인과 정치가 - 을 한데 합쳐 주는 모든 믿음에 위협이 된다. 그리하여 소크라테스의 계승자들은 모든 힘을 모아 철학을 구원하고 보호하려는 영웅적인 노력을 경주하였다.

아리스토파네스의 이야기 속에서 자기 일만을 상관하는 소크라테스는 헛소문과 조롱의 대상이었지만, 아들의 방탕 때문에 빚을 진 한 아버지가 그가 떠맡아야 할 책임에서 벗어나기 원하는 일이 생기게 된다. 소크라테스의 무신론이 그가 법을 깨고 맹세를 깨뜨리더라도 제우스의 천벌을 두려워할 필요가 없다는 것을 의미한다면 소크라테스의 무신론이 그에게 가장 옳은 처방이 되었다. 법은 단순히 인간이 만든 것에 불과하다는 사실이 밝혀지고, 그렇기 때문에 다른 사람의 눈에 띄지만 않는다면 그의 잘못된 행적을 입증할 증인이 없다. 철학이 이 어리석은 늙은이를 자유롭게 해준다. 그의 아들 역시 자유로워지지만 예기치 않았던 결과를 수반한다. 즉 그는 더 이상 신의 보호를 받을 수 없게 된 그의 아버지와 어머니에 대한 존경심을 잃게 된다. 그 아버지는 이 점을 견딜 수 없어 신에 대한 믿음으로 되돌아가고, 따라서 신이 시민은 물론 그 가족도 보호한다는 것이 판명된다. 분노에 차서 그는 소크라테스의 학교를 불태워 버린다.

아리스토파네스에게는 선견지명이 있었다. 소크라테스에 대한 실제 죄명이 젊은 이를 타락시키고 불경하다는 것이었고, 거기에는 후자가 전자의 가장 중요한 원인이라는 의미가 함축되어 있다. 그리고 아무리 학자들이 소크라테스에 대한 아리스토파네스와 아테네의 비난이 부당하다고 원성들을 높이더라도, 그런 비난을 뒷받침할 증거가 있는 것은 사실이다. 예를 들어《국가론》에서 결혼은 오로지 후손을 얻기 위한 목적에서 단기로 거행되는 용무이고, 가족은 해체되며, 현명한 아들이 현명하지 못한 아버지를 다스리고 훈육할 수도 있으며, 뭐니 뭐니 해도 근친상간의 금기가 어느 정도 해이해졌다. 오래된 것을 존중하던 것이 이성 존중으로 대치되고 아버지와 조상의 지배가 의문시된다. 이 일은 소크라테스의 소송 절차에 잇달아 당장 일어나고 그것이 서양의 혈맥으로 들어와 싫으나 좋으나 오로지 서양에서만 찾아볼 수 있는 철학의 영향 중 하나다. 소크라테스에게 목숨을 내걸고 적개심을 갖는 구성원 중의 하나가 화가 난 아버지들이고, 소크라테스 자신은 결코 이러한 결과를 달성하려고 하지도 않았고 가족을 개편하려고 애썼던 것도 아니다. 단지 그 자신이 몸소 보인 본보기와 그가 불러일으킨 판단 기준이 이렇게 인도해 갔을 뿐이다.

소크라테스는 문화나 사회, 경제와 충돌을 일으킨 것이 아니라 법과 충돌했는데 - 이는 곧 정치적 범행을 의미한다. 법은 강압적이다. 정치적인 요구라는 형태로 인간의 일들이 철학자를 침입한다. 생존하기 위해 철학사가 필요로 하는 것은 인류학도 사회학도 경제학도 아니고 정치학이다. 그리하여 세련된 논거도 필요 없이 인문과학 또는 인간사(事)에 대한 과학 중 제일 먼저 세워진 과학이 정치학이고 18세기에 이르기까지는 유일한 과학이었다. 그가 시민에게 의존하고 하늘을 쳐다보는 동안 땅 위의 발디딤을 잃게 된다는 엄정한 사실을 인식하게 된 철학자는 어쩔 수 없이 정치에 주의를 기울일 수밖에 없었고 철학적인 정치, 말하자면 일종의 정당을 발전시킬 수밖에 없었는데, 이는 항상 존재하는 민주주의, 소수 독재주의, 귀족 및 군주주의 정당과 함께 어울리기 위한 것이었다. 그는 진리의 정당을 세웠다. 고대 정치 철학은 거의 완전히 철학에 봉사했고 철학을 위해 세상을 보다 안전하게 만들려고 했다.

더 나아가 소크라테스가 충돌을 일으켰던 법은 신들과 관계되는 법이었다. 가장 흥미로운 표현으로 법을 신성한 법이라고 한다. 도시는 신성하고, 그것은 신학적 정치적 실체다. (말이 나온 김에, 《신학적 정치적 논문 *Theological - Political Treatise*》이 스피노자에게는 오로지 정치적인 책으로 느껴지는 이유는 이 때문이다.) 철학자들에게 문제가 되는 것은 주로 종교다. 철학자들은 도시에 유포되어 있는 종교의 권위와 타협을 해야만 한다. 《변명》에서 소크라테스는 철학자의 행동에 대해 몇몇 제안을 한다. 비록 그의 믿음이 애매모호하더라도 그는 그가 무신론자라는 것을 부인해야 한다. 《변명》을 주의 깊게 읽어 보면 소크라테스가 시민이 섬기는 신을 믿는다고 말한 적은 결코 없다는 것이 분명해진다. 그러나 그가 자신을 신들이 보낸 표시로 보이게 만들고 그가 하는 일은 델피 신전의 신들이 시키는 일로 보이게 만들려고 노력한 흔적은 있다. 그럼에도 불구하고 그는 유죄 선고를 받는다.

그는 그의 생활 방식을 배심원들에게 설명함으로써 그의 문제를 간단명료하게 진술한다:

> 만일 내가 여러분들에게 나는 신을 따르지 않는다고 말해도, 그리고 그 점에 대해 침묵을 지킨다는 것이 내게는 불가능한 일이고, 내가 여러분을 설득할 수는 없을 테고 여러분은 오히려 내가 비꼰다고 받아들일 겁니다. 그리고 내가 여러분에게 미덕과 여러분도 들어본 적이 있는 그 밖의 갖가지 내가 하는 이야기들을 매일 토론하고, 나 자신과 다른 사람들을 검토해 보는 것이 인간에게 가장 큰 행복이고 검토 없이 지나는 생은 인간이 살아갈 생이 못 된다고 말한다면, 여러분은 더욱더 설득되지 않을 것입니다.

사람들은 소크라테스의 풍자와 그가 그들이 알기 쉽게 수준을 낮추어 이야기한다는 것을 인정하고, 그의 종교적 주장이 얼마나 믿기 어려운가 하는 것도 인정한다. 그의 풍자는 풍자로 보이고 그리하여 성공을 거두지 못한다. 그러나 델피 신전의 장식으로 꾸미지 않은 진리는 불가해하고, 그의 청중들은 그것과 일치하는 경험을 해본 적이 없다. 그가 첫 번째 이야기를 고수하는 것이 차라리 성공을 거둘 가능성이 높다. 바로 이 묘사를 통해 우리는 정치적 상황을 분석할 수 있다. 거기에는 세 부류의 집단이 있다. 대부분의 사람은 그를 이해하지 못하고 그에게 적의를 가지고 있으며 그가 유죄라고 투표하는 한편, 그보다 수는 적지만 그래도 무시할 수 없는 수의 사람들이 여전히 소크라테스를 이해하지는 못하면서도 그에게 어딘가 숭고한 면이 있다는 것을 알아보아 그에게 동정적이며 그를 석방하도록 투표하고, 마지막으로 극소수의 사람들은 인간을 위한 최대의 행복은 미덕을 이야기하는 것 - 실천하는 것이 아니라 - 이라고 말한 그의 말이 무엇을 의미하는지 안다. 마지막 집단은 정치적으로 중요치 않은 집단이다. 그러므로 정치적으로 철학을 구제할 수 있는 희망은 두 번째 집단의 호의에 의존하게 되는데, 그들은 선량한 시민이고 일상적으로 경건하면서 또 어딘가 개방적인 면도 갖추고 있다.

 그리고 거의 2천 년 동안 철학이 철학의 웅변으로 호소하였던 대상이 바로 그와 같은 사람, 즉 신사들이었다. 그들이 지배할 때에는 분위기가 다소 철학에 유리하였다. 그러나 일반 사람, 즉 대중이 지배할 때에는 종교적 열광이나 세속적인 실용주의 때문에 사태가 철학에는 훨씬 둔감하게 전개된다. 순수한 호기심에서 아니면 자신을 장식해 보려는 욕망에서 전제 군주가 철학자에게 매혹될 수 있기는 하지만 모든 동맹자 가운데 그들이 가장 믿을 수 없는 동맹자다. 이 모든 것들은 철학자들에게 강요된 심리 분석 때문이고 전에는 철학자들이 사람이나 사람의 영혼에 별로 주의를 기울이지 않았다. 그들은 대부분의 사람에게 있어서 가장 강력한 격정이 죽음에 대한 두려움이라는 것을 관찰해 낼 수 있었다. 자신이 일소되는 것과 타협할 수 있는 사람은 거의 없다. 사람들이 철학에 폐쇄적으로 되는 이유는 그들이 우둔해서라기보다는 자기 자신, 특히 자신들의 생명에 대한 사랑 때문임은 더 말할 나위가 없고, 아울러 그들의 자식, 그들의 도시에 대한 사랑 때문이다. 우리가 소중히 여기는 것이 우주의 지지를 받지 않는다는 사실을 직시하는 것은 무엇보다도 어려운 일이다. 그리하여 소크라테스는 철학의 임무를 "어떻게 죽을지 배우는 것"으로 규정하고 있다. 추호의 타협 없이 죽음에 직면하는 진지한 생을 - 죽음에 대해 항상 생각하고 인생과 인생에서 애착을 느끼는 것에 그것이 던지는 의미는 무엇인지를 항상 생각한다는 의미의 - 살지 않아도 되는 이유는 흔히 환상과 신화를 동반하는 갖가지 자기 망각의 다양한 장치들 때문이다. 개인들은 우연에 종속되는 개인적인 생활에 의의가 부여되길 요구한다. 대부분의 인간과 모든 사회는 보편적인 것과 특이한 것, 필수와 우연, 자연과 관습의 비과학적인 혼합을 요구한다. 철학자는 바로 이런 혼합을 허용할 수 없고, 따라서 그는 혼합의 구성 인자들을 부분별로 제각각 분리하려 한다. 그는 자연에서 그가 본 것을 직접 자신의 생에 적용시킨다. "나뭇잎이 대대로 내려오면서 마찬가지듯이 인간 또한 대대로 마찬가지다" - 이러한 발견은 오로지 통찰에 따르는 격정적인 즐거움만이 그 보상이라 할 수 있는 우울한 교훈이다. 그러한 즐거움이 없다면 그것은 견딜 수 없을 것이고 그와 같은 즐거움을 가진 사람은 극소수에 불과하다. 철학자가 정말로 생각하는 것만을 즐기고 진리만을 사랑하는 한 그는 어리석음에서 깨어날 수 없을 것이다. 그는 결코 무너질 수 있는 환상을 소중히 여기지는 않는다. 혹시 그가 우스꽝스러울는지는 몰라도 적어도 비극에는 완전히 면역이 되어 있다. 비철학적인 사람은 진리가 그들이 소중히 여기는 것 - 자신, 가족, 국가, 명성, 사랑 따위 - 과 상충되지 않을 때만 진리를 사랑한다. 진리가 그것들과 마찰을 일으킬 때면 그들은 진리를 미워하고 그들에게 소중한 이 고상한 것들을 상관하지 않는 사람, 즉 그것들의 덧없음을 증명하고 또 그것들을 덧없는 것으로 취급하는 사람을 괴물이라고 여긴다. 신들은 자연의 일관성과 대다수의 인간에게 소중한 관습을 보증해 주는 보증인이고 이를 해체할 수 있는 것은 오로지 철학뿐이다. 과학과 인류 전체 사이에 반목이 있다는 것은 그러므로 우연이 아니다.

철학자들에게 널리 유포되어 있는 열정과 대중들이 가진 열정 간에 나타나는 적대 관계를 철학자들은 영구한 것으로 받아들이는데, 왜냐하면 인간의 본성은 변하지 않기 때문이다. 인간이 존재하는 한 죽음에 대한 공포가 그들을 움직이는 동기일 것이다. 우선적으로 이 열정에 의해 동굴이 구성되고 희망이 정당화되는 범위가 구축된다. 동굴에서 살고 있는 공동체에 봉사하고, 생명을 보존해 주는 것을 위해 목숨을 내던지는 것은 명예로운 것으로 여겨진다. 세속적인 도덕은 이러한 이기적인 집단체의 규약이고 이 집단에서 한 걸음이라도 벗어나는 것은 그게 무엇이든 도덕적 분개의 대상이 된다. 그리고 사색가에게 위험한 것은 일상적인 이기주의나 관능(sensuality)이 아니라 도덕적 분개다. 도시를 보호하는 신들을 분노케 하면 신들이 보호를 철회할지도 모른다는 두려움이 사람들을 공포의 혼미 상태로 빠져들게 만들고, 따라서 신법(神法)을 범하는 사람에게는 그들이 사납게 복수한다.《변명》에서 소크라테스는 선량한 시민인 그가 왜 아테네의 정치 생활권 밖에 머물렀나 하는 것을 설명해 준다. 그가 시의회에서 사회를 맡았을 때, 그는 아테네의 가장 훌륭한 해전을 승리로 이끈 지휘관들이 분별 있게 살아 있는 사람의 목숨을 위험하게 하는 폭풍우 속에서 죽은 사람의 시체를 건져 내는 것을 거절했다고 그들을 사형에 처하자는 동의를 투표에 붙일 것을 거부했고 - 그의 거부는 무효화 되었다. 그러나 신법에 따르면 시체를 되찾아와야 하고, 따라서 도덕적인 분노는 지휘관들을 사형에 처할 것을 주장했다. 단순한 사리 분별이 신성한 것을 무효화 할 수는 없다. 소크라테스의 철학은 대중의 도덕적 열기보다는 그런 사리 분별과 더 많은 공통점을 가지고 있고, 그 열기가 결국 신성한 것보다 사리 분별을 우위에 놓는다고 하여 그의 죽음을 초래하였다. 소크라테스는 이 열기가 시민사회의 근저가 되는 것으로 여겼고, 그것이 결국 시민 사회에서는 언제나 이성을 압도하고 일그러뜨릴 것으로 여겼다. 그러므로 거기에는 두 가지의 가능성이 있는데, 즉 절대적으로 철학자가 통치해야만 하든지 아니면 그가 "바람과 흙과 비가 이리저리 마구 몰아치는 폭풍우 속에 서 있는 사람처럼 작은 담 밑 한 곁에 서 있든지" 둘 중 하나다. 제3의 방법은 없고, 만일 있다면 그것은 오로지 지성인에게 속하고, 그는 영향을 주려고 시도하였으나 결국에는 영향을 받아야 할 사람의 세력 안에 들게 되고 만다. 그는 그들의 힘을 높여 주고 그의 생각을 그들의 목표에 적응시키게 된다.

  철학자는 사물을 있는 그대로 알기를 원한다. 그는 진리를 사랑한다. 그것이 지적 미덕이다. 그는 진리를 이야기하는 것을 좋아하지 않는다. 그것은 도덕적 미덕이다. 그가 현혹하는 일은 행하지는 않으리라 추측하지만 그것이 그가 살아남을 수 있는 조건이라면 거기에 반대하지는 않을 것이다. 인류를 변화시켜 보겠다는 바람은 거의 언제나 인류를 변화시키는 것이 아니라 우리의 생각이 변화하는 것으로 끝이 난다. 개혁자들은 흔히 비타협적이거나 아니면 그 행위에 있어 극단적이지만 생각에 있어 타협을 모르는 경우는 드문데, 왜냐하면 그들은 반드시 시의적절해야 하기 때문이다. 그러나 관습에 가장 쉽사리 적응하고, 따라서 관습에 투쟁하느라 속박을 받을 필요가 없는 사람이 좀더 많은 자유를 갖고 사색한다. 급진주의가 참모습인 고대 사상이 정치적 행위에서는 절제를 보였기 때문에 급진주의가 가려졌고, 이 때문에 많은 근대 학자들이 오도된다. 고대 사람들에게는 그들을 보호해 주는 영구 재직권 같은 것이 없었고, 따라서 재치에 의존하여 살아가는 사람이 걸려들기에 십상인 절개를 파는 일은 피하길 원했다. 철학자를 보호하거나 진리가 마침내 또는 단시간 내에 승리를 거두리라고 보장하는 도덕적 질서는 없다.

그래서 철학자들은 점잖게 현혹술에 종사했다. 소로(Thoreau)는 어떻게 생각했든지 간에 시민사회를 떠날 수 없다. 그러나 철학들은 주목을 피할 수 없다. 그들은 다르다. 그리하여 철학자들은 신사와 동맹을 맺어 신사들에게 유용한 존재가 되었으면서도, 자신들을 신사에게 결코 노출하지 않았으며, 신사들의 교육을 개혁함으로써 그들의 신사다움과 개방성을 강화하였다. 왜 신사가 대중보다 더 개방적인가? 그들은 아름답고 쓸모없는 것을 감상할 수 있는 돈과 여가를 갖고 있기 때문이다. 그리고 그들이 필수물을 멸시하기 때문이다. 니체가 고대의 신사는 먹는 것과 성행위를 멸시했다고 말한 것은 얼마간 일리 있는 이야기다. 왜냐하면 이런 행위들은 동물적인 본성에 의해 강요되는 행위이기 때문이고 그들은 자신들이 자유롭다는 것에 긍지를 가졌기 때문이다. 비록 그들에게 경건한 경향이 있기는 하였어도, 그들은 불경할 수도 있고, 또 그들은 확실히 많은 사람들에 비해 종교적 광란으로 치닫는 경향이 덜한데, 그 이유는 그들이 공포에 덜 사로잡히기 때문이다.

아리스토텔레스는 그의 《윤리학 *Ethica*》에서 신사와 동맹 맺은 철학자들의 모습을 보여주고 신사들에게 그들의 특산품(그의 것이 아니라)이라 할 수 있는 고상한 행위에 대해 말해 준다. 그가 하는 일은 그들이 이미 실행하고 있는 일을 분명하게 해주는 것이다. 그러나 그는 철학에 약간의 변화를 준다. 그가 제시하는 조목별 미덕 목록에 경건함은 아예 끼지도 못한다. 그리고 고상함의 요소이고 이성의 거대한 적수인 수치가 언급되는데, 오로지 규범으로부터 그것을 추방하기 위해 언급한다. 덕을 갖춘 사람은 부끄러워할 것이 아무것도 없다고 아리스토텔레스는 말했다 - 이것은 자신에 관한 소크라테스의 견해에 꼭 들어맞는 관찰이지만 신사의 전형이라 할 수는 없다. 그리고 아리스토텔레스는 심각하게 독자들과 추론함으로써 독자의 주의를 이론적인 생활 쪽으로 전환시키는 것이 아니라 서서히 그들을 그쪽으로 인도한다. 그는 그들이 아킬레스를 경탄하고 올림피아의 신들을 경외함으로써 달성하던 것을 이론적 생활로 대치하여 이론적인 생활이 신성한 것이고 그들의 부족함을 완성시켜 주는 것으로 만든다. 이제 그들은 사색하는 신을 명상해 보는 이론적인 사람을 경중한다. 철학의 정수를 파악하는 면에 있어 실용적인 것을 제공해 주기 때문에 과학자를 존경하는 근대인들보다 이런 식으로 생각한 신사가 근대인들에 뒤진다고 말할 수 있을는지 다시 한번 생각해 봐야 할 문제다.

이와 비슷하게 《시학 *Poetica*》에서도 아리스토텔레스는 무대를 사랑하는 신사들에게 비극이 무엇인지, 무대에서 얻는 것이 무엇인지를 설명해 준다. 그러나 그는 여기서도 사물을 약간 변경시킨다. 호메로스와는 달리 시인은 시신(詩神) 뮤즈의 영감을 받는 것이 아니라 자연의 모방자로, 다시 말해 철학자들이 연구하는 것과 똑같은 것을 모방하는 사람으로 제시되고, 따라서 시인은 철학에 의해 연구되는 세상과 생소한 이질의 세상을 묘사하는 것이 아니고 과학이 인정하는 원인들과 갈등을 일으키는 세상을 그리는 것도 아니다. 아리스토텔레스는 분명하게 시와 철학을 연결시킨다. 그리고 비극의 최종 대의, 즉 목적은 비애와 두려움을 정화시키는 것으로 이야기 되고 이 두 열정이 한데 합치면 열광, 종교적 도취 내지는 이 두 열정이 광신으로 치닫게 된다. 고통과 고통에 대한 무방비에서 오는 공포로 흥분하는 열정을 시인들은 자극한다고 하여 소크라테스는 시인을 공격한다. 소크라테스에 의하면 이성을 발휘해야 할 곳이 바로 이 상황이고, 필요한 것을 직시해야 하며 인간에게 개별적으로는 우발적으로 일어나는 우연이 있기는 하지만, 사물에는 질서가 있다는 것을 상기시켜야 할 곳도 바로 여기다. 비애와 두려움은 만족을 채우고 보살핌을 받고 진지하게 받아 줄 것을 소리 높여 요구한다. 무엇보다도 사람들은 세계를 자비롭고 심술궂은 신들로 가득 찬 곳으로 보는 경향이 있고, 신들은 자신들을 심각하게 여긴다. 대부분 사람들에게 있어서 이성보다는 이러한 열정이 더 강력하게 작용하기 때문에 이러한 열정에 호소해야 시(詩)가 성공을 거둔다. 시는 청중을 필요로 하기 때문에 이성의 적이 되는 것들에게 너무 우호적이라는 것이 소크라테스의 견해다. 철학자는 다수의 소원에 비위를 맞출 필요를 보다 적게 느끼고, 우리 시대의 현명한 사람들의 말을 빌자면 역사라는 대연극에 동승할 필요를 적게 느끼며, 또는 참여의 필요를 덜 느끼고 있다. 이러한 연유로 소크라테스는 철학과 시 사이의 반목을 고조시키고 있다.

실제로 소크라테스의 뒤를 쫓고 있는 아리스토텔레스가 열광에 들떠 자신들이 영원히 죽지 않는 불후의 존재가 되어야 한다고 주장하게 된 인간을 고칠 수 있는 자들이 시인이라고 제안하고 있다. 철학자가 아니라 시인이 철학에 위험한 열정을 다룰 수가 있고, 그 점을 소크라테스는 무시하였기에 엄청난 대가를 치러야 했다. 시인은 자극을 주어 이러한 열정을 영혼으로부터 씻어 내리게 할 수 있고, 따라서 환자는 좀더 긴장을 풀고 침착해져서 이성에 보다 더 기꺼이 귀를 기울이게 된다. 아리스토텔레스는 시인에게 영웅적 자질은 충분하지만 그들이 슬픈 종말을 맞게 된 것은 다분히 그들의 성격적 결함 탓이었음을 제시하도록 말하고 있다. 그들의 고통이 가엾기는 하지만, 그 고통이 뒤죽박죽으로 생겨난 것이 아니라 세상의 도덕적 질서에 대한 질책 또는 세상의 도덕적 질서가 없음에 대한 질책이다. 그와 같은 연극의 효과로 사람들을 부드럽게 만들고 사람들이 세상의 일관성, 즉 원인과 결과라는 합리적인 관계를 믿게 만들려고 하였다. 이것을 통해 그들이 이치에 맞는 사람이 되는 것은 아니지만, 그래도 그들에게서 단연 우세를 보이는 열정을 조절하여 그들로 하여금 철학의 친구가 되도록 유도하려 한다. 소크라테스 또한 《변명》에서 그의 석방 쪽에 표를 던진 사람들을 향해 연설하면서 죽음을 보다 덜 끔찍스러운 것으로 보이게 만들어 주는 '신화'를 들려주는데, 이러한 그의 노력은 이와 거의 똑같은 것이다. 이야기가 사실은 아니지만 이야기는 그들을 두려움과 소크라테스에게 유죄 판결 내리는 것을 막아 주었던 온화함을 새삼 강화시켜 준다. 소크라테스는 시가 신의 봉사자가 아니라 철학자의 동맹자가 되도록 장려하기 위해서 시를 비판한다.

그리하여 시민 사회의 적의에 대한 철학의 반응은 교육적인 노력을 기울이는 것이고, 철학보다는 오히려 시와 수사학으로 신사들의 영혼의 열정을 온화하게 만들어 분노와 강한 열정은 부드럽게 만들고 동정과 같은 연약한 열정은 강화시키는 것이 그 목적이다. 이와 같은 노력의 모범이 되는 것은 플라톤의 대화로서 그것은 《일리아드 *Iliad*》와 《오디세이 *Odyssey*》와 맞먹고, 심지어는 성경의 복음서와도 맞먹으며, 새로운 영웅을 소개하여 존경심을 불러일으키고 그 뒤를 따르고 싶어지도록 만든다. 새로운 영웅을 소개하기 위해서는 새로운 취향이 정립되어야 하고, 소크라테스를 향한 취향이란 독특한 것이어서 전에 있었던 모든 취향과는 반대가 된다. 플라톤은 《구름》 속의 인물을 모세나 예수나 아킬레스처럼 하나의 문명을 구축하는 인물로 만들고, 이 인물들이 인간의 영혼에는 그 어떤 당대의 사람들보다 더 막중한 현실성을 갖는다. 아킬레스는 알렉산더 대왕을, 알렉산더는 시저를, 시저는 나폴레옹을 - 우뚝 솟는 정상들끼리는 계곡을 넘어 서로 통달하고 - 형성했다고들 말하듯이, 소크라테스는 2천 5백 년에 걸쳐 시대적인 변화에도 불구하고 세대에서 세대로 이어지면서 철학자들의 스승이 되고 있다. 그의 영향을 확고하게 해준 사람은 플라톤으로서, 그는 아리스토텔레스나 칸트식으로 그의 철학을 재현시킨 것이 아니라 소포클레스와 아리스토파네스, 단테 및 셰익스피어처럼 그의 활동을 보여 줌으로써 그의 영향을 확고히 하였다. 그는 소크라테스를 각양각색의 영혼에 퍼져 있는 모든 열정에 감동을 주는 사람으로 만들고 사람들의 동경을 예지하고 그들의 자기 이해에 그가 필요하다고 느끼게 만든다. 대화의 일부는 경건한 자들을 감동시키고 일부는 야심 만만하고 이상주의적인 자들을 감격시키며, 에로틱한 사람의 감성을 자극하기도 하고, 무사와 정치가를 자극하기도 하며, 한편으로는 시인들에게 이야기하는가 하면 다른 한편으로는 수학자들에게 이야기하고, 돈을 사랑하는 사람이라고 해서 명예를 사랑하는 사람보다 더 소홀히 여겨지는 것도 아니다. 이런 면으로 소크라테스의 대화에 분개하지 않는 사람은 거의 없지만 반면에 그 대화 덕분에 거의 모든 사람이 감격을 느끼고 기운이 솟음을 느끼게 되는 것 또한 사실이다. 소크라테스는 모든 유형의 사람들이 자신의 처지를 직접 진술하는 것보다 더 잘 진술하였다. (물론 그는 모든 유형의 문제점과 그들의 포부 또한 진술하였다.) 플라톤은 소크라테스가 필요성을 증명하고 그 증명 과정에서 독자들이 그 필요성을 느끼도록 만들어 준다. 소크라테스가 없이는 미완성이라고 느낀 사람이 알키비아데스(Alcibiades)뿐만은 아니다.

  사람이 완전하게 전향하는 경우는 거의 없다. 분명히 대화에서도 완전하게 전향한 것으로 묘사된 사람이 없다. 플라톤 자신과 또 몇몇 다른 사람이 철학으로 전향했고, 그들의 자기 발견은 소크라테스가 아테네에 머무르는 것이 묵인되었기 때문에 그나마도 가능하였다. 철학이 사회에서 용인되기 위해서는 사회의 강한 요소에 실제로는 종이 되지 않으면서도 그 요소에 소용이 되는 것처럼 여겨져야 한다. 철학자는 인간의 가장 뿌리 깊은 편견과 함께 그 당대의 인간들이 가지고 있는 편견과 항상 타협할 수 있어야만 한다. 철학자가 변화시킬 수 없고 변화시키려 하지도 않는 것 중 하나가 사람들이 가지고 있는 죽음에 대한 두려움이고, 죽음을 견딜 만한 것으로 만드는 믿음과 제도의 상부 구조 또한 변화시킬 수 없고 변화시키려 하지도 않는다. 그것을 방어하든지 아니면 부인한다. 철학자와 그 밖의 다른 사람과의 근본적인 차이점이 철학자는 죽음을 직시한다는 것과 영구 불멸에 대한 그의 관계라 할 수 있다. 많은 사람이 결연히 또는 침착하게 죽어간다는 것은 그가 부정하는 것은 아니다. 참되게 죽는다는 것은 비교적 쉽다. 문제는 우리가 어떻게 살아가느냐 하는 것이고 철학자만이 유일하게 세상을 참고 살아가기 위해 사물의 의미를 위장해야 한다고 느끼지 않는다. 그만이 유독 죽음이라는 현실을 - 불가피한 죽음과 적은 생명이나마 우리가 갖게 된 생명은 행운에 기인한다는 것을 - 항상 염두에 두고 행동하기 때문에 그만이 유일하게 안전한 명료를 추구하면서 살아갈 수 있다. 그러므로 그가 같은 유의 사람들을 제외한 모든 사람과는 아예 근본적으로 긴장 관계에 놓이게 된다는 것은 필연적이다. 그는 다른 모든 사람과 미묘한 관계를 맺는다. 다시 말해 그는 그들을 동정하고 그들과 거리감을 둔다. 그와 다른 사람과의 불균형은 자연에 뿌리를 둔 것이기 때문에 그와 그들이 가지고 있는 관계의 성격을 변화시키는 것은 불가능하다. 따라서 그는 그들의 관계가 기본적으로 발전하리라는 희망을 갖지 않는다. 권리가 아니라 관용이 그가 바라는 것이고, 그와 철학이 처한 상황은 근본적으로 망가지기 쉬운 입장이기 때문에 항상 경계를 게을리해서는 안 된다.

소크라테스는 도시에서 막중한 힘을 가지고 있고 동시에 그에게 매료되고 홀딱 반한 사람과 동맹을 맺는다. 그러나 그의 매력은 그들이 가장 중요하게 여기는 것들과 맞설 일이 없을 때 효력을 발휘한다. 가족을 중시하는 크리토(Crito)는 소크라테스를 가족적인 사람이라 생각한다. 군인인 라체스(Laches)는 소크라테스를 훌륭한 군인으로 생각한다. 소크라테스에게 분노하고 그를 비난하는 사람은 언제나 호의를 가진 사람들이 보지 못하는 것을 보는 사람들이다. 트라시마쿠스(Thrasymachus)는 소크라테스가 도시를 존중하지 않는 것으로 여긴다. 그는 소크라테스에 대한 진실을 보기는 하지만 적어도 처음에는 그의 진가를 제대로 헤아리지 못하였다. 다른 사람들은 그에게 고맙게 여기지만, 부분적으로는 그들이 그에게 가장 중요한 것이 무엇인지를 몰랐기 때문이다. 이것이 플라톤으로부터 마키아벨리에 이르는 철학자들이 따랐던 정치 전략의 모범이 되었다. 그들 중 그 누구도 근본적으로 정치적인 사람은 없었다. 왜냐하면 사람이 정치로부터 기대할 수 있는 것에는 한계가 있기 때문이고 정치적으로 보편 타당성이 있는 것에 의존하여 진리를 추구할 수는 없다는 것이 기본이기 때문이다. 정치로부터 사람의 영혼에 대해 배우는 바가 있다는 점에서는 정치에 대한 연구는 진지한 연구였다. 그러나 철학자들이 서로 간에 아무리 이론적으로 어마어마한 차이점을 과시한다고 하더라도 그들의 실질적 정치는 다 똑같은 것이었다. 그들은 그들이 속해 있는 사회 체제에 유포되어 있는 도덕적 구미에 호소하는 저작술을 실천에 옮겨 일부 빈틈없는 독자를 그 체제에서 벗어나 철학자들이 담화를 위하여 모여드는 이상향으로 유도할 수 있었다. 그들은 흔히 그들 민족의 전통을 설명하는 해석자가 되기 일쑤였고, 그것을 아주 교묘하게 변형하여 그 전통이 철학과 철학자들에게 개방적이 되도록 하였다. 그들은 언제나 요주의(要注意) 인물이었지만 중요한 자리에 있는 친구도 또한 늘 가지고 있었다.

 이런 이유로 플라톤, 키케로, 파라비, 마이모니데스 등과 같은 사람들의 저술 형태와 내용이 매우 달라 보이지만 반면에 그들의 내면적 가르침은 사실상 매한가지다. 각자는 빛을 향해 올라가야만 하고 또 되돌아와야만 하는 출발점, 즉 동굴이 서로 다르다. 그리하여 그들이 그 당시의 편견에 맞추어 자신의 생각을 형성하지 않앉으면서도 그들은 '보편 타당성'이 있는 것으로 보인다. 이것이 그들을 필요에 또는 가장 강한 힘에 동조하려는 유혹으로부터 보호해 주었다. 고전 철학은 경이로울 만큼 건장하고 이교도로부터 성경에 의거한 계시 종교로의 전환과 같이 우리가 상상할 수 있는 가장 커다란 변화도 잘 견디어 냈다. 파두아(Padua)의 마르실리우스(Marsilius)는 아리스토텔레스 자신만큼이나 철저한 아리스토텔레스 학파 사람이었고, 따라서 문제는 영원한 것이고 변화하는 것은 단지 문제를 표현하는 방식이라는 것을 입증해 준다. 우리 근대인은 프랑스 혁명과 같은 것이 가지고 온 비교적 사소한 변화도 새로운 사고를 필요로 한다고 생각한다. 근본적으로 새로운 것을 가르쳐 주지 않는 사건이라면 그 사건에 자신들이 휩쓸려 가는 일이 생기게 내버려 두어서는 절대로 안 된다는 입장을 고대 사람들은 고수하였다. 생각의 자유를 지키는 데 있어서는 그들 이전 또는 그들 이후의 그 누구보다도 강경하였다. 대학에 물려 준 그들의 유산이 이것이다. 하지만 그들은 원칙이 결코 독선이 되도록 내버려 두지는 않았고, 원칙이 결코 그들의 지혜 이외의 다른 기반을 가질 수 있다고 믿지도 않았다. 그들은 그들의 책임과 그들이 하는 일에 따르는 위험에 대해 늘 마음을 썼다.

요컨대 고대 철학자들은 사람에게 귀족주의 정치를 하도록 주장하는 사람들이었지만, 그 이유가 지성 사학자들이 흔히 설명하는 이유와는 다르다. 보다 높은 의미에서 그들은 귀족적이었는데 왜냐하면 그들은 이성이 지배해야 하고 오로지 철학자들만이 이성에 철저히 헌신한다고 생각하였기 때문이다. 그러나 실제로 철학자가 지배한 적이 없기 때문에 이것은 어디까지나 이론적인 논의에 불과하다. 오래된 부의 소유자는 철학 자체가 목표인 철학의 고결함을 이해 내지 적어도 납득할 가능성이 그 누구보다 훨씬 높기 때문에 철학자들이 오래된 부자를 선호한 것으로 미루어 그들이 통속적인 의미에서 귀족적이었다. 아주 간단히 말해 그들은 교육을 받을 돈이 있고 교육을 심각하게 고려해 볼 시간적 여유가 있는 사람들이었다. 단지 보편적인 교육을 가능하게 하고, 따라서 정치와 철학의 관계가 이전과는 전혀 다른 종류의 관계로 전개될 조짐을 열어 놓은 것은 기술과 기술에 포함된 제반 문제들이었다.

계몽운동에 따른 변형

내가 말했듯이 계몽운동을 주도한 사상가들은 초기의 철학자들이 자신들과 인간을 돕는 데 아무런 힘이 되지 못하였다고 그들을 비난했다. 악이 도시에서 완전히 사라지도록 만들려면 권력과 지혜가 일치해야 한다는 《국가론》의 공식이 계몽운동가의 의도를 가장 완벽하게 나타내 준다. 고대인들은 권력과 지혜의 필요한 조화가 오로지 우연, 즉 다시 말해 철학자의 통제와는 전혀 상관없이 완전히 기회에만 의존하여 우연히 생겨나는 것으로 생각했다. 지식 자체가 권력은 아니고 지식 자체가 권력에 맥을 못 추는 것은 아니지만, 지식을 추구하고 지식을 소유하고 있는 사람은 권력 앞에서 취약하다. 그러므로 철학자들이 정치적 행위에서 보여준 훌륭한 미덕은 겸양이었다. 그들은 가장 힘이 있는 사람의 편견에 전적으로 의존해야 했고, 그래서 그들을 가장 교묘하게 다루어야만 했다. 그들은 엄격한 수련으로 여론으로부터 자신들을 분리시켰다. 어쩔 수 없이 그들은 정치적 생활이 그들에게 유리하도록 노력을 기울여야 했지만, 그들이 진지하게 자신들을 건국자 또는 입법자로 생각해본 적은 결코 없다. 권력이 현명하지 못하고 지혜가 힘을 못 쓰면 언제나 권력이 강화되고 지혜는 손상된다는 것이 고대 사람들의 견해였다. 권력의 농간을 부리는 사람은 그것과 함께하지 않을 수 없다고 소크라테스는 말했다.

죽음이나 죽는 것에 관련된 문제가 철학자를 다른 사람들로부터 강력하게 구분 지어 주는 차이점이다. 철학적인 생활을 제외한 그 어떤 생활도 죽음에 대한 진실을 소화해낼 수가 없다. 철학적이 아닌 다른 생활방식과 다른 사회체제를 지탱해 주는 환상이 무엇이든지 간에 철학자는 그 환상의 적이다. 고대인이나 근대인 모두가 인정했듯이 이 문제에 대해서는 생각의 합일점을 결코 찾을 수 없다. 고대인들은 인내로, 심지어는 용맹으로 기꺼이 죽음에 맞서는 것이 숭고하다는 근거 없는 믿음에서 자신들의 행복도 잊고, 죽음에 맞서는 세속적으로 용감한 사람들 가운데에서 자기편을 찾으려 하는 것이 으레 당연한 것으로 여겼다. 그 용감한 사람들은 단순한 생보다는 더 높은 것에 의존한다는 점에서 그 철학자들과 공통점을 공유하게 된다. 그러나 그들에게는 자신들이 희생에 대한 훌륭한 이유가 없다. 죽음에 이르러 아킬레스와 소크라테스는 판이하게 달랐는데, 아킬레스는 그가 왜 그리스 사람과 그의 친구를 위해 죽어야 하는지 탄식하고 불평하였지만, 소크라테스는 죽음 이면의 의미를 논의하고 추론하였다. 즉 그는 늙었으니 죽어야 하고, 죽음은 불가피한 것이며, 죽음은 그에게 비용이 드는 것도 아닌데 그의 죽음이 철학에는 유용할 수도 있다고 추론하였다. 아킬레스를 특징지어 주는 것은 분노이고 소크라테스를 특징지어 주는 것은 계산이다. 이 두 유형의 사람 사이에 있는 공명(共鳴)이 무엇이든 시대를 무시하고 이야기하자면 그것은 소크라테스에 대한 아킬레스의 오판에 근거를 둔 것이다.

철학과 정치 간의 화합을 도모하기 위해 새로운 철학이 고안해 낸 놀라운 방책이 하나의 곡해를 다른 곡해로 바꾸는 것이었다. 모든 사람은 죽음을 두려워하고 죽음을 피할 수 있기를 열렬히 바란다. 심지어는 죽음을 경멸했다던 영웅들조차도 두려움을 배경에 두고 경멸하였고, 그것은 근본적인 것이다. 사후에 좀더 나은 생활을 보장받는다고 확고히 믿는 종교적 광신자들만이 경쾌하게 죽음을 향해 전진한다. 만일 철학이 자연의 순리에는 어긋나지만 죽음에 대해 장엄한 태도를 지닌 희귀한 천성에 의존하는 대신 철학 자체를 파괴시키지 않고 민중을 선동할 수 있는 선동자 역할을 할 수 있다면 - 다시 말해 모든 사람이 가지고 있는 가장 강력한 열정에 호소한다면 - 철학은 권력에 공동 참여하고 권력을 이용할 수 있다. 인간의 본성으로 보이는 것과 싸우기보다는 차라리 그것과 협력함으로써 철학이 인간의 본성을 조정할 수가 있다. 간단히 말해 철학이 인간에게 도덕적 훈계자로 비치는 게 아니라 인간이 가장 좋아하는 꿈에 협력하는 협력자로 비치게 된다면, 성직자, 정치가 및 시인 대신에 철학자가 수많은 사람의 애정을 차지하게 될 것이다. 마키아벨리가 옛 집필가들은 사람들이 실제로 어떻게 살고 있는지에 대해서는 소홀하면서 그들이 어떻게 살아가야 하는지를 위해 상상의 공국(公國)을 좇고 공화국을 좇는다고 그들을 나무랐을 때 그가 의미했던 것은 바로 이것이다. 마키아벨리는 집필가들에게 사람들이 거의 수행하지 않고, 실천하는 개인들은 행복을 보장받는다는 가능성도 의심스러우며, 교훈 자체도 모든 사람에게 지루하게 느껴지는 미덕을 행하라고 훈계하는 대신에 차라리 인간의 지배적인 열정에 자신들을 적응시키도록 하라고 조언한다. 한마디로 말해 철학이 은덕을 베푸는 존재가 되도록 바꾸면, 철학은 좋은 것으로 생각될 것이고 은덕을 베푸는 자에게 따르는 모든 군력을 즐길 수 있을 것이다.

운(運)을 장악하기 위해 철학이 이용될 수 있고, 마키아벨리는 그렇게 공표하였다. 플라톤에 의하면 철학자가 지배하는 것을 불가능하게 만든 것은 물론 운 - 우연 - 이었다. 권력과 지혜의 관계를 다스리는 것은 우연인데, 이는 곧 현명한 사람의 지배에 사람들이 반드시 동의하리라고 믿어서는 안 된다는 것을 의미하고, 현명한 사람은 자신들의 지배를 강요할 만큼 강하지도 못하다. 마키아벨리에게 있어 운명을 정복한다는 것은 사고와 사색가가 사람들의 동의를 강요하고 보장받는다는 것을 의미했다. 만일 이것이 가능하면 고대 철학자들의 겸양이 소심한 것으로 보이게 된다. 정치계에서 과감한 것이 철학자들의 새로운 기질이 된다. 당통(Danton)의 "대담성으로, 다시 한번 대담하게, 언제나 대담하게"라는 구호는 투쟁에 나서라는 마키아벨리의 원래 외침에 비하면 오로지 힘없고 단순히 정치적인 복사판에 불과할 뿐이다. 과학의 목표는 "인간의 계급을 완화하는 것"이라고 단언한 베이컨, 과학이 인간으로 하여금 "자연을 정복하고 소유하는 자로 만들 것"이라고 말한 데카르트, 과학은 곧 자연을 정복하는 것이라고 여기는 일반적인 생각 등은 모두 마키아벨리가 이룩한 혁명의 소산으로, 근대 철학자들의 정치적 간판이 되었다.

옛 체제를 공격하는 데 적용한 전략에는 두 가지가 있다 - 그 하나가 자연과학에 속하고 다른 하나가 정치학에 속한다. 첫째로, 데카르트는 소크라테스의 이상적인 장인(匠人)의 본보기인 변변찮은 의사가 과학의 힘으로 그의 치료 능력을 천분의 일만이라도 늘릴 수 있다면, 비록 그가 인간 다반사의 중앙을 점유할 만한 정치 및 종교적 화려함을 갖지 못하였어도 그것으로 그가 - 영생은 아니더라도 적어도 장수를 약속함으로써 - 인간의 애착을 얻기에 충분하고 성직자의 장악을 해체시키기에 충분하다고 제시하였다. 그런가 하면 홉스(Hobbes)는 난폭한 죽음에 대한 공포를 기초로 하고 인간의 열정을 새롭게 다루는 새로운 정치학자들에 의해 설립된 새로운 정치질서 속에서 난폭한 죽음을 집행하는 자들로부터 인간을 보호하는 또 하나의 변변찮은 유형인 경찰관을 효과적으로 만들 수 있다면, 그는 그 위험을 정면에서 마주해야 하고 따라서 거기에 따르는 보이지 않는 힘과 그것을 행사하는 대행자의 공포로부터 회피할 수밖에 없었던 인간들을 위해 실제로 위험을 방지할 수 있으리라고 제시하였다. 그들의 노력에 과학을 적용시킴으로써 그 역할이 높아진 의사와 경찰관이 전체적으로 새로운 정치적 변혁의 기초가 되어야 했다. 인간이 건강과 안전을 추구하는 일에 몰두하고 자신을 보존하는 것과 과학과는 연관이 있다는 것을 인식하게 되면 이론과 실제 간의 조화가 정립될 수 있을 것이다. 두어 세기에 걸쳐 빈틈없는 선전으로 일반 대중의 열정을 권좌와 성단에 대항하도록 유도하고 나면 장기적으로 볼 때 실제적 통치자는 백성으로부터 구속을 받게 될 것이고, 따라서 과학자들의 계획을 실천에 옮겨야 할 것이다. 하비 맨스필드(Harvey Mansfield)의 공식을 빌자면 과학자가 숨은 통치자가 될 것이다. 정치가가 추구하는 목표와 그들이 사용하는 수단은 철학자들에 의해 결정될 것이다. 과학자들은 자유롭고 후원을 받을 수 있을 것이며 그렇게 착안된 정치의 진전은 과학의 진전과 동일한 것이 될 것이다.

이러한 체계에서의 과학자들은 범세계적 과학자들의 서열에 속한다. 왜냐하면 국가에 대한 충성이나 관습이 과학자인 그들에게는 아무런 의미가 없기 때문이다. 그들은 세계인이다. 이성의 작용을 방해하는 독자성을 그대로 남겨 두지 않고 과학자와 국가에 대한 충성과 진리에 대한 충성 때문에 갈등을 겪지 않도록 하기 위해서는 정치적 질서가 서서히 변형되어야만 할 것이다. 과학은 단 한 가지일 뿐이다. 그것은 어디에서도 똑같으며 어디에서도 같은 결과를 낳는다. 마찬가지로 원칙상 적법한 정치 질서는 하나밖에 있을 수 없고 그것은 과학에 의해, 과학 위에, 과학을 위해 건립된 정치질서다. 과거의 특별한 경험에서 생겨난, 오래되었으나 붕괴되어 가는 전통을 가진 개별 국가가 남아 있을 수는 있으나 거기에 대한 끈질긴 집착이 과학자들의 세계주의를 힘들게 만들 것이다. 그러나 국가는 모두가 다 서서히 비슷해져야만 한다. 국가는 인간의 권리를 존중해야만 한다.

이 권리의 교리가 정의에 대한 분명하고 확실한 이성적 가르침이고 이 가르침은 '모래 위에 세운 성' 같은 고대의 가르침을 대신하기 위한 것이었다. 사실상 권리란 모든 사람이 경험하는 근본적인 열정 이외에 아무것도 아니며, 따라서 새로운 과학은 그 근본적인 열정에 호소하고 허울 좋은 이론 전개와 신들의 징벌에 대한 두려움으로 속박받던 그 근본적인 열정을 해방시킨다. 과학이 섬길 수 있는 열정은 이러한 열정들이다. 자연이 준 이 열정들을 충족시키는 것이 인간에게 허락된다면 - 즉 '권리'라면 - 과학과 사회의 협력 관계는 형성된 것이다. 그렇게 되면 시민 사회는 그것을 만족시키는 것 - 생명, 자유, 그리고 재산의 추구 - 을 그 사회의 유일한 목적으로 삼고, 사람들은 사회가 그들의 욕망을 그대로 반영하기 때문에 사회의 권위에 복종할 것에 동의한다. 정부는 이제 미덕보다는 열정에, 임무보다는 권리에 기초를 두게 되기 때문에 더욱더 견고해지고 확신을 갖게 된다. 이러한 생명 보존의 열정이 도덕 및 정치적 논법의 전제 역할을 하는데 그것의 형태는 다음과 같다. "내가 나의 생명을 보호하기 원한다면, 그때는 내가 평화를 추구해야만 한다. 내가 평화를 추구한다면, 그때는 내가 …… 기타 등등." 그와 같이 뚜렷하고 가슴 깊이 느끼는 전제가 기본이 될 때는 정부에 대한 사람들의 충절이 열정적인 신임이 아니라 오히려 이성의 문제가 될 수 있다. 그와 같은 명령은 십계명에 제시된 명령과는 정반대로 십계명은 명령에 복종해야 하는 이유를 전혀 밝히지 않고 무작정 복종을 명하고, 근본적인 열정을 확인하는 것이 아니라 오히려 금한다. 이제 사람들이 그들의 목표를 분명히 하게 된 것은 추론가들 덕분이다. 법이 그들을 보호해 주기 때문에 이성적인 근거에서 그들은 법에 복종한다. 그리고 무엇보다도 과학자들은 이성을 보다 훌륭하게 사용함으로써 인간의 본성을 포함한 냉담한 자연을 이해하고 길들이기 때문에 그들은 과학자를 존경하고 정부도 과학자를 존경하도록 요구한다. 정부는 과학자와 대중들 사이에 위치한 매개물이다.

권리를 강조하는 가르침에 의해 근대 대학의 윤곽과 분위기가 설정되었다. 그 구성원의 성향을 기초로 하여 세워진 사회 체제는 옳게 파악된 자유를 최우선으로 하는 사회다. 그리고 알려는 권리는 그 자신의 보존을 추구하는 권리와 직접 연결되고, 그러한 보존을 위한 수단은 스스로 판가름하겠다는 권리와도 직접 연결된다. 그리고 알고자 하는 사람과 알 수 있는 사람들의 알려는 권리는 특별한 지위를 지니게 된다. 소크라테스가 사회에 봉사했던 것 또는 탈레스(Thales)가 봉사하는 데 실패했던 것과는 달리 대학은 사회가 원하는 대로 사회에 봉사한다는 인상을 주기 때문에 번창한다. 따라서 자유로운 대학과 자유민주주의는 특별한 친족 관계에 놓여 있다는 말은 사실상 진실인데, 그 이유는 교수들이 그 '체제'를 움직이는 대행자들이어서가 아니라 교수들이 원하는 대로 하도록 내버려 두는 것이 이롭다고 권력을 가진 자를 설득한 유일한 사회 조직이기 때문이다. 이렇게 틀이 '자유주의적인' 틀로 잡혀 있지 않다면 교수들이 요구하는 권리가 무의미하다. 권리라는 개념 자체를 처음으로 발표한 사람들이 자유주의를 창시한 바로 그 사람들이고, 이론과 실제 양면에서 권리의 유일한 고향은 자유주의 사회뿐이다.

이 모든 것은 철학자들이 귀족파에서 민주파로 그들의 당적(黨籍)을 바꾸었음을 의미했다. 만일 교육이 아름다운 것에 대한 경험을 의미하는 것이 아니라 계몽된 자기 이익을 의미하는 것으로 그 의미를 바꾼다면, 교육을 받지 못하고 편견의 요람으로 그 뜻이 규정되는 대중을 교육할 수가 있다. 자만심에 차고, 영광을 사랑하며 다스릴 권리를 갖고 태어났다고 의식하고 있는 귀족들은 이제 이성의 지배를 방해하는 방해물로 보인다. 새로운 철학자들은 귀족들을 격하시켜 평민으로 되돌려 보내고 그들의 심리적 기반을 제거하며 그들의 취향을 훼손하는 데 온몸을 바쳤다. 이렇게 대중에게로 초점을 돌린 것은 평등을 바라는 대중의 소박한 욕구와 불의에서 오는 고통을 받지 않는 대가로 불의를 자행하지도 않을 것을 자발적으로 약정하는 대중을 인정해 주는 것으로 이해할 수 있고, 이는 귀족들이 평등을 거부하고 첫째가 되기 위해서는 불의를 당할지도 모르는 위험을 감수하겠다는 것과 대조가 된다. 아니면 이는 대중의 힘을 이용하기 위하여 채택된 약삭빠른 전략으로 이를 이해할 수도 있다. 이 점에서는 근대 철학자들이 감히 자신들에게 맞서려는 귀족을 만족시키기보다는 대중을 만족시키는 것이 수월하다는 것을 알아낸 고대 전제주의자들을 본뜬 셈이다. 식자(識者) 이외에는 그 누구도 특권의 지위에 오를 수 있는 자연의 혜택을 받지 못했다.

이러한 선회를 철학이 우파에서 좌파로 이동하는 것으로 해석해서는 안 된다. 우파와 좌파의 출현은 이렇게 정치적 조절주의로부터 떠나 정치적 행동주의로 돌아선 결과다. 좌파는 근대 철학의 전달 수단이고 우파는 거기에 대한 반대파로서 주로 종교적이다. 18세기 말 철학 당파 내부에 분열이 일 때 중도파는 옛 자유주의에 불과할 뿐이고 좀더 과격한 평등주의가 과학의 계획을 내부로부터 위협한다. 좌파는 계몽운동을 통해 사회를 변혁시키는 것을 의미하고, 보다 예전의 사상가들은 그 가능성을 상상하지도 못했거나 아니면 거부하였다. 근대에서는 우파 철학자, 즉 사회를 합리화하려는 철학적 시도를 반대하는 사람이 생겨나는 것이 가능하지만, 고대에서는 부자와 빈자의 관계를 근본적인 방법으로 또는 영구히 점진적으로 변화시키는 것이 가능하다든지 유익하다고 믿는 사람이 아무도 없었다는 점에서 모든 철학자들이 실제 정치관에 있어서는 똑같았다고 할 수 있다. 현자들이 동의를 명하는 것이 도덕적 지적 기반으로 되어 있는 민주 정치는 엄연한 근대적 산물이고, 본질적으로 계몽운동이 광범위하게 착상한 것이 이것이다.

하지만 철학자들이 민주주의에 대한 망상에 빠져 있는 것은 아니다. 내가 언급했듯이 그들은 한 종류의 곡해를 다른 것으로 대치시키고 있다는 것을 알고 있었다. 신사는, 죽음에 직면하여 철학적 평정을 지키는 것이 고귀한 것을 위하여 발휘하는 신사도적 또는 영웅적 용기에서 나오는 것으로 생각했다. 한편, 죽음에 대한 강렬한 두려움에 자극을 받는 대중적인 인물은 죽음을 회피하려고 하는 철학자의 사리분별을 죽음에 대한 격렬한 두려움의 소산으로 받아들인다. 그러나 철학자는 합리적이고 계산에 빠르며 경제적인 사람도 불멸을 추구하는 점에 있어서만은 영원 불멸이 명성과 내세를 염원하는 사람과 하나도 다를 바 없이 비이성적이고, 어떤 의미에서는 오히려 더 비이성적이며 불멸의 생에 대한 유일한 증거나 보증은 그의 소망 속에나 담겨 있을 뿐인데 그는 그의 인생을 그것을 중심으로 체계화한다는 것을 알고 있다. 공리주의자들은 보존에 필요한 모든 면에서는 지각 있는 행동을 하지만 그가 죽게 마련이라는 사실은 결코 고려하지 않는다. 죽는 날을 연장하기 위해 그는 모든 일을 분별 있게 하지만 - 방어, 평화, 질서, 건강 및 재산 등으로 대비하지만 - 그날이 오고야 만다는 사실은 적극적으로 억제하려 한다. 그의 전인생이 죽음이란 불가피한 것인데도 죽음을 회피하는 데 소모되고, 따라서 만일 이성적인 행동이 목표를 이해하는 것, 그리고 있는 그대로의 인간 상황을 이해하는 것과 상관이 있는 것이라면 그는 사람들 중에 가장 비이성적인 사람이라고 여길 수 밖에 없다. 그는 그의 가장 강한 열정과 그 열정에 따르는 요구에 거리낌 없이 양보한다. 영웅과 경건한 사람은 적어도 내세를 고려한다. 비록 내세를 소원하다 보니 그들이 내세를 신화화하기는 하였지만, 그래도 그들이 가지는 자세에는 어딘지 모르게 합당한 데가 있다. 철학자는 언제나 그가 마치 영원불멸한 것처럼 생각하고 행동하면서도 한편으로는 그가 죽게 마련이라는 것을 항상 철두철미 인식하고 있다. 그는 철학을 하기 위하여 가능한 한 살아남으려고 활발하게 애쓰지만 철학을 하기 위해 그의 생활 방식이나 사상을 바꾸지는 않는다. 철학자는 영웅으로서는 결코 가능하지 않은 방법으로 현명한 데가 있다. 그는 내세라는 포장에 싸인 사물을 볼 수는 있지만 부르주아는 결코 그것을 보지 못한다. 그러므로 그는 그 누구와도 함께하지 않는다. 알려는 일에 전념하는 생활만이 유일하게 반대 요소들을 조화시킬 수 있다. 소크라테스는 비극적 영웅이고 그의 마음은 장인들의 생각과 같은 생각으로 가득 차 있다.

위대한 근대 철학자들은 고대인들에게 조금도 손색이 없는 철학자들이었다. 그들은 다른 모든 사람들로부터 그들을 구분지어 주는 것이 무엇인지를 완벽하게 의식하고 있었고, 그 간격이 도저히 메워질 수 없다는 것도 알고 있었다. 그들은 비이성에 의해 다른 사람들과의 연결이 언제라도 조정될 수 있다는 것을 알았다. 그들은 자연적 성향에서 생겨나는 독특한 형태의 추리력을 과감히 받아들였다. 그들은 합리적인 양상으로부터는 혜택을 받고 비합리적인 양상이 그들을 압도하는 것은 방지할 수 있으리라는 자신이 있었던 것처럼 보인다. 고대에서 그랬듯이 그들도 이론적인 생활과 실제 생활은 분명히 별개의 것이라는 견해를 고수하였다 - 즉 이론은 보편적이고 불변하는 것을 추구하는 동시에 개별적이고 변화하는 것이 갖는 관계를 이해하려 하고, 반면에 실제는 후자에 몰두하여 전체를 오로지 후자에 완전히 비추어 생각하고 그 결과 신 또는 역사로 대변하되 신정설(神正說) 및 인정설(人正說)로 모든 것을 이해한다. 철학과 철학자는 그와 같은 소망이 개인적 구원을 위한 소망임을 꿰뚫어 볼 수가 있으므로 그들은 고립된다. 근대 철학자들은 이론이 그 자체를 위해 추구된다는 것을 알았으면서도 클라우제비츠(Clausewitz)의

말, 즉 이론은 실제를 다른 수단으로 추구해 보는 것에 불과하다는 의견을 조장하는 데에도 관심이 있었다.

　자신들의 서재나 학원내에서의 철학자들은 나머지 인류 전체와 전혀 다른 목표를 가지고 있다. 이론과 실제의 조화에 대한 통찰이 단지 의견일 따름이다. 근대인들은 이 둘을 확인하는 과정에서 이 둘을 구별하지 못하게 되는 사태가 생겨나리라고 생각지 않았지만 고대인들은 그렇게 된다고 생각했다. 이것이 그들의 과감을 가장 정확하게 정의해 준다. 고대인들이 거의 종교적으로 떼어 생각하려고 했던 것을 근대인들은 아무런 위험 없이 합칠 수 있으리라고 생각하였다. 논지는 결국 이성을 기본으로 한 사회가 필연적으로 이성을 비합리적으로 요구할 것인가 아니면 좀더 긴밀히 이성에 가까워져 합리적인 사람들의 직무에 복종할 것인가 하는 점이다. 그리스 어휘인 응용(praxis)이란 말이 현대에 이르러 대중적으로 오용되고 있음에서 어려움이 잘 드러나고 있다. 이제 이 말은 이론이 따로 없고 실제도 따로 없다는 것을 의미하고, 정치는 이론에 밝아졌고 철학은 정치화되었다는 것을 의미한다. 그것은 영원한 것과 일시적인 것의 구분을 극복하였음을 나타내준다. 이것은 계몽운동을 이끈 사람들의 의향에 역행되는 일이지만 확실히 계몽운동의 결과다. 문제는 이것이 필요한 결과인지 아니면 우연에 의한 결과인지 하는 점이다.

　오랫동안 일부에서는 계몽운동 사상가들을 낙관적이고 피상적이었던 것으로 취급하는 것이 유행이었다. 이것은 프랑스 혁명에 자극을 받은 반동 보수주의자, 낭만주의자, 종교적이고 시적인 사람들의 반격에 의해 조장한 견해였고, 이러한 노력은 만만치 않아 상당히 오랜 기간 지속적인 성공을 거두었다. 흔히 사람들은 근대 철학자들이 새로운 시대의 시작, 즉 인간이 사리를 알게 되고 모든 일이 최상의 상태를 유지하는 새 시대가 열릴 것으로 믿었다고 주장한다. 근대 철학자들은 악이 근절할 수 없는 성질의 것이라는 점을 이해하지 못했고, 그들 후에 온 보다 깊이 있는 우리 세대가 완벽하게 알고 있는 이성의 위력을 알지 못했거나 알았더라도 충분히 고려하지 않았다고 생각하는 것이 대중적 견해였다. 이 지면을 통해 나는 그것이 비뚤어지고 자기편으로 두들겨 맞춘 해석이라는 것을 보여 주려고 했다.

이 철학자들이 개괄한 계획을 자세히 살펴본 사람이라면 그 누구도 그들이 이성의 간단한 승리를 기대했다든지, 아니면 악의 위력을 과소평가하는 등 낙관적이었다고 비난할 수는 없을 것이다. 모든 의미에서 그들이 무척 권모술수적이었고 또 실제로 그들이 마키아벨리의 사도들이었다는 사실을 사람들이 충분히 고려하지 않는다. 그들은 인간에게 있는 사악함을 잊어버림으로써 인간 상태를 개선하려고 바란 것이 아니라 차라리 그것에 반대하기보다는 수준을 낮춤으로써 사악에 길을 터 주어 인간 상태를 개선하기를 희망하였다. 그들이 대다수의 사람으로부터 기대하였던 합리성을 제한하였다는 것 자체가 모든 비이성 중에서 가장 비이성적인 것을 의식적으로 장려하겠다는 데에 기초를 둔 것이었다. 이기심이 공동의 이익을 추구하는 수단이라고 생각하였고, 과거 국가들의 도덕적 예술적 탁월함이 그들이 계획하고 있는 사회에서도 되풀이될 수 있으리라고는 결코 생각하지 않았다. 그들의 저술에 가혹함과 장난기가 혼합되어 있는 것을 보면 그들이 근거 없는 희망을 품었다는 의심이 가시게 될 것이다. 그들이 꾀하고자 하였던 것은 그 무엇보다도 '현실적'이었다.

그리고 피상에 대해서도 모든 것이 가장 심오한 인간적 경험을 무엇으로 보는가에 쓸린다. 고대든 근대든 모든 철학자는 이성의 사용으로 인간성을 완성시킬 수 있다는 데 의견 일치를 보았다. 인간은 보편을 알 수 있는 구체적인 존재고, 영원불멸을 인식하고 있는 시한적인 존재며, 전체를 관찰할 수 있는 부분이고, 원인을 추적하는 결과다. 존재의 이해에 대한 경이로움 때문이든지 아니면 그저 사물을 분별하려 하기 때문이든지 간에 이성은 그 자체가 목표이고, 비이성적인 사물은 그 목표를 위해 존재하며, 단순히 야만스러워 보이기만 하는 인간 내부의 모든 것들을 가르치는 것이 인간 이성의 사명인 것으로 철학자들은 생각하였다. 크리스토퍼 말로(Christopher Marlowe)는 철학자와 마키아벨리 둘 다 잘 이해하였기 때문에 후자에게 "무지가 있을 뿐이지 죄악은 없다는 것이 나의 신조다"라는 대사를 주었다. 경쟁이 되는 주장을 하고 나서는 또 다른 경험이 있고 그것은 언제나 종교적 경험이었으며, 근대에 들어와서는 시적 경험이라고 하여 철학과 맞선다. 그러나 그들의 주장이 철학의 주장보다 우수하다는 직접적인 증거는 없다. 쟁점은 또다시 이성 대 묵시의 상대적 존엄성 문제로 되돌아오게 된다. 대중화한 합리주의가 실지로 피상적이 되었다는 사실을 가지고 철학자를 논박할 수는 없다. 그렇게 되리라는 것을 그들은 알고 있었다. (그리고 심지어 여기에서조차 자신의 권리를 알고 행사하는 민주 시민이 모든 존재 중 가장 경멸스러운 존재는 결코 아니다.) 그들은 인간에게 중요한 행복이 사회의 중심이 되도록 만들려고 애썼고, 그렇게 하는 데는 계몽운동이 제시한 설계가 가장 가능성이 있는 계획이었고, 아직도 그 사실에는 변함이 없다.

 이러한 사실을 놓고 볼 때 베이컨, 데카르트, 홉스, 라이프니츠, 로크, 몽테스키외, 그리고 심지어는 볼테르(그는 단지 여기의 다른 사람들을 대중에게 알리는 역할을 한 것에 불과하다고 여길 수 있지만)까지라도 포함해서 자크 마리탱(Jacques Maritain)이나 엘리엇보다 - 내가 어렸을 때 멋도 모르고 이 두 당대의 가장 유명한 대변자의 입을 통해 계몽운동을 피상적인 것으로 알았고 - 깊이가 없다고 말하는 것은 내게 터무니없는 소리로 들린다. 계몽운동으로 생겨난 결과에 대해 심오하게 비판하는 비판 학파를 시작한 루소는 그럼에도 불구하고 베이컨, 데카르트, 뉴턴이 매우 위대한 인물이었다고 말하고 있고, 로크에 대해서는 '현명한 로크'라고 이야기한다. 비록 그가 아주 중대한 부분에서 그들과 동의하지는 않지만 그래도 이론적으로는 그가 그들과 같은 혈통임을 그는 알고 있었다. 철학자들은 대부분의 지성인들이 불평하는 근대 사회의 통속성과 기꺼이 함께 살아갈 태세가 되어 있었다. 소크라테스가 지적했듯이 결국 페리클레스의 아테네나 아이오아 주의 데모인(Des Moines)이나 모든 사회는 보다 높은 곳에서 내려다보면 거의 다 똑같이 보인다. 사람들이 과학을 우러러보고 과학을 지지할 만한 재력이 있는 평화롭고 부유한 사회가 노예나 있고 철학이 없는 장엄한 제국보다 더 가치가 있다. 로크는 속물이 아니었기 때문에 피상적으로 보인다. 그가 본 것의 장엄을 자랑할 수 있는 방법이 없다.

 이들은 진지한 인물들이었고 그들의 계획은 그들 이전과 이후, 그 어느 철학자나 과학자의 계획에서도 그 유례를 찾아볼 수 없이 대중에게 커다란 영향을 미쳤다는 데는 의심의 여지가 없다. 거기에 견줄 수 있는 유일한 정치적 사건은 마키아벨리가 말한 예언자들 - 모세, 키루스(Cyrus), 테세우스(Theseus), 로물루스(Romulus), 그리고 예수(도 그가 암시하였고) - 에 의한 새로운 형태와 질서의 설립인데, 마키아벨리는 철학자들을 향해 바로 그것을 모방하라고 요구하였다. 근대의 대부분이 이러한 철학자들에 의해 형성되었고, 우리의 자아 인식을 위해서는 그들이 하고자 원했던 것이 무엇이고 그들이 실제로 한 일은 무엇이며, 따라서 우리의 상황이 모든 다른 상황과 어떻게 차이가 나는가 하는 것을 파악하는 것이 무엇보다 중요하다. 근대가 가진 역사적 지혜와 아무리 상반된다 하더라도 근대 역사의 모든 사건을 이어 주는 주요 요소는 계몽운동에서 나온 철학적 가르침이다. 근대 체제는 이성에 의해 고안된 체제고 그 사회를 구성하는 구성원의 사리 분별에 의존하게 된다. 그리고 그러한 체제의 모든 활동은 자연과학의 조리를 필요로 하였고 과학적 진보의 요구에 따라 그들 체제의 정책이 크게 좌우되었다. 그 사회를 자유 민주주의라 부르든지 부르주아 사회라고 부르든지, 인간 권리의 사회라고 부르든지 아니면 취득중심 사회라고 부르든지, 또는 기술이 긍정적으로 쓰이든 부정적으로 쓰이든지 간에 이 어휘들로써 우리가 사는 세계의 핵심 양상이 묘사된다는 것을 모든 사람이 다 알고 있다. 그것들은 사물의 본질에 대해 깊은 통찰력을 가졌던 몇몇 안 되는 사람들의 사고에 의해 생겨난 결과라는 것을 증명하고 그들은 하나의 계획을 위해 공동으로 일했으며, 그 계획은 실로 믿을 수 없는 성공을 거두었다. 그것은 인생의 모든 세부 사항에 침투하여 가르침을 주었다. 이 사람들은 결코 경시될 수 없는 사람들이지만, 물론 그들에 대해서 의문을 제기할 수는 있다.

스위프트가 품었던 의심

일찍이 의문을 제기한 사람 중의 하나가 조나단 스위프트(Jonathan Swift)로서 그는 그들이 의도하는 것이 무엇인지를 알았고, 고대인과 시(詩)의 이름으로 거기에 대항하여 거리낌 없이 이야기하였다. 《걸리버 여행기 *Gulliver's Travels*》와 초기 근대 철학의 관계는 아리스토파네스(Aristophanes)의 《구름 *Nephelai*》과 초기 고대 철학과의 관계와 같다. 《걸리버 여행기》는 고대를 동경하는 스위프트의 선호를 희극적인 것으로 진술한 것에 불과한데, 고대인은 거인과 고상한 말(馬)로, 현대인은 난쟁이와 야후(Yahoo)로 묘사되고 있다. 그는 우리와 가장 상관이 있는 학원과 대학 - 피에르 베일(Pierre Bayle)의 표현을 빌자면 '학문 공화국' - 의 설립에 대해서는 '라퓨타(Laputa) 여행'이라는 제목이 붙은 장에서 논하고 있다. 릴리풋(Lilliput)에서 근대 정치를 관찰한 후 걸리버는 근대 과학과 근대 과학이 인생에 미친 결과를 살피기 위해 라퓨타로 간다. 라퓨타는 떠도는 섬으로 자연과학자들에 의해 다스려진다. 그것은 물론 영국 왕실 학술원에 대한 풍자적인 희문으로 그 학술원이 스위프트 시대에는 비교적 최근에 생긴 철학자와 과학자들의 협회로서 그곳의 철학자와 과학자는 근대 사상 덕분에 공직과 공직 생활에 더 많은 유혹을 느꼈다. 이 이상한 새 땅에서는 모두 인간의 일차적인 관심사와는 유리되고 인간적 차원에서 출발하는 것이 아니라 인간적 차원을 변경시키는 것으로 끝나는 추상화된 이론에만 몰두하고 있음을 걸리버는 발견하게 된다. 떠도는 섬에서는 사람들의 눈이 한쪽은 안쪽을 향하고 다른 쪽은 천정(天頂)을 향한다. 그들은 완벽한 데카르트 학파다 - 자기 본위적인 한쪽 눈은 자아에 대해 심사숙고하고 우주론적인 다른 눈은 가장 먼 곳에 있는 사물을 관찰한다. 이전까지는 집중된 관심의 대상이었고, 자아와 함께 별들에 대한 연구도 규정하였던 자아와 천정(天頂) 사이의 중간 영역이 라퓨타인들에게는 이해 영역 밖이었다. 천문학과 음악만이 유일한 연구 분야였고, 세상은 이 두 과학으로 축소되고 만다. 사람들은 일상적인 감각의 경험과는 아무런 접촉도 갖지 못한다. 그들이 자신들이 과학에 만족하고 있는 이유가 바로 이 때문이다. 그들의 세계 밖에 속하는 사람들과 의사소통을 할 필요가 없다. 그들은 사물의 본래 형상에 따라 수학을 만드는 것이 아니라 수학에 맞추어 사물을 변경시킨다. 그들은 모든 음식을 기하학적 형태로 자른다. 여성에 대한 그들 나름대로의 찬탄은 여성의 여러 부문이 특정한 모양을 갖추고 있기 때문이다. 그들은 질투를 모른다. 그들의 아내는 그들 눈앞에서 부정한 행위를 하고도 눈치채이지 않는다. 이렇게 에로티시즘이 결여되어 있는 것은 시적 감각이 결여되어 있는 것과 관계가 있다. 이 과학자들은 시를 이해할 수 없으므로 걸리버의 견해로는 그들의 과학은 인간의 과학이 될 수가 없다.

이 사람들의 또 다른 특이성이 걸리버에 의해 이렇게 묘사된다: "내가 크게 경탄하였으나 전반적으로 그 까닭을 이해할 수 없었던 점은 내가 관찰한 뉴스와 정치에 대한 그들의 강한 성향이고, 그들이 끊임없이 공무에 대해 문의하고 국가일에 그들의 판단을 제공하고 당의 의견마다 열을 올려 논쟁들을 벌이는 점이었다. 실은 이와 똑같은 성향을 나는 유럽에서 내가 알고 있었던 대부분의 수학자에게서도 관찰할 수가 있었는데, 나로서는 이 두 과학 간의 그 어떤 유사점도 발견할 수가 없었다." 걸리버는 이론적인 학문이 정치에 관심이 많다는 것을 인식하고 이론적인 학문이 정치의 실제 관행을 이해할 수 있을지 의문을 갖는다. 그는 또한 과학자들이 정치를 조작해도 되는 특권을 부여받은 것으로 느끼고 있다고 생각한다. 라퓨타 사람들의 정치적 힘은 새로운 과학에 의존하게 된다. 떠도는 섬은 길버트(Gilbert)와 뉴턴에 의해 세워진 물리학 원리를 기본으로 건립된 것이다. 응용과학은 정치 세력에 도달할 수 있는 새로운 길을 열어줄 수 있다. 이 섬에서는 임금과 귀족들이 백성들의 음모 없이 - 사실은 그들과 아무런 접촉을 하지 않고 - 사는 것이 허용되는 한편 백성을 이용하는 일은 여전히 계속되고 통치자들 자신들의 세력 유지와 여가를 보내는 데 필요한 세금은 여전히 받아들일 수 있다. 그들은 지상의 도시를 분쇄할 수 있다. 그들의 권력에는 거의 제한이 없고 그들이 져야 할 책임은 아무것도 없다. 권력은 통치자들에게 완전히 집중되어 있으므로 두려움조차도 그들에게 진정한 정치적 지능을 발전시키도록 강요할 수 없게 되었다. 그들은 덕이 필요 없다. 모든 것이 스스로 움직여지기 때문에 그 어떤 무능도 무관심도 사악함도 그들을 해칠 수 없다. 그들의 섬은 그들의 특징적인 흉한 모습이 괴물의 경지에 이르기까지 자라나는 것을 허용한다. 과학은 사람을 자유롭게 해주는 과정에서 인간을 인간답게 만드는 자연조건을 파괴한다. 그러므로 역사상 처음으로 무지를 근본으로 하는 것이 아니라 과학을 근본으로 하는 전제 정치의 가능성이 생겨나게 되었다.

스위프트는 계몽운동에 반대한다. 왜냐하면 그 운동은 수학, 물리 및 천문학의 이상 발달을 조장하여 아리스토파네스가 자의식이 없고 인간을 이해하지 못한다고 비판하였던 소크라테스 이전의 철학으로 되돌아가게 만들기 때문이다. 계몽운동은 아주 긴 세월을 두고 지적 생활을 지배하였고, 정치학의 설립을 가능케 하였던 사회와 철학, 시와 과학 간의 소크라테스식 절제와 타협을 거부하였다. 그러나 정치에는 전혀 관심이 없었던 소크라테스 이전의 철학과는 달리 이 과학은 통치하기를 소원하였고 통치할 수 있었다. 실제로 새로운 과학은 통치할 수 있는 충분한 힘을 자아냈지만 그 일을 하기 위해 새로운 과학은 인간적인 시각을 잃을 수밖에 없었다. 다시 말해 스위프트는 실제로 근대 과학이 인문학 또는 정치학을 정립했다는 것을 부정했다. 그와는 정반대로 근대 과학이 정치학을 파괴했다. 그와 같은 정치학은 첫째로 인간을 인간으로 이해할 수 있어야지 인간을 기하학적 형상에 살을 붙인 것으로 이해해서는 안 된다. 둘째로 그것은 과학 또는 과학자의 이익과 엄연한 정치 공동체의 이익 간에 조화가 이루어지도록 보장하여야 한다. 떠다니는 섬에서는 이 두 조건이 모두 충족되지 않는다. 특히 과학자들은 안전과 편안함 가운데서 그들식의 사색하는 생활을 영위하기 위해 비과학자를 착취한다.

좀더 간단히 말해 권력과 더불어 존재하는 과학자, 그리고 권력을 가진 과학자는 인류 전반에 대해서는 추호의 관심도 없다는 것이 스위프트의 말이다. 그들의 전체 음모는 그 어느 다른 사람의 음모와 조금도 다를 바가 없다. 잠정적인 전제 군주는 공동의 이익이라는 이름으로 이야기하지만 실은 사적 이익을 추구하고 있다. 베이컨의 《새 아틀란티스 *New Atlantis*》에 나오는 솔로몬의 전당은 떠다니는 섬을 위한 선전에 불과하다. 과학자들은 그들이 좋을 대로 - 숫자와 형성과 별을 즐기면서 - 살기를 원하고 그들의 욕망을 더 이상 감출 필요마저 없어지게 된다. 백성들에게는 여전히 자신들의 존재를 알릴 수 있는 방법이 있지만, 그들은 과학자들이 그들에게 마련해 주는 것에 근본적으로 노예가 되어 버린다. 저 아래 세상에 비치는 태양의 빛을 과학자가 끊을 수 있다.

과학에 대한 스위프트의 염세적이고 심술스러운 풍자에는 초자연적인 예지의 요소가 담겨 있었다. 자연과학은 곧 계몽운동의 전체 계획으로부터 퇴진하였고, 따라서 그 운동의 인간적 측면만이 홀로 남아 스스로 그 운동을 꾸려 나가야 했다. 자연의 법칙은 과학적이지만 자연과학이 더 이상 인간의 법을 입법할 수 있다고 주장하지 않기 때문에 정치학은 이성적인 또는 과학적인 근거를 잃고 냉엄하게 홀로 남게 되었다. 과학자는 과학을 반대하던 과거의 체제를 타도하는 일에 협력하는 진정한 협력자가 아니라 오히려 동료 여행자가 되었다. 일단 신학의 감독이 패배하여 모든 사람이 성직자 대신에 과학자의 필요성을 인정하게 되자, 과학은 자유로워졌고 과학을 필요로 하고 사용하는 정치 체제에 원칙상 무관심했다. 초기 계몽운동 사상가들은 지배받는 사람들의 이성적 동의와 과학의 자유는 완벽하게 부합하는 것으로 믿었던 것으로 보인다. 그러나 과학이 모든 사람을 사리 분별 있게 만들 수는 없었고, 통치자가 누구건 그에게 과학을 후원하고 과학에 참견하지 못하도록 강요할 수 있는 한 모든 사람을 사리분별 있는 사람으로 만들 필요도 없다는 것이 밝혀졌다. 갈릴레오와 같은 사람이 획책하는 일이 무엇인지 밝혀질 때마다 그를 박해하려는 - 왜냐하면 그의 조사 탐구가 신성한 경전을 기초로 하는 통치자의 적법성을 손상시키기 때문에 - 통치자가 남아 있는 한 과학자들이 자연적으로 이러한 통치자를 반대하는 세력에 협력하게 마련이다. 초기 근대사상은 교회의 권위가 생각의 자유를 위협하는 가장 위험한 요소라고 여겨 여기에 온통 정신을 쏟았기 때문에 철학자들은 교회 권위를 타도하기 위해 형성된 동맹이 영구한 것으로 믿게 되었다. 그 결과 일단 비이성적인 또는 비과학적인 자연관에는 절대로 서약하지 않는 세속의 통치자가 생기게 되면 계몽운동의 비인간적인 부분이 면제라는 것이 밝혀졌다. 근대에 들어와 동기 유발의 중요한 원칙으로 꼽히는 이기주의는 더 이상 다른 사색가들에게 관심을 기울일 필요가 없어지고 이제는 전적으로 자연 철학자의 영역으로 보이는 과학과 이성은 더 이상 정치 및 도덕적 사색가에게 그 어떤 보증도 제공할 수가 없게 되었다. 간단히 말해 민주주의의 이름으로 공동 전선을 제시했던 인문과학과 자연과학이 이데올로기가 되어 버렸다.

　소련에서의 자연과학 상태가 바로 스위프트의 끔찍한 예견의 결말이다. 그것은 과학에 바탕을 둔 전제주의다. 그리고 여러 학문 분야 중에서 유독 자연과학만을, 인간 가운데에서 자연과학자만을 전제 군주가 가만히 내버려 두었다. 소련의 수학자만은 미국의 수학자와 조금도 다를 바 없는 수학자이지만 역사라든지 정치학자는 가짜임에 틀림이 없고 당의 일꾼에 불과하다. 이제 소련에서는 자연과학이 번창할 수 있다. 왜냐하면 소련의 전제 군주들이 드디어 과학자들이 무조건 필요하다는 필요성을 인식하게 되었기 때문이다. 그들은 역사가나 정치학자를 견딜 수 없고 그럴 필요도 없다. 여기 이 후자들은 자연과학자들의 눈에나 전제 군주의 눈에나 자연과학자들과는 아예 종류가 다른 것으로 비친다.

그중에서도 가장 불쾌한 것은 이 무시무시한 체제가 통치를 유지하는 그 권력을 자연과학으로부터 얻는다는 점이다. 자연과학 자체의 이해 상관만을 제외하고 과학으로서의 자연과학은 중립적이고, 따라서 자연과학은 루스벨트가 스탈린보다 우세하다고 판단을 내릴 수가 없다. 소크라테스 이전의 경우에도 이러했을 것이다. 그러나 그들은 정치권력을 자아내지는 않았다. 그들은 정치 체제에 무관심하였고 그 어느 체제에도 도움을 주거나 위안을 제공하지도 않았다. 새로운 과학자들은 이 모든 것의 원인이 되고 있다. 고립 생활을 이론적인 생활의 모범으로 여겨 소크라테스 이전의 사람들은 더할 나위 없는 고립 속에서 살았다. 요즘의 자연과학자들은 애매모호한 모습을 취한다. 비록 그들이 순수하게 이론적이라고 하더라도, 비이론적인 사람에게는 그들이 전혀 그렇게 보이질 않는다. 그들이 인간들의 일에 참여함으로써 그들에게 공적인 역할이 주어지고, 따라서 질병을 고치는 사람이 되고, 핵무기를 발명하는 사람이 되며, 민주주의를 지키는 보루가 되는가 하면 전체주의를 지키는 보루가 되기도 한다. 인간적인 의미에서 안드레이 사하로프(Andrei Sakharov)가 가장 인상적이지만, 인권에 대한 그의 처신은 그가 하는 과학과는 아무 상관이 없고, 따라서 그가 소련의 다른 과학자들과의 교분을 보상받지 못한다. 새로운 통치가 과학을 보호하였지만 그것이 과학에서 얻어진 결과를 사용, 관리하는 일에 대해서 과학자에게 해준 일은 아무것도 없고, 혹시 그 결과를 과학자가 실제로 관리할 수 있게 된다고 하더라도 그것들을 어떻게 사용해야 하는지 그 필요한 수단에 대해서도 속수무책이다. 자연과학에서 얻은 결과가 마르크스주의 정설과 충돌했을 때 마침내 자연과학이 당을 누르고 승리를 거두었지만, 그것이 당의 정치적 활동을 통제할 수는 없었다. 그리고 그 누구도 유대인 과학자들이 그를 패배시키기 위해 그의 적에게로 몰려가는 결과를 초래했던 히틀러식의 광적 교조주의를 흉내 낼 미래의 전제 군주는 아마 없을 것이다. 그런 의미에서 과학이 미래의 잠정적 히틀러를 완화시키는 효과가 있지만 오로지 그런 의미뿐 그 이상은 할 수가 없다. 일반적으로 과학이 인간의 미덕은 증가시키지 못하면서 인간의 힘을 증가시키기 때문에 선과 악 양자 모두를 행할 수 있는 인간의 힘을 증가시킨다.

전체적으로 과학이 정치에 관여함으로써 생겨나는 엄청난 위험에 대해 묘사하고 있다. 일부 사람들은 위험에 대처하기 위하여 우리가 정치를 다시 창조해야만 한다고 단언한다. 스위프트는 계몽운동 창시자들에 의해 정치가 이미 재창조되었는데 그것이 문제라고 말하고 있다. 자연과학은 인간적인 일, 인생을 위한 과학의 사용법, 아니면 과학자에 대해서는 아무 말도 할 수 없다는 것이 판명되었다. 시인이 시인에 대해 쓸 때는 그가 시인으로서 그 일을 한다. 과학자가 과학자에 대해서 이야기할 때는 그가 과학자로서 그 일을 하는 것이 아니다. 그가 그렇게 한다고 하더라도, 그가 과학적 활동에서 사용하는 도구는 하나도 활용하지 않고, 그의 결론은 과학에서 요구하는 논증적인 특징을 전혀 보여주지 않는다. 과학은 고대 과학의 핵심 자세였던 스스로에 대한 강한 자의식으로부터 이탈하였다. 이처럼 과학이 강한 자의식을 잃은 것은 왠지는 모르지만 시(詩)의 추방과 상관이 있다.

루소의 급진주의와 독일의 대학

계몽운동이 막 승리를 거두는 순간, 그리고 교육 기관이 사회의 정상으로 정립하려는 순간에 루소가 불쑥 나타났다. 소크라테스를 뒤집어 놓은 것이라 할 수 있는 그는 과학과 사회 간의 영구한 갈등을 새삼 주장하였고, 과학의 진전이 윤리를 타락시키고, 따라서 사회도 타락시킨다고 논쟁하며 사회의 편을 들고 나섰다. '단순한 영혼의 과학'이라고 할 수 있는 미덕이 우리에게 가장 필요한 것이고, 과학은 미덕을 손상시킨다. 과학은 우리에게 다른 사람과 시민 사회에 이기적으로 되도록 가르치고, 부주의한 관계를 가르치며, 미덕의 원칙에 의문을 제기하고, 과학 자신의 번창을 위해 사치스럽고 해이한 사회를 요구한다.

학술원에 거주하고 있는 식자들은 이러한 사실에 대한 시각을 잃게 되고 무사태평으로 자기만족만을 갖게 된다. 키케로나 베이컨 같은 사람이 교수였다면 우리가 아는 키케로나 베이컨이 되지는 않았을 것이다. 그들이 인간의 상황을 전체로서 파악할 수 있었고, 인간 상황의 내적 갈등을 인식할 수 있었으며, 책임을 질 수 있었던 것은 그들이 인위적으로 조직되고 보호받는 대학이 아니라 오히려 현실 그대로의 살아 있는 생활 속에 있었기에 가능하였고 진보에 대한 믿음이라는 보호막이나 사회가 무지몽매하게 부여하는 명예에 대한 허영심이 없었기에 가능하였다. 교수들은 이성을 공공의 편견으로 만들었고, 이제 그들은 편견을 가진 사람들 축에 들게 되었다. 그들은 인간을 진지하게 만드는 두 가지의 엄격한 수련 - 공동체와 고독 - 의 만족스럽지 못한 중간 거처를 대표했다.

  루소는 계몽운동이 모호하게 암시하고 있는 이론과 실천의 상대적 존엄성을 분명히 해줄 것을 극구 주장했다. 계몽운동은 사상가를 가장 훌륭한 인물로 제시한 것이 아니라 가장 유용한 사람으로 제시하였다. 행복이 가장 중요한 일이고, 따라서 만일 사색하는 것이 곧 행복이 아니라면 행복과의 관계 여하에 따라 사색은 비판되어야 한다. 과학이 정말로 행복을 가져다줄 수 있을는지 심히 의문시된다고 루소는 논쟁한다. 더 나아가 홉스와 로크는 인간이 이성적이라고 가르치면서도 인간의 이성은 이성보다 좀더 기본적인 열정과 감정을 돕는 데 소용된다고 생각한다. 인간은 원래 고독한 존재라는 그들의 입장을 충분히 생각해 본 결과 이성의 조건이라 할 수 있는 언어가 인간에게는 자연스러운 것이 아니라는 인식이 초래된다. 그러므로 인간을 다른 동물과 구분지어 주는 인간 특유의 차이점이 이성일 수가 없다. 계몽운동은 이성과 감정 양자를 모두 잘못 이해하고 있다.

  루소의 추론과 웅변술이 너무도 강력하여 사색하지 않는 다수는 물론 사색하는 사람조차도 거의 모두 그의 영향을 피할 수가 없었다. 그가 나타난 다음에는 공동체, 미덕, 깊은 동정, 느낌, 열광, 아름다운 것과 숭고한 것, 그리고 심지어는 추방되었던 상상력조차도 근대 철학과 과학에 대항하여 활동을 벌일 수 있는 기회를 갖게 되었다. 사회 언저리의 방랑인, 감상주의자, 예술가들도 과학자 못지않은 선생님이 되었고, 사람들의 모범이 되었다. 루소로부터 영감을 받은 칸트는 계몽운동의 계획을 체계적으로 뒤바꾸어 놓는 임무를 떠맡아 루소에 의해 문제가 되었던 이론과 실제, 이성과 도덕, 과학과 시간의 관계에 조리가 있는 것처럼 보이게 만들었다. 지식 전반에 관한 칸트의 개관은 대학의 학과들이 효과적으로 공존하도록 만들기 위한 계획이었다고 할 수 있다. 루소는 고대가 보여 주었던 사상가와 사회 간의 갈등이 계몽운동에 의해 해결된 것으로 가정하였으나 그 갈등이 새롭게 매우 위험한 방법으로 재부상하였음을 지적하였다. 칸트는 그것을 다시 한번 해결하려고 애썼다.

그도 또한 자연과학이 자유롭고, 도덕적이고 예술적인 인간을 자연으로부터 제명했다고 동의하였다. 그는 자연과학을 개혁하거나 고대인들이 했던 식으로 인간을 자연 상태로 되돌려 보내려고 하지는 않았다. 그는 자연과학이 이해하고 있는 자연으로는 전체 사물을 파악하지 못한다는 것을 증명하려고 하였다. 자연과학으로서는 도저히 파악하지 못하고 파악할 수도 없는 영역들이 있고, 그것들도 실재며, 인간성의 경험이라는 현실을 위해 제 자리를 남긴다. 인간성을 수호하기 위해 이성을 버릴 필요는 없다. 왜냐하면 과학에도 그것이 알지 못하는 한계가 있고 자연과학에 의해 부당하게 거부되어 온 자유가 가능하다는 것을 이성이 증명해 줄 수 있기 때문이다. 칸트의 주제는 가능성과 근거인데 그 이유는 인간적인 것이 대부분 불가능하고 근거가 없는 것으로 보이기 시작했기 때문이었다.

칸트는 인간을 인간으로 구별해 주는 것은 자유임에 틀림없고, 자연과학에서 허용되고 있는 인과 관계에서는 이 사실이 부정되고 있으며, 그리하여 도덕적 자유를 행사하는 실생활이 과학적 판단을 활용하는 이론 생활보다 더 고도하다고 논한 루소의 추론을 받아들였다. 인간이 수행한 이론적 노력 중 가장 힘들고 강력한 노력을 통해 그는 자연이 전부가 아니라는 것, 이성과 자발성이 상반되는 것이 아니라는 것을 증명하려고 노력하였다. 이 모든 것은 이성에 의해 정립되는 것이지 이성에 항거하는 열정에 의해 정립되는 것이 아니다. 그의 그런 노력은 자유주의적 계몽운동에 대한 최후의 위대한 진술이라고 할 수 있는 세 개의 비판 속에 살아 있고, 대학에서 베이컨, 데카르트, 로크로 이어지는 합리주의와 함께 공존하는 합리주의의 또 다른 가닥이라 할 수 있다. 이 노력의 첫 번째 과제는 순수 이성(pure reason)에 한계를 두자는 것이고, 이는 "자만에 찬 이성을 향해 여기까지는 괜찮으나 더 이상은 안된다"는 것을 말함으로써 이성이 이성적으로 복종하도록 하기 위함이다. 칸트의 비판적인 철학은 과학이 발견해야 하는 것이 무엇인지를 지시하는 것이 아니라, 순수 이성이 활동할 수 있는 한계를 정립한다. 비판 철학은 실천이성에 대해서도 똑같은 일을 하고, 따라서 데이비드 흄(David Hume)의 이다(is)와 이어야만 하는 것(ought)의 구분을 도덕적 논리의 수치가 아니라 그것의 승리 및 존엄성의 근거가 되도록 만든다. 더 나아가 그것은 판단 능력을 정립하고, 따라서 그로 인해 인간은 목표와 아름다운 것에 대해 또다시 이야기할 수 있게 된다.

이 체계에서는 자연과학뿐만 아니라 도덕과 윤리도 대학 사회에서 확보된 지위를 갖게 된다. 하지만 대학의 조화는 이제 칸트다. 이 세 종류의 지식(즉 새로운 모습을 한 진·선·미)이 세 가지 비판에 의해 각기 자신의 영역이 주어졌지만 그것들이 하나의 사실에 대한 여러 양상을 나타내는 지식으로 통합되지는 못하였다. 아리스토텔레스의 인문과학은 자연에 관한 과학의 일부이고, 인간에 대한 그의 지식은 별, 동체 및 인간 이외의 다른 동물들에 대한 그의 지식과 모두 연결되어 있으며, 서로 조화를 이루고 있다. 그러나 루소 이후의 인문과학의 경우는 그러하지 못하고, 그것은 자연과는 완전히 동떨어져 독자적인 영역의 존속에 의지한다. 인간 연구는 자연 연구의 일부로 포함되는 게 아니고, 이 두 연구 분야는 서로 별 연관이 없이 각각 별개의 연구로 진행된다.

19세기 초 독일 대학에서 최초로 나타나기 시작해 서서히 서구 대학으로 퍼져나갔던 학문 분야의 이와 같은 새로운 조건이 처음에는 매우 생산적이라는 것이 증명되었다. 이제는 신학 또는 정치의 감독이나 방해도 없고 철학으로부터의 해방된 자연과학이 계속 진보하였고 그 속도는 보다 더 빨라졌다. 그리고 새로운 사명감이 주어진 인문과학이 새로운 번성기에 이르렀고, 특히 역사 분야와 언어학 분야가 새로운 번영을 맞았다. 자유롭고 도덕적인 개체로 이해되는 인간 - 창조적이고, 문화를 창출하고, 역사를 만듦과 동시에 역사의 산물로 이해되는 인간 - 이 인문학의 연구 분야가 되었고, 인간을 움직이는 조직체로 축소시켜 생각하는 자연과학 영역과는 달리 진지하게 인간을 인간으로 다루고 연구한다. 학문을 활발하게 만들기 위해 꼭 필요한 것은 진지한 목표이고 이 목표는 인간을 그의 역사적 기원과 더불어 이해할 수 있다는 의식에 의해 마련되었다. 그 밖에도 도덕·정치적 기준은 여러 다양한 국가들의 역사와 전통으로부터 얻을 수 있고, 실패한 자연권과 자연법을 대치해야 한다는 의식, 고도의 문화 특히 그리스 문화를 연구함으로써 근대가 달성해야 할 모범을 얻게 되고 종교를 제대로 이해하면 비판적인 이성에 견디어 내는 신앙을 제공할 수도 있다는 의식에 의해 목표가 마련되었다. 문예 부흥기 이래 그 어느 때보다도 그 당시에는 학자들이 인생에 봉사하고 있는 것처럼 보였고, 군인, 의사, 노동자들과 다를 바 없이 유익한 존재처럼 보였다. 19세기 한창 때에 시작된 면밀한 역사 연구와 고전물 원본에 대한 비판의 이 거대한 움직임이 우리에게 자양분을 공급하였고, 우리로서는 아직도 그것을 더 소화해내야 한다. 우리에게 인간에 대해 가르치는 짐을 인문과학 분야가 전적으로 떠맡게 되었고, 특히 도덕과 윤리(아름다운 것과 숭고한 것에 대한 새로운 과학이라 할 수 있는)를 가르치는 책임을 지게 되었다.

하지만 인문과학 분야에서의 바로 이 기쁨에 들뜬 상황 - 자연과 자유의 이원론 - 을 약화시켰거나, 아니면 그들을 또다시 단순히 박학한 사람에 불과한 존재로 환원시켰다. 자유 영역의 현실에 대한 의심이 끈질기게 따라다녔고, 그것이 인간 현상의 풍요로움을 회복시키는 것으로 보였다. 이 두 영역 간의 관계는 무엇인가? 어느 지점에서 자연에 속하는 인간이 끝이 나고 자유가 시작되는가? 자연과학의 요구를 제한하는 것이 정말로 가능한가? 과학자들이 주장하는 대로 결국 모든 현상의 행위를 예측할 수 있다면, 칸트의 체계 내에서는 우리가 자유의 본체와 그것의 표현이 현상의 세계에서는 어떤 모습으로 나타날지 예측 가능하다고 가정해 볼 수 있지 않을까? 자연과학은 기계적인 인과 관계, 결정론, 보다 높은 현상을 모두 낮은 것으로, 복잡한 것을 간단한 것으로 축소하는 것을 전제로 하는 것은 아닐는지? 그리고 천문학, 물리학, 화학, 생물학을 통해 보여 준 이 과학의 성공이 그러한 전제가 진실이라는 것을 증명해 주는 것은 아닐는지? 진화론과 같은 새로운 발견과 의견 등으로 해서 이성을 독립적인 것으로 또는 비파생적인 것으로 규정짓는 데 대해 의문이 제기되었다. 《순수 이성 비판 *Kritik der reinen Vernunft*》에서 과학과 이성에 한계를 그었던 바로 그 기능이 진화하는 사물의 또 하나의 우발적 결과라는 것이 증명되었다. 도덕과 윤리의 근본이 사라져 버렸다. 자연과학이 계속 본질적인 것처럼 보였고 반면에 웅대한 희망에 불과한 가상의 도시에는 낭만주의와 이상주의만이 깃들었다. 염세주의가 철학의 한 학파로 나타나게 되었다. 건재하고 팽창하는 자연과학에 반하여 인문분야의 학문 자체에는 도덕·정치적 기준을 만드는 데 실패하였다는 인식이 일게 되었다. 국가의 역사적 사실에 대한 갖가지 연구가 있었고 '민족정신(folk-minds)'이라는 발명품도 만들어 내었건만 미래에 대한 길잡이 또는 행위의 절대 기준을 마련해 줄 수는 없다. 학문은 인상적이었지만, 그것이 가장 필요한 것에 대한 지식의 탐구가 아니라 오히려 한가로운 호기심의 산물처럼 보였다. 철학은 더 이상 자연과학의 일부로 여겨지지 않았고, 또 자연과학이 철학을 필요로 하지도 않았으며, 철학은 인문과학 분야로 슬쩍 넘겨져 심지어는 또 하나의 역사 과목이 되어버렸다. 대학 내의 통치자가 되겠다는 철학의 주장을 더 이상 존중하는 사람은 아무도 없었다. 모든 것 위에 군림하여 관장하는 객체는 없고 공동 통치만이 있었다. 인문분야의 학문은 평등권을 위해 논쟁할 수 있고 또 그 권리가 어느 정도까지는 공식적으로 부여되기도 하였지만 그것은 '학문적인 것'이 되기 시작하였고, 실제 세상의 사물에서 볼 수 있는 방식과는 사실상 별 상관이 없게 되어버렸다. 자연과학자는 식자의 전형이자 대중에게 이익을 베푸는 사람이라는 인상을 주게 되었고, 인문과학자는 교수라는 인상을 주게 되었다.

근대 지식의 시각에서 본 식자들의 문제점이 독일 대학 사회의 일원은 아니면서도 칸트와 함께 대학 제도에 가장 큰 영향을 끼친 사람 - 괴테 - 에 의해 근대의 대학 제도 초기부터 거듭거듭 분명하게 공식화되었다. 《파우스트 *Faust*》에 그의 견해가 단적으로 요약되었고, 그 책은 근대의 작품으로는 유일하게 호메로스, 베르길리우스, 단테, 셰익스피어에 견줄 만한 국가적 영웅의 모범을 제시했다는 평을 듣는다. 학자인 파우스트가 그의 방에서 명상하던 중 요한 복음서의 첫 줄에 "태초에 말씀〔우주의 이법(理法)〕이 있었으니"로 번역하지만, 그 묘사가 만족스럽지가 않아 그는 '느낌(feeling)'이라고 말하고, 그것 또한 마음에 차지 않아 최종적으로 그것을 '행적(deed)'으로 재해석하기로 단호하게 마음을 굳힌다. 행동이 사고에 우선하고, 말보다 행적이 첫째다. 지력(智力)이 있는 사람은 태초를 모방해야만 한다. 사색이 선행되지 않고 사색에 의해 통제받지 않는 창조주의 행위가 첫 번째의 일이다. 이성을 가진 학자는 기원에 대해 잘못 이해한다. 왜냐하면 그는 사물들의 질서 이면에 자리하고 있는 생명의 힘을 갖고 있지 않기 때문이다. 그는 사실을 모아 축적하고 그렇게 축적된 사실로부터 우리를 가르치는 원칙을 추출해 내는 헛된 일을 한다. 이미 알고 있는 것이 퍽 많지만 그래도 모든 것을 다 알고 싶다고 말한 부단한 탐구자 바그너(Wargner)에 대한 파우스트의 관계가 예증이 된다. 인생에 봉사할 수 있는 지식만이 훌륭한 지식이고, 인생은 우선 어두운 활동과 치명적인 충동으로 이루어져 있다. 지식은 그 다음이고 행위가 있어 지식이 세상을 밝게 해준다. 괴테가 묘사한 대로 바그너는 대수롭지 않고 빈약해 보인다. 지식에 대한 그의 헛된 사랑은 파우스트의 이제 막 시작한 충동에 비하면 피상적이다. 행동하는 생활과 명상하는 생활의 대립이 철학보다 오래되었다고 할 수는 없더라도 적어도 그만큼은 오래된 대립이며, 괴테의 중요성은 이론에 의해 행동이 선택된 첫 번째의 경우라는 점이고, 따라서 고대로부터의 대립에 종말을 고하게 된다. 이론적인 생활에는 기초가 없다. 왜냐하면 첫 번째 것은 명료한 질서가 아니라 창조에 활짝 개방되어 있는 혼돈이기 때문이다. 아무것도 볼 것이 없는 곳에서는 명상이 있을 수 없다. 괴테는 식자와 시인들의 근대적 상황을 완벽하게 설명해 보려 하였고 인생을 향상시키는 목적에 종속하지 않는 학문에 의문을 제기했다. 옛날에도 역시 이유는 정확하게 잘 모르면서 그저 단순히 운율과 본문의 신빙성에 매료되어 호메로스와 플라톤을 연구하던 학자들이 있었고, 그들은 그 작가들이 제기한 문제에는 관심이 없었다. 그러나 이 학자들을 반대하는 이유는 그들에게 절실하게 배우겠다는 욕망이 없기 때문이고, 반면에 근대 학자들을 반대하는 이유는 그들에게 행동하겠다는 절실한 소신이 결여되어 있기 때문이다. 가장 간단히 표현하자면 역사가는 - 현재 학자의 전형이라 할 수 있는 - 업적들을 연대순으로 기록한다. 그러나 만일 업적을 가장 중요한 것으로 정의한다면, 정의상 학자는 업적을 행한 자보다 열등하다. 더 나아가 그와 같은 논리 전개자는 행위가 요구하는 어두운 곳으로의 도약을 실행할 능력이 없다. 끝으로 만일 행위를 하는 사람과 사색가는 별개라고 한다면, 사색가가 행동하는 사람을 이해할 수 있을는지 의심스러워진다. 우리가 시저를 이해하려면 그와 비슷해야만 하는 게 아닐는지? 꼭 시저가 되어야 시저를 이해하는 것은 아니라고 말하는 것은 아무것도 되지 않고도 모든 것을 이해할 수 있다고 말하는 것과 동일한 것이다. 자유 세계의 감추어진 전제는 행동이 사고에 우선한다는 것이다. 괴테가 간파했듯이 근대 학문의 거장은 행동이 약하다. 거장은 눈 또한 멀었는데, 왜냐하면 - 모든 과학과는 달리 - 인식 작용의 목표가 결여되어 있고 오로지 어둠만이 있기 때문이다.

학문의 문제는 고전학문에서 가장 잘 나타나고 있다. 고대 그리스와 로마에 대한 연구가 곧 학문의 탁월한 분야로서 때로는 찬란하게 발화하여 세상을 비추고, 또 때로는 가물가물 거의 사라져 가기도 하였다. 서구에서는 고전 작가에 대한 연구가 일신하는 철학의 성쇠를 따랐다. 위대한 변환의 시기는 그리스 원천을 재생시키는 것으로 시작하였고, 그 원천에서 받은 영감이 타는 듯한 갈증을 풀어 주었다. 무엇인가가 빠져 있다는 느낌이 압도적으로 들 때 잃어버린 것을 되찾으려는 순수한 자극을 받게 되고 그것을 조심스럽고 철저하게 회복하려는 동기가 생기게 된다. 현재보다 더 나았던 적이 있었다는 것을 확인시켜 주는 것이 그리스다. 옛 보물들을 소화하고 혁신자들은 스스로 만족하여 자신의 길로 갈 수 있다고 느끼게 되면 고전 작가들의 필요성이 희박해지고, 따라서 습관적인 학습의 대상으로, 선도의 빛을 발하는 것이 아니라 한낱 기념비적인 존재로 퇴보한다. 그리스의 부활이었고 그리스의 보편성과 인간 본성의 영구불변성 때문에 언제나 가능한 문예 부흥기의 도취된 분위기는 정확하게 근대 사상 - 그리스와 로마인들에 대한 마키아벨리의 면밀한 연구와 비판으로부터 시작된 - 즉 고대의 영감을 불러일으키는 사람들보다 스스로가 우월하다고 자랑스레 단언할 수 있는 근대 사상으로 귀결되고, 고대와 근대의 전쟁에서 근대가 승리를 거두었다.

루소가 근대에 대한 불만을 나타내기 시작함으로써 제2의 문예 부흥을 시작하였고, 이는 그가 그리스와 로마의 본보기에 대한 지식이 있었기에 가능하였다. "고대의 정치인들은 끝없이 도덕과 미덕에 대해 말했지만 우리의 정치인들은 오직 상업과 돈에 대해서만 이야기한다." 루소의 고전 지식 활용이야말로 - 비록 학문적이라 할 수는 없더라도 매우 깊이가 있었던 - 니체가 왜 위대한 사람은 시대를 초월하고, 자신들의 위치를 조명하여 시대에 가장 적합한 인물이 되고 적절한 처신을 하기 위해서는 고전 사상을 알고 있는 것이 꼭 필요하다고 말하였는지 그 이유를 알게 해주는 완벽한 모범이다. 인간으로 하여금 시간을 초월하고 또 위기에는 시의적절할 수 있도록 만드는 것은 옛 그리스인들이다. 특별히 호화로울 것도 없고 밖에서 무한정 찾으려 할 것도 없고, 인간의 본성이 똑같은 상태로 남아 있는 한은 책이란 언제나 해득될 수 있는 것이다. 그리스의 저자들이 그들의 저술을 남긴 이래로 그 저술이 해낸 역할이 바로 이것이고, 언제나 불사조처럼 완전히 소모된 것처럼 보이며, 학자들에 의해 오로지 그 재만이 보존되는 것처럼 보이다가도 되살아나곤 한다.

고대의 도시는 전체였고 진정한 공동체였기 때문에 고대 도시를 돌이켜 보도록 루소가 현대인들에게 열렬히 호소한 것이 주효하여 희랍의 신선한 공기를 다시 마셔 보자는 낭만적인 동경이 일게 되는 근원이 되었다. 루소가 아주 신빙성 있게 전달한 것은 그것의 도덕적 미적 건강이었다. 그는 로베스피에르(Robespierre)로부터 오웬(Owen)과 톨스토이를 거쳐 이스라엘의 젊은이들 집단 농장에 이르기까지 공동체를 새로 시작하는 모든 종류의 시도에 자극을 주었고, 그 자극은 현대 사조 속에 여전히 살아 있다. 그러나 무엇보다도 내가 앞에서 논했던 대로 계몽운동과 당당한 정치 간에 보여 준 갈등을 그가 관찰해 냄으로써 문화라는 개념이 싹트게 되었다. 루소의 명상은 그리스, 스파르타, 아테네를 문화의 모범 형태로 연구하게 만드는 결과를 가져왔다. 이러한 연구의 동기는 - 그러한 연구가 특히 독일에서 번창하였고 정확히 말해 칸트와 괴테가 워낙 유명하였기 때문에 루소의 영향을 가장 강하게 느낀 곳도 독일이었다 - 문화를 이해하자는 데 있었는데 물론 독일 문화를 만들어 내겠다는 뜻을 담고 있었다. 독일의 사상가들이 영감을 얻으려고 첫 번째로 눈을 돌린 곳이 그리스와 로마의 시였고 두 번째가 역사였으며, 학자들이 그 뒤를 따랐다. 분명히 그리스 철학에는 눈을 돌리지 않았다. 루소 자신에게서도 이 점이 분명하게 나타나고 있다. 루소가 필요로 했던 것은 베이컨, 데카르트, 뉴턴의 철학적 명상이었지 플라톤이나 아리스토텔레스가 아니었다. 후자의 두 사람은 자연에 대한 진실을 알지 못하였다. 그 이후의 학자들이 이 두 사람에게 관심이 있었다면 이는 그들이 그리스 문화의 일부로 느껴졌고 그 문화를 전형적으로 표현하고 있다고 느꼈기 때문이었으며, 그들이 문화의 창시자라 할 수 있는 시인들만큼 흥미롭지는 못하다고 느꼈다. 그리스 철학자들은 담화자로서 적당하지가 못하였다. 루소는 플라톤을 존경하였고 인간적인 일들에 심오한 통찰을 가졌다고 생각하였지만, 그를 철학자나 과학자로 생각하지는 않았고 오히려 그를 시인으로 보았다. 플라톤은 분명히 연인들의 철학자였지만 플라톤에 대해 자세히 알아보지도 않고 루소는 에로스가 성(性)과 상상에 의한 산물이라고 가르쳤다. 시는 에로스의 활동이고, 루소는 에로스가 생명을 창조하고 향상시키는 환상의 원천이 되고, 민족을 가능하게 하는 민족정신의 기본이 되는 궁극적인 출처라고 이해하였다. 플라톤은 에로스가 철학을 낳는다고 생각하였고, 다수의 문화 대(對) 단 하나의 의로운 정치 질서, 즉 가장 훌륭한 사회체제를 합리적으로 탐구하도록 유도한다고 생각하였다. 그렇게 볼 때 그리스 '문화'의 발견이라는 것은 그리스 철학에는 역행하는 일이었다. 그리고 이 특정한 차이점, 즉 문화와 대립되는 가장 훌륭한 사회 체제에 관계되는 이 차이점이 이성에는 치명적이라는 것이 판명되었다. 우리는 공동체를 세우고 유지시켜 주는 것은 가치이지 이성이 아니라고 한 베버(Weber)의 가정에서 미리 이것을 알아차릴 수 있다.

그러므로 제2 문예 부흥의 시작부터 학자들은 그리스 철학자들을 자연과학자들이 동료 과학자를 다루듯 다룬 게 아니라 그들이 원자를 다루듯 다루었다. 철학자들의 심오한 토론에 그리스 철학자들을 함께하지고 초청하지는 않았다. 그리스적인 모든 것들은 근대 철학의 시각을 기본으로 한 우리들 분석의 대상이었다. 이러한 절차는 우리가 그것들로부터 무엇을 기대하는가에 따라 극단적으로 다를 수가 있다. 계몽운동을 이끈 사상가들은 그리스 사상가들이 전문이었다고 생각하였기 때문에 그들을 경멸하였다. 낭만주의자들은 그리스 철학자들의 진실이거나 거짓이 그들에게는 무관심이었기 때문에 그들을 존경했다.

실러(Schiller)가 시를 천진스러운 시와 감상적인 시로 구분한 본보기를 통해 어떤 종류의 범주가 흔해졌는가 하는 것이 잘 나타나고 있다. 호메로스의 매력은 우리가 보는 것을 그는 볼 수 없었고, 끝없는 수렁을 그가 인식하지 못한 결과로 생겨났다. 그가 걷던 땅은 여전히 마술에 걸린 땅이었고, 그의 시에는 신이 죽을 수 있다는 것을 아는 우리에게 강요하는 심사숙고가 결여되어 있다. 그는 신의 죽음에 대해 전혀 알지 못하였고, 신의 후손인 문화는 인간의 죽음을 알지 못한다. 그는 세상이 아직도 어리던 시절에 살았다. 우리가 전체가 되고 행복해지려면 우리는 인간이 한때 지녔던 사물과의 직접적인 관계를 회복하여야만 한다. 그러나 그러한 회복은 우리가 사물들의 취약성을 잘 인식하는 가운데에서 이루어져야 한다. 예술가는 호메로스가 알고 있었던 책임보다 더 큰 책임을 져야만 한다. 왜냐하면 예술가는 단순히 자연을 모방하는 것이 아니라 창조하기 때문이다. 성공적인 근대 예술가는 호메로스보다 더 깊이가 있을 것이고 자의식도 좀더 철저하게 강할 것이다.

천진난만한 호메로스는 감상적인 실러와는 다른 문화에 속하므로 우리는 호메로스 자신의 문화를 배경으로 호메로스를 이해해야만 한다. 천진난만함은 주로 '역사 의식'이 결여되어 생겨나고, 위대한 사람이란 우리가 개별적으로 시대를 초월하여 천편일률적으로 이해해야 하는 개인들이라고 믿는 데서 생겨난다. 플루타크는 자신이 위대함의 형상 자체를 제시하고 있다고 믿었지만, 사실 그의 영웅들은 그리스인과 로마인에 불과하고 다만 그들 문화의 지고한 표현일 뿐이며 그 영웅들과 그 문화를 분리시켜 생각할 수는 없다. 이것을 인식한다는 것이 근대의 색다른 탁월함이고 통찰이다.

물론 실러는 남달리 깊이가 있고 예리한 독해가였다. 호메로스에 관한 그의 해석이 실제로 우리에게 많은 것을 가르치는가 하는 점에 대해서는 의심을 품게 되고, 그 이유는 그의 해석이 우리가 요즈음 낭만주의 편견이라고 믿고 있는 편견으로 가득 차 있기 때문이다. 그러나 실러가 옳게 또는 그르게 읽었던 호메로스는 실러 자신의 예술적 창작에 많은 공헌을 하였고, 독일 문학과 문화는 그것을 기초로 생겨났다. 이것이 일부 사람들이 '창조적 오해'라고 일컫기도 하는 바로 그것의 실례다. 다른 사람의 통찰력으로부터 영감을 받아 생겨났을는지는 모르지만 여하간에 자기 자신의 통찰력에 신념을 갖는다는 것은 중요하다. 학문에 의해 가르침을 받지 않은 행동이 중요한 것이다. 여기서 내 얘기가 암시하는 요지는 실러의 견해가 진리는 아닐지라도 생산적이고, 반면에 학자들에게는 알려져 있으리라 추측되는 진짜 견해는 생산적이지 못하다는 것이다. 이것이 괴테가 암시하는 것이다. 학자는 객관성에 입각하여 논리적으로 판단하는 사람들이고 시인은 주관적 창조자다.

여기에 이제 니체가 등장하여 그 누구와도 견줄 수 없는 명철함과 의욕을 가지고 우리가 만일 '역사 의식'을 진지하게 그대로 받아들인다면 객관성이란 있을 수 없고, 우리가 알고 있는 학문은 단순한 망상에 불과하고 위험하며 그 이유는 객관성이 주관성을 아무도 모르는 사이에 손상시키기 때문이라고 주장한다. 이성은 역사적으로 결정된다는 절묘한 생각을 가지고 있었던 독일에서 마치 독일 학자들의 이성은 그렇게 결정된 것이 아니라는 듯이 모든 독일의 고전학문이 진행되었다. 문화와 민속 정신을 발견한다는 것은 결국 오성(悟性)에는 보편적인 원리가 없다는 것을 의미한다. 이성은 하나의 신화이고, 신화 만드는 일을 이해할 수 없게 만든다. 창의성과 인문과학은 공존할 수 없고, 인문과학은 인간이 창의적이라는 것을 인정하기 때문에 결국 창의적인 인간이 그 시대를 장악하게 된다. 그러나 학자는 창의적으로 행동할 수 없다.

문화의 발견으로 인간이 자기 자신을 펼 수 있는 요소를 갖게 되자 하나의 불가피한 임무가 생겨나게 된다. 즉 문화를 창조하여 유지하라는 것이 그것이다. 이 일은 학자가 할 수 있는 일이 아니다. 문화가 생활의 조건이 됨은 물론이고 지식의 조건이기도 하다. 독일 문화 없이는 독일 학자가 다른 문화와 맞설 수가 없다.

독일 사상의 위대한 시기를 거친 이후 - 칸트, 괴테, 실러, 헤겔의 사상 등 그리스의 재발견이 무척 중요한 작용을 했던 - 그리스의 학문은 대학으로 은퇴하고 말았고, 거기서 그 학문은 다시 한번 죽은 학문이 되어 그것 자체로써 인간을 변혁시킬 수 있는 강력한 통찰력을 불러일으킨다거나 제시할 수 없었다. 그 학문은 부르주아 교수에 의해 연구되고, 아셴바흐(Aschenbach)의 경우처럼 그리스인 것들을 하나의 '문화'에 불과한 것으로 여기는 부르주아 학생들을 교육시킨 사람 또한 그 부르주아 교수였다. 반세기 전까지만 해도 위에서 열거한 영웅적 인물들을 형성해 주었던 그리스의 찬란함이 신비에 불과한 것으로 되었다. 이 찬란함의 존재와 애석하게도 그것이 세상에서 사라져 버렸다는 것을 예리하게 느꼈던 니체는 학자들을 나무랐고, 그들이 그렇게 이끌려 간 것을 나무랐다. 철학의 소명을 받지 않앉더라면 분명히 가장 위대한 인물 중의 한 사람이 되었을 고전학자 니체는 그리스로 되돌아가자는 최후의 위대한 노력을 전개하였다. 그의 독일 선배들과 마찬가지로 니체도 특히 그리스의 시로 되돌아가려 하였다. 그러나 그는 비극에 대한 그의 흥미와 더불어 아주 새로운 것을 시도하기도 하였다 - 대학의 정수는 결국 합리주의 전통이고 그 합리주의 전통의 창시자는 소크라테스인데 그를 비난하는 과격한 시도를 하였다. 아마 소크라테스가 철학자에 의해 공격을 받기는 그것이 첫 번째였을 것이고, 정도도 아주 격렬하였으며, 니체의 전생애를 통해 계속된다. 여기서 우리의 흥미를 끄는 것은 홉스, 스피노자, 데카르트 이래로 니체와 그의 뒤를 이은 하이데거(Heideggar)가 정말로 진지하게 소크라테스를 - 또는 모든 고전주의 철학자들의 가르침을 - 문화적 유물이 아니라 생생히 살아 숨쉬는 자신들의 적수[8]로 생각했던 첫 번째의 현대 사상가라는 점이다. 소크라테스는 살아 있고, 따라서 그를 극복해야만 한다. 니체에게는 이 점이 최대의 쟁점이었음을 인식하는 것이 필수다. 이것은 역사적 또는 문화적 문제가 아니다. 간단히 말해 철학적 논쟁의 전형으로 소크라테스가 옳으냐 그르냐의 논쟁이다. 소크라테스의 합리주의, 공리주의가 고결한 천성인 위대한 어리석음을 타파하고 교묘히 변명하였다 하여 니체는 소크라테스를 고발한다. 비극적 감각 때문에 인간이 사물의 와중에서 인간의 진실된 상황을 직관으로 알게 되고 선행하는 그 어떤 형태가 귀감 없이 또는 귀감으로부터 지시받은 바 없이 공포스러운 생존에 대항하여 인생을 창조적으로 형성하게 되는데, 소크라테스가 이 비극적 감각을 파괴하였다. 법전이나 가치 판단의 기준을 설정하는 것은 이성에 앞서고, 이성에는 취약한 직감 또는 죽음이고, 건전한 이성은 그 속에서 작용한다. 어둠에 뒤덮인 허공이 인생과 창조의 조건이고, 건전한 이성은 그 속에서 작용하고, 그 어둠은 이성적인 분석에 의해 사라지게 된다. 창작행위를 통해 시인은 이 사실을 알고 있다. 과학도와 학자는 이를 결코 알지 못한다. 문화를 형성하고 민족정신을 형성하는 것은 창작행위다. 소크라테스가 믿었던 순

---

[8] 헤겔도 물론 고대 철학을 아주 훌륭히 연구하였지만 그의 연구는 오로지 고대 철학을 근대에 통합시키기 위한 노력이었다. 그에게 고전 철학은 적이 아니라 친구였고, 친구로서는 그것이 미완성이고 완벽하지 못할 따름이었다.

수하고 역사성을 초월하는 이성은 없다. 이러한 믿음이 과학에는 기본이 되는 전제고, 또 이것이 과학의 잘못된 점이며, 이 잘못이 인간적 사물을 다루는 데에는 치명적이라는 것이 확연하다. 과학의 방법은 언제 어디에서 있는 것을 보도록 고안되어 있지만, 역사적으로 문화적으로 중요한 모든 것은 특정한 것, 새로 생겨나는 것들이다. 호메로스는 단순한 서사시의 일례가 아니고 성경은 계시를 담은 원전(原典)의 일례가 아니건만 과학은 호메로스와 성경을 그렇게 생각하고 오로지 그 이유 때문에 거기에 관심을 갖는다. 학자들은 호메로스와 성경을 떠나 비교 종교 또는 비교 문학 쪽으로 돌아서고, 이는 다시 말해 그들이 무관심해졌거나 아니면 다양하고 서로 양립할 수 없는 오래된 창작품 가운데서 추출한 최소의 공통 인자를 가지고 조성한 활기 없는 보편주의로 돌아섰다는 것을 의미했다. 원전을 해석하고 설명하는 것이 자신들의 취지라고 말하는 학자들이 그 원전을 이해하지 못한다. 창작자이기 때문에 실러는 호메로스와 동류이고, 따라서 실러는 《일리아드》의 정수를 파악할 수 있을는지도 모른다. 그는 호메로스를 호메로스 자신처럼 이해할 수는 없다. 왜냐하면 그의 정신은 역사적으로 다른 시기에 속했기 때문이다. 그러나 그는 시인이 된다는 것이 어떤 것인지는 이해할 수 있었다. 학자는 두 가지 모두 이해할 수 없다. 인생을 놓고 볼 때나, 진실을 놓고 볼 때나, 근대 학문은 실패다. 헤겔은 알렉산더 대제를 병적으로 권력에 애착을 느꼈던 사람으로 설명하는 독일의 전형적인 대학 진학 예비 학교 선생님을 꼬집는다. 그 선생님은 알렉산더가 세계를 정복하였던 사실을 예로 들어 그의 단언적 설명을 증명하려고 한다. 그가 세상을 정복하지 않았다는 사실로 미루어 보아 그 선생님 자신은 이러한 병으로부터 자유롭다는 것이 입증된다. 이 이야기에 독일의 대학과 독일 대학에서의 고전학문에 대한 니체의 비판이 단적으로 포착되어 있다. 알렉산더를 다른 사람과 다르게 만들어 준 것은 권력에 대한 의지이고, 학자에게는 그런 의지가 없고, 그의 방법론으로는 그런 의지를 갖는다거나 보는 것이 허용되지 않기 때문에 학자는 그러한 의지를 이해할 수 없으며, 또 과학으로 알 수 있는 동기도 아니다. 학자는 결코 인간의 마음을 정복할 수 없다.

니체가 고대인들이 보여 준 모범으로 돌아가고 독일의 인문학이 진정으로 믿었던 것의 결과를 가혹하게 묘사한 것이 독일의 대학 생활과 이성에 대한 독일의 관심 전반에 걸쳐 획기적인 결과를 낳았다. 예술가들이 새로이 인정받게 되었고, 심지어는 철학조차도 자신을 예술의 한 형태로 재해석하기 시작하였다. 소크라테스를 대표적인 투사로 삼고 있는 철학과 시의 오래된 투쟁에서 시인이 승리를 거두었다. 대학을 상대로 벌인 니체의 투쟁이 대학을 두 방향으로 흐르도록 만들었다 - 그 하나는 진지한 마음의 소유자들이 대학을 포기하게 되었고, 다른 하나는 문화를 창조하는 일에 일익을 담당하기 위해 대학의 개혁을 단행했다. 이제는 스스로도 퇴색한 계몽운동기의 대학이 신뢰를 잃은 중세의 대학을 온통 다시 편성하여야만 했던 것과 마찬가지로 근대판 아리스토텔레스라 할 수 있는 헤겔이 지배하던 대학은 재구성되어야만 하였다.

서구 모든 국가들의 예술가들에게서 니체의 영향이 즉각적으로 나타났다. 1890년 이래 그는 대인기였고, 그의 매력에서 벗어날 수 있었던 주요 화가, 시인, 소설가는 거의 없었다. 그러나 그의 헬레니즘이 그리스 예술 자체에 끼친 영향은 비교적 미미하였다. 그들은 근대 문화의 특성에 관한 니체의 규명과 그 문화가 퇴폐하게 된 원인을 논한 그의 논쟁에서의 결론을 받아들여 그것을 대중화시켰거나 아니면 여러 다양한 학파에서 새로운 문화를 이루어 보려고 시도하였다. 그들은 새롭게 열린 본능적 충동(id)의 영역을 탐구하는 등 새로운 형태를 추구하였다. 대학에서 니체의 영향이 처음으로 나타나기는 사회학 또는 심리학과 같이 비교적 학문의 가장자리에 위치하는 새로운 분야, 그리스나 로마의 영향권을 벗어나는 분야였다. 고전 연구 자체에서도 새세대의 학자들은 종교와 시 연구에 더 많은 관심을 기울였고, 소크라테스 이전의 그리스 작가들의 불합리한 면을 집중적으로 연구하였다. 철학의 경우 현상학과 실존주의 철학의 여러 학파는 니체를 출처로 파생된 것들인데, 마침내 니체가 학문적으로 존중받게 되었다.

그러나 진실로 그리스 철학에 대한 연구가 중심이었던 사람은 하이데거이고, 이 점에서 그는 거의 독보적인 인물이며, 그리스 철학은 존재에 대한 그의 명상을 위해 잠시도 게을리할 수 없는 관심거리였다. 니체를 뒤따른 하이데거는 근대 철학과 과학이 펼치고 있는 전체 작업에 가장 극단적인 의심을 던진 사람이었다. 새로운 시작이 절대 필요하였고, 그는 마음의 문을 열고 고대 작가들에게로 눈을 돌렸다. 그러나 니체가 소크라테스를 다루는 과정에서 플라톤과 아리스토텔레스도 함께 다루었기 때문에 - 비록 그가 그들에 대해 명상하였고 가장 기발한 발상의 해석을 내리기는 하였지만 - 그는 그들에게 초점을 맞추지 않았다. 하이데거는 그들 대신 소크라테스 이전의 철학자들에게 관심을 쏟았고, 그들에게서 존재에 대한 또 다른 지식을 발견하여 그것으로 하이데거와 니체로서는 플라톤과 아리스토텔레스가 그 근원이라고 생각하는 기독교와 근대 과학에서 나온 이제는 고갈된 지식을 대신할 수 있기를 기대했다.

이상하게도 하이데거의 헬레니즘이 그리스 철학에 대한 연구를 크게 자극하지는 못하였다. 이것은 세계 대전의 영향 그리고 하이데거의 불명예와 어느 정도 상관이 있을 것이다. 그 또한 존경받는 대열에 다시 들어서기 위해 문학이라는 뒷문을 통해야 했고, 매우 존경받는 좌파 학자들의 힘을 입어야 했다. 그를 끌어 준 두 진영은 모두 당대의 상황에 대한 그의 시각을 형성해 주었던 고전 작가에 대한 깊은 명찰에는 별 관심이 없었다. 이러한 대중화가 우리의 상황에 대한 그의 설명을 엉망으로 만들었다. 하이데거를 존경하였던 지성인들은 하이데거나 니체와는 달리 플라톤과 아리스토텔레스에게 관심을 기울여야 할 가치가 없다고 으레 제쳐 버렸다.

그러나 논쟁의 핵심은 그들에게 있다. 플라톤과 아리스토텔레스에 관해 니체와 하이데거가 옳은가? '정말로' 문제는 여기에 있다고 보았던 그들이 옳았고, 두 사람 다 강박 관념에 사로잡힌 사람들처럼 소크라테스에게로 되돌아갔다. 우리의 합리주의는 바로 소크라테스의 합리주의다. 혹시 그들이 근대 합리주의자들에 의해 생겨난 변화를 충분히 참작하지 않았을 수도 있고, 따라서 소크라테스식 방법이 근대의 난국을 회피하였을 가능성을 충분히 참작하지 않았을 수도 있다. 그러나 이성의 옹호자인 모든 철학자들은 확실히 공통된 면을 가지고 있고 무어라 하더라도 소크라테스의 정신적 후손으로 볼 수 있는 아리스토텔레스에게로 도달하게 된다. 무엇이 본질적으로 가장 근대적이냐에 대한 심각한 논쟁을 하다 보면 소크라테스의 문제를 연구하는 것이 가장 필요하다는 결론에 도달하게 되는 것은 불가피한 일이다.[9] 니체와 하이데거로 하여금 소크라테스 이전으로 눈을 돌리게 만든 사람은 소크라테스였다. 4백 년 만에 처음으로 모든 것을 새로 시작하는 것과 플라톤의 이야기를 이해하려고 노력하는 것이 가능하고 절대 필요한 일로 보이고, 그 이유는 아마 그것이 우리에게 주어진 가장 훌륭한 것이기 때문일 것이다.

문예 부흥기 이래로 고전에 대한 역사는 언제 어디서나 인간으로서의 인간을 위해서 그리스의 중요성을 잠시 살펴보는 것이 고작이었고 그러한 짧은 시기 다음에는 왜 연구를 하는지 충분한 이유도 없이 그저 단순히 학문적으로 연구하는 긴 시기로 이어지면서, 고전 철학에 의해 제공된 원동력이 서서히 약화되는 가운데서도 그 원동력에 의존하여 생활하였다. 니체에 이를 때까지 플라톤과 아리스토텔레스를 소홀히 하고 경멸했던 이유는 그들이 이루려고 노력하였던 것을 더 잘 해낼 수 있다는 믿음에서 비롯된 결과였다. 이것이 소크라테스가 언제나 훌륭한 평판을 받는 이유다. 그는 아무런 도움을 받지 않는 이성 독력으로 지식에 이르는 길을 추구한 회의적인 구도자였다. 그는 그 어떤 해결이나 제도에도 매이지 않았고 그렇기 때문에 그는 후대의 자유를 속박하지 않는 창시자로, 그리고 영감을 주는 사람으로 비칠 수 있게 되었다. 현재의 플라톤과 아리스토텔레스에 대한 경멸은 질적으로 완전히 다르다. 그 이유는 그것이 소크라테스에 대한 경멸과 관련이 있기 때문이다. 그는 그들을 타락시켰지만 그들은 그를 악용하지 않았다. 우리는 소크라테스로부터 한 발자국도 진척한 것이 없다. 그러나 그는 퇴조의 시작을 명시해 주었다. 이성 자체가 철학에 의해 거부된다. 따라서 전통 전체를 이어 주던 연결이 끊어졌고, 이것과 함께 우리가 알고 있는 대학의 존재 이유도 동강 나 버렸다.

그러므로 히틀러가 권력에 오르자 하이데거가 새 총장으로서 앞장서 프라이부르크(Freiburg)의 대학 사회를 향해 연설하고 민족 사회주의의 수행을 강조한 것이 우연은 아니다. 그의 논쟁에 아주 교묘한 면이나 그것 나름대로의 특별한 모순이 없는 것은 아니지만, 그래도 결국 하이데거는 사람들이 그들의 지성 생활을 대중 운동의 형태로 존재에 대해 새롭게 나타나고 있는 사실에 온 마음을 다해 헌신

---

9) 베르너 제이 단하우저(Werner J. Dahnhauser)의 《니체와 소크라테스의 문제 Nietzsche and the problem of Socrates》와 비교해볼 것[코넬(Cornel), 1974]

하겠다는 '결단'을 장려하려 하였다. 그가 이런 일을 했다는 것은 그가 정치적으로 순진해서가 아니라 합리주의에 대한 그의 비판의 당연한 결과였다. 바로 이런 이유 때문에 나는 이 장의 제목을 "소크라테스의《변명》에서 하이데거의 '학장취임 연설문(Rektoratsrede)'까지"라고 불렀다. 대학은 그 정신에 있어 소크라테스가 경멸과 오만에 가득 차 아테네 시민으로부터 자신을 멀리하고, "정의는 무엇이고, 지식은 무엇이며, 신은 무엇인가?"와 같은 질문을 중단하도록 요구하는 아테네 시민들의 명령을 받아들이지 않고, 따라서 그런 질문에 대한 일반 사람들의 의견을 의문시하였던 것에서 시작되었으며, (《국가론》에서) 따라올 의사가 전혀 없는 사람에게 '문화'에 대한 존중 같은 것은 무시한 채 철학의 통치를 강요하려 하였던 심각한 투지와 더불어 시작되었다. 하이데거가 독일 국민에 - 특히 그가 그 국민의 가장 젊은 계층이 이제는 이미 돌이킬 수 없이 미래를 수행하려는 결의에 차 있다고 이야기하였던 - 합세하여 철학이 독일 문화에 도움을 주도록 하였을 때는 대학이 이미 종말에 이르렀는지도 모른다. 하이데거의 가르침이 우리 시대의 가장 강력한 지적 힘이라고 믿고 있는 내가 만일 옳다면, 모든 사람이 목격하였던 독일 대학의 위기가 모든 곳에 있는 대학의 위기다.

내가 이 색다른 대학 역사에 너무나 많은 지면을 할애하였다고 생각할는지 모른다. 그러나 모든 기관 중에서 대학은 대학 특유의 생활에 참여하는 참여자들의 마음 깊은 곳에 자리잡고 있는 믿음에 가장 의존하는 기관이다. 현재 우리의 교육 문제를 고약한 행정자, 나약한 의지, 규율의 결여, 재정적 지원의 빈약함, 읽기·쓰기·셈 등 교육의 기초에 대한 불충실, 그 밖에도 여러 가지로 교수들이 발 벗고 나서기만 하면 모든 것이 제자리를 찾아갈 것이라는 설명의 탓으로 돌리기에는 문제가 너무 심각하다. 이 모든 것들은 대학의 사명감에 대한 보다 심오한 믿음이 없는 데서 나온 결과일 따름이다. 학문의 자유를 뒷받침해 주는 원칙 자체에 진지한 의심을 품게 되었는데 학문적 자유를 수호해야 한다고 말할 수는 없다. 대학을 대표하여 전장으로 진격한다는 것은 숭고한 일일 수는 있지만 그것은 단지 애국적인 태도일 뿐이다. 그와 같은 태도가 국가를 위해서는 필요하고 유용하지만 대학에는 별 도움이 안 된다. 대학에서는 사고가 무엇보다 중요하다. 오늘날 대학에 대해 숙고하는 일은 드물고 그렇게 귀중하게 이루어진 심사숙고마저도 대학의 전통적 역할을 명쾌하게 지지하지는 않는다. 우리가 왜 이와 같은 어려운 시기에 봉착하게 되었는지 그 이유를 알아내기 위해서는 우리가 가장 높은 지능의 소유자들이 대학의 기초 자체를 극도로 의심하기에 이르렀다는 것을 인식해야 한다. 우리의 자질구레한 시련이 커다란 의의를 지니게 된다. 1930년대 독일의 대학에 생겼던 일들이 모든 곳에서 생겨났고 또 생겨나고 있다. 이 모든 것의 본질은 사회 · 정치 · 심리 · 경제적 성질의 것이 아니라 철학이다. 그리고 알기 원하는 사람들을 위해서는 소크라테스에 대한 명상이 우리의 급선무다. 당연히 이것은 학문의 의무이기도 하다.

1960년대

  자신들의 의사를 수행하기 위해 개별교수의 생명을 위협함은 물론 화기를 사용하겠다고 협박함으로 코넬 대학의 교수진인 '우리'를 방금 설득시킨 일련의 흑인학생을 지지하기 위해 모인 1만 명의 득의만면한 학생들 앞에서 1969년 4월 한 유명한 철학교수가 "여러분이 우리를 위협할 필요는 없습니다"라고 말했다. 그 당시 가장 열기 높은 기삿감이었던 대학에 대한 기사를 보도하는 일이 새로운 전문이었던 수많은 기자 가운데 한 사람이 "형씨, 당신 말이 맞았소"라고 중얼거렸다. 그 기자는 교수들의 도덕적 지적 자질에 대해 경멸할 수밖에 없다는 것을 알게 되었다. 비굴, 허영, 그리고 확신의 결여를 분별해 내는 것이 어려운 게 아니다.

  우리의 가장 훌륭한 전통과 지적으로 가장 높은 포부를 담고 있는 보고와 같은 교수들이 어중이떠중이보다 더 나을 것이 없는 사람을 대상으로 아첨하고, 자신들의 죄과를 공개적으로 고백하고, 도덕적으로 가장 중요한 문제를 이해하지 못해서 잘못되었다고 사과하며, 그러한 문제에 대한 적절한 반응을 무질서한 군중에게서 배우고, 대학의 목표와 그들이 가르치는 것의 내용을 기꺼이 바꾸겠노라고 크게 떠들어댔다. 내가 그 당시 광경을 돌이켜 살펴보는 동안 역사는 항상 반복하고 첫 번째는 비극으로 두 번째는 희극으로 반복한다고 한, 지나치리만큼 사용된 마르크스의 격언이 나의 의지와는 아랑곳없이 내 마음속에 자꾸 떠올랐다.

  1930년대에 독일의 대학이 합리적인 탐구의 구조가 해체되는 것을 경험하였고, 1960년에 미국의 대학이 그와 똑같은 경험을 겪고 있었다. 보다 높은 소명감에 대한 믿음이 없었기 때문에 두 경우 모두 고도로 이념화된 학생 대중에게 양보할 수밖에 없었다. 그리고 이념의 내용도 두 경우 모두 똑같았는데 - 소신을 가진 가치의 실천이 그 내용이었다. 대학이 탐구에 대한 모든 권리와 가치를 일러 주는 일을 포기하였으며 - 따라서 대학이 자신들이 가르치는 것의 가치를 손상시키는 한편 가치의 '결정'을 서민들, '시대 정신(Zeitgeist)', 시대적 타당성에 맡기게 되었다. 뉘른베르크(Nürnberg)든지 우드스톡(Woodstock)이든지 어디에서나 원칙은 다 같다. 헤겔은 1933년 독일에서 죽었다라고들 말하는 것과 마찬가지로 미국의 계몽주의는 60년대에 그 마지막 숨을 거두는 듯이 보였다. 대학이 이제는 더 이상 요동을 치지 않는다고 하여 그것이 곧 건강을 되찾았다는 것을 의미하는 것은 아니다. 독일의 경우처럼 철학에서의 가치 위기는 대학이 대중을 휩쓰는 강렬한 열정의 희생물이 되게 만든다.

도덕주의에 대한 폭발적인 열화가 일어날 때까지는 대학은 무사태평하게 지냈고, 그런 열화가 일게 되자 대학은 특별히 도움을 줄 수 없음을 깨닫고 그 죄책감에서 대학과 세상과 거리를 두는 것은 비도덕적이라는 설득에 넘어가게 되었다. 대학의 구성인자 가운데 대학이 진리와 필요한 그 어떤 것을 기초로 하기 때문에 세상과 거리를 두게 되고, 소크라테스가 아르기누사에(Arginusae)를 따라, 승리를 거둔 장군을 죽음에 처한 아테네 사람들의 종교적 광신에 항거하고, 아테네의 독재자에게 협조하는 일을 거절할 수 있었던 것은 그가 여론에 개의치 않는 자신만만한 관점을 소유하고 있었기 때문이며, 대학 또한 이처럼 자신만만한 관점을 기초로 하기 때문에 세상과 거리를 둔다고 진지하게 믿고 있는 사람이 대학 내에 거의 없었다. 정의에 대한 어느 편파적인 견해가 당시 사람들의 열정을 자극시키게 되면 거기에 자극을 받아 그 정의를 실행에 옮기고 동시에 사색하는 것은 불의고 불손이라 부르게 되는 일에 참여하는 것보다는 정의에 대해 토론하고 그것이 무엇인지를 알아 내려고 하는 일이 더 중요하다고 소크라테스는 생각하였다.

명성과 후한 보수가 따르고 명상을 직업으로 하는 명상 전문가면서도 명상할 것이 없다고 믿는 사람이면 누구나 자기 자신이나 공동체와의 관계에서 자신이 어려운 위치에 놓여있다는 것을 발견하게 된다. 평등을 증진시키고, 인종주의, 성차별, 엘리트 의식(유독 민주 사회에서만 볼 수 있는 독특한 범죄)을 근절시키는 일 이외에는 다른 지켜야 할 가치가 있는 관심거리가 없다고 믿고 있는 사람에게는 그 일이 무엇보다도 우선이고 긴박하다. 독일에서는 정치 운동이 우익 쪽에서 이루어졌고 미국에서는 좌익 쪽에서 일어났다는 사실 때문에 우리가 오도되어서는 안 된다. 두 곳에서 모두 대학이 대중 운동의 압력에 굴복한 것이고 대학은 그러한 대중 운동에 대학이 제공할 수 있는 것보다 더 탁월한 도덕적 진실이 담겨 있다고 믿었기 때문에 대중 운동에 굴복하였다. 소신이 과학보다 더 심오한 것으로 생각하였고 이성보다 열정이, 자연보다 역사가, 늙은이보다 젊은이가 더 깊이 있다고 생각하였다. 사실은 내가 논한 대로 이면의 사상은 사실상 같은 것이었다. 미국의 신(新)좌파는 니체 - 하이데거화 한 좌파다. '부르주아 사회'를 덮어 놓고 미워한다는 점은 두 곳에서 똑같았다. 저명한 정치학 교수가 해야 할 일에 대한 연설문을 몇 개 급진파 학생들에게 읽어 주었을 때 이것이 증명되었다. 그 연설문이 무솔리니의 연설문이었다는 사실을 그 교수가 학생들에게 일러 주기 전까지는 학생들이 그 연설문에 열광하였다. 그의 생애 후반에 들어서서 하이데거 자신이 신좌파에게 자문을 제의하였다. 1933년 그의 학장 취임 연설 중 가장 불길한 문구가 1960년대 학생 운동에 동조하였던 미국 교수들에 의해 별 변경 없이 거의 그대로 슬로건으로 채택되었다: "결단의 시기는 지났다. 독일 국민의 가장 젊은층에 의해 결단은 이미 내려졌다."

  코넬 대학과 미국의 그 밖의 다른 곳에서, 그것은 어처구니 없는 소극이었다. 왜냐하면 - 장기적인 안목에서 우리 정부의 미래가 어떤 것이었든 간에 - 그 당시에는 국민 일반 대중이(실제로는 일반 대중이 아니라 시민이) 전에 없이 대학을 존중하였고, 미국인들을 향상시킬 수 있는 원천으로 여겼으며, 학문을 간섭 없이 놓아두어야 한다는 개념과 학문을 심각하게 인내로써 다루면 학문은 광범위한 견해를 제공할 가능성이 있다는 개념을 받아들였기 때문이다. 국민들은 대변화에 대한 준비가 되어 있지 않았고, 대학에 대해 대학 교수들이 단언하는 그대로 믿었다. 소수 학생들이 학생들에게 학문의 자유에 대해 교리 문답 외우듯이 가르쳤던 거만한 교수님들을 조금만 밀어붙이면 춤추는 곰이 되도록 만들 수도 있음을 알아냈다. 어른이 아이들의 특징을 관찰해 내기보다는 어린이가 어른의 특징을 더 잘 관찰해 내는 경향이 있고, 그 이유는 어린이들은 단연코 어른들에 의존해야 하기 때문에 어른들의 약점을 찾아내는 것이 그네들의 이해 상관에 도움이 되기 때문이다. 이 학생들은 그들의 선생님이 사실은 사상의 자유가 반드시 좋고 유용한 것이라고만은 생각지 않는다는 것, 이 모든 것은 우리의 '체제'를 보호하기 위한 이념이라는 생각을 품고 있다는 것, 그리고 이념을 바꾸려는 격렬한 시도에 자비심을 보이도록 윽박지를 수 있다는 것을 알아냈다. 하이데거는 학문의 자유를 지탱하는 이론적 기초가 약화되었다는 것을 제대로 깨닫고 있었고, 따라서 내가 언급했듯이 그가 마주하게 된 대중 운동을 일정한 아이러니로 다루었다. 미국의 교수들은 자신들이 더 이상 믿지 않는 것에 대해 전혀 깨닫지 못하였고, 따라서 그들이 휘말리게 된 운동을 너무나 심각하게 받아들였다.

   데모에 참여할 것을 거부한다고 말한 흑인학생의 운동을 위협한 한 흑인 교수의 일로 내가 그 당시 코넬 대학의 교무처장(후일 전국적으로 좋지 못한 평판이 계속되고 총기 사건이 전국에 알려지는 것이 학교의 명성을 훼손할 것으로 여겼기 때문에 대개는 수동적인 이사들이 그 당시 현직 총장에게 사임할 것을 요청하여 후임 총장이 된 것)을 보러 갔을 때 나는 이 점을 완전히 깨닫게 되었다. 그 교무처장은 전직 자연과학자였고, 그는 나를 슬픔에 잠긴 표정으로 맞이하였다. 물론 그는 그 젊은이의 곤경에 모든 동정을 보냈다. 하지만 사태는 좋지 못하였고, 흑인학생회의 그와 같은 행동을 중지시키기 위해 그가 할 수 있는 일은 없었다. 개인적으로 그는 급진적인 흑인학생들과 좀 더 나은 의사소통을 할 수 있기를 희망하였고 (이 일은 총기가 나타나기 2~3주 전의 일이었으므로 의사소통이 훨씬 더 명백했던 때였다.) 그러나 당장으로서는 흑인학생들이 원하는 것[10]이 무엇인지를 들어 보고 긴

---

10) 그때까지는 다음과 같은 사태가 있었다는 암시만 있을 뿐이었다. 즉 인종차별주의자라고 평이 나 있는 교수를 해임시키라는 요구를 관철시키기 위하여 경제학과 과장과 그의 비서를 수시간동안 인질로 잡아두었다는 둥, 사회학과의 일부가 쓰고 있는 건물을 강제로 탈취하여 그 건물에 든 사람들을 내쫓고 기물을 내갔다는 둥, 총장에게 실제로 공격을 가하였다는 둥의 이야기가 분분하였다. 이런 식의 의사 전달에 대해 성의있게 응답한다는 증거물로 아래와 같은 사항을 학생들에게 내주었다. 문제의 조교수는 학교에서 사라졌고, 흑인세가 유행이던 시절에 불행히도 인종차별 철폐자였던 흑인 부학장은 덤으로 해임당하였으며, 문리과 대학의 교수진은 그 누구도 입증될 만큼 눈에 띄게 인종차별주의자는 아니었는데도 불구하고 모두가 제도적으로 인종차별의 책임이 있다는 내용의 전단을 학장으로부터 받았다. 흑인만을 위한 강의가 설정되었고, 정복의 권리로 차지하고 있던 건물은 결국 동의에 의해 새 임자에게로 넘어갔다.

장이 감소될 것을 기대하면서 학교 당국은 기다리는 것이 고작이었다. 그는 전국적으로 급진적인 흑인학생을 쫓아내고 그들을 선동하는 교수를 해임할 수 있는 대학은 한 군데도 없을 것이라고 덧붙였는데, 그 이유는 학생 전체가 그것을 허용치 않을 것으로 짐작되기 때문이라는 것이었다.

나로서는 이것이 소용없는 일이라는 것을 알 수 있었다. 그 교무처장은 비겁함과 도덕주의를 함께 가지고 있었고, 그 당시로써는 그것이 별로 드문 일이 아니었다. 그는 말썽을 원치 않았다. 총장은 캘리포니아 대학교에서 클라크 커(Clark Kerr)의 해임을 커다란 위험으로 자주 인용하였다. 커는 어떻게 학생을 무마시켜야 하는지를 몰랐다.

동시에 우리의 교무처장은 자신이 도덕적으로 훌륭한 일에 관계하고 있고, 흑인에게 행한 역사적인 불의를 바로잡고 있다고 생각하였다. 그는 그가 겪고 있는 굴욕이 필요한 희생이라고 자신을 정당화할 수 있었다. 이 특정 흑인학생의 경우는 분명히 그를 괴롭혔다.[11] 그러나 그는 난폭하게 협박하는 극단주의자에게 더 겁을 먹었고 동시에 그들을 더 존경하였다. 분명한 문제들이 더 이상 분명하지 못하였다. 즉 만일 백인학생이 학과에서 낙제하거나 대학 사회를 가능하게 해주는 규율에 복종하지 않을 경우 그를 제적시키는 것과 마찬가지로 흑인학생도 규율을 어기면 제적시키는 것이 당연한데 왜 제적되지 않는단 말인가? 질서가 위협을 받았을 때 왜 총장은 경찰을 부를 수 없는가? 중책을 맡은 사람은 누구라도 학생의 생명을 위협한 교수를 해고했어야 당연하다. 이 문제는 복잡한 것이 아니었다. 오직 나약함에서 오는 궤변과 이념이 이를 복잡하게 만들었다. 평범한 예의에 의해 적절한 반응이 결정됐다. 대학이 무엇인지를 알고 또 아끼는 사람은 그 누구도 이러한

흑인학 연구소가 교수회의를 거쳐 설립되었고 아낌없는 재정 지원을 받았으며 흑인학생들의 의사가 반영되도록 배려하였다. 그와 같은 신호들이 희망하였던 '대화'를 정립하는 데 도움을 주지는 못하였다.

11) 총장은 자기 자신을 보호하는 일과 흑인학생회 또는 그 밖의 다른 급진적인 집단과 마주하는 일을 피하는 데에만 급급한 것 같아 보였다. 도덕적으로 그는 폴란드가 히틀러에 항거함으로써 전쟁을 촉진하였다고 폴란드를 나무라던 사람들과 하나도 다를 바 없는 그들의 복사판과 같은 인물이었다.

만화 같은 일을 잠자코 받아들이지는 않았을 것이다. 2~3주 후 - 며칠 전에는 교수진이 거절하였던 말도 안 되는 요구라고 거절하였던 것을 이번에는 총구 앞에서 압도적으로 받아들이는 항복의 투표를 마치기가 무섭게 - 학교 행정 당국의 주요 인물들과 잘 알려진 많은 교수들이 학생들을 축하하기 위해 모여 있던 학생들에게로 급히 달려가 그들의 인정을 받으려고 애를 쓴 것이 결코 놀라운 일이 아니다. 오랫동안 알고 있었던 일이 전세계 앞에서 노출되는 것을 나는 목격하였고, 드디어 야비하지 않게 이 모조품 대학인들에게 그들에 대해 생각하고 있던 바를 정확하게 말해 주는 것이 가능하였다.

 대학의 신성함에 대해 가장 웅변적으로 열변을 토한 교수들, 자신을 대학의 양심으로 대변한 교수들의 대다수가 그 당시 일어나고 있던 일에 찬성까지는 아닐지라도 적어도 매우 무력한 반응을 보인 것 또한 놀랄 일이 못 되었다. 그들은 학문의 자유가 침해될 때에 독일의 교수들이 얼마나 바람직하지 못한 반응을 보였던가에 대해 말하는 것으로 출세를 한 교수들이었다. 모두가 다 경솔한 이야기였고 영웅시의 흉내에 불과하였다. 왜냐하면 그들은 대학이 입게 될 위협의 가능성을 헤아려 보지도 못했고 학문의 자유의 기본이 되는 기초 자체가 의심스러운 것에 대해서는 아예 평가도 해보지 않았기 때문이다. 독일에서의 사태를 신중하게 검토해 보면 하이데거가 지적했듯이 이론적인 근거에서 옛 교육에 환멸을 느낀 것은 사실 대학의 젊은이들이었고, 그와 같은 일들이 여기 미국에서도 진행되고 있다는 사실을 알아낼 수가 있었을 텐데도 불구하고, 그들은 대학이 좌파로부터 또는 대학 내부로부터 공격을 받으리라고는 전혀 생각지 못하였다. 지적 자유에 대한 자유주의적 개념을 의심하기 시작한 유럽의 여파가 처음으로 우리 쪽으로도 밀어닥치기 시작한 것과 때를 같이해서 사회 전반은 오히려 그 개념이 정당하다는 데에 서서히 설득되어 갔다. 계몽운동의 원칙은 자명한 것이라고 사고하는 모든 사람들이 확신하였던 것과 경제와 심리를 단순하게만 설명하는 자세가 한데 합쳐 미국 교수들이 독일의 경험을 잘못 해석하게 되었고, 1920년대 독일에서는 모든 형태의 도덕에 대한 이론적 비판이 있었기에 특정한 대중 연설을 받아들일 수 있는 선결 조건이 형성되었다는 사실을 대학 교수들이 간과하게 되었다. 당연한 것으로 받아들였던 그들의 지반이 등을 돌리고 그 지반으로부터 독립되어 있다고 정직하게 믿었는데 그 지반이 이 미국의 교수들을 버리고 적대시하였을 때 그들은 독일의 교수가 그랬던 것처럼 전적으로 무방비 상태였다. 학생들과 동료들은 대학을 급진적으로 개혁시키고 정치화하기를 원했다. 신앙이 지배하는 남부의 목사들에게 호통을 치는 것은 별개의 문제였다. 이 교수들이 중요하게 여기는 세계에서 그것은 오직 찬성을 가져다줄 뿐이었다. 그러나 오로지 추상적인 관념을 위해 대학에서 고립된다는 것, 자신들의 학생이나 동료들에 의해 몹시 나쁜 딱지가 붙는다는 것은 견디어 내기에는 심한 고독이었다. 비록 그들이 그들의 설득력으로 쉽게 자신을 강하다고 믿도록 설득하고 - 그들만이 홀로 문명을 보호하는 벽을 쌓고 있다고 믿도록 설득할 수는 있지만 - 그들은 일반적으로 강하지 못하였다. 자신을 정당화하려는 유약한 시도가 흔히 악의로 변질되기도 하였지만 그들이 무너지는 모습은 그저 처절하기만 하였다. 독일의 경우 침묵을 지켰던 교수들은 그들로서는 달리할 방도가 없었다는 그럴싸한 구실을 갖고 있었다. 바른말을 한다는 것은 감옥에 갇히거나 죽임을 당하는 것을 의미하였다. 법이 그들을 보호하지 못한 것은 말할 것도 없고 법은 그들의 치명적인 적이었다. 코넬 대학의 경우 그러한 위험은 없었다. (전대에서 이단자라고 불리던 것과 맞먹게 치명적이라 할 수 있는 인종차별주의자[12]라는 낙인이 찍힌 사람들의 경우 건전한 감각의 상식을 지닌 극소수의 사람을 제외한 모든 사람에 의해 완전히 버림받았고, 심지어는 총장도 자신을 보호하는 것 이외에 그 누구도 보호할 마음이 전혀 없었으니까.) 한 두 명의 교수가 상처를 입을 수는 있겠지만 한 방만이라도 발사하는 일이 생겼다면 공권력을 불러들일 수가 있었을 것이다. 공권력 당국은 오로지 대학이 갖는 특수한 자주성을 존중하여 개입을 삼갔을 뿐이었는데 이러한 상황이 자유를 어기는 것은 물론이고 평범한 사람들을 다스리는 법을 어기는 사람조차 보호하고 부추기기 위해 악용되었다. 대학의 본모습을 수호하는데 근본적으로 위험은 없었다. 왜냐하면 그 위험이 전적으로 내부의 일이었기 때문이었다. 진정으로 부족했던 것은 결국 대학의 목적을 깨닫고 거기에

---

[12] 대학 방송을 통해 협박을 받은 사람들 중에는 코넬 대학의 그 어느 누구보다도 민권 운동을 위해 일을 많이 하고 위협까지 무릅썼던 교수도 끼어 있었다.

헌신하겠다고 느끼는 교수다운 교수단이 없었다는 것이었다. 그 점 때문에 교수들의 굴복이 그와 같은 경멸거리가 되었던 것이다. 공표된 공식 이념에 따르면 협박을 받은 교수에게 아무런 위험이 없었고(따라서 그들과 결속할 필요가 없고) 그러면서도 폭력과 죽음의 심각한 위험이(따라서 항복 조건 각서를 쓰는 것이 필요하였고) 있었다는 것이었다.

법은 결코 파괴되어서는 안 되고, 우리가 자연 상태로 빠지는 것을 지켜 주는 것은 오로지 법의 힘이며, 법을 위해서는 위험과 위협을 감수해야만 한다고 가르쳤기 때문이다. 일단 법을 파괴하고도 벌을 받지 않으면 법을 어길 수 있는 새로운 독재자로부터 자신을 지키기 위하여 모든 사람이 각자 자기 생각에 적절하고 필요하다고 생각되는 모든 수단을 동원할 수 있는 권리를 얻게 된다. 분별 있는 정치 질서를 갖기 위해서는 꼭 알고 있어야 하는 가르침을 이 교수처럼 경솔하게 이용하는 것이 대학 생활의 모든 혼란 이면에 놓여 있는 진짜 문제점을 상징적으로 보여주고 있다. 정치 문제와 정치에 대한 사색을 심각하게 토론한다는 것은 거의 잊혀지다시피 하였고, 그 일을 하도록 위임받은 사람들도 그와 같은 토론을 돕겠다는 관심이 전혀 없었다. 전통은 다만 일련의 슬로건이거나 바틀렛(Bartlett)의 인용구에 불과하였다. 시민 사회와 그 속에서의 대학의 역할에 대한 명상은 시들고 죽어 갔다.

학원 소요로 두 가지의 결과가 나타났다. 대학이 민주적인 여론에 이끌리는 체제에 보다 더 확고하게 통합되었고, 토크빌(Tocqueville)이 우려했던 대로 번영 속에서 굴속 같은 어둠이 고통스럽지만 좀 더 성큼 다가섰다. 소요의 잔재가 가라앉고 나자 미국에서는 교육받은 사람과 교육받지 않은 사람 사이의 구별이 제거되었다는 것을 볼 수 있었고, 심지어는 지식인(highbrow), 지식이 없는 사람(lowbrow)이라는 대칭적 표현으로 마지막까지 남아 둘을 구분하던 보잘것없는 구분마저도 소멸하였다. 이 책 1부에서 묘사한 균질화된 인물들이 그 실제 산물이다. 우리가 정말로 진지하게 고려할 수 있고 사상의 체계로서만이 아니라 실제 및 시적 모범으로 구현되는 진정 색다른 목표와 진정 색다른 행동의 동기의 개념 자체가 사라지기 시작했다.

자유가 가장 효과적인 방법으로 제한을 받았다 - 즉 선택할 대안이 빈곤해졌다. 거대한 다수가 - 미국에서는 궁극적으로 이것이 유일한 권위인 - 알지 못하는 것 또한 경험하지 못한 것은 현실이 아니었다. 민주주의의 가장 위험하고 통속적인 유혹에 영합하는 것이 그 유명한 '비판 철학(critical philopsophy)'의 역할이었다. 그리하여 이 돌이킬 수 없이 치명적인 진행에서 나타난 것이 제2부에서 논의한 바 있는 사고를 대치하는 모든 추상 개념들이었다. 그것들이 지적인 자극을 위한 인위적인 대용물을 제공하였고, 그러한 인위적 대용물을 사용하면 결과적으로 우리가 지금과 같이 될 수밖에 없다는 것을 확인해 주었다. 대용물의 엄청난 인기로 미루어 보아 그것들은 가히 의사의 지시였다고 해도 무방할 것이다. 60년대의 모든 급진적 개혁주의 운동의 의도는 우리가 이미 나아가고 있는 방향으로 더 빨리 전진하려는 것이었고, 따라서 우리가 나아가고 있는 방향 자체에 대해 의문을 일으켜 본다는 것은 생각조차 하지 못하였다. 그 시대 특유의 열정이나 취향에 맞지 않는 요소를 대학 과정에서 일소한 것은 단지 평등주의적 자기만족을 행사한 것에 불과하였다. 간단히 말해 미국에서의 자유로운 정신과 억압받는 정신을 위한 자원으로 언제나 유럽을 활용하였는데 유럽으로 통하는 창구가 꼭 닫혀 버렸고, 유럽 사람들이 창구를 연다고 약속하면서도 우리가 닫는 것을 방조하기 때문에 우리가 활용하던 유럽의 창구가 더욱더 결정적으로 닫히게 되었다. 그 당시에는 대학의 지성인들에게서나 찾아볼 수 있는 '엘리트' 의견으로 보였던 것이 실제로는 다음 날의 대중 잡지 인기 기삿거리밖에는 안 되는 것이었다. 유럽에 대한 동경이 젊은 이들 사이에서는 거의 완전히 사라진 것이나 진배없다.

60년대가 지나친 면이 있었던 것은 사실이나 그래도 좋은 결과를 많이 가져다 주었다고 말하는 것이 요즈음 유행이다. 그러나 대학에 관한 한 그 시기에 생겨난 것 중 내가 보기에 긍정적인 것은 한 가지도 없고, 대학으로서는 그 시기가 더할 나위 없는 큰 불상사였다. '보다 폭넓은 개방', '완고함이 완화된 것', '권위로부터의 해방' 등이 그 시대가 낳은 좋은 점이라는 이야기를 나는 듣지만 - 이러한 말들은 알맹이가 전혀 없는 빈소리고, 대학 교육에서 부족한 것들을 지적해 주는 견해라고는 할 수 없는 말들이었다. 60년대 코넬 대학에서 여러 가지 다양한 위원회에 참석하여 위원회가 하나씩 둘씩 차례로 필수과목들을 줄여 가려 할 때마다 나는 계속 부표를 던졌지만, 나의 이러한 노력은 무위로 끝났다. 예전에 있던 핵심교과 과정을 - 대학에 다니는 모든 학생은 무릇 지식의 주요 분야만은 적어도 수박 겉핥기식이 되더라도 두루 거쳐야 한다는 시각에서 만들어진 과정인 - 요구하던 것을 단념해 버렸다. 자신은 파리의 최신유행을 주도면밀하게 수입하는 수입상인 비교문학 교수 하나가 실제로 이 필수과목이라는 것들이 학생들에게 가르쳐주는 것이란 별로 없고, 학생들이 여러 분야를 제대로 알도록 도와주는 것도 아니며, 공연히 학생들을 지루하게 만들 뿐이라고 설명하였다. 그의 이야기가 사실이라는 점을 나도 인정하였다. 그러자 그는 내가 그럼에도 불구하고 필수과목을 없애자는 의견에 반대하는 데 놀라움을 표시하였다. 케케묵은 대로 필수과목들은 지식에 통일성이 있음을 상기시켜 주고, 더 나아가 우리가 교육을 받기 위해서는 몇몇 꼭 알고 있어야 하는 것들이 있다는 것을 미약한대로 고집스럽게 암시해 주는 것이 이 필수과목들이라고 나는 응수하였다. 무언가 기존의 것을 없애고 그 자리를 빈 것으로 메운다는 것은 좋지 않은 일이다. 그런데 60년대의 교육 개혁이 해 놓은 일이 바로 이와 같았다. 어학 공부가 감퇴되어 가고 있는 데서 그 결과가 가장 두드러지게 드러나고 있지만, 사실은 그것이 모든 인문분야 학문에 공통되게 일어나고 있는 현상이고, 어떤 의미로는 인문분야의 쇠퇴가 언어의 경우보다 더 심각한 문제인지도 모른다. 새것에 대한 기대 없이 옛것을 비판하는 것은 아무 가치가 없다. 그것은 쇠퇴해 가면서도 악을 꼬집어 일깨우던 미덕을 제거함으로써 악을 가로막는 장애물을 일소하려는 방법에 불과한 것이다. 60년대의 교수들은 밀어닥치는 무리에게 짓밟히기 전에 미리 알아서 재빨리 자리를 비워 주었다. 개방은 '자신의 일을 하는 것'을 의미하였다. 교육을 받은 사람에 대한 확고한 생각을 가지고 대학이 교육에 임해야 한다고 믿는 사람은 권위주의적인 성격의 소유자이기 때문에 그러한 생각을 갖는다고 모두들 생각하였고, 나의 짐작으로는 그 생각이 아직도 여전할 것이다. '성장' 또는 '자기 발전'만이 허용되었고, 미국에서 그것은 남들과는 다른 자양분을 섭취하며 대학이라는 온실에서 섬세하게 커야 하는 작은 식물들이 사회 전반에서 찾아볼 수 있는 억세고 통속적인 식물에 의해 완전히 도태되고 살아남기 힘들게 되었다는 것을 의미하였다.

  개혁에는 아무런 내용이 없었고 '내면 지향적' 성격의 소유자를 만들어 내기 위해 이루어진 개혁이었다. 우뚝 솟은 봉우리를 깎아내려 평평하게 되도록 만드는 것을 묵인한 것이 개혁이었고, 그것이 결국 미국의 교육 구조 전체를 붕괴시키는 원인이 되었으며, 지금 와서 '기본으로 되돌아가야 할' 필요가 있다고 역설하는 것으로 미루어 볼 때 모든 관계되는 사람이 이 사실을 잘 알고 있다는 것이 분명해졌다. 이 붕괴는 1960년대 대학에서의 가르침 및 그 행적과 직접적인 연관이 있다. 좋지 못한 선생님과 방종한 교리의 문제보다 더 심각한 문제는 - 예를 들어 - '표준 영어(the king's English)'가 있어야만 하는 이유가 사라지게 되었다는 것과 이에 따라 표준 영어의 본보기도 사라지게 되었다는 것이다. 가장 높은 것이 있다는 것을 인식할 때 낮은 것이 위로 오르려 한다. 많은 노력과 정치적 투쟁을 통해 학습의 세 가지 기본인 읽기·쓰기·셈하기를 이전의 수준으로 끌어올리는 것이 이제는 가능할 수도 있지만 팽개쳐 버렸던 철학, 역사, 문학의 지식을 되찾는다는 것이 결코 쉬운 일이 아닐 것이다. 도대체 그것들은 이 땅의 토박이 식물이 아니었다. 그러한 지식을 위해서는 우리가 유럽에 의존했다. 우리의 최정상은 모두가 다 파생적인 것이고 우리는 이 점을 또렷이 인식하고 있었고, 전혀 부끄럽게 여기지도 않았다. 한편 우리가 무너지려 할 때면 의지하던 유럽 자체가 이제는 우리와 유사한 변동을 겪었고, 따라서 더 이상 유럽은 예전처럼 훈련을 쌓기 위해 우리가 찾아갈 수 있는 곳이 못 된다. 우리가 전해받은 서구의 유산을 대신할 만한 새롭고 위대한 이론 및 예술적 충동이 여기에서 자력으로 생겨나고 있는 것이 아니기 때문에 우리가 전통을 통해 그와 같은 충동에 접할 수밖에 별 도리가 없다. 그리고 전통은 마치 우리가 기차를 타고 내리듯 탔다 내렸다 할 수 있는 것이 아니다. 전통은 일단 접촉이 끊어지면 다시 연결되기가 여간 어려운 게 아니다. 학자의 머릿속에 자리하고 있는 정통 학문의 의미에 대한 직감적 인식을 잃게 됨은 물론 머릿속에 쌓여 있는 모든 것을 잃게 된다. 지성의 높은 전통을 자연스럽게 전승하는 귀족이나 성직자가 미국에는 어떤 의미로든지 존재하지 않는다. 우리의 정치 원칙에는 가장 위대한 사상이 담겨 있지만 그것이 한 특정 계층 속에 구체화된 것이 아니고, 따라서 그것이 그 계층 속에만 살아 있다고 할 수가 없다. 위대한 사상의 고향이 미국에서는 대학이었고, 60년대가 저지른 범죄는 바로 그 고향을 모독한 것이다. 대학이 평정을 회복하는 것, 학점을 후하게 주는 행위를 중단하는 것, 학생들을 공부하도록 만드는 것 등 모두 대학을 위해 이로운 일이기는 하지만 그래도 그것이 문제의 핵심은 아니다. 지금 대학에는 공부라고 할 만한 공부가 훨씬 적어졌다.

학원 소요와 학생 운동을 중심으로 하나의 신화가 생겨났고, 이 신화는 베를린 헤겔의 강의실 분위기보다 '세상을 뒤흔들었던 열흘 간(Ten Days that Shook the World)'에서 묘사되고 있는 분위기에 더 많은 자극을 받았다고 말하는 사람들의 취향을 제대로 표현해 주고 있다. 지적으로 50년대는 획일주의로 흐른 데다 피상적이었던 반면에 60년대는 진정 흥분에 가득 찼고 의문을 제기하였던 시기였다고 말하는 것이 그러한 신화 중 하나다. 매카시즘(미국의 매카시 상원 의원이 시작한 극단적 반공주의=역주)은 – 스탈린주의가 언급될 때 두 초강대 세력 간의 균형이 부당하게 그쪽으로 기우는 것을 바로잡기 위해 야기된 노력인 – 그 회색의 소름끼치는 시절을 상징하고, 반면에 타오르던 60년대는 '운동'의 시기였으며, 그 시절에 살아남은 생존자들의 말을 들어 보면 그들이 단독으로 흑인, 여성, 월남을 해방시킨 것으로 보인다. 정치적인 문제가 아닌 문제에서 반영되고 있는 지적 상황에 비추어 보더라도 진실과는 정반대라는 것이 드러나고 있다. 60년대는 독선적인 해답과 하찮은 논문이나 나오던 시기였다. 운동 시기 동안 또는 그 운동 시기를 전후해서 영구히 남을 만큼 중요한 책은 단 한 권도 나오지 않았다. 노먼 브라운(Norman O. Brown)과 찰스 라이크(Charles Reich)가 고작이었다. 진짜로 획일주의가 대학을 덮친 것이 바로 이 시기였고, 신으로부터 영화에 이르기까지 어떤 의견이 지배적인지 백발백중 예측할 수 있었던 것도 이 시기였다. 60년대에 대한 진상을 보강하기 위해 – 50년대에는 라나 터너(Lana Turner)가 성실치 못하고 타오르는 부정한 여인역을 하였던 반면 60년대에는 제인 폰더가 정통파 창녀역을 하였고, 60년대 이전에는 우리에게 폴 앵커가 있었지만 그 이후에는 롤링 스톤즈를 갖게 되었다는 등 – 대중문화로부터 증거를 찾아 제시하는 것은 중요한 게 아니다. 이런 특징이 설사 진실이라고 하더라도, 이것은 결국 대중문화와 고도의 문화 사이에는 아무런 관계가 없다는 것을 증명해 주고 우리의 현 상황에 영향을 미치는 것은 전부가 다 대중문화라는 것만을 증명하게 될 것이다.

물론 이상과 현실 사이의 영원한 불균형을 참작하면 사실은 50년대가 미국의 대학으로서는 가장 훌륭한 시기 중 하나였다. 마르쿠제(Marcuse), 아렌트(Arendt), 밀즈(Mills)와 같이 '운동'의 가장 근본이 되는 인물들의 진지한 연구는 모두가 1960년 이전에 이루어진 것들이었다. 1933년 이래로 계속해서 유럽의 가장 위대한 학자들과 과학자들이 대거 미국으로 이주해 왔음은 물론이고 미국의 지성인들은 알지 못하던 미묘하고 세련된 감각을 지닌 영리한 지성인들이 이주해 오는 바람에 미국의 대학이 그 덕을 보았다. 대부분의 경우 그들은 독일 대학의 전통을 잇는 후계자들이었고, 내가 논의하였던 대로 독일 대학의 전통은 이론적인 생활을 공공연히 지원하고 승인한다는 의견의 가장 위대한 표현이었다. 이들은 모두 칸트와 괴테의 인간적인 교육에 대한 전반적인 통찰에 듬뿍 젖어있었다. 칸트와 괴테의 재능과 사상은 세계사적 의의를 지니는 것이고, 그들은 타협이나 절충 없이 사물의 새로운 민주 질서 안에서 가장 높은 도덕과 예술적 성취를 향하여 정진하였다. 살아 숨쉬고 사회 전반에 스며 있는 취향과 기준을 마련해 준 전통에 우리를 입문시킨 사람은 그들이었다. 이 전통을 이어받은 사람은 그 전통의 시작 이래 축적된 방대한 학문을 경험하였음은 말할 것도 없고, 그 전통을 둘러싸고 있는 영감이 중심이 되어 생겨난 진보된 개념 또한 경험하였다. 좋든 싫든 독일의 사상은 그것이 마르크스의 사상이든 프로이트나 베버 또는 하이데거의 사상이든 상관없이 전통과 더불어 - 아직도 존재하고 - 존재하였다. 독일 대학에서 철학교수의 자리에 앉는 사람에게는 일반 관습에 의거한 훌륭함과 진정한 재능을 같이 겸비하는 놀라운 일이 이루어졌다. 헤겔, 후설(Husserl), 하이데거는 모두가 다 그들 당대에 존경받던 인물들이었고, 단순히 교수직에 있다고 해서 그들이 중요한 의미를 지니게 되었던 것이 아니었다. 이런 모든 인식과 많은 경우 그 이상의 것이 망명자들과 더불어 상대적으로 벽지라 할 수 있고 받아서 소비하는 입장에 있었던 미국으로 건너오게 되었다. 이전에는 미국 사람들이 연구를 위해 다른 곳으로 가야 했던 것의 대부분이 이제는 바로 여기 미국에 존재하였다. 여러 의미에서 이것은 장단점이 함께하는 은혜이기는 하였지만 여하튼 가장 훌륭한 수많은 물리학자, 수학자, 역사가, 사회학자, 고전학자, 철학 선생이 미국에 있었다는 사실은, 배워야만 하는 것을 우리가 배울 수 있게 되었다는 것을 의미하였고, 또한 그것은 우리가 여기에 가지고 있는 것이 불완전하다고 느껴져 배우겠다는 우리의 욕구를 채우기 위해 직접 구대륙으로 여행을 한다고 해서 그 욕구가 이제는 더 이상 만족스럽게 채워지지는 않으리라는 것을 의미하였다. 한마디로 말해 둑이 무너지는 일이 생기기 전까지만 해도 미국의 대학은 당대의 유럽 대학으로부터 거의 독립된 존재였다. 망명자들의 이곳 학생들이 서서히 그들 스승의 자리를 이어가고 있었다.

물론 우리가 이렇게 독립할 수 있었던 부분적인 이유는 대륙의 대학들이 쇠퇴하였기 때문이고, 특히 독일의 대학이 파손되고 그들의 지적 전통이 단절되었으며, 내면적 확신을 상실하고 그들이 한때 소유했던 높은 소명 의식이 상실된 때문이었다. 그러나 그 원인이 무엇이었든 간에 인문 교육면에 있어서, 그리고 학생들로 하여금 그들의 지적 욕구를 깨닫게 하는 면에 있어서 1955년에는 미국의 최고 명문 대학보다 더 나은 대학이 그 어느 곳에도 없었다. 그리고 이것은 서구 문명을 위해 엄청나게 중요한 사실이었다. 만일 1930년에 미국의 대학이 종적도 없이 간단하게 사라져 버렸다 하더라도, 그것이 비록 우리 미국인들에게는 분명히 좋은 일이 못 되겠지만 중요한 지식을 모두 비축하고 있는 지식의 저장고가 손실을 보았다고 할 수는 없었을 것이다. 그러나 1960년의 경우 지적 생활의 대부분이 대학에 정착한 것이 이미 오래전의 일이고 당시로써는 미국의 대학이 가장 훌륭하였기 때문에 미국 대학의 쇠퇴와 붕괴는 곧 파멸과 같았다. 나약한 이방 식물을 옮겨 심은 것 같은 위대한 전통이 여기에서 위태로운 대로 이질적인 주위 환경 속에 자리를 찾아 뿌리를 내렸으나 토박이 대중들 취향과 통속성에 나약하기 이를 데 없었다. 60년대 중반에 학생으로 가장한 토박이들이 공격을 가하였다.

신화의 또 다른 일면은 매카시주의가 대학에 극단적으로 부정적인 영향을 끼쳤다고들 생각하는 것이다. 사실상 매카시주의가 한창이던 시절에 공동의 적이 있었기 때문에 대학이 공동체라는 의식을 가졌던 마지막 시기였다. 매카시나 그와 같은 사람, 그리고 그런 사람을 따르는 자들은 명백히 비학문적이고 반학문적이고 문을 지키는 야만인들이었다. 그들은 주요 대학의 교과과정이나 학사 임명에 그 어떤 영향도 미치지 못하였다. 대학 내에서 일어나고 있는 사상이나 연설 분야는 전혀 영향을 받지 않았다. 그 마지막 순간에 학문의 자유는 추상적인 의미가 아니라 연구와 출판물의 내용이었고 거기에 대해서는 일반적으로 의견 일치가 있었다. 인기가 없는 견해를 보호해야 한다는 논리가 일리 있는 이야기였는데, 부분적으로 그 이유는 대중적으로 인기가 없는 견해가 반드시 대학에서도 인기가 없는 견해는 아니었기 때문이다. 생각할 수도 없고 말할 수도 없는 사항들이 그 당시보다는 오히려 오늘날의 대학에 훨씬 더 많아졌고, 급진적인 운동의 분노를 산 사람들을 보호하려는 의지도 줄어들었다. 옛 자유주의가 - 진보와 이념의 자유시장 체제를 믿는 - 그 시기에 마지막으로 원기 왕성하였다. 모든 사물이 올바르게 돌아가고 있는 것으로 보였던 60년대에는 옛 자유주의가 점점 더 유산 계층의 이념을 보호하는 것으로 이해되었고, 진보의 목소리와는 대조되는 복고의 목소리를 편애하고 보호하려고 하는 것으로 이해되었다. 50년대에는 학원이 평온하였고 대부분의 교수들은 (민주주의라면 으레 예상할 수 있듯이 비록 일부 교수는 매카시를 지지하고, 인간의 천성과 교수의 특성이 그렇기 때문에 그를 반대하면서도 너무 소심해서 거리낌 없이 말하지 못하는 교수가 있기는 하였지만) 매카시에 반대했다. 교수들이 해임되지는 않았고 강의실에서는 그들이 생각하는 대로 소신껏 가르쳤다. 적어도 그 시기에는 여론에 맞서 금렵지와 같은 대학의 특수한 지위에 대한 자각이 고조되어 있었다. 그것은 매우 건전한 것이었다. 60년대에 들어서 자신들이 집착했던 의견들이 좀더 대중적으로 널리 퍼지게 되자 많은 교수들, 특히 매카시 시절에는 눈에 띄게 침묵을 지키던 일부 교수들이 그와 같은 자각을 상실하였다. 이제는 일이 잘 진행되어 가고 있기 때문에 학문의 자유라는 방패막이가 필요 없게 되었다. 미국 교수 협의회의 코넬 지부는 교수의 권리를 침해한 흑인 행동주의자들에게 박수 갈채를 보냈고, 전국 연합회는 학원의 자유를 지키기 위해 아무 일도 하지 않았다. 그와 같은 집단들은 실질적인 대의를 지지하기 위하여 그저 형식에 불과한 자유를 포기하였다. 간단히 말해 50년대에는 상당수의 교수들이 베이컨, 밀 턴, 존 스튜어트 밀(John Stuart Mill) 등에 의해 제창된 생각의 자유에 대한 그들이 가지고 있는 견해를 여전히 고수하였고 이 사람들에 대한 비판이 미국에서 성공하기 직전까지 또 다른 일부는 좌익적이었는데, 그들은 그들 나름대로 생각의 자유에 대한 그와 같은 견해가 자신들을 보호해주었기 때문에 거기에 개인적인 이해 상관이 걸려 있었다. 전자가 자신들이 가졌던 확신을 잃게 되고 후자는 그들의 확신을 더욱 굳히게 되자, 학원 자유의 힘이 급격하게 감소되었다.

60년대에 생겨난 신화의 마지막 부분으로는 이른바 학생들이 탁월한 도덕적 '관심'을 지니고 있다고 함부로 주장하는 것이다. 그 이전에 있었던 콧대 센 현실주의의 뒤를 이어 60년대 말에는 도덕이 격정적으로 판을 쳤다. 그러나 도덕이 의미하는 것이 무엇인지를 분명히 해야만 한다. 사실을 말하고, 빚을 제대로 갚고, 부모를 공경하고, 그 누구에게도 자발적으로 해를 끼쳐서는 안 된다는 것 등이 도덕을 구성하는 것으로 믿는 견해가 조용하게 항상 변함없이 존재한다. 그것들은 말하기는 쉬우나 실천하기는 어려운 것들이고, 사람들의 주의를 많이 끌 수 있는 것도 못 되며 세상에서 별 명예가 따르는 것도 아니다. 칸트가 설명한 대로 선(善)은 모든 어린이들도 알 수 있는 소박한 개념이지만 그 개념이 규정하는 간단한 의무를 평생 계속해서 수행해야 선을 완수할 수 있다. 이러한 도덕은 언제나 희생을 요구한다. 때때로 거기에는 위험과 대결이 따르지만 위험과 대결 자체는 도덕의 본질은 아니고 부수적으로 생길 뿐이다. 그와 같은 도덕이 도덕 자체가 되기 위해서는 도덕 자체를 위해 존재해야지 거기에서 나오는 특정한 결과를 위해 존재해서는 안 된다. 도덕은 도덕에 대해 흐뭇하게 느끼고 환호하고 싶은 유혹을 물리칠 것을 요구한다. 60년대에 유행하기 시작한 도덕은 이러한 도덕이 아니었고, 60년대의 도덕은 순전히 도덕적인 행위에 대한 역사적 해석으로서 극한 상황에 처한 영웅을 특징지어 주는 것에 불과하였다. 전제 군주의 명령을 끝까지 거부한 토머스 모어(Tomas More)식의 거부를 상상 속에서 그려 보는 것이 학생들의 일상사가 되었다. 그와 같은 도전 - 이 도전은 드물게 생겨나는 도전이고, 의미와 동기면에서 언제나 모호하며, 모든 다른 고차원의 미덕이 그러하듯 정당하게 전달하기 위해서는 가장 미묘한 추론을 필요로 하는 - 이 어린학생들을 키워 준 도덕의 내용물이었다. 물론 그들은 그와 같은 상황이 갖는 복잡 미묘함에 매력을 느꼈던 것이 아니라 그 상황의 황홀함과 고결한 자세에 매력을 느꼈다. 어쨌든 그들은 결코 법을 지킨다는 일상의 직무에는 흥미를 느끼지 못하였고, 오히려 보다 높은 법칙이라는 이름으로 법을 파괴하는 데 더 많은 흥미를 느꼈다. 그것은 언제나 아킬레스와 아가멤논이었다. 근대의 정치 및 도덕 사상에서는 완전히 그 가치가 상실되었고, 특히 마르크스에게서는 경멸을 받았던 직능인 양심이 근거 없이 결정된 모든 도덕적 결정의 근거가 되는 것으로 되살아났고, 양심을 조금이라도 들먹이기만 하면 그 밖의 다른 의무나 충절은 모두 사라지도록 만들기에 충분하였다. "당신은 히틀러에게 복종하지 않았을 테지요, 그렇죠?"라는 식으로 히틀러가 양심을 가늠하는 원칙의 표준이었다. 도덕적 식별력이 너무도 세련되다 보니 피선된 미국의 공무원과 정당하게 승인된 연방법, 주법, 지방법의 권위가 실추되는 결과가 나타났고, 그것들의 권위는 히틀러가 휘둘렀던 권위만도 못했다. 코넬에서는 학생들이 다니엘 베리건(Daniel Berrigan) 신부의 설교에 은혜를 받았는데, 그는 그의 설교에서 징병 선발 위원회에서 비서로 일하던 나이 많은 여인들을 벨센(Belsen)의 야수와 똑같은 종류라고 비유하고 그녀들이 벨센의 야수보다 더 존중받을 자격이 없노라고 설명하였다. 이것이 도덕적 부활에 담긴 기질이었다. 도덕적 부활의 모범이 되는 모형은 새로운 도덕을 외치고 돌아다니고 널리 퍼져 있는 속박에서 해방시켜 주는 혁명을 주도하는 사람과 자아를 확인하는 데에 도덕성이 있다고 생각하는 대중적 실존주의 문학의 주인공들을 혼합한 것이었다. 새로운 도덕주의의 실체는 도덕 억세라고 생각하였던 이전 세대의 반도덕주의에 새옷을 입힌 것에 불과한 것이 아닌가 하는 의심을 갖게 된다.

이 도덕의 내용은 단순히 근대 민주사상이 갖고 있는 중심 개념에서 파생된 것으로 그 무엇보다 더 절대적이고 급진적이었다. 평등, 평화, 자유, 범세계주의가 선이고 더 나아가 유일한 선이며, 거기에는 갈등이 없고, 그것들은 지금 여기에서 우리에게 당장 쓸모가 있는 것들이다. 자연적으로 재능이 서로 다르고 습관적으로 실천하는 미덕이 서로 다른 것, 자유에 꼭 따르게 되는 자제, (자유를 위한 투쟁 이외의) 민주주의를 수호하기 위한 투쟁 등은 개의치 말아야 하는 사항들이었다. 도덕의 한 형태로 가족에 또는 국가에 헌신하는 것은 반작용의 마지막 은신처였다. 절대 개인의 자기 발전과 모든 인류의 형제애라는 양극이 있었지만, 이 양극은 완벽한 조화를 이루는 속에 있는 것으로 알고 있다. 이러한 선이나 가치는 세상 돌아가는 형편과 함께 나타났다. 그것들이 학생들의 추론 또는 연구의 소산으로 생겨난 것이 아니었다. 그것은 우리 정치 체제에 고유하고, 우리 체제의 범위를 설정해 주었다. 새로울 것이라고는 하나도 없는 것들이었다. 사색이 전혀 없었다는 점, 논쟁하고 증명할 필요가 전혀 없었다는 점만이 새로울 뿐이었다. 대안이 되는 견해는 아예 존재하지 않았고, 혹시 존재하더라도 허수아비와 같은 존재였다.

이는 모든 의문 중에서 가장 직감적인 의문 - 즉 선은 무엇인가? - 설 땅을 잃은 대학에서 가르침을 받고, 이 의문을 무시하고 비웃는 지나치게 가다듬은 교리와 직감을 자극하는 직감만이 연구 가치가 있는 것으로 가르침을 받은 세대가 낳은 당연한 결과다. 대학의 선생들이 선에 대해서 가르칠 수 없다면, 학생은 왜 그것을 가르치지 못하는가? 사실 가치의 구분은 가치가 인생에는 필수라는 것, 가치가 사실을 살피고 사용하는 방법이 결정된다는 것을 인정하는 것이다. 그러므로 가치가 우선이다. 그리고 만일 가치가 이성에서 나오는 것이 아니라고 한다면 그것은 도덕의 본질인 열정적 실행 의지에서 나온 것이다. 물론 실행 의지가 가치를 만들어 내는 것은 아니기 때문에 채택된 가치는 옛 추론의 남은 자취고, 가치는 무너진 아치를 가진 격이고, 열정적 실행 의지의 요구에 의해 다시 확인되었다. 선생님들이 처음에는 이렇게 옛날의 좋지 못한 사고방식으로 되돌아가는 데에 경악하였다. 그러나 그들 또한 도덕적인 사람들이고 단언 되는 가치들이 자신들이 개인적으로 믿던 것이었기 때문에, 드디어 그들도 흔쾌히 동의하였다. 1966년 미국 정치학회에서 행한 데이비드 이스턴(David Easton)의 수치스러운 회장 연설에서 이 모든 것이 잘 나타나고 있다. 행동주의가 (다시 말해 사실 - 가치의 분리를 기초로 한 사회 과학으로서 사실을 연구하는 데 헌신하고 철학을 경멸하는 과학인) 도덕적인 문제에는 민감하지 못하였다고 그는 인정하였다. 이제 그는 행동주의를 청산하고 사회 과학의 훌륭한 업적을 올바른 가치에 공헌하는 시대를 약속하였다. 금후부터 나팔수는 학생들이 청하는 가락을 연주할 것이고, 학생들은 이에 대해 아무런 대가를 치를 필요가 없었다.

새로운 도덕적 경험 속에 놓여 있는 사람들에게서 특징적으로 찾아볼 수 있는 열정은 분노와 격정이다. 분노는 가장 숭고한 열정으로, 전쟁에서 싸우도록 만들고 잘못을 바로잡는 데 필요한 열정일 수 있다. 그러나 영혼의 모든 경험 중 분노가 이성에 가장 해로운 열정이고, 따라서 대학에도 가장 유해하다. 노여움을 계속 견지하기 위해서는 자신이 옳다는 흔들리지 않는 확신이 필요하다. 아가멤논의 입장을 대변하는 교수들에게 대항한 학생들의 분노가 순수하게 아킬레스의 분노와 똑같은 것이었는지 의문의 여지가 많다. 그러나 학생들이 투쟁에 들고나온 명목이 그것이었고, 그것은 소속감의 증명이었다.

그런데 도덕적인 행위가 도덕적으로 되기 위해서 반드시 고통스러워야 할 필요는 없지만 재미가 있으면 그것이 도덕적일 수는 없다고 지금까지 사람들은 생각해 왔다. 해석이야 어떻든지 도덕적 행위는 자기 극복과 연결되어 있고 현명해지는 데 또는 아름다워지는 데는 - 또는 사람들이 부러워하리라고 여겨지는 그 밖의 다른 그 어떤 특징에도 - 자기 극복이 필요치 않다. 도덕적 행위가 특별한 존경심을 불러일으키는 것도 바로 이 때문이고, 그것을 모방하겠다는 크나큰 유혹을 받는 이유 또한 이 때문이다. 정의를 위해 자신의 생을 희생하는 사람은 분명히 보통 사람보다 탁월한 동기를 가진 사람이거나 아니면 사욕이 없는 보통 사람으로서는 도저히 이해할 수 없는 사람이다. 그런 사람들에게 감동을 느끼지 않을 수는 없다. 학생 지도자들이 대변하고, 그들이 이용한 도덕적 취향을 몽테스기외기 그의 훌륭한 문구 속에 담고 있는데, 즉 그는 "사람은 비록 개개인으로서는 불량배라고 하더라도 집단으로서는 가장 버젓한 무리이고, 그들은 도덕을 사랑한다"라고 말하였다. 이것이 타르튀프(Tartuffe)를 위한 처방이다. 학생들의 도덕주의는 타르튀프 현상의 한 종(種)이면서도 완전히 새로운 돌연변이였다. 이전의 다른 혁명은 - 1699년 영국에서의 첫 번째 순수 청교도 혁명을 시작으로 - 준엄하고 정숙한 경향이 있던 것과는 달리 이 운동은 반 청교도적이었다. "전쟁이 아니라 사랑하라"는 것이 구호였다. 이 말이 "이웃을 사랑하라"는 말과 비슷하여 그 유사점이 이용되기는 하였지만, 이웃을 사랑하라는 말은 실제로 완수하기가 매우 어려운 훈령으로서 이들 구호와는 전혀 다르다. "사랑한다"는 것은 육체와 관계되는 활동으로 실행하기가 매우 쉬우며 즐거움을 주는 것으로 생각한다. 성(性)의 영역에 국한되던 '추잡한(obscene)'이란 어휘가 정치 영역으로 옮겨 왔다. 이래저래 이전에는 의심스럽게 여겼던 일련의 욕망들과 그들 스스로도 감히 입에 담기가 어려웠지만 해방시키고 적법화시킬 여건이 성숙했다고 여겼던 욕망들을 학생들이 이제는 모두 언급하였다. 혁명을 위한 이념은 이미 갖추어졌다. 육신의 끝없는 요구를 삼가는 것은 자연을 '억압'하는 것이 되어 버렸고 억압은 '지배'의 한 형태로서 진보적인 사상을 가진 사람과 의식을 고양하려는 사람에게는 적신호가 되는 어휘다. 대중이 환상을 현실로 받아들일 태세가 되어 있기 때문에 필요한 것은 그 환상을 기꺼이 실천에 옮기는 영웅이 나타나는 것이었고, 그 영웅은 쾌락주의자로서 대중이 보려고 하는 것을 감히 공중 앞에서 행할 수 있어야만 한다. 그것은 부르주아에게 충격을 주려는 부르주아의 소명이었다. 초기 기독교의 도덕적 열기와 로베스피에르의 정치적 이상주의로써 후기 로마 제국에서 실행되던 관습들을 증진시키고자 하였다. 물론 그와 같은 결합은 불가능하다. 그것은 하나의 열기를 연출하는 것에 불과하고 하나의 역할에 불과하다는 것을 학생들은 알고 있었다. 그러나 이것이 텔레비전을 위해 만들어진 첫 번째의 혁명이었다는 사실 때문에 뇌리를 떠나지 않는 이 감정이 완화되었다. 텔레비전을 통해 스스로를 볼 수 있었기 때문에 그들은 생생한 현실이었다. 온 세계가 무대가 되었고 그들이 주역을 맡아 연기하고 있었다. 부르주아의 병폐를 고치겠다고 제안한 치료제가 사실은 바로 그 병폐의 가장 진전된 증상이었다.

  도덕을 위해 바친 학생들의 희생 목록을 살펴보면 학생들이 주장하는 도덕의 특성을 알아볼 수 있다. 우선 '현지 부모(in loco parentis)'라 할 수 있는 대학이 책임을 포기하였기 때문에 그들은 대학에서 자기네들 마음대로 살 수 있었고, 마약류는 일상생활화하였건만 대학 당국은 거의 아무런 간섭도 하지 않는 한편, 소위 학원 내의 치안은 대학 자체가 유지하겠다는 권리 주장 때문에 공권 당국은 저지되었으며, 규율이나 비난의 제재를 받던 성과 관계되는 모든 제약들이 붕괴되었다. 학업과 관련된 모든 필수 요건들이 우리 머리로 짜낼 수 있는 한 최대한으로 완화되었으며, 성적은 한껏 불러서 매겨지기 때문에 낙제시킨다는 것이 불가능해졌다. 군 복무를 기피하는 것이 생활 방식이요 원칙이 되었다. 이 모든 특권이 개인의 책임, 경험, 성장, 발전, 자기 표현, 해방, 관심 등과 같이 품성을 높이는 명목들로 가장되었다. 역사상 선과 쾌락이 이와 같이 훌륭하게 일치되어 본 유례는 일찍이 없었다. 높은 도덕적 배경과 합의할 수 있는 동기를 읽어 내는 데 뛰어난 감을 가지고 있었음에 틀림이 없었던 리처드 닉슨(Richard Nixon)은 그에게 적수가 되는 학생들을 제대로 평가하여 징병제를 종식시켰다. 비록 월남전이 그 후에도 거의 3년가량 더 계속되었는데도 학생 운동은 기적같이 끝났다.

학생들의 동기 중 충분하게 주목하지 않았던 측면을 마지막으로 한 가지 더 살펴보면, 그들에게는 마음 내키는 대로 살겠다는 욕망 이외에도 은밀히 엘리트 의식이 작용하고 있었다. 관례적으로나 자연적으로나 남보다 우월하다고 하는 주장을 언제 어디서나 억압하려는 경향이 민주주의가 갖는 불변의 특징이고, 궁극적으로 우월, 특히 지배에 관한 한 우월은 없다고 우월을 부인함으로써 우월을 억압한다. 플라톤의 대화는 정치적 영광을 열렬히 꿈꾸고 지배할 수 있는 재능이 있다고 믿고 있는 젊은이들로 가득 차 있다. 플라톤은 자신도 한때 그러한 젊은이 중 하나였음을 인정한다. 그리고 그들은 그들에게 통치하는 특유의 권리가 부인되는 도시에 살고 있었고, 그들이 통치의 직책을 얻는다는 것은 매우 어렵다는 것을 발견하게 되었으며, 그 도시에서 통치하기 위해서는 자신들을 대중이 원하는 모습으로 만들어야만 하였다. 자신에게 잘못이 자행되있다고 사람들이 느끼게 될 때 생겨나는 특수한 분노로 그들은 불탔고, 민주적인 아테네에서는 그들의 잠재 능력을 완전히 발휘할 수 없다고 믿었다. 그들은 그 도시에서 파괴적인 집단을 형성하였고, 그 도시의 체제 유지에 비우호적이었다. 소크라테스를 동반하였던 대부분의 사람이 그러한 사람이었고 통치를 위한 이 본능을 길들이는 것이 소크라테스가 그들에게 베푼 교육의 주요 부분이었다. 그러나 적어도 소크라테스는 그들의 동경에는 타당성이 있다는 것을 받아들이고 다수가 소수를 통치할 수 있는 순수한 권리는 가질 수 없다고 부인하는 것으로부터 출발하였다. 그는 그들의 불만을 지성적 만족감으로 채워주었다. 그리고 더 중요한 것은 그들이 야심을 갖도록 만든 그들 영혼 속의 요소를 소크라테스는 매우 심각하게 받아들였다는 점이다. 제1인자가 되겠다는, 그리고 위대한 명성을 얻겠다는 포부는 인간에게 있어서 자연스러운 일이고 적절히 훈련시키면 영혼의 거대한 힘이 될 수도 있다. 민주주의는 본질적으로 그와 같은 혈기 왕성한 정신에는 적대감을 갖고 그런 정신이 달성되는 것을 막으려 한다. 이것이 모든 고대 민주주의의 문제점이었다. 코리올레이너스(Criolanus)는 그의 통치권이 대중들의 동의에 있다고 대중들의 동의를 통치권의 기초로 삼는 것을 거부한 극단적인 일례로서, 이 경우 그의 통치권을 받아들일 태세가 되어 있는 국민이 통치의 기초가 되어야 한다는 것을 거부하였다. 그러나 그에게 칭찬할 만한 면이 전혀 없었던 것은 아니었다. 그의 영혼에는 강한 힘이 있었기에 그를 자존심 강하고 야심만만한 사람으로 만들어 주는 결과를 가져왔고 남들의 의견이나 의지에 의존하지 않고 자율성을 추구하는 사람으로 만드는 결과를 가져왔다.

민주주의에서 야심의 문제는 근대 민주주의에 의해 훨씬 악화된다. 고대 민주주의는 사실에 있어 강력하였으면서도 강하고 야심만만한 사람들에게 다수의 통치가 정당하다고 설득하지 못하였다. 권리가 주인편에 있다는 생각으로 내면의 확신이 약화되지는 않았는데, 왜냐하면 거기에는 종교나 평등의 철학이 없었기 때문이었다. 재주 있는 젊은이는 제1인자의 자리를 획득하기 바랄 수 있었고, 또 때로는 이를 행동으로 옮겼으며 여기에 죄책감을 느끼지 않았다. 이것이 기독교에 의해 부분적으로, 오로지 부분적으로 변화하였다. 기독교는 신 앞의 평등을 단언하고 자만심을 비난하였지만 이 세상의 모든 불평등을 하나도 건드리지 않고 제자리에 고스란히 놓아두었다. 이보다 더 중요한 것은 도리에 맞는 가르침을 정립하고, 따라서 정치적 평등만이 유일하게 정당한 사회 체제인 것으로 만든 것이 근대 철학의 업적이었다. 민주주의 이외의 다른 정부 조직을 구상해 볼 수 있는 지적 기초가 남아 있지 않다. 영혼의 동경을 채워 줄 수 있는 자극을 어느 곳에서도 찾아볼 수 없다. 더 나아가 근대 사상가들은 개인의 야망이 성공하리라는 기대감을 거의 가질 수 없도록 사물들을 계획하고 발전시켰다. 이 계획의 개요가 연방주의자 X에 의해 제시되고 있다. 이 나라의 방대한 조직과 안정성은 물론이고 이 나라의 엄청난 크기만으로도 통치자가 될 자질을 가진 사람의 기를 꺾기에 충분하였다. 더 중요한 것은 근대 철학자들이 자만심과 거대한 야망을 영혼으로부터 뿌리째 뽑아 버리려고 애썼다는 점이다. 출발부터 홉스의 심리학은 그가 자만이라고 불렀던 것이 실은 인간의 취약성에 대한 무지와 전혀 정당화될 수 없는 확신을 근거로 하는 병적인 상태인 것으로 취급했다. 그에 따르면 이 상태는 한껏 두려움을 느끼면 고칠 수 있다는 것이다. 경쟁에 대해 오늘날 교육자들과 언론이 하는 말을 들어 보고, 루소와 프로이트가 이 문제를 논한 부분을 읽어 보면 현대가 얼마나 열심히 이 성향을 거세하려고 노력하였는가를 간단히 알 수 있다. 엘리트 의식이라는 말은 우리가 강한 자만심과 제1인자가 되겠다는 야망을 인정하지 않는다는 것을 나타내주는 통칭어다.

그러나 지지도 받지 못하고 통렬히 비난받는 영혼의 이 일면이 사라진 것은 아니고, 심층 깊은 곳에 거주하면서 승화될 수 있는 아무런 교육도 받지 못한 채 계속 살아가고 있다. 모든 억제된 충동들이 그러하듯이 그것도 우리 인격에 매일매일 영향을 끼치고 있고 때로는 가공할 형태의 여러 모습으로 변장 되어 분출하기도 한다. 근대 역사의 대부분은 플라톤이 합법적인 자기표현을 위한 기백이라고 칭하였던 바로 그것을 탐구하는 데 바쳐졌다고 할 수 있었을 것이다. 분명히 강한 동정과 선도적 지위의 개념은 본질적으로 엘리트주의자들이 자기주장을 민주주의식으로 위장한 것에 불과하다. 최초로 동정심을 민주적 감성의 기초로 삼은 루소는 동정이라는 인간 체험에는 고통을 받는 사람에 대한 우월감이 그 구성 요소임을 완벽하게 알아차리고 있었다. 실제로 그는 평등하지 못한 인간의 충동을 평등주의 방향으로 유도하려고 시도하였다. 그와 흡사하게 전위파(대개는 예술과 관련지어 쓰이는 용어)와 선도자(정치와 관련지어 쓰이는 용어)는 민주 원칙을 부인하지 않고 민주적 형태로서 자신을 두드러지게 하고, 남보다 앞서가고, 지도하려는 의도를 담고 있다. 선도적 지위에 있는 사람들은 찰나에 그치는 사소한 특전을 갖고 있을 뿐이다. 모든 사람이 곧 알게 될 것을 그들은 먼저 알고 있을 따름이다. 이러한 마음가짐에서 본능과 원칙을 절충시키게 된다. 그리고 민주적인 인간으로 동화하는 것을 두려워한 학생들이 택한 것이 이것이었다. 그들은 정말로 몇 안 되는 엘리트 대학에 다니고 있었고 그 대학들은 급속도로 민주화되어 가고 있었다. 그리고 그들의 정치적 미래는 침울한 것이었고, 그들의 교육이 민선 관직에 특별한 도움이 되는 것도 아니었으며, 그들에게 제시된 전망에 의하면 린든 존슨(Lyndon Johnson)이나 리처드 닉슨과 같이 경멸스러운 사람들이 겪은 것과 똑같은 지루한 방법을 거쳐 올라가는 길밖에 별다른 도리가 없었다. 그러나 이 대학들은 존경받는 대학이었고, 민주적인 언론이 우러러보는 곳이었으며, 세력이 든든한 많은 엘리트들의 모교였다. 도시 국가가 쉽사리 탈취될 수 있었던 것과 마찬가지로 이 적은 곳들도 쉽게 탈취될 수 있었다. 그곳을 무대로 삼아 학생들은 즉각 악명을 달성하였다. 코넬에서 내가 알던 흑인학생들이 유명한 뉴스 잡지의 겉장에 실려 전국으로 퍼져 나갔다. 정치적 영향력의 지름길이라 할 수 있는 이 모든 것을 어찌 감히 뿌리칠 수 있었겠는가. 대학 밖의 일상적인 세상에서 그와 같은 젊은이가 세상의 이목을 모을 수 있는 방법은 따로 없었을 것이다. 그들은 모택동, 카스트로, 체 게바라(Che Guevara)를 그들의 모범으로 삼았고, 여러분은 싫겠지만 그들은 평등을 촉진하려 한 사람들이었으며, 단지 그들만은 그 누구와도 평등하지 않았을 뿐이다. 학생들은 자신들이 강한 동정에서 혁명을 이끌게 된 지도자가 되기를 원하였다. 그들이 경멸하고 격분을 느꼈던 거창한 대상은 미국의 중류 계층, 전문가, 정신 및 육체 노동자, 농부 등 - 미국의 대다수를 이루고 있는 그 모든 속물들과 학생들의 동정이나 지도력을 원하지 않는 사람들이었다. 그들은 감히 자신들이 학생과 동등한 입장이라고 생각하였고 자신들의 의식을 높여 주겠다는 학생들을 거부하였다. 미국에서 이름을 떨치는 것은 매우 어렵고, 그러기 위해서 학생들은 그들 부모 세대가 눈에 띄게 소비 성향으로 흘렀던 것을 눈에 띄는 동정으로 대치하였다. 학생들은 우월감에 도전하지 않는 미국과 제3세계의 모든 사람들을 대변하는 것이 전문이었고, 그들은 그 사람들이 자신들의 지도를 받아들일 것으로 상상하였다. 평등주의의 허영심이 주는 절묘한 전율이 그들에게는 결코 생소한 것이 아니었다.

우리는 60년대 학원 정치에서 나타난 좌절된 성향, 공언할 수 없는 영광에 대한 사랑, 탁월을 인정받고자 하는 탐색 등을 헤아릴 수 있고 심지어 동감이 가기도 한다. 하지만 그 모든 것의 위선, 그리고 한 사람이 정치적으로 되기 위해서는 그가 알아야만 하는 것이 있고 무릅써야 하는 위험이 있는데 거기에 대해서는 무지하였기 때문에 그 광경들이 감동적이라기보다는 역겨웠다. 폭군적인 충동을 민주적인 동정으로, 그리고 돋보이고 싶은 강한 욕구를 평등에 대한 사랑으로 위장하여 내세웠다. 자기에 대한 지식은 전혀 없었고, 그들의 정복은 아주 손쉽게 이루어졌다. 엘리트는 정말 엘리트가 되어야 하는데도 이 엘리트주의자들은 그들이 애타게 바라던 명성을 정당한 수고 없이 거저 얻었다. 대학은 일종의 할당제 엘리트 의식을 마련해 주었다. 민주 사회는 탁월한 개인, 특히 통치의 재능도 있고 정열도 있는 사람에게는 문제가 된다는 것을 부인하는 일에 대학은 오랫동안 모두 결탁했다. 대학은 갑자기 장래의 통치자가 될 사람들로부터 남을 지배하는 죄악에 공범자 노릇을 하였다고 비난받는 처지에 봉착하게 되었음을 알게 되었다. 올 게 온 것이었다.

선생님으로서 내가 최고의 만족감을 느꼈던 일 중 하나가 정확하게 바로 이 문제와 관계가 있다. 시세의 흐름에 대항하여 일단의 교수들이 조그마한 그리스 문명 프로그램이라는 강좌를 개설한 것이 난국이 나던 그 해였다. 그 강좌는 12명 정도의 열성적인 1학년들로 구성되었고, 1년 내내 우리는 플라톤의 《국가론》을 읽고 있었다. 대학이 대혼란에 빠졌을 때 우리는 그 책을 다 끝마치지 못한 상태였다. 학생이고 교수고 할 것 없이 모두가 다 혁명을 일으킨다는 심각한 일에 주의가 쏠리고, 학교에 붙어 있어야 했으며, 이 회합 저 회합에 정신없이 쏘다니는 일에 관심이 쏠려 대부분의 수업이 중단되었다. 총이 학교 밖으로 물러나지 않고 어떤 형태로든 적법한 질서가 학원 내에 회복되지 않는다면 가르치는 일을 하지 않겠다고 공표한 교수들의 집단에 나도 합세하였다. 그러나 이 학생들은 소크라테스의 도움으로 도시를 세우게 되는 야심에 찬 글라우콘(Glaucon)의 이야기에 한창 열중하여 깊이 빠져 있던 때였다. 그래서 우리는 계속 비공식적으로 만났다. 그들은 진정으로 혁명보다 책에 더 관심이 많았고 그것은 그 당시 위급신호 소리가 난무할 때 대학이 제시할 수 있는 상응 조치가 어떤 것이 되어야 하는가를 잘 입증해 주었다. 이 학생들은 그 당시 진행되고 있는 상황에 대해 오히려 경멸을 나타내었는데, 왜냐하면 그들 생각으로는 해야 하는 중요한 일을 그 일이 중간에서 방해하는 것으로 보였기 때문이었다. 그라우콘이 소크라테스와 더할 나위 없는 밤을 지내는 동안 그에게 무슨 일이 생겼는지 그들은 진심으로 알아내고 싶어했다. 진짜로 그들은 밖에서 미친 듯이 돌아가는 활동을 교실에서 '내려다 보았고(looked down)', 자신들은 특권을 지녔다고 생각하였으며, 거의 한 사람도 군중에 합세할 유혹을 받지 않았다. 나는 후에 실제로 이 학생들 중 일부가 도서관 세미나실을 나서서 활동이 한참 진행중인 집회장으로 내려갔다는 얘기를 들었다. 그들은 《국가론》에 나오는 다음과 같은 구절을 복사하여 나눠 주었고, 그곳의 다른 종류의 소책자 행상인들과 경쟁하였다.

"많은 사람들과 마찬가지로 당신 또한 소피시트가 특정 젊은이들을 타락시키고, 언급해야 할 만큼 개인적으로 타락한 특정 소피스트가 있다는 것을 믿습니까? 이렇게 말하는 바로 이 사람이 가장 완벽하게 남녀노소를 그들이 마음먹은 대로 교육하고 길러 내는 오히려 가장 철저한 소피스트가 아닐는지요?"
"그러나 언제 그들이 그 일을 합니까?" 그는 말했다.
"많은 사람이 모여 앉아 집회할 때, 법정에서, 극장에서, 군대의 야영장에서, 또는 어디든 다수가 모이는 일반 회합에서, 그리고 대소란으로 그 모인 곳에서 발표되는 얘기와 행해지는 일을 비난하기도 하고 칭찬하기도 하며 과격하게 소리를 지르고 박수를 치는 등 극성을 떨 때, 그리고 그 이외에도 그 소란에 그들을 둘러싸고 있는 토대와 장소가 메아리치고, 따라서 비난과 칭찬의 소란한 소리가 더욱더 중독될 때"라고 나는 말하였다. 나는 계속하였다. "흔히 말하는 대로 그러한 상황 속에서 그 젊은이의 마음속 상태가 어떠하리라고 당신은 상상하십니까? 아니면 어떤 종류의 사사 교육(private education)이 그 젊은이를 버티어 주고, 그와 같은 비난과 칭찬에 휩쓸리지 않으며, 홍수에 떠밀리는데 어디든 교육이 이바지하는 곳으로 가서 그가 그들이 고결하다고 말하는 것을 고결하다고 하고 천하다고 말하는 것을 천하다고 하며, 그들이 실행하는 일을 그대로 따라 실행하고 그들과 같아질 수 있을까요?" (《국가론》. 491e - 492b)

그 학생들은 이 오래된 책을 통해 지금 돌아가고 있는 세태와 실체가 어떤 것인지를 배웠고, 따라서 그것과는 멀찌감치 떨어져 거리감을 두었으며, 해방의 체험을 갖게 되었다. 소크라테스의 마술은 여전히 유효하였다. 그는 야심만만한 젊은 이들의 불평을 진단할 줄 알았고 그것을 고치는 방법을 보여 주었다.

이제 60년대의 기억은 현재 학생들의 상상 속에서 사라졌다. 이제 남아 있는 것은 그 당시 그 모든 것에 직접 참여하였던 사람들에 의해 조장되는 특정한 자기선전 뿐이고, 그들은 이제 40대에 이르렀고 '기성 사회'와 타협하게 되었지만 그들 중 많은 사람이 보도 기관에 남아 번영을 누리면서도 보도 기관을 통해 그때의 정황을 향수에 차 전파하고 있고, 그것이 비현실적이었다는 사실을 인정하면서도 의미 있는 순간이었다고 주장한다. 그들이 선한 것을 대변하였다. 그들은 자신들 덕분에 흑인과 백인 간의 관계에 대진전이 있었고, 자신들이 민권 운동에도 결정적인 역할을 했다고 생각하는 듯 보인다. 1950년부터 1970년 사이에 나타난 인종관계의 역사적 변화에 무엇이 결정적인 역할을 하였는지 토론할 것도 없이 - 가장 중요한 업적이 법정의 판결이었는지, 선거에 당선된 관리들의 업적인지, 아니면 마틴 루터킹(Martin Luther King)으로 대표되는 흑인사회 자체가 배출한 사람들의 영감 덕분인지 - 북부 대학생들의 변화에 대한 이러한 열렬한 지지가 옛날의 잘못을 바로잡도록 촉구하는 분위기를 만들어 내는 데 한몫 단단히 했다는 점만은 부인할 수 없다. 그러나 학생들의 역할은 미미한 것이었고 그들에게는 내가 얘기하였던 연극 같은 도덕적인 면이 다분히 있었다고 나는 믿고 있다. 그들의 역할이라는 것은 고작 휴가와 같은 행진과 데모에 참가하는 것이 주(主)였고, 그것도 대개는 학기 동안이었으며, 그런데도 그들은 중요한 일을 하느라 시간을 빠졌다고 생각하고, 따라서 그 동안에 주어진 과제를 못하였다고 교수님들께서 그들을 벌하지는 않으리라고 확고하게 믿었다. 그들의 현실 참여라는 것 또한 전에는 결코 가본 적이 없고 앞으로도 다시는 돌아오지 않을 곳에서 시위를 벌이는 것이 고작이었기 때문에 그들은 일을 벌여놓고도 대가를 치를 필요가 없었고, 오로지 거기에 그대로 남아서 살아야 하는 사람만이 그 대가를 치렀다. 그들에게는 헌법을 연구하고 법에 대한 발표문을 준비해야 하는 사람이 겪는 고되고도 표시 안 나는 노력에 함께 하려는 의향이 없었고, 외롭고 좌절에 싸인 날들을 보내는 일도 없었으며, 정말로 대의를 위해 자신들의 인생을 바치겠다는 의향도 없었다. 나는 학생들의 노력을 훼손하고 싶지는 않고 사람들의 훌륭한 성향을 비난해서는 안 되지만, 반면에 수월하고 치른 희생도 별로 없는 일을 두고 너무 자화자찬하는 일도 삼가야 한다. 나의 주장은 학원의 행동주의보다는 오히려 학생들이 민권 운동 참여가 앞서는 것이었고, 학생들이 파괴해야 한다고 느껴 파괴하려고 되돌아온 낡고 고약한 대학 바로 거기에서 학생들의 의견이 형성되었다는 것이다. 1964년 워싱턴에서 있었던 행진에 참여한 것이 학생들이 중요한 민권 운동에 참여한 마지막이었다. 그 이후에는 흑인운동권이 지도적인 역할을 하였고, 남부에서의 인종차별 체계가 붕괴되었으며, 흑인운동권이 과격해지도록 충동질하는 것 이외에 백인학생들이 할 수 있었던 일은 없었고, 흑인운동권의 선동자들은 그들의 도움을 원하지 않았다. 평등에 대한 가르침, 독립 선언문에 명시된 약속, 헌법 연구, 우리의 역사와 그 밖의 많은 것에 대한 지식 등은 수고를 아끼지 않고 노력하여 얻은 지식들로서, 그들을 지탱해 주는 비축 자본이라는 것을 학생들은 알지 못하였다. 인종에 대한 정의가 우리의 이론과 우리의 역사 관행에 있어서는 불가피한 것이었고, 그것이 없었다면 문제도 해결도 아예 없었을 것이다. '체제' 유지에만 소용될 뿐 완전히 타락한 제도라고 단언하였던 그 제도로부터 학생들은 그들의 행동을 가능하고 선한 것으로 만드는 지식과 인식을 얻었다. 학생들에게서 볼 수 있는 가장 언어도단적인 면모는 그들이 주장하는 소신이 그들의 자발적인 창조물이라고 자부하는 점이었다. 모든 것은 오로지 미국이 무엇인가에 대한 그리고 대학이라는 지식의 보고에 저장되어 있는 선과 악에 대한 진지한 사색과 믿음으로부터 빌어 온 것이었다. 그들은 자신들이 살아가고 있는 자산에 대해 아는 바가 없었기 때문에 그 자산을 낭비할 수가 있었다. 그들은 대학으로 돌아와 대학이 파산하였다고 선포하였고, 그 선포와 함께 대학을 정말로 파산시켰다. 그들은 지식에 대한 미국의 웅대한 자유주의 전통을 포기하였다. 학생들의 압력 때문에 건국이 인종차별주의적이었던 것으로 받아들여지게 되었고, 노예 제도와 인종차별을 비난하던 도구 자체를 파괴하였다. 60년대 이래 북부 대학에서는 인종 간의 분리가 더 커졌다. 더 이상 인간의 권리에 대한 이론을 공부하지 않게 되고 그것을 정말이라고 믿지 않게 된 다음부터, 인간의 권리 실행 또한 수난을 겪게 되었다. 미국의 대학은 바람직한 정치적 행위를 할 수 있는 지적인 영감을 제공하였다. 지금 대학 내의 정의에 대한 가르침이 인종 평등 운동과 같은 운동을 또다시 유발할 수 있을 만큼 갖추어진 교육인지 매우 의심스럽다. 60년대 학생들이 자랑스럽게 여기던 바로 그것이 그들 손에 의해 제일 첫 번째로 희생되었다.

학생과 대학

인문 교양 교육

　인문 교양 교육의 모험을 하려고 생전 처음으로 집을 떠나는 10대에게 오늘날의 일류 대학들이 어떤 모습으로 비칠 것인가? 그는 앞으로 자신을 발견할 수 있는 4년간의 자유 시간을 갖게 된다 - 정확히 그가 뒤에 두고 온 지적 황무지와 학사 학위를 받은 다음 그를 기다리고 있는 황량한 직업훈련을 받기 전까지의 기간이 자기 발견의 시간이다. 이 짧은 기간에 그는 그가 알고 있던 작은 세계 너머에 큰 세상이 버티고 있다는 것을 배워야 하고, 그 세계가 주는 유쾌함을 경험해야 하며, 그가 앞으로 통과할 수밖에 없는 지적으로 사막과 같은 세상에서 견뎌내기 위해서는 그 큰 세계를 충분히 소화해야 한다. 앞으로 보다 나은 생활을 바라는 마음이 조금이라도 있다면 그는 이 일을 해 두어야 한다. 이 시기는 선택 여하에 따라 그가 원하는 것은 무엇이든지 할 수 있고 그에게 주어진 여러가지 대안을 당시에 유행하는 장래의 직업에 구애받지 않고 인간으로서 그가 두고두고 유용하게 활용하겠다는 시각에서 살펴볼 수 있는 매혹적인 시기다. 미국 사람에게 있어서 이 시절이 얼마나 중요한지 아무리 강조하더라도 그것은 과장이 아니다. 그가 문명을 직접 접해 볼 수 있는 유일한 기회가 이 시기다.

　그를 볼 때 그가 교육을 받았다는 소리를 들으려면 배워야 하는 것이 무엇인지 생각해 보지 않을 수 없게 되고, 인간의 잠재력을 완수하는 것이 무엇인지를 숙고해보게 된다. 전문 분야의 경우에는 우리가 그와 같은 심사숙고를 회피하여도 되는데, 바로 그와 같은 회피가 전문화(專門化)의 매력이다. 그러나 여기 인문 교양 교육의 경우는 그것이 피할 수 없는 간단명료한 임무다. 이 사람에게 우리가 무엇을 가르칠 것인가? 그 해답이 자명하지는 않지만 그 질문에 대답해 보려는 자체가 이미 철학적 사색이고 교육을 시작하는 것이다. 그와 같은 관심 자체가 인간과 과학의 통일성에 대한 질문을 제기하게 된다. 자유롭게 발전할 수 있도록 모든 사람을 그대로 내버려 두어야 하며 학생에게 특정한 견해를 강요하는 것이 권위주의적이라고 말하는 일부 사람들의 이야기는 어린애 같은 짓이다. 그렇다면 도대체 대학이 존재해야 할 이유는 무엇인가? '배우려는 분위기를 마련해 주기 위해서'라는 것이 여기에 대한 반응이라면 우리는 제2단계로 원래의 질문으로 되돌아오게 된다. 즉 어떤 분위기일까? 선택과 그 선택을 낳은 이유에 대한 숙고를 피할 수 없다. 대학은 대변하는 것이 있어야만 한다. 인문 교양 교육의 내용을 긍정적으로 생각하려는 의지가 없는 데서 결과로 생겨난 실제 효과는 우선 대학 바깥세상에 존재하는 모든 야비한 것들이 대학 내에서도 어김없이 번창하게 되고, 다른 한편으로는 학생들에게 훨씬 더 냉엄하게 더 편협한 필수사항을 강요하게 되는데 - 이는 훈련을 통한 사고의 통일화라는 여과 과정 없이 전문화된 분야의 오만하고 전체적인 요구에 직접 접하게 되므로 생겨난다.

이제 대학은 더 이상 젊은이에게 대학의 분명한 모습을 제공해 주지 못한다. 그는 대학의 학문 분야가 민주주의임을 발견하게 되는데 - 즉 어떤 분야는 대학 고유의 것이기 때문에 거기에 있고 다른 분야는 특정 임무를 수행하는 데 대학의 훈련이 필요하기 때문에 최근 대학에 유입되었다. 이 민주주의가 실은 무질서인데, 왜냐하면 거기에는 그곳의 시민 신분을 인정해 주는 정해진 규율도 없고 통치할 수 있는 법적 지위도 없기 때문이다. 간단히 말해 거기에는 미래를 조망하는 통찰이 없고 교육을 받은 사람이라면 어떠해야 한다고 서로 경쟁을 벌이는 시각도 없다. 의문을 제기하는 것이 사라져 버렸다. 그 이유는 의문을 제기하는 것은 평화에 위협이 되기 때문이다. 거기에는 과학의 조직도 없고 지식의 나무도 없다. 대혼란 속에서는 의기소침하게 마련인데, 왜냐하면 사리에 합당한 선택을 내린다는 것이 불가능하기 때문이다. 인문 교양 교육은 아예 포기해버리고 전문 분야의 길로 나아가는 것이 더 낫다. 그 이유는 전문 분야에는 적어도 미리 규정된 교과과정이 있고 전도유망한 장래가 있기 때문이다. 그렇게 매진하는 과정에서 학생은 선택과목을 통해 무엇이든 교양으로 필요하다고 생각되는 것을 조금 이수할 수 있다. 그가 배우게 될 것을 통해 그 학생이 커다란 신비를 접하게 되는 것도 아니고 새롭고 보다 높은 행동의 동기를 자신 속에서 발견하는 것도 아니며 이제까지와는 다르고 좀더 인간적인 생활방식을 조화롭게 건설하는 것도 아니다.

간단히 말해서 대학에 뚜렷한 특징이 없다. 우리에게 있어 평등은 결국 우수하다고 주장하는 것을 꺼리게 되고 그러한 주장을 할 능력이 없어진 것으로 귀결되는 것 같다. 특히 - 예술, 종교, 철학에서처럼 - 항상 그와 같은 주장이 이루어지던 분야에서 더욱더 그런 것처럼 보인다. 베버(Weber)가 - 이성 대 계시, 석가 대 예수 등과 같이 - 그 어떤 고차원의 대립되는 상대물 중 한 가지를 선택할 수는 없다는 사실을 알게 되었다고 해서, 그가 대립되는 사물들은 모두가 다 천편일률적으로 선하고, 높고 낮은 것의 구분이 없어졌다는 결론에 도달한 것은 아니었다. 사실은 그가 이렇게 여러 대안 중에서 하나를 선택하는 것이 얼마나 중요하고 선택에 따르는 위험이 어떤 것인가를 보여 줌으로써 훌륭한 대안들을 고려해 보는 일을 새삼 활성화시키려고 하였고, 심각한 문제에 직면할 때마다 영혼을 당기는 활은 긴장되게 마련인데 쓸데없는 것만을 중시하여 심오한 문제는 무시되고 분간조차 할 수 없게 만드는 근대 생활과 훌륭한 대안들을 대조시킴으로써 대안을 부각시키려 하였다. 그에게 있어 진지한 지적 생활은 대결정의 결전장이고 그 결정들은 모두 정신적 선택 또는 '가치'의 선택을 의미한다. 우리는 더 이상 교육받은 또는 문명화된 사람의 이것 또는 저 특정한 견해가 권위 있는 것으로 간주될 수 없게 되었고, 따라서 그와 같은 몇 개의 견해를 완전무결하게 아는 것이 곧 교육이라고 말할 수밖에 없게 되었다. 이렇게 심오한 것과 피상적인 것을 구분하는 것이 - 이것은 결국 선과 악, 참과 거짓을 대신하게 되는데 - 진지한 탐구의 초점을 마련해 주지만, 그래도 "아니, 그게 무슨 소용이기에?!"라고 말하는 자연적으로 긴장이 풀린 민주적 성향 앞에서 그것이 계속 지탱되기는 매우 힘들다. 버클리에서 있었던 첫 번째의 대학 소요는 명백하게 대형화한 분산 나열식 교과과정을 겨냥한 것이었기 때문에 잠시나마 그들이 부분적으로 나의 동정을 산적이 있었음을 나는 고백하지 않을 수 없다. 그 학생들의 동기 중에는 실제로 교육에 대한 동경이 조금은 있었는지도 모른다. 그러나 그들의 그러한 활력을 잘 유도하고 가르치는 일이 전혀 행해지지 않았고, 그저 이미 수없이 많은 분야에 다수의 생활 양식마저 첨부하는 결과를 가져 왔으며, 전문화가 다양화되어 있는 상황에 여러가지로 뒤틀린 고집까지 첨부하게 되었다. 일반적으로 우리가 흔히 보는 일들이 여기에서도 역시 일어났고 좀더 거대한 공동체를 끈질기게 요구한 것이 더 큰 고립을 낳는 결과를 가져왔다. 오래 지속된 동의와 버릇, 그리고 오랜 전통은 쉽사리 대치될 수 있는 것이 아니었다.

그리하여 학생이 대학에 들어오면 대학에는 갈피를 잡을 수 없을 만큼 많은 학과가 있고 과목 또한 많다는 것을 발견하게 된다. 그리고 그가 무엇을 공부해야만 하는지 공식적인 지도가 없고 대학 전체에 의해 인정된 협약도 없다. 대개의 경우 그렇다고 그가 대학이 제공하는 자원을 종합적으로 조화 있게 사용하는 방법의 본보기를 학생이나 선생님들 중에서 당장 찾을 수 있는 것도 아니다. 간단하게 장래의 직업을 선정하여 그 직업에 대해 준비하는 것으로써 학교 생활을 보내는 것이 가장 쉬운 방법이다. 그와 같은 선택을 내린 학생들을 위해 짜여진 교과과정은 그 과정의 학생들이 일반 사회의 인습적인 존경을 탈피하여 또 다른 매력에 끌리는 것을 차단하여 또 다른 매력으로부터 면역이 되게 만든다. 사이렌 소리는 요즈음 방백(傍白)으로 울어대고, 젊은이들의 귀에는 이미 귀지가 너무도 많이 쌓여 위험 없이 그 소리가 그들의 귓속을 뚫고 들어갈 수는 없다. 이 전문분야들은 과목도 다양하고 불가피한 대학원 과정을 대비하는 데 필요한 과목을 고루 택하는 데 꼬박 4년이 걸리게 되어 있다. 나머지 몇 안 되는 여분의 과목을 가지고 그들이 원하는 것을 할 수 있고, 그래서 이것 조금, 저것 조금 택해 듣는다. 오늘날에는 그 어느 대중적인 직업도 - 의사, 변호사, 정치가, 언론인, 사업가, 연예인 등 - 교양적인 학문과는 거의 무관하다. 순전히 직업적인 또는 기술적인 교육이 아닌 교육은 심지어 장애물이 되는 것으로 보는 경향조차 있다. 그러므로 대학에는 그것을 상쇄시킬 분위기가 필요한데, 그 이유는 그런 분위기와 더불어 학생이 지적인 즐거움도 맛볼 수 있고 그것이 실제로 가능하다는 것을 배울 수 있기 때문이다.

자신들이 어떤 것을 평생의 직업으로 삼아야 할 것인지 알아보려는 기대에서, 아니면 단순하게 자신들이 해볼 수 있는 모험에는 어떤 것이 있는지를 알아보려는 기대에서 대학에 온 학생이 정말로 문제다. 그들이 할 일은 얼마든지 있고 - 몇 평생을 보낼 수 있는 과목과 분야가 있다. 대학의 각 분야, 각 과는 제각기 열을 올려 선전하고 각 과마다 학생들을 그 분야에 입문시키기 위한 교과과정을 제공한다. 그러나 그런 것들 중에서 어떻게 선택해야 하나? 그것들이 서로 간에 맺고 있는 연관은 어떤 것인가? 진상은 그것들 간에 오고 가는 이야기가 없다는 것이다. 깨닫지는 못하지만 그것들은 서로 경쟁하고 서로 모순이 되고 있다. 전문 분야가 존재한다는 바로 그 자체가 전체의 문제가 긴박하다는 것을 나타내 주고 있지만 그 문제를 체계적으로 제기해 본 적이 한 번도 없다. 학생들이 대학 요람을 접한 다음에 나타나는 결과는 간단히 말해 당황과 사기 저하다. 모든 문명화된 국가를 구별해 주는 특징이 교육에 대한 뛰어난 통찰을 가졌다는 점인데, 이와 같은 통찰력을 학생에게 전달할 수 있는 교수를 한둘 발견하게 된다는 것은 실로 우연이다. 대부분의 교수는 전문 지식인들로서 자기 전공 분야에만 관심이 있고, 자기 자신의 조건에 맞추어 그 분야를 향상시키는 데만 관심이 있으며, 모든 보상이 전문적으로 뛰어난 사람에게만 돌아가는 세상이기 때문에 자신의 향상을 꾀하는 데에만 관심이 있다. 적어도 예전의 대학 구조는 그들에게 그들이 미완성이라는 점을 지적해 주고 아직도 다 검토되지 않았고 그 모습이 다 드러나지도 않은 전체의 일면에 불과하다는 것을 지적해 주었는데, 이제는 그들이 그러한 옛 구조로부터 완전히 해방되었다. 그리하여 학생은 각 여흥별로 자기 쪽으로 사람을 모으려고 소리지르는 순회 오락장과 조금도 다를 것이 없게 된 대학에서 각자가 알아서 제 갈 길을 찾아 나아가야만 한다. 결정을 내리지 못하는 이 학생을 대부분의 대학은 곤란하게 느낀다. 왜냐하면 그 학생은 "나는 하나의 인간입니다. 전체로서의 나를 형성하도록 도와주시고 나의 진짜 잠재력을 발휘하도록 해주세요"라고 말하는 것같이 보이기 때문이다. 그런 학생에게 대학이 해줄 수 있는 이야기가 없다.

여러 많은 분야에서 그러했듯이 이 문제에 있어서도 코넬 대학이 시대를 앞질러 갔다. 포드 재단으로부터 아낌없는 지원을 받는 6년제 박사 학위 과정은 정확하게 고등학교에서 이미 확고하게 직업을 선택한 고등 학생을 상대로 한 것이고, 그러한 학생들의 사회 출발을 서둘러 달성하도록 돕겠다는 의도에서 생겨난 것이었다. 이 젊은 출세 지향자들이 문리대학 과정을 거치는 동안에 택할 수 있는 세미나를 재정적으로 지원하는 선물 공세로써 우울한 인문학자들의 환심을 샀다. 나머지의 경우는 교육자들이 교과 내용을 제공할 궁리는 하지 않고 교과과정을 작성하고 꾸미는데 그들의 정력을 다 쏟았다. 작성하고 꾸미는 일에 바쁘다 보니 자신들이 헛일로 노력을 낭비한다는 생각조차 해볼 겨를이 없었다. 이러한 방법이 정글의 야수 - 즉 교과 구조가 아니라 교과 내용 - 를 정면에서 직접 대면하는 것을 회피하기 위해 선택한 방법이었다. 코넬 대학의 계획처럼 인문 교양 교육을 다루는 것은 학생들의 직업주의와 탐욕을 부추김으로써 인문 교육을 향한 그들의 동경을 억압하려는 것이었고, 돈이라든지 그 밖에 대학이 동원할 수 있는 모든 명예를 앞세워 출세 제일주의를 대학 중심부까지 끌어들임으로써 인문 교양 교육에 대한 그들의 동경을 억누르려 했다.

 코넬 대학의 그 계획안에 담긴 과격한 진실을 감히 공표하지는 못했고 그 진실은 잘 감추어져 있었는데, 즉 그 대학에는 대학에 오는 학생들에게 가르칠 것이 별로 없다는 사실과 4년은 고사하고 3년 동안 가르칠 것조차 충분하지 못한 상태에서 학생을 4년 동안 대학에 붙들어 둔다는 사실을 면목 없어 감히 공표하지 못했다. 만일 장래의 직업이 대학의 초점이라면, 어려운 자연과학 중에서도 가장 어려운 분야를 제외하고, 대학원 과정에 들어가기 위한 예비 훈련으로서 2년 이상을 필요로 하는 전공은 없다. 나머지는 그저 낭비되는 시간이거나 아니면 학생이 대학원 과정을 감당할 만한 나이가 되도록 성숙해 가는 시기에 불과하다. 직업 훈련의 많은 대학원 과정도 사실은 그보다 적은 시간으로 충분하다. 아무런 계획도 없이 또는 아무런 의문도 제기해보지 않은 채 오직 대학 과정을 메우기 위한 방법으로 얼마나 많은 학부 학생들이 이 과목 저 과목을 집적거려 보는가를 생각해 보면 참으로 놀랍다. 몇몇 예외를 제외하고 사실상 교과 과목들은 전문분야를 위한 과정의 일부이지 일반 교양을 쌓기 위해 고안된 것이 아니며, 본연의 인간으로서 당면하게 되는 중요한 의문들을 연구하기 위해 고안된 것도 아니다. 소위 말하는 지식의 폭발적 증대와 증가 일로에 있는 전문화가 대학에서 보내는 시간을 채워 준 것이 아니라 비워 버렸다. 대학시절은 장애가 되었고 사람들은 어서 빨리 그 다음 단계로 넘어가기를 원한다. 우리가 전문직에 종사하는 사람들의 취향이나 학문에 대한 애착 또는 관심을 중심으로 그들을 판단한다면, 일반적으로 그들이 대학에 갈 필요가 없었다는 것을 발견하게 된다. 대학에 다니던 시간을 그들이 평화 봉사단이라든지 또는 그와 비슷한 부문에서 봉사하는 것으로 대신하였다 하더라도 무방했을 것이다. 이 위대한 대학들이 - 원자를 분해할 수 있고, 가장 끔찍한 질병의 치료법을 찾아내고, 전체 인구를 대상으로 조사를 실시할 수 있고, 잃어버린 언어의 거창한 사전을 만들어 낼 수 있는 대학이 - 학부 학생을 위한 적절한 교양 교육 프로그램을 만들어 내지는 못한다. 이것이 우리 시대의 수수께끼다.

이미 대학에 존재하고 있는 다양한 것들을 다시 멋지게 포장하여 아무런 수고 없이 공백을 메워 보려고 시도하고 - 해외 연수 기회 제공, 개별화된 전공 등이 그런 시도의 일부다. 그런가 하면 흑인학, 여성학, 성별학이 있고, 다른 문학 연구라는 것도 있다. 비슷하게 평화학도 생겨나 보급될 판이다. 이 모든 것은 대학이 시대와 함께하고 전통적인 전문 분야를 수련시키는 것 이외에 다른 것도 있음을 보여 주기 위해 고안된 것들이다. 최신 항목이 컴퓨터 교육으로 교육이 무엇을 의미하는지를 잠깐만이라도 생각해 본 사람이면, 그것이 얼마나 얄팍한 술수인지 자명해진다. 요즈음 많은 수의 고등학교 졸업자들이 읽고 쓰는 데 어려움을 겪고 있다는 사실을 생각해 볼 때 문필교육을 촉진하는 것이 의미가 있을 것이다. 그리고 일부 대학에서는 이 가치가 있는 임무가 조용히 수행되어 가고 있다. 그러나 그들은 그 사실을 왕왕 크게 떠들어대지 않는다. 그 이유는 한심하기 짝이 없는 우리의 현 실정 때문에 고등학교가 해야 할 기능이 그들에게로 떠넘겨졌기 때문이고, 따라서 거기에 대해 뽐내고 싶은 마음이 전혀 일지 않기 때문이다.

이제 60년대의 혼란은 끝이 났고 (전문직 대학원을 제외한 대학원의 각 학과들은 학과마다 대학원 졸업생을 수용할 자리가 부족하여 곤란을 겪고 있기 때문에) 학부 교육이 다시 한번 중요성을 띠게 되었기 때문에 대학 관계 실무자들은 대학에 들어오는 학생들이 문명화되지 못하였고 대학이 그들을 문명화시킬 책임이 있다는 부인할 수 없는 사실을 어떠한 방식으로든지 다루어야만 했다. 우리가 학교의 기본 동기를 해석해 본다면, 대학의 관심은 부끄러움과 자기 이익에서 나온 것이라고 단언할 수 있다. 인문 교양 교육에는 - 복잡한 사회가 특별히 필요로 하는 전문인을 충당하기 위해 전문인 양성만을 주로 한다고 생각되는 대규모의 주립 대학과는 대조적으로 인문 교육은 주로 몇몇 유명한 대학에서 제공되는 것으로 알려진 - 내용이 없고 독특한 유형의 사기 행위만 계속된다는 것이 너무나도 자명하다. 한때는 훌륭한 대학이 학생들에게 심어 주는 것으로 흔히 생각했던 훌륭한 도덕적 의식과 특히 전쟁과 인종차별에 투쟁하는 투사의 소명에 의해 대학이라는 집단적 양심이 요구하는 것이 완수되는 듯이 보였다. 대학은 의사와 변호사들을 예비 훈련시키는 것 이외에 다른 일도 하고 있었다. 관심과 동정이 바로 인문 대학 교정 곳곳에 스며 있는, 말로서는 규명할 수 없는 그 무엇이라고 생각했다. 그러나 70년대에 들어와서 사라지기 쉬운 그 안개가 걷히고, 교수진의 지적 취향이라고는 전혀 없는 잘못 교육된 학생들을 직접 대면하게 되며 - 인생을 관조하기 이전에 자기 직업 분야에서 앞서가는 데만 급급하여 그와 같은 일들이 있다는 사실조차 인식하지 못하며 - 대학으로서는 이를 상쇄할 만한 대책이나 대안을 제공하지 못하게 되자, 이에 대한 반작용이 일어나게 되었다.

인문 교양 교육 - 너무 오랫동안 이 분야는 잘못 규정되었고, 전문직이 갖는 것과 같은 맺고 끊는 듯한 선명성이나 제도화된 명성이 없는데도 불구하고 계속 살아남았으며, 거기에는 재정과 존경이 따랐다 - 이 전문 분야와 어느 정도 괴팍한 관계를 갖는 사람들에게는 언제나 논쟁의 터전이 되었다. 말하자면 그것은 병원과 대조시켜 본 교회와 비슷한 상황에 있다. 이제는 더 이상 종교적인 기관이 무슨 일을 하게 되어 있는지 확실하게 아는 사람이 아무도 없지만 그래도 그 기관들이 인간의 참된 요구에 아니면 한때는 참되었던 요구의 흔적에 부응하는 역할을 담당하고 사기꾼, 모험가, 엉터리 수작을 거는 사람, 광신자 등에게 착취의 기회를 만들어 주기도 한다. 그런가 하면 종교 기관은 또한 유별나게 진지하고 깊이 있는 사람들의 가장 따뜻하고 용맹스러운 노력을 끌어들이기도 한다. 이와 마찬가지로 인문 교육에서도 또한 여론을 자기편으로 끌어들이고 우리 시대의 인간 연구를 서로 장악하려고, 가장 못난 사람과 가장 훌륭한 사람, 즉 가짜와 진짜, 궤변 학자와 철학자가 싸운다. 이 투쟁에 참여하는 가장 눈에 띄는 부류로는 우선 학교행정을 담당한 사람을 들 수 있는데, 그들은 자신들의 소속 대학이 제공하는 교육이 어떤 것인지 그 인상을 대외적으로 알리는 소임을 맡고 있다. 확고한 정치 일정을 갖고 있거나 아니면 전문 분야에서 나온 지식을 예속화시키려는 사람들이 그 다음 부류다. 끝으로는 인문분야의 참다운 스승들로서 그들은 자신과 전체와의 관계를 실제로 볼 수 있고, 따라서 그 관계에 대한 인식을 자신들의 학생 의식 속에 그대로 유지하기를 절박하게 바라고 있는 인문분야의 교수들이다.

그리하여 60년대에는 필수과목을 제거하는 데에 헌신했던 것과 마찬가지로 80년대에는 대학이 폐지한 과목들을 전부 다시 살리느라 분주했다. 물론 살리는 것이 훨씬 힘드는 작업이다. 요즈음 인기 있는 어휘는 '핵심'이라는 것이다. "60년대에는 우리가 조금 지나쳤어요"라는 데 일반적으로 동의하고 이제는 분명히 좀더 나아지기 위해 어느 정도 조이는 것이 필요하다는 데 동의한다.

그 문제에 대해 두 가지의 전형적인 대응책이 있다. 가장 쉽고 행정적으로도 가장 만족스러운 해결책이 자립적인 각 학과들은 이미 설정되어 있는 과목들을 활용하도록 하고 학생들에게는 전체 분야를 필히 고루 택하도록 하는 것이다. 즉 다시 말해 자연과학, 사회과학, 인문과학 등과 같이 대학이 통상적으로 구분한 분야별로 각각 한 과목 내지 그 이상을 듣게 하는 방법이다. 방종하던 시절의 이념이 개방이었듯이 이제 여기에서 군림하는 이념은 광범위(breadth)다. 핵심 과목은 거의 언제나 이미 개설되어 있고 중진 교수들로서는 가장 관심이 없는 개론 과목으로 구성되고, 공부해야 할 가치가 있고 공부의 실체가 바로 이 개론 과목들이라고 가정한다. 의사 중에서 일반의를 팔방미인이라 할 수 있듯이 교양 교육이 바로 팔방미인이라 할 수 있다. 일반의는 분야마다 조금씩 알고 있지만 그 분야의 전문인보다는 열등하다. 학생들이 여러 분야를 거치는 것을 원할 수도 있고 그들이 경험하지 않은 것 중 그들의 관심을 환기시킬 만한 새로운 것을 발견하게 되는지도 모른다는 점에서 사방을 둘러보도록 장려하는 것이 좋은 일일 것이다. 그러나 그것은 인문 교양 교육이 아니고, 인문 교양 교육에 대한 그들의 동경을 만족시키지도 못한다. 그것은 단순히 그들에게 높은 차원의 보편성은 없다는 것을 가르치고, 그들이 지금 하고 있는 일은 진짜 지식을 대비한 예비에 불과한 것이며 그들이 이제 뒤로 하게 될 어린 시절의 일부라는 것을 가르칠 뿐이다. 그러므로 학생들은 그런 과목을 빨리 해치워 버리려 하고 그네들의 교수가 하는 심각한 일을 자신들도 빨리 시작할 수 있기를 바라게 된다. 모두에게 공통 관심사가 되는 중요한 질문이 있다는 사실을 인식하지 않고는 진지한 인문 교양 교육이 성립될 수 없고, 이러한 인식 없이 인문 교양 교육을 설정하려는 시도는 모두 실패로 끝날 수밖에 없는 헛수고다.

핵심 교과과정을 이런 식으로 접근하는 것이 적합하지 못하다는 것을 어느 정도 깨달았기 때문에 두 번째의 접근 방법을 유발하게 되었는데 이 두 번째 방법은 종합 교과과정이라 칭할 수 있는 과목들로 이루어져 있다. 특별히 교양 교육을 목표로 이 과정이 개발 설정된 것이고 대개의 경우는 대여섯 학과 교수들의 공동 협력을 필요로 한다. 이 과정의 교과목은 "자연계에서의 인간", "전쟁과 도덕적 책임", "예술과 창의성", "문화와 개인" 등과 같은 이름을 가지고 있다. 물론 모든 것은 누가 계획하고 누가 가르치느냐에 달려 있다. 이러한 노력은 학생들이 보편적으로 필요로하는 것이 무엇인지 한 번쯤은 생각해보도록 만들고 전문화된 교수들에게 적어도 잠시나마 시야를 넓혀 보는 기회를 제공한다는 명백한 이점이 있다. 거기에 따르는 위험으로는 유행으로 흐르는 것, 과목을 단순히 대중화시키는 정도로 그치는 것, 내용의 엄격함을 잃게 되지 않을는지 하는 점 등이다. 일반적으로 자연 과학자들은 그와 같은 노력에 공동 협력하기를 꺼리기 때문에 이러한 교과과정은 균형을 잃는 경향이 있다. 간단히 말해, 이 과정들은 학생들에게 그 과정을 능가하는 그 무엇을 제시해 주지는 못하였고 학생들로 하여금 인간의 영원한 의문을 독자적으로 추구할 수 있는, 예를 들자면 한때 아리스토텔레스나 칸트를 전체로서 연구하는 것이 그러했던 것처럼, 독립적인 연구 수단을 제공해주지도 못하였다. 그 과정은 이것 조금 저것 조금 식으로 될 가능성이 짙다. 인문 교양 교육은 학생들에게 개괄적이면서도 정화해야 하는 것이 학문이고 또 그럴 수 있다는 감각을 심어 줄 수 있어야 한다. 이를 위해서는 아주 규모가 작으면서도 상세하게 짜여지고 전체를 조망할 수 있는 교과안이 가장 좋은 방법이다. 그 교과목이 학생을 인생의 영원한 의문으로 인도하여 그들로 하여금 그 의문을 인식하게 만들고 그 의문을 다루는 중요한 일을 하는 데 어느 정도의 능력을 갖추도록 길러 주겠다는 명백한 의도가 없다면, 그것은 한낱 즐거운 변형에 불과하며 막다른 골목에 이르게 될 경향이 있다 - 왜냐하면 그 과정이 인생의 영원한 의문을 인식하도록 만들지 못하면 그것은 그가 상상할 수 있는 앞으로의 공부에는 아무런 영향을 미칠 수 없기 때문이다. 그와 같은 프로그램에 대학이 가지고 있는 가장 훌륭한 인적 자원의 왕성한 정력이 총동원된다면, 그런 프로그램은 유익한 것이고 교수와 학생 모두에게 이제껏 없었던 지적 흥분을 제공할 수 있다. 그러나 대개의 경우 그 프로그램이 그렇지 못한 것이 현실이고, 위로부터 단절되어 있으며, 각 단과대학이 이것을 정말 자기네 일로 생각하지 않는다. 권력의 소재가 어디인가 하는 것이 전체의 생명을 결정한다. 그리고 정상에서 해결되지 않는 지적문제들이 행정적으로 밑에서 해결될 수는 없다. 각 과학 분야에 일체감이 없다는 것과 심지어는 그 문제를 상의하려는 의사와 수단을 상실하였다는 것이 문제다. 위가 병든 것이 아래를 병들게 만든 원인이고, 그 병을 고쳐보려는 인문 교육자들의 선의의 성실한 노력은 기껏해야 완화제에 불과하다.

  물론 유일하고 진지한 해결책은 훌륭한 고전작품을 읽게 하는 것인데 그 방법은 거의 천편일률적으로 거부된다. 이 접근법을 따를 경우 인문 교양 교육은 흔히 고전작품이라고 말하는 특정 작품을 학생들에게 읽히는 것을 의미하고 학생 스스로가 의문을 찾아내어 그 의문에 접근하는 방법을 알아내도록 기회를 마련하는 것을 의미하는 것이지 - 그 작품들을 우리가 만들어 낸 범주에 억지로 맞추어 넣는다거나 그것들을 역사적 산물로 다루는 것을 의미하는 것은 아니고, 작품의 저자들이 의도했던 대로 작품을 읽으려고 노력해야 한다. 명작품을 유행성으로 숭배하는 데 반대하는 쪽이 있음을 잘 알고 있고, 나도 그들의 반대 입장에 동의한다. 유행에 입각한 숭배는 서투른 노릇이고, 독습자들에게는 능력을 키워 주는 것이 아니라 자기 확신만을 키워 준다. 우리가 모든 명작품을 주의 깊게 읽을 수는 없는 일이며, 명작품만을 읽는다면 명작품이 평범한 작품과 어떻게 대조가 되는지 결코 알지 못할 것이다. 명작과 명작의 규범을 결정하는 사람이 누구인지 그것을 가려낼 수 있는 정해진 방식도 없다. 책은 목표를 정해 주는 것이지 수단을 만들어 주는 것은 아니며, 이 전체 유행성 숭배 운동에는 훌륭한 취향과는 반대되는 거친 복음 전도식의 투가 담겨 있고, 그 운동은 위대한 것을 익히 알고 있다는 착각을 하게 만든다. 이상이 반대자들의 반대 이유다. 그러나 한 가지만은 확실한데, 명작품을 주로 교과과정으로 하는 곳에서는 학생들이 흥분을 맛보고 만족을 느끼며, 자신들이 독립적이고 충족할 만한 그 무엇을 하고 있다고 느끼며, 대학으로부터 다른 곳에서는 도저히 얻을 수 없는 것을 얻고 있다고 느낀다. 이 특별한 경험이 경험 이상의 것으로 승화하지 못한다고 하더라도 경험 그 사실만으로 그들에게 새로운 선택의 폭을 제시하고 공부 자체를 존중하도록 해준다. 그들이 얻게 되는 이점은 고전에 대한 인식이 생긴다는 것이고 - 이는 특히 우리의 순진한 젊은이들에게는 중요한 것으로서 그들이 중요한 질문이 존재하던 시절에 생겨난 중요한 질문들과 익숙해질 수 있고, 아무리 못해도 그 질문에 대한 대답을 어떻게 찾을 것인가 하는 모범을 접해볼 수 있으며, 그 중에서도 가장 중요한 것은 아마 공유할 수 있는 경험과 사색을 토대로 서로 간의 우정을 쌓을 수 있다는 점일 것이다. 위대한 저서를 현명하게 활용하여 짠 교과 계획안은 학생들의 마음을 움직일 수 있는 고귀한 길을 닦아 준다. 아킬레스에 대해, 또는 절대적인 임무를 배우고 나서 그들이 맛보는 만족감에는 끝이 없다. 고인이 된 과학 역사가 알렉산드르 코이레(Alexandre Koyré)는 내게 - 그의 망명 생활이 시작되던 1940년 시카고 대학에서 첫 번째로 가르친 과목에서 - 한 학생이 아리스토텔레스가 요즘 사람이 아니라는 것을 모르고 논문을 쓴 것을 접하였을 때 그가 미국을 크게 인정하게 되었다고 말했다. 오로지 미국 사람만이 아리스토텔레스를 지금도 살아 숨쉬는 사상가로 생각하는 천진한 심오함을 가지고 있고, 이것은 대부분의 학자로서는 생각조차 할 수 없는 일이라고 코이레는 말했다. 훌륭한 인문 교양 교육 과정은 학생들이 진실과 열정에 대한 애정을 키워 훌륭한 삶을 살아가도록 도와준다. 그것을 택하는 학생이 감격을 맛볼 수 있고 각 대학의 특수 사정에 맞춘 연구 과정을 고안한다는 것은 아주 손쉬운 일이다. 그런 과정을 교수진이 받아들이도록 만드는 것이 어렵다.

현대 종합 대학을 구성하는 세 과학 분야 중 그 어느 분야도 명작품을 중심으로 교육을 시행하는 데 열의를 보이지 않는다. 자연과학자들은 다른 분야나 인문 교양 교육이 그들의 학생과 예비 교육 과정 시간을 너무 많이 빼앗아 가지 않는 한 그들은 타분야와 인문 교양 교육에 대해 호의적이다. 그러나 그들 자신은 자신들의 분야에서 지금 당장 중요한 문제를 푸는 데에 우선적으로 관심이 있고 그들 분야가 분명히 성공적이기 때문에 그 분야의 기초에 관한 토론에는 특별한 관심이 없다. 그들은 뉴턴의 시간에 대한 개념이나 그가 미적분학을 놓고 라이프니츠와 벌였던 논쟁에는 무관심하고, 아리스토텔레스의 목적론은 고려할 가치도 없는 불합리한 것으로 여긴다. 그들은 더 이상 베이컨, 데카르트, 흄, 칸트, 마르크스 등과 같이 과학의 본질에 대해 총괄적으로 숙고하는 가운데 과학이 전진한다고 믿지 않는다. 이것은 단순한 역사적 고찰에 불과한 것이고 매우 상당 기간 동안 심지어는 가장 훌륭한 과학자들조차도 갈릴레오와 뉴턴에 대해 명상하는 것을 포기하였다. 전진에 대해 의심을 품지 않는다. 과학의 진실에 대해 실증철학이 야기한 어려움과 과학을 선으로 동일시하는 생각에 대해 루소와 니체가 품었던 어려움이 과학계 종사자의 의식 속에는 사실상 침투하지 못했다. 그리하여 명작품이 아니라 누진적인 전진만이 그들의 주과제가 된다.

　일반적으로 사회과학자들은 적의를 나타내는데 왜냐하면 고전 저서들은 사회과학자들의 주제인 인간적인 것을 다루기 때문이고, 또 사회과학을 진짜 과학처럼 보이기 위해 드디어 그들이 그와 같은 초기 사상의 구속에서 벗어나 이제는 자유스러워졌다는 점을 매우 자랑스럽게 생각하기 때문이다. 그리고 자연과학자들과는 달리 그들은 자신들의 업적에 아직 자신이 없어 앞서간 사상가들의 작품으로부터 위협을 느낄 만큼 불안하고 혹시 학생들이 옛날의 좋지 못한 방식으로 다시 유인되든지 아니면 되돌아가지 않을까 조금은 겁을 내고 있기도 할 것이다. 더 나아가 베버와 프로이트는 예외이지만 그 이외에 사회과학 분야에서 고전이라고 부를 만한 저서가 없다. 작은 세포들의 증식 덕택에 발달하는 살아 있는 유기체와 유사한 자연과학, 즉 참된 지식의 체계이면서 전체에 대해서는 전혀 아는 바 없는 수천 개의 부분들이 거의 무의식적으로 성장을 계속하고 동시에 전체에도 공헌하는 자연과학과 사회과학을 비교함으로써 고전이 없다는 것이 사회과학에 유리하게 해석될 수도 있다. 이것은 단 하나의 창작자가 하나의 인위적인 전체를 만들어 내고 검토 연구하는 풍부한 상상 또는 철학이 낳은 작품과는 반대가 된다. 그러나 사회 과학 분야에 고전이 없다는 사실을 우리가 그들에게 유리하게 또는 불리하게 해석하는 것과는 별개로, 그 사실이 사회과학자들에게 불편함을 야기시킨다. 유명한 사학자로서 대학원 과정의 사회과학 방법론 개론을 가르치던 교수가 투키디데스 (Thucydides)에 대해 내가 천진하게 "투키디데스는 바보였어"라는 질문을 던지자 화를 내며 멸시조로 반응하던 일이 기억난다.

위대한 책이라는 것이 이제는 거의 독점적으로 소위 인문과학이라고 불리는 분야에 속하게 되었는데도 인문학자들이 위대한 책 중심의 교육에 미온적인 태도를 보이는 것은 더 설명하기가 어렵다. 시대적으로 인문과학 분야의 세력이 가장 바닥으로 떨어진 이 시기에 높이 평가받고 있는 고전이 그 분야의 정신적 세력을 강화할 것으로 사람들은 생각할 것이다. 그리고 인문 교양 교육과 고전작품에 대한 연구의 중요성을 가장 활발하게 주장하는 사람이 실제로 대개의 경우 인문학자인 것이 사실이다. 그러나 그들 간에는 서로 분류되어 있다. 일부 인문과학 분야는 그저 아주 까다로운 전문분야에 불과한 것으로, 그 분야의 존속 여부가 고전작품의 입신에 달려 있음에도 불구하고 본연의 상태의 그 분야는 고전작품에 참된 관심을 갖지 않으며 - 예를 들어 언어학의 많은 부분이 언어와는 상관이 있지만 언어로써 표현된 원래의 내용과는 상관이 없다는 식으로 - 그 분야 자체의 기간 구조를 보강하는데 아무 일도 하려 하지 않고 할 수도 없다. 일부 인문과학 분야는 진짜 과학과 합세하여 이제는 극복된 신화적인 과거에서 자신들의 뿌리를 초월하려고 열을 올린다. 일부 인문학자는 위대한 책을 가르치고 배울 능력이 부족함을 불평하고 그 불평이 합당하기는 하지만 그들 자신이 고전에 대한 생동감 넘치고 권위가 될 만한 해석을 내기보다는 오히려 최근에 있었던 학문적 해석만을 옹호하기 때문에 그들의 비평은 흔히 퇴색하게 된다. 그들의 반응에는 분명히 전문인들의 강한 질투와 편협한 요소가 들어 있다. 끝으로 무엇보다도 인문과학 분야가 전반적으로 크게 약화되었기 때문에 미온적 반응이 나오는 것이고 이 점이 바로 우리가 현재 처해 있는 상황의 증상이면서 동시에 원인이다.

반복하건대 인문 교양 교육의 위기는 최정상의 학문이 취기에 처했다는 것을 반영하는 것이고, 우리가 세상을 해석하는 데 활용하는 첫 번째의 원칙들이 서로 뒤틀리고 모순된다는 것을 의미하며, 지적으로 가장 심각한 위기를 맞고 있다는 것을 의미한다. 이는 우리 문명의 위기를 뜻하기도 한다. 그러나 원칙이 서로 모순된다는 사실이 위기임에는 틀림이 없지만 그보다도 그 위기를 토론한다거나 아니면 심지어 인식할 능력마저 우리가 갖지 못했다는 점에서 아마 우리는 더욱더 위기를 느낄 수밖에 없다고 말하는 것이 더 솔직한 얘기일 것이다. 인문 교양 교육은 자연과 자연 속에서의 인간의 위치에 대한 통일된 시각을 구할 수 있는 토론의 길을 터주고 그 문제를 가장 훌륭한 지성이 모여 높은 수준에서 토의하였을 때 번창했다. 인문 교양 교육 너머에 있는 것이 단지 전문 분야에 불과할 때 인문 교양 교육은 붕괴했고, 따라서 그런 교육에서 나온 전제가 통일된 시각을 제시할 수 없다. 이런 상황에서는 가장 높은 것이 편파적인 지식이고 거기에 통합된 개관은 없다.

대학의 붕괴

코넬 대학에서 들린 총성 이후 대학의 붕괴가 너무나도 분명해졌고, 대학이 분리되는 것을 지켜보면서 나는 대학이 분명히 해야 할 것이 어떤 것인지 배울 수 있는 기회를 가졌다. 일반적으로 학문의 자유와 학문의 본질에 대한 공격에 - 오로지 개인만을 제외하고 - 제대로 대처하는 분야가 하나도 없었다. 그러나 다양한 학과들이 각기 특징적인 방법으로 대응했다. 전문직 단과 대학들 - 공대, 가정대, 산업 노동관계대, 농대 - 은 간단하게 집으로 돌아가 덧문을 내려 닫았다. (법과 대학의 일부 교수들은 정말 분노를 표시했고, 그들 중 일부는 끝내 총장의 해임을 공공연히 거론했다.) 이들 교수진은 일반적으로 보수적인 것으로 알려져 있었으나 그들은 단지 말썽을 원하지 않았고, 그것이 그들의 투쟁이라고 생각지 않았다. 흑인 학생들의 불평이 그들을 겨냥한 것은 아니었고, 따라서 어떻게 사고가 변하더라도 그들에게는 상관이 없었을 것이다. 대학에 학과가 너무 다양해서 대학의 균형이 깨어지고 중심을 잃게 된다고 일반적으로 불평을 하는데도 불구하고, 대학 활동의 중추는 역시 문리대학이라고, 나머지 단과대학들은 문리대학의 모조물이며 학문과 명성의 본거지도 문리대학이라는 사실을 모두가 알고 있다. 이만큼의 옛 질서는 보존되고 있었다. 코넬에서의 도전은 문리대학을 겨냥한 것이었고, 60년대에 전국에서 일어난 소요의 모든 경우가 다 그와 같았다. 그러므로 그 문제는 자연과학, 사회과학, 인문과학 분야에서도 당면해야 했다. 그들 각 분야의 교과 내용과 기준을 바꿀 것을 요구하고 학생들 눈에 엘리트 의식, 인종차별, 성차별로 '비치는' 것들을 제거하도록 요구받았다. 그러나 여기에서 학자들의 사회는 공동체가 아니라는 사실이 입증되었다. 진실을 추구하는 일을 옹호하는 데 서로 단결하지 못했다.

  자연과학자들은 투쟁에 휘말리지 않았다. 자기들끼리 동떨어져 안전지대를 이루었고, 따라서 위협을 느끼지 않았다. 코넬에서는 단 한 사람의 자연과학자만이 총이 대학에 난입하는 것과 교수를 위협하는 것에 대해 항서하고 나선 것으로 나는 알고 있다. 그 대학의 가장 유명한 교수이자 노벨상 수상자인 물리학자가 총장을 변호하는 선두 대변인이 되었는데 그는 생명의 위협을 받고 있는 교수들과 한 번의 협의도 없이 또는 무엇이 위태로운지 한 번쯤 자문해 보지도 않고 대변인이 되었다. 그는 폭력을 개탄했지만 거기에 대해 아무런 행동도 취하지 않았고, 어느 선까지 용서되고 어느 선을 넘어서는 안 되는지 한마디도 하지 않았다. 내가 아는 한 자연과학자는 아무도 일부 사회과학자나 인문학자처럼 흉한들과 한패가 된 사람은 없었다. 그들이 무심할 수 있었던 이유는 그들의 일이 대학의 다른 활동과는 완전히 독립되어 있고 자신들의 일이 중요하다는 확신을 가졌기 때문이었다. 그들은 나머지 우리들과 공동의 이익을 공유하는 게 아니었다. 명백하게 협박을 받았기 때문에 가족과 함께 집을 비우고 숨어 지내는 모욕을 당한 한 친구와 함께 교수가 학생에게 항복하는 — 정말로 모욕적인 사건으로서, 압제가 생각나는 것을 비겁하게 묵인하는 사회상을 축소한 것과 같은 — 회의를 하러 걸어가는데, 한 생물학 교수가 우리 들으라는 듯이 큰 소리로 "이 사회과학자들은 정말로 위험이 있다고 믿는단 말인가?"라고 묻는 것을 나는 들었다. 내 친구는 나를 슬픈 듯이 바라보며 "동료들이 이 정도인데 적이 따로 있을 필요도 없겠지"라고 말했다.

학생 운동은 너무도 비이론적이었기 때문에 한때 높은 수준의 파시즘과 공산주의에서 그러했던 것과는 달리 자연과학을 그들 운동의 표적으로 삼지는 않았다. 레닌과 같이 실증 철학, 상대성 원리, 또는 유전학 등을 몹시 비난하는 사람은 없었고, 괴벨즈(Goebbels)와 같이 유대인의 거짓된 과학을 경계하라고 경고하는 사람도 없었다. 과학자들이 군-산업체와 협력하여 자본주의를 부추기고 환경을 오염시키는 기술을 제공한다고 과학자들을 막 공격하기 시작했다. 그러나 이러한 공격이 과학자들의 심각한 연구 핵심까지 미치지는 못했다. 그들은 인기가 없는 곳에 그들의 지식을 적용시키는 일은 멀리하고, 자신들을 지원해 주었던 정부를 비방하며, 자신들은 평화와 정의의 편이라고 선언함으로써 걱정을 피할 수 있었다. 여기서도 또한 그 유명한 코넬의 물리학자는 예상에 어긋나지 않게 열핵무기 생산에 물리가 조력한 것을 그의 버릇대로 변명함으로써 자신을 두드러지게 만들었다. 그러나 이 과학자들은 그들의 연구, 수업 및 실험실을 고치라는 단 한가지의 요청도 받지 않았다. 이렇게 그들은 모면하였다.

비록 여기에는 이기심 및 자기 보호가 상당히 작용하고 있었던 것도 사실이고 흔히 있는 혐오스러운 도덕적 설교가 수반되었던 것도 사실이지만, 이 행동은 단순한 이기심이나 자기 보호 또는 각 개인은 스스로를 위한다는 문제를 넘어서는 것이었다. 위기에 찬 분위기가 자연과학과 대학과의 관계를 의식적으로 재평가해 보는 완전한 계기가 되지는 못했다. 정치권에서의 위기와 마찬가지로 지적 세계에서의 위기도 모든 것이 고요할 때는 직면하지 않는 것이 더 편한 이해 상관 내의 갈등과 변화가 표면화하는 경향이 있다. 옛 유대관계를 깨고 새로운 협력관계를 형성한다는 것은 언제나 고통스러운 작업이다. 그 일례로 냉전 초기에 자유주의자가 스탈린주의자와 결별했던 때를 들 수 있다. 과학자들은 자신들이 대학의 나머지 부분과는 아무 관계가 없다는 사실과 그러기에 자신들의 운명을 그들과 함께한다면 그만큼의 대가를 치르게 되리라는 사실에 직면하고 있음을 알게 되었다. 어쩌다 만일의 경우 화학이 문화 혁명의 표적이 되고, 붉은 호위대들이 화학 학습을 일일이 감시하고, 화학하는 사람을 공포로 몰아넣었다면 생물학자들이 그렇게까지 냉담할 수 있었을까? 우리로서는 상상이 가지 않는다. 생물학자와 화학자는 학문상 혈연관계에 있는 존재들이고 생물의 진전에는 화학자의 지식이 절대 없어서는 안 된다. 그러나 물리학자로서의 물리학자가 비교문학 또는 사회학 교수로부터 중요한 것은 고사하고 도대체 아무거라도 배울 수 있으리라고는 이제 상상조차 할 수 없게 되었다. 자연과학과 나머지 인문분야 학문과는 가족 간의 관계가 아니라 막연한 추상적인 관계로서 우리가 인문분야 전반에 대해 가지고 있는 관계와 약간 흡사하다. 모두에게 적용될 수 있는 공식화된 권리를 함께 읊을 수는 있겠지만 공유하는 확신과 이해 상관으로 뭉친 타는 듯한 유대감은 없다. 그와 같은 관계가 고통스럽게 될 때는 "나는 너 없이도 살 수 있는데"라는 생각이 우리 마음속에 조용히 스며들게 된다.

  대학에서 분야별로 서로 분리되는 현실은 철학자이자 중요한 자연과학자였던 마지막 인물인 칸트와 문학의 대가로서 자신이 문학보다는 과학에 더 큰 공헌을 했을 것으로 믿었던 마지막 거장인 괴테 이래로 계속 존재하는 현실이었다. 그리고 그들은 철학자로서, 시인으로서 과학에 장난삼아 손을 댔던 것이 아니라 그들의 저술은 자연을 반영하는 거울의 역할을 했고 그들의 과학은 존재, 자유, 아름다움에 대한 명상에 힘입음이 크고 또 그러한 명상에서 나왔다는 점을 기억해야만 한다. 그들은 자연과학이 어둠이 오는 평원에서 일어나는 투쟁을 피해 안전한 중립지대로 대피하고 학문의 중립국 스위스가 되기 전에 볼 수 있었던 통일된 대질문의 미지막 숨결을 대표했던 것이다. 헨리 에덤스(Hanry Adams)는 과학은 달성될 수 있고 동시에 그들에게 유용하다고 생각했던 마지막 세대인 제퍼슨과 같은 신사 계급의 사람을 새 세대, 즉 과학자가 인생에 대해 가르치는 바는 전혀 없고 알아들을 수 없는 언어를 말하게 되었지만 그래도 과학이 인생에 필요한 정보가 된다고 믿는 세대를 이어 주는 생을 살았던 그는 - 그 나름의 재치 있는 방법으로 이러한 변화를 주목하고 있다. 어렸을 때 그는 자연과학을 공부했지만 그것을 포기해 버렸고, 늙은이가 된 다음 그쪽을 다시 돌아다 보니 자신이 전혀 다른 세상에 와 있다는 사실을 알게 되었다. 대학의 오래된 전통과 이상 때문에 고대와의 유대 관계가 붕괴되었다는 사실과 결합 관계는 결단이 나버렸다는 사실이 가려졌다. 이 19세기와 20세기의 위대한 과학자들은 일반적으로 학문의 다른 부문에 대해서도 어느 정도 경험과 존경심을 가지고 있는 교양을 갖춘 사람들이었다. 자연과학 분야 자체와 자연과학자가 점점 증대 일로로 전문화되어 감에 따라 위로 솟기 위한 보호 연막을 두르게 되었다. 60년대 이래로 과학자들은 사회과학 및 인문과학 분야의 동료들과 할 수 있는 얘기가 점점 줄어들게 되었고 그들과 더욱더 상관이 없어지게 되었다. 그나마 남아있던 도시 국가 같은 특성을 대학은 다 잃어버렸고 우연히 같은 배를 탄 동승 여행객들이 이제 곧 정박하면 제각기 제 갈 길로 흩어져 서로 다른 길을 걸을 판국의 배와 같았다. 자연과학, 사회과학, 인문과학 분야 간의 관계는 순전히 행정적인 관계에 불과하고, 그들 관계에서 지적으로 충실한 내용은 전혀 찾아볼 수 없다. 학부 교육의 처음 2년 동안이 서로가 접촉하는 유일한 기회고 그 동안에 자연과학자들은 그들 분야로 오게 될 젊은이들을 통한 자신들의 이익을 보호하느라고 여념이 없다.

몇 년 전 한 음악 교수의 록펠러 대학 방문담을 실은 〈뉴욕 타임즈〉 기사에서 이런 상황의 가장 좋은 본보기를 볼 수 있었다. 거기에서 일하는 평생 과학자들이 음악가의 강연을 들으려고 점심을 싸 가지고 왔다. 그 계획은 스노(Snow, C. P.)의 '두 문화'에 대한 어리석은 자만으로부터 영감을 받아 착안한 것으로, 그는 두 문화 간의 벌어진 틈을, 인문학자는 열역학 제2법칙을 배우고 물리학자는 셰익스피어를 읽게 함으로써 치유할 수 있을 것이라고 제안했다. 만일 물리학자가 실제로 셰익스피어로부터 그의 물리학을 위해 무언가 중요한 것을 배우고 인문학자가 열역학 제2법칙으로부터 그와 유사한 혜택을 입는다고 한다면 이와 같은 사업은 물론 정신적 사기 양양 그 이상의 훈련이 될 것이다. 실제로는 그와 같은 일이 뒤 따르지 않는다. 과학자에게 인문분야는 재창조하는 분야로 비치고 (때로는 그가 이것을 깊이 존경하는데, 왜냐하면 그가 제공하는 것 이외에 무언가가 더 필요하다는 것을 알 수는 있으나 그것을 어디에서 얻을 수 있는지 알 수 없어 당황하기 때문에) 인문학자는 최상의 경우 자연과학에 무관심하고 최악의 경우 낯설게 느끼고 적의를 갖는다.

최근에 철학 과목을 없애 버린 록펠러 대학의 총장 조슈아 레더버그(Joshua Lederberg)가, 강연 후에 스노의 생각은 옳았으나 "셈을 잘못했다"라고 - 즉 두 개의 문화가 아니라 수많은 문화가 있고 그 일례가 비틀즈의 문화라고 - 말한 것을 타임즈는 인용했다. 이야말로 하강 국면이 일시 정체 상태로 들어간 가운데 보잘 것없는 관념을 궁극적으로 통속화시킨 대표적 경우라 할 수 있다. 레더버그는 인문분야가 자연에 대한 연구를 보완해주는 인문의 지식이라는 것으로 본 것이 아니라 단순히 세상에서 일어나고 있는 일들을 다른 방식으로 표현했다고 보았던 것이다. 결국은 이 모든 것이 크나 적으나 세련된 쇼에 불과했다. 레더버그가 그의 청중에게 일종의 윙크를 보냄으로써 그는 이 민주적인 상대주의가 범람하는 대해에서 자연과학은 지브롤터의 바위처럼 두드러진다는 것을 우리에게 알려 준다. 나머지는 모두 취향의 문제에 불과하다.

 이러한 기질이 코넬 및 그 밖의 모든 곳에 있는 자연과학자들의 행동에 영향을 끼쳤다. 이런저런 사회적 목표를 달성하기 위한 수단으로 학생의 입학과 교수 임용을 이용하려고 시도한 새로운 일정에 그들은 그들 방식대로 협력했고, 결국 그러한 시도가 대학의 수준을 낮추고 대학의 목적을 흐려 놓았다. 그들은 반엘리트 의식, 반성(性)차별, 반인종차별 등의 논변을 채택했고, 자기 자신들 영역의 쟁점에 대해 행동을 취하는 데에는 조용히 항거했다. 그들은 더 잘 순응하고 보다 쉽게 위협에 움츠러든다고 판명 난 사회과학자와 인문과학자에게 책임을 전가했다. 자연과학자들도 역시 미국인이고, 따라서 일반적으로 시대적 분위기에 호의를 보이는 경향이 있다. 그러나 그들은 또한 자신들이 하는 일에 대해서는 확고한 확신을 가지고 있다. 그들은 자신들이 과학을 가르치지 않으면서 과학을 가르친다고 자신을 속일 수는 없다. 그들은 운영과정에서 능력을 잴 수 있는 강력한 측량 방법을 가지고 있다. 그리고 적어도 내 경험에 의하면 그들은 내면적으로 과학적 지식만이 참지식이라고 믿고 있다. 그들이 곤경에 처하게 되자 - 즉 예를 들어 수학자들이 좀더 많은 흑인과 여자가 고용되는 것을 원하지만 자기 분야에서 능력 있는 흑인과 여자를 찾을 수 없으니까 - 그들은 사회과학자와 인문학자가 그들을 고용해야 한다는 의미의 말을 했다. 자연과학 분야 이외에는 진정한 기준이라는 게 없다고 믿었기 때문에, 그들은 상황에 순응하는 것이 쉽사리 이루어질 수 있으리라고 단정했다. 철두철미 무책임하게 과학자들은 예를 들어 적합한 자격 없이 입학이 허용된 소수민족 학생이 과학을 잘못하면 다른 학과가 맡아서 처리할 것이라는 가정 하에 비례 배당령의 여러 양상에 동조했다. 과학자들은 그와 같은 학생들의 대규모 실패와 거기에 따르게 될 정말 엄청난 결과를 생각해 보지 않았다. 그들은 이 학생들이 자신들의 분야가 아닌 대학의 다른 분야에서는 문제없이 성공할 수 있으리라고 생각했다. 그리고 그들이 옳았다. 인문분야와 사회과학은 타락되었고 성적을 후하게 주는 관행이 시작된 반면에 자연과학은 주로 백인 남성들만의 영역으로 계속 남아 있다. 따라서 대학 내의 진짜 엘리트주의자들은 밀려오는 역사의 힘을 몰고 온 결과로부터는 아무런 고통도 받지 않은 채 그 힘의 덕을 보는 쪽에 머무를 수 있었다.

그 혁명을 병적으로 흥분하여 지지하는 지지자를 인문분야에서 찾아볼 수 있다는 것이 놀라운 일이 아니다. 냉정, 이성, 객관성과 대조된다고 여겨지는 열정과 소신은 인문분야에서 찾게 된다. 연극 같은 일 중의 하나가 일련의 인문학부 교수들이 만일 대학 측이 즉각 항복하지 않으면 대학 건물 하나를 장악하겠다고 위협한 경우도 포함된다. 그 자신이 유대인인 인문학부의 한 교수가 자기과 학생에게 유대인이 흑인들에게 한 처사를 생각해 볼 때 유대인을 강제 수용소에 집어넣는 것은 당연한 일이라고 말했다고 그 학생이 내게 일러 주었다. 마침내 이 남녀들이 도서관과 강의실에 앉아 자신들의 시간을 한가로이 빈둥거리며 보내는 대신에 행동에 들어갔다. 그러나 그들은 자신들의 파멸을 향해 활동을 벌인 셈인데, 왜냐하면 60년대 소요의 결과로 가장 크게 피해를 입은 곳이 인문분야이기 때문이다. 한 학생의 관심을 잃게 된 것, 언어를 배우는 일이 거의 사라져 버린 것, 박사 학위 소지자들의 일터가 사라진 것, 일반 대중의 동조가 부족한 것 등이 모든 것들을 자신의 위치가 확고했던 옛 질서를 뒤엎어 버린 데서 생겨난 결과다. 그들은 받을 것을 받은 셈이지만 우리 전체로 볼 때는 불행히도 모든 것을 잃은 셈이다.

많은 인문학자들이 이렇게 행동을 하게 된 데는 명백한 이유가 있고, 그 이유를 밝히는 것이 이 책의 주제다. 코넬은 정치권에서 뿐만 아니라 인문분야에서 일고 있던 특정한 조류의 최전선에 나섰던 곳이었다. 수년에 걸쳐 그곳은 비교문학을 통해 프랑스의 극단적인 좌경 사상을 정화시키던 작업장이었다. 사르트르로부터 골드만(Goldmann, L.)을 거쳐 푸코(Foucault, L.)와 데리다(Derrida, L.)에 이르기까지 계속 이어지는 사조는 모두가 다 코넬을 스쳐갔다. 이러한 개념들은 오래된 책에 새로운 활력을 불어넣으려는 의도로 생긴 것이었다. 해석의 틀이 되는 독해술 - 마르크스, 프로이트, 구조주의, 기타 등등 - 을 통해 이 따분하고 오래된 책들을 통합하고 그 책들을 혁명적 의식의 일부로 만들 수 있다. 단지 고물 연구가에 불과하고 내시와 같은 존재이며 늙어가는 후궁들과 이제는 매력을 잃어버린 고급 창부들이나 관리하던 인문학자에게 드디어 능동적이고 진보적인 역할이 주어졌다. 더 나아가 인문분야에 거의 보편화되다시피 널리 퍼져 있던 역사주의는 사람들의 영혼이 새로 생겨나는 것에 헌신할 수 있는 마음의 태세를 갖추어 주었다. 여기에 덧붙여 그와 같은 변화가 오면 문화가 과학을 우선하게 되리라는 기대가 있었다. 내가 언급했던 지성적 반대학 이념이 이러한 조건 속에서 표출할 수 있었고 이는 대학이 역사의 무대라고 생각했기 때문이다. 사망하기 몇 달 전에 골드만은 내게 그가 살아서 1968년 파리에서 그의 아홉 살 난 아들이 가게의 유리창을 통해 돌을 던지는 것을 목격할 수 있었던 것이 특권이었노라고 말했다. 라신(Racine)과 파스칼에 대한 그의 연구는 이런 식으로 치닫고 있었다. 되살아난 인간 본성 (humanitas redivivas)! 학생들은 행동만을 따르고 책을 따르지는 않았다. 그들은 과거나 과거가 낳은 스승들의 도움 없이 미래를 개척할 수 있었다. 혁명이 창조의 시대를 열고, 고물 수집의 취미보다는 오히려 예술이 꽃피게 되고, 종국에는 이성이 아니라 상상이 활동 무대를 차지하는 기회를 갖게 될 것이라는 전위주의자들의 분별없는 기대가 당장 채워지지는 않았다.

 인문분야의 교수들은 불가능한 상황에 처해 있고 자신들과 자신들이 하는 일에 확신을 갖지 못하고 있다. 좋든 싫든 그들은 근본적으로 고서를 해석하고 전수하는 일을 맡고 있고, 전통이 특별한 특권을 누리지 못하는 민주 질서 내에서 우리가 전통이라고 부르는 것을 보존하는 일을 떠맡고 있다. 명백한 실용성만이 유일하게 통하는 곳에서 그들은 한가롭고 아름다운 것을 지지하는 일당들이다. 여기 그리고 현재의 활동만을 요구하는 환경 속에서 그들의 영역은 불변 및 명상하는 것이다. 그들이 믿는 정의(正義)대로 따르면 그들은 정의를 초월하지만 민주적 성향과 죄의식은 그들을 그것과 함께 있도록 밀어붙인다. 결국 우리의 문제를 해결하는 데 셰익스피어나 밀턴이 무슨 상관이 있단 말인가? 특히 우리가 그들을 잘 살펴보면 그들은 우리가 극복하고자 하는 엘리트적 편견, 성차별적 편견 및 국수주의적 편견의 저장소와 같다는 것을 발견하게 되는데 그들이 우리의 문제와 무슨 상관이 있겠는가?

본래 인문과학 자체가 부동의 확신과 헌신을 필요로 함은 말할 것도 없는데 실제로 교수들에게는 흔히 찾아보기가 힘들고 이제는 찾아오는 의뢰인마저 사라져갔다. 학생들에게 제공된 것이 중요하다고 믿도록 그들을 설득할 수가 없었다. 외로움과 자신들이 가치 있는 일을 한다는 감각을 전혀 가질 수 없었기 때문에 이 인문학자들은 미래를 향한 가장 **빠르고** 가장 유연한 급행차에 허겁지겁 올라탈 수밖에 없었다. 물론 이것은 인문과학에 적대감을 보였던 모든 경향들이 과격화되었음을 의미했고, 인문과학을 일말의 주저도 없이 그 기차 밖으로 내던져버렸다는 것을 의미했다. 자연과학과 사회과학이 이런저런 방식으로 유용한 면이 있다는 것을 과시함으로써 그들의 자리를 확보할 수 있었다. 인문과학이 유용성을 과시하는 것은 불가능했다. 정치와 무관한 인문과학의 특성, 고전 문학에 나타난 정치적 내용이 정치교육의 일부가 되었어야 하는데 그것을 습관적으로 변형시키거나 억압한 것이 영혼에 허공을 남기게 되어 아무 정치나 닥치는 대로 그 자리를 메우게 되었고 특히 통속적이고 극단적인 시류에 영합하는 정치가 그 자리를 차지하게 되었다. 인문과학은 자연과학과는 달리 잃을 게 없거나 아니면 잃을 게 없다고 생각했고, 사회과학과는 달리 정치적 사항과 같이 다루기 힘든 것에 대한 지식이 없다고 생각했다. 인문학자들은 나그네쥐가 바다로 뛰어들 듯 바닷속으로 달려 들어가면서 그 속에서 자신들을 새롭게 하고 생기를 회복할 수 있으리라고 생각했다. 그들은 익사했다.

이렇게 되자 사회과학이 투쟁의 장이 되었고, 따라서 공격의 대상이 됨과 동시에 어떤 종류의 태도이든 분명한 태도를 밝힐 수 있는 유일한 장소가 되었다. 사회과학은 대학에 가장 최근에 합세한 분야이고 인간의 지혜를 저장 보존하는 측면에서의 공헌이나 과거의 성취면에서 내세울 수 있는 것이 거의 없는 분야이며 정말 대학가의 일부가 되기에 합당한가조차도 의문시되었고, 천재들이 참여하기를 가장 꺼렸던 분야였다. 그러나 사회과학은 원칙적으로 인간적인 것들과 관계가 있고, 사회생활과 관련되는 사실들을 소유하고 있는 것으로 여겨지며 그 사실을 보고함에 있어 특정한 과학적 양심과 성실성을 가지고 있는 것으로 알려져 있었다. 특정한 정강(政綱)을 갖고 있으면서 번영, 평화나 전쟁, 평등, 인종차별, 성차별에 주의를 기울이는 사람이면 누구나 사회과학이 관심의 대상이 될 수 있다. 이 관심은 사실을 알자는 것 - 또는 사실들을 자신들의 의사일정에 맞추어 대중에게 영향을 주자는 것이다.

 이 분야에서의 사실을 고쳐 보고 싶은 유혹은 엄청난 것이다. 보상, 벌, 돈, 칭찬, 비난, 죄책감, 선한 일을 하고 싶은 욕망 등 모두가 이 분야를 둘러싸고 맴도는 것들이고, 따라서 이 분야에 종사하는 사람들의 마음을 현혹시키고 있다. 모든 사람들이 자신의 소망과 필요에 꼭 들어맞는 이야기를 사회과학으로부터 듣기를 희망한다. 만일 둘 더하기 둘은 넷이 된다는 사실이 정치적 타당성의 문제라면 그 사실조차도 부인하는 파벌이 생겨날 것이라고 홉스는 말했다. 사회과학에는 다른 분야에 비해 지나치게 공론가와 협잡꾼이 많다. 그러나 훌륭하고 성실한 학자 또한 배출하였고 그들의 업적 덕분에 부정직한 정책이 승리를 거두기가 더욱더 어려워졌나. 그런 언유에서 과격파들이 제일 먼저 강탈한 것이 사회과학이다. 한 무리의 흑인 행동주의자들이 경제학 교수의 수업을 방해했고, 그런 다음 과장실로 쳐들어가 과장과 그의 비서(심장병을 앓고 있던)를 13시간 동안 인질로 잡아 두었다. 물론 죄목은 그 교수가 아프리카의 경제적 이행의 효율을 평가하는 데 서구의 기준을 적용한 인종차별주의자라는 것이었다. 그 문제에 주목하도록 학교 당국을 상기시켰다고 하여 그 학생들은 칭송을 받았고, 과장은 그 학생들에 대한 고발을 제의할 것을 거절했으며, 문제의 교수는 교정에서 기적같이 사라져 버리고 다시는 나타나지 않았다.

 문제를 이런 식으로 해결하는 것이 전형이었지만 사회과학의 일부 교수는 이렇게 처리하는 것을 좋아하지 않았다. 역사가들은 세계사와 특히 미국사를 다시 써서 국가란 언제나 지배와 착취를 위한 음모요, 체제였음을 보여 주어야 한다고 요청받았다. 심리학자들은 불평등과 핵무기의 존재로 사람들이 심리적으로 손상을 입고 있고, 미국의 정치가들은 소련에 대해 과대 망상가들과 같다는 것을 증명하라고 시달림을 받았다. 정치학자들에게는 북베트남인을 민족주의자로 규명할 것과 소련을 획일주의로 낙인 찍는 것을 제거하도록 촉구했다. 미국의 국내 정책 또는 외교 정책과 관련하여 우리가 상상할 수 있는 모든 극단적인 견해를 지지하라고 사회과학에 요구했다. 특히 엘리트 의식, 차별주의, 인종차별주의와 같은 죄를 사회과학에서 몰아내야 함은 물론 거기에 대한 투쟁의 도구가 될 것을 요구받았고 네 번째의 용서할 수 없는 죄악인 반공주의에 대항하는 도구가 될 것을 요구받았다. 감히 이러한 죄악을 조금이라도 인정하는 사람은 물론 없었고, 그 밑에 깔려 있는 쟁점 즉 평등 자체를 진지하게 토론하는 것이 우리 앞에서 사라진 지도 꽤 오래되었다. 두려움을 모르거나 어리석은 영혼을 가진 소수를 제외하고는 모든 사람이 기독교 신앙을 고백하고 정설에 관한 것만이 유일한 토론이었던 중세에서처럼 사회과학에서의 주요 학생 활동은 이단자를 골라내는 일이었다. 이들은 성차별을 진지하게 연구하거나 인종차별 철폐의 일환으로 지역 간 학생을 강제로 병합하는 것의 참다운 교육적 가치에 대해 의문을 제기하거나 아니면 제한된 핵전쟁의 가능성을 고려해 본 학자들이었다. 비방, 수업 방해, 가르치는 데 필요한 신임과 존경의 상실 및 동료들의 적대감과 같은 모험을 감수하지 않고 급진적인 정설에 의문을 제기한다는 것은 거의 불가능한 일이었다. 인종차별주의나 성차별주의자라는 것은 추악한 딱지였고, 그것은 아직도 마찬가지이며 - 이는 널리 유포되어 있던 시대적 편견이 달랐던 시대에는 무신론자 또는 공산주의자라는 딱지와 같은 것으로서 - 아무에게나 뒤죽박죽으로 그 딱지를 갖다 붙였고, 그 딱지가 일단 붙으면 뗀다는 것은 거의 불가능했다. 해를 입지 않고 할 수 있는 이야기는 한마디로 없었다. 그와 같은 분위기에서 공평한 연구를 한다는 것은 불가능했다.

많은 사회과학자들에게는 이것이 편리했지만 새롭고 보다 질긴 기질이 이 투쟁을 통해 생겨나게 되었다. 일부는 그들의 객관성이 위협을 받고 있다는 것을 알게 되었고, 학자로서의 탐구가 존중받지 못하고 보호받지 못하면 그 누구라도 위기에 처하게 될 수 있음을 알게 되었다. 그 압력이 옛 자유주의를 되살아나게 만들었고 학문의 자유가 중요함을 새삼 인식하도록 만들었다. 자존심과 자기 존중, 협박과 모욕에 굴하지 않겠다는 의지가 고개를 들었다. 민주주의 앞에서 열정이 사실을 휩쓸어 버릴 때는 민주주의 내의 모든 파당들이 다 같이 위태롭게 된다는 것을 이 사회과학자들은 알았다. 그 무엇보다도 확성기를 통해 소리 높이 읊어대는 선전에 그들은 본능적으로 혐오감을 갖게 되었다. 그와 같은 사회과학자들이 반드시 개인적으로 모두가 다 똑같은 정치적 신조를 지닌 것은 아니었다. 그들에게 동료 의식이 생기는 이유는 그들이 항상 의견을 함께하는 데서 생긴 것이 아니라 오히려 의견을 달리함으로써 서로가 혜택을 입을 수 있다는 데서 서로를 존중하기 때문이고 그들의 연구를 보호해 주는 기관에 대한 애착 때문이다. 코넬 대학에서 좌파, 우파, 중도파의 사회과학자들이 – 물론 이것이 미국의 대학에서 찾아볼 수 있는 협소한 분류임을 인정하는 바이지만 – 학문의 자유에 대한 침해가 일어나고 이와 함께 크거나 작게 보다 미묘한 형태로 동료에 대한 난폭함이 사방에서 계속 일어나자 이를 항의하기 위해 함께 뭉치는 것을 우리는 발견할 수 있었다. 대학에 대한 도전이 대학에서 가장 정치적인 부분에서 시작되었고, 또한 그것을 가장 잘 이해하고 있었던 곳도 거기였다는 점이 모두가 다 우연이 아니다. 학문의 도덕적 조화를 자연히 초점으로 삼고 과학의 미덕을 실험해 보려고 하는 시각이 바로 정치적 시각이다.

 불행하게도 나는 이 위기로 해서 사회과학이 그들의 관심을 넓히게 되었다거나 아니면 다른 분야들이 자기 자신들의 상황을 숙고하는 계기가 되었다고 단언할 수가 없다. 그러나 진실에 대한 그들의 사랑과 자신들의 연구를 위해서라면 정말로 기꺼이 희생을 감수하겠다고 결심을 굳힌 한 무리의 학자들과 잠시나마 함께하였고, 경건이 경건 이상일 수 있다는 것을 발견하였으며 확신에 기초한 공동체 의식이 있음을 감지하는 것 등은 매우 고무적이었다. 일반적으로 다른 분야는 그들이 공언하는 자유로운 탐구에 대한 애착을 실제로 실험대에 올려 보지는 않았다. 우리 대학이 분열된 구조를 갖게 된 내력의 주요 요인은 그들이 면제되었기 때문이다.

대학의 학과

학원의 보금자리를 지배하고 지식이 무엇인지를 결정하던 세 개의 분야가 오늘날에는 어떠한가? 자연과학은 여전히 잘하고 있다. 고립되어 있지만 그래도 행복하게 살고 있고 항상 그랬듯이 성공적으로 유용하게 태엽이 잘 감긴 시계처럼 잘 돌아가고 있다. 물리학자는 블랙 홀(black hole)을 알아내고 생물학자는 유전 정보를 알아내는 등 최근에는 괄목할만한 일도 있었다. 자연과학 분야의 목표와 방법에 대해서는 의견이 일치되어 있다. 매우 높은 지능의 소유자에게는 자연과학이 흥분에 가득 찬 생활을 제공해주고 전반적으로 인류는 자연과학으로부터 도저히 헤아릴 수 없는 혜택을 입고 있다. 우리의 생활양식은 완전히 자연과학자에게 의존해야 하는 생활 양식이고, 그들은 그들의 그러한 약속을 모두 채워 주었으며, 그 이상의 성과를 올렸다. 자연과학의 이론적 평정을 위협할 만한 의문들은 오직 말단에서 지엽적으로 일어나는 것이 고작이고 - 의문이라야 기껏 미국이 객관적인 과학의 천재를 배출하고 있는지 여부에 대한 것, 핵무기같이 과학으로부터 얻은 결실을 사용하는 문제에 대한 의문, 윤리학자와 같은 사람을 인식자로 간주하지 않는 생물학자들이 생물학적 실험과 이를 적용함에 있어 '윤리학자'가 필요하다는 소리를 하게 된 것 등이 고작이다. 하지만 일반적으로 모든 것이 다 잘 되어가고 있다.

그러나 자연과학이 끝나는 곳에서 문제는 시작된다. 자연과학은 인간, 즉 자연과학의 범위를 초월하는 단 하나의 존재인 인간에 이르면 끝이 나고, 더 정확히 말해 그것이 무엇이든 인간의 육체와 상관이 없는 부분 또는 육체와 상관이 없는 양상에 이르면 자연과학은 끝이 난다. 우리에게 그러한 양상이 있기 때문에 과학자가 과학자로서 파악되는 것이고, 이는 정치가나 예술가나 예언자의 경우에도 마찬가지다. 인간적인 것, 우리에게 밀접한 관계가 있는 것은 모두가 다 자연과학의 영역 밖에 놓여 있다. 그 점이 자연과학에 문제가 되어야 하는데 실제는 그렇지가 않다.

이것이 무엇인지, 인간 육체의 일부가 아니고 더 이상 쪼갤 수도 없는 이 작은 물건의 정체를 우리가 무엇이라고 불러야 하는지 거기에 대한 합의조차 할 수 없다는 것이 분명히 우리에게 문제가 된다. 정확히는 모르나 아무튼 이 고정되지 않는 물체 또는 양상 때문에 과학도 사회도 생기게 되었고, 문화, 정치, 경제, 시, 음악 등 모든 것이 생기게 되었다. 우리가 이렇게 생겨난 것들이 무엇인지는 알고 있다. 그러나 그것들의 원인을 알지 못한다면, 우리가 진정으로 그것의 상태를 안다고 할 수 있고 심지어 그것이 정말로 존재하는지를 안다고 할 수 있을까?

 이 한 가지 주제, 즉 인간 또는 인간과 관계되는 뭔지 모를 그 무엇과 그의 활동 및 활동의 산물에 대한 연구를 위해서는 두 개의 분야 - 즉 인문과학과 사회과학 - 가 있는 반면에 육체와 관계되는 분야는 자연과학 하나뿐이라는 사실에서 그 주제의 어려움이 잘 반영되고 있다. 역할의 분담이 물리학, 화학, 생물학에서처럼 주제에 대한 서로 간의 합의를 거쳐 이루어지고 그것 안에서의 자연적인 표출을 명료하게 반영하는 고로 서로에 대한 존중과 협력을 자아낼 수 있다면 전혀 문제가 없을 것이다. 사회과학은 인간의 사회생활을 다루고 인문과학은 인간의 창조적인 생활 - 위대한 예술 작품, 기타 등등 - 을 다룬다고 믿고 있고, 또 때로는 졸업식의 축사 같은 데서 실제로 그렇게들 말한다.

 그리고 비록 이런 종류의 구분이 터무니없는 것은 아닐 테지만 실제로 그것으로는 어림도 없다. 이 사실이 여러 다양한 모습으로 나타나고 있다. 사회과학과 인문과학이 모두 자연과학에 대해서는 어느 정도 자진해서 경탄을 금치 못하면서도 둘은 상대방을 서로 무시하며, 사회과학은 인문과학이 비과학적이라고 경시하고 후자는 전자를 교양 없는 속물이라고 여긴다. 그들은 서로 협력하지 않는다. 그리고 가장 중요한 것은 그들에게 서로 겹치는 영역이 많다는 점이다. 이제는 인문과학에 속하게 된 대다수의 고전작품들은 사회과학자들이 이야기하고 있는 바로 그것들을 이야기하고 있지만 고전에서 사용된 방법과 고전의 결론은 사회과학과 다르고, 이와 함께 사회과학의 각 분야는 이래저래 여러 다양한 예술가들의 활동을 인문분야에서 다루는 것과는 반대되는 방법으로 설명하고자 시도한다. 사회과학은 예견할 수 있기를 원하는데, 즉 다시 말해 인간은 예측 가능하다는 것을 의미하고 반면에 인문과학은 예측할 수 없는 것이 인간이라고 이야기한다는 사실이 둘 사이의 차이점이다. 두 진영의 구분은 과학적인 구분이라기보다는 오히려 휴전선에 흡사하다. 이 두 분야는 인간의 존재에 대한 오래되고 해결이 나지 않는 투쟁을 변장시킨 것이다.

사회과학과 인문과학은 18세기 말엽에 이르러 인간을 자연으로부터 축출하고, 따라서 자연과학 또는 자연 철학의 이해 영역으로부터 결정적으로 몰아냄으로써 - 또는 육체에 관계된 부분을 뺀 인간의 잔여 부문을 퇴거시킴으로써 - 생겨난 위기에 대한 두 가지 대응 방법을 대표하고 있다. 그 중 한 가지 대응 방법이 인간을 새로운 자연과학의 방법에 동화시켜 인간에 대한 과학을 생물로부터 내려오는 사다리 구조의 한 단계가 되도록 만들어 보려는 용감한 노력이었다. 또 다른 방법으로는 칸트에 의해 새로이 개척된 영역을 계승하여 위기에 대응하고, 여기에서는 자연과 자유를 대조시켜 자유의 영역을 계승하였으며, 자유가 자연과는 별개이지만 동등하므로 자연과학의 방법론을 흉내 낼 필요가 없으며, 적어도 정신을 육체만큼 중요하게 여겼다. 철학으로부터 갓 해방된 우승자인 자연과학에 두 분야 다 도전하지 않았다.

오히려 사회과학은 새로운 우승자의 뜰 안에서 겸허하게 자신이 설 곳을 찾아보려고 노력하였고, 인문과학은 거만스레 옆집에 자신들의 일터를 따로 차리려고 노력하였다. 그 결과로 인간에 대해 서로 조화되지 않는 두 가닥의 사고가 계속하게 되었고, 그 중 하나는 인간을 근본적으로 정신적인 면, 영혼, 자아의식 등이 전혀 없는 또 하나의 짐승에 불과한 것으로 다루는 경향이 있고 다른 하나는 인간에게 동물적인 면이 전혀 없고 마치 육체가 없는 것처럼 행동하였다. 이 두 가닥이 서로 만날 수 있는 접합점이 없다. 우리는 둘 중 하나를 택해야만 하고 결국 선택에 따라 매우 다른 종착지에 도달하게 되는데, 즉 다시 말해 하나는 상대방이 용감한 신대륙이라고 부른 제2의 월든(Walden)에 도달하게 되고 다른 하나는 대적하는 상대방이 암흑의 왕국(The Kingdom of Darkness)이라고 부르는 은혜의 섬(차라투스트라가 은신처로 즐겼던)에 도달하게 된다.

이러한 두 해결책은 그 어느 쪽도 완전한 성공을 거두지 못하였다. 사회과학은 자연과학으로부터 인정을 받지 못한다.[13] 그것은 모방이지 일부가 아니다. 그리고 인문과학 쪽은 부패해가고 점점 먼지만 더 앉아 가는 구색도 제대로 갖추지 못한 잡동사니 골동품 가게가 되어가고 있다는 사실이 드러난 한편 장사는 날로 악화되어 간다. 사회과학이 좀더 건장한 편이라는 것이 판명되었고, 자연과학이 지배하는 세상과 보다 낫게 조화를 이루는 것으로 판명 났으며, 영감이나 복음 전도식의 열기는 잃었지만 그래도 경제와 심리학을 들먹일 때마다 나타나는 반응에서 보듯이 근대생활의 다른 여러 양상에 유용하다는 것이 판명되었다. 인문과학은 번민하지만 이는 오로지 그들이 근대 사회에 적합하지 못하다는 것만을 증명할 뿐이다. 어쩌면 이것이 바로 어딘가 근대가 잘못되어 있다는 것을 나타내 주는 징표인지도 모를 일이다. 더 나아가 오늘날 비학문적인 방법으로 우리 생활에 강력한 영향을 미치는 언어가 자유의 영역에서 수행한 조사 연구에서 파생한 것들이다. 사회과학은 로크가 세운 학파에서 파생하였다고 할 수 있고, 인문과학은 루소에 의해 세워진 학파에서 파생된 것이라 할 수 있다. 그러나 사회과학이 자연과학에 기대면서도 한편으로는 최근에 이르러 사회과학적 직감의 많은 부분을 사실은 무의식 세계로부터 받고 있다. 베버를 생각해보면 이 사실이 금방 자명해지고 마르크스와 프로이트도 같은 경우다. 우리가 공언할 수는 없으나 인간을 파악하기 위해서 인간에게는 자연과학이 제공할 수 없다는 무언가가 필요하다. 인간이 바로 문제인데, 그것에 직면하지 않으려고 우리는 다양한 술책을 고안하며 살아가고 있다. 현

---

13) 간단히 자연과학은 전혀 상관하지 않는다. (자신들이 공격을 받지 않는 한) 자연과학은 다른 곳에서 진행되고 있는 일에 적의를 갖지 않는다. 사실 자연과학은 거의 또는 완전히 자급자족하고 있다. 만일 다른 학문이 자연과학이 요구하는 엄격과 증명의 기준을 만족시킨다면 그 학문은 자동으로 자연과학에 영입될 것이다. 자연과학은 뽐내지 않고 속물근성도 없다. 그것은 순수하다. 스위프트가 지적하였듯이 자연과학이 습관적으로 그리고 분명히 필요에 의해 자신이 지키는 영역을 벗어나 출타하는 경우는 정치로 출타하는 것이 유일하다. 좀 혼란된 방법이기는 하지만 이때 자연과학이 자신들은 보다 더 방대한 계획의 일부이고 그 계획에 자신들이 의존하고 있으며 그 계획은 자신들이 가진 방법론의 산물이 아니라는 것을 스스로 인정한다. 철학의 필요성을 소크라테스가 말한 대로 보잘것없고 경멸받는 정치가 심지어 과학자조차도 꼼짝없이 인정할 수밖에 없는 방법으로 지적해 준다. 자연과학자들에게는 과학자로서의 정치학에 대해서는 존경심이 전혀 없지만 정치 자체에 대해서는 열정적으로 관심이 있다. 이 점에 미루어 모든 것을 재고해 보기 시작하여야 한다. 핵전쟁의 위험이나 사하로프를 투옥하는 것이 정말로 우연이었을까?

재 대학에 존재하는 지식의 세 분야가 서로에 대해 보여주는 이상한 관계가 그것에 대한 모든 것을 말해 준다.

먼저 사회과학을 살펴보면, 심리학으로부터 경제학과 사회학을 거쳐 정치학에 이르기까지 적어도 그 분야에는 일반적인 외견상 전체 테두리가 갖추어져 있는 것 같고 이 분야 소속의 각 부분들은 이 분야에서의 가능한 체계로 정렬된 것으로 보일는지 모른다. 불행히도 이 외관에 비해 속은 아무것도 없다. 다급하여 꼭 필요하다면 인류학을 억지로 어느 위치에건 끼워 넣는 방법을 찾을 수는 있으리라고 생각되지만, 아무튼 우선 인류학을 사회과학이 잊고 있고 역사 또한 빼 버렸는데 역사가 사회과학에 속하느냐 아니면 인문과학에 속하느냐의 논쟁이 분분하다. 더 중요한 것은 이 다양한 사회과학 스스로는 결코 그들이 그 어떤 상호의존적 질서 속에 놓여 있다고 생각하지 않는다는 점이다. 대개의 경우 그들은 각기 독립적으로 활동하고 궁여지책에서 나온 표현대로 만일 부분 간에 '영역 공유'가 불가피할 경우 그들은 종종 두 개의 얼굴을 가졌다는 사실이 드러난다. 대부분 전문화된 분야에서는 심지어 서로 같은 분야에 종사하면서 반 가량이 나머지 반은 자기와 같은 전문 분야에 속한다고조차 생각하지 않고, 이와 유사한 상황이 이 분야 전반에 퍼져 있다. 경제는 그 나름대로 자신들에게 짜 맞춘 간단한 심리를 가지고 있고, 따라서 심리학이 제공하는 심리는 사실 생물학의 일부이지 경제에는 별 도움이 되지 못하고, 아니면 그것이 제시하는 동기는 경제학이 주장하는 주된 동기와 정면으로 모순이 된다. 마찬가지로 정치적 사건에 대해 정치학이 내릴 수 있는 정상적인 해석을 경제학이 손상시키는 경향이 있다. 경제에 의해 유도 또는 통제되는 정치학이 가능하지만 그런 것은 필요 없고, 마찬가지로 심리에 의해 유도되는 정치학도 가능하고 그것이 전자와 똑같지는 않을 것이다.

이는 마치 무엇이 첫 번째냐를 두고 여러 자연과학 분야들이 논쟁을 벌이는 것과 마찬가지다. 사실상 사회과학의 각 분야들은 다른 분야를 이해하기 위해서는 자신의 분야를 출발점으로 삼아 생각해 보아야 한다고 제각기 주장할 수 있고 또 실제로 그렇게들 주장하는데 - 경제학은 경제 또는 시장을 역설하고, 심리학은 개인의 심리를, 사회학은 사회를, 인류학은 문화를 그리고 (비록 이 정치학의 주장이 가장 독단성이 적다고 할 수 있기는 하지만) 정치학은 정치 질서를 역설한다. 문제는 사회과학의 원자라 할 수 있는 것이 어느 것이냐 하는 것이고, 각 전공은 자신이 전체이고 다른 분야는 자신으로 대표되는 전체의 적절한 일부일 뿐이라고 논쟁할 수 있다.

더군다나 각 분야마다 다른 분야를 추상 개념, 구성 또는 상상으로 꾸며 낸 일부에 불과하다고 비난할 수 있다. 시장을 형성하는 사회나 문화의 일부분이 되지 않고 순수하게 시장이라는 것이 정녕 있는가? 문화는 무엇이고 사회는 무엇인가? 그것들이 그 어떤 정치 질서의 양상 또는 일면 이상이 되어 본 적이 정말로 있었던가? 여기에서 정치학이 가장 강력한 위치에 놓이게 되는데, 왜냐하면 비록 정부 또는 국가를 피상적이고 복합된 현상으로 여길 수는 있으나 정부 또는 국가는 부인할 수 없는 실체이기 때문이다. 사실 사회과학은 우리가 우리 주위에서 보는 인간 세상에 대한 각양각색의 시각을 나타내 주고 그 시각이 서로 조화를 이루지 못하는 것은 인간 세상에서 보는 현상을 어떤 종류의 목적에서 설명할 것인가 하는 문제는 고사하고 그 세계에 속하는 것이 무엇인지에 대해서조차 서로 간에 의견 일치를 볼 수 없기 때문이다.

사회과학 내부의 논쟁을 유발하는 또 다른 출처는 과학은 무엇을 의미하는가 하는 문제와 관계가 있다. 과학은 합리적이어야 하고, 입증을 위한 정해진 표준을 갖추고 있어야 하며, 체계적인 연구를 바탕으로 삼아야 한다는 점에는 모두가 동의한다. 더 나아가 왠지는 모르지만 자연과학에서 허용되고 있는 것과 같은 종류의 목적이 사회과학 내에서도 적용되어야 한다는 데에 정도의 차이는 있으나 뚜렷이 의견을 일치시키고 있다. 이는 거기에 목적론도 없고 '정신적(spiritual)' 원인도 없음을 의미한다. 예를 들어 구원을 추구하는 원래의 동기는 억압된 성욕에 기인한다고 다른 종류의 동기로 축소시킬 필요가 있지만 제물의 추구는 그렇게 할 필요가 없다. 동기를 물질에서 찾는 것과 보다 높고 복잡한 현상들은 보다 낮고 단순한 것으로 축소하는 것이 이 분야에서 보편적으로 용납 통용되고 있는 절차다. 그러나 근대 자연과학 중에서 수학과 물리학같이 가장 성공을 거둔 자연과학이 제시하는 모범을 어느 정도까지 사회과학이 따라갈 수 있고 따라가야 하는가 하는 문제는 끝없는 토론과 말다툼의 원천이 될 가능성을 내포하고 있다. 예측하는 것이 근대 자연과학의 품질 보증서이고, 따라서 거의 모든 사회과학자들도 믿을 만한 예측을 할 수 있기를 원하지만 믿을 만한 예측을 한 사회과학자는 아직 하나도 없다.

자연과학에서 예측이 가능하였던 것은 손쉽게 수학적인 공식으로 표현할 수 있도록 현상들을 감소시켰기 때문이고, 대부분의 사회과학자들은 그들의 분야에서도 이와 똑같은 일이 일어나길 바란다. 문제는 그러한 방향으로의 다양한 노력이 사회 현상을 왜곡시키는 결과를 초래하는 것이 아닌지, 아니면 이러한 노력이 쉽사리 수학 공식화되지 않는 것은 소홀히 하고 수학 공식화할 수 있는 것들만을 선호하게 만드는 것은 아닌지, 그도 아니면 상상 속에서 꾸며진 일에 불과하고 진짜 세상과는 아무 상관이 없는 것을 진짜인 양 거기에 맞추어 수학적 모형을 구축하도록 부채질하는 것은 아닌지 하는 점 등이다. 주로 과학에 집착하여 열을 올리는 열성 부자와 자신들의 특정한 주제에 애착을 느끼는 사람 간에는 일종의 게릴라전과 같은 지구전이 지속적으로 진행되고 있다.

사회과학 중에서 가장 성공을 거둔 분야로 여겨지고 있는 경제학이 가장 수학화하였다(경제학의 목표를 수치로 계산할 수 있다는 의미와 적어도 가설적으로 예측을 목표로 한 수학적 모형의 고안이 가능하다는 의미에서). 그러나 예를 들어 일부 정치학자들은 경제적 인간이 놀이를 함께 하기에는 안성맞춤일는지는 모르지만 현실적으로는 존재하지 않는 관념상의 인물에 불과하고 반면에 히틀러와 스탈린 같은 인물은 실제 인물이지만 함께 어울려 놀 수 있는 인물이 못 된다고 말한다. 경제적 분석으로는 우리가 그와 같은 정치적 인물을 이해하는 데 전혀 도움이 되지 않고 오히려 그런 인물들의 특정 동기를 체계적으로 배제시키거나 아니면 변형시키기 때문에 그들을 사회과학의 범위 안으로 끌어들이는 일만 더 어렵게 만들 뿐이라고 그들은 말한다. 수학의 편리함을 추종하는 경제학자들은 우리가 가장 중요한 사회 현상을 고려하는 일에 등을 돌리도록 만들고(사회과학으로서는 유일하게 경제학이 마르크스주의자를 핵심으로부터 엄중히 배제하였고, 그 수는 많지 않으나 소란스러운 일단의 마르크스주의 경제학자들도 포함하여), 이의를 제기하는 사람들에게 역설한다. 그리하여 다양한 분야 간에 일이 이렇게 진행되고 분야별로 서로 다른 접근 방법을 고집하기 때문에 계속 서로 토론할 수 있는 공동 세계를 찾을 수 없다.

  선전은 제쳐놓고라도 오늘날 학생들이 사회과학을 처음으로 접할 때 그들이 실제로 보는 것은 경제학과 문화인류학이라는 두 개의 건장하고 자부심 강하고 자신 있는 사회과학으로, 이 두 분야는 사회과학의 양극을 이루는 두 개의 극단이고 서로 간에 거의 아무런 연관이 없다. 반면에 내용이 서로 혼동되었다는 말은 아니지만 그 내용상 매우 이질적인 정치학과 사회학은 이 두 극단의 중간에 팽팽하게 매달려 있다.[14] 이 두 분야가 다른 사회과학에 비해 그 분야의 창시자들인 로크와 애덤 스미스에 대해, 그리고 루소에 대해 보다 더 명백히 밝히고 있다는 사실이 놀라울 게 없다. 왜냐하면 이 두 과학은 두 가지의 자연 상태 중 경제학은 이것을, 문화인류학은 다른 것을 그들의 명료한 전제 조건으로 삼기 때문이다. 인간이 수고를 들여 자연을 정복하는 것만이 인간의 원래 상황에 대한 합리적인 대응이라고 로크는 주장하였다. 로크는 탐욕을 해방시켰고 보상 동기는 환상적인 성격에 불과하다는 것을 보여 주었다. 인생, 자유, 재산추구 등은 근본적으로 타고 나는 권리고 사회계약은 이 권리들을 보호하기 위해 이루어진다. 이 원칙에 합의하면, 경제학이 곧 인간 고유의 **활동을** 연구하는 과학인 셈이 되고 자유시장 체제는 자연질서이자 합리적인 질서로서 (이 자연 질서는 인간에 의한 조직을 필요로 한다는 점에서 우리가 인식하고 있는 자연의 질서와 다르고 경제학자들은 인간이 거의 언제나 잘못

---

14) 심리학은 신비스럽게 사회과학 분야에서 사라져 가고 있다. 그 유례를 찾아볼 수 없을 만큼 세상에서 성공을 거두었기 때문에 이론적인 생활은 포기하도록 유혹되었는지도 모른다. 심리요법 치료사가 가정의(家庭醫)와 나란히 간판을 내거는 세상이 되었음을 감안할 때, 그의 교육은 이제 과학 분야에서 이루어지기보다는 의과 대학이 제공하는 식의 교육을 받는 것이 더 나을 테고 그에게 적절한 연구도 심리에 대한 이론을 정립하는 데 필요한 연구보다는 환자의 특정한 문제를 치료하는 데 필요한 연구일 것이다. 프로이트 이론의 일부는 사회학, 정치학, 인류학에 통합되었고 자아 하나만으로 사회과학에 남아 버티기에는 힘에 부치는 듯이 보인다. 이렇게 되면 문제는 치료의 기초가 되는 실질적 근거는 어디에 둘 것이며 보다 새로운 개념은 어디에서 생겨나게 될 것인가 하는 의문이 남게 된다. 심리학에서 진지하게 학문으로 남아 있는 부분은 사실상 생리학과 융합된 그 부분뿐이다.

된 조직을 가지고 있다고 끊임없이 이야기한다) 일반적으로 경제학자들은 이것을 고수하였고, 시장은 자유 민주주의 체제에 존재한다고 믿기 때문에 일반적으로 이래저래 옛날식 자유주의자들이고 자유민주주의 지지자들이다. 자연은 선한 것이고 인간은 그러한 자연으로부터 멀리 떨어져 있다는 것이 루소가 주장하는 것이다. 그러므로 멀어져 간 원래의 모습을 추구하는 것은 절대 행해야 하는 명령과 같은 것이고 바로 그 사실을 기초로 인류학이 창설된다. 이 점을 레비스트로스(Levi - Strauss)는 명백하게 밝히고 있다. 자유시장 그리고 거기에서 생겨나는 결과와 사실상 동일한 것인 문명이 행복을 위협하고 공동체를 융해시킨다. 이런 사유에서 옛 문화를 즉각적으로 경탄하는 일이 뒤따르게 되는데 옛 문화는 경제적인 동기를 유도하여 승화시키며 자유시장의 출현을 허용하지 않고 유대 관계가 긴밀하기 때문이다. 이성이 발달하지 못하였던 과거의 일이라고 경제학자들은 믿고 있는 것을 - 그러기에 오직 저개발 사회[15] 라고만 알려졌던 것을 - 연구하는 것이 곧 인간을 제대로 연구하는 것이고 우리의 병폐와 미래의 사명을 진단할 수 있게 한다. 인류학자들은 문화를 시발로 대륙에서 나온 사상의 많은 부분에 매우 개방적인 경향이 있는 데 반해 경제학자들은 대륙의 의견에 완전히 폐쇄적이었고 [50년도 넘어 전에 벌써 루스 베네딕트(Ruth Benedict)가 사회를 아폴로 문화와 디오니소스 문화로 구분한 데서 이미 니체의 영향이 명백하게 밝혀졌고], 또 그들은 좌향적인 경향이 있고(왜냐하면 극우파도 체계로서의 생존 가능성은 동등하지만 여기에서는 뿌리를 내리지 못했기 때문에) 자유 민주주의를 수정하거나 대치하려는 성향을 띤 실험에 재빨리 열광하는 경향이 있다. 경제학자는 시장이 근본적인 사회현상이고 그것의 절정을 돈이라고 가르친다. 인류학자들은 문화가 근본적인 사회 현상이고 그것의 정상은 신성한 것[16]이라고 가르친다. 이와 같은 것은 바로 옛 철학의 가

---

15) 미개발은 나쁜 것을, 개발 도상은 좀 나은 것을, 개발은 좋은 것을 의미하고 - 이것은 사람이나 경제나 구분할 것 없이 다 마찬가지다.

16) 심리학에서는 성을 1차적인 현상으로 가르치고 있다고 말하고 싶은 것이 나의 솔직한 심성이다. 성을 자극에 반응으로 이해하면 그것은 경제학에 더 가깝고, 억제라고 이해하면 그것은 인류학에 더 가깝다. 심리학으로부터 우리가 좀더 많은 것을 원할 때 우리는 '인문과학으로 가보세요'라는 반응에 접하게 된다.

르침이 거기에 함께 있기는 하지만 그 뜻이 제대로 전해지지 않아 가르침 간에 서로 대결하는 - 즉 인간을 소비 물품의 생산자로 보는 시각 대 문화를 만들어 내는 존재로 보는 시각 또는 최대화하는 동물 대 신성한 동물 등의 - 것이다. 간단히 이 분야는 각기 서로 다른 세계에 살고 있다. 서로가 서로에게 소용이 닿는 경우는 지엽적이고 그나마도 거기에 공동체 정신은 전혀 없다. 일례로 정치학자와 사회학자 중에는 상대방의 분야를 서로 넘나드는 것은 물론 경제학과 인류학을 넘나드는 사람들이 많은 데 비해 경제학자나 인류학자 가운데는 자신들이 경제학자이고 동시에 인류학자이기도 하다고 생각하는 사람은 거의 없다. 경제학자들은 사회과학이라는 큰 배를 떠나 스스로의 길을 갈 만반의 태세가 되어 있고 그 누구보다도 자신들이 진짜 과학을 달성하는 데 가장 가까이 다가섰다고 생각한다. 그들은 또한 공공 정책에 가장 실질적으로 영향을 미치기도 한다. 학문 사회 밖에서 인류학자들이 그와 같은 영향력을 발휘할 수는 없지만 그들은 깊이가 있고 총괄적이라는 매력이 있을 뿐만 아니라 최첨단의 사고를 소유하고 있는 자들이기도 하다.

정치학과 그것이 가지고 있는 특이성에 대해 몇 마디 설명하면, 전체로서의 사회과학이 지니고 있는 문제들을 분명히 하는 데 도움이 될 수 있을 것이다. 우선 이 분야는 유일하게 순수한 학문으로 의학과 마찬가지로 인간의 근본적인 열정을 주제로 삼고 경제학과 함께하고 열정을 연구의 주제로 삼아 수행하는 이유는 그것을 만족시키는 방법을 찾기 위함이라고 해석할 수 있다. 정치학은 정의와 영예와 다스림에 대한 사랑과 관련되어 있다. 그러나 건강과 부와 관련이 있다고 솔직히 시인하고 큰 소리로 알리는 의학이나 경제학과는 달리 정치학은 그와 같은 공언을 삼가 멀리하고 오히려 그런 볼썽사나운 관계를 단절해 버리고 싶어 한다. 이는 정치학 분야가 정말로 오래된 학문인데도 그녀의 많은 나이를 드러내기 싫어하는 아주 나이 많은 부인과 같은 데가 있다는 사실과 어느 정도 상관이 있다. 고대 그리스까지 거슬러 올라가고, 의심스러운 대로 소크라테스, 플라톤, 아리스토텔레스가 이 분야의 시조로 되어 있는데, 근대 과학 세계에서는 이들이 모두 나쁜 평판을 받고 있다.

다른 사회과학 분야들은 근대에 이르러 생겨난 것이고 근대 세계의 일부인 반면에 정치학은 오래 존속되어 왔고 근대화하고 근대와 함께하려고 애쓰지만 오래된 직감을 완전히 통제할 수는 없다. 정치학은 체계론적 과학이고 지배하는 과학이며 총괄적인 이익 또는 가장 훌륭한 체제에 관심이 있는 과학이라고 아리스토텔레스는 말했다. 그러나 진정한 과학은 좋고 나쁜 것을 말하지 않는 법이고, 따라서 그러한 일을 포기해야만 했다. 하지만 사실은 의학과 경제학이 좋은 것과 나쁜 것에 대해 말하고 있고, 따라서 옛 정치적 미덕의 포기가 단지 공통의 이익과 정의의 부재만을 불러와 도덕의 기초를 건강과 부에 내주는 결과만을 초래하였다. 이는 로크의 의도와 일치하고 그것은 결코 '가치의 배제'가 아니라 전래적으로 제시되던 미덕 대신에 낮기는 하나 좀더 실질적이고 보다 쉽게 얻을 수 있는 미덕을 대치하는 것이다. 정치학이 근대 사회과학의 일부로 변신한 것이 결코 사회과학을 향상시키지는 못하였고, 오히려 근대를 건설한 창시자들의 정치적 목적만을 진척시켜 주었다. 정치학은 명확하게 정치적인 동기를 경제학이 제안하는 것과 같은 정치 이하의 동기로 격하시키려고 노력하였다. 즉 명예는 진짜 동기가 아니고 이득만이 진짜 동기다.

물론 로크 자신은 경제학자라기보다는 여전히 정치학자였는데, 왜냐하면 시장(물품을 획득하기 위한 평화로운 경쟁)은 시장 이전에 사회계약(계약을 준수하겠다고 승인하고 계약을 중재하고 실천하기 위한 심판관의 설정에 동의하는)의 성립을 필요로 하고, 사회계약이 없다면 인간은 전쟁상태에 있는 것과 다름없기 때문이다. 시장은 법의 존재와 전쟁의 부재를 전제조건으로 한다. 문명사회가 생겨나기 이전에 인간은 전쟁 상태에 있었고 그런 상태로 되돌아가는 것은 언제라도 가능하다. 전쟁을 종식시키기 위해 필요한 힘과 부정 수단은 시장과는 아무 상관이 없고 시장 내에서 불법이다. 평화 시에 인간에게서 볼 수 있는 이성적인 행동, 즉 경제가 전문화할 수 있는 환경에서의 이성적인 행동과 전쟁을 치르는 인간의 이성적인 행동과는 동일하지 않은데 마키아벨리가 이 점을 무척 유효하게 지적하였다. 경제학보다 정치학이 좀더 포괄적인 것은 정치학이 평화와 전쟁 두 가지를 모두 연구하고 그들의 관계를 연구하기 때문이다. 시장이 유일한 정부의 관심거리가 될 수는 없는데, 그 이유는 시장이 정치에 의존하기 때문이고 정부의 설립과 보존을 위해서는 정부가 '비경제적인' 또는 '비능률적인' 임무를 계속 추론하고 지속적으로 수행해야 할 필요가 있기 때문이다. 정치가 시장에 미치는 영향은 개의치 말고 정치적 활동을 경제 활동에 우선시켜야 한다. 이런 연유에서 경제학자가 외교 정책에 대해서는 믿을 만한 이야기를 거의 할 수 없고, 사회계약 이전에는 개인들이 그러했던 것과 마찬가지로 이번에는 국가가 서로 원시 상태의 전쟁을 치르고 있기 때문이다. 즉 다시 말해 논쟁을 해결해야 할 때 의지하기 위한 모두가 공통적으로 인정하는 재판관이 없기 때문이다. 월남 전쟁 동안 경제학자들의 정책 자문은 미국과 월맹 간에 시장 설립을 시도한 것과 같았고, 미국이 월남의 가격을 너무 엄청나게 매겨 월맹은 그 시장으로부터 금지된 바나 다름없었으며, 어쨌든 월맹은 월맹대로 거기에 참여하기를 거절하였다. 경제학과는 대조적으로 정치학은 그들 나름대로 전혀 다른 위험과 공포와 아슬아슬함과 심각성으로 전쟁에 대해 언제나 깊이 생각해 보아야만 한다. 1920년대 전쟁 빚을 탕감해 달라고 청한 영국의 요청을 거절하였던 쿨리지(Coolidge) 대통령에 대한 논평을 통해 처칠이 정치적인 시각과 시장 중심 시각의 차이점을 분명하게 해주었다. "그들은 돈을 빌렸지요. 그렇죠?"라고 쿨리지는 말하였다. 이에 처칠은 "그건 사실이지요. 그러나 소모하는 것은 빌리는 게 아니지요"라고 응수하였다. 정치학은 틀림없이 소모적이고 바로 이 점 때문에 정치학을 개혁하여 관념적인 과학과 일치시켜 보려고 애쓰는 사람들에게 정치학이 꽤 꺼디로운 주제기 된다. 의식적으로 또는 무의식적으로 경제학은 난폭한 죽음에 대한 두려움이 동기가 되어 행동하는 부르주아만을 다룬다. 그들의 지식 범위 안에는 호전적인 사람이 없다. 사회과학으로는 유일하게 정치학만이 전쟁을 정면으로 직시하는 분야다.

　정치학은 언제나 사회과학 중에서 가장 매력이 없고 인상에도 남지 않는 분야로서 인간과 인문과학에 대한 옛날의 견해로부터 새로운 견해에 이르기까지의 모든 견해를 포함하고 있다. 그것은 여러 나라 말을 하는 것과 흡사한 성격을 지니고 있다. 정치학의 일부는 총괄적인 질서로서의 정치 질서를 붕괴시키려는 노력에, 그리고 정치 이전의 하부 원인에 의해 생겨난 결과가 정치라고 이해하려는 노력에 즐거운 마음으로 합세하였다. 경제학, 심리학, 사회학 등은 물론 모든 종류의 방법론적인 진단의 명수들이 환영을 받는 손님들이었다. 그러나 정치학에는 결코 억제할 수 없고, 추정적이며, 비과학적인 부분이 포함된다. 정치학의 이러한 부분에 종사하는 사람들은 설명되지 않고 설명할 수 없는 그들의 정치적 직감 - 선과 악이 실제로 활동을 벌이는 권위의 무대가 정치라는 그들의 인식 - 을 벗어 버릴 수가 없다. 그렇기 때문에 그들은 정치 연구에 시간을 쓰고, 그렇다고 분명히 밝히지는 않지만 그 연구의 목적은 행동이다. 자유의 수호, 전쟁 방지, 평등을 향상시키는 것 - 즉 행동으로 옮겨진 정의의 여러 양상 - 등이 그 연구의 열띤 주제들이다. 거죽으로 드러나지는 않을지 모르지만 선의 정부를 추구하는 것이 그와 같은 정치학자들의 주제가 되어야 하고, 그들은 "무엇을 해야 하는가?" 하는 의문에서 나오는 가르침을 따른다.

　그리고 진정 상황의 반전으로, 정치 분야에서 수학적으로 가장 큰 성공을 거둔 부분이 민주생활의 가장 흥미롭고 결정적인 부분이라 할 수 있는 선거이고, 민주생활은 선거를 통해 여론이 정부가 되고 정책이 된다. 정치학의 가장 과학적인 요소는 정치학을 하는 사람들이 실제 정치가들의 친구가 되고 협력자가 되어 정치가들을 계몽하고 그들로부터 배우게 되는 점이다. 여기에서의 과학은 가장 전율적인 정치적 흥분과 맞먹는 것이고, 따라서 정치를 과학적으로 연구하겠다고 인지된 정치적 목표를 바꿀 필요가 없다.

　그래서 오히려 정치학은 되는 대로 벌여 놓은 시장과 같고 각 상점은 뒤섞인 시민들이 지키는 것과 흡사하다. 이는 정치학의 혼성적인 특성과 어느 정도 상관이 있고, 정치학의 출처 또한 고대와 근대 이중적이라는 점과도 어느 정도 관계가 있다. 정치학에서 실제로 다루는 현실은 관념에 쉽게 부합하지 못하고 그들의 요구는 다른 사회과학 분야보다 더 절박하며, 반면에 객관성을 유지하느냐 아니면 정치에 가담하느냐 하는 문제 사이에서 생기는 긴장은 그 어느 곳에서보다도 훨씬 더 극단적이다. 정치는 인간의 다른 교제와는 모든 면에서 그 종류가 질적으로 다르다고 하는 주장에 근대 자연과학과 사회과학이 영향을 미치지만, 정치의 실제 관행들은 그 반대임을 반복해서 확인해 주고 있다. 정치학의 이성분(異成分)이 아마 정치학을 약화시키는지도 모르고, 여기에서 우리는 경제 모형 학파, 구식 행동주의자, (경제학에서는 결코 제 집 같은 기분을 가질 수 없는) 마르크스주의자, 역사학자, 정책 연구자 등 정선된 이론가들을 발견하게 된다.

무엇보다도 가장 특이한 점은 대학에서(철학과를 제외하고) 철학파를 독립적으로 가지고 있는 유일한 학과가 정치학과다. 오랫동안 정치학은 이 사실을 수치스럽게 느꼈고 40년대와 50년대에는 정치 철학을 종결시킬 계획이었다. "우리는 진정한 사회과학이 되길 원합니다"라고 종결을 주장하는 사람들은 격앙되어 발을 쾅쾅 구르며 소리쳤다. 그러나 소수 사색가들의 진지하고 열렬한 학구열과 60년대의 반항하는 학생들의 힘이 한데 합쳐 정치 철학의 종결이 임시 보류되었고 이제는 그 보류가 영원히 갈 것같이 보인다. 가장 훌륭하고 동시에 가장 좋지 못한 이유로 정치학이 가치가 배제되고 전체적으로 새로워진 사회과학에 대한 반작용의 요새가 되었다.

정치 철학의 존재를 조금이라도 심각하게 여기는 곳에서는 학부와 대학원 학생 모두가 정치 철학이 이 분야에서 가장 매력 있는 주제라고 여긴다는 것이 계속 판명되고 있다. 그리고 과학적이어야 한다는 새로운 설득이 처음의 열의를 대부분 잃게 되고, 또 적어도 부분적으로는 다양한 정치적 현상에 충성하려다 보니 그 분야가 사방으로 갈라지게 되자 한때는 정치 철학의 맹렬한 적이었던 사람들이 협력자로 돌아섰다. 정치 철학이 다스리는 일하고는 거리가 멀지만 그래도 정치 철학을 통해 우리가 석어도 예전에는 선과 악에 내해 의문을 제기아였던 적이 있있다는 기억을 되살리게 되고 근대정치학과 정치 생활의 숨겨진 전제 조건을 검토해 볼 수 있는 재료를 제공받기도 한다. 정치 철학에서는 로크의 《시민 정부에 관한 논문 *Treatise on Civil Government*》과 루소의 《인간 불평등 기원론 *Discours sur l'origine et les fondements de l'inégalité parmi les hommes*》뿐만 아니라 아리스토텔레스의 《정치학 *Politica*》도 여전히 생생하게 살아 숨쉰다. 인간은 천성적으로 정치적인 동물이라고 아리스토텔레스는 단언하였는데, 이는 인간이 시민 사회를 지향하는 충동을 지녔다는 것을 의미한다. 인간은 천성적으로 고립된 존재라는 것을 기초로 하고 있는 근대사회과학의 감추어진 전제를 밝혀내는 데 아리스토텔레스의 저작을 읽는 것이 도움이 되고, 그것에 대해 또다시 논쟁하는 토대를 마련해 줄 수 있다.[17] 그렇다면 분명히 인문 교양 교육의 관점에서 볼 때 사회과학이 영화를 누리던 시절은 끝이 났다. 마르크스, 프로이트, 베버, 철학자 및 세상을 해설하는 사람이 미국의 지적 성숙이라고 할 수 있는 것을 알리는 선구자이던 시절은 갔고, 젊은이들이 과학의 매력과 자각을 결합하던 시절도 지났으며, 유럽의 깊이 있는 지적 유산을 우리의 활력과 함께 이용함으로써 대학을 통합시킬 수 있고 인류 전진에도 공헌할 수 있는 과학에 관한 총괄적인 이론이 있으리라고 기대하던 시절도 지나갔다. 자연과학이 결국 인간의 과학이라는 종결이 나고, 따라서 다윈과 아인슈타인은 자연과학에 가르쳐 준 것만큼 사회과학에도 가르침을 줄 수 있다. 그리

---

17) 정치학과 함께 그 기원이 그리스로 거슬러 올라가는 역사학 또한 순전히 근대 소산의 사회과학이 가지고 있는 문제를 공유하고 있다는 사실 이외에도 고대냐 근대냐 하는 주체성의 위기 요소도 안고 있다. 이미 언급한 대로 거기에 몸담고 있는 사람이나 관찰자나 모두가 다 역사학이 사회과학의 일부인지, 아니면 인문과학의 한 분야인지 확실하게 아는 사람이 없다. 역사학의 소재 자체는 행동 과학의 기법에는 저항을 한다. 왜냐하면 역사는 하나하나 개별적이기 때문에 쉽게 통제된 실험을 할 수 없고, 그러나 한편으로 역사는 그저 단순한 문헌이 되는 것은 원하지 않기 때문이다. 정치학 중에서 사회과학과 대조가 되는 부분인 정치적 관행과 관계가 있는, 즉 미국의 정치와 국제관계와 상관이 있는 부분을 제외하고, 사회과학에서 역사를 사회과학 계열의 일부로 여기는 곳은 한 군데도 없다고 나는 믿고 있다. 19세기까지 역사는 주로 정치사를 의미하였고, 근대 초기에 정치학은 재정리되었던 것과는 달리 역사는 재정립되지 않았다. 무엇이 일어나야만 하는가를 이야기하던 옛 정치학과는 대조적으로 역사는 무엇이 일어났는가를 말해 주는 것이 역사의 전통적인 역할이기 때문에 새로운 정립이 진행되는 동안에는 역사의 역할이 향상되었다. 따라서 역사는 사물의 진실에 보다 가까운 것으로 이해되었다. 역사주의에 의해 역사가 근대화하기 위해서는 19세기까지 기다려야만 하였고, 역사주의는 이를테면 존재, 그 중에서도 특히 인간의 존재는 근본적으로 역사성을 띤다고 주장했다. 역사주의는 역사학에 큰 혜택이 되었던 것으로 보이고 역사의 지위를 급진적으로 높였던 발전으로 보인다. 그러나 이러한 겉모양이 사실은 착각이다. 역사주의는 역사에 의해 발견된 것이 아니라 철학에 의해 발견된 철학적인 가르침이지 역사의 가르침이 아니다. 철학의 명성이 역사에 부착된 것이 아니라 오히려 그 반대의 현상이 나타났다. 이제는 인문과학의 모든 분야가 역사적이고 - 따라서 철학도 철학이 아니라 철학사이고, 예술은 예술사, 과학은 과학사, 문학은 문학사이다. 그리하여 역사는 이 모든 것이지만 동시에 이들 중 그 어느 것도 아니다. 그 이유는 모두가 각기 인문과학의 개별 분야이기 때문이다. 역사가 본연의 절도 있고 정밀한 정치적 본성을 유지하는 경우를 제외하고 역사는 모든 인문과학을 포용하는 속이 비고 보편적인 범주가 되고 말았다. 그러나 역사가 정치학처럼 정치적 열정에 고착시킨 것이 아니기 때문에 정치 아닌 많은 다른 것에 의해 정치의 가치가 저하되듯이 역사는 사회에서 압도적인 시류 특히 역사주의와 같은 시류를 타고 쉽게 정박소를 벗어나 표류할 가능성이 농후하다. 그리하여 가장 학식이 많은 사람들로 가득한 훌륭하며 유용한 연구인 역사가 전체로, 방법론과 목표의 혼성체이고, 자기 규명을 추구하는 여섯 개의 분야가 된 꼴이다.

고 근대 문학은 - 도스토예프스키, 조이스, 프루스트, 카프카 등 - 우리의 세상 풍조를 표현해 주었고, 사회과학이 체계화하고 증명할 수 있는 통찰을 제시해 주었다. 정신 분석은 개인적인 경험과 공공의 지적 노력을 연결시켜 주는 고리 역할을 하였다. 그렇게 통합됨으로써 개인의 욕망은 사물의 총괄적인 질서에 담긴 직관과 직접적으로 연관이 있다는 것을 경험하게 되었고 철학을 생활 방식으로 파악하던 예전식 파악을 모조하였다. 그렇게까지 세련된 것은 아니지만 그래도 같은 사회 사조를 표현하고 있는 것이 마거릿 미드(Margaret Mead)가 보여 주었던 새로운 과학으로서, 사람들로 하여금 이국적인 곳을 찾아나서게 만들고, 돌아올 때는 사회에 대한 새로운 이해를 가지고 돌아오도록 만들었으며, 또한 우리는 억제하던 인간의 성적 욕구에는 정당성이 있음을 증명하였다. 젊은 사람들에게는 대학 교정을 거니는 사회학자와 심리학자가 사람의 정신생활에 대한 모든 것을 알고 있는 영웅들처럼 보일 수 있을 것이다. 그들은 신비의 세계에 입문된 사람들이었고, 우리 또한 입문자가 되는 데 도움을 줄 수 있을 것이다. 구식 철학은 정복되었지만 헤겔, 쇼펜하우어, 키에르케고르와 같은 사람들은 아직도 우리가 모험을 떠나는 데 필요한 경험을 제공해 줄 수 있는 사람들로 여겨진다.

　40년대에 사회과학을 에워쌌던 것과 같은 분위기는 학생에게나 교수에게나 분명히 그 가치가 애매모호하였다. 그러나 미국의 학생들이 조금이라도 인문 교양 교육을 받겠다는 생각을 갖도록 유도하고, 대학이 그들 내부에 있는 새로운 능력을 발굴하도록 도와줌과 동시에 그들로부터 가려져 있던 또 다른 차원의 생활을 보여줄 수 있는 곳이라는 인식을 갖도록 만들기 위해서는 그와 같은 종류의 시도가 필요하다. 미국의 학생들이 고등학교에서 조금이라도 배운 것이 있다면 그것은 그들이 자연과학을 하나의 기술로 배웠지 생활 방식이나 인생을 발견하는 수단으로 배우지 않았다는 점을 상기해야 한다. 판에 박힌 전문화된 지식이 아닌 다른 것에 학생들의 마음이 움직이도록 하려면 충격 요법이 필요하다 - 학생들의 앞서 훈련은 천직의 발견보다는 주입, 획일화에 더 치중했기 때문에 비록 그 충격 요법이 자연과학에 대한 그들의 공약과 자연과학의 의미를 생각해 보게 하는 것이 고작이라고 하더라도 필요하다. 40년대에 있었던 사회과학에의 도취가 진심에서 우러나

온 것은 아니었다고 나는 믿고 있지만 그래도 그것이 새로운 이론의 출발 시에 생겨나는 지적 흥분 상태를 재현시켜 주는 역할을 하였다. 많은 학생과 학자에게 그것이 생산적이었음이 증명되었고 거기에 부수적으로 따르게 마련인 자유분방한 세계도 생겨났으며, 사람들의 생활에도 실질적으로 영향을 미쳤다. 그것은 단순하게 하나의 직업으로 끝나는 게 아니었다.

사회과학이 일체감을 갖게 되리라는 희망은 사라져 버렸고, 그것은 공동 전선을 제시할 수가 없다. 그것은 일련의 각기 분리된 별개의 분야로 이루어져 있고, 세분화된 분야의 집합체일 따름이다. 대부분이 절도가 있고 비록 터무니없는 소리가 많기는 하지만 그래도 고도로 유능한 전문가들이 전문으로 하는 일 중에는 꽤 유용한 것도 상당히 많다. 기대가 극도로 저하되었다. 모든 것을 설명하고 망라한다는 자부심이 보편화된 전문 분야가 경제학이지만, 그러한 자부를 사람들이 별로 믿어주지 않고 경제학이 인기를 누리는 이유는 그것 때문이 아니다. 총괄성의 원래 조상인 정치학은 그들의 정당한 주장조차 제대로 펴지 못하고 오직 남몰래 부분적으로 정치적인 열정에 호소하는 것이 고작이다. 문화 개념이 주축을 이루는 인류학은 총체적일 가능성 때문에 사회과학에서는 유일하게 여전히 매력을 행사하는 분야고, 경제학의 시장 개념보다는 문화라는 개념이 더 완전한 것 같이 보인다. 정치 위에 있는 문화와 정치 아래에 있는 경제가 자신들이 전체라고 주장하는 반면에 특정 개인을 제외하고 사회학이나 정치학은 사회과학 전반이 하는 일에 대해 실제로 그 어떤 주장도 하는 것 같지가 않다. 사회과학에는 체계론적인 과학이 없다. 전체는 없고 부분만이 있을 뿐이다.

마찬가지로 인간을 위한 모형으로서의 전자 계산이나 사회 생물학 정도를 제외하고, 자연과학과 사회과학 간의 실질적인 통합을 기대할 수 없게 되면서 사회과학은 오직 자연과학의 방법론만을 빌려 쓰는 소비자의 존재가 되었다. 인간을 우주 차원으로 끌어올리려는 우주론적 의도는 사라졌다. 인문과학쪽에 대해서도 비교문학이 외쳐 대며 팔러 다니는 상품에 문호를 개방하는가 하면 그리스의 종교에 대한 연구와 같이 심각한 연구에도 문호를 개방하는 등 어느 정도의 문호 개방을 유지하였던 분야는 역시 인류학이다. 인류학자를 제외한 다른 사회과학자들 중 19

세기와 20세기의 예술과 문학으로부터 배울 것이 많다고 생각하는 사람은 없다. 한 세대 전만 하더라도 사회과학자들이 이러한 주제에 흠뻑 매료되었는데 이제는 이런 종류의 일을 개인적인 차원에서 친숙히 아는 사람의 수가 점점 줄어들고 있다. 사회과학은 대학의 다른 두 분야와 나란히 떠도는 섬이 되었고 그 섬에는 중요한 정보가 가득하고 훌륭한 질문의 보물이 감추어져 있어 그 보물을 캐내기만 하면 되는데 캐내려 하지 않는다. 현저하게 눈에 띄는 것은 인생에 대한 모든 것을 말해 줄 수 있는 일종의 명철하고 지혜로운 사람으로 여겨졌던 독일 또는 프랑스식의 사회과학 지성인들이 거의 사라졌다는 사실이다.

학생들이 이 사실을 알고 있기 때문에 일반적으로 전향의 경험을 얻기 위해 사회과학을 찾지는 않는다. 그들이 특정한 주제 또는 특정 교수에게 이런저런 이유로 해서 흥미를 가질 수는 있어도 사회과학은 이제 인생의 의미를 찾고자 하는 사람 또는 그들이 추구해야 하는 것이 바로 인생의 의미라는 것을 배울 소지가 있는 사람이 찾아갈 곳은 못 된다. 반복되는 줄은 알지만 인류학은 예외에 속한다. 미국의 똑똑한 젊은이들 간에 사회과학이 초기에는 대단한 성공을 거둘 수 있었던 비결은 그 분야가 대학에서는 유일하게 간접적이나마 우리가 어떻게 살아야 하는가 하는 소크라테스식 질문을 추구하고 그 해답을 얻으려고 애쓰는 듯이 보였기 때문이다. 가치를 지식 추구의 주제로 삼을 수는 없다고 가장 강력하게 가르치던 때조차도 사회과학은 바로 그 가르침을 통해 인생을 가르쳤고, 베버가 윤리를 의도의 윤리와 책임의 윤리로 분리하는 것을 고안해 냈을 때 모두가 흥분하던 데서 잘 나타나고 있다. 이것은 교과서를 통한 배움이 아니라 오히려 인생의 실제 자료다. 오늘날의 사회과학에서는 이와 같은 것을 찾아볼 수 없다.

더 나아가 하나의 커다란 불상사가 발생하였다. 지나간 10여 년 동안에 도덕적으로 경영학 석사가 의학 또는 법학의 학위와 동일한 학위가 되었다는 점인데, 다시 말해 졸업장을 받는 것이 학문적인 달성의 표시가 아니라 단지 돈을 잘 버는 방법을 확보하는 것을 의미하게 되었다. 인문 교양 교육을 받는 기회를 조금이라도 갖는 학생은 일반적인 통례로 장래의 직업에 대해 정해진 목표가 없는 학생이거나 아니면 적어도 대학이 직업 훈련을 위한 장소라고 생각하지 않는 학생에 국한된다. 장래 목표가 정해진 학생은 눈가리개를 쓰고 대학 생활을 지내는 격이고, 선택한 분야가 요구하는 과목만을 공부하고 간간이 그들의 주의를 끄는 선택과목이 있으면 그것이나 즐겨 보는 게 고작이다. 진정한 인문 교양 교육은 그 교육을 통해 학생의 전 인생을 전격적으로 변화시킬 수 있어야 하고, 그가 배운 것을 통해 그의 활동, 취향, 선택 등에 영향을 미칠 수 있어야 하며, 이전에 그가 애착을 가졌던 때가 있었던 것이라고 해서 검토와 재평가의 대상에서 제외시켜도 안 된다. 인문 교양 교육은 모든 것을 위태롭게 하고, 모든 위험을 감내할 수 있는 학생을 필요로 한다.[18] 그렇지않다면 그것은 오로지 이미 근본적으로 하려고 마음먹은 일 중에서 실행되지 않고 있는 부분에 손질을 가하는 것에 불과하다. 경영학 석사는 경영대학원에 들어가기를 원하는 학생들을 학부가 무더기로 받아들여 한눈 못 팔도록 가리개를 씌우는 것과 같은 결과를 가져왔고, 의예과 학생들이 필수과목에 파묻혀 대개는 그들이 대학에 있는지 없는지조차 알 수 없고 다시는 그들의 존재를 볼 수 없는 것과 마찬가지로 그들에게도 처음부터 편협하고 공식으로 승인된 학부 과정을 입법화시키는 결과를 가져왔다. 목표도 정해져 있고 그 목표로 향하는 방법도 정해져 있기 때문에 그 어느 것도 그들의 주의를 흩뜨릴 수 없다. (법과 학생들은 여러 다양한 과목에서 보다 많이 눈에 띄는데, 왜냐하면 법예과 대학의 필수과목은 덜 고정되어 있고 법학은 단지 머리 좋은 학생만을 추구할 뿐이기 때문이다.) 의예과, 법예과, 경영예과 학생들은 분명히 인문 교양 과목에서는 여행객과 같다. 이런 엘리트 전문직 대학원에 들어가겠다는 강박관념적인 집념이 그들의 마음을 속박한다.

경영학 석사의 구체적인 결과로는 경영 예비과의 전공이라 할 수 있는 경제학 수강생의 수가 폭증했다는 점이다. 주요 대학의 경우 지금은 학부 학생의 20퍼센트 정도가 경제학을 전공한다. 경제학이 나머지 다른 사회과학 분야를 압도하고 나머

---

[18] 자연과학 분야로 나아가겠다는 의도를 가지고 대학에 들어온 많은 학생이 학교에 다니는 동안에 마음을 바꾼다는 사실에 주목할 필요가 있다. 대학에 들어오기 전에는 자연과학에 관심이 없던 학생이 대학에서 자연과학에 흥미가 있음을 발견하는 일은 결코 거의 없다. 이것이 일반적으로는 우리의 고등학교 교육 전체를, 특정하게는 과학 교육의 특성을 반영해 주는 흥미로운 사실이다.

지 분야에 대한 학생들의 시각 - 인간적인 것들에 대한 지식에 관해서 다른 분야가 가지고 있는 목표와 타분야의 상대적인 중요성에 대한 시각 - 을 일그러뜨린다. 그와는 대조적으로 의예과 학생은 생물 과목을 많이 택하면서도 물리학의 지위에 대해 결코 혼동하지 않는데, 왜냐하면 생물에 끼친 물리의 영향이 확연하고, 그것의 위치에 대해 의견일치가 있으며, 따라서 생물학자라도 물리를 존경하기 때문이다. 경영 대학원을 겨냥하여 경제를 전공하는 학생은 사회학, 인류학, 또는 정치학에 관심이 없음은 물론 그가 전공하는 경제학이 이러한 분야에 속하는 모든 것들을 취급할 수 있다고 믿고 있기 때문에 이런 일이 있을 수 없다. 더구나 경제학이라는 분야 자체에 이끌려 그가 경제학을 배우는 것이 아니라 경제학이 관계하는 것 - 즉 돈에 이끌려 경제학을 배운다. 경제학자들의 부에 대한 관심은 실제이고 확고부동함을 부인할 수 없고 가령 문화와 같은 것은 결코 제공할 수 없는 그 어떤 지적 부동성을 지니고 있기 때문에 인상적인 면도 있다. 그들이 아무것도 아닌 것에 대해 이야기하지 않는다는 것을 우리는 확실히 알고 있다. 그러나 부의 과학과는 대조가 되는 부 자체가 가장 숭고한 동기라고는 할 수 없고, 대학의 그 어느 곳에서도 이렇게 과학과 물욕이 완전하게 일치되는 경우는 결코 찾아볼 수 없다. 성실하고 정말로 학자다운 교수를 갖추고 있고 동시에 학생들에게 풍부한 성적 만족을 보장해 주는 성애학(sexology) 같은 과학이 만일 있다면 그것만이 유일하게 여기에 필직힐 수 있을 것이다.

  대학의 세 번째 섬은 거의 가라앉은 옛 아틀란티스와 같다고 할 수 있는 인문과학이다. 거기에는 질서와 엇비슷한 것도 없고, 어느 것이 이 분야에 속할 수 있고 또 어느 것이 이 분야에 속할 수 없는지를 진지하게 밝히는 설명도 없으며, 이 분야의 각 학과들은 무엇을 달성하려 하고 또 그 목표를 어떻게 달성하겠다는 설명도 없다. 여하튼 그곳은 인간 또는 인간성의 회복을 위한 곳이고 이제는 다른 모든 사람이 포기한 우리 자신을 찾기 위해 가는 곳이다. 그러나 이 더미 또는 이 뒤범벅 속에서 어디를 뒤져야 한다는 말인가? 그것은 여기에서 조금의 만족이라도 얻기 위해서는 무엇을 찾아보아야 하는지를 이미 아는 사람에게도 어렵기 이를 데 없다. 학생의 경우는 강한 직감과 엄청난 행운이 필요하다. 유추가 나도 억제할 수 없이 나의 붓끝에서 흘러나온다. 인문과학은 훌륭한 식별력을 가진 사람이면 고물더미 한가운데에 버려진 보물을 발견하여 부자가 될 수 있었던 파리의 훌륭한 옛 벼룩시장과 같다. 아니면 인문과학은 비우호적인 정부에 의해 직장과 조국에서 쫓겨난 천재들이 하는 일 없이 또한 천한 일이나 하며 허송세월하는 난민 수용소와 같다. 대학의 다른 두 계열에는 과거가 쓸모없고, 그들은 미래 지향적이며, 조상숭배에는 마음이 쏠리지 않는다.

오늘날 갈릴레오, 케플러(Kepler), 뉴턴 등이 대학 어딘가에 존재한다면 그들이 이런 역사 또는 저런 역사의 일부 - 과학사, 사상사, 문화사 등 - 로 인문과학 분야에 속한다는 사실에서 우리는 인문과학의 문제, 따라서 지식의 통일성이 심각한 문제에 봉착했음을 잘 알 수 있다. 그들을 대학에 소속시키기 위하여 대학은 그들을 아주 다르게 파악하였다. 즉 자연 전체에 대한 위대한 명상가였고 동시에 자연 전체에 대해 그들이 무언가 들려줄 수 있을 때에만 사람들이 그들에게 관심을 기울일 것이라는 사실을 잘 알고 있었던 그들이었는데 이를 아주 딴판으로 이해하였다. 만일 그들이 틀렸다든지 아니면 그들을 완전하게 능가할 수 있는 일이 생겼다면, 그들은 자신이 남보다 먼저 나서 그들이 관심의 대상이 될 수 없다고 말했을 것이다. 그들을 인문과학에 소속시키는 것은 그들의 이름을 따서 거리의 지명으로 삼는 것과 같고, 공원에 그들의 동상을 세우는 것과 맞먹는 일이다. 결과적으로 그들은 죽은 인물로 취급된다. 플라톤, 베이컨, 마키아벨리, 몽테스키외도 같은 상황에 처해 있고, 다만 정치학의 한쪽 귀퉁이에서만 예외가 되고 있다. 인문과학은 이제 모든 고전물을 저장하는 곳이다 - 그러나 고전 문학의 대부분은 전체 자연질서와 그 속에서의 인간의 위치를 다룬다고 주장하였고, 그 전체를 위한 규칙을 제정하려 한다고 주장하였으며, 그 전체에 대한 진실을 말해 주려 한다고 주장했다. 그러한 주장을 거부하면, 그 작가와 그들의 작품을 진지하게 읽을 수 없고, 따라서 그 밖의 다른 곳에서 그들을 소홀히 하는 것도 정당화된다. 그들을 미이라의 존재로 만들겠다는 조건하에 그들이 구제되었다. 인문과학이 그들을 기꺼이 받아들이자 그들로부터 도전을 받았던 자연과학과 사회과학은 더 이상 그들의 도전을 받지 않아도 되었기 때문에 홀가분해졌다. 인문과학의 문 위에는 "진리는 없다 - 적어도 여기에는"이라는 간판이 여러 다양한 방법과 언어로 쓰여 걸려 있다.

인문과학은 이제 전문화되지 않은 책만을 전문으로 다루고 현실적인 전문 분야가 지배하고 있고, 소크라테스 당시의 사람들이 자기 성찰을 거부하였던 것과 마찬가지로 자기 성찰을 거부하며 귀찮은 존재를 제거한 대학의 나머지 부분에서 배척되고 있는 전체에 대한 질문을 끈질기게 묻고 늘어지는 일을 전문으로 한다. 인문과학은 의기양양한 자연과학과 승부가 날 때까지 싸울 활력이 없고, 따라서 자신도 하나의 전문분야인 양 행동하길 원한다. 그러나 내가 누차 얘기했듯이, 아무리 인문분야들이 현재 실천 파악되고 있는 자연과학과의 근본적인 갈등을 잊고 싶더라도, 인문과학의 분야들은 자연과학에 의해 서서히 손상을 입고 있다. 지금으로서는 허용할 수 없는 의문을 야기하는 것이 옛 철학작품이든지 아니면 숭고하고 아름다운 존재를 전제로 하는 옛 문학이든지 간에 물질주의, 결정론, 환원론, 동질화 등은 - 사람들이 근대 자연과학을 어떻게 묘사하든 간에 - 그 작품이 중요하고 가능할 수 있다는 것 자체를 부인한다. 자연과학은 형이상학적으로 중립이기 때문에 철학이 필요 없다고 주장하고, 상상은 어떤 방법으로도 실체를 직관으로 알 수 있는 기능이 아니라고 주장하며 - 따라서 예술은 진실과 아무런 상관이 없다고 주장한다. 어린이들이나 묻는 유형의 질문들: 신이 있어요? 자유가 있어요? 나쁜 짓을 하면 벌을 받나요? 특정한 지식이 있어요? 훌륭한 사회는 어떤 건가요? 등이 한때는 철학과 과학이 다 함께 제기하였던 질문들이었다. 그러나 지금은 어른들이 일하느라 너무 바쁘고, 아이들은 인문과학이라는 탁아소에 맡겨졌으며 그곳에서의 토론이 어른 세계로 울려 퍼지지는 않는다. 더 나아가 천성적으로 그러한 질문과 그러한 질문을 탐색하고 있는 듯이 보이는 책에 끌리는 학생들도 그들의 인문과학 선생님들이 그러한 요구에 부응하는 책을 원하지 않는다는 사실 또는 활용할 수 없다는 사실을 접하고는 곧 좌절하게 된다.

오래된 책에 대한 이와 같은 문제는 결코 새로운 것이 아니다. 스위프트의 《책들의 투쟁 *The Battle of the Books*》에서 18세기 그리스 고전학자 중 제1인자였던 벤틀리(Bentley)가 근대의 편을 들고 있음을 우리는 발견하게 된다. 그는 근대 사상이 그리스 사상보다 우수하다는 주장을 받아들였다. 그런데 그리스 작품은 왜 연구를 하는가? 이 질문은 고전학과들이 아직도 해결하지 못한 문제다. 순수한 철학적 분석으로부터 고전작품들을 이용하여 사상과 경제적 상황 간의 관계를 보여 주자는 데에 이르기까지 각양각색의 묘안들이 나오고 있다. 그러나 현실적으로 그 작품들을 예전처럼 - 즉 그 작품들이 진실인지 아닌지 알아보기 위해 - 그 작품을 읽어 보려 하는 사람은 아무도 없다. 아리스토텔레스의 《윤리학 *Ethica*》은 우리에게 어떤 사람이 선한 사람인가를 가르치는 게 아니라 그리스 사람들이 도덕을 어떻게 생각하였나를 가르친다. 그러니 누가 거기에 진심으로 관심을 기울이겠는가? 진지한 생활을 영위하고자 하는 정상적인 사람은 아무도 거기에 관심을 기울이지 않는다.

우리 시대에서 책이 갖는 특성에 대해 내가 말한 모든 것이 사실상 대학의 노출된 부분이라 할 수 있는 인문과학의 상태를 규명하는 데 도움이 된다. 다른 어느 분야보다 인문분야가 역사주의와 상대에 의해 더 심한 타격을 입었다. 민주 사회에서는 전통에 대한 존경심은 결여되어 있고 실용성만 강조되기 때문에 인문과학이 가장 많은 고통을 받는다. 인문과학은 창조성을 논하도록 되어 있는 분야로 알고 있는 만큼 교수들의 창조성 결핍이 장애가 된다. 인문과학에 속하는 많은 문학 작품의 정치적 내용 때문에 인문과학은 당황하고 있다. 다른 문화에 개방적이 되기 위해서 인문과학은 그들의 취지를 변경해야만 하였다. 그리고 대학의 옛 습관이 바뀌게 되자 그들은 그 누구보다도 자신들이 "왜?"라는 질문에 가장 해답을 할 수 없음을 알게 되었고, 학생들이 적정 수준에 미치도록 만드는 일에 가장 뒤떨어졌으며, 배울 것이 무엇이라는 것을 분명하게 설명하지 못하였기 때문에 학생들을 유치하는 일에도 가장 뒤떨어졌다는 것을 알게 되었다. 자연과학 분야들은 이 모든 면에서 얼마나 잘하고 있는가를 보기만 하면 인문과학이 당면하고 있는 문제가 심각한 문제임을 금방 알 수 있다. 시대와 문화에 따라 자연현상을 서로 다르게 설명하였고 또 다르게 설명하고 있지만 자연과학은 그러한 사실에 주로 무관심하다. 아인슈타인과 부처의 관계는 순전히 교육 텔레비전 방송을 위한 것이고, 인문학자에 의해 만들어진 프로그램에서나 볼 수 있는 일이다. 거기에 직접 종사하는 사람이 무어라 하든지 간에 그들은 그들의 설명이 사실이고 진실이라는 확신을 가지고 있다. 그들은 "왜"라는 이유를 설명해야 할 필요조차 없는데, 왜냐하면 해답이 너무도 자명해 보이기 때문이다.

자연과학은 자신들이 중요한 진리를 탐구하고 있다고 단언할 수 있고 인문과학은 그와 같은 단언을 전혀 할 수 없다. 그것이 언제나 치명적이다. 단언을 내리지 않고는 어느 연구도 동감 있는 연구가 될 수 없다. 많은 문화가 있고 그 문화가 모두 동일한 가치를 지니고 있다고 말하고 '문명화된 것'이 무엇인지를 분명하게 이야기할 수 없으면서 막연하게 인문과학이 없으면 우리는 더 이상 문명화될 수 없다고 주장하는 것은 매우 공허하게 들린다. 고전작품이 진실을 말해 준다고 믿지 않을 때는 고전의 주장이 그 타당성을 상실하게 된다. 철학작품을 다루는 사람에게는 진리의 문제가 가장 긴박하고 예리하며 곤혹스럽지만 순전히 문학적인 작품만을 다루는 사람에게도 또한 이 문제는 문제를 야기시킨다. 예전처럼 선생님들이 "여러분은 세상을 호메로스나 셰익스피어가 보았던 것처럼 보도록 배워야만 합니다"라고 말하는 것과 요즈음처럼 선생님들이 "호메로스와 셰익스피어의 관심사도 여러분의 관심사와 똑같은 것이었고, 따라서 여러분의 시야를 풍부하게 해줄 수 있을 것입니다"라고 말하는 데에는 엄청난 차이가 있다. 전자의 접근 방법에서는 학생들이 새로운 경험을 발견하려 하고 옛것을 다시 평가하고자 하는 도전을 느끼지만 후자의 접근 방법으로는 학생들이 책을 기분 내키는 대로 사용하게 된다.

여기에서 나는 연관은 있으면서도 서로 다른 두 개의 문제를 가려보려고 한다. 고전작품에 나오는 내용을 근대에 와서 변호하기가 특히 어려워졌고, 그런 고전을 가르치는 교수들은 그것을 전혀 변호하려고 하지 않으며, 그것들이 가진 진리에 대해 관심이 없다. 성경의 경우를 통해 그들이 진리에 관심이 없음을 가장 명백하게 보게 된다. 그것을 인문과학에 포함시키는 것 자체가 이미 신성 모독이고, 성경에 담긴 주장을 부인하는 것이다. 인문과학에서는 별도리 없이 성경을 둘 중 한가지 방법으로 다룰 수밖에 없다. 우선 보다 높은 비판(Higher Criticism)이라 불리는 근대 '과학적' 분석에 입각하여 성경을 일일이 분해하고, 경전이 어떻게 만들어지는가를 보여주며, 경전이 주장하는 것과 경전은 별개라는 점을 보여주는 것이다. 단지 성경은 사라진 문명의 발자취를 담고 있는 하나의 모자이크와 같은 것이고 우리는 거기서 그 자취를 찾아볼 수 있기 때문에 우리에게 유용하다. 그 밖에는 성경을 비교 종교 과목에서 사용하는 것이다. 성경은 '신성한 것(sacred)'을 필요로 하는 우리의 요구를 표현한 방법 중 하나로 제시되고, 가장 근대적이고 과학적인 연구라 할 수 있는 '신화(myths)'의 구조에 대한 연구에 공헌한 것으로 제시된다. (여기에서 인류학자들과 합세하여 참된 생동감을 얻을 수 있게 된다.) 성경을 순진하게 다루는 사람, 즉 문자 그대로 아니면 '말씀'으로 받아들이는 선생님은 과학적으로 무능하고 세련되지 못하였다고 비난받게 될 것이다. 더 나아가 그는 평지풍파를 일으켜 종교 전쟁의 재현을 시작할 수도 있을 뿐만 아니라 대학 내에서 이성과 계시 간의 논쟁을 유발할 수 있으며, 그렇게 되면 대학 부서 간의 편안한 관계가 흔들리게 되고 인문과학은 망신을 당하는 것으로 결말이 날 것이다. 여기에서 우리는 성경과 그 밖의 다른 고전물에 담긴 위험을 제거하려고 하였던 것이 바로 계몽운동이 가지고 있었던 정치적 계획이었음을 거슬러 추적할 수가 있다. 이 계획이 인문과학을 무기력하게 만든 이유 중의 하나다. 인문과학은 성경이 주장하는 대로 성경을 '계시'라고 가르치는 것이 아니라 여기에 반대되는 '문학으로서의 성경을' 가르치는 것이 자신들이 할 수 있는 최상의 길로 여기는 것으로 보인다. 이런 방법이라면 우리가 예를 들어 《오만과 편견 *Pride and Prejudice*》을 읽는 것처럼 학문적 기구를 손상하지 않으면서 비교적 독립적으로 성경을 읽을 수 있을 것이다. 따라서 다른 방법에는 어딘가 잘못된 데가 있다고 느끼는 극소수의 교수들이 그들의 양심을 안심시키게 된다.

인문과학 교수들은 오랫동안 근대성에 도전하기보다는 거기에 자신들의 분야를 일치시키려고 안간힘을 써왔다. 내가 젊은 시절에 배웠던 폴 쇼리(Paul Shorey)의 플라톤의 《국가론》 주석에서 이 점이 미숙한 형태로나마 나타나고 있음을 우리는 알 수 있고, 그 주석을 통해 그는 1911년 미국의 일부 심리학자들이 찾아낸 이런저런 발견물들이 사실은 플라톤에 의해 이미 밝혀진 것들이었음을 보여 주려고 애썼고, 반면에 플라톤이 현재의 견해와는 이견을 보이는 당혹한 대목에 이르러서는 고의로 침묵을 지킨다. 인문과학의 많은 연구가 이러한 형편이고, 다만 어떤 것은 보다 더 세련되었는가 하면 나머지는 보다 덜 세련되었을 뿐이다. 적어도 몇몇 교수는 자신들이 연구하고 가르치는 작품을 사랑한다는 점을 내가 부인하는 것은 아니다. 그러나 거기에는 그 작품들이 마치 요즈음의 이론 - 문화, 역사, 경제 또는 심리 이론 - 에 의해 생겨난 것인 양 취급하여 그 작품들을 최신의 것으로 만들려고 하는 맹렬한 노력이 있다. '의도적 오류(intentional fallacy)'라는 것이 제도화된 이래로 책을 작가가 의도한 대로 읽으려 하는 노력은 범죄 행위와 같은 것이 되어버렸다. 방법론을 놓고 끝없는 논쟁이 일고 있고 - 그 중에는 프로이트식 비판, 마르크스주의식 비판, 신비판, 구조주의 및 해체주의 등 그 밖의 많은 것들이 있으며 이 모든 논쟁의 공통점은 사실에 대해 플라톤이나 단테가 한 말이 중요하지 않다는 것을 전제로 한다는 점이다. 이러한 여러 비판 학파들에 의해 저자들은 근대 학자들에 의해 설계된 정원의 식물과 같은 존재가 되어 버리는 한편 그들 자신의 정원 설계 사명은 그들에게 거부되고 있다. 저자는 고전학자를 심거나 아니면 심지어 묻어야 한다. 근대 학문이 직무를 맡아 보살피기 시작한 후부터는 《심포지엄 Simposium》이 너무도 우리로부터 멀어져 이제는 더 이상 우리를 유혹할 수 없게 되었고, 그 작품의 즉각적인 매력도 사라졌다고 니체는 말하였다. 상황을 자세히 살펴보면 인문과학 고전학자의 동기가 내면적 필요나 긴박감에 의해 유발된 것이 아니고 고전책에 자기도 어쩔 수 없이 이끌어 내린 것은 더욱 아니다. 소포클레스를 연구하기로 한 학자가 유리피데스를 택할 수도 있었던 확률은 반반이다. 그렇게 볼 때 꼭 시인이 아니고 철학자나 역사가가 되있어도 그만일 것이고, 터키가 아니라 꼭 그리스여야 할 이유도 없지 않은가?

고고학과 어학이나 언어학의 일부와 같이 소수 인문 계열 학과가 대견스럽게 인문대학을 벗어나 과학으로 탈출할 수 있었다. 그 학과들은 이제 책에 담긴 내용과는 거의 아무런 관계가 없게 되었다. 미술과 음악을 다루는 방법이 적어도 어느 정도까지는 예술이 무엇이며 예술에서 중요한 것이 무엇인가에 대한 일반적인 견해에 의해 결정되는 것이 사실이기는 하지만, 물론 미술과 음악은 책의 의미와는 거의 별개다. 인문과학에는 중립적이고 순전히 학문적인 작업이 많이 진행되고 있고, 이러한 작업에는 유용하며 사전을 만드는 일이나 교과서를 선정하는 것과 같이 무언가 할 이야기가 있는 사람에게 유용하고 그들이 사용하도록 만들겠다는 의도가 담겨 있다.

인문과학의 학과 목록을 보면 어문학과가 단연 지배적이고, 대개 서구의 언어별로 학과가 따로 있게 마련이며, 다른 언어의 경우는 언어군별로 학과가 따로 있다. 영어를 제외한 그들 학과들은 모두가 다 외국어를 가르치는 책임을 지고 있다. 선생님들은 어려운 언어를 배워 익숙해져야 하고 언어를 별로 배우고 싶어 하지 않는 것이 현실인 학생 집단에게 그 언어를 가르쳐야만 한다. 그리고 언어 이외에도 그 언어로 쓰인 책이 있게 마련이고, 언어를 배우는 데에는 그러한 책들을 읽는 것이 수반된다. 요컨대 이러한 연유로 선생님들이 언어를 배웠다는 사실이 그 책의 내용도 가르칠 수 있는 자격을 부여받은 것으로 간주하게 되는 결과를 초래하였고, 특히 그 책이 인문과학 분야 이외의 다른 어느 곳에도 속하지 않게 된 지금이기 때문에 이러한 현상은 불가피하다. 하지만 그 언어를 완전하게 익혔다고 해서 그 선생님이 그 책에 대한 지식과 유대감을 가졌다고 보장할 수는 없다. 중요한 것은 책이고 언어는 오히려 꼬리에 해당한다고 할 수 있는데 언어가 본체인 문학을 뒤흔들고 좌지우지하는 경향이 있다. 고전 문학에 대한 지휘 감독이 이러한 학과들에게 우선적으로 주어졌고, 그들은 고전작품보다 이 일을 중심으로 한 그들의 영역을 보호하려는 노력에 더 사나울 정도다. 대학의 인습이 자연을 잠식시킨다. 대학은 면허장을 발급하는 일도 하는데, 면허 없이 사냥하는 것은 금지되어 있다. 더 나아가 이러한 인습 때문에 교수들 또한 바깥사람들의 이야기보다는 서로의 이야기를 더 주의 깊게 듣고, 바깥사람은 바깥사람대로 자신이 건강에 관해서 문외한이기 때문에 상대방 문외한의 이야기보다는 의사의 이야기에 더 감명을 받게 마련인 것과 마찬가지로 교수들의 이야기에 더 주의 깊게 귀를 기울인다. (60년대에 있었던 것과 같은 외부로부터의 거친 동요가 없는 한) 전문가들은 쉽게 자기만족에 빠져 편안해져 버리는 결과가 생겨나게 된다. 그리스어 교수들은 토마스 아퀴나스가 그 언어를 모르면서도 아리스토텔레스를 그들보다 더 빈틈없이 진지하게 받아들였기 때문에 아리스토텔레스를 해석하는 데는 그들 중 어느 누구보다도 뛰어났다는 것을 잊어버리거나 아니면 모르고 있다.

이렇게 언어와 문학을 한데 묶어 하나의 과(科)로 만드는 데는 구조적 어려움 또한 수반하게 된다. 그리스의 시, 역사, 철학이 정말 함께 속할 수 있는 것들인가, 아니면 또 한 번 같은 그리스 언어를 매개체로 한다는 부수적인 사실이 실체의 구현을 결정해 버리는 것은 아닌지? 그리고 플라톤이 파라비(Farabi)로 이어지고 아리스토텔레스가 홉스로 이어져 연결의 쌍을 이루듯 적절한 연결이란 도대체 그리스라는 테두리를 초월하여 이루어지는 가능성이 있는 것은 아닐는지? 싫든 좋든 이 학과들은 역사적 전제를 채택하도록 강요된다. 즉 그리스의 철학자들은 모두 같은 종류이며, 그보다도 그리스 문화 또는 그리스 문명 전체가 하나의 촘촘히 잘 짜인 벽걸이 융단과 같은 것이고 그 문명의 주인은 철학자도 시인도 아니고 희랍을 연구하는 학자들인 것으로 되어 있다. 이런 식의 배열은 이성과 역사 간의 관계라는 중대한 문제를 질문해 보기도 전에 출발부터 이미 그들 관계에 대한 해답을 내리고 있고, 이러한 식으로 해답을 얻는 것은 플라톤이나 아리스토텔레스가 해답을 내리기 위해 사용하였을 방법과는 정반대되는 방법이다.

 이 모든 것 중 가장 흥미로운 사실은 이렇게 주워 모은 학과들의 와중에 철학이 길을 잃어 어리둥절한 채 삼가는 자세로 자리하고 있다는 점이다. 정치 및 이론적 민주주의에 의해 철학은 권좌에서 밀려났고 열정과 다스릴 능력을 잃었다. 철학의 사연이 우리 전체가 가진 문제점을 본질적으로 규명해 준다. 철학은 한때 가장 좋은 생활 방법이 철학이라고 자랑스럽게 선언하던 때가 있었고, 감히 전체를 개관하려고 하였으며, 모든 사물의 근본 원인을 찾아보려 하였다. 철학은 또한 철학의 법칙을 전문화된 과학에 지시할 뿐만 아니라 전문 과학을 구성하고 정돈하려 하였다. 고전 철학작품들은 바로 이러한 일을 하는 행동 철학이었다. 그러나 이것이 말하자면 빈약해진 후손들에게는 모두 불가능하였다. 참다운 과학은 철학작품이 필요치 않았고 나머지는 이념이거나 아니면 신화다. 이제 그것들은 그저 서가에 꽂아 놓을 책에 불과하다. 민주주의가 철학의 특권을 빼앗아 버렸고 철학은 그대로 사라져 버릴 것인지 아니면 따로 일거리를 찾아볼 것인지 결정을 내릴 수 없었다. 철학은 곧 체계론으로서 건물 전체를 계획하였고, 목수와 석공과 연관공은 수하의 부하들로서 철학이 세운 계획이 없으면 그들은 아무런 의미를 지닐 수 없었다. 철학이 대학을 세웠지만 더 이상 그렇게 할 수가 없다. 우리는 철학에서 나온 유산으로 살아가고 있다. 사람들이 막연하게 갖가지를 아는 박식한 사람과 전문 지식인을 대비시켜 말할 때 그들이 말하는 박식한 사람은 철학자를 의미함이 틀림없다. 그 이유는 오직 철학자만이 유일하게 모든 전문 분야를 포함하는 또한 한때 포함하였던 식자이고, 오직 그만이 전문화된 사항들만을 모아 놓은 것이 아니라 전문 분야에 필요하고도 참다운 - 즉 존재와 선과 같은 - 주제를 소유하고 있기 때문이다. 이제는 더 이상 철학을 생활 방식으로 여기지 않고 최고의 과학으로 여기지도 않는다. 대학에서 철학이 처하고 있는 상황과 오늘날 철학이 세상에서 겪고 있는 절망적인 상태와는 어느 정도 상관이 있고, 철학이 하나의 분야로서 미국에서 갖는 독특한 역사와도 무관하지 않다. 전자의 경우, 비록 이성이 심각하게 위협을 받고 있기는 하지만 니체와 하이데거는 순수한 철학자들이었고, 그들은 현재 철학의 가장 큰 두 적수인 자연과학과 역사주의에 당당하게 맞설 수 있었고, 으름장을 놓을 수도 있었다. 철학은 아직도 가능하다. 그리고 유럽의 경우 지금까지도 학교에서는 아이들에게 철학을 가르치고 철학이 실체인 것으로 보인다. 미국의 고등학교 학생은 오로지 '철학'이라는 단어만을 알고 있을 뿐이고, 그는 철학을 생활로 선택하는 것이 요가를 선택하는 것보다 더 진지한 선택이라고 생각하지 않는다. 그러나 어쨌든 미국에서는 모든 사람이 철학을 가지고 있다. 중요한 예외가 있기는 했지만 철학이 대학의 강력한 존재였던 적은 결코 없었다. 우리는 우리 모두를 충족시키기에 충분하였던 공공철학으로부터 출발하였고, 우리는 그것이 만인 공통의 상식이라고 생각하였다. 미국에서는 아무도 데카르트를 읽어 본 사람이 없는데도 모두가 다 데카르트 학도라고 토크빌은 말하였다. 우리는 실용주의를 제외한 모든 철학을 거의 몽땅 수입해 온 사람들이었다. 이 땅에서는 한 줄의 철학을 읽지 않고도 교육받은 사람으로 여겨지는 것이 가능하다. 쉽사리 철학은 자기 자랑과 동일시되고 다른 어느 인문분야보다 철학의 경우가 훨씬 더 심하다. 그래서 철학은 언제나 힘겨운 투쟁을 했다. 하지만 철학을 추구하였던 학생은 철학의 원천에 이르러서는 상당한 신성감을 맛볼 수 있었다.

    그러나 철학은 굴복하였고, 아무도 알지 못하는 사이에 사라질 수도 있다. 철학은 논리라는 과학적인 요소를 가지고 있고 그것이 과학에 부착되고 그것을 철학으로부터 떼내는 것은 무척 쉽다. 이것은 심각한 문제로서 유능한 전문 지식인들에 의해 실천되고 있고, 철학적인 영구한 질문에는 단 한 가지도 응수하지 못한다. 죽은 철학을 개요하는 것이 철학의 역사이고, 학생들에게는 언제나 이것이 가장 생동감을 주었으며, 지금은 그것이 방치상태에 놓여 있어 학생들은 여러 다른 분야가 그것을 더 낫게 다룬다는 것을 발견하게 된다. 실증주의와 통상의 언어 분석이 오랫동안 지배적이었지만 그것들도 이제 사양 추세에 들어섰고 그것을 명백하게 대치하고 있는 것이 없다. 이것들은 단순히 같은 종류의 방법론에 불과하고, 인간화하는 질문을 추구하기 위해 찾아온 학생들은 떠나 버린다. 간단하게 이러한 학파의 교수들은 중요한 것에 대해서는 말하려 하지 않고, 말할 수도 없으며, 그들 자체가 학생들에게 철학적 생활의 모범을 보여 주지도 못한다. 몇몇 곳에서는 실존주의와 현상학이 기지를 확보하게 되었고, 학생들에게는 실증주의나 통상적인 언어 분석보다 그것들이 훨씬 더 매력이 있는 것으로 느껴진다. 가톨릭 대학들은 항상 어떤 식으로든 중세 철학과의 접촉을 유지해 왔고, 따라서 아리스토텔레스와의 접속을 유지해 왔다. 그러나 총괄해서 볼 때 철학이 갖는 전망은 황량하다. 바로 그 때문에 미국에서는 철학적 직관이 주로 새로운 사회과학쪽으로 쏠리곤 하였고 지금은 문학의 특정 분야 또는 문학 비평쪽으로 많이 전향한다. 현 상태로서는 철학이 별로 내용도 없는 그저 또 하나의 인문과학 과목에 불과하고 위기에 처한 대학을 지휘해야겠다는 생각도 없다. 사실상 철학에는 전통이 있기 때문에 맛볼 수 있는 상쾌함이 오히려 철학보다는 인문과학의 다른 분야에 더 많이 존재하고 있고, 인문 교양 교육을 부흥시키려는 시도에 모든 인문과학자 중 철학자의 활동이 가장 소극적임을 우리가 발견하게 된다. 통상적인 언어를 분석함에 있어 어느 정도의 겸양이 - "우리는 여러분들이 이미 하고 있는 것을 좀더 분명히 하는 데 도움을 주려고 할 뿐입니다"라는 식의 - 있기는 하지만 거기에는 젠체하는 일면 또한 있는데, 즉 "전체 전통의 어느 부분이 잘못되었는지 우리는 알고 있고, 그러한 잘못이 우리에게는 더 이상 필요 없다"라는 태도가 그것이었다. 철학의 영역에서 전통이 사라져 갔다.

제2부에 열거하였던 모든 언어는 철학이 만들어 낸 언어이고, 유럽에서는 그 언

어가 철학에 의해 생겨났다는 것을 알고 있으므로 그 언어가 철학으로의 길을 다졌다. 미국에서는 그 내력이 알려지지 않고 있다. 그것이 생겨나게 된 지적 체험은 없이 그것의 결과만을 우리는 넘겨받았다. 그러나 그것의 원래 출처에 대해 무지하고 미국의 철학과가 제 몫의 주장을 펴지 않는다는 사실 - 사실은 철학과도 거기에 대해 무지하기는 일반 대중과 마찬가지지만 - 우리의 언어와 생활 속에 담긴 철학적 내용이 우리를 철학으로 유도하지 않는다는 것을 의미한다. 이것이 바로 유럽 대륙과 우리가 서로 다른 진짜 차이점이다. 여기 미국에서는 철학적 용어가 오직 특수 용어일 따름이다.

문학 작품이 쓰인 언어를 기준으로 문학을 분리한 명백한 약점을 보완하기 위해 반세기 전에는 그것을 재통합하고자 하는 현명한 계획이 생겨났다. 그리하여 비교 문학이 창설되었다. 그러나 우리 시대의 그와 같은 모든 사업이 그랬던 것처럼 새로운 분야가 하려고 하는 일이 무엇인지에 대해 상당한 혼란이 있었고, 인위적인 속박에서 벗어나 작품의 본모습이 드러날 수 있는 출구를 열어 주는 것이 아니라 오히려 비교 체제를 만들어 내어 문학 작품을 지배하였고, 그 분야 창설자들의 현명함을 찬양하는 경향으로 흘렀다. 이제 비교 문학은 주로 파리 하이데거 학파의 사르트르 이후 세대로부터 영향을 받은 교수들의 수중에 있는데, 특히 데리다, 푸코, 바르트(Barthes)의 손안에 있다. 그 학파는 해체주의라 불리고 그것은 철학이라는 이름으로 진실의 가능성을 부인하고 이성을 억압하는 예상할 수 있는 마지막 단계다. 본문 자체보다도 해석자의 창의적 활동이 더 중요하고, 따라서 본문은 없고 해석만이 있을 뿐이다. 그리하여 우리에게 가장 필요한 것, 즉 이 본문이 우리에게 들려주어야 할 지식이 이 해석자들의 주관적이고 창의적인 자아에 맡겨져 버렸고, 이 해석자들은 본문도 없고 본문이 실체라고 다루는 그 실체도 실은 없다고 말한다. 니체를 조잡하게 해석함으로써 우리는 본문이 요구하는 객관적이고 엄격한 요구로부터 해방되었지만 그런 일만 없었더라면 우리는 옛 작품을 통해 점점 낮아지기만 하고 편협해지는 우리의 시계로부터 해방되었을 것이다. 모든 전통이 우리에게 가하는 요구를 약화시키는 경향이 있고 이것이 간단하게 전통을 융해시킨다.

파리에서는 이미 이 유행이 한물간 것과 마찬가지로 여기서도 지나갈 것이다. 그러나 그것은 우리의 가장 나쁜 직감에 호소력을 발휘하고 우리가 무엇으로부터 가장 많은 유혹을 받는지를 보여 준다. 그것은 내가 제2부에서 토론하였던 '생활 양식(life - style)' 분야에 대한 문필로 하는 보충이다. 화려한 독일 철학을 말하는 것이 우리를 매료시키고, 정말로 중대한 것들을 대신하게 된다. 이것이 대중의 민주적 취향을 즐겁게 해 줄 수 있는 상상 속의 제국을 추구해 보려고 소외된 인문과학이 벌이는 이런 유형의 마지막 시도는 결코 아닐 것이다.

결론

이것이 우뚝 솟아 있는 대학의 각 분야가 입학하는 학부 학생들에게 던져 주는 그림자다. 그것들이 다 함께 인간과 인간의 교육에 대해 대학이 할 수 있는 이야기가 무엇인지를 나타내 주고 있고, 따라서 그것들이 일사불란한 인상을 주지는 못한다. 서로 퍽이나 엄청난 차이점을 보이고 있고 무관심으로 가득하다. 대학 내에 교육을 받은 사람에 대한 관념을 구축한다거나 아니면 재구축하고 인문 교양 교육을 다시 정립할 만한 수단이나 힘이 있다고 상상하기 어렵다.

하지만 이러한 상황에 대해 심사숙고하는 것 자체가 본질적으로 철학 활동이다. 대학 세계의 본질은 분명히 총괄적인 것을 요구한다는 점인데, 바로 그 점이 명백하게 결여되고 있다는 사실이 거기에 몸담고 있는 일부 구성원을 걱정하지 않을 수 없게 만든다. 질문은 모두 거기에 있다. 교양을 위한 학문이 존재하기 위해서는 다만 대학에 있는 이 질문들을 진지하게 풀어 보려는 노력이 지속되기만 하면 된다. 왜냐하면 교양을 위한 학문은 해답보다는 영원한 대화 속에 존재하는 것이기 때문이다. 적어도 그러한 생각이 유지되고 우리 대학의 문전에서 애타게 정신적 필요를 충족시키려고 하는 일부 젊은이를 지도하는 데 도움을 주고 있는 것은 이와 같이 당황하고 있는 교수들이다. 주제 자체는 대학에 여전히 존재하고 있지만 형태가 사라져 버렸다. 우리가 전반적인 개혁을 바랄 수는 없는 것이고, 바라서도 안 된다. 바랄 것은 오직 타다 남은 불이 완전히 꺼지지 않았으면 하는 것이다.

그 어느 때보다도 요즈음 플라톤과 셰익스피어를 읽음으로써 인간이 더 진실되고 충실하게 살 수 있다. 그 이유는 그 작가들을 읽고 나면 인간이 근본적인 존재에 참여하고 자신들의 우발적인 인생을 잊을 수 있기 때문이다. 이러한 종류의 인간성이 존재하고, 또는 존재했다는 사실과 우리가 손끝만 뻗치면 아직도 그 인간성을 어떤 방법으로든 접촉할 수 있다는 사실이 이제는 더 이상 견딜 수 없게 된 우리의 불완전한 인간성을 견디어 내도록 만들어 준다. 거기에는 여전히 객관적인 아름다움을 지닌 책들이 있고 우리는 학생들의 영혼이 비우호적인데도 불구하고 책을 향해 뻗치는 그들의 섬세한 손끝을 보호하고 가꾸는 데 도움이 되어야만 한다. 우리의 상황은 무척 변경된 가운데서도 인간의 본성은 변치 않고 그대로 있는 것처럼 보이는데 그 이유는 우리가 비록 그 겉모습이 다르게 치장되었는지는 모르지만 아직도 예전과 똑같은 문제에 직면하고 있고, 우리의 인식과 힘이 약화되었는지는 모르지만 그래도 여전히 그 문제를 풀려는 인간적인 필요를 느끼고 있기 때문이다.

《심포지엄》을 읽고 난 다음 진지한 학생 하나가 깊은 우울감에 젖어 내게로 와서 교육을 받고 생동감이 넘치며, 문명화하였으면서도 자연스러움을 잃지 않은 우정 어린 사람들이 동등한 자격으로 함께 모여 그들이 가진 동경의 의미에 대해 멋진 이야기를 주고받는 아테네의 마력적인 분위기를 재현한다는 것은 상상조차 할 수 없는 불가능한 일이라고 말하였다. 그러나 그와 같은 경험은 언제나 접근이 가능한 경험이다. 사실 이 쾌활한 토론은 아테네가 패배하게 되는 무시무시한 전쟁이 한창 진행되고 있던 와중에 일어난 것이었고, 적어도 아리스토파네스와 소크라테스는 이것이 그리스 문화의 쇠퇴를 의미한다는 것을 예견할 수 있었다. 그러나 그들은 문화로 인한 절망에 빠져 들지 않았고, 이렇게 끔찍한 정치적 상황 가운데서도 자연이 주는 기쁨에 자신들을 몰입시킬 수 있었다는 것은 인간에게 있어 가장 훌륭한 것이 우연, 상황과는 별도로 스스로의 생존력을 가지고 있음을 입증해 주었다. 우리 자신은 역사와 문화에 너무 지나치게 의존함을 느끼게 된다. 이 학생에게 소크라테스는 없지만 그에게는 소크라테스에 관한 플라톤의 책이 있고 사실은 그것이 더 나을는지도 모른다. 또 그는 명석한 두뇌의 소유자이고 친구가 있으며, 그들이 함께 모여 얼마든지 마음먹은 대로 이야기할 수 있는 자유로운 국가가 있다. 그 대화 또는 플라톤의 모든 대화의 본질은 거의 모든 시대와 장소를 초월하여 그것이 재연될 수 있다는 점이다. 그와 그의 친구들은 함께 사색할 수 있다. 이렇게 사색하는 것이 그 작품의 전부였는지도 모른다는 사실을 배우기 위해서는 많은 사고가 필요하다. 우리가 실패하기 시작하는 곳이 바로 여기 이 부분이다. 그러나 이 모든 것이 바로 우리 코앞에 있고 참말같이 들리지는 않겠지만 항상 우리 앞에 존재한다.

이 책 전반을 통해 나는 플라톤의 《국가론》을 언급하였고 내게는 그 책이 교육에 대한 기본 책자인데, 왜냐하면 내가 한 인간으로서 그리고 가르치는 한 사람으로서 경험하는 모든 것을 내게 정말로 설명해 주는 책이 그 책이기 때문이다. 그리고 중용과 인종(忍從)을 가르치기 위해 우리가 기대해서는 안되는 것을 지적하면서 나는 거의 언제나 이 책을 활용한다. 그러나 그러한 모든 불가능은 다른 모든 것을 걸러내어 가장 높은 것과 환상이 아닌 가능성의 잔재만을 남기기 위한 여과기의 역할을 한다. 자기모순에 빠져 있는 모든 모조 공동체의 한가운데서 진리를 추구하는 사람과 알 가능성을 지닌 사람이 모인 공동체가 인간의 진짜 공동체고, 이는 다시 말해 원칙상 누구든 알기를 바라는 사람이 한데 모이면 진품의 공동체를 형성할 수 있다는 것이다. 그러나 실재에 있어서 이런 진품에 포함되는 사람은 소수에 불과하고 본질에 대해 의견을 서로 달리하던 바로 그 순간에도 플라톤은 아리스토텔레스에게 친구였던 것처럼 신성한 친구들만이 신싸 공동체에 포함된다. 선에 대해 관심이 있었다는 그 공통된 사실이 그 두 사람을 한데 묶어 주었고, 선에 대해 그들이 의견을 달리하였다는 것은 선을 이해하기 위해 그들은 서로를 필요로 하였다는 것을 증명하여 주는 것이다. 문제를 보는데 있어서는 두 사람의 영혼이 완전히 하나였다. 플라톤에 의하면 이것만이 유일하게 참된 우정이고 유일하게 참된 공동 이익이다. 사람들이 그다지도 안타깝게 찾고 있는 서로 간의 교류를 찾을 수 있는 곳이 바로 여기다. 다른 종류의 관계는 모두 이 관계를 불완전하게 반영한 관계에 불과하고 스스로의 생활을 보존하기 위한 노력이며, 궁극적으로 이 관계와 연관이 된다는 사실로부터 정당성을 부여받으려 한다. 이것이 바로 도저히 믿기 어려운 현인 군주라는 수수께끼와 같은 이야기가 갖는 의미다. 그들은 모든 다른 공동체에 모범이 되는 진실한 공동체를 가지고 있다.

　이것은 급진적인 가르침이다. 그러나 이것이 아마도 깊은 애착을 펴이나 의심스러워하고 그 밖의 다른 것은 알지 못하며 과격한 우리 자신의 시대에는 적절한 가르침일는지도 모른다. 이 시대가 철학을 위해 전적으로 나쁜 것은 아니다. 우리의 문제는 너무도 방대하고 그 문제의 원천은 너무도 깊기 때문에 만일 우리가 철학을 단념하지 않고 철학은 철학대로 도전을 받을 때 번창하는 그 습성대로 도전에 직면한다면 우리의 문제를 이해하기 위해 우리는 그 어느 때보다도 철학이 필요하다. 대학을 제대로 파악만 하면 나는 우리 시대에서 공동체와 우정이 생존할 수 있는 곳은 대학이라고 여전히 믿고 있다. 도저히 납득할 수 없을 만큼 우리의 사고 및 정치와 대학이 불가분의 관계에 놓이게 되었고, 인간적인 것들의 특성 때문에 그들은 우리에게 훌륭하게 봉사하였다. 그러나 대학이 이러한 모든 것이라든지 우리의 분투적인 노력을 받을 만한 자격을 충분히 갖추었다고 하더라도 소크라테스는 교수가 아니었고, 죽음에 처했으며, 부분적으로는 그의 개인적인 본보기를 통해 지식에 대한 사랑이 살아남았다는 점을 우리가 결코 잊어서는 안 된다. 이것이 정말로 중요한 것이다. 그리고 대학을 어떻게 수호해야 하는가를 알기 위해서 우리는 이것을 기억해야만 한다.

　이제 미국이 세계 역사의 주도권을 쥐고 있고 이제부터 영원히 우리는 지금 우리가 남긴 업적에 의해 평가될 것이다. 정치에서처럼 자유의 운명을 이 세상에서 지키는 책임이 우리의 체제로 넘어왔고, 이와 마찬가지로 세상에서의 철학의 운명도 우리의 대학으로 넘어왔다. 이 두 가지가 이제는 그 유례를 찾아볼 수 없을 만큼 서로 깊은 관계를 맺고 있다. 우리에게 주어진 임무의 중요성은 막대하고, 미래가 우리의 처사를 어떻게 평가할는지 무척 의문시된다.

⟨타임⟩지 회견기:가장 비범한 질책

⟨타임 Time⟩지의 수석 특파원 윌리엄 맥휘터(Willam Mc Whirter)가
'미국 정신의 종말'의 저자 앨런 블룸 교수를 회견한 기록
— 1988년 10월 17일자 ⟨타임⟩지에서

학생들은 서양문명의 기초에 통달해야 한다고 주장한 앨런 블룸은 남녀 차별주의자요 엘리트주의자라는 비난을 받고 있다. 이에 대하여 그는 지금 미국에는 '새로운 유형의 사상통제'가 작용하고 있다고 본다.

시카고 대학교 정치 철학과 교수로 있는 앨런 블룸은 1987년에 《미국 정신의 종말 *The Closing of the American Mind*》이라는 저서를 발표하여 비판의 폭풍을 불러일으켰다. 이 책은 미국 교육, 특히 대학 교육의 맹점과 국민생활에서 드러나는 지성(地性)의 몰락을 신랄하게 공격하고 있다. 고전 교육의 강조를 반대하는 자유주의적 대학들은 블룸의 처방이 미국과 같이 다양한 인종으로 구성된 혼성 사회에는 적합하지 않다고 반박했다. 그럼에도 불구하고 이 책은 이미 80만 부가 판매되었고 이제 막 페이퍼백의 염가판이 나오게 되었다. ⟨타임⟩지 수석특파원 윌리엄 맥휘터는 시카고 대학 캠퍼스가 내려다보이며 고전 문헌과 유럽의 유화(油畵)들이 가득 차 있는 블룸의 아파트에서 58세의 그와 4시간 동안 회견하였다.

문 : 러트 거스 대학교 벤저민 바버(Benjamin Barber) 교수는 이 책을 가리켜 "일반 독자를 위해 쓴 가장 심각한 반민주적 저술 가운데 하나"라고 했습니다.

어떻게 생각하십니까?

답 : 그들의 부정적인 비평이 아니라 그 맹렬하고도 격정적인 반응으로 미루어, 미국 정신의 종말을 둘러싸고 내가 제시한 논평은 하나 남김없이 그 정당성이 입증된 겁니다. 그것도 의심할 여지가 없이. 그 굉장한 정치 용어로는 나는 엘리트주의자요 성차별주의자입니다. 이 책이 성공을 거두자 몇 달 만에 그런 '지성인들'이 나타나는 것입니다.

오늘날 미국 대학은 참으로 심각한 시기를 겪고 있습니다. 여러모로 보아 1960년대의 대학 소요보다 더 심오하고 혁명적입니다. 그때와는 달리 강력한 저항이 없기 때문에, 외부인들에게는 그다지 눈에 띄지 않습니다. 그러나 그러한 저항이 없이 말하자면 기초가 무너지고 있는 것입니다.

이 나라는 지극히 크고 다양하다는 말을 흔히 들을 수 있습니다. 하지만 바로 우리들이 다양하기 때문에, 우리들이 산산이 조각나서 보다 큰 전체로 결집할 수 없는 일련의 원자들이 되지 않도록 우리들의 공통점이 무엇인가 - 무엇이 미국이며, 인간은 무엇인가 - 를 끊임없이 일깨워주지 않으면 안 됩니다. 그것이 미국으로 들어오는 이민들의 변함없는 특징이었고, 그들은 그걸 이해하고 있었습니다. 그들은 오랜 뿌리를 유지하거나 민족적인 다양성을 지키거나 미국의 신화를 받아들임으로써가 아니라, 일정한 공통 원리를 배움으로써 미국인이 되었습니다. 나는 그와 같은 이민의 아들, 유대인 소년이었지만 미국의 중서부 인디애나폴리스에서 자랄 수 있었습니다.

이와 같은 길고 오랜 전통이 미국에 있다는 것이 그대로 나의 교육관이 되는 것입니다. '연방주의자 논문집'(Federalist Papers / 미국독립 초기 중앙 집권적 연방 정부를 옹호한 알렉산더 해밀턴, 제임스 메디슨과 존 제이를 중심으로 한 논문집. 1788년에 한 권의 책으로 묶여졌고, 미국 연방 헌법의 뼈대를 이룬다=역주)를 읽는다면, 우리는 이미 플라톤, 아리스토텔레스와 토머스 홉스, 그리고 존 로크 사상과 함께 있는 것입니다.

문 : 당신은 정말 대학이 잘못하고 있다고 보십니까?

답 : 내가 책임의 일부를 대학에 돌리고 있는 건 사실입니다. 대학생들이 진지하게 독서를 하지 않는 이유의 하나가 책에서는 중요한 것을 배울 수 없다는 그들의 신념에 있거든요. 그들은 이데올로기나 신화에 불과하거나 서로 다른 당들의 정치적 도구에 지나지 않는다고 믿고 있습니다. 학문의 높은 봉우리들이 멀리서 찬란히 빛나는 어떤 목표를 제시한다면, 사람들 - 매우 다양한 배경을 가진 사람들에게 커다란 매력을 줄 것입니다. 다음과 같은 1차적 질문이야말로 모든 교육을 하나로 꿰매어 주는 황금의 실이지요. 나는 어떻게 살아야 하는가? 훌륭한 생활이란 어떤 것인가? 나는 무엇을 바랄 수 있는가? 나는 무엇을 해야 하는가? 우리들이 그 진실을 안다면, 어떤 무서운 결과가 나올 것인가?

문 : 그러니까, 어느 사회든 엘리트가 있어야 한다는 말씀이군요?
답 : 인간의 차등 또는 품위 있는 인간, 혹은 도덕적 인간이나 지성적인 인간에게 가장 중요한 것 중의 하나가 지혜로운 인간을 식별할 수 있는 능력입니다. 그런 종류의 엘리트가 없다면 지도자를 가질 수 없지요. 인간을 완성시키도록 고무하는 이런 유(類)의 위대성이 교육의 핵심적인 과제라 하겠습니다. 있는 그대로의 인간에 머물러 있다면, 인간이라는 것은 아주 따분할 것입니다.

문 : 흑인과 여성 십난에 대학에 대한 영향력을 동릴히 비난한 교수님의 자세로 미루어 그들은 '자연적 엘리트'의 정의 안에 들어갈 수 없으리라 믿습니다. 예를 들어, "고전 문헌의 생명력을 빼앗는 최근의 적(敵)은 남녀평등론이다. 그 논거(남녀평등론)에 따르면, 오늘날의 모든 문학은 남녀 차별론의 산물로 비쳐진다. 시와 음악의 신들은 해방된 여성을 소재로 한 노래를 시인에게 들려준 적이 없었다"고 주장하고 있습니다. 게다가 백인이 아닌 소수민족과 여성의 고용촉진 정책이 "이 작은 흑인 왕국"을 만들었다고 경멸에 찬 비판을 가했고, "비례 배당령(affirmative action), 재정의 특혜 지원, 흑인과 소수민족 교수 채용의 특혜와 흑인학생에 대한 낙제 처리 곤란"이라는 형태의 제도적 잘못을 영구화했다고 지적했습니다. 남녀 차별주의와 인종차별주의 노선에 가깝다고 보시지 않습니까?

답 : 현재로서는 그들 두 집단의 쌍방을 예속화시켰던 서양 사상을 제거하는 일종의 동맹을 맺고 있지만, 그들의 활동 계획과 목표에 상당한 차이가 있습니다. 흑인의 목표는 대체로 대학의 기본 교과과정에 도전하지는 않지만, 급진적인 남녀평등론자들은 역사 전반에 걸쳐 여성의 노예화를 촉진시킨 역사의 날조된 해석이나 악의적인 해석이 있어왔다고 주장하고 있지요. 요즘 그러한 문헌을 규제하라는 요구가 높고, 그것이 바로 교과과정의 핵심 문제와 직결됩니다.

급진적 남녀평등론은 일반 사회보다 대학에서 더 큰 영향을 끼치는 경향이 있습니다. 많은 사람들이 미처 그 점을 깨닫지 못하고 있거든요. 남녀의 자연적인 관계를 남성의 조작에 불과하다고 주장하는 그들의 문헌을 읽어 볼 필요가 있습니다. 거기에는 남근 중심 사회의 온갖 언어가 빠짐없이 동원되고 있거든요. 그와 연관된 모든 쟁점을 둘러싸고, 남성이 변화하지 않으면 안 된다는 신화가 형성되고 있습니다. 이것이 논의 대상이고, 이미 거대한 이론 체계로 대학에 들어왔습니다. 그 힘과 분노에 찬 격정이 압도적이지요. 급진적인 남녀평등론자들은 일체의 지성적인 생활이나 활동은 권력인 까닭에 그와 같은 차이를 중재할 가능성은 전혀 없다고 주장합니다. 대학은 인간들이 만날 수 있는 이성(理性)의 공동광장이라는 대전제에 대한 직접적인 공격이라 하겠습니다.

이런 종류의 이데올로기는 인간이 자기를 초월할 수 있는 가능성을 빼앗고 맙니다. 오로지 여성만이 이해할 수 있는 사물이 있고, 흑인만이 흑인 문명을 가르칠 수 있다고 단정하는 것이지요. 과학과 현대 민주주의의 모든 원리가 우리들은 하나의 인류라는 전제에서 출발하고 있는 이때, 그들의 주장은 가공할 폭탄선언이 아닐 수 없습니다.

그와 같은 원리가 배제된다면, 모든 것은 권력 투쟁으로 전락하게 되는 것이지요. 요즘 비서양, 비남성, 비백인 문명 연구를 요구하는 목소리가 높아 가고 있습니다. 아리스토텔레스를 서양의 백색 남성으로만 보는 거지요. 그리고 칼 마르크스도 마찬가집니다. 내 책은 서양의 백인 남성이 썼고, 그 말 속에 내 책에는 무언가 잘못이 반드시 있다는 뜻이 담겨 있거든요. 남녀 차별주의자라는 비난이 있는 세상에서, 남녀 차별주의라고 불리게 되면, 범죄를 저질렀다고 하는 말과 마찬가집니다. 1950년대와 비슷한 상황입니다. 당시에는 공산주의의 색채가 있는 사물에 조심하지 않으면 안 되었지요. 혹은 그보다 앞선 시대에는 무신론자가 공격의 대상이었습니다. 여성과 흑인에 부당한 일을 했다는 마음이 없는 것처럼 보이고 싶지 않은 대학은 그저 양보해서 그와 같은 주장들을 대체로 받아들이고 있습니다.

문 : 교수로서 그와 같은 갈등을 강의실에서 어떻게 대처하고 있습니까?
답 : 적지 않은 학생들이 그저 외면하고 있습니다. 흑인학생들은 인문과학의 가치를 불신하도록 의식화되어 있어선지, 많은 흑인학생들은 캠퍼스 안의 별도의 세상에서 살고 있으면서 이론 과목을 수강하는 수가 줄어들고 있습니다. 그러나 핵심적인 문제는 새로운 심리상태입니다. 학생들의 관심을 끌기가 점차 어려워집니다. 삶의 목적 그 자체를 성찰하기보다는 '권리'를 들먹이기를 좋아하는 겁니다. 학생들은 차라리 분노나 터뜨리고 싶어 하는 거지요. 이건 진지한 토론을 할 수 있는 자세가 아니거든요. 새로운 유형의 사상 통제지요.

문 : 내부에 있는 이들 반대 세력에 대한 교수님의 경멸과 분노는 교수님의 철학과 교수법에 대한 적대 감정과 비교해 조금도 못지 않는 것으로 자주 보입니다. 원리 원칙의 위계질서 안에서 가르쳐야 한다는 교수님의 교육 방침이 그들의 적대감 못지않게 경직하고 비타협적이 아니겠습니까?
답 : 급진적인 반대 세력은 공통의 기반이 없으므로, 그 갈등은 협상할 수 없다고 주장합니다. 나야 진지한 논쟁에는 문을 열고 있습니다. 나는 학생들에게 이러한 고전 문헌들을 진지하게 다루어야 하고 그 철학자들을 진지하게 해석하고 그들과 대결해야 한다는 것밖에는 주장한 일이 없음을 나를 잘 알고 있는 학생들은 이해하고 있으리라 믿습니다. 그렇지 않다면 토론을 진행시킬 수가 없으니까요. 플라톤이 잘못되었다는 선입견을 가진 사람은 플라톤을 읽을 이유가 없지 않습니까? 근대 또는 현재의 미국 유파들이 생각하고자 하는 그대로 생각하는 위대한 사상가는 별로 없을 것입니다.

문 : 말하자면 교수님은 대학 당국이 아니라 부모를 위해서 이 책을 쓰셨습니다.
답 : 한 학생은 나를 위해서 수천 통의 서평을 검토하고 있습니다. 대학 행정을 맡은 이들이 제일 멍청한 비판을 한다고 하더군요. 그 중 일부는 책을 읽지도 않았다는 증거가 너무나 뚜렷했습니다.
내가 대중의 마음속에 맥을 짚은 것만은 분명합니다. 미국인들은 교육의 이상을 진심으로 믿고 있는 겁니다. 계급 시스템의 유럽과는 달리 미국의 교육제도는 돈을 버는 데 있어서만이 아니라 완벽한 교양을 갖춘 인간이 되는 길을 열어 놓는 구원의 수단이었습니다. 그것이 부모의 이상이었지요. 그러나 이제 대학은 전반적으로 그러한 이상을 경멸하고 있을 뿐입니다.

문 : 어떤 비판자는 교수님을 교육의 "펀더멘털리즘(fundamentalism)의 새로운 사조"를 이끄는 지도자라 했더군요.
답 : 문제는 도덕의 절대성이 아니라 진리의 추구가 조금이라도 가능하냐는 것에 있습니다. 우리가 모든 것을 평등하게 믿는 것이라고 이해되어 있지 않다면 우리는 한 가지만을 절대적으로 믿는 것으로 묘사됩니다. 이제는 일생을 토론하며 보낼 수 있는 이론적인 중간 지대가 없어진 것이지요. 우리들은 사유(思惟)를 피할 수 없습니다. 생각이 없는 사람들은 으레 남의 생각의 포로가 되기 마련입니다. 미국의 지성 생활은 우리들이 바라는 것은 무엇이든 쉽게 믿을 수 있는 길을 우리에게 열어 놓았습니다.

문 : 교수님 자신의 신념은 어떻습니까?
답 : 개인적인 고백을 할 생각은 없습니다. 나는 유대인으로 자라, 성서를 읽었어요. 십계명을 비롯하여 여러 가지 율법을 배웠지요. 나에게 요구된 이 모두에 나는 의문을 제기합니다. 나는 아직도 끊임없이, 어떠한 책을 읽는지 의문을 제기합니다. 하느님이 존재하느냐는 인생의 가장 중대한 의문 중의 하나지요. 하지만 나는 사회 개혁가도, 어느 운동의 창시자도 아닙니다.

문 : 그렇다면 미국 대학에 내놓을 어떤 대안이 있습니까? 앨런 블룸 대학의 이상이 있습니까? 그리고 그 대학에는 어떤 학생과 교수들이 있게 될까요?

답 : 대학은 사실상 우리들에게 남아 있는 지성생활의 전부지요. 따라서 다른 곳, 이를테면 유럽에서 자주 일어나는 사물을 그 안에 짜 넣어야 할 겁니다. 어느 모로는 우리들이 모든 것을 대학에 걸고 있습니다.

학생들의 가슴 속에 있는 것을 어떻게든 알아내는 게 아주 중요한 일이지요. 그들이 전쟁에 관심을 집중시키고 있다면, 전쟁에 관한 책을 읽어야지요. 내 경우에는 가장 훌륭한 교수요목이란 으레 다양한 학과를 서로 연관지어 주는 역할을 하고 있거든요. 과학자는 철학이나 종교와의 관계에서 현대 과학의 좌표가 어디인가를 철학자, 나아가서는 시인과 토론을 해야 합니다. 여기서는 물리학자들이 아인슈타인만이 아니라 칸트와 헤겔을 사유의 대상으로 삼아야 하는 것이지요. 사회과학자들은 여론 조사와 현지 조사만이 아니라 훌륭한 사회가 무엇인가를 검토해야 하고, 정치학자들은 민주주의 정치가들에 그치지 않고 독재자나 폭군에게 자문을 해도 좋으냐를 물어보아야 합니다.

문 : 교수님의 여러 관점들은 1969년의 사태에 여전히 심오한 영향을 받고 있는 듯한 인상을 받습니다. 당시 코넬 대학 구내에 무기가 들어오는 사태를 가리켜 "코넬의 무력 투쟁"이라고 했어요. 마치 이때가 미국 대학 교육의 폼페이 최후의 날이라도 되는 듯한 강력한 심상(心象)을 불러일으키는 말뜻이더군요. 당시의 경험이 당신과 이 책을 쓰려는 당신의 결의에 어느 정도의 영향을 끼쳤습니까?

답 : 이 책을 잘못 해석하고 비판한 글에, 내가 그 사태에 정신적인 외상을 입었고 지금도 일종의 격분을 삭이지 못하고 있다는 대목이 보이더군요. 사실, 이 강력하고 치열한 사태가 벌어졌을 때, 나는 일종의 해방감을 맛보았습니다. 투키디데스가 아테네의 몰락을 내려다보고 있던 심경이라고나 할까요. 실은 그 이전에 벌써 그렇게 되리라 예상하고 있었습니다. 언론의 자유를 옹호한다는 교수들의 말을 믿지 않았던 겁니다. 고전적 교과과정에 대한 그들의 신뢰에는 생명력이 사

라져 버렸다는 생각을 일찍부터 하고 있었으니까요. 그건 우익(right wing)과 좌익(left wing)의 대결이 아니었지요. 그것은 언론 자유를 위한 옳은(right) 것과 그른(wrong) 것의 분명한 대결이었습니다.

문 : 코넬 대학교가 그처럼 취약하다고 믿게 된 이유가 무엇입니까?
답 : 블랙 파워, 즉 흑인 세력이 처음으로 대학에 들어온 중심지가 코넬이었습니다. 거기에는 뜨거운 새 물결의 편리한 편에 있기를 열렬히 바란 허약한 총장이 있었고, 그는 실력을 가리지 않고 흑인학생들을 입학시켰습니다. 물론 그 학생들은 어려웠지요. 한데 부르주아적이라는 딱지가 붙은 제도나 기관을 옹호하기가 그보다 더 어려웠습니다. 사람들은 그런 것을 좋게 느끼지 않았습니다. 참여하고 입장을 지키는 것이 더 중요한 일이었지요. 코넬과 같은 대학에서는 더 이상 믿을 것이 없었습니다. 자유 토론은 대학의 1차적인 기능에서 멀어졌습니다. 흑인, 여성과 라틴 아메리카 출신들이 폭력을 사용해야만 교과과정에서 한 자리를 차지할 수 있었으니까요. 합리화(rationalization)가 이성(reason)의 자리를 차지하게 되었습니다.

문 : 교수님은 자신이 파쇼라는 낙인이 찍혔고, 항의의 뜻으로 코넬에 사표를 던졌으며, 그 뒤 오랫동안 미국대학에서는 일자리를 찾을 수 없었노라고 말씀하고 계십니다. 그와 같은 경험에 정신적인 충격을 받지 않았다 하더라도 교수님의 교육관에는 어떤 영향을 주었을 게 아닙니까?
답 : 나는 대학교를 모든 사람들, 특히 소수민족 출신자들이 낡은 장애물을 제거할 수 있고, 모든 사람들이 온갖 경이로운 사물에 접근할 수 있는 장소라고 믿으며 성장했습니다. 하지만 그 뒤로 나는 대학을 그다지 믿을 수 없는 동맹자로 보게 된 것이지요. 내가 극단적이고 도의적인 이유로 분개하고 있다고 해서 나를 비판하는 사람들이 적지 않아요. 사실 나는 그들의 용기와 신념을 둘러싼 어처구니 없는 허장성세와 주장에 그 보다 더 큰 경멸을 보내고 있습니다. 하지만 나는 그 문제를 결판내려고 이 책을 쓰지는 않았습니다. 무엇이 중요한가 하는 내 나름의

의식, 연구를 통해서 우러나오는 자유와 자기 이외에는 일체의 기준을 박탈당하고 있는 젊은이들에 대한 우려가 어우러져 집필에의 정열이 솟아나게 되었습니다. 아무튼 이 책은 어떤 사람의 분노를 골똘히 생각하고 엮은 기록이 아닙니다. 오히려 매우 행복한 일생의 회고록이라 하겠습니다.

1판 1쇄 인쇄 ❙ 1989년 5월 30일
2판 1쇄 발행 ❙ 2018년 6월 15일
지은이 ❙ 앨런 블룸
옮긴이 ❙ 이원희
발행인 ❙ 이현숙
발행처 ❙ 범양사
등 록 ❙ 제410-2015-000045호
주 소 ❙ 경기도 고양시 일산동구 호수로 662 삼성라끄빌 442호
전 화 ❙ 031-921-7711
팩 스 ❙ 031-921-7712
이메일 ❙ pumyangbooks@naver.com

ISBN 978-89-71670-70-5 03300